Finanzielle Haftung
in der
Geldwirtschaft

Finanzielle Haftung in der Geldwirtschaft

Herausgegeben von
Wolfgang Benner und Gerhard Liebau

unter Mitarbeit von
Gerhard Emmerich, Harald Griesel, Friedrich Janssen,
Karl Lohmann, Siegfried Platz, Christoph Pretzsch, Peter Reus,
Herbert Wieneke und Axel Zessin

**Hans-Dieter Deppe
zum 60. Geburtstag**

C. E. Poeschel Verlag Stuttgart

CIP-Titelaufnahme der Deutschen Bibliothek

Finanzielle Haftung in der Geldwirtschaft: Hans-Dieter Deppe zum 60. Geburtstag /
hrsg. von Wolfgang Benner u. Gerhard Liebau. Unter Mitarb. von Gerhard Emmerich ...
– Stuttgart: Poeschel, 1990
ISBN 3-7910-0569-3
NE: Benner, Wolfgang [Hrsg.]; Emmerich, Gerhard [Mitverf.]; Deppe, Hans-Dieter: Festschrift

ISBN 3 7910-0569-3

© 1990 J. B. Metzlersche Verlagsbuchhandlung
und Carl Ernst Poeschel Verlag GmbH in Stuttgart
Druck: Gulde-Druck GmbH, Tübingen
Printed in Germany

Vorwort der Herausgeber

Die Festschrift greift einen Schwerpunkt des wissenschaftlichen Wirkens von Hans-Dieter Deppe in Forschung und Lehre auf, der seit Beginn der wissenschaftlichen Laufbahn des Jubilars angelegt war und schließlich primär im letzten Jahrzehnt von ihm immer stärker akzentuiert wurde, so daß letztlich ein Kristallisationskern seines Denkens über Ökonomie daraus geworden ist: der Fragenkreis individueller Haftung im auf Reziprozität beruhenden Wirtschaftsleben, insbesondere die Haftung von Betrieben für Schulden aus ihrem Leistungsprozeß. Funktion und Bedeutung der »finanziellen Haftung« in modernen arbeitsteiligen Geldwirtschaften und (damit eng verknüpft) der Eigenkapitalausstattung von Betrieben werden nicht nur als »reines« betriebswirtschaftliches Finanzierungsproblem gesehen, sondern zudem als fundamentales Problem der Wirtschaftsordnung: Marktwirtschaftliche, dezentrale Wirtschaftsgemeinschaften auf Privateigentumsbasis sind ohne Haftungsreglements mit hoher Wahrscheinlichkeit zum Scheitern verurteilt. Insbesondere Haftung des Vertragsschuldners wird von Deppe im Sinne einer vertrauenschaffenden Leistung als systemerhaltender Tatbestand und als notwendige Kompensation zum Prinzip des individualistischen Wirtschaftens empfunden und in seinen Arbeiten dementsprechend herausgestellt.

Deppe entwickelte in diesem Zusammenhang ein theoretisches Konzept, das auf der Basis produktionstheoretischer Input-Output-Vorstellungen entscheidend über rein technizistische Input-Output-Modelle hinausgeht. Die Einführung des »Monetären Faktors« mit Zahlungs- und/oder Haftungsqualität erweitert eher ingenieurwissenschaftliche Interpretationen der betriebswirtschaftlichen Produktionstheorie in umfassenderer ökonomisch-systemtheoretischer Sicht um monetäre Wirkungszusammenhänge. Zahlungs- und Haftungsleistungen gewinnen in Geldwirtschaften nicht nur eine zentrale Bedeutung in Rahmenbedingungen des Wirtschaftens, sondern müssen als Produktivfaktoren gesehen werden. Dies hat entsprechende Konsequenzen nicht nur für die Produktionstheorie, sondern z. B. auch für die Kostentheorie und Kostenrechnung.

Die skizzierte Konzeption wurde von Deppe im Rahmen seiner Arbeiten zur wissenschaftlichen Bankbetriebslehre entwickelt. Der Anstoß für diese neue Sicht kam also zweifelsohne aus der Beschäftigung mit finanziellen Leistungsprozessen in Bankbetrieben, doch war – wegen der erkennbaren Übertragungsfähigkeit des Konzepts auf alle Betriebe – der Ausbau der wissenschaftlichen Überlegungen »für eine zukünftige monetäre Theorie der Allgemeinen Betriebswirtschaftslehre« (H.-D. Deppe, Vorwort des Herausgebers zu dem Buch »Geldwirtschaft und Rechnungswesen«, S. V) von Anfang an selbstverständlich bzw. vorprogrammiert.

Insofern soll die Festschrift einen Bogen von monetären produktions- und kostentheoretischen Überlegungen bis hin zu ordnungspolitischen Aspekten ziehen, jedoch stets zentriert um die Leitgedanken: finanzielle Haftung und Geldwirtschaft. In zwei etwa gleichgewichtigen Teilen versuchen die Autoren der Festschrift, einen Beitrag zu dieser Generalisierung zu leisten, ohne spezifisch bankbetriebliche Bezüge ganz zu vernachlässigen. Im *Teil 1* sind fünf Beiträge zusammengefaßt, in denen finanzielle Haftung grundsätzlich als wirtschaftliche Leistung interpretiert und analysiert wird. Dabei werden Verbindungslinien – z. T. auf empirischer Basis – zum betrieblichen Leistungsprozeß, zu Zahlungsleistungen und zur Intermediation sowie zur Schuldendeckungspolitik gezogen. Schließlich erfährt die finanzielle Haftung eine Deutung über optionstheoretische Modelle. Der *Teil 2* enthält sechs Beiträge zur finanziellen Haftung und Haftungspolitik in der Wirtschaftspraxis. Die Spannweite dieser Beiträge reicht von Aspekten der Prüfung finanzieller Haftung durch Wirtschaftsprüfungsgesellschaften, Aspekten spezifischer bilanzpolitischer Gestaltungsmöglichkeiten (Bilanzierungshilfen) und deren Bezug zum Haftungspotential über grundsätzliche Fragen zur Ausstattung mit haftendem Eigenkapital bei Sparkassen (auf dem Wege interner und externer Finanzierung) bis hin zu zwei spezielleren Problemkreisen aus der staatlichen Förderung der Beteiligungskapitalbildung in Arbeitnehmerhand und der betrieblichen Investitionsfinanzierung über Finanzierungsprogramme von Lebensversicherungen.

Die vorliegende Festschrift kann als »Eigenfertigung ohne Fremdbezug« bezeichnet werden. Es bestand seit der Beschlußfassung im Dezember 1988 Einigkeit darüber, Autoren nur aus dem Kreis der promovierten Schüler des Jubilars zu rekrutieren, die als wissenschaftliche Mitarbeiter am Institut für Betriebswirtschaftliche Geldwirtschaft der Universität Göttingen (bzw. dem Vorläufer-Institut) tätig waren oder tätig sind. Die hohe Arbeitsbelastung im Beruf hat nicht allen »Ehemaligen« und »Heutigen« die Mitwirkung gestattet.

Eine Festschrift wie die vorliegende kann trotz Nutzung moderner Personal Computer und Textverarbeitungsprogramme – vor allem bei nur kurzer Vorbereitungs- und Realisationszeit – nicht entstehen, ohne daß Autoren bzw. Herausgeber von einsatzfreudigen und belastbaren Mitarbeitern bzw. Kollegen vielfältige und zeitaufwendige Unterstützung erhalten. Die »Erstellungsgemeinschaft der Festschrift« schließt z. B. die Sekretärinnen einzelner Autoren und insbesondere den zentralen Redaktionsstab am Institut für Betriebswirtschaftliche Geldwirtschaft der Universität Göttingen ein. Die »Institutsmannschaft« und ein weiterer Helfer haben ohne Wissen des Jubilars um die Festschrift und daher primär in späten Nachmittags- oder in den Abendstunden sowie an Wochenenden die bekanntermaßen umfangreichen »Aufbereitungsarbeiten« durchgeführt, die mit der Erstellung eines solchen Werkes verbunden sind. Für die kritische Durchsicht von Manuskripten, wertvolle Verbesserungsvorschläge, die Erstellung des Stichwortverzeichnisses sowie vielfältige redaktionelle Dienstleistungen bis hin zur Umsetzung der Manuskripte in die Laserdruckvorlage für den Verlag danken wir ganz herzlich: Herrn Dr. P. Reus und Herrn Dr. Ch. Pretzsch – zugleich selbst Autoren von Beiträgen – sowie Frau Dipl.-Hdl. K. Lahmann-Mull, den Herren Dr. H. Gebauer, Dipl.-Kfm. J.-W. Dehlwisch, Dipl. Kfm. G. Wienberg, Dipl.-Kfm. K. Wienberg und cand. rer. pol. H. Marquardt.

Besonderer Dank gilt Frau Ute Schütt, die in bewundernswerter Gelassenheit neben ihrer hohen Belastung im laufenden Universitätsbetrieb einen Großteil der Schreib- und Korrekturarbeit am Redaktions-PC erledigte und – wie der Jubilar sagen würde – alles in gewohnter Bestqualität vorgelegt hat.

Herrn Dr. Antoni vom C. E. Poeschel Verlag sei schließlich für die spontane Aufnahme der Festschrift in das Verlagsprogramm sowie die atmosphärisch gute Betreuung gedankt.

Festschriften können wegen geringer Auflage bei sehr guter Ausstattung i. d. R. nicht zu leserfreundlichen Preisen angeboten werden. Daß das vorliegende Werk zu einem außerordentlich günstigen Preis an den Markt kommt, ist insbesondere einem Druckkostenzuschuß der Wollert-Elmendorff Deutsche Industrie-Treuhand GmbH, Hannover, zu danken.

Hamburg und Göttingen, Tag der Arbeit 1990   Wolfgang Benner
Gerhard Liebau

Inhaltsverzeichnis

Vorwort   V

Teil 1:
Finanzielle Haftung, Haftungspolitik und Theorie monetärer Leistungen   1

Finanzielle Haftung als wirtschaftliche Leistung und ihr Einsatz im betrieblichen
Leistungsprozeß   3

Gerhard Liebau, Göttingen

1 Grundlegung   5
2 Einführender Überblick zu finanziellen Haftungsleistungen im betrieblichen
   Leistungsprozeß   6
3 Wirtschaftlicher Inhalt, Komponenten und Einsatz finanzieller Haftungsleistungen .   13
4 Ergänzende Überlegungen zu finanziellen Haftungsleistungen und
   Haftungszusammenhängen   37
5 Zusammenfassung   43
Literaturverzeichnis   46

Zur Schuldendeckungspolitik von Betrieben des Nichtfinanziellen Sektors   53

Peter Reus, Göttingen

1 Sicherheitsstreben und Vertrauen in arbeitsteiligen Wirtschaftsbeziehungen   55
2 Strategische Problemfelder der Schuldendeckungspolitik von Betrieben des
   Nichtfinanziellen Sektors im Überblick   58
3 Grundzusammenhänge der betrieblichen Risikopolitik   64
4 Grundzusammenhänge der betrieblichen Nettohaftungsreservepolitik   77
5 Grundzusammenhänge der betrieblichen Verlustausgleichspolitik   86
6 Schlußbetrachtung   88
Literaturverzeichnis   90

Empirische Untersuchungen zur Bedeutung von Zahlungs- und Haftungsleistungen im
Kombinationsprozeß von Unternehmen des Nichtfinanziellen Sektors   97

Christoph Pretzsch, Göttingen

1 Einführung   99
2 Monetäre Leistungen im Leistungserstellungs- und Leistungsabsatzprozeß von
   Unternehmen des Nichtfinanziellen Sektors   100

3 Empirische Entwicklung der Nutzung monetärer Leistungen durch Unternehmen
des Nichtfinanziellen Sektors und Vorschlag zur Abgrenzung von Teilergebnissen in
der externen Rechnungslegung 107
4 Empirische Analyse der Bedeutung des Liquiditätsmäßig-finanziellen Bereichs bei
Unternehmen des Nichtfinanziellen Sektors anhand der Berechnung monetärer
sowie technisch-organisatorischer Teilergebnisse in der externen Rechnungslegung . 114
5 Schlußbetrachtung 124
Anhang 126
Literaturverzeichnis 129

**Finanzielle Haftung und Intermediation als Konstituenten moderner Geldwirtschaften
– Einige Basisüberlegungen** 135

Wolfgang Benner, Hamburg

1 Einführung 137
2 Aspekte der finanziellen Haftung in Geldwirtschaften 139
3 Aspekte der Intermediation in Geldwirtschaften 147
4 Ausblick 156
Literaturverzeichnis 159

Finanzielle Haftung im optionstheoretischen Modell 165

Karl Lohmann, Göttingen

1 Einführung 167
2 Annahmen eines einfach strukturierten Grundmodells und Problemstellung 169
3 Optionstheoretische Interpretation des Problems 170
4 Vermögensentwicklung als stochastischer Prozeß 173
5 Zur Optionsbewertung bei Risikoneutralität 189
6 Zur präferenzfreien Optionsbewertung 205
7 Mögliche Erweiterungen des Grundmodells 218
8 Zusammenfassung 219
Symbolverzeichnis 222
Literaturverzeichnis 225

**Teil 2:
Finanzielle Haftung und Haftungspolitik in der Wirtschaftspraxis** 229

Finanzielle Haftung und Wirtschaftsprüfung 231

Gerhard Emmerich, Hannover

1 Einführung 233
2 Eigenkapital als Basiselement finanzieller Haftung von Betrieben. 234

3 Die Prüfung der Aufbringung und Erhaltung des Eigenkapitals durch den
   Wirtschaftsprüfer 248
4 Zusammenfassung 258
Literaturverzeichnis 260

**Handelsrechtliche Bilanzierungshilfen – Wahlrecht zur Erhöhung des betrieblichen
Haftungspotentials?** 267

Friedrich Janssen, Essen

1 Einführung 269
2 Reinvermögen als Komponente des finanziellen Haftungspotentials von Betrieben . . 269
3 Auswirkungen der Inanspruchnahme von Bilanzierungshilfen auf das
   betriebsreinvermögensfundierte Haftungspotential 272
4 Zusammenfassung der Ergebnisse 279
Literaturverzeichnis 281

**Strukturelle Veränderungen bei den Betriebsergebnissen und Eigenkapitalbildung der
Sparkassen** 283

Harald Griesel, Reutlingen

1 Einführung 285
2 Zunehmende Einengung der Zinsspannen 287
3 Ansatzpunkte zur Kompensation der negativen Zinsspannenentwicklung 298
4 Zusammenfassung und Ausblick 303
Literaturverzeichnis 305

**Eigenkapitalanforderungen und Möglichkeiten der externen Eigenkapitalbeschaffung
aus Sparkassensicht** 309

Herbert Wieneke, Hannover

1 Einführung 311
2 Grundlegende Betrachtungen zum bankbetrieblichen Eigenkapital 312
3 Gegenwärtige Eigenkapitalanforderungen und Eigenkapitalbedarf bei Sparkassen . . 318
4 Gegenwärtige externe Eigenkapitalbeschaffungsmöglichkeiten von Sparkassen 324
5 Zukünftige Eigenkapitalanforderungen bei Sparkassen 329
6 Diskussion zukünftiger Möglichkeiten der externen Beschafffung haftender Mittel
   durch Sparkassen 336
7 Schlußbetrachtungen 343
Literaturverzeichnis 345

Staatliche Förderung der Beteiligungskapitalbildung in Arbeitnehmerhand durch die Vermögensbildungsgesetze – Zielsetzung, Entwicklung und kritische Würdigung 349

Siegfried Platz, Hannover

1 Zielsetzung der Förderung der Beiteiligungskapitalbildung in Arbeitnehmerhand . . 351
2 Entwicklung der Förderungsmodalitäten in den Vermögensbildungsgesetzen 355
3 Kritische Würdigung der Förderung der Beteiligungskapitalbildung in Arbeitnehmerhand 362
4 Vermögenspolitischer Ausblick 377
Literaturverzeichnis 379

Verwendung von »eigenen Mitteln« des Unternehmers bei der Investitionsfinanzierung unter Berücksichtigung von Lebensversicherungen als Tilgungsersatzinstrument 385

Axel Zessin, Nürnberg

1 Einführung 387
2 Die Lebensversicherung als »Tilgungsersatzinstrument« bei langfristigen Finanzierungen 388
3 Die Verwendung von »eigenen Mitteln« des Unternehmers im Tilgungsaussetzungsmodell mit Abtretung einer Lebensversicherung 398
4 Vergleichende Würdigung der vorgestellten Varianten anhand ausgewählter Kriterien 404
5 Schlußbetrachtung 407
Literaturverzeichnis 409

Teil 3:
Gratulation 411

Biographische Daten und Würdigung der Forschungs- und Lehrtätigkeit von Hans-Dieter Deppe 413

Verzeichnis der Veröffentlichungen von Hans-Dieter Deppe 421

Stichwortverzeichnis 427

Verzeichnis der Autoren 435

Teil 1

Finanzielle Haftung, Haftungspolitik und Theorie monetärer Leistungen

Finanzielle Haftung als wirtschaftliche Leistung und ihr Einsatz im betrieblichen Leistungsprozeß

Gerhard Liebau, Göttingen

Inhaltsverzeichnis

1 Grundlegung 5

2 Einführender Überblick zu finanziellen Haftungsleistungen im
betrieblichen Leistungsprozeß 6

21 Erfassung des betrieblichen Leistungserstellungsprozesses
als Vorgang der Faktorkombination 6

22 Finanzielle Haftungsleistungen und Zahlungsleistungen im
Konzept des Monetären Faktors 8

23 Einordnung finanzieller Haftungsleistungen in das Gesamtsystem
zur Analyse des betrieblichen Leistungsprozesses 11

3 Wirtschaftlicher Inhalt, Komponenten und Einsatz
finanzieller Haftungsleistungen 13

31 Zur Produktionsfaktoreigenschaft finanzieller Haftungsleistungen 13

311 Ökonomische und rechtliche Notwendigkeit finanzieller
Haftungsübernahme 14

312 Die Haftungsleistung als produktives wirtschaftliches Gut 16

3121 Sicherung vertraglicher Gläubigeransprüche 16

3122 Finanzielle Haftungsübernahme als geldwirtschaftliche
Solidarleistung 17

3123 Knappheit finanzieller Haftungsleistungen 19

32 Zur Abgrenzung und näheren Interpretation des Haftungspotentials
von Betrieben   21

   321 Komponenten des Haftungspotentials im systematisierenden
   Überblick   21

   322 Qualitative Differenzierungen im Haftungspotential
   anhand ausgewählter Bewertungskriterien   25

33 Zum Einsatz von Haftungsleistungen im Liquiditätsmäßig-
finanziellen Kombinationsprozeß von Betrieben   27

   331 Der Einsatz von Haftungsleistungen im Sinne
   des Leistungsflusses   29

   332 Ansatzpunkte für die Ermittlung einer Kapazitätsbeziehung
   in der betrieblichen Haftungssphäre   31

**4 Ergänzende Überlegungen zu finanziellen Haftungsleistungen und
Haftungszusammenhängen**   37

   41 Risikopolitische Maßnahmen und ihr Bezug zur betrieblichen
   Haftungssphäre   37

   42 Zur Beziehung zwischen betrieblicher Zahlungs- und Haftungssphäre   40

5 Zusammenfassung   43

Literaturverzeichnis   46

1 Grundlegung

Die vorliegende Festschrift zur finanziellen Haftung in der Geldwirtschaft greift eine Thematik auf, die H.-D. Deppe selbst einmal in einem Beitrag mit der Frage verbunden hat: "Obsoletes Relikt oder marktwirtschaftliche Fundamentalleistung?"[1] Zumindest für die Göttinger Universitätsabsolventen der Bankbetriebslehre und Betrieblichen Finanzwirtschaft dürfte sicher sein, daß diese Fragestellung rhetorisch gemeint ist: Aus der Sicht H.-D. Deppes stellt die finanzielle Haftung zweifellos ein unabdingbares Einsatzgut im Sinne einer wirtschaftlichen Leistung im betrieblichen Leistungsprozeß dar.

Wenn man die finanzielle Haftung als "vertrauensschaffende ökonomische Leistung"[2] einstuft, wie ist dieser Leistungscharakter dann im einzelnen zu begründen, welche konkreten Leistungen sind zu erfassen, und welchen Stellenwert hat die finanzielle Haftung so in einer einzelwirtschaftlichen Theorie des Betriebs? Derartige Fragestellungen werden in diesem einführenden Beitrag der Festschrift behandelt. Der Verfasser knüpft damit an Forschungsergebnisse H.-D. Deppes[3] an, denen primär Untersuchungen des Betriebstyps Bankbetrieb zugrunde lagen. Die am Beispiel des Bankbetriebs gewonnenen Erkenntnisse sollen hier für die Betriebliche Finanzwirtschaft bzw. die Allgemeine Betriebswirtschaftslehre generalisiert und z.T. vertieft werden.[4] Mit Bezug auf diesen Anspruch ist jedoch auch hervorzuheben, daß H.-D. Deppe selbst seine Kernaussagen zu monetären Leistungen und monetären Leistungsflußzusammenhängen ohnehin als Aussagen zur Allgemeinen Betriebswirtschaftslehre versteht, d.h., er mißt ihnen nicht nur spezifisch <u>bank</u>betriebswirtschaftlichen Charakter bei.[5]

---

[1] *H.-D. Deppe*, Finanzielle Haftung heute - Obsoletes Relikt oder marktwirtschaftliche Fundamentalleistung? In: Zweihundert Jahre Geld und Brief. Herausforderungen an die Kapitalmärkte. Festgabe an die Niedersächsische Börse zu Hannover aus Anlaß ihres 200jährigen Bestehens. Hrsg. v. C.P. Claussen, L. Hübl u. H.-P. Schneider. Frankfurt a.M. 1987, S. 179-204. Wiederabgedruckt in: Geldwirtschaft und Rechnungswesen. Hrsg. v. H.-D. Deppe. (Neue Betriebswirtschaftliche Studienbücher, Bd. 1.) Göttingen 1989, S. 199-228.

[2] *H.-D. Deppe*, Finanzielle Haftung heute ..., a.a.O., S. 199.

[3] Vgl. insbesondere *H.-D. Deppe*, Über Ziele und Problemstellungen theoretisch-deduktiver Analysen einzelner Kreditinstitute. "Zeitschrift für betriebswirtschaftliche Forschung", Köln u. Opladen, Jg. 18 (1966), S. 616-648. Wiederabgedruckt in: Texte zur wissenschaftlichen Bankbetriebslehre I. (Göttinger Hefte zur Bankbetriebslehre und Unternehmungsfinanzierung, H. 7a.) Göttingen 1980, S. 111-143, hier S. 118 ff.; *H.-D. Deppe*, Bankbetriebliches Wachstum. Funktionalzusammenhänge und Operations Research in Kreditinstituten. Stuttgart 1969, S. 12 ff. u. S. 75 ff.; *H.-D. Deppe*, Eine Konzeption wissenschaftlicher Bankbetriebslehre in drei Doppelstunden. In: Bankbetriebliches Lesebuch. Ludwig Mülhaupt zum 65. Geburtstag. Hrsg. v. H.-D. Deppe. Stuttgart 1978, S. 3-98, hier S. 31 ff. u. S. 52 ff.; *H.-D. Deppe*, KWG-Novellierung und finanzielle Stabilität. "Zeitschrift für das gesamte Kreditwesen", Frankfurt a.M., Jg. 37 (1984), S. 286-292 sowie *H.-D. Deppe*, Finanzielle Haftung heute ..., a.a.O., S. 199-228.

[4] Vgl. hierzu auch *G. Liebau*, Monetäre Leistungen und konzeptionelle Erfassung des Betriebs. In: Geldwirtschaft und Rechnungswesen. Hrsg. v. H.-D. Deppe. (Neue Betriebswirtschaftliche Studienbücher, Bd. 1.) Göttingen 1989, S. 27-150, hier insbesondere S. 31-36. - Angemerkt sei, daß der vorliegende Beitrag in den wesentlichen Grundzügen auf der Darstellung in dieser Quelle basiert.

[5] Vgl. z.B. *H.-D. Deppe*, Eine Konzeption wissenschaftlicher Bankbetriebslehre ..., a.a.O., S. 83; *H.-D. Deppe*, Finanzielle Haftung heute ..., a.a.O., S. 221 ff. sowie *H.-D. Deppe* u. *K. Lohmann*, Grundriß analytischer Finanzplanung. (Neue Betriebswirtschaftliche Studienbücher, Bd. 2.) 2., neubearb. Aufl., Göttingen 1989, insbesondere S. 3 ff., S. 23 ff. u. S. 29 ff.

Ausgangspunkt der folgenden Überlegungen ist das Konzept des Monetären Faktors mit Zahlungs- und Haftungsleistungen.[6] Theoretische Hintergründe dieser Konzeption, mit ihr verbundene Differenzierungen bei der Erfassung monetärer Leistungen und darüber hinaus bei der Analyse des gesamten betrieblichen Leistungsprozesses (im Sinne eines Leistungsbeschaffungs-, Leistungskombinations- und Leistungsabsatzprozesses) sind im Teil 2 zunächst einführend kurz zu skizzieren. Im Anschluß daran werden im Teil 3 die finanzielle Haftungsleistung und ihr Einsatz im betrieblichen Leistungsprozeß näher analysiert. Dazu ist unter anderem auf die Produktionsfaktoreigenschaft von Haftungsleistungen, auf konkrete Ausprägungsformen finanzieller Haftungsübernahme und hier gegebene qualitative Unterschiede sowie auf finanzielle Kapazitätsbeziehungen einzugehen. Nach der Behandlung von zwei speziellen Fragestellungen zu Haftungszusammenhängen bzw. zu deren Abgrenzung gegenüber anderen betrieblichen Problemkomplexen im Teil 4 wird der Beitrag im Teil 5 mit einer Zusammenfassung wesentlicher Ergebnisse abgeschlossen.

2 Einführender Überblick zu finanziellen Haftungsleistungen im betrieblichen Leistungsprozeß

21 Erfassung des betrieblichen Leistungserstellungsprozesses als Vorgang der Faktorkombination

Einen fruchtbaren Ansatzpunkt für die theoretisch-wissenschaftliche Durchdringung von Wirtschaftsprozessen bietet in der Betriebswirtschaftslehre die Vorstellung von der Kombination produktiver Faktoren. Hingewiesen sei hierzu nur auf die grundlegenden Arbeiten Gutenbergs[7] zum betrieblichen Produktionsfaktorsystem, zum Tatbestand der Faktorkombination und zu einer unter anderem darauf basierenden einzelwirtschaftlichen Theorie des Betriebs. Das von Gutenberg[8] vorgeschlagene Produktionsfaktorsystem mit den Elementarfaktoren (objektbezogene menschliche Arbeit, Betriebsmittel und Werkstoffe) sowie dem dispositiven Faktor, verstanden als unternehmerische Tätigkeit der Geschäfts- und Betriebsleitung, der Planung und der Organisation, ist primär auf den industriellen Produktionsprozeß, d.h. auf die technisch-organisatorische Seite dieses Prozesses, ausgerichtet. In technisch-organisatorischen Zusammenhängen müssen überwiegend auch Weiterentwicklungen des Gutenbergschen Produktionsfaktorsystems gesehen werden, wie sie

---

[6] Vgl. insbesondere *H.-D. Deppe*, Eine Konzeption wissenschaftlicher Bankbetriebslehre ..., a.a.O., S. 31 ff. u. S. 52 ff.

[7] Vgl. *E. Gutenberg*, Einführung in die Betriebswirtschaftslehre. (Die Wirtschaftswissenschaften. Hrsg. v. E. Gutenberg. Reihe A [Betriebswirtschaftslehre], 1. Beitrag.) Wiesbaden 1958, S. 23 u. S. 53 ff. sowie *E. Gutenberg*, Grundlagen der Betriebswirtschaftslehre. Bd. I: Die Produktion. (Enzyklopädie der Rechts- und Staatswissenschaft, Abt. Staatswissenschaft.) 24., unveränd. Aufl., Berlin, Heidelberg u. New York 1983. - Vgl. hierzu auch *G. Wöhe*, Einführung in die Allgemeine Betriebswirtschaftslehre. 16., überarb. Aufl., München 1986, S. 74 ff.

[8] Vgl. insbesondere *E. Gutenberg*, Die Produktion ..., a.a.O., S. 2 ff.

z.B. aus der Industriebetriebslehre und der Allgemeinen Betriebswirtschaftslehre bekannt sind.[9]

Noch keine generelle Beachtung findet in der Allgemeinen Betriebswirtschaftslehre der Leistungscharakter monetärer Einsatzgüter in Form von Zahlungs- und Haftungsleistungen im betrieblichen Leistungserstellungsprozeß der arbeitsteiligen Tauschwirtschaft in Form der Geldwirtschaft und die so gegebene Produktionsfaktoreigenschaft dieser Güter.[10] Gutenberg[11] selbst stellt z.B. fest, daß der finanzielle Bereich der Unternehmen unmittelbar nichts zur Entstehung, Ausreifung und marktlichen Verwertung von Gütern oder Diensten beiträgt. Derartige Sichtweisen mußten logischerweise insbesondere bei der Analyse von Betrieben des Finanziellen Sektors wie Bankbetrieben und Versicherungen, deren Betriebszweck primär in der Erstellung monetärer Marktleistungen besteht, zu Widerspruch führen. Von daher gingen Überlegungen, in der Betriebswirtschaftslehre zu einer differenzierteren Analyse und Wertung monetärer Leistungen im betrieblichen Leistungsprozeß zu gelangen, nicht zuletzt von Vertretern der Bankbetriebslehre und der Versicherungsbetriebslehre aus.[12]

---

[9] Vgl. im Überblick z.B. Art. Produktionsfaktor (*W. Kilger*). Handwörterbuch der Betriebswirtschaft. Enzyklopädie der Betriebswirtschaftslehre, Bd. I/2. Hrsg. v. E. Grochla u. W. Wittmann. 4., völlig neu gest. Aufl., Stuttgart 1975, Sp. 3097-3101; Art. Produktionsfaktorsysteme (*K. Bohr*). Handwörterbuch der Produktionswirtschaft. Enzyklopädie der Betriebswirtschaftslehre, Bd. VII. Hrsg. v. W. Kern. Stuttgart 1979, Sp. 1481-1493 sowie *H.K. Weber*, Zum System produktiver Faktoren. "Zeitschrift für betriebswirtschaftliche Forschung", Wiesbaden, Jg. 32 (1980), S. 1056-1071, hier insbesondere S. 1061 ff.

[10] Von daher sind z.B. in der Kostentheorie bzw. in den Kostenrechnungssystemen der Allgemeinen Betriebswirtschaftslehre monetäre Kostenarten (z.B. Zinskosten) faktortheoretisch bisher auch nicht hinreichend begründet. Vgl. hierzu z.B. *E. Kosiol*, Kritische Analyse der Wesensmerkmale des Kostenbegriffs. In: Betriebsökonomisierung durch Kostenanalyse, Absatzrationalisierung und Nachwuchserziehung. Festschrift für Rudolf Seyffert zu seinem 65. Geburtstag. Hrsg. v. E. Kosiol u. F. Schlieper. Köln u. Opladen 1958, S. 7-37. Wiederabgedruckt in: Bausteine der Betriebswirtschaftslehre. Eine Sammlung ausgewählter Abhandlungen, Aufsätze und Vorträge. Bd. 2: Rechnungswesen. Berlin 1973, S. 1264-1298, hier S. 1267 f.; *E. Heinen*, Das Kapital in der betriebswirtschaftlichen Kostentheorie. Möglichkeiten und Grenzen einer produktions- und kostentheoretischen Analyse des Kapitalverbrauchs. (Die Betriebswirtschaft in Forschung und Praxis, Bd. 2.) Wiesbaden 1966, Vorwort u. S. 13; *P. Reus*, Geldwirtschaftlicher Leistungsdualismus und Bankkostenrechnung. (Neue Betriebswirtschaftliche Studienbücher, Bd. 4.) Göttingen 1989, S. 47 ff. sowie *P. Reus*, Kostenrechnung und monetäre Leistungen im Betrieb. In: Geldwirtschaft und Rechnungswesen. Hrsg. v. H.-D. Deppe. (Neue Betriebswirtschaftliche Studienbücher, Bd. 1.) Göttingen 1989, S. 283-312, hier S. 284 ff.

[11] Vgl. *E. Gutenberg*, Grundlagen der Betriebswirtschaftslehre. Bd. III: Die Finanzen. (Enzyklopädie der Rechts- und Staatswissenschaft, Abt. Staatswissenschaft.) 8., erg. Aufl., Berlin, Heidelberg u. New York 1980, S. 1. - Eine vergleichbare Auffassung vertreten z.B. *G. Wöhe* u. *J. Bilstein*, Grundzüge der Unternehmensfinanzierung. 5., überarb. Aufl., München 1988, S. 1.

[12] Zu entsprechenden und hier aus Raumgründen nicht näher zu kommentierenden Ansätzen in der Bankbetriebslehre, der Versicherungsbetriebslehre, in weiteren speziellen Betriebswirtschaftslehren bzw. in der Allgemeinen Betriebswirtschaftslehre vgl. z.B. *St. Kaminsky*, Die Kosten- und Erfolgsrechnung der Kreditinstitute. Eine theoretische, systematische und verfahrenstechnische Untersuchung. (Bankbetriebliche Schriftenreihe, hrsg. v. K.F. Hagenmüller, Bd. I.) 2., verb. Aufl., Meisenheim am Glan 1955, S. 19 ff.; *L. Mülhaupt*, Umsatz-, Kosten- und Gewinnplanung einer Kreditbank. Ansatzpunkte einer theoretischen Bankbetriebslehre. "Zeitschrift für handelswissenschaftliche Forschung", Köln u. Opladen, Jg. 8 (1956), S. 7-74. Wiederabgedruckt in: Texte zur wissenschaftlichen Bankbetriebslehre I. (Göttinger Hefte zur Bankbetriebslehre und Unternehmungsfinanzierung, H. 7a.) Göttingen 1980, S. 1-68, hier S. 2 ff.; *H. Günther*, Die Kapazitätsbestimmung bei Kreditbanken. "Zeitschrift für Betriebswirtschaft", Wiesbaden, Jg. 29 (1959), S. 542-555, hier S. 545; *H. Lipfert*, Nationaler und internationaler Zahlungsverkehr. (Die Wirt-

Nach Ansicht des Verfassers wird die These von der nicht hinreichenden Beachtung des Leistungscharakters monetärer Einsatzgüter im betrieblichen Leistungsprozeß im deutschen Sprachgebiet am konsequentesten von H.-D. Deppe[13] vertreten. Er hat auf diese Zusammenhänge bzw. auf daran anzuknüpfende Folgerungen einen Schwerpunkt seiner Forschungstätigkeit gelegt. Ein wesentliches Ergebnis ist die Einführung eines monetären Produktions- oder Leistungsfaktors in das System betrieblicher Produktionsfaktoren, differenziert in Leistungen mit Zahlungsqualität (Monetärer Faktor in z-Qualität) und Leistungen mit Haftungsqualität (Monetärer Faktor in f-Qualität).[14]

22 Finanzielle Haftungsleistungen und Zahlungsleistungen im Konzept des Monetären Faktors

Der Monetäre Faktor erscheint zusätzlich neben den nichtmonetären Produktionsfaktoren im Sinne Gutenbergs, die in Abgrenzung zum Monetären Faktor auch als technisch-organisatorische Produktionsfaktoren bezeichnet werden können.[15] Der monetäre Produktions- oder Leistungsfaktor läßt sich als Faktor definieren, dessen Zufluß dem Betrieb die Verfügungsmacht über Liquiditätspotential und/oder über Haftungspotential verschafft.[16] Im Liquiditätspotential sind in dieser Konzeption rechnungsmäßig die Leistungen erfaßt,

---

Fortsetzung der Fußnote 12:
schaftswissenschaften.) 2., überarb. u. erw. Aufl., Wiesbaden 1970, S. 27 f.; *J. Süchting*, Bestimmungsfaktoren des Kreditangebots - Ein Beitrag zum Faktorsystem der Bank. "Blätter für Genossenschaftswesen", Wiesbaden, Jg. 114 (1968), S. 441-446. Wiederabgedruckt in: Texte zur wissenschaftlichen Bankbetriebslehre I. (Göttinger Hefte zur Bankbetriebslehre und Unternehmungsfinanzierung, H. 7a.) Göttingen 1980, S. 145-158; *D. Farny*, Produktions- und Kostentheorie der Versicherung. (Veröffentlichungen des Deutschen Vereins für Versicherungswissenschaft, H. 72.) Karlsruhe 1965, S. 5 ff. u. S. 101 ff.; *D. Farny*, Grundfragen einer theoretischen Versicherungsbetriebslehre. In: Wirtschaft und Recht der Versicherung. Paul Braess zum 66. Geburtstag. Hrsg. v. D. Farny. Karlsruhe 1969, S. 27-72, hier S. 44 ff.; *R. Eisen*, Zur Produktionsfunktion der Versicherung. "Zeitschrift für die gesamte Versicherungswissenschaft", Karlsruhe u. Berlin, Bd. 60 (1971), S. 407-419, hier S. 413; *H. Buddeberg*, Über die Vergleichbarkeit der Handelsbetriebe. (Schriften zur Handelsforschung, Nr. 5.) Köln u. Opladen 1955, S. 14 u. S. 99 ff.; *E. Kosiol*, Kritische Analyse ..., a.a.O., S. 1264 ff.; *D. Pohmer*, Über die Bedeutung des betrieblichen Werteumlaufs für das Rechnungswesen der Unternehmungen. In: Organisation und Rechnungswesen. Festschrift für Erich Kosiol zu seinem 65. Geburtstag. Hrsg. v. E. Grochla. Berlin 1964, S. 305-349, hier S. 336 f.; *E. Heinen*, Das Kapital in der betriebswirtschaftlichen Kostentheorie ..., a.a.O., S. 11 f. sowie *R. Maleri*, Grundzüge der Dienstleistungsproduktion. (Heidelberger Taschenbücher, Bd. 123.) Berlin, Heidelberg u. New York 1973, S. 86 u. S. 102 f. - Vgl. zu einzelnen der hier genannten Beiträge sowie zu weiteren Literaturhinweisen auch die kritischen Analysen von Ch. Pretzsch und - speziell in kostenrechnerischen Zusammenhängen - von P. Reus. (*Ch. Pretzsch*, Monetäre Leistungen als Produktionsfaktoren bei Unternehmen des Nichtfinanziellen Sektors. Eine theoretisch-konzeptionelle und empirische Untersuchung aus einzel- und gesamtwirtschaftlicher Sicht. Bisher unveröffentlichte Göttinger Dissertation [1989], Kap. 2.3.; *P. Reus*, Geldwirtschaftlicher Leistungsdualismus ..., a.a.O., S. 32 ff. u. S. 47 ff.)

[13] Vgl. z.B. die Literaturhinweise im Teil 1, Fußnote 3 dieses Beitrags und dabei insbesondere *H.-D. Deppe*, Eine Konzeption wissenschaftlicher Bankbetriebslehre ..., a.a.O. sowie *H.-D. Deppe*, Finanzielle Haftung heute ..., a.a.O.

[14] Vgl. *H.-D. Deppe*, Eine Konzeption wissenschaftlicher Bankbetriebslehre ..., a.a.O., S. 31 ff., hier insbesondere S. 38 f.

[15] Vgl. *H.-D. Deppe*, Eine Konzeption wissenschaftlicher Bankbetriebslehre ..., a.a.O., S. 67 ff.

[16] Vgl. *H.-D. Deppe*, Eine Konzeption wissenschaftlicher Bankbetriebslehre ..., a.a.O., S. 38.

die den Betrieb "zur Zahlung bzw. zur Aufrechterhaltung der Zahlungsfähigkeit"[17] befähigen. Das Haftungspotential repräsentiert rechnungsmäßig die Leistungen, mit denen der Betrieb rechtsverbindlich bei Haftungsanlässen aus dem Geschäftsverkehr einsteht.[18] Den Kern des Liquiditätspotentials bilden die Zahlungsmittel, den Kern des Haftungspotentials macht das betriebliche Reinvermögen aus, dessen monetäres Äquivalent in der Bilanz das Eigenkapital ist.

Aus der Definition des monetären Leistungsfaktors folgt, daß z.B. durch eine Eigenkapitalerhöhung gegen Geldeinlagen der Monetäre Faktor sowohl in z-Qualität (Zufluß von Zahlungsmitteln und damit Erhöhung des Liquiditätspotentials) als auch in f-Qualität (Zufluß von Reinvermögen und damit Erhöhung des Haftungspotentials) zugeführt wird. Dagegen ist ein Geldleihkredit (z.B. Bankkreditaufnahme) nur als Zufluß des Monetären Faktors in z-Qualität und ein "reiner" Kreditleihkredit (z.B. Bürgschaftsleistung zugunsten des betrachteten Betriebs) nur als Zufluß des Monetären Faktors in f-Qualität zu interpretieren.[19]

Der Monetäre Faktor hat für jeden Betrieb und für jede Art von zu erstellender Marktleistung in der arbeitsteiligen Tauschwirtschaft in Form der Geldwirtschaft die gleiche Eigenschaft prinzipieller Unentbehrlichkeit im Leistungserstellungsprozeß wie die von Gutenberg systematisierten nichtmonetären Produktionsfaktoren. Als wirtschaftliches Gut ist der Monetäre Faktor also Bestandteil betrieblicher Faktorkombination. Diese Zusammenhänge werden für Haftungsleistungen im Kapitel 31 des vorliegenden Beitrags näher erörtert. Für Zahlungsleistungen sollen dagegen die für deren Produktionsfaktoreigenschaft relevanten Gedankengänge im folgenden nur skizzenhaft dargestellt werden[20]: Die moderne Tauschwirtschaft beruht bekanntlich auf weitgehender Arbeitsteilung bei der Gütererstellung und -verteilung zur Bedürfnisbefriedigung der Menschen. Beschaffung und Absatz von Leistungen werden jeweils nach dem "Prinzip von Leistung und Gegenleistung ('do ut des')"[21] abgewickelt. Die Gegenleistungen für erworbene Güter sind in der Tauschwirtschaft in Form der Geldwirtschaft in der Regel durch Geld (Zahlungsmittel) zu erbringen.[22] Das Geld ist also im Leistungsaustauschprozeß das allgemein anerkannte universelle Tauschmittel, mit dem Güter anderer Art durch Bezahlung erworben werden können.

An die Zahlungsmittelfunktion des Geldes knüpfen auch die Überlegungen zur Produktionsfaktoreigenschaft des Monetären Faktors in z-Qualität an: Der Betrieb benötigt Zah-

---

[17] *H.-D. Deppe*, Eine Konzeption wissenschaftlicher Bankbetriebslehre ..., a.a.O., S. 38.

[18] Vgl. *H.-D. Deppe*, Eine Konzeption wissenschaftlicher Bankbetriebslehre ..., a.a.O., S. 38 sowie *H.-D. Deppe*, Finanzielle Haftung heute ..., a.a.O., S. 205 f.

[19] Erst im Falle der tatsächlichen Inanspruchnahme der Bürgschaft durch den Gläubiger hat der Bürge auch eine Zahlungsleistung zu erbringen.

[20] In differenzierterer Darstellung vgl. *G. Liebau*, Monetäre Leistungen ..., a.a.O., S. 43 ff.

[21] *H.-D. Deppe*, Eine Konzeption wissenschaftlicher Bankbetriebslehre ..., a.a.O., S. 27.

[22] Ausnahmen stellen insbesondere die sogenannten Bartergeschäfte (Kompensationsgeschäfte) dar. Vgl. hierzu z.B. *J. Funk*, Sonderformen der Außenhandelsfinanzierung. In: Finanzierungshandbuch. Hrsg. v. F.W. Christians. 2., völlig überarb. u. erw. Aufl., Wiesbaden 1988, S. 397-443, hier S. 435 ff.

lungsmittel und weitere Liquiditätsreserven zur Finanzierung des im Betrieb gebundenen Vermögens (z.B. bis zur Wiedergeldwerdung durch Umsatzerlöse)[23] sowie zur Erfüllung der ihm gesetzlich auferlegten Verpflichtung, jederzeit zahlungsfähig zu sein.[24] Die Zuführung des Monetären Faktors in z-Qualität zum Betrieb setzt - vereinfachend im Gesamtzusammenhang gesehen - die Bereitschaft anderer Wirtschaftssubjekte voraus, zeitlich befristet oder unbefristet Teile eigener Bestände des allgemeinen Tauschmittels Geld für die Bindung in betrieblichen Vermögenswerten jeder Art zur Verfügung zu stellen und insoweit für die Dauer der Bindung auf eine andere Nutzung der bereitgestellten Zahlungsmittel zu verzichten (z.B. zur unmittelbaren persönlichen Bedürfnisbefriedigung durch Kauf von Konsumgütern).

In produktionstheoretischer Hinsicht liegt in der Verzichtleistung der Geldgeber sowie der dadurch möglichen und notwendigen Finanzierung betrieblicher Leistungsprozesse bei gesicherter Zahlungsfähigkeit im Kern der Leistungscharakter und so auch die Produktionsfaktoreigenschaft des Monetären Faktors in z-Qualität begründet. Hierbei spielt es - grundsätzlich betrachtet - keine Rolle, ob die Zahlungsmittelzuführung zum Betrieb und die damit verbundene Leistung durch Eigentümer des Betriebs oder durch weitere Geldgeber erfolgt: Eigen- und Fremdkapitalgeber erbringen in dieser Beziehung die gleiche Art wirtschaftlicher Leistung.[25]

---

[23] Vgl. zu den ökonomischen Zusammenhängen auch die sehr differenzierte Analyse von *W. Benner*, Betriebliche Finanzwirtschaft als monetäres System. (Göttinger Hefte zur Bankbetriebslehre und Unternehmungsfinanzierung, H. 3.) Göttingen 1983, S. 123 ff., hier insbesondere S. 128 f. und z.B. *R.-R. Hoffmann*, Beziehungen zwischen Investition und Finanzierung im Bereiche des Betriebs. (Betriebswirtschaftliche Schriften, H. 9.) Berlin 1962, S. 43 ff.; *E. Heinen*, Das Kapital in der betriebswirtschaftlichen Kostentheorie ..., a.a.O., S. 12 f. u. S. 15 ff. sowie *H. Wedell*, Das Geldkapital als systemabhängiger betriebswirtschaftlicher Produktionsfaktor. "Betriebswirtschaftliche Forschung und Praxis", Herne u. Berlin, Jg. 21 (1969), S. 207-226, hier S. 222 ff.

[24] Die jederzeitige Zahlungsfähigkeit ist in der Bundesrepublik Deutschland gemäß §§ 102 Abs. 1 und 209 Konkursordnung sowie § 2 Vergleichsordnung Voraussetzung für die Teilnahme von Betrieben am Wirtschaftsprozeß. Vgl. zu derartigen rechtlichen Zusammenhängen den Überblick bei *W. Benner*, Betriebliche Prozesse, finanzwirtschaftliche Existenzbedingungen und finanzielles Gleichgewicht. In: Geldwirtschaft und Rechnungswesen. Hrsg. v. H.-D. Deppe. (Neue Betriebswirtschaftliche Studienbücher, Bd. 1.) Göttingen 1989, S. 153-198, hier S. 155 ff. sowie z.B. *J. Kilger*, Konkursordnung. 15., neubearb. Aufl. des von A. Böhle-Stamschräder begründeten Werkes. (Beck'sche Kurz-Kommentare, Bd. 27.) München 1987, S. 363 ff. u. S. 497 ff.

[25] Derartige Verzichtleistungen werden mit Bezug auf die Zahlungsmittelzuführung zum Betrieb von Geldgebern im Rahmen der Außenfinanzierungsformen und - im Bereich der Innenfinanzierung - bei der Finanzierung aus Gewinngegenwerten und aus Aufwandsgegenwerten (ohne Abschreibungen) erbracht, d.h. bei betriebsvermögensmehrender Zahlungsmittelzuführung. Die weiteren Innenfinanzierungsformen einschließlich der Finanzierung aus Abschreibungsgegenwerten (Normalabschreibungen) stellen sich dagegen als Vermögensumschichtungsvorgänge dar, bei denen die Zahlungsmittelzuführung zum Betrieb nicht mit zusätzlichen Verzichtleistungen der Geldgeber verbunden ist. Vielmehr werden hier vom Betrieb ihm "schon verfügbare Verzichtleistungen" der Geldgeber (Finanzierungsleistungen) weiter genutzt, wobei sich nur die Vermögensart ändert, in der diese Geldgeberleistungen gebunden sind (Verfügbarkeit als Zahlungsmittel gegenüber Bindung in z.B. Sachgütern). - Zur Frage, warum trotzdem unter anderem die gesamte Zahlungsmittelzuführung zum Betrieb, d.h. einschließlich aller Innenfinanzierungsformen, in einem erweiterten Ansatz als Beschaffung des Monetären Faktors in z-Qualität verstanden werden kann, vgl. *G. Liebau*, Monetäre Leistungen ..., a.a.O., S. 62 ff.

23 Einordnung finanzieller Haftungsleistungen in das Gesamtsystem zur Analyse des betrieblichen Leistungsprozesses

Wenn für die betriebliche Marktleistungserstellung jeder Art grundsätzlich neben technisch-organisatorischen Faktoren der Einsatz des Monetären Faktors in z-Qualität und f-Qualität notwendig ist, bietet es sich für die Bildung von Systemen zur Analyse und Erklärung der betrieblichen Realität an, den so gegebenen "Leistungsdualismus"[26] explizit bei der Erfassung des betrieblichen Leistungsprozesses zu berücksichtigen. H.-D. Deppe[27] hat hierfür eine Konzeption vorgeschlagen, die den Betrieb in mehrschichtiger Perspektive als Subsystem (offenes System) der Tauschwirtschaft in Form der Geldwirtschaft beschreibt. Dieser "systemtheoretisch strukturierte Gesamtzusammenhang Betrieb" ergibt sich ausgehend von zwei verschiedenen Kriterien[28]:

1. "Systembereichsorientierte" Erfassung des Betriebs als "GPB-LFB-TOB-System" auf der Grundlage abgrenzbarer "wesensgleicher betrieblicher Zusammenhänge". Diese wesensgleichen Zusammenhänge sind systemtheoretisch und begrifflich in drei Analysebereichen erfaßt, und zwar im Geschäftspolitischen Bereich (GPB) als gedankliche Einheit aus betrieblichen Entscheidungs- und Kontrollnormen (im Sinne von Zielsetzungen des Betriebs, von Strategischen Grundsätzen und Strategien sowie von Ziel-Strategie-Kontroll-Normen[29]), im Liquiditätsmäßig-finanziellen Bereich (LFB) als gedankliche Einheit aus Beschaffung und Einsatz des Monetären Faktors mit Zahlungs- und Haftungszusammenhängen sowie im Technisch-organisatorischen Bereich (TOB) als gedankliche Einheit aus Beschaffung und Einsatz nichtmonetärer (technisch-organisatorischer) Faktoren mit darauf basierenden Leistungszusammenhängen.

---

[26] H.-D. Deppe, Finanzielle Haftung heute ..., a.a.O., S. 220. Vgl. auch H.-D. Deppe, Bankbetriebliches Wachstum ..., a.a.O., S. 25 ff. - Angemerkt sei, daß bereits Kaminsky im Zusammenhang mit der Untersuchung von Fragen bankbetrieblicher Kosten- und Leistungsrechnung vom dualistischen Charakter bankbetrieblicher Leistungserstellung im Sinne des notwendigen Einsatzes von "Wert-" und "Stückleistungen" spricht. (St. Kaminsky, Die Kosten- und Erfolgsrechnung ..., a.a.O., S. 22 ff.) Vgl. hierzu auch die kritische Analyse von P. Reus, Geldwirtschaftlicher Leistungsdualismus ..., a.a.O., S. 32 ff.

[27] Vgl. H.-D. Deppe, Einführung des Herausgebers zu Heft 7a und 7b. In: Texte zur wissenschaftlichen Bankbetriebslehre I und II. (Göttinger Hefte zur Bankbetriebslehre und Unternehmungsfinanzierung, H. 7a u. 7b.) Göttingen 1980 u. 1981, S. IX-XLVIII, hier S. XIII f. sowie H.-D. Deppe, Eine Konzeption wissenschaftlicher Bankbetriebslehre ..., a.a.O., S. 8 f. u. S. 47 ff. - Zum Systemansatz vgl. z.B. H. Ulrich, Die Unternehmung als produktives soziales System. Grundlagen der allgemeinen Unternehmungslehre. 2., überarb. Aufl., Bern u. Stuttgart 1970, S. 40 ff. u. S. 100 ff.; E. Grochla, Systemtheoretisch-kybernetische Modellbildung betrieblicher Systeme. In: Systemtheorie und Betrieb. Sonderheft 3/1974 der "Zeitschrift für betriebswirtschaftliche Forschung". Opladen 1974, S. 11-22; G. Fuchs-Wegener, "Systemanalyse". Eine Forschungs- und Gestaltungstheorie. In: Systemtheorie und Betrieb. Sonderheft 3/1974 der "Zeitschrift für betriebswirtschaftliche Forschung". Opladen 1974, S. 69-82 sowie E. Grochla, H. Lehmann u. H. Fuchs, Einführung in die systemtheoretisch-kybernetisch orientierten Ansätze. In: Organisationstheorie. 2. Teilband. Hrsg. v. E. Grochla. Stuttgart 1976, S. 532-541.

[28] Vgl. Übersicht 1 auf der folgenden Seite.

[29] Vgl. zum GPB bzw. zu den Normengruppen des GPB Übersicht 1 sowie H.-D. Deppe, Eine Konzeption wissenschaftlicher Bankbetriebslehre ..., a.a.O., S. 19 ff. und G. Liebau, Monetäre Leistungen ..., a.a.O., S. 118 ff. - Speziell zu Strategischen Grundsätzen und Strategien zur Steuerung der betrieblichen Haftungssphäre vgl. den Beitrag von P. Reus in der vorliegenden Festschrift.

Übersicht 1: Modell einer Wirtschaftseinheit des Nichtfinanziellen Sektors als geschäfts-politisch gesteuertes Leistungsbeschaffungs-, Leistungskombinations- und Leistungsabsatzsystem *

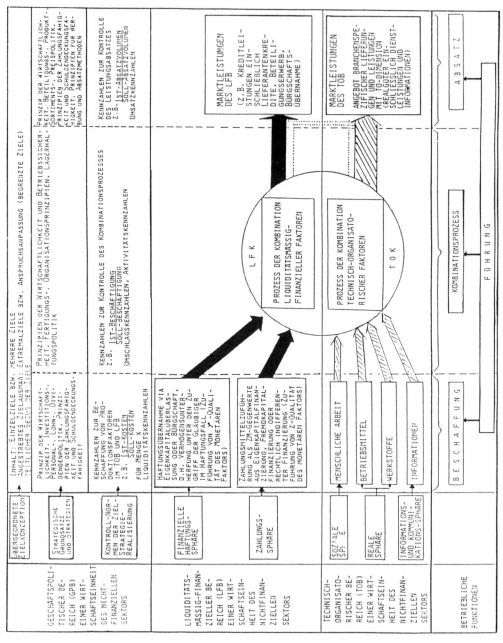

---

* In geringfügig modifizierter Form entnommen aus: *H.-D. Deppe*, Sammelanlage zur Veranstaltung "Grundlagen betriebswirtschaftlicher Geldwirtschaft I (Kredit- und Kapitalverkehr)". Göttingen, Sommer-Semester 1989, S. 106.

2. "Leistungsflußorientierte" Erfassung des Betriebs als "Input-Output-System", d.h. auf der Basis betrieblicher Funktionen im Sinne des Leistungsflusses durch den Betrieb (Beschaffung, Kombinationsprozeß und Absatz).

Wie Übersicht 1 zeigt, sind beide Gliederungskriterien insofern miteinander verbunden, als die "systembereichsorientierte" Art der Erfassung matrixförmig von der "leistungsfluß-orientierten" Art überlagert wird.

Worin liegt der Aussagewert der in Übersicht 1 zum Ausdruck kommenden und hier einführend nur kurz erläuterten Modellvorstellung vom Betrieb? Mit Blick auf die Abgrenzung der beiden Leistungsbereiche LFB und TOB sei auf die so gegebene konsequente Unterscheidung von monetären und nichtmonetären betrieblichen Leistungsflußzusammenhängen hingewiesen, und zwar bei gleichzeitiger Betonung, daß im Sinne des Leistungsdualismus jede Marktleistung des Betriebs immer nur das Ergebnis von Teilleistungen des Technisch-organisatorischen und des Liquiditätsmäßig-finanziellen Kombinationsprozesses sein kann. Das zwingt in der Analyse des betrieblichen Leistungsprozesses einerseits zur Wahrung einer ganzheitlichen Sichtweise, andererseits aber auch dazu, technisch-organisatorische und liquiditätsmäßig-finanzielle Überlegungen hinreichend einzubeziehen, z.B. mit Bezug auf Kapazitätszusammenhänge im TOB und im LFB.

Im LFB bezieht sich ein wesentlicher und hier primär interessierender Teilaspekt der Analyse des Leistungserstellungsprozesses von Betrieben auf zu beachtende Haftungszusammenhänge. Diese sind in Übersicht 1 in der finanziellen Haftungssphäre (*f*-Sphäre) des LFB erfaßt. Wie schon allgemein für den Monetären Faktor angedeutet, ist der Grundgedanke hier, daß Haftungsleistungen in gleicher Weise wie z.B. Werkstoffe, menschliche Arbeitsleistungen und Zahlungsleistungen als notwendige wirtschaftliche Einsatzgüter im Sinne von Produktionsfaktoren zu beschaffen und leistungsmäßig bei der betrieblichen Marktleistungserstellung einzusetzen sind. Daraus ergibt sich unter anderem, daß nicht nur technisch-organisatorische Einsatzgüter Engpaßfaktoren für das erstellbare Marktleistungsvolumen eines Betriebs sein können, sondern auch das verfügbare Haftungspotential. Derartige Zusammenhänge sind im folgenden Teil 3 näher zu analysieren.

3 Wirtschaftlicher Inhalt, Komponenten und Einsatz finanzieller Haftungsleistungen

31 Zur Produktionsfaktoreigenschaft finanzieller Haftungsleistungen

In der arbeitsteiligen Tauschwirtschaft in Form der Geldwirtschaft ergeben sich bei allen Leistungsaustauschprozessen, die nicht zeitgleich erfolgen, d.h. keine den Leistungsaustausch abschließenden Zug-um-Zug-Geschäfte sind, offene Leistungsbeziehungen zwischen den beteiligten Wirtschaftspartnern. Offene Leistungsbeziehungen, die im Prinzip sowohl Fremd- als auch Eigenkapitalgeber eingehen, sind mit ökonomischen Gefahren im

Sinne möglicher wirtschaftlicher Einbußen verbunden: Der Fremdkapitalgeber läuft als Finanz- oder Lieferantenkreditgeber Gefahr, die ihm aufgrund schuldrechtlicher vertraglicher Ansprüche zustehende und in ihrer Höhe in der Regel genau fixierte Gegenleistung bei ihrer Fälligkeit nicht oder nicht in voller Höhe zu erhalten. Für den Eigenkapitalgeber liegt die Gefahr darin, daß sich die auf gesellschaftsrechtlicher (beteiligungsrechtlicher) Basis erwarteten und in ihrer Höhe durchweg erfolgsabhängigen Gegenleistungen - einschließlich eines Anteils am Liquidationserlös - zu späteren Zeitpunkten nicht realisieren lassen.[30]

311 Ökonomische und rechtliche Notwendigkeit finanzieller Haftungsübernahme

Wie die einführende Differenzierung zwischen schuldrechtlichen Ansprüchen beim Fremdkapital und beteiligungsrechtlich bestimmten Vermögensrechten beim Eigenkapital schon vermuten läßt, besteht - neben den oben angedeuteten Gemeinsamkeiten - ein wesentlicher Unterschied zwischen offenen Leistungsansprüchen von Fremdkapitalgebern gegenüber derartigen offenen "Leistungsansprüchen" von Eigenkapitalgebern: In der Marktwirtschaft ist gemäß Wirtschaftsverfassung dem Haftungspotential, im Kern dokumentiert durch betriebliches Eigenkapital und dessen Reinvermögensäquivalent, die spezielle Funktion des risikotragenden Kapitals zugewiesen.[31] Treten im Betrieb oder in den Absatzbeziehungen des Betriebs mit der Umwelt Risiken im Sinne von Verlustgefahren auf, so sollen Fremd- und Eigenkapitalgeber von diesen Risiken und daraus resultierenden effektiven Verlusten gemäß unserer Wirtschaftsordnung eigentlich nicht in gleicher Weise betroffen sein. Vielmehr hat das Reinvermögen (buchhalterisch ausgewiesen durch das Eigenkapital) die Funktion, solche Verluste aufzufangen und damit Fremdkapitalgeber vor Vermögensverlusten zu schützen.[32] Die so umschriebene finanzielle Haftungsübernahme ist also nur für das Eigenkapital bzw. für noch zu erläuternde weitere Bestandteile des Haftungspotentials[33] vorgesehen, nicht aber für das Fremdkapital.

Allgemein ausgedrückt, dient die Zuführung finanzieller Haftungsleistungen zum Betrieb (Zuführung des Monetären Faktors in *f*-Qualität) so - im Sinne Euckens[34] - der Schaffung

---

[30] Zu Merkmalen des Eigen- und Fremdkapitals vgl. z.B. *K. Chmielewicz*, Betriebliches Rechnungswesen. Bd. 1: Finanzrechnung und Bilanz. (rororo studium, Nr. 43.) Reinbek bei Hamburg 1973, S. 145 ff.

[31] Vgl. *H.-D. Deppe*, Eine Konzeption wissenschaftlicher Bankbetriebslehre ..., a.a.O., S. 32 sowie *H.-D. Deppe*, Finanzielle Haftung heute ..., a.a.O., S. 199 f. u. S. 206 ff.

[32] Vgl. hierzu z.B. auch *F.W. Christians*, Erschließung des Kapitalmarktes als Quelle für Risikokapital. In: Finanzierungshandbuch. Hrsg. v. F.W. Christians. 2., völlig überarb. u. erw. Aufl., Wiesbaden 1988, S. 525-562, hier S. 530 sowie *G. Franke* u. *H. Hax*, Finanzwirtschaft des Unternehmens und Kapitalmarkt. (Heidelberger Lehrtexte. Wirtschaftswissenschaften.) Berlin 1988, S. 5.

[33] Vgl. hierzu Abschnitt 321. - Aus Vereinfachungsgründen wird zur grundsätzlichen Begründung der Produktionsfaktoreigenschaft des Monetären Faktors in *f*-Qualität in diesem Kapitel 31 primär nur vom Eigenkapital (Reinvermögen) ausgegangen. Die Produktionsfaktoreigenschaft der weiteren Komponenten des Haftungspotentials (wie z.B. Genußrechtskapital oder Bürgschaften) stellt sich prinzipiell jedoch nicht anders dar.

[34] Vgl. *W. Eucken*, Grundsätze der Wirtschaftspolitik. Hrsg. v. E. Eucken u. K.P. Hensel. 5., unveränd. Aufl., Tübingen 1975, S. 285.

wirtschaftlichen Vertrauens in der Marktwirtschaft, d.h. in freiheitlicher, am Wettbewerb orientierter Ordnung der arbeitsteiligen Tauschwirtschaft in Form der Geldwirtschaft.[35] Wie ist dieser Zusammenhang zu begründen? In der Marktwirtschaft sind die Geschäftsführungsbefugnis im Betrieb bzw. rechtsformspezifische Mitspracherechte an die Eigenkapitalhingabe geknüpft.[36] Fehler in der Steuerung und Überwachung betrieblicher Leistungsprozesse und damit verbundene Verluste müssen daher bei Anwendung des Prinzips von Leistung und Gegenleistung und unter Berücksichtigung diesbezüglicher Verantwortlichkeiten auch denjenigen zugerechnet werden, die als Eigenkapitalgeber für die betrieblichen Wirtschaftspläne im Rahmen rechtsformspezifischer Regelungen verantwortlich sind: "Wer den Nutzen [Gewinnerzielung] hat, muß auch den Schaden tragen".[37] Fremdkapitalgeber - und das heißt hier: Wirtschaftssubjekte ohne Geschäftsführungsbefugnis bzw. Mitspracherechte und damit ohne entsprechende Verantwortung - dürfen dagegen gemäß Wirtschaftsordnung und Vertragsbeziehungen die Erfüllung ihrer vertraglich gesicherten schuldrechtlichen Leistungsansprüche auch dann noch erwarten, wenn durch Störungen im betrieblichen Leistungserstellungs- und Leistungsabsatzprozeß Verluste auftreten.

Die so von der Wirtschaftsordnung her bei betrieblichen Verlusten von Eigenkapitalgebern verlangte Leistung der Haftungsübernahme und die dadurch zu bewirkende Sicherung vertraglicher Ansprüche von Fremdkapitalgebern sind durch konkrete rechtliche Tatbestände gestützt: Zumindest für Kapitalgesellschaften stellt die Überschuldung (als Überwiegen der Schulden über das Vermögen) bzw. die damit angezeigte Nichtleistungsfähigkeit in der betrieblichen Haftungssphäre einen Konkurs- bzw. Vergleichsgrund dar.[38] Der Überschuldungstatbestand gemäß Konkurs- oder Vergleichsordnung als eine für Kapitalgesellschaften grundlegende gesetzliche Regelung bindet also die betriebliche Existenz der Kapitalgesellschaft direkt an die gegebene Schuldendeckungsfähigkeit. Darüber hinaus bestehen weitere gesetzliche Regelungen zur finanziellen Haftung für einzelne Rechtsformen[39] und speziell "mit großer Regelungsdichte bei den Betrieben des Finanziellen Sektors, also Kreditinstituten und Versicherungen".[40]

---

[35] Vgl. auch *F.W. Christians*, Erschließung des Kapitalmarktes ..., a.a.O., S. 531 sowie *N. Luhmann*, Vertrauen. Ein Mechanismus der Reduktion sozialer Komplexität. (Soziologische Gegenwartsfragen, N.F.) Stuttgart 1968, S. 45 ff.

[36] Vgl. z.B. *K. Chmielewicz*, Betriebliches Rechnungswesen ..., a.a.O., S. 146 sowie *G. Franke* u. *H. Hax*, Finanzwirtschaft des Unternehmens ..., a.a.O., S. 4.

[37] *W. Eucken*, Grundsätze der Wirtschaftspolitik, a.a.O., S. 279 (Einfügung durch den Verfasser).

[38] Vgl. §§ 207 u. 209 ff. Konkursordnung sowie §§ 1 ff. Vergleichsordnung. - Vgl. z.B. auch *W. Benner*, Betriebliche Prozesse ..., a.a.O., S. 167 ff., hier insbesondere S. 170 sowie *J. Kilger*, Konkursordnung, a.a.O., S. 492 ff. u. S. 497 ff.

[39] Vgl. *W. Benner*, Betriebliche Prozesse ..., a.a.O., S. 170 f.; *H.-D. Deppe*, Finanzielle Haftung heute ..., a.a.O., S. 209 f. sowie den Beitrag von *G. Emmerich* in der vorliegenden Festschrift.

[40] *H.-D. Deppe*, Finanzielle Haftung heute ..., a.a.O., S. 209.

312 Die Haftungsleistung als produktives wirtschaftliches Gut

3121 Sicherung vertraglicher Gläubigeransprüche

Ausgehend von den Erläuterungen im Abschnitt 311 kann die Haftungsübernahme durch den Eigenkapitalgeber mit einer Versicherungsleistung gegen Risiken im Sinne von Verlustgefahren verglichen werden, und zwar gegen die Risiken, die Fremdkapitalgeber wegen ihrer noch offenen vertraglichen Leistungsansprüche an den Betrieb tragen[41]: "Versicherungsnehmer" wäre der Fremdkapitalgeber, "Versicherungsgeber" wäre der Eigenkapitalgeber bzw. der ihn vertretende Betrieb.

Der Vergleich mit einer Versicherungsleistung soll hier auch verdeutlichen, daß der Haftungsgeber das Risiko der Verlustgefahr nicht nur im "Haftungsfall", sondern <u>ständig</u> während der Laufzeit seiner Haftungszusage trägt.[42] Er stellt in diesem zeitlichen Rahmen die versicherungsähnliche Leistung also dauernd als "Zeitraumleistung"[43] zur Verfügung. Im Widerspruch zur Realität und damit falsch wäre es daher, die Leistung des Haftungsgebers erst "punktuell" für den "Eintritt des Versicherungsfalls" als gegeben anzusehen, d.h. im Fall tatsächlicher Verlustabdeckung. Sieht man daher - vorgreifend gesagt - die Haftungsleistung als wirtschaftliche Leistung im Sinne eines Produktionsfaktors an, für die dem Leistungsgeber (z.B. Eigenkapitalgeber) eine Vergütung wie für jeden anderen im Leistungserstellungsprozeß eingesetzten Produktionsfaktor zusteht, so ist bei kostenrechnerischer Einbeziehung des Wertes der Haftungsleistung in den Wert der erstellten Marktleistung (mit dem Ziel der Vergütung, z.B. über die Umsatzerlöse) von diesem Charakter der Haftung als "Zeitraumleistung" auszugehen.[44]

Die von Eigenkapitalgebern und Gebern zusätzlichen finanziellen Haftungspotentials erbrachte Leistung des "rechtsverbindlichen Einstehens bei Haftungsanlässen aus dem Geschäftsverkehr eines Betriebes"[45] stiftet den Gläubigern des Betriebs also Nutzen, indem schuldrechtliche vertragliche Ansprüche dieser Gläubiger gesichert und deren persönliches Vertrauen in den Geschäftspartner gestärkt werden.

Der versicherungsähnliche Schutz, den der Eigenkapitalgeber dem einzelnen Fremdkapitalgeber durch die finanzielle Haftungsleistung bietet, reicht "im Haftungsfall" allerdings nur so weit, als der dann als "Puffer" verfügbare Betrag an Eigenkapital bzw. das dadurch ausgewiesene Reinvermögen groß genug ist, eingetretene Verluste tatsächlich aufzufan-

---

[41] Vgl. *H.-D. Deppe*, Finanzielle Haftung heute ..., a.a.O., S. 206.

[42] Vgl. hierzu aus versicherungsbetrieblicher Sicht auch *D. Farny*, Produktions- und Kostentheorie der Versicherung, a.a.O., S. 8.

[43] Zum Begriff der Zeitraumleistung vgl. *O. Fischer*, Finanzwirtschaft der Unternehmung I. Daten und Alternativen der Finanzwirtschaft. (wisu-texte.) Tübingen u. Düsseldorf 1977, S. 5 f.

[44] Vgl. *H.-D. Deppe*, Finanzielle Haftung heute ..., a.a.O., S. 207. - Zum <u>Leistungscharakter</u> der Haftungsübernahme ("Übernahme von Risiken") vgl. auch *D. Pohmer*, Über die Bedeutung des betrieblichen Werteumlaufs ..., a.a.O., S. 336.

[45] *H.-D. Deppe*, Finanzielle Haftung heute ..., a.a.O., S. 206.

gen. Übersteigen die Verluste die Höhe des Eigenkapitals (Reinvermögens), so wird damit in Höhe der dann noch nicht abgedeckten Verluste das Risiko auch für den Fremdkapitalgeber wieder relevant. Insofern muß man bei ganzheitlicher Sicht sagen, daß zwischen "Risikoübernahme durch Eigen- und Fremdkapitalgeber" prinzipiell zwar fundamentale, tatsächlich aber unter Umständen nur graduelle Unterschiede bestehen: Das Risiko, Vermögensverluste zu erleiden, ist für den Eigenkapitalgeber gemäß Wirtschaftsordnung höher als für den Fremdkapitalgeber. Das tatsächliche Risiko wird für den Fremdkapitalgeber ceteris paribus offensichtlich bestimmt durch die Höhe des "Puffers" Eigenkapital und durch die Höhe der vom Betrieb im Leistungsprozeß eingegangenen Risiken im Sinne von Verlustgefahren.[46] Dagegen bestimmt es sich für den Eigenkapitalgeber nur aus der Höhe der betrieblichen Risiken.

Die hier vorgetragene, ökonomisch begründete Sichtweise darf jedoch in der Praxis nicht dazu verleiten, den durch Wirtschaftsordnung und Verträge gegebenen fundamentalen Unterschied zwischen beiden Kapitalformen - Eigenkapital und Fremdkapital - in der Marktwirtschaft verwischen zu lassen: Das Eigenkapital ist von unserer Wirtschaftsordnung her bewußt für den Ausgleich von Verlusten aus dem betrieblichen Leistungsprozeß vorgesehen. Das Fremdkapital wird dagegen als vertraglicher schuldrechtlicher Anspruch im Sinne des Gläubigerschutzprinzips bewußt durch den Puffer Eigenkapital bzw. Reinvermögen zu schützen versucht.

3122 Finanzielle Haftungsübernahme als geldwirtschaftliche Solidarleistung

Die finanzielle Haftungsleistung stiftet nicht nur den unmittelbaren Gläubigern des Betriebs Nutzen. Vielmehr sind bei ihrer Würdigung auch volkswirtschaftliche Bezüge zu beachten. Ausgangspunkt für diese Überlegungen ist die Tatsache, daß die Geldwirtschaftspartner auf den einzelnen Stufen des vielschichtigen Geflechts der arbeitsteiligen nationalen oder internationalen Tauschwirtschaft als Geber finanzieller Haftungsleistungen bzw. als Nutznießer dieser Leistungen (d.h. als Kreditgeber) Glieder von Haftungs- und vertraglichen Kreditketten sind.[47] Je geringer bei den einzelnen Betrieben als Glieder einer derartigen Kette die vorhandenen Haftungspotentiale in Relation zu eingegangenen Risiken sind, desto größer ist die Gefahr, daß sich bei nicht mehr tragbaren Verlusten eines Betriebs (Überschuldung) Kettenreaktionen ergeben, d.h., daß die dann als Gläubiger betroffenen Wirtschaftssubjekte nun ihrerseits eingegangene Leistungsverpflichtungen ge-

---

[46] Von der möglichen Differenzierung der Fremdkapitalgeber in dinglich gesicherte und nicht dinglich gesicherte Kreditgeber wird hier abstrahiert. Vgl. zu derartigen Sachsicherheiten sowie zu Personalsicherheiten im Zusammenhang mit dem Monetären Faktor in f-Qualität Abschnitt 321, Fußnote 65.

[47] Vgl. *H.-D. Deppe*, Finanzielle Haftung heute ..., a.a.O., S. 201. - Zum Begriff der "Kreditketten" vgl. auch *H. Höpker-Aschoff*, Geld und Gold. Jena 1939, S. 14 ff. sowie *E. Schneider*, Einführung in die Wirtschaftstheorie. I. Teil: Theorie des Wirtschaftskreislaufs. Mit einem Anhang über das Studium der Wirtschaftswissenschaften. 14., verb. Aufl., Tübingen 1969, S. 37 ff.

genüber ihren eigenen Gläubigern nicht mehr einhalten bzw. einhalten können.[48] Ausreichende Verlustdeckungspotentiale als "monetäre Puffer zum Abfedern von Verlusten" können dagegen solche Kettenreaktionen verhindern und so die Auswirkungen von Störungen in der arbeitsteiligen Tauschwirtschaft, ausgelöst durch Verluste, möglichst eng begrenzen. Die Gesamtheit finanzieller Haftungsleistungen in einer Volkswirtschaft oder im Weltwirtschaftsverbund leistet so auch einen wesentlichen Beitrag zur Stabilität der arbeitsteiligen nationalen bzw. internationalen Tauschwirtschaft. H.-D. Deppe[49] spricht in diesem Zusammenhang vom Haftungs- oder Solidarverbund aller Geldwirtschaftspartner eines Währungsgebiets bzw. verschiedener Währungsgebiete untereinander.

Betroffen vom "Funktionieren" des Haftungs- oder Solidarverbunds sind letztlich sogar alle Wirtschaftssubjekte eines Wirtschafts- bzw. Währungsgebiets, d.h. auch diejenigen, die keine offenen Leistungsansprüche aus Kreditverträgen haben: "Sozialisiert" der Staat z.B. in bestimmten Situationen Verluste von Betrieben, um aus hier nicht näher zu erörternden Gründen Kettenreaktionen der oben angedeuteten Art zu verhindern, so ist der einzelne Bürger hiervon zumindest als Steuerzahler berührt.[50] Darüber hinaus gilt generell, daß es sich beim heutigen Geld immer um Kreditgeld handelt und daß dieses Kreditgeld "in seinem Wert und seiner Funktion vom monetären Verhalten und insbesondere vom Kreditverhalten der Beteiligten abhängig ist".[51] Auch vom Kreditgeld her, d.h. vom Wert dieses Geldes pro Recheneinheit, ergeben sich also Bezüge zum Haftungs- oder Solidarverbund.[52]

---

[48] Hingewiesen sei in diesem Zusammenhang auf die sogenannte internationale Schuldenkrise und die dadurch gegebene Gefahr von Haftungskrisen bei den kreditgebenden Banken. Vgl. hierzu auch Kapitel 42 des vorliegenden Beitrags sowie *L. Mülhaupt*, Von der Bankenkrise 1931 zur Bankenaufsicht 1981. "Zeitschrift für betriebswirtschaftliche Forschung", Wiesbaden, Jg. 34 (1982), S. 435-455. Wiederabgedruckt in: Geldwirtschaft und Rechnungswesen. Hrsg. v. H.-D. Deppe. (Neue Betriebswirtschaftliche Studienbücher, Bd. 1.) Göttingen 1989, S. 339-369, hier S. 354 ff.; *L. Mülhaupt*, Wo bleibt die Risikovorsorge des Bundes für bankwirtschaftliche Krisenfälle? "Zeitschrift für das gesamte Kreditwesen", Frankfurt a.M., Jg. 37 (1984), S. 847-849, hier insbesondere S. 847 und *H.-D. Deppe*, KWG-Novellierung ..., a.a.O., S. 286 ff.

[49] Vgl. *H.-D. Deppe*, Finanzielle Haftung heute ..., a.a.O., S. 201, S. 210 u. S. 223.

[50] Als extremes Beispiel aus neuerer Zeit seien die Verluste amerikanischer Savings and Loan Associations in einer Größenordnung von 150 bis 200 Mrd. US-Dollar genannt, die teilweise direkt durch den Staatshaushalt der USA abgedeckt werden sollen. Vgl. hierzu z.B. *W.A. Burda*, Die Savings & Loan Associations in den USA. "Sparkasse", Stuttgart, Jg. 106 (1989), S. 358-360.

[51] *H.-D. Deppe*, Finanzielle Haftung heute ..., a.a.O., S. 201, Fußnote 5. - Vgl. hierzu auch *H.-D. Deppe* u. *K. Lohmann*, Grundriß analytischer Finanzplanung, a.a.O., S. 30 f.

[52] Derartige Zusammenhänge klingen z.B. auch an, wenn es in einem Zeitungsartikel mit Bezug auf die Bemühungen zur Sanierung der amerikanischen Savings and Loan Associations heißt: "Die Regierung müsse auch deshalb ein großes Interesse an einer raschen Beilegung der Sparkassenkrise haben, weil sie immer bedrohlicher den Handlungsspielraum der Notenbank einschränke, mit geldpolitischen Maßnahmen die Inflation zu bekämpfen. Der Notenbank seien zunehmend die Hände gebunden, da jede Zinserhöhung, die an sich für eine Dämpfung der Inflationserwartungen notwendig sei, die Not der Sparkassen und die Gefahr eines totalen Zusammenbruchs des Systems erhöhe". (*C. Kaps*, Amerikas Sparkassen werden zum Alptraum der neuen Regierung. "Frankfurter Allgemeine Zeitung" vom 1.12.1988.)

Wie die relativ geringe Eigenkapitalausstattung von Unternehmen verdeutlicht[53], ist die ökonomische Leistung "finanzielle Haftungsübernahme" durch Einsatz des Monetären Faktors in f-Qualität ein knappes Gut: Die einzelnen Anleger von Ersparnissen als potentielle Financiers von Wirtschaftsprozessen zeichnen sich durch unterschiedlich hohe Risikofreudigkeit bzw. Risikoaversion aus. Viele eher risikoscheue Financiers von Wirtschaftsprozessen erwarten eine gewisse Sicherheit für die von ihnen gewählte Anlageform. Einen wesentlichen Beitrag im Rahmen dieser Sicherheitsforderungen der potentiellen Anbieter von Zahlungsleistungen, d.h. des Monetären Faktors in z-Qualität, erbringt die versicherungsähnliche Leistung "Haftung". Finanzielle Haftung und damit die Verfügbarkeit des Monetären Faktors in f-Qualität sind aufgrund dieser Zusammenhänge notwendige Voraussetzungen für die Aufnahme von Fremdkapital[54] und auch deshalb von Nutzen für die arbeitsteilige Tauschwirtschaft in Form der Geldwirtschaft: Der weitgehende Verzicht auf Kredit bei der Finanzierung von Wirtschaftsprozessen, d.h. die fast ausschließliche Finanzierung durch Eigenkapital, ist schon wegen der bei vielen Anlegern bestehenden Risikoscheu nicht vorstellbar.

Der Bedarf an Fremdkapital einerseits und Anforderungen potentieller Anbieter des Monetären Faktors in z-Qualität an die finanzielle Haftungsfähigkeit des Kreditnehmers andererseits haben zudem die folgende Konsequenz: Obwohl die Schuldendeckungsfähigkeit beim Einzelkaufmann und bei Personengesellschaften im Gegensatz zu Kapitalgesellschaften wegen der Privatvermögenshaftung im allgemeinen keine "offizielle" rechtliche Existenzbedingung im Sinne der Konkurs- bzw. der Vergleichsordnung ist[55], ist auch für diese Rechtsformen vorhandenes Reinvermögen des Betriebs bzw. der Einheit "Betrieb/Privatperson", insbesondere für die Möglichkeit zur Fremdkapitalaufnahme, wirtschaftlich betrachtet aus den genannten Gründen unabdingbar und damit eine "wirtschaftliche" Existenzbedingung.

Gegen diese Argumentation ließe sich einwenden, daß die Bereitschaft, auch als Fremdkapitalgeber höhere Risiken zu tragen, nur eine Frage des "Preises" sei, d.h. hinreichend ho-

---

[53] Vgl. zur Eigenkapitalausstattung deutscher Unternehmen z.B. *H. Albach u.a.*, Zur Versorgung der deutschen Wirtschaft mit Risikokapital. (ifm-materialien, Nr. 9.) Bonn 1983, S. 20 ff. sowie *Sachverständigenrat zur Begutachtung der gesamtwirtschaftlichen Entwicklung*, Jahresgutachten 1984/85. Bundestagsdrucksache 10/2541. Bonn 1984, S. 84 ff. - Gegenwärtig beträgt die Eigenkapitalquote (Anteil des Eigenkapitals an der Bilanzsumme) bei Unternehmen des Nichtfinanziellen Sektors im Durchschnitt gut 19 v.H. Vgl. zu diesem Wert bzw. zum Kreis der einbezogenen Unternehmen *Deutsche Bundesbank*, Ertragslage und Finanzierungsverhältnisse der Unternehmen im Jahre 1988. "Monatsberichte der Deutschen Bundesbank", Frankfurt a.M., Jg. 41 (1989), Nr. 11, S. 13-29, hier insbesondere S. 13 u. S. 19.

[54] Vgl. z.B. *E. Gutenberg*, Die Finanzen ..., a.a.O., S. 238; *L. Raettig*, Finanzierung mit Eigenkapital. Hohes Eigenkapital = mehr Kreditwürdigkeit? Frankfurt a.M. 1974, S. 61 ff.; *F.W. Christians*, Erschließung des Kapitalmarktes ..., a.a.O., S. 527 f. sowie *G. Franke* u. *H. Hax*, Finanzwirtschaft des Unternehmens ..., a.a.O., S. 5 u. S. 70 f.

[55] Angemerkt sei, daß nach § 46b KWG das Konkursverfahren über das Vermögen eines Kreditinstituts jedoch - unabhängig von der Rechtsform - im Falle der Zahlungsunfähigkeit oder der Überschuldung stattfindet.

her Verzinsung mit Risikoprämie. Vertreter dieser Auffassungen könnten z.B. auf die Fremdkapitalfinanzierung in Form von Junk-Bonds[56] hinweisen. Dagegen ist jedoch zu sagen, daß die Höhe der Verzinsung die Risikobereitschaft von Anlegern, die sich bewußt für Anlagen in schuldrechtlicher Form entscheiden, vermutlich nur begrenzt erhöhen kann.[57] Viele Anleger mit Präferenzen bei der Sicherheit der Anlage werden sich hierdurch auch gar nicht beeinflussen lassen.

Die Haftungsleistung stiftet - wie gezeigt - also in verschiedener Hinsicht Nutzen. Sie ist zudem ein knappes wirtschaftliches Gut und hat - dokumentiert in den Renditeerwartungen der Geber von Risikokapital - ihren Preis. Die Haftungsleistung erfüllt damit alle Merkmale eines produktiven Faktors.[58]

Ausdrücklich betont sei, daß in diesem Zusammenhang nur auf die "reine" Haftungsleistung (d.h. auf die f-Leistung, nicht jedoch auf die z-Leistung) als rechtsverbindliche Übernahme betrieblicher Verlustgefahren und bei Fundierung der Risikoübernahme, insbesondere durch konkret vorhandenes eigenes Vermögen, abgestellt wird. Mit Bezug auf die kostenrechnerische Erfassung von Haftungsleistungen heißt das z.B.: Die Vergütung für die Haftungsleistung (f-Leistung) ist im Sinne einer "Risikoprämie" zu verstehen.[59] Wird das dem Zugriff der Gläubiger unterworfene Vermögen in den Betrieb eingebracht, d.h., stellt sich die Haftungsleistung z.B. nicht nur als materiell fundierte Bürgschaftsübernahme oder als Privatvermögenshaftung dar, so liegt über die "reine" f-Leistung hinaus eine z-Leistung vor. Für diese mit der Haftungsleistung einhergehende z-Leistung sollte dem Leistungsge-

---

[56] Junk-Bonds ("Ramsch-Anleihen") sind Anleihen, die sich gegenüber anderen Anleihen durch eine z.T. beträchtlich höhere Rendite auszeichnen, wobei diese Rendite aber einhergeht mit einem entsprechend hohen Ausfallrisiko. Vgl. zu Junk-Bonds z.B. *M. Stahl*, "High-Yield" oder "Junk"? Der US-Markt für hochverzinsliche und risikoreiche Unternehmungsanleihen. "Österreichisches Bankarchiv", Wien, Jg. 36 (1988), S. 1067-1078.

[57] Dieses trifft auch auf Junk-Bonds-Käufer zu. So wird z.B. in der "Börsen-Zeitung" vom 16.9.1989 über die schwersten Kursrückschläge am Junk-Bonds-Markt seit dem sogenannten "Börsen-Crash" von 1987 berichtet: "Der unmittelbare Anlaß waren die Schwierigkeiten, denen sich die kanadische Campeau Corporation im Hinblick auf das Management ihres Schuldenbergs von neun Milliarden Dollar gegenübersah. Der tiefere Grund war ein zunehmendes grundsätzliches Unbehagen über die Natur und die Angemessenheit jener Finanzierungspraktiken, in deren Verlauf die Strukturen auf der Passivseite vieler Unternehmensbilanzen mehr und mehr weg vom haftenden Eigenkapital und hin zu teurem Fremdkapital verändert worden sind." (*o.V.*, Junk-Korrekturen. "Börsen-Zeitung" vom 16.9.1989.) - Vgl. zu neueren negativen Entwicklungen am Junk-Bonds-Markt *B. Fehr*, Schlappe für die Großmeister der Übernahmespekulation. "Frankfurter Allgemeine Zeitung" vom 4.1.1990 sowie *o.V.*, Campeau-Gesellschaften beantragen nun doch Gläubigerschutz. "Frankfurter Allgemeine Zeitung" vom 17.1.1990. - Die begrenzte Risikobereitschaft selbst von Junk-Bonds-Käufern zeigt sich auch darin, daß "die Emittenten dieser 'Opfer-Anleihen' .. der sich seit 1987 abzeichnenden Nachfrageabschwächung [entgegenwirken], indem sie für die Gläubiger Mindestsicherheiten einbauen." (*o.V.*, US-Junkbonds: Heiße Hochprozenter. "Das Wertpapier", Düsseldorf, Jg. 37 (1989), S. 352.)

[58] Vgl. *H.-D. Deppe*, Eine Konzeption wissenschaftlicher Bankbetriebslehre ..., a.a.O., S. 39. - Da zur Begründung der Produktionsfaktoreigenschaft von Haftungsleistungen unter anderem ein Vergleich zu Versicherungsleistungen gezogen wurde, sei darauf hingewiesen, daß auch Farny mit Bezug auf Versicherungen die Guteigenschaft des Versicherungsschutzes anhand der Merkmale Wert, resultierend aus Nutzen und Knappheit, analysiert und bejaht. Vgl. *D. Farny*, Grundfragen einer theoretischen Versicherungsbetriebslehre, a.a.O., S. 41 ff.

[59] Vgl. *H.-D. Deppe*, Finanzielle Haftung heute ..., a.a.O., S. 207.

ber entsprechend dem Schuldzins zugunsten des Fremdkapitalgebers ebenfalls eine Vergütung zustehen. In der Theorie des Monetären Faktors umfaßt daher z.B. die Eigenkapitalzuführung zum Betrieb durch Geldeinlagen eine z-Leistung und eine f-Leistung mit entsprechenden Vergütungselementen: Der '"kontraktähnliche Eigenkapitalzins' in Höhe etwa des langfristigen Fremdkapitalzinses" ist das Entgelt für die z-Leistung und die "Risikoprämie" das Entgelt für die Haftungsleistung (f-Leistung).[60]

32 Zur Abgrenzung und näheren Interpretation des Haftungspotentials von Betrieben

321 Komponenten des Haftungspotentials im systematisierenden Überblick

Faßt man die Ausführungen H.-D. Deppes[61] zur begrifflichen Abgrenzung des betrieblichen Haftungspotentials bzw. des Monetären Faktors in f-Qualität zusammen, so kann eine kurzgefaßte Definition lauten: Ein Wirtschaftsgut, das dem Betrieb finanzielles Haftungspotential in Form betriebsreinvermögensfundierten Haftungspotentials oder in Form sonstigen Haftungspotentials zuführt, wird als Monetärer Faktor in f-Qualität bezeichnet. Die Zuführungsformen des Monetären Faktors in f-Qualität gehen also über das im Kapitel 31 aus Vereinfachungsgründen primär herausgestellte Reinvermögen (Eigenkapital) hinaus. Einen ersten systematisierenden Überblick über mögliche Komponenten des finanziellen Haftungspotentials von Betrieben gibt Übersicht 2.

Mit dem "betriebsreinvermögensfundierten Haftungspotential" ist in Übersicht 2 aus dem gesamten denkbaren Haftungspotential von Betrieben diejenige Komponente als Kern hervorgehoben, an die in der Regel zunächst in betrieblichen Haftungszusammenhängen gedacht wird und die zweifellos auch im Mittelpunkt der betrieblichen Haftungsfähigkeit stehen sollte: Das eingezahlte Eigenkapital, das in den Betrieb durch Geld- oder Sacheinlagen im Wege der Außenfinanzierung oder durch Einbehaltung von Gewinnen (Selbstfinanzierung) über die Innenfinanzierung eingebracht wird. Die einzelnen Merkmale des Begriffs "betriebsreinvermögensfundiert" charakterisieren den hiermit erfaßten Kern des gesamten betrieblichen Haftungspotentials genauer:

1. Das betriebsreinvermögensfundierte Haftungspotential ist vermögensfundiert; die Haftung basiert auf konkret vorhandenem unbelasteten Vermögen des Haftungsgebers.

2. Betriebsvermögensfundiert heißt, daß dem Zugriff von Gläubigern im Sinne der Haftung unterworfenes Vermögen effektiv in den betrachteten haftenden Betrieb eingebracht wurde.

---

[60] Vgl. *H.-D. Deppe*, Finanzielle Haftung heute ..., a.a.O., S. 208. - Zu möglichen Weiterentwicklungen in der Kostenrechnung auf der Basis der in diesem Beitrag vorgestellten faktortheoretischen Überlegungen zum Einsatz des Monetären Faktors vgl. auch: *P. Reus*, Kostenrechnung und monetäre Leistungen ..., a.a.O., S. 292 ff. sowie *P. Reus*, Geldwirtschaftlicher Leistungsdualismus ..., a.a.O., S. 53 ff. u. S. 135 ff.

[61] Vgl. *H.-D. Deppe*, Eine Konzeption wissenschaftlicher Bankbetriebslehre ..., a.a.O., S. 34.

Übersicht 2: Komponenten des Haftungspotentials von Betrieben *

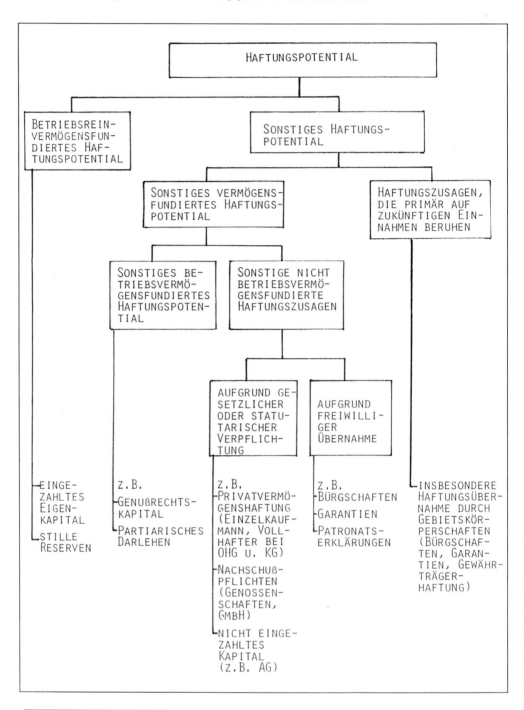

* Entworfen nach: *H.-D. Deppe*, Eine Konzeption wissenschaftlicher Bankbetriebslehre ..., a.a.O., S. 32 ff. u. S. 40 sowie *H.-D. Deppe*, Basismaterialien zur Bankbetriebslehre I. 8. Ausgabe, Göttingen, Winter-Semester 1989/90, S. 101.

3. Die Haftung ist zudem betriebsreinvermögensfundiert. Es wird mit betrieblichem Reinvermögen (buchhalterisch erfaßt durch das Eigenkapital) gehaftet, d.h., diese Form der Haftung schließt fremde, nur eigenkapitalähnliche Mittel (z.B. Genußrechtskapital) nicht ein.

Das so definierte betriebsreinvermögensfundierte Haftungspotential wird formal klar abgegrenzt durch die Gleichung:

Betriebliches Gesamtvermögen - betriebliche Schulden = Reinvermögen (Eigenkapital).

Da zur konkreten Erfassung des betrieblichen Reinvermögens jedoch der Wert des Gesamtvermögens und der Schulden des Betriebs zu bestimmen sind und da hierbei verschiedene Ansatz-(Bilanzierungs-)wahlrechte, Bewertungswahlrechte sowie Ober- und Untergrenzen für Wertansätze berücksichtigt werden müssen, ist die Ermittlung der Höhe des betrieblichen Reinvermögens mit der gesamten Bilanzierungs- und Bewertungsproblematik verbunden. Darauf kann in diesem Beitrag jedoch nicht näher eingegangen werden.[62] Festgehalten sei nur, daß die sich hieraus ergebenden Einflüsse auf die ausgewiesene Höhe des Vermögens und der Schulden eines Betriebs stets zu beachten sind, wenn man - und insofern pauschal - vom betriebsreinvermögensfundierten Haftungspotential als dem nicht mit Gläubigeransprüchen belasteten (Rein-)Vermögen des Betriebs spricht: "Stille Verluste" durch Überbewertung von Vermögenswerten oder durch Unterbewertung von Schulden reduzieren "falsch" ausgewiesenes Eigenkapital (Reinvermögen) auf das "tatsächlich" vorhandene betriebsreinvermögensfundierte Haftungspotential. Für den umgekehrten Fall, also bei gelegten stillen Reserven aus z.B. Ausnutzung von Bilanzierungswahlrechten (Nichtansatz aktivierungsfähiger Wirtschaftsgüter) oder aus Unterbewertung von Vermögenswerten (z.B. wegen handelsrechtlich vorgeschriebener Wertobergrenzen), heißt das, daß diese stillen Reserven Bestandteil des oben abgegrenzten betriebsreinvermögensfundierten Haftungspotentials sind.

Neben der Zuführung betriebsreinvermögensfundierten Haftungspotentials zum Betrieb treten in der Praxis weitere Formen finanzieller Haftungszusagen auf. Diese Zuführungsformen des Monetären Faktors in f-Qualität werden hier - wie schon erwähnt - unter dem Begriff des "sonstigen Haftungspotentials" zusammengefaßt. Gemeint sind damit Haftungszusagen, die eines oder mehrere der abgegrenzten drei Merkmale des betriebsreinvermögensfundierten Haftungspotentials nicht erfüllen, aber trotzdem über mehr oder weniger hohe Haftungsqualität verfügen. Mit Bezug auf die Nichterfüllung einzelner Merkmale des betriebsreinvermögensfundierten Haftungspotentials läßt sich das sonstige Haftungspotential auch weiter strukturieren in:

---

[62] Vgl. z.B. *G. Wöhe*, Bilanzierung und Bilanzpolitik. Betriebswirtschaftlich - Handelsrechtlich - Steuerrechtlich. Mit einer Einführung in die verrechnungstechnischen Grundlagen. 7., völlig neubearb. u. erw. Aufl., München 1987, S. 217 ff. u. S. 368 ff. sowie *H.K. Weber*, Betriebswirtschaftliches Rechnungswesen. Bd. 1: Bilanz und Erfolgsrechnung. 3., neubearb. Aufl., München 1988, S. 71 ff. u. S. 160 ff. - Vgl. auch die Beiträge von *G. Emmerich* und *F. Janssen* in der vorliegenden Festschrift.

1. Haftungspotential, das bis auf das Merkmal der <u>Rein</u>vermögensfundierung die übrigen essentiellen Haftungskriterien erfüllt und sich demnach als sonstiges, neben dem Reinvermögen stehendes <u>betriebs</u>vermögensfundiertes Haftungspotential darstellt (z.B. Genußrechtskapital[63] und partiarische Darlehen[64]).

2. Haftungspotential, das weder <u>rein</u>vermögens- noch <u>betriebs</u>vermögensfundiert ist, d.h. Haftungszusage, die zwar auf konkret vorhandenem unbelastetem Vermögen des Haftungsgebers basieren, wobei dieses Vermögen aber nicht bzw. noch nicht in den betrachteten haftenden Betrieb eingebracht wurde. Man kann dieses Teilreservoir im Haftungspotential als sonstige <u>nicht betriebs</u>vermögensfundierte Haftungszusagen bezeichnen.

Diese sonstigen <u>nicht betriebs</u>vermögensfundierten Haftungszusagen können auf gesetzlicher oder statutarischer Verpflichtung einerseits und auf freiwilliger Übernahme andererseits beruhen. Einzubeziehen sind im ersten Fall z.B. die Privatvermögenshaftung des Einzelkaufmanns und der Vollhafter von Offenen Handelsgesellschaften bzw. von Kommanditgesellschaften, Nachschußpflichten von Genossenschaftsmitgliedern oder Gesellschaftern einer Gesellschaft mit beschränkter Haftung sowie ausstehende Einlagen auf das gezeichnete Kapital einer Aktiengesellschaft. Beispiele für Haftungszusagen aufgrund freiwilliger Übernahme stellen Bürgschaften sowie rechtsverbindlich übernommene Garantien und Patronatserklärungen für den betrachteten Betrieb dar.[65] Bei Zuordnung dieser Formen zum sonstigen nicht betriebsvermögens-

---

[63] Zum Genußrechtskapital stellt z.B. Claussen fest, daß "die in Genußscheinen verbrieften Genußrechte .. schuldrechtliche Ansprüche gegen ein Unternehmen ..., niemals aber mitgliedschaftliche Rechte" verbriefen. (*C.P. Claussen*, Der Genußschein und seine Einsatzmöglichkeiten. In: Festschrift für Winfried Werner zum 65. Geburtstag am 17. Oktober 1984. Handelsrecht und Wirtschaftsrecht in der Bankpraxis. Hrsg. v. W. Hadding u.a. Berlin u. New York 1984, S. 81-99, hier S. 81.) Insofern liegt im rechtlichen Sinne Fremdkapital und kein Eigenkapital vor, auch wenn sich die Genußrechte auf Anteile am Gewinn oder am Liquidationserlös beziehen und Teilnahme am Verlust vereinbart wurde. Genußrechtskapital hat selbstverständlich nur dann Haftungsqualität, wenn tatsächlich vereinbart wurde, daß dieses Kapital zur laufenden Verlustdeckung des Betriebs mit herangezogen wird oder es zumindest während seiner Laufzeit erst zurückgezahlt werden darf, sofern im Konkursfall die anderen, bevorrechtigten Gläubiger schon befriedigt sind. - Zu Ausgestaltungsmöglichkeiten von Genußscheinen vgl. z.B. auch *W. Drechsler*, Genuß-Scheine - ein Instrument für Kapitalbeteiligungen von Mitarbeitern. "Zeitschrift für das gesamte Kreditwesen", Frankfurt a.M., Jg. 34 (1981), S. 347-352 sowie *W. Benner*, Genußscheine als Instrument der Innovationsfinanzierung. "Betriebswirtschaftliche Forschung und Praxis", Herne u. Berlin, Jg. 37 (1985), S. 438-452.

[64] Der Darlehensgeber ist (neben oder anstelle einer festen Verzinsung) am Gewinn beteiligt. Auch eine Beteiligung am Verlust kann vereinbart sein, wobei das partiarische Darlehen natürlich nur unter dieser Voraussetzung Haftungsqualität hat. - Vgl. z.B. Art. Beteiligungen (*W. Busse v. Colbe*). Handwörterbuch der Betriebswirtschaft. Enzyklopädie der Betriebswirtschaftslehre, Bd. I/1. Hrsg. v. E. Grochla u. W. Wittmann. 4., völlig neu gest. Aufl., Stuttgart 1974, Sp. 530-541, hier Sp. 533.

[65] Bürgschaften, Garantien, Patronatserklärungen und ähnliche Haftungsformen werden in der Literatur auch unter dem Begriff "Personalsicherheiten" im Zusammenhang mit den Kreditsicherheiten erfaßt. Die gleichzeitige Einbeziehung in das Konzept des Monetären Faktors in f-Qualität erscheint dennoch gerechtfertigt: Sachsicherheiten (Pfandrechte, Sicherungstreuhand, Eigentumsvorbehalte) als zweite große Gruppe der Kreditsicherheiten bedeuten für den dinglich gesicherten Kreditgeber eine qualitative Verbesserung der Haftungsbasis des kreditnehmenden und haftenden Betriebs durch geschützte Zugriffsrechte auf bestimmte Vermögensteile dieses haftenden Betriebs. Dem steht jedoch eine qualitative Verschlechterung der Haftungsbasis für die nicht dinglich gesicherten Gläubiger des Kreditnehmers gegenüber. Die Höhe des verfügbaren betrieblichen Haftungspotentials bleibt also insgesamt unverändert. Personalsicher-

fundierten Haftungspotential wird - so sei noch einmal ausdrücklich betont - entsprechend obiger Strukturierung des gesamten betrieblichen Haftungspotentials unterstellt, daß die Haftungszusagen auf konkret vorhandenem unbelasteten Vermögen beruhen. Die Sicherung von Anspruchsrechten der Gläubiger ist also im Zeitpunkt der Haftungszusage materiell fundiert.[66]

3. Haftungszusagen, die keines der drei Merkmale des betriebsreinvermögensfundierten Haftungspotentials erfüllen, d.h., die im wesentlichen <u>nicht</u> auf konkret <u>vorhandenem</u> unbelasteten Vermögen basieren, sondern <u>primär auf zukünftig erwarteten Einnahmen</u> beruhen (z.B. Einnahmen aus Gehältern bei haftenden Privatpersonen, Gewinnerwartungen). Zu dieser Gruppe des Haftungspotentials werden hier auch Haftungszusagen durch Gebietskörperschaften ("öffentliche Hand") gezählt, z.B. in Form von Bürgschafts- und Garantieübernahmen oder der Gewährträgerhaftung bei öffentlichrechtlichen Kreditinstituten.

322 Qualitative Differenzierungen im Haftungspotential anhand ausgewählter Bewertungskriterien

Die im vorhergehenden Abschnitt kurz erläuterten Komponenten des finanziellen Haftungspotentials von Betrieben weisen, insbesondere aus Sicht der "Nutznießer" dieses Haftungspotentials, d.h. der betrieblichen Gläubiger, unterschiedlich hohe Haftungsqualität auf. Derartige Qualitätsunterschiede seien nun ausgehend von speziellen Bewertungskriterien etwas näher illustriert.

Wie H.-D. Deppe[67] feststellt, sind "die bekannten Anforderungen der 'Bankenstrukturkommission' ... Kriterien, die für die Messung bestmöglicher Haftungsqualität eingesetzt werden können: 1. Einzahlung eigener Mittel, 2. Teilnahme am laufenden Verlust und 3. Dauerhaftigkeit der Zurverfügungstellung." Eine kurze Kommentierung dieser Kriterien soll deren Aussagewert für Differenzierungen im Haftungspotential im Sinne unterschiedlich hohen "f-Gehalts" einzelner Haftungsformen zeigen.

Versteht man mit Bezug auf das Kriterium "<u>Einzahlung eigener Mittel</u>" die <u>eigenen Mittel</u> als Gegenbegriff zu in den Betrieb eingebrachten "<u>fremden Mitteln</u>" (d.h. Fremdkapital im

---

Fortsetzung der Fußnote 65:
heiten erweitern dagegen die Haftungsbasis des kreditnehmenden Betriebs durch Haftung Dritter (z.B. durch den Bürgen). Zwar sichern solche Haftungszusagen häufig nur einen einzelnen Kreditgeber und nicht die Gesamtheit der Gläubiger, an der grundsätzlichen Tatsache der Zuführung zusätzlichen Haftungspotentials zum kreditnehmenden Betrieb ändert das jedoch nichts. - Vgl. hierzu z.B. auch *B. Rudolph*, Kreditsicherheiten als Instrumente zur Umverteilung und Begrenzung von Kreditrisiken. "Zeitschrift für betriebswirtschaftliche Forschung", Düsseldorf u. Frankfurt a.M., Jg. 36 (1984), S. 16-43, hier S. 21 f.

[66] Wäre das nicht der Fall, so käme allenfalls die Zuordnung zur nachstehenden dritten Gruppe des sonstigen Haftungspotentials in Frage.

[67] *H.-D. Deppe*, Finanzielle Haftung heute ..., a.a.O., S. 206. - Vgl. auch Bericht der Studienkommission "Grundsatzfragen der Kreditwirtschaft". (Schriftenreihe des Bundesministeriums der Finanzen, H. 28.) Bonn, o.Jg. [1979], S. 353.

rechtlichen Sinne), so ist zumindest festzustellen, daß "eigene Mittel" die normalerweise in der Marktwirtschaft zur Haftung vorgesehenen Wirtschaftsgüter sind, da "fremde Mittel" ja gerade durch die mit den eigenen Mitteln verbundene finanzielle Haftung geschützt werden sollen. Die in der Praxis auch zu beobachtende Haftung mit fremden, eigenkapitalähnlichen Mitteln des Betriebs (z.B. Genußrechtskapital) ist dagegen als Produkt von Bemühungen zu werten, bei gegebener Rechtsordnung "die den beiden Finanzierungskategorien - nämlich der des Eigenkapitals und der Fremdmittel - typischen Vorteile zu kombinieren und deren Nachteile zu vermeiden".[68] "Nebenprodukt" dieser Bemühungen kann aus Sicht der zu sichernden Gläubiger eines Betriebs aber auch sein, daß in Form "fremder Mittel" zugeführtes Haftungspotential (z.B. wegen befristeter Überlassung und eventueller Probleme bei späterer Anschlußfinanzierung) von geringerer Stabilität und damit geringerer Haftungsqualität ist als Eigenkapital aus einer alternativ durchzuführenden Eigenkapitalerhöhung. Illustrierend seien z.B. für eine Aktiengesellschaft ein mit zeitlicher Befristung aufgenommenes Genußrechtskapital und die Grundkapitalerhöhung gegen Einlagen einander gegenübergestellt.

Haftenden Mitteln, die im Sinne der Betriebs-(rein-)vermögensfundierung <u>eingezahlt</u> sind, kann offensichtlich höhere Haftungsqualität als nicht eingezahlten Haftungszusagen (z.B. Privatvermögenshaftung oder Bürgschaften) beigemessen werden. Hierfür spricht, daß sich Haftungspotentiale im Betriebsvermögen wegen bestehender handelsrechtlicher Ansatz- und Bewertungsvorschriften in ihrem Bestand durch Gläubiger leichter überwachen lassen als z.B. die Haftungszusage "Privatvermögenshaftung".[69] Weiterhin müssen nicht betriebsvermögensfundierte Haftungszusagen im Haftungsfall erst realisiert werden. Dann stellt sich - insbesondere aus Sicht des haftenden Betriebs - die Frage, wie schnell die Mittelzuführung möglich ist und ob die Zuführung im Hinblick auf die Fortführung des Betriebs nicht möglicherweise zu spät erfolgt.

Die Vorteilhaftigkeit eingezahlter eigener Mittel zeigt sich auch im Vergleich mit Haftungszusagen von privaten Haushalten und Unternehmen, soweit diese im wesentlichen nur auf zukünftigen Einnahmen beruhen. Ganz abgesehen von der Frage nach der grundsätzlichen Qualität solcher Haftungszusagen kann sich insbesondere die Zeitdauer der Realisierung, d.h. konkreter materieller Fundierung im Betriebsvermögen, als Problem erweisen.

Haftungspotential mit vereinbarter <u>Teilnahme am laufenden Verlust</u> ist qualitativ höherwertiger als eine Haftungsform, die mit einer Nachrangabrede verbunden ist (z.B. entspre-

---

[68] *C.P. Claussen*, Der Genußschein ..., a.a.O., S. 83. - So können z.B. Ausschüttungen auf Genußscheine steuerlich als Betriebsausgaben abgesetzt werden, wenn dem Genußscheininhaber zwar die Beteiligung am Gewinn, nicht aber am Liquidationserlös zusteht (vgl. ebenda, S. 89). - Zu neueren Entwicklungen in der Frage der steuerlichen Beurteilung von Genußrechtskapital durch die Finanzverwaltung vgl. auch *G. Wöhe* u. *J. Bilstein*, Grundzüge der Unternehmensfinanzierung, a.a.O., S. 189 f.

[69] Gegenargument könnte allerdings auch sein, daß z.B. Privatvermögen nicht in dem Maße Risiken im Sinne von Verlustgefahren wie betriebsreinvermögensfundiertes Haftungspotential ausgesetzt ist, wenn der Betrieb eingegangene Risiken an der Höhe des vorhandenen eingezahlten Eigenkapitals orientiert.

chend ausgestaltetes Genußrechtskapital): Nachrangiges Haftungspotential wird nur dann zum Ausgleich von Verlusten herangezogen, wenn das übrige Haftungspotential durch Verluste schon aufgezehrt ist. Folge kann der Konkurs des Betriebs sein, der bei Teilnahme des gesamten Haftungspotentials am laufenden Verlust möglicherweise hätte verhindert werden können. Dieser Qualitätsaspekt ist primär aus der Sicht des betrachteten Betriebs und der in ihm beschäftigten Menschen von Bedeutung. Andererseits sind aber auch die Gläubiger betroffen. So treten bei Liquidation des Betriebs z.B. wegen Zeitdrucks und der Liquidationskosten in der Regel zusätzliche Wertverluste von Gläubigerforderungen auf.[70] Diese Verluste hätten sich bei Fortführung und Sanierung des Betriebs, eventuell auch durch teilweisen Forderungsverzicht der Gläubiger, vermeiden lassen.

Das Kriterium der <u>Dauerhaftigkeit der Zurverfügungstellung</u> von Haftungsleistungen bezieht sich auf die Frage, ob kündbares oder nicht kündbares Haftungspotential vorliegt (z.B. kündbare Einlage eines Personengesellschafters im Vergleich zum nicht kündbaren Aktienkapital). Auf die höhere Haftungsqualität nicht kündbaren Haftungspotentials wurde bereits im Zusammenhang mit dem Kriterium "Einzahlung eigener Mittel" kurz eingegangen, so daß hierauf verwiesen werden kann.[71]

33 Zum Einsatz von Haftungsleistungen im Liquiditätsmäßig-finanziellen Kombinationsprozeß von Betrieben

Auf der Basis der bisherigen Überlegungen zur finanziellen Haftungsleistung sind in Übersicht 3 grundlegende Wirkungszusammenhänge in der Haftungssphäre des LFB von Betrieben aufbereitet.

Der <u>Aufbau der Übersicht</u> soll im Kern Beziehungen zwischen dem verfügbaren Monetären Faktor in f-Qualität (erfaßt als Bestand des Betriebs an Haftungspotential) und dem Marktleistungsvolumen widerspiegeln. Dazu ist im linken Teil der Übersicht das Haftungspotential mit Unterteilung in betriebsreinvermögensfundiertes Haftungspotential und in sonstiges Haftungspotential dargestellt. Dem stehen die Marktleistungen mit primär technisch-organisatorischer Dimension (Sachgüter und nichtmonetäre Dienstleistungen) und mit primär liquiditätsmäßig-finanzieller Dimension (monetäre Marktleistungen) gegenüber.[72]

---

[70] Vgl. z.B. *W. Benner*, Betriebliche Finanzwirtschaft ..., a.a.O., S. 216 ff. sowie die dortigen weiterführenden Literaturhinweise.

[71] Vgl. auch *F.W. Christians*, Erschließung des Kapitalmarktes ..., a.a.O., S. 530.

[72] Der Begriff "Marktleistungen mit <u>primär</u> technisch-organisatorischer Dimension" soll andeuten, daß das charakterisierende Leistungselement auf technisch-organisatorischer Ebene liegt, daß andererseits aber zur Erstellung dieser Marktleistungen aber gemäß dem "Leistungsdualismus" auch der Einsatz des Monetären Faktors mit Zahlungs- und Haftungsleistungen erforderlich ist. Bei "Marktleistungen mit <u>primär</u> liquiditätsmäßig-finanzieller Dimension" dominiert dagegen der LFB; der TOB ist nur "Hilfsbereich". (Vgl. auch *H.-D. Deppe*, Bankbetriebliches Wachstum ..., a.a.O., S. 24 sowie *H.-D. Deppe*, Finanzielle Haftung heute ..., a.a.O., S. 215.)

Übersicht 3: Sachlogische Wirkungszusammenhänge in der *f*-Sphäre des Liquiditätsmäßig-finanziellen Bereichs von Betrieben des Nichtfinanziellen Sektors*

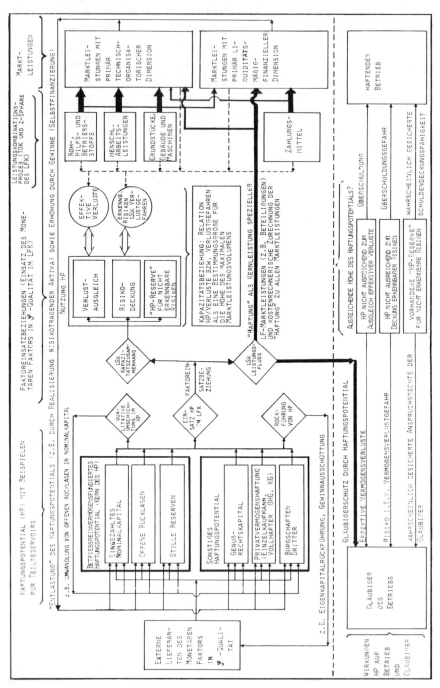

---

* Entworfen auf der Basis von: *H.-D. Deppe*, Einführung des Herausgebers ..., a.a.O., S. XXXVI.

Mit Bezug auf Leistungsflußzusammenhänge in der betrieblichen Haftungssphäre sind in Übersicht 3 zum einen Zuflüsse zum Haftungspotential "von außen" (z.B. Eigenkapitalerhöhung gegen Geld- oder Sacheinlagen), die Erhöhung des Haftungspotentials durch Gewinngegenwerte (Selbstfinanzierung), "Umschichtungen" zwischen einzelnen Teilreservoirs des Haftungspotentials (z.B. Zuführung von Betriebsvermögen aus dem Privatvermögen eines Einzelkaufmanns) sowie die Verminderung des Haftungspotentials durch z.B. Eigenkapitalrückführung erfaßt. Neben diesen hier nicht näher zu kommentierenden Vorgängen sind zum anderen die zu beachtenden Beziehungen beim Einsatz des Monetären Faktors in f-Qualität dargestellt, die im direkten Zusammenhang mit der Marktleistungserstellung stehen. Gedanklich werden zwei Teilaspekte unterschieden:

1. Faktoreinsatzbeziehungen im Sinne des <u>Flusses von Leistungen</u> mit Haftungsqualität;

2. Faktoreinsatzbeziehungen im Sinne eines <u>Kapazitätszusammenhangs</u> zwischen dem verfügbaren Bestand an Haftungspotential und dem darauf "aufgebauten" bzw. maximal "aufbaubaren" Marktleistungsvolumen.

331 Der Einsatz von Haftungsleistungen im Sinne des Leistungsflusses

Zur Erläuterung der in Übersicht 3 eingezeichneten Faktoreinsatzbeziehungen im Sinne des Flusses von Leistungen mit Haftungsqualität ist in produktionstheoretischer und damit verbundener kostenrechnerischer Hinsicht an die grundsätzliche Begründung der Produktionsfaktoreigenschaft des Monetären Faktors in f-Qualität anzuknüpfen: Das Haftungspotential bietet Fremdkapitalgebern einen versicherungsähnlichen Schutz gegen Risiken aus ihren offenen Leistungsansprüchen gegen den Betrieb. Im Gegensatz zu anderen Produktionsfaktoren, deren Leistungsbeitrag zur Marktleistungserstellung durch Faktorkombination direkt den Marktleistungs<u>nehmern</u> des Betriebs in den erstellten Marktleistungen zugute kommt, sind <u>direkte</u> "Nutznießer" des Monetären Faktors in f-Qualität die eigenen Gläubiger (Fremdkapital<u>geber</u>) des Betriebs. Der Zusammenhang mit der Marktleistung ergibt sich erst <u>indirekt</u> dadurch, daß die Marktleistungsnehmer in den Leistungsaustauschprozessen gemäß dem Prinzip von Leistung und Gegenleistung alle in der Marktleistung empfangenen Vorleistungen zu vergüten haben, die für die Marktleistungserstellung notwendig sind. Dazu gehört aber die Haftungsleistung zum Schutz von Gläubigern durch Abdeckung eventueller Verluste, als Voraussetzung für die Finanzierung des Leistungsprozesses auch mit Fremdkapital sowie zum Schutz des Solidarverbundes aller Geldwirtschaftspartner. Aus diesen Überlegungen folgt also die in Übersicht 3 angedeutete Tatsache, daß Faktoreinsatzbeziehungen beim Monetären Faktor in f-Qualität sowohl zu den Gläubigern des Betriebs als auch zu den Marktleistungen bestehen.

Aufgrund der dargelegten Zusammenhänge ist es für die kalkulatorische Einrechnung des "Wertes" von Haftungsleistungen in den Wert der Marktleistungen als einer Komponente zur Bestimmung des "Tauschwertes" der Marktleistungen prinzipiell zudem ohne Bedeutung, ob es sich beim "Endprodukt" des betrachteten Betriebs um Marktleistungen mit primär technisch-organisatorischer Dimension (z.B. Sachgüter) oder mit primär liquiditätsmäßig-finanzieller Dimension (z.B. Kreditleistungen oder Beteiligungserwerb) handelt.[73] Ausgangspunkte, um Kriterien zur Zurechnung des kalkulatorischen Wertes von Haftungsleistungen zu verschiedenen Marktleistungen des betrachteten Betriebs zu gewinnen, bietet das mit der Erstellung und dem Absatz der verschiedenen Marktleistungen verbundene Risiko im Sinne von Verlustgefahren.

Besonderheiten sind bei der kalkulatorischen Zurechnung von Haftungsleistungen auf monetäre Marktleistungen in Form von Beteiligungen, Bürgschaftsübernahmen und ähnlichem zu beachten: Im Gegensatz zum Absatz anderer monetärer Marktleistungen (Lieferantenkredite und Finanzkredite) befindet sich der die hier betrachtete Marktleistung abgebende Betrieb gegenüber dem Leistungsnehmer nicht in einer gläubigerrechtlichen Position, die den Schutz von Forderungen aus dem Marktleistungsabsatz durch Haftungspotentiale des Leistungsnehmers bedeuten würde.[74] Vielmehr decken diese monetären Marktleistungen (wie Beteiligungserwerb oder Bürgschaftsübernahme), d.h. die damit gegebenen Haftungsleistungen, ihrerseits wiederum Risiken im Sinne von Verlustgefahren im Leistungserstellungs- und Leistungsabsatzprozeß des die Marktleistung empfangenden Betriebs mit ab. Nutznießer dieser Haftungsleistungen sind dann - z.B. bei Beteiligungserwerb - insbesondere die Gläubiger des Betriebs, an dem die Beteiligung besteht.[75] Aus Sicht der Gläubiger des die Beteiligung haltenden Betriebs stellen sich diese Marktleistungen dagegen - wie auch alle anderen erstellten Marktleistungen - als Belastung im Sinne einer "Belegung" des betrieblichen Haftungspotentials mit Risiken im Sinne von Verlustgefahren dar.

Auf dem Haftungspotential von Betrieben, die unter anderem Marktleistungen in Form von z.B. Beteiligungen erstellen, lasten also nicht nur die Risiken im Sinne von Verlustgefahren aus dem eigenen Leistungserstellungs- und Leistungsabsatzprozeß, sondern auch die entsprechenden Risiken des Marktleistungsnehmers der Beteiligung.[76] Anders ausgedrückt, sind Risiken aus Beteiligungen und ähnlichen Marktleistungen tendenziell höher

---

[73] Vereinfacht gesagt, liegt der Schwerpunkt der Marktleistungserstellung entsprechend dem jeweiligen Betriebszweck bei Betrieben des Finanziellen Sektors (Bankbetriebe und Versicherungsbetriebe) auf Marktleistungen mit primär liquiditätsmäßig-finanzieller Dimension, bei Betrieben des Nichtfinanziellen Sektors (z.B. Industrie- und Handelsbetriebe) auf Marktleistungen mit primär technisch-organisatorischer Dimension. Angemerkt sei allerdings auch, daß heute bei vielen Betrieben des Nichtfinanziellen Sektors, insbesondere Großbetrieben, monetäre Marktleistungen einen erheblichen Stellenwert haben. Zum empirischen Nachweis vgl. *H.-D. Deppe*, Finanzielle Haftung heute ..., a.a.O., S. 222 sowie insbesondere den Beitrag von *Ch. Pretzsch* in der vorliegenden Festschrift.

[74] Es wird davon ausgegangen, daß es sich beim Leistungsnehmer um einen Betrieb handelt.

[75] Darüber hinaus ist dieser Betrieb selbst Nutznießer, da ihm mit der Beteiligung auch zusätzliches monetäres Faktorpotential in z-Qualität oder - bei Sacheinlagenzuführung - nichtmonetäre Produktionsfaktoren zufließen. Zudem verbessert das nun höhere Haftungspotential die Voraussetzungen für weitere Fremdkapitalaufnahmen.

[76] Entsprechend dem bekannten Bild des "Aufbaus von Kreditpyramiden" im Bankenbereich könnte man für solche Haftungsketten vom "Aufbau von Risikopyramiden" sprechen; allerdings in beiden Fällen von Pyramiden, die auf dem "Kopf" - sprich: auf ihrer Spitze - stehen. Diese Spitze stellt in unserem Bild das Haftungspotential des die Marktleistung Beteiligung, Bürgschaftsübernahme oder ähnliches erstellenden Betriebs dar.

einzuschätzen als aus anderen Marktleistungen: Für z.B. Beteiligungen fehlt in bezug auf Risiken im marktleistungsnehmenden Betrieb der Puffer Haftungspotential; die Beteiligung ist selbst Teil dieses Puffers. Von daher stellt der Monetäre Faktor in f-Qualität (Haftungsleistung) für diese Art von Marktleistungen mit primär liquiditätsmäßig-finanzieller Dimension in der Regel auch das wesentliche Leistungselement dar: Wie in Übersicht 3 angedeutet, fließen die finanziellen Haftungsleistungen unmittelbar als Kernleistung in derartige Marktleistungen ein.

Für die kalkulatorische Einrechnung des "Wertes" von Haftungsleistungen in den Wert von Marktleistungen folgt aus diesen Zusammenhängen, daß Marktleistungen wie Beteiligungserwerb oder Bürgschaftsübernahme ceteris paribus eine höhere "Risikoprämie" zu erbringen haben als Marktleistungen in Form von Sachgütern oder Krediten.

332 Ansatzpunkte für die Ermittlung einer Kapazitätsbeziehung in der betrieblichen Haftungssphäre

Auch zur Begründung der Faktoreinsatzbeziehungen im Sinne eines Kapazitätszusammenhangs ist an die Gläubigerschutzfunktion des Haftungspotentials anzuknüpfen: Gläubigeransprüche sind nur dann wahrscheinlich gesichert, wenn das Haftungspotential ausreichend hoch erscheint, effektive Verluste und erkennbare Risiken im Sinne von Verlustgefahren aufzufangen. Risiken bzw. daraus resultierende Verluste ergeben sich aus dem Marktleistungserstellungs- und Marktleistungsabsatzprozeß. Insofern müßte das begrenzt verfügbare Haftungspotential eine "Bremsfunktion"[77] auf die Höhe des Marktleistungsvolumens ausüben.[78] In Übersicht 3 wird dieser Zusammenhang durch die eingezeichnete Kapazitätsbeziehung angedeutet, wonach die Relation des Haftungspotentials zu Verlusten bzw. Verlustgefahren die Bestimmungsgröße für die Höhe des Marktleistungsvolumens ist. Da die Bestimmung einer derartigen monetären Kapazitätsbeziehung der Unsicherheit der Erwartungen unterliegt, kann die Frage nach ausreichender Höhe eines vorhandenen Haftungspotentials für ein erstelltes bzw. zu erstellendes Marktleistungsvolumen immer nur mit einer bestimmten Wahrscheinlichkeit beantwortet werden.[79]

Auf die in Übersicht 3 angedeutete monetäre Kapazitätsbeziehung - und damit auf die Höhe des bei gegebenem Haftungspotential vertretbaren Marktleistungsvolumens - können verschiedene Interessenten Einfluß nehmen. Als Interessentengruppen seien hier herausgestellt: 1. die Gruppe der Eigentümer bzw. der Haftungspotentialgeber des Betriebs, 2. die Gruppe der Fremdkapitalgeber und 3. staatliche Aufsichtsämter.

---

[77] Vgl. *K.F. Hagenmüller*, Der Bankbetrieb. Bd. I: Strukturlehre - Kapitalbeschaffung der Kreditinstitute. 4., überarb. Aufl., Wiesbaden 1976, S. 228 f.

[78] Vgl. hierzu auch *W. Feuerstein*, Risikomessung, Risikobegrenzung und Risikodeckung bei Kreditinstituten. Bad Homburg v.d.H. 1984, S. 6 f.

[79] Zur Frage der Anwendbarkeit wahrscheinlichkeitstheoretischer Ansätze wird in diesem einführenden Beitrag jedoch nicht näher Stellung genommen. - Hingewiesen sei in diesem Zusammenhang auf die Beiträge von *K. Lohmann* und *P. Reus* in der vorliegenden Festschrift.

Die Haftungspotentialgeber bzw. die sie vertretende Verwaltung des Betriebs haben in der Regel kein Interesse daran, im Marktleistungserstellungsprozeß Risiken im Sinne von Verlustgefahren in einem derartigen Ausmaß einzugehen, daß bei Eintritt der Risiken das gesamte Haftungspotential aufgezehrt würde: Die Existenz des Betriebs als Einkommensquelle bzw. das haftende Vermögen der Haftungspotentialgeber wäre durch solche Risiken vollständig aufs Spiel gesetzt. Von daher werden unvermeidliche Risiken, d.h. Risiken, die sich nicht durch Maßnahmen zu ihrer Begrenzung (z.B. Kreditsicherheiten bei eigenen Kreditvergaben) oder durch vollständigen Schutz (z.B. Versicherung gegen eigene Risiken) abdecken lassen, nur in einer Höhe eingegangen, die auch bei effektiven Verlusten die Schuldendeckungsfähigkeit als wahrscheinlich gesichert erscheinen läßt.

Erwähnt sei, daß in der Praxis allerdings auch andere Verhaltensweisen zu beobachten sind. Solche Verhaltensweisen werden unter anderem im Rahmen der sogenannten modernen Kapitalmarkttheorie analysiert. So weist Franke[80] auf die Option auf "gesunden Konkurs" hin, wobei er von den Gesellschaftern einer Kapitalgesellschaft ausgeht: "Bei einem 'gesunden Konkurs' führen die Gesellschafter nicht das den Gläubigern in Aussicht gestellte Investitionsprogramm durch. Stattdessen kürzen sie es, transferieren die dadurch ersparten Mittel in ihr Privatvermögen und lassen das Unternehmen in Konkurs gehen. Den Schaden tragen vor allem die Gläubiger. Eine solche Strategie kann durchaus legal vollzogen werden. Z.B. erhöhen die Gesellschafter ihre im Unternehmen bezogenen Gehälter, oder sie vergeben lukrative Aufträge an andere, ihnen ebenfalls gehörende Unternehmen. Attraktiv ist ein 'gesunder Konkurs' für die Gesellschafter bei hohem Verschuldungsgrad des Unternehmens." Ob ein derartiges Verhalten der handelnden Personen für diese in juristischer Hinsicht tatsächlich so "gesund" ist, d.h. keine zivilrechtlichen oder sogar strafrechtlichen Konsequenzen hat, sei hier zwar bezweifelt, aber nicht näher geprüft. Stattdessen sollen im Anschluß an die Überlegungen zum "gesunden Konkurs" zwei eher grundsätzliche Anmerkungen gemacht werden.

Die erste Anmerkung bezieht sich auf den notwendigerweise engen Zusammenhang von Wirtschaftsordnung und Rechtsordnung.[81] Biedenkopf[82] stellt hierzu fest: "Der Tausch, die Urzelle der Verkehrswirtschaft, ist ein entgeltlicher Vertrag. Erfolg oder Mißerfolg des Unternehmers drückt sich rechtlich in seiner Haftung aus. Eigentum und Vermögensrechte gehören hierher. Der Wettbewerb selbst ist kein prinzipienloser Wirtschaftskrieg - wie Marx ihn beschrieb -, sondern ein rechtlich geordnetes, von sinnvollen Spielregeln beherrschtes Ausleseverfahren, das sich an Leistung und Bewährung orientiert." In Fortfüh-

---

[80] *G. Franke*, Finanzielle Haftung aus der Sicht der Kapitalmarkttheorie. In: Geldwirtschaft und Rechnungswesen. Hrsg. v. H.-D. Deppe. (Neue Betriebswirtschaftliche Studienbücher, Bd. 1.) Göttingen 1989, S. 229-255, hier S. 241 f. - Vgl. auch *G. Franke* u. *H. Hax*, Finanzwirtschaft des Unternehmens ..., a.a.O., S. 448.

[81] Vgl. z.B. *W. Eucken*, Grundsätze der Wirtschaftspolitik, a.a.O., S. 279 ff. sowie *K.H. Biedenkopf*, Die neue Sicht der Dinge. Plädoyer für eine freiheitliche Wirtschafts- und Sozialordnung. München u. Zürich 1985, S. 81 ff.

[82] *K.H. Biedenkopf*, Die neue Sicht ..., a.a.O., S. 81. (Unterstreichung durch den Verfasser.)

rung derartiger gedanklicher Zusammenhänge heißt es[83]: "Franz Böhm hat schon 1936 auf [die] Ordnungsfunktion der privatrechtlichen Bausteine der Wirtschaftsordnung hingewiesen. Er hielt es nicht nur für zulässig, sondern für notwendig, das Privatrecht als Teil der Gesamtordnung der freien Wirtschaft zu sehen. Wendet man die Rechtseinrichtungen des Privatrechts unrichtig an, das heißt 'in einer <u>ihrem vernünftigen Sinn und ihrer Funktion</u> im Rahmen des Gesamtsystems <u>zuwiderlaufenden Weise</u>', dann werden auch davon Störungen der Ordnung ausgehen."

Die zweite Anmerkung bezieht sich darauf, daß in neuerer Zeit wieder verstärkt Zusammenhänge zwischen Ethik und Wirtschaftswissenschaften diskutiert werden.[84] Wenn die Ethik in der Betriebswirtschaftslehre einen Stellenwert haben soll, ist es dann damit getan, z.B. ein spezielles Fach Ethik in den Studiengang aufzunehmen, oder muß sich der Kontext "Ethik und Wirtschaftswissenschaften" nicht darüber hinaus in der Behandlung konkreter betriebswirtschaftlicher Fragestellungen zeigen? Müller-Merbach stellt z.B. fest, daß das ethische Handeln im Sinne Kants dem kategorischen Imperativ unterliege[85]: "Handle so, daß die Maxime deines Willens jederzeit zugleich als Prinzip einer allgemeinen Gesetzgebung gelten könne." Welcher Bezug ergibt sich hier zum "gesunden Konkurs"? Selbst wenn der "gesunde Konkurs" legal vollzogen werden könnte, bleibt doch die Tatsache, daß der so als "homo oeconomicus" handelnde Gesellschafter Verträge bewußt verletzt, d.h. hier, Kreditverträge mit den Gläubigern bewußt nicht einhält; demgegenüber gilt: pacta sunt servanda.

Auch die <u>Fremdkapitalgeber</u> stellen Überlegungen zur Haftungskapazität des kreditnehmenden und haftenden Betriebs im Bemühen an, ihre Anspruchsrechte an diesen Betrieb zu sichern. Ist nach Ansicht der Fremdkapitalgeber die Relation des Haftungspotentials zu Verlusten bzw. Verlustgefahren im kreditnehmenden Betrieb nicht mehr vertretbar, werden sie ceteris paribus zu keinen weiteren Kreditvergaben an den Betrieb bereit sein bzw. sogar Kredite vorzeitig kündigen. Da Fremdkapital in der Regel die umfangreichste Form der Zuführung monetären Faktorpotentials zum Betrieb in z-Qualität darstellt, wird das betriebliche Marktleistungsvolumen in dieser Beziehung <u>indirekt</u> über Haftungszusammenhänge mit <u>direktem</u> Ansatzpunkt bei der Finanzierbarkeit betrieblicher Leistungsprozesse durch Zahlungsleistungen beschränkt.

Das Bemühen um Sicherung von Anspruchsrechten aus Kreditverträgen kann sich unter anderem zeigen, wenn Fremdkapitalgeber spezielle Anforderungen an die Kapitalstruktur eines kreditnehmenden Betriebs stellen, z.B. ausgedrückt durch eine geforderte Mindest-

---

[83] *K.H. Biedenkopf*, Die neue Sicht ..., a.a.O., S. 82. (Unterstreichung durch den Verfasser.)

[84] Vgl. z.B. *H. Hesse (Hrsg.)*, Wirtschaftswissenschaft und Ethik, (Schriften des Vereins für Socialpolitik. N.F., Bd. 171.) Berlin 1988 sowie *H. Müller-Merbach*, Zur Ethik ökonomischen Handelns. In: Geldwirtschaft und Rechnungswesen. Hrsg. v. H.-D. Deppe. (Neue Betriebswirtschaftliche Studienbücher, Bd. 1.) Göttingen 1989, S. 3-25.

[85] *I. Kant*, Kritik der praktischen Vernunft. Riga 1788, S. 54 - zitiert nach *H. Müller-Merbach*, Zur Ethik ökonomischen Handelns, a.a.O., S. 7.

eigenkapitalquote (Eigenkapital/Gesamtkapital).[86] Vom kreditnehmenden Betrieb wird so ein bestimmter Puffer an Reinvermögen, ausgewiesen durch Eigenkapital, gegen Risiken im Sinne von Verlustgefahren gefordert. Die Bemessung der Höhe dieses Puffers erfolgt dann jedoch nicht unter direkter Bezugnahme auf die Marktleistungsarten und die -volumina bzw. die darin involvierten Risiken, sondern pauschaler durch Bezugnahme auf das Gesamtkapital. "Bei gegebener Kapitalverwendung wird das Risiko der Gläubiger um so geringer eingeschätzt, je geringer der Anteil des Fremdkapitals am Gesamtkapital ist."[87] Zweifellos ist für den Kreditgeber eine differenzierte Analyse der Relation des Haftungspotentials zu möglichen Risiken im Sinne von Verlustgefahren beim kreditnehmenden Betrieb aussagefähiger. Dennoch sind, wie schon das Beispiel der Schuldscheindarlehen von Versicherungen zeigt, derartige pauschale Kapitalstrukturkennzahlen in der Praxis von Relevanz[88]: "Trotz [theoretischer] Begründungsschwierigkeiten hat der aus der Bilanz abgeleitete Verschuldungsgrad für die praktische Finanzpolitik der Unternehmen große Bedeutung. Dies liegt in erster Linie daran, daß es für die externe Beurteilung des Unternehmens kaum eine zuverlässigere Grundlage gibt als die Bilanz; daraus ergibt sich die Begrenzung des Verschuldungsgrades durch die Kreditgeber. Wenn der Verschuldungsgrad als Indikator der Kreditfähigkeit anerkannt ist, müssen sich die Unternehmen dieser Anforderung anpassen."

Der Staat, vertreten durch <u>Aufsichtsämter und -behörden</u>, greift in die Zusammenhänge zwischen der Höhe des Haftungspotentials eines Betriebs und der Höhe des Marktleistungsvolumens bzw. der damit verbundenen Risiken dann ein, wenn dieses aus übergeordneten gesamtwirtschaftlichen Interessen notwendig erscheint. Diese Notwendigkeit wird zur Zeit insbesondere bei Betrieben des Finanziellen Sektors (Kreditinstitute, Versicherungen) gesehen.[89] Als Beispiel für eine derartige Beschränkung von Risiken sei für Kreditinstitute der sogenannte "Grundsatz I" des Bundesaufsichtsamtes für das Kreditwesen im Anschluß an § 10 KWG genannt.[90] Hiernach sollen - vereinfacht gesagt - die Kredite und Beteiligungen eines Kreditinstituts das 18fache des in § 10 KWG definierten haf-

---

[86] Für die Deckungsstockfähigkeit von Schuldscheindarlehen der Versicherungen an inländische Betriebe des Nichtfinanziellen Sektors sollte z.B. das Verhältnis von Eigenkapital zu Fremdkapital beim Darlehensnehmer nicht schlechter als 1:2 sein. Vgl. hierzu z.B. *H. Vormbaum*, Finanzierung der Betriebe. 7., überarb. u. erw. Aufl., Wiesbaden 1986, S. 349 ff., insbesondere S. 352.

[87] *G. Wöhe* u. *J. Bilstein*, Grundzüge der Unternehmensfinanzierung, a.a.O., S. 311. - Auf die so auch angesprochene Differenzierung zwischen dem leistungswirtschaftlichen Risiko (Geschäftsrisiko) und dem Kapitalstrukturrisiko sowie auf die damit verbundenen Analysen des Leverage-Effektes sei hier nur hingewiesen. Vgl. dazu z.B. ebenda, S. 311 ff.; *E. Gutenberg*, Die Finanzen ..., a.a.O., S. 184 ff.; *J.F. Weston* a. *E.F. Brigham*, Managerial Finance. 7th ed., Hindsale (Ill.) 1981, p. 550 ff.; *J. Süchting*, Finanzmanagement. Theorie und Politik der Unternehmensfinanzierung. (Schriftenreihe des Instituts für Kredit- und Finanzwirtschaft, Bd. 1.) 5., vollst. überarb. u. erw. Aufl., Wiesbaden 1989, S. 366 ff. u. S. 375 ff. sowie *G. Franke* u. *H. Hax*, Finanzwirtschaft des Unternehmens ..., a.a.O., S. 422 ff.

[88] *G. Franke* u. *H. Hax*, Finanzwirtschaft des Unternehmens ..., a.a.O., S. 71. - Vgl. hierzu auch *K. Chmielewicz*, Integrierte Finanz- und Erfolgsplanung. Versuch einer dynamischen Mehrperiodenplanung. Stuttgart 1972, S. 302 f.

[89] Vgl. z.B. § 6 Abs. 2 KWG sowie § 81 VAG.

[90] Vgl. *Deutsche Bundesbank*, Geschäftsbericht der Deutschen Bundesbank für das Jahr 1988. Frankfurt a.M. 1989, S. 86 f.

tenden Eigenkapitals nicht übersteigen. Dieser Grundsatz I setzt zwar nicht direkt bei tatsächlich ermittelten Risiken im Sinne von Verlustgefahren an, sondern - insofern pauschal - bei "Risikoherden" in Form spezieller Marktleistungsarten. Andererseits wird im Grundsatz I jedoch auch nach unterschiedlich hohem Risikogehalt einzelner Kreditarten differenziert: So werden z.B. Kredite an inländische juristische Personen des öffentlichen Rechts (ausgenommen Kreditinstitute) bei der Berechnung des Kreditvolumens nicht berücksichtigt.[91]

Stellt man die Auffassungen von Fremd- und Eigenkapitalgebern sowie von Aufsichtsämtern und -behörden zum als "zulässig" angesehenen Verhältnis des Haftungspotentials zu Risiken im Sinne von Verlustgefahren aus dem Marktleistungserstellungs- und Marktleistungsabsatzprozeß einander gegenüber, so beschränkt die engste dieser Auffassungen letztlich die Höhe des Marktleistungsvolumens.[92]

Es braucht hier nicht besonders betont zu werden, daß die praktische Ermittlung einer derartigen Kapazitätsgrenze, insbesondere in bezug auf das risikopolitische Verhalten von Fremd- und Eigenkapitalgebern, auf erhebliche Probleme stößt: Fremd- und Eigenkapitalgeber sind in dieser Beziehung keine homogenen Gruppen. Vielmehr ist von Einzelpersonen mit unterschiedlich hoher Risikofreudigkeit bzw. Risikoaversion auszugehen. Dabei unterscheiden sich die einzelnen Wirtschaftssubjekte zudem in ihren Einblicksmöglichkeiten in die wirtschaftliche Lage des Betriebs (ungleiche Informationsverteilung). Auch an die Tatsache, daß immer nur wahrscheinlichkeitstheoretische Aussagen zur Sicherung der Schuldendeckungsfähigkeit bzw. der Anspruchsrechte von Gläubigern, nicht aber sichere Feststellungen möglich sein werden, ist noch einmal zu erinnern.

Wegen derartiger, in der Wissenschaft noch weitgehend ungelöster Probleme, die sich unter anderem auf die konkrete Ermittlung von Kapazitätsbeziehungen in der f-Sphäre von Betrieben beziehen, schreibt z.B. D. Schneider[93]: "Ob und wann ein Insolvenzrisiko sinkt, muß sich nachprüfbar feststellen lassen. Dieses Meßproblem ist für das Insolvenzrisiko derzeit nicht gelöst, ja im Hinblick auf eine Eigenkapitalausstattung, die Insolvenzgefahren begrenzen soll, erscheinen mir Rangordnungsaussagen zur Insolvenzgefährdung (als ordinale Messungen des Insolvenzrisikos) entscheidungslogisch nicht nachprüfbar möglich. Schon deshalb ist eine Hypothese 'Eine steigende Eigenkapitalquote mindert das Insol-

---

[91] Vgl. im einzelnen *Deutsche Bundesbank*, Geschäftsbericht der Deutschen Bundesbank für das Jahr 1988, a.a.O., S. 86 f.

[92] Die einzelnen Marktleistungsarten können dabei selbstverständlich in unterschiedlich starkem Maße mit Risiken im Sinne von Verlustgefahren belastet sein. Insofern hängt die "zulässige" Höhe des Marktleistungsvolumens auch stark vom jeweiligen Marktleistungsprogramm ab.

[93] *D. Schneider*, Lücken bei der Begründung einer "Eigenkapitallücke". "Der Betrieb", Düsseldorf u. Frankfurt a M , Jg 39 (1986), S. 2293-2298, hier S. 2296. - Vgl. hierzu auch *D. Schneider*, Mindestnormen zur Eigenkapitalausstattung als Beispiele unbegründeter Kapitalmarktregulierung? In: Kapitalmarkt und Finanzierung. Jahrestagung des Vereins für Socialpolitik. Gesellschaft für Wirtschafts- und Sozialwissenschaften in München vom 15.-17. September 1986. Hrsg. v. D. Schneider. (Schriften des Vereins für Socialpolitik, N.F., Bd. 165.) Berlin 1987, S. 85-108, insbesondere S. 91 sowie *D. Schneider*, Erste Schritte zu einer Theorie der Bilanzanalyse. "Die Wirtschaftsprüfung", Düsseldorf, Jg. 42 (1989), S. 633-642.

venzrisiko' empirisch gar nicht überprüfbar (testbar)." Diese von D. Schneider gestellten extremen Anforderungen an die Meßbarkeit von Insolvenzrisiken und die daraus unter anderem gezogene Schlußfolgerung einer nicht bewiesenen Eigenkapitallücke deutscher Unternehmen[94] sind jedoch nach Ansicht des Verfassers so nicht vertretbar. Vielmehr ist zu fragen: Bedeutet nicht jede zusätzliche D-Mark Haftungspotential ceteris paribus eine Verbreiterung der Sicherheitszone zur Grenze des Überschuldungskonkurses[95] und damit eine Reduzierung der hohen Zahl jährlicher Konkurse in der Bundesrepublik Deutschland? Kann man mit D. Schneider[96] tatsächlich begründet behaupten, es fehle an einer "vorläufig gut bestätigten Finanzierungshypothese, die einen Zusammenhang zwischen Eigenkapitalausstattung und Insolvenzanfälligkeit aufdeckt", wenn z.B. generell gilt, daß ein Verlust in Höhe von 1 Million DM zwar durch ein Haftungspotential in Höhe von 2 Millionen DM, nicht aber durch 50.000 DM haftender Mittel aufgefangen werden kann?[97] Es stellt sich - ausgehend von den Feststellungen D. Schneiders - z.B. auch die Frage nach der Existenzberechtigung von Einrichtungen der Kreditwürdigkeitsprüfung in Kreditinstituten. Soll der Wissenschaftler, überspitzt formuliert, in bezug auf Kreditentscheidungen wegen - so D. Schneider[98] - fehlender "Eichstriche" einer wünschenswerten oder angemessenen Eigenkapitalausstattung von Unternehmen für die Schließung dieser Einrichtungen plädie-

---

[94] Vgl. *D. Schneider*, Lücken bei der Begründung ..., a.a.O., S. 2293.

[95] Vgl. *H.-D. Deppe*, Eine Konzeption wissenschaftlicher Bankbetriebslehre ..., a.a.O., S. 62.

[96] *D. Schneider*, Lücken bei der Begründung ..., a.a.O., S. 2296.

[97] Vgl. zu empirischen Tests zur Bedeutung des Haftungspotentials für die Vermeidung von Insolvenzrisiken z.B. *K. Thomas*, Aussagen quantitativer Kreditnehmeranalysen. Mit einem Anhang von *W. Lampe*. In: Innovationen im Kreditmanagement. Vorträge und Berichte der Tagung Innovationen im Kreditmanagement am 27. Sept. 1984. Hrsg. v. H.-J. Krümmel u. B. Rudolph. Frankfurt a.M. 1985, S. 196-207. - Von den Autoren wird in diesem Beitrag über sogenannte Diskriminanzanalysen berichtet, die die Deutsche Bundesbank neben anderen Instrumenten zur Bonitätsbeurteilung von wechselkreditnehmenden Betrieben anwendet: "Ziel der Diskriminanzanalyse ist es, aus der Gegenüberstellung der Zahlen der Jahresabschlüsse von solventen und von wenig später insolvent gewordenen Unternehmen diejenigen Merkmale (Kennzahlen) und ihre Gewichtungen im Gesamtzusammenhang herauszufinden, die für die Bestandsfestigkeit (Bonität) eines Unternehmens empirisch die größte Bedeutung haben. ... Als besonders trennfähig bzw. trennstark erwiesen sich Eigenkapitalquote, Kapitalrückflußquote, Schuldentilgungsfähigkeit, Umsatzrendite und Gesamtkapitalrendite. Bei Überprüfung einer Vielzahl von Kennzahlenkombinationen stellte sich heraus, daß Kombinationen ohne Eigenkapitalquote und Kapitalrückflußquote von vornherein vernachlässigt werden konnten, andererseits die Ergänzung der genannten Kennzahlen um eine oder mehrere Kennzahlen nur geringe Verbesserungen von Trennfähigkeit und Trennstärke erbringt. Die beste Kennzahlenkombination Eigenkapitalquote (für Kapitalstruktur), Kapitalrückflußquote (für Kapitalreproduktion und Liquidität) und Gesamtkapitalrendite (für Ertragsfähigkeit des Gesamtkapitals) erreicht eine Trennfähigkeit von 80 %. ... In der ermittelten optimalen Diskriminanzfunktion hat die Eigenkapitalquote das größte Gewicht." (Ebenda, S. 204 ff.) - Vgl. zum Instrument der Diskriminanzanalyse z.B. auch *J. Baetge*, Früherkennung negativer Entwicklungen der zu prüfenden Unternehmung mit Hilfe von Kennzahlen. "Die Wirtschaftsprüfung", Düsseldorf, Jg. 33 (1980), S. 651-665 sowie *J. Hauschildt*, Vorgehensweise und Ergebnisse der statistischen Insolvenzdiagnose. In: Krisendiagnose durch Bilanzanalyse. Hrsg. v. J. Hauschildt. (Datev-Schriften, Nr. 10.) Köln 1988, S. 115-134, hier insbesondere S. 127 ff.

[98] Vgl. *D. Schneider*, Lücken bei der Begründung ..., a.a.O., S. 2298.

ren, da es doch eine wesentliche Aufgabe der Kreditwürdigkeitsprüfung ist, solche "Eichstriche" festzulegen, obwohl dieses nach D. Schneider gar nicht möglich ist?[99]

Abschließend sei zu den in Übersicht 3 erfaßten Zusammenhängen erwähnt, daß die Belegung des Haftungspotentials mit Risiken im Sinne von Verlustgefahren wieder vermindert wird, wenn risikotragende Marktleistungen mit primär technisch-organisatorischer Dimension über Umsatzerlöse vergütet oder z.B. vergebene Finanzkredite getilgt werden.

4 Ergänzende Überlegungen zu finanziellen Haftungsleistungen und Haftungszusammenhängen

Im Teil 3 wurde nur in grundlegender Weise in finanzielle Haftungsleistungen bzw. Haftungszusammenhänge eingeführt. Von daher mußten Fragestellungen offen bleiben, die eigentlich einer vertieften Behandlung bedürften. Zwei derartige Aspekte seien in diesem Teil 4 kurz eingeführt.

41 Risikopolitische Maßnahmen und ihr Bezug zur betrieblichen Haftungssphäre

Die finanzielle Haftungsleistung stellt eine vertrauenschaffende Leistung dar, die - ausreichendes Volumen vorausgesetzt - bei Verlusten eines kreditnehmenden Betriebs Anspruchsrechte von dessen Gläubigern sichert. Sie gewährleistet so darüber hinaus auf der finanziellen Haftungsebene auch die Existenz des Betriebs als Einkommensquelle für den Unternehmer bzw. für die Haftungspotentialgeber sowie für die im Betrieb beschäftigten Arbeitnehmer. Diese im Teil 3 eingeführten Überlegungen zeigen, daß derartige Haftungszusammenhänge sich nicht auf die "eigentlichen" Ziele des Betriebs selbst beziehen, sondern insoweit auf der - hier liquiditätsmäßig-finanziellen - "Nebenbedingungsebene" einzuordnen sind.[100] Daraus folgt unter anderem die Frage nach der gedanklichen Verbindung von Haftungsaspekten mit anderen betrieblichen Problemkomplexen bzw. - anders ausgedrückt - nach der Weite des Problemkomplexes "Haftungszusammenhänge".

Speziell unter dem Blickwinkel der Strukturierung von geschäftspolitischen Maßnahmen (im Sinne von Strategischen Grundsätzen und Strategien des GPB[101]) zur Steuerung der betrieblichen Haftungssphäre gliedert z.B. H.-D. Deppe[102] die Gesamtheit dieser Maßnahmen, d.h. die Schuldendeckungspolitik, in die Sicherheitspolitik und die Verlustausgleichs-

---

[99] Vgl. zu den Thesen von D. Schneider auch die - z.T. "amüsant-polemische" - Kritik von *K.-H. Berger*, Zur Eigenkapitalausstattung der Unternehmung. In: Zweihundert Jahre Geld und Brief. Herausforderungen an die Kapitalmärkte. Festgabe an die Niedersächsische Börse zu Hannover aus Anlaß ihres 200jährigen Bestehens. Hrsg. v. C.P. Claussen, L. Hübl u. H.-P. Schneider. Frankfurt a.M. 1987, S. 219-231, hier S. 229 f.

[100] Vgl. z.B. *H.-D. Deppe*, Eine Konzeption wissenschaftlicher Bankbetriebslehre ..., a.a.O., S. 60 f. sowie *W. Benner*, Betriebliche Prozesse ..., a.a.O., S. 154. - Vgl. hierzu ausführlicher bzw. differenzierter auch ebenda, S. 179 ff. sowie *G. Liebau*, Monetäre Leistungen ..., a.a.O., S. 95 ff. u. S. 118 ff.

[101] Vgl. hierzu auch Übersicht 1 sowie Kapitel 23.

[102] Vgl. *H.-D. Deppe*, Basismaterialien zur Bankbetriebslehre I, a.a.O., S. 101.

politik. Die Sicherheitspolitik ist weiter unterteilt in die Risikopolitik, verstanden als Begrenzung von bzw. Schutz gegen Risiken im Sinne von Verlustgefahren, und in die von ihm als Nettohaftungsreservepolitik bezeichnete Vorsorge für unvermeidliche Risiken durch Aufbau entsprechender Haftungspotentiale. Die Verlustausgleichspolitik bezieht sich auf den Einsatz der vorhandenen Haftungspotentiale bei eingetretenen Verlusten, z.B. im Sinne der geschäftspolitischen Entscheidung, welche Teilreservoirs des Haftungspotentials[103] in einer konkreten Situation zum Verlustausgleich eingesetzt werden. Auf die Schuldendeckungspolitik wird in diesem einführenden Beitrag nicht im einzelnen eingegangen.[104] Vielmehr kann hier - auch mit Blick auf die Schuldendeckungspolitik - nur kurz auf einzelne Abgrenzungsfragen beim Problemkomplex "Haftungszusammenhänge" hingewiesen werden.

Unterstellt man aus Vereinfachungsgründen einmal nur das Streben nach Gewinnerzielung als "eigentliches" Ziel des Betriebs, so bilden von daher alle ertragssteigernden oder aufwandssenkenden Maßnahmen den Dreh- und Angelpunkt seiner Geschäftspolitik. Konkret gesagt, ist in diesem Sinne z.B. auf die Produkt- und Sortimentspolitik, die Preispolitik oder auf das Streben nach Wirtschaftlichkeit Bezug zu nehmen. Obwohl derartige geschäftspolitische Maßnahmen direkt der eigentlichen Zielerreichung (Gewinnerzielung) dienen, wirken sie sich darüber hinaus auch positiv auf die finanzielle Haftungsebene aus: Solange der Betrieb Gewinne erwirtschaftet, wird das Haftungspotential zumindest nicht durch effektive Verluste belastet. Von daher könnte man in einem sehr weiten Ansatz alle geschäftspolitischen Maßnahmen, die ertragssteigernd oder aufwandssenkend wirken sollen, mit in die Schuldendeckungspolitik des Betriebs integrieren. Eine solche Begriffsausweitung würde nach Auffassung des Verfassers jedoch einer möglichst klaren Abgrenzung einzelner betrieblicher Problemkomplexe zuwiderlaufen, d.h. letztlich eher vernebelnd wirken. Daher wird hier so nicht verfahren. Allerdings bleibt die Tatsache, daß auf einer dem Problemkomplex Schuldendeckungsfähigkeit bzw. Schuldendeckungspolitik vorgelagerten Ebene die oben erwähnten ertragssteigernden oder aufwandssenkenden und so gewinnsteigernden bzw. verlustmindernden Maßnahmen stehen. Eine direkte Beziehung zur betrieblichen Haftungssphäre ist zudem dadurch gegeben, daß erzielte Gewinne ceteris paribus das Haftungspotential stärken.[105]

---

[103] Vgl. hierzu auch Übersicht 2.

[104] Vgl. zur Schuldendeckungspolitik den Beitrag von *P. Reus* in der vorliegenden Festschrift.

[105] Es wird davon ausgegangen, daß Finanzierung aus Gewinngegenwerten und somit ein zusätzlicher Zufluß von Haftungspotential aus dem Innenfinanzierungsprozeß kontinuierlich durch z.B. Zahlungsmittelzuflüsse aus Umsatzerlösen erfolgt, soweit diese Zuflüsse höher als die in den Umsatzerlösen enthaltenen Aufwandsgegenwerte - einschließlich Normalabschreibungsgegenwerte - sind ("temporär akkumulierende Selbstfinanzierung"). Das so durch Innenfinanzierung kontinuierlich aufgebaute Haftungspotential vermindert sich allerdings durch anschließende Gewinnausschüttung. Nur thesaurierte Gewinne bleiben über den Zeitpunkt der Gewinnausschüttung hinaus im Betrieb gebunden ("bilanziell konstatierende Selbstfinanzierung"). Von daher lassen sich im engeren Sinne letztlich nur die thesaurierten Gewinne als Zuwachs an Haftungspotential einstufen; zumindest sind - entsprechend der Darstellung im Abschnitt 322 - Unterschiede in der Haftungsqualität festzustellen, wobei auf das Bewertungskriterium "Dauerhaftigkeit" der haftenden Mittel Bezug zu nehmen ist. - Zur Unterscheidung zwischen temporär akkumulierender und bilanziell konstatierender Selbstfinanzierung vgl. *H. Lipfert*, Optimale Unternehmensfinanzie-

Sinnvoll erscheint es, neben der Nettohaftungsreservepolitik und der Verlustausgleichspolitik auch die Risikopolitik des Betriebs in den Problemkomplex Schuldendeckungspolitik einzubeziehen. Risikopolitische Maßnahmen zielen auf einzelne Risikoherde im technisch-organisatorischen und liquiditätsmäßig-finanziellen Leistungsbeschaffungs-, Leistungskombinations- und Leistungsabsatzprozeß und sollen die hier gegebenen Risiken - soweit wie möglich bzw. soweit dieses als sinnvoll erachtet wird - ganz ausschließen oder begrenzen und von daher mit Bezug auf den Betrieb als Gesamtheit Verlustgefahren vorbeugen. Die so verstandene Risikopolitik kann ausgehend von der Gewinn- und Verlustrechnung eines Betriebs direkte Bezüge zu einzelnen Ertrags- oder Aufwandspositionen haben, sie kann sich aber auch in Maßnahmen zeigen, bei denen kein so direkter Bezug zu diesen Positionen gegeben ist: Als Beispiel für den letztgenannten Fall sei die Risikoverteilung genannt, indem z.B. bei Kreditvergaben, insbesondere von Bankbetrieben, auf eine entsprechende Kreditstreuung nach Branchen, nach der Größenordnung der Kredite oder im nationalen Geschäft nach Regionen sowie im internationalen Geschäft nach Ländern geachtet wird.

Als Maßnahme im Sinne der Risikopolitik mit direkter Ertragswirkung läßt sich die Einrechnung von Risikokosten in die Preise der abgesetzten Marktleistungen anführen, vorausgesetzt, zumindest diese Preise können am Markt erzielt werden.[106] Die über die Umsatzerlöse oder - bei Kreditvergaben - über die Zinserlöse zugeflossenen Gegenwerte der Risikokosten können so z.B. zum Ausgleich nicht durch Erträge gedeckter Kosten bei einzelnen Marktleistungen bzw. zum Ausgleich möglicher Forderungsausfälle dienen. Diese Gegenwerte kalkulatorischer Risikokosten sollen hier innerhalb des einzelnen Geschäftsjahres als Risikodeckungspotentiale aufgefaßt werden, die - bildlich gesprochen - noch vor dem eigentlichen Haftungspotential stehen: Durch "innerbetrieblichen Verlustausgleich" zwischen z.B. einzelnen Geschäftssparten wird für den Betrieb als Gesamtheit das Risiko im Sinne von Verlustgefahren begrenzt und von daher auch das Haftungspotential vor effektiver Inanspruchnahme geschützt. Soweit diese Risikodeckungspotentiale "Gegenwerte kalkulatorischer Risikokosten" nicht innerhalb des Geschäftsjahres durch tatsächlichen Eintritt von Risiken aufgezehrt werden, stellen sie eine Komponente des in dem Geschäftsjahr erzielten Gewinns dar.[107]

Fortsetzung der Fußnote 105:
rung. 3., erw. Aufl., Frankfurt a.M. 1969, S. 20 sowie entsprechende Erläuterungen bei *W. Benner*, Betriebliche Finanzwirtschaft ..., a.a.O., S. 242 ff.

[106] Die hier angesprochenen Risikokosten seien als "Prämien für eine Art von Selbstversicherung gegen gut kalkulierbare Risiken" interpretiert, die in der Preiskalkulation noch "vor" dem Gewinnzuschlag stehen. Anzumerken ist, daß zusätzlich zu diesen Risikokosten ("Selbstversicherungskosten") in den Gewinnzuschlag eine Risikoprämie einzukalkulieren ist, und zwar als Entgelt für die Risikoübernahmeleistungen der Haftungspotentialgeber, d.h. für das Tragen der Risiken, die nicht durch die Selbstversicherung bzw. durch andere risikopolitische Maßnahmen gedeckt sind. Vgl. hierzu auch die Abgrenzung einzelner Risikokategorien durch *P. Reus*, Geldwirtschaftlicher Leistungsdualismus ..., a.a.O., S. 153 ff. sowie seinen Beitrag in der vorliegenden Festschrift.

[107] Bei Zugrundelegung des Konzepts "temporär akkumulierende Selbstfinanzierung" gemäß der Erläuterung in Fußnote 105 läßt sich praktisch allerdings nicht zwischen dem speziellen Risikodeckungspotential "nicht verbrauchte Gegenwerte kalkulatorischer Risikokosten" und dem Teil des Haftungspotentials differenzieren, der erst im laufenden Geschäftsjahr aus Gewinngegenwerten zufließt: Die nicht verbrauch-

Direkte Bezüge zu einzelnen Aufwandspositionen ergeben sich durch risikopolitische Maßnahmen, die einerseits Risiken im Sinne von Verlustgefahren begrenzen oder sogar ganz ausschließen sollen, die andererseits aber aufwandswirksam sind. Hingewiesen sei z.B. auf den Abschluß von Versicherungen gegen einzelne Risiken, die Durchführung von Kreditwürdigkeitsprüfungen bei Kreditvergaben, die Einrichtung einer internen Betriebs-revision oder auf die Kurssicherung ausstehender Währungsforderungen und Währungs-verpflichtungen. Der enge Zusammenhang derartiger risikopolitischer Maßnahmen mit dem betrieblichen Haftungspotential ist offensichtlich: Je intensiver diese (aufwandswirk-samen) risikopolitischen Instrumente genutzt werden, desto geringer fällt ceteris paribus der erzielbare Gewinn aus. Das mindert dann zwar auch die Möglichkeiten, durch Ge-winnthesaurierung das Haftungspotential des Betriebs zu stärken, dem steht aber eine Senkung des Risikos im Sinne von Verlustgefahren und damit des Risikos der effektiven Inanspruchnahme des Haftungspotentials gegenüber.

42 Zur Beziehung zwischen betrieblicher Zahlungs- und Haftungssphäre

Wie aus den Ausführungen im Kapitel 22 zur betrieblichen Zahlungssphäre (z-Sphäre) bzw. im Teil 3 zur finanziellen Haftungssphäre (f-Sphäre) folgt, muß der Betrieb aus wirt-schaftlichen und/oder rechtlichen Gründen jederzeit zahlungsfähig und schulden-deckungsfähig sein. Die so gegebenen finanzwirtschaftlichen Existenzbedingungen[108] der Zahlungsfähigkeit und der Schuldendeckungsfähigkeit beziehen sich also im Kern einer-seits auf die Zahlungsmittelebene (Bestände an Zahlungsmitteln, Einzahlungen und Aus-zahlungen) und andererseits auf die Reinvermögensebene (Reinvermögensbestand sowie dessen Veränderung durch Gewinne bzw. Verluste und zusätzlich durch Eigenkapitalzu-führung von außen bzw. Eigenkapitalabfluß nach außen[109]).

Trotz der grundsätzlich notwendigen und sinnvollen Unterscheidung von Zahlungs- und Haftungszusammenhängen bestehen enge Beziehungen zwischen betrieblicher z-Sphäre und f-Sphäre. Hierzu sei zunächst noch einmal daran erinnert, daß z.B. mit einer Eigenka-pitalerhöhung gegen Geldeinlagen dem Betrieb sowohl Zahlungsleistungen (Monetärer

---

Fortsetzung der Fußnote 107:
ten Gegenwerte kalkulatorischer Risikokosten stellen sich dann ceteris paribus direkt zu jedem Zeitpunkt als Gewinnkomponente und damit als Zuwachs an Haftungspotential dar. Aus theoretischer bzw. didakti-scher Sicht erscheint die Abgrenzung dieses speziellen Risikodeckungspotentials jedoch auch hier sinn-voll, da dieses Potential - wie dargestellt - von vornherein dem kontinuierlichen "innerbetrieblichen Ver-lustausgleich" dienen soll und von daher nicht nur eine Schutzfunktion für die Gläubiger, sondern auch für das "eigentliche" Haftungspotential und sogar für die im Geschäftsjahr kalkulierten Gewinne hat. We-gen derartiger Überlegungen ist es auch plausibel, bei geschäftspolitischer Betrachtung Strategische Grundsätze und Strategien zu diesem speziellen Risikodeckungspotential gedanklich nicht der Nettohaf-tungsreservepolitik bzw. der Verlustausgleichspolitik, sondern der Risikopolitik zuzuordnen.

[108] Vgl. zur genaueren Formulierung der finanzwirtschaftlichen Existenzbedingungen z.B. *H.-D. Deppe*, Eine Konzeption wissenschaftlicher Bankbetriebslehre ..., a.a.O., S. 53 ff., insbesondere S. 61 sowie *W. Benner*, Betriebliche Prozesse ..., a.a.O., S. 165 ff. u. S. 181 f.

[109] Von der expliziten Erfassung weiterer Komponenten des Haftungspotentials wird hier abgesehen.

Faktor in z-Qualität) als auch Haftungsleistungen (Monetärer Faktor in f-Qualität) zugeführt werden. Darüber hinaus ist insbesondere auf die "innere Identität"[110] von Zahlungsfähigkeits- und Schuldendeckungsfähigkeitsbedingung hinzuweisen, d.h. auf die beiden Bedingungen letztlich "gemeinsam auferlegte Gewährleistung der Bedienung und Rückzahlung des Fremdkapitals"[111]. Diese "innere Identität" kommt bei der Liquidation des Betriebs zur Befriedigung der Gläubiger klar zum Ausdruck, da die Schuldendeckungsfähigkeitsbedingung in diesem "maximalen Haftungsfall" in die Zahlungsfähigkeitsbedingung übergeht. Entsprechendes gilt im going concern bei nur hypothetisch angenommener Zerschlagung des Betriebs, d.h. bei tatsächlicher Betriebsfortführung.[112] Wird das gesamte betriebliche Vermögen (tatsächlich oder nur annahmegemäß) zur Befriedigung von Gläubigeransprüchen monetisiert, so besteht es nur noch aus Zahlungsmitteln. Zur Sicherung der Zahlungsfähigkeit (= Schuldendeckungsfähigkeit in diesem maximalen Haftungsfall) müssen die Zuflüsse aus der Monetisierung unter Einbeziehung von Einzahlungen aus der Realisierung nicht betriebsvermögensfundierter Haftungszusagen und des vorhandenen Zahlungsmittelbestandes mindestens so groß sein wie die Zahlungsmittelabflüsse, die sich bei vollständiger Erfüllung der Gläubigeransprüche ergeben.[113]

Zu betonen ist, daß mit der Monetisierung von Vermögensobjekten vor Ablauf der "normalen" Wiedergeldwerdungsdauer[114] häufig Veräußerungsverluste (Disagios) verbunden sind. Nur wenn die vollständige Aufrechnung dieser Veräußerungsverluste mit dem - insofern dann zu hoch - ausgewiesenen Eigenkapital (Reinvermögen) bzw. mit weiterem realisierbaren Haftungspotential möglich ist, bleibt die Erfüllung der Gläubigeransprüche davon unberührt.[115] Auch in diesen Disagios zeigt sich die Verflechtung von z-Sphäre und f-Sphäre: Die Disagios sind auf der Vermögensebene (d.h. hier Ebene der Schuldendeckungsfähigkeit) als ceteris paribus das Reinvermögen mindernder Aufwand zu erfassen

---

[110] *H.-D. Deppe*, Bankbetriebliches Wachstum ..., a.a.O., S. 83.

[111] *H.-D. Deppe*, Eine Konzeption wissenschaftlicher Bankbetriebslehre ..., a.a.O., S. 66 (im Original z.T. kursiv).

[112] Vgl. zu diesen Zusammenhängen *H.-D. Deppe*, Eine Konzeption wissenschaftlicher Bankbetriebslehre ..., a.a.O., S. 33 f., S. 40, S. 53 ff. u. S. 66 f.; *H.-D. Deppe*, Bankbetriebliches Wachstum ..., a.a.O., S. 83 f. sowie *W. Benner*, Betriebliche Finanzwirtschaft ..., a.a.O., S. 170 ff.

[113] Hierauf basiert auch die von Stützel zur Schuldendeckungsfähigkeit von Bankbetrieben entwickelte sogenannte Maximalbelastungstheorie. Vgl. *W. Stützel*, Ist die "Goldene Bankregel" eine geeignete Richtschnur für die Geschäftspolitik der Kreditinstitute? In: Vorträge für Sparkassenprüfer. Kiel, 8.-11. September 1959. Stuttgart 1959, S. 34-51. Wiederabgedruckt in: Texte zur wissenschaftlichen Bankbetriebslehre II. (Göttinger Hefte zur Bankbetriebslehre und Unternehmungsfinanzierung, H. 7b.) Göttingen 1981, S. 765-782.

[114] Vgl. zur damit angesprochenen Vermögensliquidität im Sinne der Liquidierbarkeit (shiftability) *H.-D. Deppe*, Betriebswirtschaftliche Grundlagen der Geldwirtschaft. Bd. 1: Einführung und Zahlungsverkehr. Stuttgart 1973, S. 67.

[115] Aus dem Auftreten von Disagios bei vorzeitiger Monetisierung von Vermögensobjekten ist nicht zu folgern, daß dann zwangsläufig unabhängig von der hier zugrunde gelegten Liquidationssituation "stille Verluste" in den ausgewiesenen Buchwerten dieser Vermögensobjekte enthalten waren: Liquidationswerte können von "Betriebsbestehenswerten" oder "Fortführungswerten", insbesondere von solchen, die nach handelsrechtlichen Bewertungsprinzipien ermittelt werden, abweichen. Vgl. *W. Benner*, Betriebliche Finanzwirtschaft ..., a.a.O., S. 216 ff.

und führen auf der Zahlungsmittelebene (d.h. hier Ebene der Zahlungsfähigkeit) dazu, daß die effektiven Zahlungsmittelzuflüsse aus der Vermögensmonetisierung um den Disagiobetrag niedriger sind als die ausgewiesenen Buchwerte.

Zur weiteren Veranschaulichung bestehender Verflechtungen zwischen z-Sphäre und f-Sphäre wird im folgenden an die im Kapitel 22 nur kurz eingeführten monetären Leistungsflußzusammenhänge in der z-Sphäre angeknüpft. Gleichzeitig soll aber nochmals betont werden, wie unabdingbar notwendig es ist, z- und f-Sphäre trotz der aufgezeigten "inneren Identität" von Zahlungsfähigkeits- und Schuldendeckungsfähigkeitsbedingung klar zu unterscheiden: Zahlungsmittel sind zur Finanzierung des betrieblichen Leistungsprozesses bzw. zur Sicherung der Existenzbedingung "Zahlungsfähigkeit" erforderlich. Sie werden z.B. durch den Erwerb von technisch-organisatorischen Produktionsfaktoren in diesen bzw. in den damit erstellten Halb- und Fertigfabrikaten bis zur Wiederfreisetzung durch die Umsatzerlöse gebunden. Das verfügbare Liquiditätspotential begrenzt damit das erstellbare Marktleistungsvolumen. Der überwiegende Teil des gebundenen oder in liquider Form vorliegenden betrieblichen Zahlungsmittelpotentials muß beim heutigen hohen Verschuldungsgrad der Betriebe letztlich den Fremdkapitalgebern zugerechnet werden.

Da für die Bereitschaft der Fremdkapitalgeber, dem Betrieb Kredite zu gewähren, die Höhe des von ihnen als noch ausreichend angesehenen Haftungspotentials des kreditnehmenden Betriebs eine wesentliche Bestimmungsgröße ist bzw. es im Eigeninteresse der Sicherung ihrer Gläubigeransprüche zumindest sein sollte, wirkt sich über diese Beziehung indirekt auch das Haftungspotential begrenzend auf das erstellbare, weil finanzierbare Marktleistungsvolumen eines Betriebs aus. Bei relativ geringem Haftungspotential, so wie es gegenwärtig für viele Betriebe und zudem für ganze Volkswirtschaften kennzeichnend ist, werden aufgrund dieser Zusammenhänge das betriebliche Reinvermögen bzw. das "volkswirtschaftliche Reinvermögen" und nicht die Zahlungsmittel zum eigentlichen Engpaßfaktor auf monetärer Ebene des betrieblichen bzw. volkswirtschaftlichen Leistungserstellungsprozesses. Das zeigen in volkswirtschaftlicher Hinsicht z.B. die Probleme vieler Entwicklungsländer, nach der im Herbst 1982 (durch akute Schuldendienstschwierigkeiten einzelner dieser Länder) ausgelösten Schuldenkrise, die in diesem Sinne eine Haftungskrise der Schuldnerländer ist, weiterhin Kredit zu erhalten: Wie die Bundesbank feststellt, versiegte der Kapitalzufluß über die Finanzmärkte in diese Länder, besonders nach Lateinamerika, praktisch innerhalb kürzester Zeit.[116]

---

[116] Vgl. *Deutsche Bundesbank*, Innovationen im internationalen Bankgeschäft. "Monatsberichte der Deutschen Bundesbank", Frankfurt a.M., Jg. 38 (1986), Nr. 4, S. 25-35, hier S. 25 sowie *Deutsche Bundesbank*, Entwicklung und Stand der internationalen Verschuldung. "Monatsberichte der Deutschen Bundesbank", Frankfurt a.M., Jg. 39 (1987), Nr. 1, S. 38-49, hier S. 38 u. S. 40. - Im Sinne der oben aufgezeigten Differenzierung zwischen Zahlungs- und Haftungssphäre stellt z.B. Storck fest: "Die Einsicht, daß die Schuldenkrise nicht mehr, wie früher, als Liquiditäts-, sondern als Solvenzproblem zu interpretieren sei, hat mit dazu beigetragen, daß ... neben die bisherige Politik der reinen Um-Schuldung ein erster Ansatz zur Ent-Schuldung trat." (*E. Storck*, Der Euromarkt 1989 und die Perspektiven. "Die Bank", Köln, o.Jg. (1990), S. 15-20, hier S. 18.)

Gleichzeitig stellt die internationale Schuldenkrise aber auch ein besonders krasses Beispiel dar für zu spätes Handeln kreditgebender Banken, d.h. für überhöhte Kreditvergaben und damit für Kreditvergabeentscheidungen, die - zumindest rückblickend gesehen - die Fähigkeit der Kreditnehmer zur Bedienung und Rückzahlung des Kapitals auch beim Auftreten wirtschaftlicher Schwierigkeiten zu wenig berücksichtigen: Der Frage der Sicherheit der Kredite und damit der Qualität verfügbarer Haftungsleistungen der Kreditnehmer wurde also nicht hinreichend Beachtung geschenkt.[117] Die sich daraus als Konsequenz im Sinne der angesprochenen Haftungs- und vertraglichen Kreditketten[118] bei den Banken selbst ergebenden Verlustgefahren in Milliardenhöhe sind bekannt. "Etliche Institute [waren] - vor allem in den USA, aber auch in einigen anderen Industrieländern - gegenüber bestimmten Schuldnerländern Risiken eingegangen .., die in keinem vertretbaren Verhältnis zu ihren gesamten Aktiva und insbesondere zu ihrer Eigenkapitalbasis standen. Es galt also, die vor allem unter Risikogesichtspunkten überhöhten Engagements auf ein tragbares Maß zurückzuführen und die in ihnen liegenden Risiken durch eine ausreichende Verstärkung der haftenden Mittel besser abzusichern."[119] Von einer Lösung des Problems kann - weltweit gesehen - trotz hoher Wertberichtigungen, Rückstellungs- und Rücklagenbildung noch keine Rede sein. Wie z.B. Storck feststellt, wiesen Ende 1988 70 zahlungsgestörte Länder eine Auslandsverschuldung in Höhe von über 750 Mrd. US-$ aus, wovon mehr als 500 Mrd. US-$ auf 17 hochverschuldete Länder entfielen.[120]

5 Zusammenfassung

Der Betrieb ist ein Subsystem der arbeitsteiligen Tauschwirtschaft in Form der Geldwirtschaft. Die betrieblichen Leistungsprozesse sind nur in den daraus folgenden Systemzusammenhängen voll zu begreifen. Zu beachten ist insbesondere, daß neben technisch-organisatorischen auch monetäre Einsatzgüter Leistungscharakter haben. Folglich kann im Sinne des Leistungsdualismus jede Marktleistung des Betriebs immer nur das Ergebnis von Teilleistungen eines Technisch-organisatorischen und eines Liquiditätsmäßig-finanziellen Kombinationsprozesses sein.

Monetäre Leistungen treten in Form von Zahlungs- und Haftungsleistungen auf. Beide Leistungsarten sind als Einsatzfaktoren im betrieblichen Leistungserstellungs- und Leistungsabsatzprozeß aus wirtschaftlichen und rechtlichen Gründen unerläßlich. Dabei liegt die Leistung der Geber von Zahlungsleistungen (des Monetären Faktors in z-Qualität) im

---

[117] Von daher spricht H.-D. Deppe im Zusammenhang mit der internationalen Schuldenkrise auch von einer Haftungskrise kreditgebender Banken. Vgl. *H.-D. Deppe*, Finanzielle Haftung heute ..., a.a.O., S. 202.

[118] Vgl. Abschnitt 3122.

[119] *Deutsche Bundesbank*, Entwicklung und Stand ..., a.a.O., S. 42 f.

[120] Vgl. *E. Storck*, Der Euromarkt 1989 ..., a.a.O., S. 18. - Zum entsprechenden Forderungsbestand einzelner Banken vgl. z.B. *J. Wulfken* u. *W. Berger*, Juristische und ökonomische Grundlagen des internationalen Handels von Kreditforderungen. "Zeitschrift für Vergleichende Rechtswissenschaft", Heidelberg, Jg. 87 (1988), S. 335-375, hier S. 343.

zeitlich befristeten oder unbefristeten Verzicht auf eine andere Nutzung der bereitgestellten Mittel und der so möglichen Finanzierung betrieblicher Leistungsprozesse bei gesicherter Zahlungsfähigkeit.

Mit Blick auf die in diesem Beitrag speziell analysierten Haftungsleistungen ist zu beachten, daß aus den betrieblichen Leistungsprozessen zwangsläufig Risiken im Sinne von Verlustgefahren resultieren. Trotzdem dürfen auch im Falle nicht zeitgleicher Tauschvorgänge, d.h. bei Kreditinanspruchnahmen aller Art, Gläubiger des kreditnehmenden Betriebs gemäß Wirtschaftsordnung und Vertragsbeziehungen die Erfüllung ihrer vertraglich gesicherten schuldrechtlichen Leistungsansprüche bei effektiven Verlusten des Schuldners erwarten. Daher ist in der Marktwirtschaft die Haftungsleistung, z.B. erbracht durch Reinvermögen, für das Einstehen für Schulden (Sicherung von Gläubigeransprüchen) neben den Zahlungsleistungen ein monetäres Einsatzgut von grundlegender Bedeutung. In produktionstheoretischer Hinsicht ist hierin eine versicherungsähnliche Leistung zu erkennen. Obwohl die so abgegrenzten Haftungsleistungen (Monetärer Faktor in f-Qualität) in der Regel direkt nur den eigenen Gläubigern des Betriebs zugute kommen, stellt ihre Verfügbarkeit bei bestehenden Kreditverpflichtungen des Betriebs eine "wirtschaftlich faktische" und - mit Bezug auf Kapitalgesellschaften - auch generell eine rechtliche Voraussetzung für die Marktleistungserstellung dar. Der produktionstheoretische Zusammenhang zwischen Input (Haftungsleistungen) und Output (Marktleistungen mit primär technisch-organisatorischer oder mit primär liquiditätsmäßig-finanzieller Dimension) ist in der betrieblichen Haftungssphäre von daher mittelbar gegeben. Bei monetären Marktleistungen des Betriebs wie dem Beteiligungserwerb wird die Haftungsleistung sogar zur Kernkomponente derartiger Marktleistungen.

Aus der Erkenntnis der Produktionsfaktoreigenschaft von Haftungsleistungen im betrieblichen Leistungsprozeß und aus der Analyse des Inhalts dieser Leistungen lassen sich vielerlei Folgerungen bzw. Fragestellungen ableiten, die im vorliegenden Beitrag zum Teil nur angedeutet werden konnten. Erinnert sei speziell noch einmal an die Leistungsflußzusammenhänge in der betrieblichen Haftungssphäre und an die hier gegebenen Kapazitätsbeziehungen. Auf derartige Kapazitätsbeziehungen nimmt H.-D. Deppe[121] letztlich Bezug, wenn er feststellt: "Die Größe des 'Verschuldungsrades' (oder allgemein: des 'Risikorades'), das der einzelne Betrieb zum eigenen Gewinn drehen will, muß im geldwirtschaftlichen Sicherheitsinteresse der Gläubiger des Betriebes und aller anderen Solidarverbunds-Partner in angemessenem Verhältnis zur Stärke der dieses Rad tragenden 'Haftungs-Achse' aus Eigenkapital bzw. Reinvermögen stehen."

Damit kehren wir an den Ausgangspunkt der Überlegungen dieses Beitrags zurück: Kann man aus den skizzierten Zusammenhängen heraus die finanzielle Haftungsleistung tatsächlich als eine "marktwirtschaftliche Fundamentalleistung" einstufen, oder wird so in der Analyse betrieblicher Leistungsprozesse gewissermaßen die im Kapitel 41 erwähnte "Ne-

---

[121] *H.-D. Deppe*, Finanzielle Haftung heute ..., a.a.O., S. 225.

benbedingungsebene" (Schuldendeckungsfähigkeit) zu Lasten der "Zielsetzungsebene" (Gewinnerzielung) überbetont? Obwohl der Verfasser diese Wertung letztlich dem einzelnen Leser überlassen möchte, sei - zugegebenermaßen etwas ungewöhnlich - an den Schluß des Beitrags ein längeres Zitat gestellt. Das Zitat bezieht sich zwar speziell auf die Finanzpolitik in einem internationalen Konzern, läßt sich aber verallgemeinern[122]:

"Man wird mich vielleicht fragen, warum ich so sehr zu unterstreichen versuche, daß das Schwergewicht der finanzwirtschaftlichen Unternehmensaufgabe nicht auf der Wagnisseite liegt, nicht liegen darf. In der Tat geht es mir zum einen um die allgemeingültige Erfahrung, daß Sicherheit, Vorsicht und Vorsorge überall dort vorzuziehen sind, wo falsch verstandene Risikofreude tödliche Folgen haben kann. Aber eben nicht nur das: Wer die Klippen und Untiefen des monetären Geschehens in der Welt als die Herausforderungen begreift, die sie für international tätige Unternehmungen zweifellos sind, dem wird es einleuchten, wenn ich über die sozusagen interne Verhaltensregel hinausgehe und sage, daß solche Maßstäbe aus meiner Sicht zugleich aktive, praktizierte Verantwortung für die Erhaltung marktwirtschaftlicher Verhältnisse einschließen.

Ich denke, daß wir eine solche, der Einsicht entspringende freiwillige Bindung in der Welt, in der wir heutzutage leben, leider sehr viel seltener antreffen als wohlfeile Lippenbekenntnisse. Der wirkliche Rang unserer Handlungen und Unterlassungen bemißt sich nicht an Sprüchen, auch nicht am technokratisch perfekten Einsatz unserer Instrumente - obwohl schon dies keine Selbstverständlichkeit ist. Gewogen werden wir an unserer Fähigkeit zum verantwortlichen Handeln in einem Umfeld voller Versuchungen, Gefahren und teilweise schwersten Gleichgewichtsstörungen. Die Glaubwürdigkeit unseres Engagements für die Marktwirtschaft entscheidet sich an unserem eigenen Alltagsverhalten, das die Legitimation für das Gegenteil, für staatliche Intervention, mitunter schon frei Haus geliefert hat."

---

[122] *E. Reuter*, Aus der Werkstatt eines Praktikers. Finanzpolitik im internationalen Konzern. Gastvortrag in einem Seminar des Lehrstuhls für Kreditwirtschaft an der Universität Hohenheim am 24. Juni 1982. Abgedruckt in: E. Reuter, Vom Geist der Wirtschaft. Europa zwischen Technokraten und Mythokraten. Stuttgart 1986, S. 76-94, hier S. 77 f.

Literaturverzeichnis

Albach, Horst u.a.: Zur Versorgung der deutschen Wirtschaft mit Risikokapital. (ifm-materialien, Nr. 9.) Bonn 1983.

Baetge, Jörg: Früherkennung negativer Entwicklungen der zu prüfenden Unternehmung mit Hilfe von Kennzahlen. "Die Wirtschaftsprüfung", Düsseldorf, Jg. 33 (1980), S. 651-665.

Benner, Wolfgang: Betriebliche Finanzwirtschaft als monetäres System. (Göttinger Hefte zur Bankbetriebslehre und Unternehmungsfinanzierung, H. 3.) Göttingen 1983.

Benner, Wolfgang: Genußscheine als Instrument der Innovationsfinanzierung. "Betriebswirtschaftliche Forschung und Praxis", Herne u. Berlin, Jg. 37 (1985), S. 438-452.

Benner, Wolfgang: Betriebliche Prozesse, finanzwirtschaftliche Existenzbedingungen und finanzielles Gleichgewicht. In: Geldwirtschaft und Rechnungswesen. Hrsg. v. H.-D. Deppe. (Neue Betriebswirtschaftliche Studienbücher, Bd. 1.) Göttingen 1989, S. 153-198.

Berger, Karl-Heinz: Zur Eigenkapitalausstattung der Unternehmung. In: Zweihundert Jahre Geld und Brief. Herausforderungen an die Kapitalmärkte. Festgabe an die Niedersächsische Börse zu Hannover aus Anlaß ihres 200jährigen Bestehens. Hrsg. v. C.P. Claussen, L. Hübl u. H.-P. Schneider. Frankfurt a.M. 1987, S. 219-231.

Biedenkopf, Kurt: Die neue Sicht der Dinge. Plädoyer für eine freiheitliche Wirtschafts- und Sozialordnung. München u. Zürich 1985.

Bohr, Kurt: Art. Produktionsfaktorsysteme. Handwörterbuch der Produktionswirtschaft. Enzyklopädie der Betriebswirtschaftslehre, Bd. VII. Hrsg. v. W. Kern. Stuttgart 1979, Sp. 1481-1493.

Buddeberg, Hans: Über die Vergleichbarkeit der Handelsbetriebe. (Schriften zur Handelsforschung, Nr. 5.) Köln u. Opladen 1955.

Burda, Wolfgang A.: Die Savings & Loan Associations in den USA. "Sparkasse", Stuttgart, Jg. 106 (1989), S. 358-360.

Busse v. Colbe, Walther: Art. Beteiligungen. Handwörterbuch der Betriebswirtschaft. Enzyklopädie der Betriebswirtschaftslehre, Bd. I/1. Hrsg. v. E. Grochla u. W. Wittmann. 4., völlig neu gest. Aufl., Stuttgart 1974, Sp. 530-541.

Chmielewicz, Klaus: Integrierte Finanz- und Erfolgsplanung. Versuch einer dynamischen Mehrperiodenplanung. Stuttgart 1972.

Chmielewicz, Klaus: Betriebliches Rechnungswesen. Bd. 1: Finanzrechnung und Bilanz. (rororo studium, Nr. 43.) Reinbek bei Hamburg 1973.

Christians, Friedrich Wilhelm: Erschließung des Kapitalmarktes als Quelle für Risikokapital. In: Finanzierungshandbuch. Hrsg. v. F.W. Christians. 2., völlig überarb. u. erw. Aufl., Wiesbaden 1988.

Claussen, Carsten Peter: Der Genußschein und seine Einsatzmöglichkeiten. In: Festschrift für Winfried Werner zum 65. Geburtstag am 17. Oktober 1984. Handelsrecht und Wirtschaftsrecht in der Bankpraxis. Hrsg. v. W. Hadding u.a. Berlin u. New York 1984, S. 81-99.

Deppe, Hans-Dieter: Bankbetriebliches Wachstum. Funktionalzusammenhänge und Operations Research in Kreditinstituten. Stuttgart 1969.

Deppe, Hans-Dieter: Betriebswirtschaftliche Grundlagen der Geldwirtschaft. Bd. 1: Einführung und Zahlungsverkehr. Stuttgart 1973.

Deppe, Hans-Dieter: Eine Konzeption wissenschaftlicher Bankbetriebslehre in drei Doppelstunden. In: Bankbetriebliches Lesebuch. Ludwig Mülhaupt zum 65. Geburtstag. Hrsg. v. H.-D. Deppe. Stuttgart 1978, S. 3-98.

Deppe, Hans-Dieter: Über Ziele und Problemstellungen theoretisch-deduktiver Analysen einzelner Kreditinstitute. "Zeitschrift für betriebswirtschaftliche Forschung", Köln u. Opladen, Jg. 18 (1966), S. 616-648. Wiederabgedruckt in: Texte zur wissenschaftlichen Bankbetriebslehre I. (Göttinger Hefte zur Bankbetriebslehre und Unternehmungsfinanzierung, H. 7a.) Göttingen 1980, S. 111-143.

Deppe, Hans-Dieter: Einführung des Herausgebers zu Heft 7a und 7b. In: Texte zur wissenschaftlichen Bankbetriebslehre I und II. (Göttinger Hefte zur Bankbetriebslehre und Unternehmungsfinanzierung, H. 7a u. 7b.) Göttingen 1980 u. 1981, S. IX-XLVIII.

Deppe, Hans-Dieter: KWG-Novellierung und finanzielle Stabilität. "Zeitschrift für das gesamte Kreditwesen", Frankfurt a.M., Jg. 37 (1984), S. 286-292.

Deppe, Hans-Dieter: Finanzielle Haftung heute - Obsoletes Relikt oder marktwirtschaftliche Fundamentalleistung? In: Zweihundert Jahre Geld und Brief. Herausforderungen an die Kapitalmärkte. Festgabe an die Niedersächsische Börse zu Hannover aus Anlaß ihres 200jährigen Bestehens. Hrsg. v. C.P. Claussen, L. Hübl u. H.-P. Schneider. Frankfurt a.M. 1987, S. 179-204. Wiederabgedruckt in: Geldwirtschaft und Rechnungswesen. Hrsg. v. H.-D. Deppe. (Neue Betriebswirtschaftliche Studienbücher, Bd. 1.) Göttingen 1989, S. 199-228.

Deppe, Hans-Dieter: Sammelanlage zur Veranstaltung "Grundlagen betriebswirtschaftlicher Geldwirtschaft I (Kredit- und Kapitalverkehr)". Göttingen, Sommer-Semester 1989.

Deppe, Hans-Dieter: Basismaterialien zur Bankbetriebslehre I. 8. Ausgabe. Göttingen, Winter-Semester 1989/90.

Deppe, Hans-Dieter u. Lohmann, Karl: Grundriß analytischer Finanzplanung. (Neue Betriebswirtschaftliche Studienbücher, Bd. 2.) 2., neubearb. Aufl., Göttingen 1989.

Deutsche Bundesbank: Innovationen im internationalen Bankgeschäft. "Monatsberichte der Deutschen Bundesbank", Frankfurt a.M., Jg. 38 (1986), Nr. 4, S. 25-35.

Deutsche Bundesbank: Entwicklung und Stand der internationalen Verschuldung. "Monatsberichte der Deutschen Bundesbank", Frankfurt a.M., Jg. 39 (1987), Nr. 1, S. 38-49.

Deutsche Bundesbank: Geschäftsbericht der Deutschen Bundesbank für das Jahr 1988. Frankfurt a.M. 1989.

Deutsche Bundesbank: Ertragslage und Finanzierungsverhältnisse der Unternehmen im Jahre 1988. "Monatsberichte der Deutschen Bundesbank", Frankfurt a.M., Jg. 41 (1989), Nr. 11, S. 13-29.

Drechsler, Wolfgang: Genuß-Scheine - ein Instrument für Kapitalbeteiligungen von Mitarbeitern. "Zeitschrift für das gesamte Kreditwesen", Frankfurt a.M., Jg. 34 (1981), S. 347-352.

Eisen, Roland: Zur Produktionsfunktion der Versicherung. "Zeitschrift für die gesamte Versicherungswissenschaft", Karlsruhe u. Berlin, Bd. 60 (1971), S. 407-419.

Eucken, Walter: Grundsätze der Wirtschaftspolitik. Hrsg. v. E. Eucken u. K.P. Hensel. 5., unveränd. Aufl., Tübingen 1975.

Farny, Dieter: Produktions- und Kostentheorie der Versicherung. (Veröffentlichungen des Deutschen Vereins für Versicherungswissenschaft, H. 72.) Karlsruhe 1965.

Farny, Dieter: Grundfragen einer theoretischen Versicherungsbetriebslehre. In: Wirtschaft und Recht der Versicherung. Paul Braess zum 66. Geburtstag. Hrsg. v. D. Farny. Karlsruhe 1969, S. 27-72.

Fehr, Benedikt: Schlappe für die Großmeister der Übernahmespekulation. "Frankfurter Allgemeine Zeitung" vom 4.1.1990.

Feuerstein, Werner: Risikomessung, Risikobegrenzung und Risikodeckung bei Kreditinstituten. Bad Homburg v.d.H. 1984.

Fischer, Otfrid: Finanzwirtschaft der Unternehmung I. Daten und Alternativen der Finanzwirtschaft. (wisu-texte.) Tübingen u. Düsseldorf 1977.

Franke, Günter: Finanzielle Haftung aus der Sicht der Kapitalmarkttheorie. In: Geldwirtschaft und Rechnungswesen. Hrsg. v. H.-D. Deppe. (Neue Betriebswirtschaftliche Studienbücher, Bd. 1.) Göttingen 1989, S. 229-255.

Franke, Günter u. Hax, Herbert: Finanzwirtschaft des Unternehmens und Kapitalmarkt. (Heidelberger Lehrtexte. Wirtschaftswissenschaften.) Berlin 1988.

Fuchs-Wegener, Gertrud: "Systemanalyse". Eine Forschungs- und Gestaltungstheorie. In: Systemtheorie und Betrieb. Sonderheft 3/1974 der "Zeitschrift für betriebswirtschaftliche Forschung". Opladen 1974, S. 69-82.

Funk, Joachim: Sonderformen der Außenhandelsfinanzierung. In: Finanzierungshandbuch. Hrsg. v. F.W. Christians. 2., völlig überarb. u. erw. Aufl., Wiesbaden 1988, S. 397-443.

Grochla, Erwin: Systemtheoretisch-kybernetische Modellbildung betrieblicher Systeme. In: Systemtheorie und Betrieb. Sonderheft 3/1974 der "Zeitschrift für betriebswirtschaftliche Forschung". Opladen 1974, S. 11-22.

Grochla, Erwin, Lehmann, Helmut u. Fuchs, Herbert: Einführung in die systemtheoretisch-kybernetisch orientierten Ansätze. In: Organisationstheorie. 2. Teilband. Hrsg. v. E. Grochla. Stuttgart 1976, S. 532-541.

Günther, Hans: Die Kapazitätsbestimmung bei Kreditbanken. "Zeitschrift für Betriebswirtschaft", Wiesbaden, Jg. 29 (1959), S. 542-555.

Gutenberg, Erich: Einführung in die Betriebswirtschaftslehre. (Die Wirtschaftswissenschaften. Hrsg. v. E. Gutenberg. Reihe A [Betriebswirtschaftslehre], 1. Beitrag.) Wiesbaden 1958.

Gutenberg, Erich: Grundlagen der Betriebswirtschaftslehre. Bd. I: Die Produktion. (Enzyklopädie der Rechts- und Staatswissenschaft, Abt. Staatswissenschaft.) 24., unveränd. Aufl., Berlin, Heidelberg u. New York 1983.

Gutenberg, Erich: Grundlagen der Betriebswirtschaftslehre. Bd. III: Die Finanzen. (Enzyklopädie der Rechts- und Staatswissenschaft, Abt. Staatswissenschaft.) 8., erg. Aufl., Berlin, Heidelberg u. New York 1980.

Hagenmüller, Karl Friedrich: Der Bankbetrieb. Bd. I: Strukturlehre - Kapitalbeschaffung der Kreditinstitute. 4., überarb. Aufl., Wiesbaden 1976.

Hauschildt, Jürgen: Vorgehensweise und Ergebnisse der statistischen Insolvenzdiagnose. In: Krisendiagnose durch Bilanzanalyse. Hrsg. v. J. Hauschildt. (Datev-Schriften, Nr. 10.) Köln 1988, S. 115-134.

Heinen, Edmund: Das Kapital in der betriebswirtschaftlichen Kostentheorie. Möglichkeiten und Grenzen einer produktions- und kostentheoretischen Analyse des Kapitalverbrauchs. (Die Betriebswirtschaft in Forschung und Praxis, Bd. 2.) Wiesbaden 1966.

Hesse, Helmut (Hrsg.): Wirtschaftswissenschaft und Ethik. (Schriften des Vereins für Socialpolitik. N.F., Bd. 171.) Berlin 1988.

Hoffmann, Rolf-Richard: Beziehungen zwischen Investition und Finanzierung im Bereiche des Betriebs. (Betriebswirtschaftliche Schriften, H. 9.) Berlin 1962.

Höpker-Aschoff, Hermann: Geld und Gold. Jena 1939.

Kaminsky, Stefan: Die Kosten- und Erfolgsrechnung der Kreditinstitute. Eine theoretische, systematische und verfahrenstechnische Untersuchung. (Bankbetriebliche Schriftenreihe, hrsg. v. K.F. Hagenmüller, Bd. I.) 2., verb. Aufl., Meisenheim am Glan 1955.

Kant, Immanuel: Kritik der praktischen Vernunft. Riga 1788.

Kaps, Carola: Amerikas Sparkassen werden zum Alptraum der neuen Regierung. "Frankfurter Allgemeine Zeitung" vom 1.12.1988.

Kilger, Joachim: Konkursordnung. 15., neubearb. Aufl. des von A. Böhle-Stamschräder begründeten Werkes. (Beck'sche Kurz-Kommentare, Bd. 27.) München 1987.

Kilger, Wolfgang: Art. Produktionsfaktor. Handwörterbuch der Betriebswirtschaft. Enzyklopädie der Betriebswirtschaftslehre, Bd. I/2. Hrsg. v. E. Grochla u. W. Wittmann. 4., völlig neu gest. Aufl., Stuttgart 1975, Sp. 3097-3101.

Kosiol, Erich: Kritische Analyse der Wesensmerkmale des Kostenbegriffs. In: Betriebsökonomisierung durch Kostenanalyse, Absatzrationalisierung und Nachwuchserziehung. Festschrift für Rudolf Seyffert zu seinem 65. Geburtstag. Hrsg. v. E. Kosiol u. F. Schlieper. Köln u. Opladen 1958, S. 7-37. Wiederabgedruckt in: Bausteine der Betriebswirtschaftslehre. Eine Sammlung ausgewählter Abhandlungen, Aufsätze und Vorträge. Bd. 2: Rechnungswesen. Berlin 1973, S. 1264-1298.

Liebau, Gerhard: Monetäre Leistungen und konzeptionelle Erfassung des Betriebs. In: Geldwirtschaft und Rechnungswesen. Hrsg. v. H.-D. Deppe. (Neue Betriebswirtschaftliche Studienbücher, Bd. 1.) Göttingen 1989, S. 27-150.

Lipfert, Helmut: Optimale Unternehmensfinanzierung. 3., erw. Aufl., Frankfurt a.M. 1969.

Lipfert, Helmut: Nationaler und internationaler Zahlungsverkehr. (Die Wirtschaftswissenschaften.) 2., überarb. u. erw. Aufl., Wiesbaden 1970.

Luhmann, Niklas: Vertrauen. Ein Mechanismus der Reduktion sozialer Komplexität. (Soziologische Gegenwartsfragen, N.F.) Stuttgart 1968.

Maleri, Rudolf: Grundzüge der Dienstleistungsproduktion. (Heidelberger Taschenbücher, Bd. 123.) Berlin, Heidelberg u. New York 1973.

Mülhaupt, Ludwig: Umsatz-, Kosten- und Gewinnplanung einer Kreditbank. Ansatzpunkte einer theoretischen Bankbetriebslehre. "Zeitschrift für handelswissenschaftliche Forschung", Köln u. Opladen, Jg. 8 (1956), S. 7-74. Wiederabgedruckt in: Texte zur wissenschaftlichen Bankbetriebslehre I. (Göttinger Hefte zur Bankbetriebslehre und Unternehmungsfinanzierung, H. 7a.) Göttingen 1980, S. 1-68.

Mülhaupt, Ludwig: Wo bleibt die Risikovorsorge des Bundes für bankwirtschaftliche Krisenfälle? "Zeitschrift für das gesamte Kreditwesen", Frankfurt a.M., Jg. 37 (1984), S. 847-849.

Mülhaupt, Ludwig: Von der Bankenkrise 1931 zur Bankenaufsicht 1981. "Zeitschrift für betriebswirtschaftliche Forschung", Wiesbaden, Jg. 34 (1982), S. 435-455. Wiederabgedruckt in: Geldwirtschaft und Rechnungswesen. Hrsg. v. H.-D. Deppe. (Neue Betriebswirtschaftliche Studienbücher, Bd. 1.) Göttingen 1989, S. 339-369.

Müller-Merbach, Heiner: Zur Ethik ökonomischen Handelns. In: Geldwirtschaft und Rechnungswesen. Hrsg. v. H.-D. Deppe. (Neue Betriebswirtschaftliche Studienbücher, Bd. 1.) Göttingen 1989, S. 3-25.

o.V.: Junk-Korrekturen. "Börsen-Zeitung" vom 16.9.1989.

o.V.: US-Junkbonds: Heiße Hochprozenter. "Das Wertpapier", Düsseldorf, Jg. 37 (1989), S. 352.

o.V.: Campeau-Gesellschaften beantragen nun doch Gläubigerschutz. "Frankfurter Allgemeine Zeitung" vom 17.1.1990.

Pohmer, Dieter: Über die Bedeutung des betrieblichen Werteumlaufs für das Rechnungswesen der Unternehmungen. In: Organisation und Rechnungswesen. Festschrift für Erich Kosiol zu seinem 65. Geburtstag. Hrsg. v. E. Grochla. Berlin 1964, S. 305-349.

Pretzsch, Christoph: Monetäre Leistungen als Produktionsfaktoren bei Unternehmen des Nichtfinanziellen Sektors. Eine theoretisch-konzeptionelle und empirische Untersuchung aus einzel- und gesamtwirtschaftlicher Sicht. Bisher unveröffentlichte Göttinger Dissertation [1989].

Raettig, Lutz: Finanzierung mit Eigenkapital. Hohes Eigenkapital = mehr Kreditwürdigkeit? Frankfurt a.M. 1974.

Reus, Peter: Kostenrechnung und monetäre Leistungen im Betrieb. In: Geldwirtschaft und Rechnungswesen. Hrsg. v. H.-D. Deppe. (Neue Betriebswirtschaftliche Studienbücher, Bd. 1.) Göttingen 1989, S. 283-312.

Reus, Peter: Geldwirtschaftlicher Leistungsdualismus und Bankkostenrechnung. (Neue Betriebswirtschaftliche Studienbücher, Bd. 4.) Göttingen 1989.

Reuter, Edzard: Aus der Werkstatt eines Praktikers. Finanzpolitik im internationalen Konzern. Gastvortrag in einem Seminar des Lehrstuhls für Kreditwirtschaft an der Universität Hohenheim am 24. Juni 1982. Abgedruckt in: E. Reuter, Vom Geist der Wirtschaft. Europa zwischen Technokraten und Mythokraten. Stuttgart 1986, S. 76-94.

Rudolph, Bernd: Kreditsicherheiten als Instrumente zur Umverteilung und Begrenzung von Kreditrisiken. "Zeitschrift für betriebswirtschaftliche Forschung", Düsseldorf u. Frankfurt a.M., Jg. 36 (1984), S. 16-43.

50

Sachverständigenrat zur Begutachtung der gesamtwirtschaftlichen Entwicklung: Jahresgutachten 1984/85. Bundestagsdrucksache 10/2541. Bonn 1984.

Schneider, Dieter: Lücken bei der Begründung einer "Eigenkapitallücke". "Der Betrieb", Düsseldorf u. Frankfurt a.M., Jg. 39 (1986), S. 2293-2298.

Schneider, Dieter: Mindestnormen zur Eigenkapitalausstattung als Beispiele unbegründeter Kapitalmarktregulierung? In: Kapitalmarkt und Finanzierung. Jahrestagung des Vereins für Socialpolitik. Gesellschaft für Wirtschafts- und Sozialwissenschaften in München vom 15.-17. September 1986. Hrsg. v. D. Schneider. (Schriften des Vereins für Socialpolitik, N.F., Bd. 165.) Berlin 1987, S. 85-108.

Schneider, Dieter: Erste Schritte zu einer Theorie der Bilanzanalyse. "Die Wirtschaftsprüfung", Düsseldorf, Jg. 42 (1989), S. 633-642.

Schneider, Erich: Einführung in die Wirtschaftstheorie. I. Teil: Theorie des Wirtschaftskreislaufs. Mit einem Anhang über das Studium der Wirtschaftswissenschaften. 14., verb. Aufl., Tübingen 1969.

Stahl, Markus: "High-Yield" oder "Junk"? Der US-Markt für hochverzinsliche und risikoreiche Unternehmungsanleihen. "Österreichisches Bankarchiv", Wien, Jg. 36 (1988), S. 1067-1078.

Storck, Ekkehard: Der Euromarkt 1989 und die Perspektiven. "Die Bank", Köln, o.Jg. (1990), S. 15-20.

Studienkommission "Grundsatzfragen der Kreditwirtschaft". (Schriftenreihe des Bundesministeriums der Finanzen, H. 28.) Bonn, o.Jg. [1979].

Stützel, Wolfgang: Ist die "Goldene Bankregel" eine geeignete Richtschnur für die Geschäftspolitik der Kreditinstitute? In: Vorträge für Sparkassenprüfer. Kiel, 8.-11. September 1959. Stuttgart 1959, S. 34-51. Wiederabgedruckt in: Texte zur wissenschaftlichen Bankbetriebslehre II. (Göttinger Hefte zur Bankbetriebslehre und Unternehmungsfinanzierung, H. 7b.) Göttingen 1981, S. 765-782.

Süchting, Joachim: Bestimmungsfaktoren des Kreditangebots - Ein Beitrag zum Faktorsystem der Bank. "Blätter für Genossenschaftswesen", Wiesbaden, Jg. 114 (1968), S. 441-446. Wiederabgedruckt in: Texte zur wissenschaftlichen Bankbetriebslehre I. (Göttinger Hefte zur Bankbetriebslehre und Unternehmungsfinanzierung, H. 7a.) Göttingen 1980, S. 145-158.

Süchting, Joachim: Finanzmanagement. Theorie und Politik der Unternehmensfinanzierung. (Schriftenreihe des Instituts für Kredit- und Finanzwirtschaft, Bd. 1.) 5., vollst. überarb. u. erw. Aufl., Wiesbaden 1989.

Thomas, Karl: Aussagen quantitativer Kreditnehmeranalysen. Mit einem Anhang von Winfried Lampe. In: Innovationen im Kreditmanagement. Vorträge und Berichte der Tagung Innovationen im Kreditmanagement am 27. Sept. 1984. Hrsg. v. H.-J. Krümmel u. B. Rudolph. Frankfurt a.M. 1985, S. 196-207.

Ulrich, Hans: Die Unternehmung als produktives soziales System. Grundlagen der allgemeinen Unternehmungslehre. 2., überarb. Aufl., Bern u. Stuttgart 1970.

Vormbaum, Herbert: Finanzierung der Betriebe. 7., überarb. u. erw. Aufl., Wiesbaden 1986.

Weber, Helmut Kurt: Zum System produktiver Faktoren. "Zeitschrift für betriebswirtschaftliche Forschung", Wiesbaden, Jg. 32 (1980), S. 1056-1071.

Weber, Helmut Kurt: Betriebswirtschaftliches Rechnungswesen. Bd. 1: Bilanz und Erfolgs-rechnung. 3., neubearb. Aufl., München 1988.

Wedell, Harald: Das Geldkapital als systemabhängiger betriebswirtschaftlicher Produkti-onsfaktor. "Betriebswirtschaftliche Forschung und Praxis", Herne u. Berlin, Jg. 21 (1969), S. 207-226.

Weston, J. Fred a. Brigham, Eugene F.: Managerial Finance. 7th ed., Hindsdale (Ill.) 1981.

Wöhe, Günter: Einführung in die Allgemeine Betriebswirtschaftslehre. 16., überarb. Aufl., München 1986.

Wöhe, Günter: Bilanzierung und Bilanzpolitik. Betriebswirtschaftlich - Handelsrechtlich - Steuerrechtlich. Mit einer Einführung in die verrechnungstechnischen Grundlagen. 7., völlig neubearb. u. erw. Aufl., München 1987.

Wöhe, Günter u. Bilstein, Jürgen: Grundzüge der Unternehmensfinanzierung. 5., überarb. Aufl., München 1988.

Wulfken, Jörg u. Berger, Walter: Juristische und ökonomische Grundlagen des internatio-nalen Handels von Kreditforderungen. "Zeitschrift für Vergleichende Rechtswissen-schaft", Heidelberg, Jg. 87 (1988), S. 335-375.

Zur Schuldendeckungspolitik von Betrieben des Nichtfinanziellen Sektors

Peter Reus, Göttingen

Inhaltsverzeichnis

1 Sicherheitsstreben und Vertrauen in arbeitsteiligen
  Wirtschaftsbeziehungen   55

2 Strategische Problemfelder der Schuldendeckungspolitik von
  Betrieben des Nichtfinanziellen Sektors im Überblick   58

   21 Sicherheitspolitik   58

     211   Risikopolitik   60

     212   Nettohaftungsreservepolitik   61

   22 Verlustausgleichspolitik   63

3 Grundzusammenhänge der betrieblichen Risikopolitik   64

   31 Risikoidentifikation und Risikoanalyse als Voraussetzungen des
  Einsatzes risikopolitischer Instrumente   64

   32 Basisstrategien betrieblicher Risikopolitik und zu beachtende
  geschäftspolitische Interdependenzen   66

     321   Einzelfallbezogener Risikoausschluß   67

     322   Verminderung der Eintrittswahrscheinlichkeit von Risiken   68

     323   Betriebsinterner Risikoausgleich und Risikokompensation   69

     324   Begrenzung der Verlustgefahr auf ein tragbares Limit   70

   33 Die kalkulatorische Verrechnung von Risikokosten - Bindeglied
  zwischen Risikopolitik und Nettohaftungsreservepolitik   73

4 Grundzusammenhänge der betrieblichen Nettohaftungsreservepolitik   77

41 Zur "angemessenen" Dimensionierung der Nettohaftungsreserve
des Betriebs   77

42 Zur Strukturierung der Nettohaftungsreserve nach Kriterien
der Haftungsqualität   81

43 Zur Honorierung von Haftungsleistungen   84

5 Grundzusammenhänge der betrieblichen Verlustausgleichspolitik   86

6 Schlußbetrachtung   88

Literaturverzeichnis   90

1 Sicherheitsstreben und Vertrauen in arbeitsteiligen Wirtschaftsbeziehungen

In der modernen arbeitsteiligen Tauschwirtschaft in Form der Geldwirtschaft mit vielfältigen offenen Leistungsbeziehungen ist das Vertrauen in die zukünftige finanzielle Leistungsfähigkeit der Geschäftspartner eine unabdingbare Voraussetzung für das reibungslose "Funktionieren" einer solchen Wirtschaftsordnung.[1] Dieser Zusammenhang folgt letztlich aus dem elementaren menschlichen Streben nach Sicherheit: Jede Wirtschaftseinheit, die auch zukünftig im Wirtschaftsprozeß kreditwürdig sein will, muß sich ständig das Vertrauen der Geschäftspartner, insbesondere der direkten Gläubiger, in die eigene Leistungsfähigkeit erhalten.[2] Von ganz entscheidender Bedeutung ist dafür das "Prinzip der Haftung", so wie es Eucken[3] treffend formuliert: "Wer den Nutzen hat, muß auch den Schaden tragen".

Das Haftungsprinzip hat nur dann reale "vertrauenerzeugende" Substanz, wenn für die Marktpartner "Vorleistungen" der haftenden Wirtschaftseinheit erkennbar und konkret nachweisbar sind. Diese "Vorleistungen" müssen den Marktpartnern mit längerfristigerer Perspektive für zukünftige, mit unsicheren Erwartungen behaftete Zeitperioden eine hinreichende Sicherheit vor eigenen Vermögensverlusten bieten.[4] Die strategischen Maßnahmen des Betriebes zur Aufrechterhaltung seiner Schuldendeckungsfähigkeit sind in diesem Sinne solche "Signale" des Betriebes an die Tauschpartner: Mit dem für Außenstehende erkennbaren Ausweis von angemessenem, d.h. der Risikolage des Betriebs genügendem haftendem Eigenkapital (Reinvermögen)[5] signalisiert der Betrieb, daß er bereit und in der Lage ist, konkret für mögliche "Mängel" und daraus resultierende Vermögensverluste im Leistungsprozeß einzustehen. Diese rechtsverbindliche Bereitschaft zur dauerhaften Übernahme betrieblicher Verlustgefahren durch Bereithalten von Reinvermögen zur Unterwerfung unter den Zugriff der Gläubiger im Haftungsfall, hier als "finanzielle Haftung" de-

---

[1] Vgl. hierzu grundlegend *H.-D. Deppe*, Finanzielle Haftung heute - Obsoletes Relikt oder marktwirtschaftliche Fundamentalleistung? In: Zweihundert Jahre Geld und Brief. Herausforderungen an die Kapitalmärkte. Festgabe an die Niedersächsische Börse zu Hannover aus Anlaß ihres 200jährigen Bestehens. Hrsg. v. C.P. Claussen, L. Hübl u. H.-P. Schneider. Frankfurt a.M. 1987, S. 179-204. Wiederabgedruckt in: Geldwirtschaft und Rechnungswesen. Hrsg. v. H.-D. Deppe. (Neue Betriebswirtschaftliche Studienbücher, Bd. 1.), S. 199-228, hier S. 200. - Zur Bedeutung von Vertrauen in der Geldwirtschaft aus soziologischer Sicht vgl. *N. Luhmann*, Vertrauen. Ein Mechanismus der Reduktion sozialer Komplexität. 2., erw. Aufl., Stuttgart 1973, S. 51 ff. - Zu offenen Leistungsbeziehungen und ihren Gefahren für Fremd- und Eigenkapitalgeber siehe genauer *G. Liebau*, Monetäre Leistungen und konzeptionelle Erfassung des Betriebs. In: Geldwirtschaft und Rechnungswesen, a.a.O., S. 27-150, hier S. 51.

[2] Vgl. hierzu auch *H. Bieg*, Zur Eigenkapitalausstattung der Unternehmungen in der Bundesrepublik Deutschland. In: Besteuerung und Unternehmenspolitik. Festschrift für Günter Wöhe. Hrsg. v. G. John. München 1989, S. 25-48, hier S. 37 f.

[3] *W. Eucken*, Grundsätze der Wirtschaftspolitik. Hrsg. v. E. Eucken und K. P. Hensel. 5., unveränd. Aufl., Tübingen 1975, S. 279.

[4] Vgl. *H.-D. Deppe*, Eine Konzeption wissenschaftlicher Bankbetriebslehre in drei Doppelstunden. In: Bankbetriebliches Lesebuch. Ludwig Mülhaupt zum 65. Geburtstag. Hrsg. v. H.-D. Deppe. Stuttgart 1978, S. 3-98, hier S. 32 f.

[5] Allgemeiner: einer angemessenen Nettohaftungsreserve.

finiert, muß als fundamentale wirtschaftliche Leistung im Sinne eines Wirtschaftsgutes angesehen werden[6]: Ohne Haftungsleistungen läßt sich ein Betrieb weder gründen noch im "going concern" betreiben.

Die vertrauenschaffende Wirkung der Haftung beschränkt sich nicht nur auf die unmittelbaren Gläubiger des Betriebs. Sie beeinflußt z.B. auch die ökonomischen Entscheidungen von Kunden mit längerfristigen Gewährleistungsinteressen oder das Verhalten der an einem langfristig sicheren Arbeitsplatz interessierten Arbeitnehmer. Die Auswirkungen der finanziellen Haftung sind in systemtheoretisch-ganzheitlicher Sicht letztlich sogar auf das gesamte Kreditgeldverbundsystem eines Wirtschafts- und Währungsgebietes zu beziehen. Die finanzielle Haftung kann in diesem Sinne mit Recht als eine "geldwirtschaftliche Solidarleistung" des einzelnen Betriebs zur Stabilisierung des geldwirtschaftlichen Gesamtsystems aufgefaßt werden[7]: Alle Beteiligten einer Kreditgeldwirtschaft westlicher Prägung genießen nur so lange die Vorteile eines funktionierenden, stabilen arbeitsteiligen Wirtschaftssystems, wie "Solidarleistungen" in Form der Schaffung und Aufrechterhaltung ausreichender Haftungsmassen hinreichendes Vertrauen in die zukünftige Leistungsfähigkeit einzelner Wirtschaftspartner, aber auch eines Wirtschafts- und Währungsgebietes insgesamt, sicherstellen.[8] Um diese Zusammenhänge zu betonen, sei hier - auch mit Blick auf die umwälzenden Veränderungen in Osteuropa - an die wichtige Feststellung Walter Euckens[9] erinnert: "Haftung ist nicht nur eine Voraussetzung für die Wirtschaftsordnung des Wettbewerbs, sondern überhaupt für eine Gesellschaftsordnung, in der Freiheit und Selbstverantwortung herrschen."

Die finanzielle Haftung wächst wegen ihrer fundamentalen Bedeutung für die Wirtschaftsverfassung aus ihrer grundsätzlich "privaten Umgrenzung" heraus und wird angesichts der individuell unterschiedlichen Ausprägung ökonomischer Sicherheitspräferenzen zu einem Anliegen auch des "öffentlichen Interesses".[10] Das drückt sich unter anderem in vielfältigen Regelungen der "gesamtwirtschaftlichen Haftungsordnung" als Teil unserer Rechtsordnung aus.[11] Die bislang primär ökonomisch ausgerichtete Argumentation wird damit gestützt durch entsprechende rechtliche Rahmenbedingungen der Rechtsordnung zur Schul-

---

[6]   Vgl. *H.-D. Deppe*, Finanzielle Haftung heute ..., a.a.O., S. 207 f.

[7]   Vgl. *H.-D. Deppe*, Finanzielle Haftung heute ..., a.a.O., S. 218. Diesen fundamentalen Zusammenhang betont im Kern auch Wallich, wenn er mit Bezug zum Bankensystem feststellt: "Noch grundsätzlicher gesehen, schützt das Eigenkapital ... das 'System' und weist in diesem Sinne erhebliche soziale Erträge auf". *H. C. Wallich*, Eigenkapital und andere Mittel zur Verbesserung der Banksicherheit. In: Der volkswirtschaftliche Sparprozeß. Beihefte zu "Kredit und Kapital". Heft 9. Hrsg. v. W. Ehrlicher u. D. B. Simmert, Berlin 1985, S. 549-564, hier S. 554.

[8]   Vgl. hierzu genauer *H.-D. Deppe* u. *K. Lohmann*, Grundriß analytischer Finanzplanung. 2., neubearb. Aufl. (Neue Betriebswirtschaftliche Studienbücher, Bd. 2.) Göttingen 1989, S. 37 f. - *H.-D. Deppe*, Finanzielle Haftung heute ..., a.a.O., S. 210. - *G. Liebau*, Monetäre Leistungen ..., a.a.O., S. 55-58.

[9]   *W. Eucken*, Grundsätze der Wirtschaftspolitik ..., a.a.O., S. 285.

[10] Vgl. auch *R. Reinhardt*, Privates Unternehmen und öffentliches Interesse. In: Beiträge zum Arbeits-, Handels- und Wirtschaftsrecht. Festschrift für Alfred Hueck zum 70. Geburtstag. Hrsg. v. R. Dietz u.a. München und Berlin 1959, S. 439-452, hier S. 441.

[11] Vgl. *H.-D. Deppe*, Finanzielle Haftung heute ..., a.a.O., S. 209 f.

56

dendeckungsfähigkeit. So ist in der Bundesrepublik Deutschland die Überschuldung neben der Zahlungsunfähigkeit nach §§ 207, 209 ff. KO und §§ 1 ff. VerglO sowie nach spezifischen Vorschriften des Gesellschaftsrechts (z.B. § 92 AktG, §§ 63, 64 GmbHG, § 98 GenG) für alle juristischen Personen Konkursgrund.[12] Überschuldung ist dabei in erster Annäherung als Überwiegen der Verbindlichkeiten über das Vermögen zu verstehen.[13]

Aus diesen grundsätzlichen Überlegungen folgt, daß der einzelne, auf das erwerbswirtschaftliche Prinzip ausgerichtete Betrieb als Voraussetzung zur Teilnahme am Wirtschaftsprozeß bzw. - spezifischer - zur "optimalen Gewährleistung jederzeitiger Schuldendeckungsfähigkeit"[14] geeignete geschäftspolitische Maßnahmen zu entwickeln, durchzusetzen und ständig auf ihre Effektivität zu kontrollieren hat.[15] Die Gesamtheit dieser Maßnahmen zur Steuerung der Haftungssphäre, schriftlich fixiert in Form von Strategischen Grundsätzen und Strategien[16], wird hier begrifflich - einem Vorschlag Deppes[17] folgend - als betriebliche Schuldendeckungspolitik bezeichnet.

Im Teil 2 soll zunächst ein kurzer systematischer Überblick über die der Schuldendeckungspolitik zuzuordnenden strategischen Problemfelder bzw. Maßnahmenkategorien gegeben werden. Die weiteren Hauptteile 3, 4 und 5 behandeln anschließend auf der Basis der im folgenden zu entwickelnden Systematik ausgewählte Grundzusammenhänge der geschäftspolitischen Steuerung der betrieblichen Haftungssphäre.

---

[12] Vgl. *W. Benner*, Betriebliche Finanzwirtschaft als monetäres System. (Göttinger Hefte zur Bankbetriebslehre und Unternehmungsfinanzierung, H. 3.) Göttingen 1983, S. 33-42. - *W. Benner*, Betriebliche Prozesse, finanzwirtschaftliche Existenzbedingungen und finanzielles Gleichgewicht. In: Geldwirtschaft und Rechnungswesen. Hrsg. v. H.-D. Deppe. (Neue Betriebswirtschaftliche Studienbücher, Bd. 1.) Göttingen 1989, S. 153-198, hier S. 167-184.

[13] Unbedingt zu beachten sind in diesem Zusammenhang die haftungsrelevanten Grundsätze ordnungsmäßiger Buchführung. So kommt z.B. dem "Prinzip vorsichtiger Bewertung" größte Bedeutung für die Haftung zu: "Das bilanziell in Höhe des Eigenkapitals ausgewiesene Reinvermögen muß sich auch tatsächlich realisieren lassen, wenn die Haftung effektiv sein soll." - *H.-D. Deppe*, Finanzielle Haftung heute ..., a.a.O., S. 208. - Vgl. zu diesen Zusammenhängen auch die Beiträge von *G. Emmerich* und *F. Janssen* in der vorliegenden Festschrift.

[14] *H.-D. Deppe*, Eine Konzeption wissenschaftlicher Bankbetriebslehre ..., a.a.O., S. 64. - Zur Stellung der Schuldendeckungsfähigkeit im betrieblichen "Bedingungssystem" vgl. *W. Benner*, Betriebliche Prozesse ..., a.a.O., S. 179 ff.

[15] Vgl. allgemein hierzu *H. Albach*, Strategische Unternehmensplanung bei erhöhter Unsicherheit. "Zeitschrift für Betriebswirtschaft", Wiesbaden, Jg. 48 (1978), S. 702-715.

[16] Die Haftungssphäre ist als Subsystem des Liquiditätsmäßig-finanziellen Bereichs (LFB) eines Betriebs zu verstehen und "umfaßt im wesentlichen alle Daten und Dispositionsgrößen im unmittelbaren Zusammenhang mit der Schuldendeckungsfähigkeit und wird gebildet durch die Mechanismen der Schuldendeckungsfähigkeit". *H.-D. Deppe*, Eine Konzeption wissenschaftlicher Bankbetriebslehre ..., a.a.O., S. 64. - Zu den Begriffen "Strategische Grundsätze" und "Strategien" und zu ihrer Differenzierung vgl. *G. Liebau*, Monetäre Leistungen ..., a.a.O., S. 127-131. - Siehe dazu auch *H.-D. Deppe*, Eine Konzeption wissenschaftlicher Bankbetriebslehre ..., S. 23.

[17] Vgl. *H.-D. Deppe*, Basismaterialien zur Bankbetriebslehre I. 8. Ausgabe, Winter-Semester 1989/90, S. 101.

2 Strategische Problemfelder der Schuldendeckungspolitik von Betrieben des Nichtfinanziellen Sektors im Überblick

Den Ausgangspunkt der folgenden Überlegungen bildet der schon erwähnte Vorschlag Deppes[18] zur Systematisierung der Schuldendeckungspolitik. Diese Systematik wurde zwar für den Hochschulunterricht zur Bankbetriebslehre entworfen, läßt sich aber in der Grundkonzeption auch auf Betriebstypen des Nichtfinanziellen Sektors übertragen. Wie Übersicht 1 zeigt und wie im folgenden genauer zu erläutern ist, gliedert Deppe die Schuldendeckungspolitik zunächst in die Sicherheitspolitik und in die Verlustausgleichspolitik. Die Sicherheitspolitik wird weiter in die Risikopolitik und in die Nettohaftungsreservepolitik unterteilt.

Übersicht 1: Problemfelder der Schuldendeckungspolitik eines Betriebes

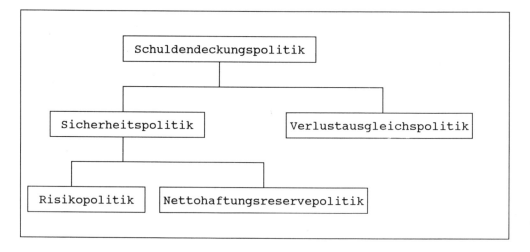

21 Sicherheitspolitik

Die ökonomischen Aktivitäten eines Betriebs zur Zielrealisation vollziehen sich bekanntlich meist nicht in deterministischer Form, sondern unter Unsicherheit; die zukünftigen Resultate wirtschaftlicher Entscheidungen sind vorwiegend unbestimmt. Betriebe befinden sich von daher in speziellen Risikolagen, die sich möglicherweise wahrscheinlichkeitstheoretisch durch Erwartungswerte und Streuungen denkbarer Realisationen der übergeordneten Zielkonzeption bzw. durch Angabe der gesamten Wahrscheinlichkeitsverteilung kennzeichnen lassen. In einem derartigen Umfeld streben Betriebe in der Regel nach einem bestimmten Sicherheitsanspruchsniveau, bei dem trotz Ungewißheit über die Ergebnisse wirtschaftlichen Handelns der dauerhafte Fortbestand des Betriebs gewährleistet er-

---

[18] Vgl. *H.-D. Deppe*, Basismaterialien zur Bankbetriebslehre I, a.a.O., S. 101.

scheint.[19] Dieser angestrebte Grad an Sicherheit ergibt sich nicht "automatisch", sondern nur durch bewußte geschäftspolitische Entscheidungen (Formulierung sicherheitspolitischer Handlungsanweisungen im Sinne "genereller Regelungen" zur Gefahrenbegrenzung und Vorsorge gegen unvermeidbare Verlustgefahren), die dann in konkreten Situationen Orientierung bieten.

Die Festlegung der Sicherheitspolitik durch Formulierung von entsprechenden Strategischen Grundsätzen und Strategien setzt voraus, daß die Geschäftsleitung eines Betriebs konkrete Vorstellungen darüber hat bzw. entwickelt, mit welchem Sicherheitsanspruchsniveau sie ihre Geschäftspolitik betreiben will. Über die Einstellung der Mitglieder von Führungsgremien zur Sicherheit kann von seiten der Betriebswirtschaftslehre allgemein wenig ausgesagt werden, da dies im wesentlichen eine Frage der individuellen Risikobereitschaft der Entscheidungsträger ist. Stellt man auf drei Grundtypen der Risikoeinstellung von Entscheidungsinstanzen ab, so kann diese Einstellung eher risikoscheu, eher risikoneutral oder eher risikofreudig sein.[20] Die konkrete Ausprägung der Risikobereitschaft beeinflußt die Nutzenvorstellung gegenüber geschäftspolitischen Handlungsoptionen zur Zielrealisation und wirkt so auf die Geschäftspolitik des Betriebs. Allerdings müssen bestimmte Rechtsnormen (wie z.B. Mindesteigenkapitalvorschriften, Versicherungspflichten für bestimmte Risiken oder Produkthaftpflichtbestimmungen) im Sinne von externen Datensetzungen beachtet werden.

Die Formulierung geschäftspolitischer Handlungsprinzipien zur Sicherheit des Betriebs kann selbst bei eher risikoscheuer Einstellung nicht bedeuten, daß absolute Sicherheit erzielt wird. Das Risiko wirtschaftlicher Betätigung läßt sich also nicht völlig ausschalten. Eine gut vorstellbare formale Ausprägung des Sicherheitsstrebens eines Betriebs ist aber die Begrenzung der Überschuldungswahrscheinlichkeit auf einen bestimmten (relativ geringen) Wert. Als Kern der sicherheitspolitischen Bestrebungen ist insofern die Suche nach denjenigen Handlungsmöglichkeiten herauszustellen, die das von den Entscheidungsträgern des Betriebs angestrebte Sicherheitsanspruchsniveau mit der größten Wahrscheinlichkeit zu gewährleisten vermögen. Die geschäftspolitische Aufgabe der Sicherheitspolitik besteht somit in der auf Existenzsicherung ausgerichteten Optimierung des Einsatzes des sicherheitspolitischen Instrumentariums. Die einzelnen Instrumente sind entsprechend auf ihre Eignung hin zu prüfen, auszuwählen und im Rahmen der strategischen Gesamtausrichtung des Betriebs einzusetzen. Tendenziell gilt, daß sicherheitspolitische Maßnahmen das Risiko im Sinne von Verlustgefahren bzw. die Gefahr der Überschuldung vermindern, zugleich aber auch mögliche Gewinnchancen begrenzen.

---

[19] Vgl. hierzu z.B. *A. Gälweiler*, Unternehmenssicherung und strategische Planung. "Zeitschrift für betriebswirtschaftliche Forschung", Köln und Opladen, Jg. 28 (1976), S. 362-376. - *H. Koch*, Strategische Unternehmensplanung und Risiko. "Zeitschrift für Betriebswirtschaft", Wiesbaden, Jg. 58 (1988), S. 1033-1051.

[20] Vgl. hierzu umfassend *D. von Engelhardt*, Risikobereitschaft bei betriebswirtschaftlichen Entscheidungen. Normative und empirische Aspekte individuellen Präferenzverhaltens unter Unsicherheit. (Betriebswirtschaftliche Schriften, H. 104.) Berlin 1981.

Ansatzpunkte für sicherheitspolitische Maßnahmen bilden zum einen die Risiken im Sinne von Verlustgefahren, zum anderen die Nettohaftungsreserve, die bei gegebenem Sicherheitsanspruchsniveau die Übernahme von unvermeidbaren Verlustgefahren erst ermöglicht. Die Nettohaftungsreserve bestimmt also die Fähigkeit des Betriebs, Verluste zu tragen.[21] Entsprechend dieser Differenzierung können die sicherheitspolitischen Aufgabenbereiche in die Risikopolitik und in die Nettohaftungsreservepolitik unterteilt werden (vgl. Übersicht 1).

211 Risikopolitik

Risiko kann allgemein definiert werden "als die negative Abweichung der gegenwärtigen oder zukünftigen Zielrealisation vom erwarteten Wert mit der Gefahr negativer Beeinflussung des Finanzerfolgs".[22] Derartige "Negativwirkungen" treten bekanntlich als Buchverluste oder als realisierte Verluste auf, wobei Buchverluste häufig das Vorstadium für realisierte Verluste sind. Beide Verlustarten wirken sich im Hinblick auf den Periodenerfolg des Betriebs in gleicher Weise aus: Der Periodengewinn wird geschmälert oder sogar in einen Periodenfehlbetrag verkehrt. In Abhängigkeit von der Höhe des Periodenfehlbetrags tritt eine Eigenkapitalminderung bzw. sogar eine vollständige Aufzehrung des Eigenkapitals durch Verlustaufrechnung im Sinne effektiver Haftungsinanspruchnahme ein. Aufgabe der Risikopolitik ist es, den Betrieb vor derartigen Entwicklungen zu schützen oder sie zumindest zu begrenzen. Risikopolitik kann auf dieser Basis verstanden werden als Gesamtheit aller geschäftspolitischen Maßnahmen, die dazu dienen,

1) einzelfallbezogene Risiken vollständig auszuschließen,

2) die Wahrscheinlichkeit eines Schadenseintritts so weit wie möglich zu verringern bzw.

3) zu einem betriebsinternen Risikoausgleich beizutragen,

4) das Ausmaß der Verlustgefahr auf ein tragbares Limit zu begrenzen.

Nach Durchführung der risikopolitischen Maßnahmen sollten die verbleibenden Verlustgefahren für den Betrieb bei gegebenen Haftungspotentialen dem vorgegebenen Sicherheitsanspruchsniveau entsprechen, d.h. nicht zu einer Existenzgefährdung des Betriebs führen. Übersicht 2 verdeutlicht noch einmal anschaulich das System risikopolitischer Handlungsmöglichkeiten.[23]

---

[21] Die Begriffe "Nettohaftungsreserve" und "Haftungspotential" werden in diesem Beitrag synonym verwendet.

[22] *H.-D. Deppe*, Eine Konzeption wissenschaftlicher Bankbetriebslehre ..., a.a.O., S. 32. Der Begriff "Finanzerfolg" ist in diesem Zusammenhang als Synonym für den betrieblichen Erfolg, z.B. im Sinne des Betriebsergebnisses, zu verstehen. - Vgl. hierzu auch die Diskussion des betriebswirtschaftlichen Risikobegriffs bei *S.G. Haeberle*, Risiko als zielbezogenes Phänomen. Eine Untersuchung über die Kriterien für eine systematische Erfassung des betrieblichen Risikokomplexes unter besonderer Berücksichtigung des Risikos von Bankbetrieben. Tübinger Dissertation 1979, S. 7 ff.

[23] Vgl. hierzu genauer Kapitel 31. Siehe auch *P. Kupsch*, Risiken als Gegenstand der Unternehmungspolitik. "Wirtschaftswissenschaftliches Studium", München und Frankfurt a.M., Jg. 4 (1975), S. 153-159.

Übersicht 2: <u>System risikopolitischer "Basisstrategien" eines Betriebs</u>

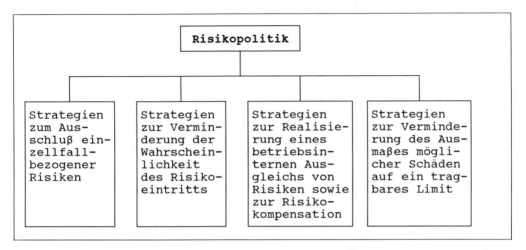

Die Risikopolitik trägt - in erster Annäherung etwas vereinfachend gesagt - durch eine Politik der Verlustvermeidung (bzw. Gewinnsicherung) mittels Optimierung des Einsatzes risikopolitischer Instrumente zu einer Vorsorge vor einer möglichen Überschuldung und damit zum Erhalt der Schuldendeckungsfähigkeit des Betriebes bei. Wird als Komponente des Sicherheitsanspruchsniveaus über die risikopolitische Minderung betrieblicher Verlustgefahren hinaus ein Mindestgewinn angestrebt, so beeinflußt dies unmittelbar die Risikopolitik. Die Vorgabe eines Mindestgewinns pro Planperiode bewirkt, daß bei der geschäftspolitischen Entscheidung für bestimmte Handlungsoptionen der Aspekt der Sicherheit noch stärker als risikopolitisches Entscheidungskriterium in den Vordergrund tritt.[24]

212 Nettohaftungsreservepolitik

Zweck der Nettohaftungsreservepolitik ist primär das Streben nach einer Dimensionierung der Nettohaftungsreserve, die bei festgelegtem Sicherheitsanspruchsniveau - und so auch festgelegter Risikopolitik - der Risikolage des Betriebes angemessenen ist. Zielsetzung ist also die Vorsorge für unvermeidbare Risiken im Sinne von Verlustgefahren, so daß der Betrieb auch bei effektivem Verlusteintritt mit einer zu bestimmenden Mindestwahrscheinlichkeit schuldendeckungsfähig bleibt. Dazu dienen der rechtzeitige Aufbau und die möglichst dauerhafte Aufrechterhaltung verschiedener "<u>Schuldendeckungsfähigkeits-Sicherheitslinien</u>" ("SDF-Sicherheitslinien").

Zur Abgrenzung derartiger "Linien" sind Kriterien zur Einschätzung der Haftungsqualität unterschiedlicher Formen von Haftungsleistungen heranzuziehen.[25] Die SDF-Sicherheitslinien kennzeichnen also geschäftspolitisch relevante Teilreservoirs des Haftungspotenti-

---

[24] Vgl. *W. Benner*, Betriebliche Finanzwirtschaft als monetäres System, a.a.O., S. 373.

[25] Vgl. hierzu Abschnitt 42.

als, denen - insbesondere aus Gläubigersicht - unterschiedlich hohe Haftungsqualität zukommt. Aufbau und Aufrechterhaltung dieser Teilreservoirs müssen - bei Priorität hoher Haftungsqualität - durch entsprechende Strategische Grundsätze und Strategien betrieben werden. Einen ersten Überblick über die so beschriebene Nettohaftungsreservepolitik gibt Übersicht 3.

Übersicht 3: <u>System der Nettohaftungsreservepolitik eines Betriebs</u>[26]

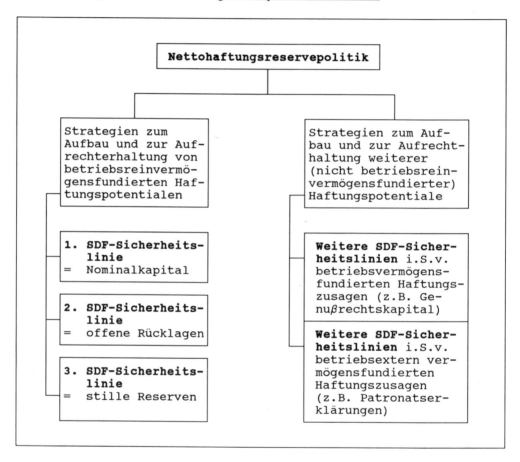

Neben der grundsätzlichen Dimensionierung des betrieblichen Haftungspotentials ist auch seine Strukturierung ein zentrales Aufgabengebiet der Nettohaftungsreservepolitik. Fragen der Zuführung von Eigenkapital und sonstiger Haftungszusagen von außen sowie der Eigenkapitalbildung von innen durch offene und stille Thesaurierung von Gewinnen sind typische Problemkomplexe, die die Nettohaftungsreservepolitik prägen.

---

[26] Quelle: In Anlehnung an *H.-D. Deppe*, Basismaterialien I ..., a.a.O., S. 101. - Vgl. dazu auch die Abgrenzung verschiedener Formen von Haftungspotentialen im einführenden Festschriftbeitrag von *G. Liebau*.

22 Verlustausgleichspolitik

Während mit der Sicherheitspolitik Risiken im Sinne von Verlustgefahren begrenzt oder ganz ausgeschlossen werden sowie Vorsorge für unvermeidbare Risiken getroffen wird, bezieht sich die Verlustausgleichspolitik auf Maßnahmen <u>nach</u> Eintritt eines Verlustfalls, d.h. für den finanziellen Krisenfall. Sie umfaßt die Gesamtheit der Strategischen Grundsätze und Strategien zum Ausgleich drohender und/oder eingetretener Verluste im laufenden Geschäftsbetrieb durch Einsatz der Nettohaftungsreserve.

Übersicht 4:   <u>System der Verlustausgleichspolitik eines Betriebs</u>[27]

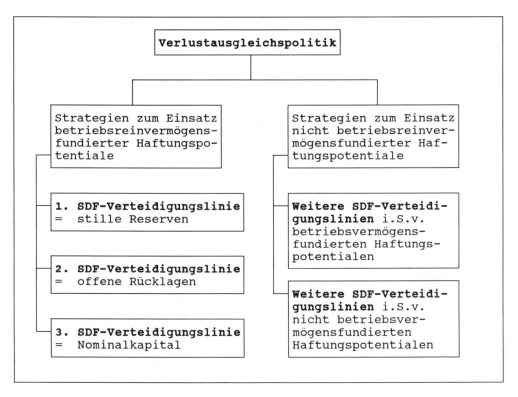

Für die Reihenfolge des Einsatzes einzelner Bestandteile des Haftungspotentials sind im Krisenfall aus der Sicht eines Betriebes andere Kriterien relevant als für den Aufbau von SDF-Sicherheitslinien. So kann z.B. eine möglichst "geräuschlose" Verlustaufrechnung durch Auflösung stiller Reserven und damit die Vermeidung des bilanziellen Ausweises von Verlusten angestrebt werden, um das Vertrauen der Gläubiger in die zukünftige Schuldendeckungsfähigkeit des Betriebs nicht negativ zu beeinflussen. Das Beispiel zeigt, daß die "Verlustaufrechnungsqualität" der verschiedenen Teilreservoirs des Haftungspotentials nicht gleich hoch ist. Betrieben in der Rechtsform der Aktiengesellschaft ist gemäß

---

[27]   Quelle: In Anlehnung an *H.-D. Deppe*, Basismaterialien I ..., a.a.O., S. 101 und S. 108.

§ 150 Abs. 3 und 4 AktG sogar eine bestimmte Reihenfolge in der Verlustaufrechnung vorgeschrieben.[28] Aus diesen Gründen scheint es gerechtfertigt, zum Zwecke der geschäftspolitischen Steuerung bewußt verschiedene "SDF-Verteidigungslinien" zu unterscheiden (vgl. hierzu Übersicht 4).[29]

Nach diesem kurzen Überblick über die Aufgabenbereiche der geschäftspolitisch-strategischen Steuerung der Schuldendeckungsfähigkeit sollen ausgehend von der vorgestellten Systematik in den folgenden Hauptteilen dieses Beitrags einige Grundzusammenhänge der Schuldendeckungspolitik genauer betrachtet werden.

3 Grundzusammenhänge der betrieblichen Risikopolitik

Probleme der Risikopolitik sind angesichts der zunehmenden Komplexität des Betriebsgeschehens und der damit verbundenen vielfältigen Gefahren wirtschaftlicher Betätigung gerade in jüngerer Zeit - häufig verbunden mit dem Begriff "Risk-Management" - wieder verstärkt Gegenstand der betriebswirtschaftlichen Diskussion geworden.[30] Im folgenden sollen - ohne dabei genauer auf einzelne Risikoarten des betrieblichen Beschaffungs-, Kombinations- und Absatzprozesses eingehen zu können - wesentliche Grundzusammenhänge der betrieblichen Risikopolitik aufgezeigt werden.

31 Risikoidentifikation und Risikoanalyse als Voraussetzungen des Einsatzes risikopolitischer Instrumente

Die möglichst frühzeitige Identifikation drohender Risiken bildet den ersten notwendigen Schritt für eine erfolgreiche Risikopolitik: Nicht erkannte Risiken entziehen sich der Risikoanalyse und der sich daran anschließenden "Risikobewältigung" durch Einsatz der risikopolitischen Instrumente. Eine wichtige Aufgabe der Geschäftspolitik ist es deshalb, über Entwicklung und Einsatz geeigneter Instrumente bzw. Methoden zur Risikoerkennung zu entscheiden. Das Spektrum derartiger Instrumente und Methoden zum möglichst vollständigen Aufzeigen von Entscheidungssituationen unter Unsicherheit ist äußerst breit. Zu

---

[28] Vgl. hierzu *W. Benner*, Betriebliche Prozesse ..., a.a.O., S. 177.

[29] Vgl. hierzu auch *J. Süchting*, Finanzmanagement. Theorie und Politik der Unternehmensfinanzierung. (Schriftenreihe des Instituts für Kredit- und Finanzwirtschaft, Bd. 1.) 4., vollst. überarb. Aufl., Wiesbaden 1984, S. 65.

[30] Stellvertretend seien hier genannt *H. Braun*, Risikomanagement. Eine spezifische Controllingaufgabe. (Controlling-Praxis, Bd. 7.) Darmstadt 1984. - *K. Hoffmann*, Risk Management - Neue Wege der betrieblichen Risikopolitik. Karlsruhe 1985. - Siehe auch die Beiträge im *Bericht über die Fachtagung 1988 des Instituts der Wirtschaftsprüfer* in Deutschland e.V. vom 26.-28. Oktober 1988 in Hamburg. Generalthema: Risiken erkennen, Risiken bewältigen. Eine Aufgabe für Unternehmer, Berater und Prüfer. Düsseldorf 1989. - *D. Farny*, Art. Risk Management und Planung. In: Handwörterbuch der Planung. Enzyklopädie der Betriebswirtschaftslehre, Bd. IX. Hrsg. v. N. Szyperski mit Unterstützung v. U. Winand. Stuttgart 1989, Sp. 1749-1758.

nennen sind hier insbesondere unternehmungs- und umweltbezogene Analyse- und Prognosetechniken (Szenario-Technik, Simulationsmodelle, Sensitivitätsanalysen etc.).[31]

Die Entwicklungen in den siebziger und achtziger Jahren haben in diesem Zusammenhang gezeigt, daß die "herrschenden Risiko-Einflußfaktoren" im Zeitablauf nicht als konstant angesehen werden dürfen bzw. sich i.d.R. nicht kontinuierlich entwickeln. Ständig zunehmende Umweltturbulenzen, engere internationale Verflechtungen, politische Krisen etc. führen zu überraschenden Entwicklungen, die zwar einerseits schwer vorhersehbar sind, z.T. nur vermutet werden können, die sich andererseits im allgemeinen jedoch durch gewisse Frühwarnindikatoren ("weak signals") ankündigen.[32] Im Rahmen der Bestrebungen zur Risikoidentifikation muß daher solchen Frühwarnindikatoren besonderes Augenmerk gewidmet werden: Das Wahrnehmen und die richtige Deutung "schwacher Signale" bietet dem Betrieb die notwendige Handlungsfreiheit, bereits in einem Frühstadium strategischer Diskontinuitäten geschäftspolitische Maßnahmen zur Risikoanalyse sowie - darauf aufbauend - zur Vermeidung oder Verringerung der betrieblichen Verlustgefahren geordnet einzuleiten.[33]

Unter Risikoanalyse ist die "eingehende Untersuchung einmal erkannter Risiken bezüglich der vielfältigen Ursachen und Wirkungen"[34] zu verstehen, um so die Voraussetzungen für die Bewertung der Risiken zu schaffen, d.h., "einerseits die Risikoursachen mit ihren Eintrittswahrscheinlichkeiten und andererseits die Risikowirkung mit dem Ausmaß der negativen Zielabweichung zu ermitteln bzw. zu schätzen".[35] Die Aufgabe der Geschäftsleitung besteht dabei vor allem in der Festlegung sinnvoller Risikomaße sowie geeigneter Instrumente bzw. Methoden zur Bewertung der Risiken. Besonders schwierig erweist sich bei der Bewertung in der Regel die Vielfältigkeit der Risikosituationen, die wiederum durch die Komplexität der Betriebs- und Umweltstruktur bedingt ist. Aufgrund gegebener Interdependenzen zwischen einzelnen Geschäftsbereichen des Betriebs und somit auch zwischen vielen Einzelentscheidungen ist es häufig kaum möglich, einen einzelnen potentiellen Risikofall abzugrenzen und zu bewerten, ohne Verbund- bzw. Folgerisiken einbeziehen zu müssen. In der Praxis wird die Risikobewertung vielfach auf die Bewertung möglicher Schäden beschränkt. So wird beispielsweise häufig nicht nach der Wahrscheinlich-

---

[31] Vgl. hierzu z.B. *G. Franke* u. *H. Hax*, Finanzwirtschaft des Unternehmens und Kapitalmarkt. (Heidelberger Lehrtexte Wirtschaftswissenschaften.) Berlin u.a. 1988, S.183-233.

[32] Vgl. *H.I. Ansoff*, Managing Surprise and Discontinuity - Response to Weak Signals. "Zeitschrift für betriebswirtschaftliche Forschung", Köln und Opladen, Jg. 28 (1976), S. 129-152. - *H.I. Ansoff*, Strategic Management. London 1979, S. 186 ff.

[33] Vgl. z.B. *D. Hahn* u. *W. Klausmann*, Frühwarnsysteme und strategische Unternehmungsplanung. In: Strategische Unternehmungsplanung - Stand und Entwicklungstendenzen. Hrsg. v. D. Hahn u. B. Taylor. 4., veränd. u. erw. Aufl., Heidelberg u. Wien 1986. S. 264-280.

[34] *H. Braun*, Risikomanagement ..., a.a.O., S. 229.

[35] *B. Brühwiler*, Risk-Management - eine Aufgabe der Unternehmensführung. (Schriftenreihe des Instituts für betriebswirtschaftliche Forschung an der Universität Zürich, Bd. 36.) Bern u. Stuttgart 1980, S. 80 f.

keitsverteilung von Erfolgsgrößen gesucht, sondern nach Schadenverteilungen aus bestimmten Ursachen, die die Gewinnerwartungen schmälern.[36]

Nach der Identifikation der Risiken und der Beurteilung der Risikolage des Betriebs sind geschäftspolitische Entscheidungen im Hinblick auf die Auswahl der risikopolitischen Instrumente zu treffen.

32   Basisstrategien betrieblicher Risikopolitik und zu beachtende geschäftspolitische Interdependenzen

Risikopolitische Optimierungsmodelle basieren auf der Überlegung, daß jede denkbare Kombination risikopolitischer Instrumente dem Unternehmen einerseits zwar einen bestimmten Nutzen stiftet (Realisierung eines bestimmten Sicherheitsanspruchsniveaus), andererseits aber bestimmte Kosten und so Erfolgsminderungen verursacht. Als optimale risikopolitische Instrumentenkombination wird diejenige angesehen, bei der der Grenznutzen der Sicherheit die Grenzkosten der risikopolitischen Maßnahmen eben aufwiegt.[37]

Die Auswahl einzelner risikopolitischer Handlungsoptionen, ihre Zusammenführung und Einordnung in strategische Gesamtkonzeptionen stellen die Entscheidungsinstanzen immer wieder vor das Problem, daß die Konsequenzen ihrer Handlungen nicht nur aus risikopolitischer Sicht zu betrachten sind, sondern daß ganzheitlich auch die Auswirkungen auf das "Geschäftspolitische Gesamtergebnis"[38] im Blick behalten werden müssen.[39] Komponenten eines zu messenden "Geschäftspolitischen Gesamtergebnisses" sind neben dem Erfolg (z.B. Betriebsergebnis) als Ausdruck der übergeordneten Zielkonzeption des Betriebs positive oder negative Veränderungen bei existenziellen Nebenbedingungen der Zielerreichung.[40] Nur auf einige wesentliche Zusammenhänge sei hier aufmerksam gemacht:

1)   Risikopolitische Maßnahmen wirken sich in zweifacher Hinsicht auf den Erfolg des Betriebs aus: Wie schon oben festgestellt, stiften derartige Maßnahmen zwar einen bestimmten Nutzen, indem Verlustgefahren verringert werden, sie verursachen ande-

---

[36]   Vgl. *D. Farny*, Risk Management und Planung, a.a.O., Sp. 1752.

[37]   Vgl. *D. Farny*, Risk Management und Planung, a.a.O., Sp. 1753. - Für die Praxis sind derartige theoretische Entscheidungsansätze nur bedingt anwendbar, weil sie fordern, daß die Geschäftsleitung zu den verschiedenen risikopolitischen Strategien Nutzenkalküle entwickelt, was einen im allgemeinen nicht erfüllbaren Informationsstand voraussetzt. In der Praxis sind deshalb risikopolitische Entscheidungen in der Regel wesentlich einfacher strukturiert.

[38]   Vgl. *H.-D. Deppe*, Basismaterialien zur Bankbetriebslehre II. 7. Ausg. Sommer-Semester 1989, S. 3a.

[39]   Vgl. hierzu auch *F. Philipp*, Risiko und Risikopolitik. (Betriebswirtschaftliche Studienbücher. Reihe I: Grundlagen, Bd. 52.) Stuttgart 1967, S. 52 f. Philipp betont, "daß Risikopolitik im Rahmen einer auf ein ganzes Bündel interdependenter Ziele gerichteten Unternehmungspolitik betrieben werden muß. Vielfach vermindert die Verfolgung risikopolitischer Ziele den Grad, in dem andere Zielsetzungen der Unternehmung, z.B. die Gewinnzielung, realisierbar sind. Es kann sich also nie darum handeln, Risikopolitik 'um jeden Preis' zu betreiben."

[40]   Vgl. hierzu *G. Liebau*, Monetäre Leistungen ..., a.a.O., S. 125 f.

rerseits aber auch Kosten (Sachmittel- und Personalkosten, monetäre Kosten) und belasten so das Betriebsergebnis.

2) Risikopolitische Maßnahmen wirken nicht nur in der finanziellen Haftungssphäre des Betriebs, sondern beeinflussen auch seine Zahlungssphäre (z.B. belastend durch die Notwendigkeit der Zahlung regelmäßiger Versicherungsbeiträge in u.U. beträchtlicher Höhe, durch Lohn- und Gehaltszahlungen an das mit risikopolitischen Aufgaben betraute Personal, aber auch positiv durch Sicherung weiterer Kreditaufnahmemöglichkeiten, sofern z.B. Kreditinstitute bestimmte Anforderungen an die Risikopolitik des Betriebes stellen).

3) Der Umfang des Einsatzes risikopolitischer Instrumente kann im Technisch-organisatorischen Bereich (TOB) unmittelbar die Arbeitsbedingungen der Menschen im Betrieb tangieren und so die "Arbeitgeberfähigkeit"[41] des Betriebs beeinflussen, evtl. sogar seine Akzeptanz in der Öffentlichkeit.[42]

Derartige Interdependenzen sind im Rahmen der "Risikobewältigung" durch risikopolitische Maßnahmen stets zu berücksichtigen. Im folgenden sollen die "Basisstrategien" betrieblicher Risikopolitik in der gebotenen Kürze vorgestellt werden.

321 Einzelfallbezogener Risikoausschluß

Aus der Bedingung der Schuldendeckungsfähigkeit folgt, daß die aus der Betriebstätigkeit resultierenden Verlustgefahren in ihrer Gesamtheit die Nettohaftungsreserve des Betriebs nicht übersteigen dürfen. Daraus kann als ein Strategischer Grundsatz abgeleitet werden, daß die Risiken im Sinne von Verlustgefahren aus einzelnen Geschäften, Geschäftssparten oder aus zusammenhängenden Handlungsprogrammen jeweils eine bestimmte Schwelle nicht übersteigen sollten. Wird diese Schwelle überschritten, wird das Geschäft oder das Handlungsprogramm nicht durchgeführt, das Risiko also vollständig ausgeschlossen. Damit wird für die Auswahl einzelner Handlungsmöglichkeiten ein Risikolimit vorgegeben. Eine derartige Gefahrenbegrenzung soll also sicherstellen, daß bei Eintritt von Verlusten aus dem betrieblichen Beschaffungs-, Kombinations- und Absatzprozeß die Verlustdeckung durch das betriebliche Haftungspotential möglich bleibt.[43] Bestimmungsfaktoren für die Höhe dieses Limits sind unter anderem die individuelle Risikoneigung und die Höhe des betrieblichen Haftungspotentials.

Die Strategie des einzelfallbezogenen Risikoausschlusses kommt einem Verzicht auf Wahrnehmung einzelner Ertragschancen zugunsten der Erhaltung der Schuldendeckungs-

---

[41] Zum Begriff der Arbeitgeberfähigkeit vgl. *H.-D. Deppe*, Einführung des Herausgebers zu Heft 7a und 7b. In: Texte zur wissenschaftlichen Bankbetriebslehre I und II. (Göttinger Hefte zur Bankbetriebslehre und Unternehmungsfinanzierung, H. 7a u. 7b.) Göttingen 1980 u. 1981, S. XXIII u. S. XLV. Deppe definiert die Arbeitgeberfähigkeit als "Zwang zur als menschengerecht von den Arbeitnehmern empfundenen Gestaltung der Arbeitsbedingungen" (S. XXIII).

[42] Vgl. *K. Hoffmann*, Risk Management ..., a.a.O., S. 224-231.

[43] Vgl. *W. Benner*, Betriebliche Finanzwirtschaft als monetäres System, a.a.O., S. 372.

fähigkeit gleich.[44] Gleichwohl sollte trotzdem gelten, daß bereits bei der Planung von Investitionsobjekten bzw. bei absatzpolitischen Entscheidungen Projekte vermieden werden, die das Gesamtrisiko eines Betriebes zu stark erhöhen. Aus risikopolitischen Gründen kann sogar der "Rückzug" aus kritisch gewordenen Märkten oder die völlige Aufgabe zu risikoreich gewordener Bestandteile des betrieblichen Leistungsprogramms notwendig werden, um so nicht mehr tragbare Risiken vollständig auszuschließen. Auf gravierende Konsequenzen, z.B. für die Sicherheit der Arbeitsplätze, sei hier nur hingewiesen.[45] Im Zeichen steigender Risiken, etwa aus der mittlerweile etablierten Produkthaftpflicht, sind derartige Entscheidungen u.U. aber nicht zu vermeiden.[46]

322 Verminderung der Eintrittswahrscheinlichkeit von Risiken

Strategien zur Verminderung der Wahrscheinlichkeit des Risikoeintritts setzen primär bei den Ursachen von Risiken an. Insbesondere sind hier Maßnahmen zur Verbesserung des Informationsstandes der Entscheidungsträger über mögliche Risiken sowie Maßnahmen zur Verringerung der Gefahr menschlichen Versagens zu nennen.[47] Prinzipiell läßt sich jede risikobehaftete Situation im Betrieb durch risikomindernde Maßnahmen in einen weniger risikoreichen Zustand überführen. Das ganze Spektrum möglicher vorbeugender Schadensbegrenzung wird erst deutlich, wenn Risikoverminderung nicht zu eng verstanden, d.h. nicht nur auf jene technisch-organisatorischen Risikosituationen eines Betriebes bezogen wird, die in der Regel das Hauptanliegen einer Sicherheitsabteilung bzw. eines Sicherheitsbeauftragten sind (Brandschutz, Unfallschutz, Sicherung gegen Einbruch und Diebstahl etc.). Vielmehr lassen sich Risiken beispielsweise auch durch folgende Ansätze vermindern: Einsatz ausgefeilter Frühwarnsysteme im Rechnungswesen, in Revision und Controlling[48], hinreichende Qualitätsprüfung extern beschaffter und intern erzeugter Produkte, Materialien, Bauteile und Anlagen, intensive Aus- und Weiterbildung der Mitarbeiter sowie sorgfältige Durchführung von Kreditwürdigkeitsprüfungen.

---

[44] Vgl. *M. Haller*, Risiko-Management - Eckpunkte eines integrierten Konzepts. In: Risiko-Management. (Schriften zur Unternehmensführung, Bd. 33.) Wiesbaden 1986, S. 7-43, hier S. 31. - *K. Hoffmann*, Risk Management ..., a.a.O., S. 24.

[45] Vgl. zur Problematik von Marktaustrittsstrategien mit schlagartiger oder stufenweiser Stillegung von Betrieben oder Betriebsteilen *P.M. Rudhart*, Stillegungsplanung. Grundlagen und Entscheidungsprozeß. (Neue betriebswirtschaftliche Forschung, Bd. 2.) Wiesbaden 1978, S. 69 ff.

[46] So stellt Luik mit Recht fest: "Die Freiheit unternehmerischen Handelns sollte sich der Unternehmer nur für den Bereich der nicht existenzgefährdenden Risiken offenhalten". *H. Luik*, Risikoabdeckung durch Versicherungsschutz. In: Bericht über die Fachtagung 1988 des Instituts der Wirtschaftsprüfer ..., a.a.O., S. 43-55, hier S. 46 f.

[47] Vgl. *F. Philipp*, Risiko und Risikopolitik, a.a.O., S. 72 f.

[48] Vgl. z.B. *P. Knoblauch*, Controlling - Auftrag, Wirkungsbereich und Beitrag zur Unternehmenssicherung. In: Bericht über die Fachtagung 1988 des Instituts der Wirtschaftsprüfer, a.a.O., S. 251-260, hier S. 258.

Eine betriebswirtschaftlich vieldiskutierte, wenngleich besonders schwierig zu gestaltende Form der Risikopolitik ist die planmäßige Nutzung des unternehmensinternen Risikoausgleichs, entsprechend etwa dem Strategischen Grundsatz "Möglichst weitgehende Risikostreuung (Diversifikation) im Sinne der Portfolio-Selektion".[49] Bei der risikoorientierten Portefeuillegestaltung geht man von dem Ansatz aus, daß die Erwartungswerte der Chancen (des betrachteten Systems) die Erwartungswerte der Risiken mindestens decken und so die Summe der Erwartungswerte der drohenden Verluste (des Gesamtbetriebs oder - realistischer - von betrieblichen Teilsystemen) keine Existenzgefährdung mehr darstellt. Bedingung hierfür ist die zweckmäßige Auswahl wirtschaftlicher Aktivitäten im Hinblick auf die damit verbundenen Zufallsprozesse, darüber hinaus die Suche nach wirtschaftlichen Aktivitäten mit gegensätzlicher Risikostruktur[50], wobei die zentrale Voraussetzung für einen solchen Risikoausgleich eine ausreichend große Zahl von Risiken ist. "Mit zunehmender Zahl der Risiken und abnehmender positiver Korrelation zwischen den Risiken erhöht sich grundsätzlich die Wahrscheinlichkeit, daß der Ausgleich im Kollektiv gelingt".[51]

Im Liquiditätsmäßig-finanziellen Bereich wird Diversifikation beispielsweise durch Mischung und Streuung der finanziellen Anlagen (der Marktleistungen mit primär monetärer Dimension), insbesondere des Wertpapierportefeuilles, angestrebt. Ähnliche Effekte können im Technisch-organisatorischen Bereich erzielt werden, z.B. durch:

- Diversifikation des technisch-organisatorischen Marktleistungsprogramms, d.h. geringere Abhängigkeit vom einzelnen Absatzmarkt und so Stabilisierung des Gesamtumsatzes bei gegenläufigen Entwicklungen auf verschiedenen Teilmärkten;

- Verteilung der Rohstoffbeschaffung auf mehrere Lieferanten;

- Aufteilung von Produktionsstätten, Lagern und Rechenzentren auf mehrere, von einander unabhängige Standorte, um den u.U. gravierenden Verlustgefahren infolge Betriebsunterbrechungen entgegenzuwirken (z.B. verursacht durch Großbrand, Naturkatastrophen, Computer-Ausfall etc.).[52]

Der betriebsinterne Risikoausgleich verursacht spezifische Kosten: Effiziente Diversifikation erfordert laufende Überwachung im Hinblick auf den angestrebten Risikoausgleich, daraus resultieren entsprechende Informationskosten. Bei notwendigen Veränderungen der Verteilungsverhältnisse entstehen zudem unter Umständen erhebliche Transaktions-

---

[49] Vgl. hierzu z.B. *R. A. Bettis* and *W. K. Hall*, Strategic Portfolio Management in the Multibusiness Firm. "California Management Review", Berkeley, Vol. 24 (1981), p. 23-38.

[50] Vgl. *H. Braun*, Risikomanagement ..., a.a.O., S. 109.

[51] *J. Mugler*, Risk Management in der Unternehmung. Wien 1979, S. 60.

[52] Vgl. *H. Luik*, Risikoabdeckung durch Versicherungsschutz, a.a.O., S. 47 f.

kosten.[53] Darüber hinaus ist der interne Risikoausgleich zumeist mit Verzicht auf kurzfristig maximalen Erfolg verbunden, da bewußt die Konzentration aller Ressourcen auf eine Handlungsalternative vermieden wird.

Zu beachten ist auch, daß das Streben nach Diversifikation durch Ausdehnung der betrieblichen Aktivitäten auf andere als die traditionellen Geschäftsbereiche mit neuen, evtl. erheblichen Risiken verbunden sein kann.[54] Von daher ist "im Sinne einer Risikobegrenzung im Rahmen der Diversifikation .. anstelle der Betätigung in vollkommen neuen Geschäftszweigen die sinnvolle Ergänzung, Erweiterung oder Abrundung des bestehenden Produktsortiments sowie das Ausweichen auf neue Verkaufsgebiete und Märkte im allgemeinen vorzuziehen."[55]

Bei der Risikokompensation (Hedging) durch Gegengeschäfte handelt es sich ebenfalls um eine Form des unternehmensinternen Risikoausgleichs, die allerdings nicht auf Diversifikation beruht, sondern auf gezielt aufgebauten Gegenpositionen zu einzelnen Werten, wobei die Risiken der Gegengeschäfte streng negativ korreliert sein müssen zu den Risiken der Grundgeschäfte. Typische Hedging-Instrumente findet man im Zusammenhang mit der Steuerung von Währungsrisiken (z.B. Anlage von Geldern in US-Dollar bei bestehenden, währungsmäßig nicht abgesicherten Verbindlichkeiten in US-Dollar).[56]

324   Begrenzung der Verlustgefahr auf ein tragbares Limit

Im Hinblick auf Strategien zur Begrenzung des Ausmaßes von Verlustgefahren auf ein bestimmtes, für den Betrieb tragbares Limit sind verschiedene risikopolitische Instrumente zu unterscheiden. Gemeinsames Merkmal ist, daß nicht die Risikoursachen, sondern die Risikowirkung den Ausgangspunkt geschäftspolitischen Handelns bildet.

Bei der Risikoüberwälzung durch allgemeine und spezielle Vertragsbedingungen (Non-Insurance-Risk-Transfer) handelt es sich um risikopolitische Instrumente, mit deren Hilfe Risiken durch vertragliche Vereinbarungen vom Betrieb auf Dritte, insbesondere auf Geschäftspartner als "externe Risikoträger", überwälzt werden: Im Rahmen der Gestaltungsfreiheit bei Kauf- und Werkverträgen, Auftrags- und Geschäftsbedingungen ist es möglich, bestimmte Risiken (z.B. Transport-, Gewährleistungs- und Produkthaftpflichtrisiken) auf z.B. Lieferanten von Sachgütern und Dienstleistungen sowie auf eigene Kunden zu verla-

---

[53]   Vgl. in diesem Zusammenhang auch *H. Meinhardt*, Optimierung des Portfolios in diversifizierten Unternehmen. In: Handbuch Strategische Führung. Hrsg. v. H. A. Henzler. Wiesbaden 1988, S. 135-146.

[54]   Vgl. hierzu *R. Biggadike*, The risky business of diversification. "Harvard Business Review", Boston, Vol. 57 (1979), May-June, p. 103-111, hier p. 103.

[55]   *H. Braun*, Risikomanagement ..., a.a.O., S. 109. - Vgl. auch *H. Albach* u. *R. Albach*, Das Unternehmen als Institution. Rechtlicher und gesellschaftlicher Rahmen. Eine Einführung. Wiesbaden 1989, S. 147.

[56]   Vgl. hierzu z.B. *K. Pohle*, Management von Währungsrisiken. In: Finanzierungshandbuch. 2., völlig überarb. u. erw. Aufl. Hrsg. v. F. W. Christians. Wiesbaden 1988, S. 769-781. - *D. Wermuth* u. *W. Ochynski*, Strategien an den Devisenmärkten. Eine Anleitung für die Praxis. 3., völlig überarb. u. erw. Aufl., Wiesbaden 1987.

gern.[57] Zur vertraglichen Risikobegrenzung zählt auch die <u>Risikoteilung</u>, die vor allem bei großen und risikoreichen Geschäften angewendet wird. Konsortialgeschäfte und Joint Ventures sind typische Beispiele.

Die Kosten derartiger Risikoüberwälzungsmaßnahmen sind z.T. besonders schwer zu bestimmen, da nicht immer ausdrücklich ein Preis für die Risikoübernahme vereinbart wird. Häufig muß diese Form des Risikotransfers vielmehr durch Zugeständnisse bei anderen vertraglichen Bedingungen "erkauft" werden. Diese Risikoüberwälzung setzt voraus, daß der Betrieb Marktpartner findet, die bereit sind, unter den angedeuteten Bedingungen Risiken zu übernehmen. Die Bereitschaft zur Risikoübernahme könnte gegeben sein, wenn der Marktpartner die so erzielten Vorteile bei anderen Vertragsbedingungen höher wertet als die übernommenen Risiken, insbesondere aber, wenn er andere Möglichkeiten der Risikomischung und des Risikoausgleichs als sein Geschäftspartner hat. Vertragliche Risikoüberwälzung auf Marktpartner bedeutet also nicht zwangsläufig, daß Risiken in unveränderter Form vom Betrieb auf den Marktpartner übertragen werden, vielmehr eröffnen sich so häufig neue Möglichkeiten des Risikoausgleichs.[58]

Die <u>Risikoüberwälzung durch Erwerb vertraglichen Versicherungsschutzes</u> gegen Entgelt (Insurance-Risk-Transfer) bildet für das Segment der versicherbaren Risiken die elementare risikopolitische Basisstrategie. Versicherung beruht auf dem Prinzip des gegenseitigen Ausgleichs von vielen Einzelrisiken, die in einem Bestand (Kollektiv) einer Versicherungsgesellschaft zusammengefaßt sind, so daß - aus der Sicht des Betriebes - auch von einem externen Risikoausgleich gesprochen werden kann. "Die Leistung des Versicherers ist .. das abstrakte Schutzversprechen, die ständige Bereitschaft, beim Eintritt des Versicherungsfalles eine Geldleistung zu zahlen, kurz, die Gewährung von Versicherungsschutz. Diese Leistung ist .. nicht auf den Fall des Schadeneintritts beschränkt, sondern eine davon unabhängige Dauerleistung."[59]

Versicherbare Risiken lassen sich nach ihrer möglichen Größenordnung und Eintrittswahrscheinlichkeit klassifizieren. Nach der Größenordnung wird unterschieden zwischen:

1) Katastrophenrisiken, die die Existenz des Betriebs gefährden;

2) Großrisiken, die das Betriebsergebnis nachhaltig beeinflussen können;

3) mittleren Risiken, die das Ergebnis einer Kostenstelle erheblich beeinflussen können;

4) kleinen Risiken, die Schäden betreffen, die sich auch als "laufende" Kosten behandeln ließen.

---

[57] Durch Factoring mit Delkredere-Übernahme können gleichfalls Risiken vertraglich auf Dritte überwälzt werden.

[58] Vgl. *G. Franke* u. *H. Hax*, Finanzwirtschaft des Unternehmens ..., a.a.O., S. 232.

[59] *D. Farny*, Produktions- und Kostentheorie der Versicherung. (Veröffentlichungen des Deutschen Vereins für Versicherungswissenschaft, Bd. 72.) Karlsruhe 1965, S. 8.

Die Eintrittswahrscheinlichkeit der Risiken dieser Risikogruppen wird in der Regel bei den kleinen Risiken am höchsten und bei den Katastrophenrisiken am geringsten sein. Schadensfälle, die häufiger vorkommen, sind meist der Höhe nach überschaubar. Die Versicherungsprämien für die Abdeckung solcher kleinerer Schäden sind aber im Verhältnis zur Schadenshöhe und wegen der Vielzahl solcher Schäden meist beträchtlich. Katastrophen- und Großrisiken, z.B. Schäden durch Großfeuer, sind weitaus weniger wahrscheinlich. Da bei Eintritt dieser Schadensfälle aber die Existenz des Betriebs auf dem Spiel steht, ist "Versicherung der versicherbaren Katastrophen- und Großrisiken" heute ein durchweg anzutreffender Strategischer Grundsatz von Betrieben, zumal Versicherungsschutz für diese Risiken wegen der relativen Seltenheit solcher Schadensereignisse zu "vertretbaren" Kosten erhältlich ist.

Für prinzipiell versicherbare Risiken bestehen in der Regel Interdependenzen zwischen Art und Ausmaß der durch das Unternehmen getroffenen Maßnahmen zur Risikominderung und dem Versicherungsschutz bzw. der Höhe der Versicherungsprämien. Neben dem so gegebenen Optimierungsproblem besteht insbesondere für größere Unternehmen ein weiteres geschäftspolitisches Optimierungsproblem darin, ob zur Prämienminderung ein Selbstbehalt bei eintretenden Schadensfällen vertraglich vereinbart werden sollte. Die Gesamthöhe solcher Selbstbehalte muß sich an der Ertragskraft und insbesondere an der Höhe der Nettohaftungsreserve ausrichten.

Eine Zwischenform zwischen der Selbstdeckung von Risiken durch die Nettohaftungsreserve und der Versicherung stellen die sogenannten "Captives" dar, bei denen verschiedene Unternehmen (z.B. eines multinationalen Konzerns) unter sich einen Risikoausgleich vereinbaren, wobei es häufig der Fall ist, daß Captives ihrerseits einen Teil der Risiken bei einem Versicherer rückdecken.[60]

Betriebliche Verlustgefahren lassen sich auch dadurch begrenzen, daß der Betrieb seine Forderungen gegen Dritte durch <u>Kreditsicherheiten</u> (z.B. Eigentumsvorbehalte, Verpfändung von Sachen und Rechten, Sicherungsübereignung, Bürgschaften und Garantien) schützt. "Eine Sicherheit beinhaltet einen bedingten Anspruch des Gläubigers auf Befriedigung aus dem Vermögen des Schuldners oder eines Dritten. Die Bedingung für das Wirksamwerden dieses Anspruchs ist im allgemeinen eine Vertragsverletzung des Schuldners, insbesondere eine Verletzung seiner Zahlungspflichten."[61]

Darüber hinaus bieten die in den letzten Jahren entwickelten sogenannten Finanzinnovationen ein breites Spektrum an Möglichkeiten, Risiken (z.B. Währungs- und Zinsänderungsrisiken) gegen Entgelt zu begrenzen. Hingewiesen sei an dieser Stelle nur auf die Be-

---

[60] Vgl. hierzu ausführlich *R. Hitzig*, Formen und Wirkungen des risikopolitischen Instruments der Selbstversicherung. (Schriftenreihe des Instituts für Versicherungswissenschaft an der Universität zu Köln, N.F., H. 33.) Berlin 1977.

[61] *G. Franke* u. *H. Hax*, Finanzwirtschaft des Unternehmens ..., a.a.O., S. 341. - Siehe hierzu auch umfassend *B. Rudolph*, Kreditsicherheiten als Instrumente zur Umverteilung und Begrenzung von Kreditrisiken. "Zeitschrift für betriebswirtschaftliche Forschung", Düsseldorf, Jg. 36 (1984), S. 16-43.

grenzung von Zinsänderungsrisiken durch z.B. Zinsterminkontrakte, durch Zinsausgleichs-vereinbarungen oder durch Vereinbarungen von Zinsober- bzw. Zinsuntergrenzen ("Caps" bzw. "Floors").[62] Für die Risikoüberwälzung auf Marktpartner durch Nutzung von Finanz-innovationen gilt ebenfalls: Risiken werden häufig nicht in unveränderter Form übernom-men, vielmehr hat der Marktpartner selbst Möglichkeiten zum Risikoausgleich, sofern die Risikoübernahme nicht aus Gründen der "reinen" Spekulation erfolgt. In diesem Sinne stellt z.B. die Deutsche Bundesbank zur Nutzung von Finanzinnovationen fest[63]: "Innova-tive Finanzinstrumente werden ihrer Konstruktion nach vor allem dazu benutzt, die mit fi-nanziellen Transaktionen verbundenen Risiken, im wesentlichen das Preis- und das Kre-ditrisiko, neu zu verteilen und auf Marktteilnehmer zu verlagern, von denen angenommen wird, daß sie von ihrer Finanzausstattung, Marktstellung und Geschäftserfahrung besser zu ihrer Übernahme geeignet sind. Während im traditionellen Bankkreditgeschäft alle Risi-ken einer Transaktion gewissermaßen als Paket zusammengefaßt sind und als Einheit ge-halten werden, streben die in den letzten Jahren entwickelten Instrumente die Aufschnü-rung dieser Risikopakete und die getrennte Übertragung der Einzelrisiken an."

33 Die kalkulatorische Verrechnung von Risikokosten - Bindeglied zwischen Risikopolitik und Nettohaftungsreservepolitik

Nach Durchführung risikopolitischer Maßnahmen i.S. der beschriebenen Basisstrategien bestehen neben dem allgemeinen, nur durch eine angemessene Nettohaftungsreserve zu deckenden Unternehmungsrisiko weitere Risiken, die der Betrieb entweder

1) bewußt selbst zu tragen beabsichtigt, obwohl sie durch risikopolitische Maßnahmen zu bewältigen wären,

2) oder aber unbewußt selbst trägt, da die Risiken nicht erkannt oder fehlerhaft gemes-sen und deshalb nicht ausreichend der Risikopolitik unterworfen wurden.

Für die unter (1) genannten Risiken besteht durch kalkulatorische Berücksichtigung, d.h. durch Ansatz von Wagnis- bzw. Risikokosten in der Marktpreiskalkulation, die Möglich-keit, im laufenden Geschäftsjahr temporäre Deckungspotentiale für diese Risiken zu schaffen. Voraussetzung ist, daß die Risikokostengegenwerte dem Betrieb als Bestandteile der Umsatzerlöse zufließen. Die Gegenwerte können dann die im Normalbelastungsfall eintretenden Schäden ausgleichen. Insofern kommt diese Art des "internen Risikoaus-gleichs" den Aufgabengebieten der Nettohaftungsreserve- bzw. Verlustausgleichspolitik

---

[62] Vgl. z.B. *H. Menhard*, Einsatzmöglichkeiten für Finanzinnovationen in einem Industrieunternehmen - Risi-ken und Anwendernutzen. In: Finanzinnovationen - Risiken und ihre Bewältigung. Hrsg. v. K.-M. Burger. Stuttgart 1989, S. 59-72. - Je nach Umfang derartiger Maßnahmen lassen sich durch solche Instrumente (z.B. Zinsterminkontrakte) Risiken z.T. auch ganz ausschließen. Von daher könnten einzelne Formen von Finanzinnovationen auch im Kontext von Abschnitt 323 (Risikokompensation) genannt werden.

[63] Vgl. *Deutsche Bundesbank*, Innovationen im internationalen Bankgeschäft. "Monatsberichte der Deutschen Bundesbank", Frankfurt a.M., Jg. 38 (1986), Nr. 4, S. 25-35, hier S. 31.

bereits sehr nahe. Im folgenden sollen die geschäftspolitisch zu beachtenden Zusammenhänge bei der Verrechnung von Risikokosten etwas genauer herausgearbeitet werden.

Bei analytischer Betrachtung läßt sich das zu erwartende Gesamtrisiko von Betrieben, das nach Durchführung der im Kapitel 32 skizzierten risikopolitischen Maßnahmen verbleibt, in mehrere Risikokategorien unterteilen. Dies begründet auch den Ansatz verschiedener kostenrechnerischer Äquivalente für die Risikoübernahme. Ausgehend von einer theoretischen Grundgesamtheit an verbleibenden Risiken, basiert die nachfolgende Abgrenzung von Risikokategorien insbesondere auf dem Grad der Quantifizierbarkeit dieser Risiken.

Als Risikokategorie I seien diejenigen betrieblichen Risiken eines Planungszeitraums (z.B. ein Jahr) definiert, für die aufgrund empirischer Beobachtungen und Erfahrungen in der Vergangenheit sowie durch Zukunftsprognosen hinreichende Informationen über die Wahrscheinlichkeitsverteilung bekannt sind bzw. gewonnen werden können. Risikotheoretisch bedeutet dies, daß auf der Basis einer bekannten Schadensverteilungsfunktion (im einfachsten Fall eine Normalverteilung) der Erwartungswert dieser Schadensverteilung für einen bestimmten Planungszeitraum berechnet werden kann.[64] Um eine Schadensverteilungsfunktion ermitteln zu können, müssen Informationen über die Schadenshäufigkeit und den durchschnittlichen Schadensumfang bekannt sein. Derartige Informationen lassen sich sowohl auf der Basis interner als auch externer Schadensstatistiken gewinnen. Die Annahme, daß eine derartige Schadensverteilungsfunktion ermittelbar ist, erscheint für Betriebe hinreichender Größenordnung[65] und damit bei Gültigkeit des Gesetzes der großen Zahl für eine Vielzahl von Einzelrisiken zulässig.[66]

Die Schäden, die im Planungszeitraum aus Risiken der Risikokategorie I entstehen können, seien als "Erwartungsschäden" bezeichnet. Die Höhe der kalkulatorischen Kosten für die Risiken der Risikokategorie I entspricht dem Erwartungswert des Schadens aus dieser Risikokategorie. Für diese Kosten wird hier die Bezeichnung "Nettorisikokosten" gewählt. Aus Risiken der Risikokategorie I ergeben sich in einer Abrechnungsperiode konkrete Schadensfälle. Diese werden zwar durch Erstellung und Absatz einzelner Marktleistungen einer Marktleistungsart verursacht, sind aber von allen Abnehmern der betreffenden Marktleistungsart durch Zahlung einer entsprechenden Prämie im Preis der Marktleistungsart zu tragen. Bei Ausgleichskalkulationen, d.h. z.B. bei Kostenverteilung nach dem Tragfähigkeitsprinzip, wird eine noch größere Marktleistungspalette, d.h. andere Produkte des Betriebes, in die Risikoverteilung einbezogen. Werden die Nettorisikokosten als kalkulatorischer Bestandteil von Marktpreisen über die Erlöse der betrieblichen Marktlei-

---

[64] Vgl. hierzu beispielsweise auch das Vorgehen in der Versicherungsbetriebslehre: *W. Karten*, Grundlagen eines risikogerechten Schwankungsfonds für Versicherungsunternehmen. (Schriftenreihe des Instituts für Versicherungswissenschaft an der Universität Köln. N.F., H. 20.) Berlin 1966, S. 32-38.

[65] Vgl. *F. Fuß*, Risikogerechte Eigenkapitalausstattung und Solvabilitätssystem der Schadenversicherungsdirektive - eine betriebswirtschaftliche Untersuchung. (Veröffentlichungen des Instituts für Versicherungswissenschaft der Universität Mannheim, H. 3.) Karlsruhe 1971, S. 27.

[66] Je größer die Bestände, desto enger werden nach dem Prinzip der großen Zahl die Grenzen, in denen die Häufigkeit der Schadensfälle schwankt.

stungen verdient und tritt der Schaden in der erwarteten Höhe ein, so kann der Schaden im "going concern" aus den "verdienten" Nettorisikokostengegenwerten gedeckt werden.[67]

Die Risikokategorie II, die unmittelbar mit der Risikokategorie I zusammenhängt, erfaßt wahrscheinlichkeitstheoretisch berechenbare Verlustgefahren, die daraus resultieren, daß aufgrund bestimmter Einflußfaktoren auch mit Abweichungen des tatsächlichen Schadens vom erwarteten Schaden zu rechnen ist. Schwankungen um den Erwartungswert ergeben sich primär aus zufälligen Abweichungen vom Erwartungsschaden (Zufallsrisiko) sowie aus Abweichungen, die darauf beruhen, daß der aus den Basisdaten errechnete Erwartungsschaden in der Zukunft Änderungen unterliegt (Änderungsrisiko).[68] Die Abweichungen sind bei bekannter Schadensverteilungsfunktion zumindest näherungsweise quantifizierbar. So kann z.B. die Standardabweichung in Prozent des Erwartungsschadens als relative Meßziffer dieser Risikokategorie herangezogen werden.[69] Zu beachten ist, daß die Abweichungen sowohl zu günstigeren als auch zu schlechteren Ergebnissen führen können. Die Risikokategorie II bildet dabei die Gefahr ab, daß der tatsächliche Schaden negativ vom Erwartungswert des Gesamtrisikos abweicht. Negative Abweichungen, die aus den Schwankungen um den Erwartungswert resultieren, werden hier als "Überschäden" bezeichnet. Für die Gefahr derartiger Überschäden ist kalkulatorisch ein "Risikokostenzuschlag" auf die Nettorisikokosten anzusetzen. "Nettorisikokosten" plus "Risikokostenzuschlag" ergeben zusammen die "Bruttorisikokosten". Wird der Risikokostenzuschlag über die Erlöse der Marktleistungen verdient, so dienen die entsprechenden Gegenwerte zwei Verwendungszwecken:

1) Deckung von "Überschäden" der laufenden Geschäftsperiode.

2) Planmäßiger interperiodischer Ausgleich von Schadensschwankungen, die über mehrere Perioden auftreten: Die in einer Geschäftsperiode nicht benötigten Gegenwerte des Risikokostenzuschlags sind in Form stiller Reserven zu thesaurieren. Dabei muß die Zuführung zu den stillen Reserven mindestens in Höhe der nicht verbrauchten

---

[67] Vgl. hierzu auch Weiershäuser, der allgemeingültig feststellt: "Mit dem jährlichen Normalbelastungsfall sollen die sich aus wahrscheinlichen Szenarien für den Geschäftsablauf in normalen Konjunktur- und Zinsphasen ergebenden Risiken angesprochen werden, also Risiken, die kontinuierlich anfallen und aus kontinuierlich anfallenden Deckungsmassen dotiert werden. Dieser Normalfall unterstellt einen laufenden Risikoaufwand p.a., der durch Risiken mit hoher Wahrscheinlichkeit verursacht wird. Die erforderliche Risikovorsorge findet ihr Potential in dem Teil des geplanten Jahresüberschusses, der über dem Mindestergebnissockel liegt. Der Mindestergebnissockel muß vom Top-Management vorgegeben werden. Die Unterkante muß das für eine Mindest-Dividendenausschüttung notwendige Ergebnis sein". *E. Weiershäuser*, Geschäftsfeldrisiken und Gesamtrisiko der Bank. In: Finanzintermediation und Risikomanagement. Produktentwicklung, Steuerungstechniken und Marktstrategien auf den internationalen Finanzmärkten. Hrsg. v. H.-J. Krümmel und B. Rudolph. Frankfurt a.M. 1989, S. 158-175, hier S. 164.

[68] Vgl. z.B. *D. Farny*, Produktions- und Kostentheorie ..., a.a.O., S. 25 f.

[69] Vgl. hierzu sowie zu weiteren verteilungsbezogenen Prämienkalkulationsprinzipien z.B. *H.-P. Sterk*, Selbstbeteiligung unter risikotheoretischen Aspekten. (Veröffentlichungen des Instituts für Versicherungswissenschaft der Universität Mannheim, H. 14.) Karlsruhe 1979, S. 118 ff.

Teile des Risikokostenzuschlags erfolgen.[70] In mehrperiodiger Betrachtung gilt das strategische Grundprinzip: Erwartungswert der Zuführungen = Erwartungswert der Entnahmen aus den entsprechenden stillen Reserven.[71]

Die Überlegungen zur Erfassung der Risikokategorien I und II bauen - wie erwähnt - zum einen auf vorhandenen Vergangenheitsinformationen und zum anderen auf Zukunftsinformationen auf. Geht der Betrieb kostenrechnerisch in der erläuterten Weise vor, d.h., berechnet er auf dieser Grundlage für die Risiken der Risikokategorien I und II die Bruttorisikokosten als "Basiskosten" für die Selbstübernahme dieser Risiken, so sind damit jedoch noch nicht alle Risiken kostenrechnerisch berücksichtigt: Die bislang unterstellte Annahme, daß die Bruttorisikokosten über die Marktpreise "verdient" werden können, basiert wiederum selbst auf unsicheren Erwartungen.[72] Hinzu kommt, daß trotz aller wahrscheinlichkeitstheoretischen Berechnungen der tatsächliche Schadenseintritt einer Periode erheblich über dem erwarteten Schadenseintritt liegen kann. Es ist deshalb notwendig, eine weitere Risikokategorie III einzuführen.

Die <u>Risikokategorie III</u> bezieht sich auf die Gefahr, daß in der Planungsperiode das erwartete Betriebsergebnis nicht erreicht wird bzw. sogar Periodenfehlbeträge im erfolgsrechnerischen Abschluß eintreten, die das Reinvermögen (d.h. das Eigenkapital) des Betriebs verringern bzw. u.U. sogar ganz aufzehren (Überschuldung). Diese Risikokategorie drückt damit das Risiko der Eigenkapitalgeber aus, keine angemessene Honorierung ihrer Zahlungs- und Haftungsleistungen zu erhalten bzw. sogar Reinvermögensverluste zu erleiden. Zwei Ursachenkomplexe sind dabei zu unterscheiden:

1) Es können "von der Kostenseite her" Gesamtschäden eintreten, die über das durch die Risikokategorien I und II ausgedrückte Ausmaß hinausgehen, während "auf der Erlösseite" die erzielten Erlöse mit den unter Berücksichtigung der Bruttorisikokosten kalkulierten Erlösen übereinstimmen. Dieses Risiko resultiert primär aus nicht prognostizierten bzw. unerwarteten Entwicklungen. Zur Bedeutung einer solchen Gefahr stellt Krümmel[73] mit Recht fest, "daß vor allem die nicht erwarteten oder nicht prognostizierten sowie die für absolut unwahrscheinlich gehaltenen Entwicklungen zu den größten Problemen bei Unternehmen wie bei ganzen Volkswirtschaften führen".

---

[70] Die am Jahresende zu thesaurierenden Beträge werden zum Bestandteil der Nettohaftungsreserve, der aber mehr als andere Beträge des Haftungspotentials zum Verlustausgleich an den Betrieb gebunden bleiben muß, da der Einsatz wahrscheinlichkeitstheoretisch im Sinne eines mehrperiodigen Verlustausgleichs schon absehbar ist.

[71] Vgl. *W. Karten*, Grundlagen ..., a.a.O., S. 95.

[72] Vgl. hierzu *E. Weiershäuser*, Geschäftsfeldrisiken und Gesamtrisiko .., a.a.O., S. 174, der feststellt: "Letztlich bestimmt der Markt den Preis, d.h. Risikokosten sind nicht in unbeschränktem Ausmaß auf die Kunden abzuwälzen, ohne die Wettbewerbsfähigkeit zu gefährden. Nur branchenübliche Risikokosten sind am Markt durchsetzbar." Vgl. hierzu auch *F. Philipp*, Risiko und Risikopolitik, a.a.O., S. 39.

[73] *H.-J. Krümmel*, Unternehmenspolitische Vorgaben für die Risikosteuerung der Bank. In: Finanzintermediation und Risikomanagement. Produktentwicklung, Steuerungstechniken und Marktstrategien auf den internationalen Finanzmärkten. Hrsg. v. H.-J. Krümmel und B. Rudolph. Frankfurt a.M. 1989, S. 32-56, hier S. 49.

2) Die Schäden treten zwar im erwarteten Ausmaß ein, aber kalkulierte Kosten ein-schließlich der berechneten und kalkulierten Bruttorisikokosten werden nicht bzw. nicht im erwarteten Ausmaß durch die Marktpreise der Marktleistungsarten vergütet, d.h., die tatsächlichen Erlöse stimmen nicht mit den erwarteten Erlösen der Planperiode überein. Wenn z.B. die Marktpreise keine Vergütung der Bruttorisikokosten zulassen, beinhaltet das Risiko der Eigenkapitalgeber das volle Gesamtrisiko aus den Risikokategorien I, II und III. Die Wahrscheinlichkeit der Deckung der jährlich im Normalfall anfallenden Schäden durch die Marktpreise ist also eine wesentliche Einflußgröße des Haftungsrisikos der Eigenkapitalgeber.

Die in der Risikokategorie III zusammengefaßten Verlustrisiken sind stets nur durch Haftungsleistungen aus der Nettohaftungsreserve zu sichern. Die Bereitschaft zur Übernahme derartiger Risiken ist deshalb eine marktwirtschaftlich besonders charakteristische wirtschaftliche Leistung, die in der arbeitsteiligen Tauschwirtschaft in Form der Geldwirtschaft nicht durch "institutionalisierte Haftungsleistungen" (z.B. Versicherungen) substituierbar ist.[74] Für die Nutzung dieser Leistung ist kostenrechnerisch ebenfalls ein Gegenwert anzusetzen, üblicherweise enthalten im kalkulatorischen Mindestgewinn.[75]

Die Formulierung und Einbindung der Risikopolitik in die Unternehmensstrategien zur Sicherheitspolitik des Betriebs ist eine zentrale Führungsaufgabe, kann aber immer "nur eine Seite der Medaille" sein, stets muß die Gestaltung der Nettohaftungsreserve als strategisches Entscheidungsfeld hinzutreten.

4 Grundzusammenhänge der betrieblichen Nettohaftungsreservepolitik

Ohne Anspruch auf Vollständigkeit sollen im folgenden drei "Kardinalprobleme" der Nettohaftungsreservepolitik eines Betriebs etwas intensiver betrachtet werden:

1) Dimensionierung der Nettohaftungsreserve,

2) qualitative Strukturierung der Nettohaftungsreserve,

3) Honorierung von Haftungsleistungen.

41 Zur "angemessenen" Dimensionierung der Nettohaftungsreserve des Betriebs

Schuldendeckungspolitik hat - wie bereits betont - die Aufgabe, dem Streben der Geschäftspartner nach finanzieller Sicherheit auch im eigenen Interesse zu entsprechen, um die Existenz des Betriebes nicht zu gefährden. Das Ausmaß der Sicherheitspräferenz der Entscheidungsträger "wirkt seinerseits auf die Rangstellung des Schuldendeckungspostulats in der Gesamtheit aller geschäftspolitischen Prinzipien und auf seine Ausgestaltung

---

[74] Vgl. *H.-D. Deppe*, Finanzielle Haftung heute ..., a.a.O., S. 200.

[75] Vgl. hierzu auch Kapitel 43 dieses Beitrags.

ein, insbesondere auf den Sicherheitsabstand zur Überschuldungsgrenze".[76] Schuldendeckung ist bekanntlich nach der aus der Konkursordnung abgeleiteten Eigenkapital-
grundbedingung auch dann noch gegeben, wenn die Nettohaftungsreserve gleich Null ist.
In einer solchen Extremsituation wäre jedoch die Bedrohung der betrieblichen Existenz
besonders groß, da selbst ein kleiner Periodenfehlbetrag wegen mangelnder Verlustauf-
rechnungsmöglichkeiten zur Überschuldung führt. Es ist folglich bei Absicht langfristiger
Gewinnerzielung unter Unsicherheit zwingend erforderlich, eine positive Nettohaftungsreserve aufzubauen und zu erhalten.[77] Hierbei stellen sich dann die vieldiskutierten betriebswirtschaftlichen Fragen, welche Nettohaftungsreserve als <u>angemessen</u> für den Betrieb zu
betrachten ist und - unmittelbar damit verbunden - anhand welcher Kriterien die Angemessenheit der Nettohaftungsreserve eines Betriebs zu messen ist.[78]

Der Beantwortung dieser Fragen muß sich in der Praxis jede verantwortungsbewußte und
den ethischen Grundnormen verpflichtete Geschäftsleitung stellen, wenn sie insbesondere
das Prinzip der Vertragstreue ernst nimmt.[79] Die Betriebswirtschaftslehre kann hierzu gegenwärtig nur bezogen auf den konkreten Einzelfall unter Einbeziehung von Zweck und
Gegenstand (Leistungsprogramm) der Unternehmung eine Antwort bieten.[80] Allgemeingültig kann aber festgestellt werden, daß geschäftspolitische Entscheidungen zur "angemessenen" Dimensionierung der Nettohaftungsreserve bei gegebenem Leistungsprogramm
die Einflüsse folgender Bedingungen bzw. Zusammenhänge zu beachten haben:

1) Die Dimensionierung der Nettohaftungsreserve muß bei einzelnen Rechtsformen be-
    stimmten gesetzlichen Mindestanforderungen entsprechen. So verlangt der Gesetzge-
    ber für die GmbH nach § 5 Abs. 1 GmbHG ein Stammkapital von mindestens DM
    50.000, für die AG ein Grundkapital von mindestens DM 100.000 (§ 7 AktG). Zu be-
    achten sind weiterhin Vorschriften über die Bildung von Gewinnrücklagen und der
    Kapitalrücklage (z.B. gemäß § 150 AktG und § 272 Abs. 2 und 3 HGB).

---

[76] *W. Benner*, Betriebliche Finanzwirtschaft als monetäres System, a.a.O., S. 371.

[77] Vgl. *W. Benner*, Betriebliche Finanzwirtschaft als monetäres System, a.a.O., S. 371.

[78] Vgl. z.B. *K. v. Wysocki*, Zur Frage der angemessenen Eigenkapitalausstattung aus betriebswirtschaftlicher
      Sicht. In: "Fremdfinanzierung" von Kapitalgesellschaften durch Anteilseigner im deutschen und ausländi-
      schen Körperschaftsteuerrecht. (Münchener Schriften zum Internationalen Steuerrecht, H. 6.) München
      1982, S. 1-11. - *M. Bitz, W. Hemmerde* u. *W. Rausch*, Gesetzliche Regelungen und Reformvorschläge zum
      Gläubigerschutz. Eine ökonomische Analyse. (Heidelberger betriebswirtschaftliche Studien.) Berlin, Hei-
      delberg, New York u. Tokio 1986, S. 140 ff.

[79] Vgl. hierzu *H. Müller-Merbach*, Zur Ethik ökonomischen Handelns. In: Geldwirtschaft und Rechnungs-
      wesen. Hrsg. v. H.-D. Deppe. (Neue Betriebswirtschaftliche Studienbücher, Bd. 1.) Göttingen 1989, S. 3-
      25, hier S. 22 f. - Die Minimierung des Insolvenzrisikos der Gläubiger muß nach dem Rechtsgrundsatz
      "pacta sunt servanda" als ethische Verpflichtung einer Geschäftsleitung aufgefaßt werden und in dieser
      Frage den Ausgangspunkt der Betriebswirtschaftslehre bilden. Die Einleitung sogenannter "gesunder Kon-
      kurse" sollte insofern auch nicht als betriebswirtschaftlich zulässige Handlungsalternative gesehen werden.

[80] Man beachte in diesem Zusammenhang auch die Forderung des 54. Deutschen Juristentages nach einem
      "für den Unternehmenszweck hinreichenden Kapital". Siehe *Verhandlungen des 54. Deutschen Juristentages*,
      Nürnberg 1982. Möglichkeiten der Sanierung von Unternehmen durch Maßnahmen im Unternehmens-,
      Arbeits-, Sozial- und Insolvenzrecht, Bd. II (Sitzungsberichte). Teil M. Hrsg. v. der Ständigen Deputation
      des Deutschen Juristentages. München 1982, S. 2548.

2) Die Dimensionierung der Nettohaftungsreserve muß ausreichen, die nicht durch risikopolitische Maßnahmen abgesicherten, d.h. die unvermeidbaren oder bewußt übernommenen Risiken im Sinne von Verlustgefahren aus dem betrieblichen Beschaffungs-, Kombinations- und Absatzprozeß zu decken. Die Nettohaftungsreserve ist insofern "eine entscheidende Bestimmungsgröße für die Höhe des Marktleistungsvolumens des betrachteten Betriebs".[81]

3) Die Dimensionierung der Nettohaftungsreserve muß den Erwartungen bisheriger und potentieller "Lieferanten" monetärer Leistungen (Eigen- und Fremdkapitalgeber) und technisch-organisatorischer Leistungen (z.B. Arbeitnehmer) des Betriebes entsprechen, da die zukünftige Leistungsbereitschaft dieser "Lieferanten" auch von der Sicherheit der ordnungsgemäßen Erfüllung vertraglicher Vereinbarungen (einschließlich Leistungshonorierung) abhängig ist.[82]

4) Die Nettohaftungsreserve muß den Erwartungen potentieller Käufer von Produkten des Betriebes entsprechen, sofern Käufer ihre Kaufentscheidung auch von der Sicherheit der Erfüllung eventueller Gewährleistungsansprüche abhängig machen.

Es ist erkennbar, daß es sich bei diesen Einflußgrößen zum großen Teil um schwer quantifizierbare Werte handelt, zumal die entsprechenden Risiko- und Präferenzvorstellungen Einzelner bzw. der einzelnen Interessentengruppen unterschiedlich ausgeprägt sein können. Je nach eigener Sicherheitspräferenz der Betriebsleitung und je nach Erwartungshaltung der oben genannten Interessenten einer "angemessen" dimensionierten Nettohaftungsreserve werden die Vorstellungen über die Angemessenheit der Nettohaftungsreserve bei gleichem Datenkranz also sehr wahrscheinlich verschieden ausfallen. Die Erwartungen der Interessenten konzentrieren sich im Hinblick auf das Ausmaß der Nettohaftungsreserve - auch mangels differenzierterer Informationsmöglichkeiten - von daher pragmatisch häufig in der Anforderung nach Einhaltung bestimmter Finanzierungsregeln. Dabei ist in diesem Zusammenhang insbesondere auf Kapitalstrukturregeln Bezug zu nehmen. Derartige Finanzierungsregeln lassen sich als generell akzeptierte und damit geschäftspolitisch relevante Handlungsmaximen deuten, "durch die komplexe Tatbestände übersichtlich geregelt werden".[83] Zur wissenschaftlichen Begründung ist in diesem Zusammenhang der Erklärungsversuch von Deppe und Lohmann[84] besonders beachtenswert: "Was .. recht vordergründig als 'bloße Konvention', 'Gewohnheit' oder als nicht näher begründbares betriebliches 'Finanzgebaren' apostrophiert wird, läßt sich bei systemtheoretischer Sicht häufig (zumindest näherungsweise im Denkmodell) als Folge gesamtwirtschaftlicher Sachzwänge aus Arbeitsteilung und Geldwirtschaft verstehen und erklären: In der Praxis zu beobachtende Schulden-Eigenkapital-Relationen von Betrieben bewirken durch-

[81] G. Liebau, Monetäre Leistungen ..., a.a.O., S. 110.

[82] Vgl. zu den Erwartungen von Fremdkapitalgebern z.B. I. Raettig, Finanzierung mit Eigenkapital. Hohes Eigenkapital = mehr Kreditwürdigkeit? Frankfurt a.M. 1974, S. 81-91. Siehe auch O. Fischer, Finanzwirtschaft der Unternehmung II. Der finanzielle Planungs- und Entscheidungsprozeß. (wisu-texte.) Düsseldorf 1982, S. 55 f.

[83] K. von Wysocki, Zur Frage der angemessenen Eigenkapitalausstattung ..., a.a.O., S. 6.

[84] H.-D. Deppe u. K. Lohmann, Grundriß analytischer Finanzplanung, a.a.O., S. 35.

weg - neben einzelwirtschaftlichen Effekten - auch den allgemeinen Gläubigerschutz durch Sicherung eines reibungslosen Ablaufs des gesamtwirtschaftlichen Austauschprozesses, da jeder Betrieb einer arbeitsteiligen Geldwirtschaft als Geber finanzieller Haftungsleistungen bzw. als Nutznießer dieser Leistungen (d.h. als Kreditgeber) Glied von Haftungs- und vertraglichen Kreditketten ist."

Eine weitere Einflußgröße, die bei den Überlegungen zur geschäftspolitischen Klärung der "Angemessenheit" der Eigenkapitalausstattung in Betracht gezogen werden muß, ist die übergeordnete Zielkonzeption und hier insbesondere die Eigenkapital-Rentabilität des Betriebes. Bekanntlich kann bei gegebener Gesamtkapitalrendite (r_i) die Rentabilität des Eigenkapitals (r_e) durch Variation des Verschuldungsgrades beeinflußt werden (financial leverage-Effekt): "Wer in einer mit Gewinn arbeitenden Unternehmung für einen immer größer werdenden Fremdkapitalanteil Zinsen bezahlt, die unter der Rentabilität des gesamten eingesetzten Kapitals liegen, der erreicht, daß dem immer kleiner werdenden Eigenkapitalanteil die gesamte Differenz zwischen Gesamtkapitalrentabilität und fixiertem Fremdkapitalzins zuwächst. Er 'hebelt' seine Eigenkapitalrentabilität nach oben."[85] Nicht unrealistisch ist allerdings auch die negative Hebelwirkung des Leverage-Effektes, die eintritt, wenn der Fremdkapitalzinssatz die Gesamtkapitalrendite r_i übersteigt.

An derartigen Überlegungen setzen auch zahlreiche Versuche der klassischen Finanzierungstheorie an, einen "optimalen Verschuldungsgrad" zu bestimmen. Zugrunde gelegt werden dabei folgende Annahmen: Die Kosten des Fremdkapitals liegen bei geringer Verschuldung einer Unternehmung "um eine Risikoprämie" unterhalb der "Kosten" des Eigenkapitals, und die Gesamtkapitalkosten bleiben mit steigendem Verschuldungsgrad zunächst konstant. Erst ab einem bestimmten Verschuldungsgrad reagieren die Eigenkapitalgeber auf das gestiegene Risiko und verlangen nach höheren Risikoprämien. Bei weiter zunehmender Verschuldung erkennen auch die Fremdkapitalgeber das gestiegene Risiko, so daß auch die Fremdkapitalkosten steigen.[86] Der optimale Verschuldungsgrad ergibt sich dann als Minimum der Gesamtkapitalkosten.[87]

---

[85] *H. Bieg*, Zur Eigenkapitalausstattung ..., a.a.O., S. 36.

[86] In diesem Zusammenhang ist auch die Risikoneigung der Fremdkapitalgeber von Bedeutung, die die Bereitschaft zur Gewährung von Krediten bestimmt. Zu beachten ist dabei, daß auch die Fremdkapitalgeber zu einer - allerdings ungewollten und vertraglich nicht vorgesehenen - Verlustübernahme herangezogen werden, wenn der Verlust das Reinvermögen des Betriebs übersteigt. Insofern ist eine Risikokategorie IV zu unterscheiden, die das Risiko der Fremdkapitalgeber umfaßt, bei nicht ausreichendem Reinvermögen des Betriebs Vermögensverluste zu erleiden. Da dieses Risiko grundsätzlich gegeben ist (auch bei sehr hoher Eigenkapitalquote), muß davon ausgegangen werden, daß der Fremdkapitalzins eine Risikoprämie (für die Risikokategorie IV) enthält, die mit abnehmendem Eigenkapitalanteil steigt.

[87] Die an neoklassischen Gleichgewichtsmodellen ausgerichtete Kapitalmarkttheorie hat auf der Basis der Forschungen von Modigliani und Miller lange Zeit derartige Kapitalkostenverläufe bestritten und die "Irrelevanz" der Kapitalstruktur einer Unternehmung für die Entscheidungen der Kapitalgeber postuliert. Vgl. *F. Modigliani* a. *M. H. Miller*, The Cost of Capital, Corporation Finance and the Theory of Investment. "The American Economic Review", Evanston/Ill., Vol. 48 (1958), p. 261-297. Diese Auffassung hat sich aber in empirischen Untersuchungen nicht bestätigen lassen. Insbesondere ist zu kritisieren, daß das Modell von den geldwirtschaftlichen Existenzbedingungen stark abstrahiert. Vgl. hierzu z.B. *A. Moxter*, Optimaler Verschuldungsumfang und Modigliani-Miller-Theorem. In: Aktuelle Fragen der Unternehmensfinanzierung und Unternehmensbewertung. Kurt Schmaltz zum 70. Geburtstag. Hrsg. v. K.-H. Forster u. P.

Es ist leicht erkennbar, daß die geschäftspolitische Bestimmung einer festen Eigenkapital-Schulden-Relation nach Rentabilitätsgesichtspunkten nicht bzw. bestenfalls im Einzelfall erfolgen kann, da die Größen "Rendite des Gesamtkapitals" und "Entwicklung der Fremdkapitalkosten" bei steigender Verschuldung von der Unternehmung nicht unmittelbar kontrolliert werden können und somit letztlich wieder die bereits erwähnten Erwartungen und Sicherheitspräferenzen der Kapitalgeber maßgeblich sind.[88] Insofern lassen sich die Kapitalstrukturregeln angesichts beschränkter Informationsmöglichkeiten der externen Kapitalgeber auch als Begrenzung des Leverage-Risikos verstehen: Bei einem Verstoß gegen die Finanzierungsregeln läuft die Geschäftsleitung Gefahr, dafür mit höheren Eigenkapitalrenditeforderungen und mit höheren Zinsforderungen für Fremdkapital "bestraft" zu werden. Geschäftspolitisch ist deshalb für die Dimensionierung der Nettohaftungsreserve die Feststellung Süchtings[89] beachtenswert: "Die Existenz der Finanzierungsregeln, insbesondere die Bedeutung von Kapitalstruktur-Kennziffern, läßt erkennen, daß es einen Verschuldungsbereich für die Unternehmung gibt, innerhalb dessen sie ihr finanzielles Gleichgewicht besonders kostengünstig stabilisieren kann".

42 Zur Strukturierung der Nettohaftungsreserve nach Kriterien der Haftungsqualität

Während das Problem der Dimensionierung der Nettohaftungsreserve letztlich eine Frage der Gestaltung des Verhältnisses haftender Mitteln zu den Risiken im Sinne von Verlustgefahren ist, betrifft die nun zu behandelnde Problemstellung die Strukturierung der Nettohaftungsreserve selbst.

Jede finanzielle Haftungsleistung, die sich ein Betrieb beschafft, erhöht ex definitione das betriebliche Haftungspotential. Haftungsleistungen können jedoch nicht a priori als gleichwertig eingestuft werden, vielmehr sind - ähnlich wie bei anderen Produktionsfaktoren auch - qualitative Unterschiede bei einzelnen Haftungsleistungen zu beachten. Die Nettohaftungsreserve eines Betriebs ist demzufolge von der Geschäftsleitung auch nicht als homogene Gesamtheit zu sehen und strategisch zu steuern, sondern als strukturierte Summe einzelner Komponenten (Teilreservoirs).[90]

Die Haftungsqualität einer Haftungsleistung ist zu verstehen als Maßgröße insbesondere für die materielle Fundierung, die Dauer der Haftungsübernahme sowie den Haftungs-

---

Fortsetzung der Fußnote 87:
Schuhmacher. Stuttgart 1970, S. 128-155. - L. Perridon u. M. Steiner, Finanzwirtschaft der Unternehmung. 4., überarb. Aufl., München 1986, S. 425 f. - D. Schneider, Investition und Finanzierung. Lehrbuch der Investitions-, Finanzierungs- und Ungewißheitstheorie. 5., neu bearb. Aufl., Wiesbaden 1983, S. 499-503.

[88] Vgl. zu diesen Zusammenhängen insbesondere folgende grundlegende Beiträge: E. Schwartz, Theory of Capital Structure of the Firm. "The Journal of Finance", New York, Vol. 14 (1959), p. 18-39. - E. Salomon, Leverage and the Cost of Capital. "The Journal of Finance", New York, Vol. 18 (1963), p. 273-279. - E. Gutenberg, Zum Problem des optimalen Verschuldungsgrades. "Zeitschrift für Betriebswirtschaft", Wiesbaden, Jg. 26 (1966), S. 681-703.

[89] J. Süchting, Finanzmanagement, a.a.O., S. 378.

[90] Vgl. hierzu insbesondere G. Liebau, Monetäre Leistungen ..., a.a.O., S. 75-81.

rang.[91] Die Haftungsqualität wird also wesentlich bestimmt durch die Art der Bereithaltung des haftenden Vermögens zur Deckung von Risiken im Sinne von Verlustgefahren (reinvermögensfundiert/nicht reinvermögensfundiert) sowie durch weitere qualitative Unterschiede bei der Haftungsübernahme (z.B. beschränkt/unbeschränkt bzw. ohne Nachrangabrede/mit Nachrangabrede). Gläubiger widmen der Strukturierung des Haftungspotentials des kreditnehmenden Betriebs bei ihren Kreditvergabeentscheidungen ihre Aufmerksamkeit, da von der Qualität der Haftungsleistungen die Sicherheit ihrer Kredite wesentlich abhängt. Haftungsqualität beeinflußt also auch ihr Vertrauen in den kreditnehmenden Betrieb.

Ausgehend vom Kriterium "Haftungsrang" (Nachrangabrede) ist beispielsweise folgende Grob-Klassifizierung von Haftungsleistungen denkbar:

1) Haftung sowohl im laufenden Verlustfall als auch im Zerschlagungsfall ohne Nachrangabrede;

2) Haftung sowohl im laufenden Verlustfall als auch im Zerschlagungsfall mit Nachrangabrede;

3) Haftung nur im Zerschlagungsfall ohne Nachrangabrede;

4) Haftung nur im Zerschlagungsfall mit Nachrangabrede.

Nach dieser Differenzung lassen sich innerhalb der Haftungspotentiale nach der Wahrscheinlichkeit der Inanspruchnahme Untergruppen bilden. Diese Wahrscheinlichkeit wird u.a. bestimmt durch das Volumen der vorrangig haftenden Potentiale. Haftungsleistungen der Gruppe (1) sichern z.B. nicht nur die Fremdkapitalgeber, sondern auch die Haftungsgeber, die nachrangig haften. Haftungsleistungen der Gruppe (1) besitzen von daher eine höhere Haftungsqualität als die der folgenden Gruppen (2) bis (4). Die höhere Qualität sollte sich - nebenbei bemerkt - auch in einem vergleichsweise höheren "Haftungsentgelt" ausdrücken. In diese Bewertung der Haftungsqualität einzelner Formen von Haftungsleistungen sind auch andere Kriterien einzubeziehen, wie z.B. die erwähnten Differenzierungen nach der Art der Vermögensfundierung (reinvermögensfundiert/nicht reinvermögensfundiert) sowie nach Dauer und Kündigungsmöglichkeiten der Haftungsleistung (unbefristet/befristet bzw. unkündbar/kündbar).

Die qualitativen Unterschiede zwischen einzelnen Haftungsleistungen machen es erforderlich, im Rahmen der geschäftspolitischen Steuerung der betrieblichen Haftungssphäre Strategische Grundsätze und Strategien für eine Nettohaftungsreserve-Qualitätspolitik zu

---

[91] Vgl. hierzu auch die Anforderungen der "Bankenstrukturkommission" an das haftende Eigenkapital im Sinne des § 10 KWG, die auch als allgemeingültige Meßkriterien für eine bestmögliche Haftungsqualität angesehen werden können. Danach erfüllen "nur eingezahlte eigene Mittel ..., die dem Kreditinstitut dauerhaft zur Verfügung stehen und an Verlusten aus dem laufenden Geschäft teilnehmen, die Haftungs- und Garantiefunktion im aufsichtsrechtlichen Sinn"; *Bericht der Studienkommission "Grundsatzfragen der Kreditwirtschaft".* (Schriftenreihe des Bundesministeriums der Finanzen, H. 28.) o.O. u. o.J. [Bonn 1979], S. 353, Tz. 1121. - Vgl. hierzu auch *H.-D. Deppe,* Eine Konzeption wissenschaftlicher Bankbetriebslehre ..., a.a.O., S. 39 f. - *H.-D. Deppe,* Finanzielle Haftung heute ..., a.a.O., S. 206 f.

entwickeln. Analog zum Aufbau eines strukturierten Liquiditätspotentials mit Primär-, Sekundär- und Tertiärliquiditätsreserven (auch zu verstehen als "Zahlungsfähigkeits-Sicherheitslinien") in der betrieblichen Zahlungssphäre sollte für die Haftungssphäre ein ähnliches geschäftspolitisches Strukturkonzept entworfen werden, das der Risikolage des Betriebs sowie den Sicherheitserwartungen der Gläubiger und anderer Interessentengruppen gerecht wird. Das dazu von Deppe vorgeschlagene geschäftspolitische Orientierungsmodell zum strukturierten Aufbau von "SDF-Sicherheitslinien"[92] versucht praxisnah, einerseits die vertrauensrelevanten Qualitätsanforderungen der Gläubiger in eine geschäftspolitische Prioritätenskala einzubeziehen sowie andererseits rechtliche Datensetzungen (Mindesteigenkapitalvorschriften, Mindesteinlageregelungen, Regelungen zur Bildung von Rücklagen etc.) zu berücksichtigen. Ein derartiger Rahmen wäre durch Strategische Grundsätze und Strategien im Sinne von Nettohaftungsreserve-Strukturnormen grundsätzlich festzulegen und noch spezifischer zu umschreiben (z.B. im Hinblick auf Volumen, Aufbau- bzw. Auffüllungszeiträume). Einige Beispiele mögen dies verdeutlichen.[93]

Geht man hier vom Beispiel einer AG aus, so wird die erste SDF-Sicherheitslinie in dem aufgezeigten Konzept gebildet durch das bilanziell als Grundkapital ausgewiesene, eingezahlte Eigenkapital (Nominalkapital), das in den Betrieb durch Geld- oder Sacheinlagen von außen oder durch Kapitalerhöhung aus Gesellschaftsmitteln effektiv und dauerhaft eingebracht wird. Solchermaßen betriebsreinvermögensfundierte Haftungsleistungen haben für den Gläubiger die höchste Haftungsqualität, da sie den stabilsten "Verlustpuffer" repräsentieren. Entsprechend sollte die Geschäftsleitung eine Mindestquote an gezeichnetem Kapital (in Relation zum Geschäftsvolumen) für die Gründungsphase und für den "going concern" geschäftspolitisch festlegen. Dies erfordert bei wachsendem Geschäftsvolumen eine regelmäßige Anpassung des Volumens der ersten SDF-Sicherheitslinie.

Offene Rücklagen haben als zweite SDF-Sicherheitslinie zwar ebenfalls eine hohe Haftungsqualität, allerdings werden Gläubiger zumindest die Gewinnrücklagen im Vergleich zum Nominalkapital als weniger "stabil" empfinden, da Gewinnrücklagen für verschiedene Zwecke verwendet werden können, evtl. auch zur "Auffüllung" des Bilanzgewinns und somit zur Ausschüttung von Gewinnen, womit das haftende Reinvermögen reduziert und das Risiko der Gläubiger erhöht wird.[94] Der Aufbau offener Rücklagen ist geschäftspolitisch zweckmäßigerweise durch eine Relation zum Nominalkapital zu steuern, wobei handels- bzw. aktienrechtliche Vorschriften zur Bildung von Rücklagen zu beachten sind.

Auch stille Reserven als dritte SDF-Sicherheitslinie sind betriebsreinvermögensfundierte Haftungspotentiale. Sie sind allerdings für Außenstehende in der Regel nicht bzw. allenfalls grob quantifizierbar. Auch das Kriterium der Dauerhaftigkeit ist häufig nicht gegeben. Aus der Sicht der Gläubiger und der Anteilseigner muß zudem beachtet werden,

---

[92] Vgl. Übersicht 3.

[93] Vgl. hierzu auch *G. Liebau*, Monetäre Leistungen ..., a.a.O., S. 83-87.

[94] Vgl. z.B. *J. Drukarczyk*, Finanzierung. Eine Einführung. 3., überarb. Aufl., Stuttgart 1986, S. 183 ff.

daß stille Reserven vom Management dazu genutzt werden können, eigene Fehler und dadurch selbstverschuldete Verluste der Aufmerksamkeit von Kontrollgremien (z.B. Hauptversammlung der AG) zu entziehen. Wenn auf diese Weise rechtzeitige Korrekturen der Geschäftspolitik verhindert werden, gehen stille Reserven u.U. zu Lasten der Gläubiger. Der Aufbau von stillen Reserven hat aus dieser Sicht eine geringere vertrauenschaffende Wirkung als die Bildung von Nominalkapital oder von offenen Rücklagen. Die Bildung von stillen Reserven sollte daher von Betrieben geschäftspolitisch zweckmäßigerweise auf ein Ausmaß begrenzt werden, das zwar einen "geräuschlosen" Ausgleich von Verlusten aus dem "Normalgeschäft" ermöglicht, aber andererseits die Vertrauenswirkung des Haftungspotentials nicht unnötig reduziert.

Aus Standing-Gründen sollten grundsätzlich auch zwischen den betriebsreinvermögensfundierten und den nicht betriebsreinvermögensfundierten SDF-Sicherheitslinien bestimmte, für die Gläubiger akzeptable Relationen eingehalten werden.[95]

43 Zur Honorierung von Haftungsleistungen

Eine angemessene Honorierung der "Haftungsgeberleistung" i.S. der dauerhaften Bereitschaft zur Übernahme betrieblicher Verlustgefahren ist neben der Vergütung der "reinen" Zahlungsleistung des Eigenkapitalgebers Voraussetzung für eine im Zeitablauf (längerfristig) ausreichende Haftungskapitalausstattung des Betriebs und damit von erheblicher geschäftspolitischer Bedeutung.[96] Dies unterstellt implizit auch Deppe[97], wenn er mit Blick auf die aktuelle "Eigenkapitallücke" in der Bundesrepublik Deutschland mit Recht feststellt: "Unter marktwirtschaftlichen Prinzipien besteht ohne realistische Aussicht auf die Chance risikoadäquater Gewinne (als residualbestimmtes Einkommen) für finanzielle Haftungsübernahme und ohne explizite Honorierung der vom Eigenkapitalgeber erbrachten Zahlungsmittelverzichtleistung (durch eingezahltes Eigenkapital) die Gefahr, daß Eigenkapitalgeberleistungen als Zahlungs- und Haftungsleistungen vom Markt verschwinden."

Geschäftspolitische Überlegungen zur Nettohaftungsreservepolitik müssen also Renditeerwartungen der Geber von Haftungsleistungen zwingend berücksichtigen. Dabei ist nicht nur auf die ausgeschütteten Gewinne abzustellen. Vielmehr sind auch die thesaurierten

---

[95] Dieser Gedanke findet sich auch in den Überlegungen des Gesetzgebers zur Anerkennung nicht betriebsreinvermögensfundierter Haftungszusagen als haftendes Eigenkapital gemäß § 10 KWG für Kreditinstitute: So ist die Anerkennung von Genußrechtskapital nach § 10 Abs. 4 Ziff. 6 KWG auf 25 v.H. des sonstigen haftenden Eigenkapitals begrenzt. Die Anerkennung eines "Haftsummenzuschlags" für die Nachschußpflicht der Mitglieder einer Kreditgenossenschaft wird gemäß § 1 Abs. 3 der "Zuschlagsverordnung" vom 6.12.1963 in der durch Verordnung vom 20.12.1984 geänderten Fassung bis 1995 stufenweise ebenfalls auf höchstens 25 v.H. des sonstigen haftenden Eigenkapitals zurückgeführt.

[96] Vgl. *W. Gruhler*, Kapitalrentabilität und Risikoprämierung. "iw-trends", Köln, Jg. 15 (1988), Nr. 3, S. A1-A18, hier S. A1. Gruhler definiert die "Risikoprämie" in seiner Analyse "als Differenz zwischen den Renditen für Risikokapital und den Erträgen aus vergleichsweise risikoarmen Rentenpapieren".

[97] *H.-D. Deppe*, Finanzielle Haftung heute ..., a.a.O., S. 207.

Gewinne miteinzubeziehen: Die einbehaltenen Gewinne bilden bekanntlich ein Potential für Kurssteigerungen (allgemeiner: für Steigerungen des Marktwertes des Betriebs), das in einer Renditeberechnung über eine bestimmte Periode nicht vernachlässigt werden darf. Es wird damit bereits deutlich, daß Entscheidungen über die Art der Honorierung (Ausschüttung oder Selbstfinanzierung durch Thesaurierung) auch direkten Einfluß auf die zuvor behandelten Problemkreise der Dimensionierung und Strukturierung der Nettohaftungsreserve haben. Auf die damit zusammenhängenden besonderen Probleme der Gewinnverwendungspolitik kann hier aber im einzelnen nicht näher eingegangen werden.[98]

Will die Geschäftsleitung versuchen, die Risikosituation der Haftungsgeber zu quantifizieren, um danach die Bemessung der "Risikoprämie" (i.S. einer Komponente des Mindestgewinns) vorzunehmen, so ist für den Betrachtungszeitraum die Verlustgefahr des Betriebs aus dem betrieblichen Beschaffungs-, Kombinations- und Absatzprozeß im LFB und im TOB des Betriebs zu ermitteln. Damit ist eine Aussage über die Verlust- bzw. Überschuldungswahrscheinlichkeit des Betriebs zu treffen, was jedoch mit großen Problemen verbunden ist. Aber auch bei mangelhafter methodischer Fundierung bleibt letztlich kein anderer Weg, als aufgrund von betriebsindividuellen Vergangenheitsanalysen und Zukunftsprognosen über Einzelrisiken und insbesondere auch über die Risikokategorie III des Betriebs Informationen zu gewinnen. Nur so sind Anhaltspunkte für die Bestimmung einer angemessenen, risikoadäquaten Risikoprämie für Haftungsleistungen zum Verlustausgleich zu erlangen. Praxisbezogene Überlegungen finden sich hierzu z.B. in den vielfältigen Bemühungen um eine genauere Insolvenzprognose. Das Verfahren der multivariaten Diskriminanzanalyse ist als das derzeit am besten geeignete Instrument der Insolvenzprognose zu beurteilen.[99] Ohne hier eine absolute Größenordnung festlegen zu können, erscheint gleichwohl die Hypothese gerechtfertigt, daß die Risikoprämie bei leistungsgerechter Bewertung um so höher sein muß, je höher die Gefahren der Risikokategorie III und des Leverage-Risikos einzuschätzen sind und je höher der Haftungsrang der Haftungsleistung ist.

---

[98] Vgl. hierzu z.B. die grundlegenden Beiträge von *A. Moxter*, Die Bestimmung des optimalen Selbstfinanzierungsgrades unter privatwirtschaftlichem Aspekt. In: Der Betrieb in der Unternehmung. Hrsg. v. J. Fettel und H. Linhardt. Stuttgart 1963, S. 300-317. - *H.E. Büschgen*, Zum Problem optimaler Selbstfinanzierungspolitik in betriebswirtschaftlicher Sicht. "Zeitschrift für Betriebswirtschaft", Wiesbaden, Jg. 38 (1968), S. 305-328. - *G. Emmerich*, Bilanzierung, Gewinnausschüttung und Substanzerhaltung. (Göttinger Hefte zur Bankbetriebslehre und Unternehmungsfinanzierung. H. 2.) Göttingen 1976. - *O. Fischer*, Finanzwirtschaft ..., a.a.O., S. 82 ff. - *K. Piltz*, Gewinnverwendungspolitik der Aktiengesellschaft. In: Finanzierungshandbuch. 2., völlig überarb. u. erw. Aufl. Hrsg. v. F. W. Christians. Wiesbaden 1988, S. 627-660.

[99] Vgl. aus der Fülle der Literatur z.B. *K. Beermann*, Prognosemöglichkeiten von Kapitalverlusten mit Hilfe von Jahresabschlüssen. Düsseldorf 1976. - *J. Baetge*, Früherkennung negativer Entwicklungen der zu prüfenden Unternehmung mit Hilfe von Kennzahlen. "Die Wirtschaftsprüfung", Düsseldorf, Jg. 33 (1980), S. 651-665. - *G. Gebhardt*, Die Eignung empirischer Untersuchungen als Grundlage für Kreditwürdigkeitsprüfungen. "Die Betriebswirtschaft", Stuttgart, Jg. 41 (1981), S. 221-235. - *J. Scott*, The Probability of Bankruptcy. A Comparison of Empirical Predictions and Theoretical Models. "Journal of Banking and Finance". New York, Vol. 5 (1981), S. 317-344. - *E. I. Altman*, The Success of Business Failure Prediction Models. "Journal of Banking and Finance", New York, Vol. 8 (1984), S. 171-198. - *E. Bleier*, Insolvenzfrüherkennung mittels praktischer Anwendung der Diskriminanzanalyse. 2., überarb. Aufl., Wien 1985. - *M. Mühlbacher*, Prospektive Erfolgsanalyse und Unternehmensbonität. Frankfurt a.M. 1986.

Auf der Grundlage der Risikoeinschätzung sind neben Zahlungsleistungen auch übernommene Risiken im Sinne von Verlustgefahren kalkulatorisch als Kosten und/oder als Bestandteil des "kalkulatorischen Mindestgewinns" im kostenrechnerischen Rechnungssystem und damit in der Preiskalkulation zu berücksichtigen.[100] Ohne kostenrechnerische Berücksichtigung von "Risiko-Äquivalenten" für die vom Betrieb bzw. den Haftungsgebern übernommenen Risiken in den Preisen der Marktleistungen besteht die Gefahr, daß diesbezügliche Preisuntergrenzen nicht erkannt und somit Haftungsleistungen der Eigenkapitalgeber nicht risikoadäquat honoriert werden. Die Existenz des Betriebs wäre dadurch zumindest langfristig gefährdet.

5 Grundzusammenhänge der betrieblichen Verlustausgleichspolitik

Trotz risikopolitischer Maßnahmen kann nicht generell ausgeschlossen werden, daß der Betrieb mehr oder weniger stark "in die Verlustzone" gerät bis hin zur Bedrohung der betrieblichen Existenz. Auch auf derartige Gefahrensituationen muß sich der Betrieb durch Strategische Grundsätze und Strategien vorbereiten, um durch wohldurchdachte Schritte die eigene Autonomie und das Vertrauen der Geschäftspartner bestmöglich zu gewährleisten.[101] Für die strategische Planung der Verlustausgleichspolitik bildet die betriebene Nettohaftungsreservepolitik ein zu beachtendes Datum, wobei eine risikoadäquat dimensionierte und strukturierte Nettohaftungsreserve für den finanziellen Krisenfall die nötige liquiditätsmäßig-finanzielle Flexibilität schafft.[102]

Wenn im folgenden von "Verlustausgleich" gesprochen wird, so ist damit im engeren Sinne der Ausgleich von Jahresfehlbeträgen unkompensierter Roh-Jahresabschlüsse gemeint,

---

[100] Man beachte hier auch die auf die Aktienfinanzierung bezogene Aussage Gutenbergs: "Die Besitzer und Veräußerer von Aktiendepots haben .. sehr konkrete ... Vorstellungen über die Unternehmung... Sie werden nur dann bereit sein, die Aktien, die sie besitzen, zu behalten oder neue Aktien zu erwerben, wenn die Real- oder Effektivverzinsung des in Aktien einer Gesellschaft angelegten Kapitals gleich der Verzinsung ist, die sie bei alternativen Anlagen vergleichbaren Risikos erzielen können. ... Die Real- oder Effektivverzinsung, die die potentiellen Kapitalgeber für die Investition von Kapital in Aktien verlangen, sind aus der Sicht des Unternehmens Kosten des Eigenkapitals"; *E. Gutenberg*, Grundlagen der Betriebswirtschaftslehre. Bd. III: Die Finanzen. (Enzyklopädie der Rechts- und Staatswissenschaft. Abt. Staatswissenschaft.) 8., erg. Aufl., Berlin, Heidelberg u. New York 1980, S. 245.

[101] Die Verlustausgleichspolitik ist Bestandteil des sogenannten "Krisenmanagements". Vgl. hierzu z.B. *E. Witte*, Die Unternehmungskrise - Anfang vom Ende oder Neubeginn? In: Unternehmenskrisen - Ursachen, Frühwarnung, Bewältigung. Hrsg. v. R. Bratschitsch und W. Schnellinger. Stuttgart 1981, S. 7-24. - *E. Gabele*, Ansatzpunkte für ein betriebswirtschaftliches Krisenmanagement. "Zeitschrift für Organisation", Baden-Baden, Jg. 50 (1981), S. 150-158 - *R. Müller*, Krisenmanagement in der Unternehmung. Ein Beitrag zur organisatorischen Gestaltung des Prozesses der Krisenbewältigung. (Kölner Schriften zur Betriebswirtschaft und Organisation, Bd. 5.) 2. Aufl., Frankfurt a.M. und Bern 1986. - *U. Krystek*, Unternehmungskrisen. Beschreibung, Vermeidung und Bewältigung überlebenskritischer Prozesse in Unternehmungen. Wiesbaden 1987.

[102] Vgl. *F.W. Christians*, Finanzstrategie und Unternehmensentwicklung. In: Handbuch Strategische Führung. Hrsg. v. H. A. Henzler. Wiesbaden 1988, S. 277-293, hier S. 290 ff. Christians stellt in diesem Zusammenhang fest (S. 290): "Mit einer überdurchschnittlichen Eigenkapitalquote läßt sich eine Krise besser überstehen als mit einer Minimalausstattung an Eigenmitteln. Finanzstrategisch kann dies nur bedeuten, die Bilanzrelationen nicht zu eng zu fahren."

der zur Verminderung der haftenden Mittel des Betriebs führt. In weiter gefaßter Sicht könnten auch "Vorstufen" als Verlustausgleich bezeichnet werden. In diesem weiteren Sinne findet beispielsweise bereits ein Ausgleich von "Verlusten" aus einzelnen Transaktionen oder Handlungsprogrammen quasi in der laufenden Rechnung statt, indem in einer ersten Stufe erwirtschaftete Risikokostengegenwerte der Risikokategorien I und evtl. II gegengerechnet werden. Reichen diese Gegenwerte nicht aus, sind die kalkulierten und bis dahin erwirtschafteten Gewinngegenwerte der Abrechnungsperiode teilweise oder vollständig zur Abdeckung der aufgetretenen Schäden heranzuziehen. Bereits in dieser Situation wird die Geschäftsleitung eines Betriebs abzuwägen haben, ob zur Deckung der Schäden stille Reserven aufzulösen sind, um einen Mindestgewinn auszuweisen (z.B. mit Blick auf eine kontinuierliche Dividendenzahlung im Falle der Aktiengesellschaft). Zu beachten ist allerdings, daß durch diese Vorgehensweise bereits gebildetes "Haftungspotential" des Betriebes ausgeschüttet wird.

Der Einsatz stiller Reserven ist in der Regel unumgänglich, wenn der interne Roh-Jahresabschluß einen effektiven Jahresfehlbetrag ausweist. In einer derartigen Situation wird sich die Geschäftsleitung bemühen, den bilanziellen Ausweis von Verlusten in der Handelsbilanz, der stets mit Standing-Einbußen des betroffenen Betriebs verbunden sein dürfte, zu vermeiden (z.B. durch Verkauf finanzieller Aktiva zu einem Preis, der über dem Buchwert liegt). Insofern bilden die stillen Reserven aus der Sicht der oben abgegrenzten "Verlustausgleichspolitik im engeren Sinne" die 1. SDF-Verteidigungslinie gegen eine drohende Existenzgefährdung durch Überschuldung.[103]

Sollten die stillen Reserven zur Verlustaufrechnung nicht ausreichen, so müßte auf die 2. SDF-Verteidigungslinie (offene Rücklagen) und eventuell sogar auf die 3. SDF-Verteidigungslinie (gezeichnetes Nominalkapital) zurückgegriffen werden. Das wären allerdings bereits Maßnahmen im "finanziellen Katastrophenfall", die der Öffentlichkeit und damit auch den gegenwärtigen und potentiellen Kreditgebern bekannt würden und mit hoher Wahrscheinlichkeit Vertrauenseinbußen nach sich zögen. Angemerkt sei in diesem Zusammenhang auch, daß der Vorstand einer Aktiengesellschaft gemäß § 92 Abs. 1 AktG bei Verlusten in Höhe der Hälfte des Grundkapitals verpflichtet ist, unverzüglich eine Hauptversammlung einzuberufen und ihr den Verlust anzuzeigen hat.

Der Verlustausgleich durch weitere Komponenten der betrieblichen Nettohaftungsreserve muß nicht notwendigerweise erst nach dem Einsatz der zweiten und dritten Verteidigungslinie erfolgen, sondern kann, z.B. bei Genußrechtskapital mit entsprechender Ausstattung ("volle Teilnahme am laufenden Verlust"), durchaus auch parallel stattfinden. Gleichwohl muß die "Verlustaufrechnungsqualität" nicht betriebsreinvermögensfundierter und insbesondere nicht betriebsvermögensfundierter Haftungszusagen in der Regel niedriger eingestuft werden als die des Reinvermögens: Beispielsweise könnten das Kriterium der Dauerhaftigkeit wegen befristeter Überlassung nicht gegeben und/oder ein Einsatz im laufenden

---

[103] Vgl. hierzu auch *J. Süchting*, Finanzmanagement, a.a.O., S. 65.

Verlustfall nicht bzw. nur unter erheblicher zeitlicher Verzögerung möglich sein.[104] Geschäftspolitisch sind derartige Haftungszusagen deshalb mit Blick auf die Existenzsicherung des Betriebes häufig nur bedingt als Verlustausgleichspotential für den "going concern" zu betrachten.

Zum Abschluß dieses Teils sei noch einmal betont, daß die Verlustausgleichspolitik in der Krisenphase nur einen Teilbereich der Schuldendeckungspolitik ausmacht. Hinzukommen müssen in jedem Fall konkrete Maßnahmen, um die Ursachen der Krisensituation zu erkunden und gegebenenfalls zu bekämpfen, womit sich der Kreis zur Risikopolitik schließt.

6 Schlußbetrachtung

Zukunftsgerichtete Entscheidungen der Geschäftsleitung von Betrieben sind stets unter Unsicherheit zu treffen; mit ihnen ist untrennbar die Gefahr von Fehlentscheidungen verbunden. Zunehmende Umweltdynamik und -diskontinuität, die Internationalisierung bzw. Globalisierung der Märkte mit der Folge steigender Wettbewerbsintensität, ständig wachsende Betriebsgrößen, komplexe Fertigungstechnologien, immenser Aufwand für Forschung und Entwicklung sowie kaum überschaubare Produkthaftpflichtrisiken lassen Fehlentscheidungen für die Betriebe tendenziell immer folgenschwerer werden. Dies erhöht auch ständig den psychischen und moralischen Druck, dem sich verantwortungsbewußte betriebliche Entscheidungsträger angesichts immer größerer Verlustgefahren ausgesetzt sehen.

Wer Fragen der Schuldendeckungsfähigkeit von Betrieben anspricht, wird neben Gefahrenquellen und ihrer Quantifizierung über Wahrscheinlichkeitsverteilung von Ergebnissen daher stets auch "qualitative" Aspekte im menschlichen Bewußtsein mitdefinieren müssen: Man hat notwendigerweise die Sicherheitserwägungen der Kapitalgeber, der Angehörigen des Managements eines Betriebs, aber auch anderer Beteiligter einzubeziehen, auch wenn dies nicht immer ausdrücklich betont wird und fundierte wissenschaftliche Erkenntnisse verhaltenstheoretischer Art dazu erst in Ansätzen vorliegen. Beispielsweise bietet in diesem Zusammenhang die Principal-Agent-Theorie wichtige Erkenntnisse.

Die individuellen Einstellungen der Mitglieder der Geschäftsleitung zur Sicherheit prägen in ihrer Gesamtheit und über die Interaktionen mit den übrigen Mitgliedern des Betriebs den Sicherheitszustand der Unternehmung ganz entscheidend. So ist es ohne Zweifel eine der wichtigsten Führungsaufgaben, über die Summe der individuellen Einstellungen eine betriebliche "Sicherheitskultur" zu prägen, die den ethischen Anforderungen einer arbeitsteiligen Tauschwirtschaft in Form der Geldwirtschaft gerecht wird. Die Betriebswirtschaftslehre kann hierzu wichtige Beiträge leisten, indem sie differenzierte Kenntnisse

---

[104] Z.B. bei erforderlicher Einbringung von Privatvermögen persönlich haftender Gesellschafter, bei Einzahlung von Nachschußpflichtbeträgen von Genossenschaftsmitgliedern. Vgl. auch *G. Liebau*, Monetäre Leistungen ..., a.a.O., S. 84 f.

über Risiken und ihre Ursachen sowie über die Möglichkeiten zu ihrer Reduzierung vermittelt. Da damit aber die Unsicherheit über zukünftige Ereignisse nicht vollständig überwunden werden kann, bleibt die finanzielle Haftung zur Deckung unvermeidbarer Verlustgefahren die konstitutive unternehmerische Fundamentalleistung in freiheitlichen Wirtschaftsordnungen.

Literaturverzeichnis

Albach, Horst: Strategische Unternehmensplanung bei erhöhter Unsicherheit. "Zeitschrift für Betriebswirtschaft", Wiesbaden, Jg. 48 (1978), S. 702-715.

Albach, Horst u. Albach, Renate: Das Unternehmen als Institution. Rechtlicher und gesellschaftlicher Rahmen. Eine Einführung. Wiesbaden 1989.

Altman, Edward I.: The Success of Business Failure Prediction Models. "Journal of Banking and Finance", New York, Vol. 8 (1984), p. 171-198.

Ansoff, H. Igor: Managing Surprise and Discontinuity - Response to Weak Signals. "Zeitschrift für betriebswirtschaftliche Forschung", Köln und Opladen, Jg. 28 (1976), S. 129-152.

Ansoff, H. Igor: Strategic Management. London 1979.

Baetge, Jörg: Früherkennung negativer Entwicklungen der zu prüfenden Unternehmung mit Hilfe von Kennzahlen. "Die Wirtschaftsprüfung", Düsseldorf, Jg. 33 (1980), S. 651-665.

Beermann, Klaus: Prognosemöglichkeiten von Kapitalverlusten mit Hilfe von Jahresabschlüssen. Düsseldorf 1976.

Benner, Wolfgang: Betriebliche Finanzwirtschaft als monetäres System. (Göttinger Hefte zur Bankbetriebslehre und Unternehmungsfinanzierung, H. 3.) Göttingen 1983.

Benner, Wolfgang: Betriebliche Prozesse, finanzwirtschaftliche Existenzbedingungen und finanzielles Gleichgewicht. In: Geldwirtschaft und Rechnungswesen. Hrsg. v. H.-D. Deppe. (Neue Betriebswirtschaftliche Studienbücher, Bd. 1.) Göttingen 1989, S. 153-198.

Bericht der Studienkommission "Grundsatzfragen der Kreditwirtschaft". (Schriftenreihe des Bundesministeriums der Finanzen, H. 28.) o.O. u. o.J. [Bonn 1979].

Bericht über die Fachtagung 1988 des Instituts der Wirtschaftsprüfer in Deutschland e.V. vom 26.-28. Oktober 1988 in Hamburg. Generalthema: Risiken erkennen, Risiken bewältigen. Eine Aufgabe für Unternehmer, Berater und Prüfer. Düsseldorf 1989.

Bettis, Richard A. a. Hall, William K.: Strategic Portfolio Management in the Multibusiness Firm. "California Management Review", Berkeley, Vol. 24 (1981/82), No. 1, p. 23-38.

Bieg, Hartmut: Zur Eigenkapitalausstattung der Unternehmungen in der Bundesrepublik Deutschland. In: Besteuerung und Unternehmenspolitik. Festschrift für Günter Wöhe. Hrsg. v. G. John. München 1989, S. 25-48.

Biggadike, Ralph: The risky business of diversification. "Harvard Business Review", Boston, Vol. 57 (1979), May-June, p. 103-111.

Bitz, Michael, Hemmerde, Wilhelm u. Rausch, Werner: Gesetzliche Regelungen und Reformvorschläge zum Gläubigerschutz. Eine ökonomische Analyse. (Heidelberger betriebswirtschaftliche Studien.) Berlin, Heidelberg, New York und Tokio 1986.

Bleier, Ernst: Insolvenzfrüherkennung mittels praktischer Anwendung der Diskriminanzanalyse. 2., überarb. Aufl., Wien 1985.

Braun, Herbert: Risikomanagement. Eine spezifische Controllingaufgabe. (Controlling-Praxis, Bd. 7.) Darmstadt 1984.

Brühwiler, Bruno: Risk-Management - eine Aufgabe der Unternehmensführung. (Schriftenreihe des Instituts für betriebswirtschaftliche Forschung an der Universität Zürich, Bd. 36.) Bern und Stuttgart 1980.

Büschgen, Hans Egon: Zum Problem optimaler Selbstfinanzierungspolitik in betriebswirtschaftlicher Sicht. "Zeitschrift für Betriebswirtschaft", Wiesbaden, Jg. 38 (1968), S. 305-328.

Christians, Friedrich Wilhelm: Finanzstrategie und Unternehmensentwicklung. In: Handbuch Strategische Führung. Hrsg. v. H. A. Henzler. Wiesbaden 1988, S. 277-293.

Deppe, Hans-Dieter: Betriebswirtschaftliche Grundlagen der Geldwirtschaft. Bd. 1: Einführung und Zahlungsverkehr. Stuttgart 1973.

Deppe, Hans-Dieter: Eine Konzeption wissenschaftlicher Bankbetriebslehre in drei Doppelstunden. In: Bankbetriebliches Lesebuch. Ludwig Mülhaupt zum 65. Geburtstag. Hrsg. v. H.-D. Deppe. Stuttgart 1978, S. 3-98.

Deppe, Hans-Dieter: Einführung des Herausgebers zu Heft 7a und 7b. In: Texte zur wissenschaftlichen Bankbetriebslehre I und II. (Göttinger Hefte zur Bankbetriebslehre und Unternehmungsfinanzierung, H. 7a u. 7b.) Göttingen 1980 u. 1981, S. IX-XLVIII.

Deppe, Hans-Dieter: Finanzielle Haftung heute - Obsoletes Relikt oder marktwirtschaftliche Fundamentalleistung? In: Zweihundert Jahre Geld und Brief. Herausforderungen an die Kapitalmärkte. Festgabe an die Niedersächsische Börse zu Hannover aus Anlaß ihres 200jährigen Bestehens. Hrsg. v. C.P. Claussen, L. Hübl u. H.-P. Schneider. Frankfurt a.M. 1987, S. 179-204. Wiederabgedruckt in: Geldwirtschaft und Rechnungswesen. Hrsg. v. H.-D. Deppe. (Neue Betriebswirtschaftliche Studienbücher, Bd. 1.), Göttingen 1989, S. 199-228.

Deppe, Hans-Dieter: Basismaterialien zur Bankbetriebslehre I. 8. Ausgabe, Winter-Semester 1989/90, Göttingen 1989.

Deppe, Hans-Dieter: Basismaterialien zur Bankbetriebslehre II. 7. Ausgabe, Sommer-Semester 1989, Göttingen 1989.

Deppe, Hans-Dieter u. Lohmann, Karl: Grundriß analytischer Finanzplanung. 2. neubearb. Aufl. (Neue Betriebswirtschaftliche Studienbücher, Bd. 2.) Göttingen 1989.

Deutsche Bundesbank: Innovationen im internationalen Bankgeschäft. "Monatsberichte der Deutschen Bundesbank", Frankfurt a.M., Jg. 38 (1986), Nr. 4, S. 25-35.

Drukarczyk, Jochen: Finanzierung. Eine Einführung. 3., überarb. Aufl., Stuttgart 1986.

Emmerich, Gerhard: Bilanzierung, Gewinnausschüttung und Substanzerhaltung. (Göttinger Hefte zur Bankbetriebslehre und Unternehmungsfinanzierung, H. 2.) Göttingen 1976.

von Engelhardt, Dietmar: Risikobereitschaft bei betriebswirtschaftlichen Entscheidungen. Normative und empirische Aspekte individuellen Präferenzverhaltens unter Unsicherheit. (Betriebswirtschaftliche Schriften, H. 104.) Berlin 1981.

Eucken, Walter: Grundsätze der Wirtschaftspolitik. Hrsg. v. E. Eucken und K. P. Hensel. 5., unveränd. Aufl., Tübingen 1975.

Farny, Dieter: Produktions- und Kostentheorie der Versicherung. (Veröffentlichungen des Deutschen Vereins für Versicherungswissenschaft, Bd. 72.) Karlsruhe 1965.

Farny, Dieter: Art. Risk Management und Planung. In: Handwörterbuch der Planung. Enzyklopädie der Betriebswirtschaftslehre. Bd. IX. Hrsg. v. N. Szyperski mit Unterstützung v. U. Winand. Stuttgart 1989, Sp. 1749-1758.

Fischer, Otfrid: Finanzwirtschaft der Unternehmung II. Der finanzielle Planungs- und Entscheidungsprozeß. (wisu-texte.) Düsseldorf 1982.

Franke, Günter u. Hax, Herbert: Finanzwirtschaft des Unternehmens und Kapitalmarkt. (Heidelberger Lehrtexte Wirtschaftswissenschaften.) Berlin u.a. 1988.

Fritsch, Ulrich: Die Eigenkapitallücke in der Bundesrepublik. Köln 1981.

Fuß, Falk: Risikogerechte Eigenkapitalausstattung und Solvabilitätssystem der Schadenversicherungsdirektive - eine betriebswirtschaftliche Untersuchung. (Veröffentlichungen des Instituts für Versicherungswissenschaft der Universität Mannheim, H. 3.) Karlsruhe 1971.

Gabele, Eduard: Ansatzpunkte für ein betriebswirtschaftliches Krisenmanagement. "Zeitschrift für Organisation", Baden-Baden, Jg. 50 (1981), S. 150-158.

Gälweiler, Aloys: Unternehmenssicherung und strategische Planung. "Zeitschrift für betriebswirtschaftliche Forschung", Köln und Opladen, Jg. 28 (1976), S. 362-376.

Gebhardt, Günther: Die Eignung empirischer Untersuchungen als Grundlage für Kreditwürdigkeitsprüfungen. "Die Betriebswirtschaft", Stuttgart, Jg. 41 (1981), S. 221-235.

Gruhler, Wolfram: Kapitalrentabilität und Risikoprämierung. "iw-trends", Köln, Jg. 15 (1988), Nr. 3, S. A1-A18.

Gutenberg, Erich: Zum Problem des optimalen Verschuldungsgrades. "Zeitschrift für Betriebswirtschaft", Wiesbaden, Jg. 26 (1966), S. 681-703.

Gutenberg, Erich: Grundlagen der Betriebswirtschaftslehre. Bd. III: Die Finanzen. (Enzyklopädie der Rechts- und Staatswissenschaft. Abt. Staatswissenschaft.), 8., erg. Aufl., Berlin, Heidelberg u. New York 1980.

Haeberle, Siegfried Georg: Risiko als zielbezogenes Phänomen. Eine Untersuchung über die Kriterien für eine systematische Erfassung des betrieblichen Risikokomplexes unter besonderer Berücksichtigung des Risikos von Bankbetrieben. Tübinger Dissertation 1979.

Hahn, Dietger u. Klausmann, W.: Frühwarnsysteme und strategische Unternehmungsplanung. In: Strategische Unternehmungsplanung - Stand und Entwicklungstendenzen. Hrsg. v. D. Hahn u. B. Taylor. 4., veränd. u. erw. Aufl., Heidelberg u. Wien 1986, S. 264-280.

Haller, Matthias: Risiko-Management - Eckpunkte eines integrierten Konzepts. In: Risiko-Management. (Schriften zur Unternehmensführung, Bd. 33.) Wiesbaden 1986, S. 7-43.

Hitzig, Rudolf: Formen und Wirkungen des risikopolitischen Instruments der Selbstversicherung. (Schriftenreihe des Instituts für Versicherungswissenschaft an der Universität zu Köln, N.F., H. 33.) Berlin 1977.

Hoffmann, Klaus: Risk Management - Neue Wege der betrieblichen Risikopolitik. Karlsruhe 1985.

Karten, Walter: Grundlagen eines risikogerechten Schwankungsfonds für Versicherungsunternehmen. (Schriftenreihe des Instituts für Versicherungswissenschaft an der Universität Köln, N.F., H. 20.) Berlin 1966.

Knoblauch, Peter: Controlling - Auftrag, Wirkungsbereich und Beitrag zur Unternehmenssicherung. In: Bericht über die Fachtagung 1988 des Instituts der Wirtschaftsprüfer in Deutschland e.V. vom 26.-28. Oktober 1988 in Hamburg. Generalthema: Risiken erkennen, Risiken bewältigen. Eine Aufgabe für Unternehmer, Berater und Prüfer. Düsseldorf 1989, S. 251-260.

Koch, Helmut: Strategische Unternehmensplanung und Risiko. "Zeitschrift für Betriebswirtschaft", Wiesbaden, Jg. 58 (1988), S. 1033-1051.

Krümmel, Hans-Jacob: Unternehmenspolitische Vorgaben für die Risikosteuerung der Bank. In: Finanzintermediation und Risikomanagement. Produktentwicklung, Steuerungstechniken und Marktstrategien auf den internationalen Finanzmärkten. Hrsg. v. H.-J. Krümmel und B. Rudolph. Frankfurt a.M. 1989, S. 32-56.

Krystek, Ulrich: Unternehmungskrisen. Beschreibung, Vermeidung und Bewältigung überlebenskritischer Prozesse in Unternehmungen. Wiesbaden 1987.

Kupsch, Peter: Risiken als Gegenstand der Unternehmungspolitik. "Wirtschaftswissenschaftliches Studium", München und Frankfurt a.M., Jg. 4 (1975), S. 153-159.

Liebau, Gerhard: Monetäre Leistungen und konzeptionelle Erfassung des Betriebs. In: Geldwirtschaft und Rechnungswesen. Hrsg. v. H.-D. Deppe. (Neue Betriebswirtschaftliche Studienbücher, Bd. 1.) Göttingen 1989, S. 27-150.

Luhmann, Niklas: Vertrauen. Ein Mechanismus der Reduktion sozialer Komplexität. 2., erw. Aufl., Stuttgart 1973.

Luik, Hans: Risikoabdeckung durch Versicherungsschutz. In: Bericht über die Fachtagung 1988 des Instituts der Wirtschaftsprüfer in Deutschland e.V. vom 26.-28. Oktober 1988 in Hamburg. Generalthema: Risiken erkennen, Risiken bewältigen. Eine Aufgabe für Unternehmer, Berater und Prüfer. Düsseldorf 1989, S. 43-55.

von Mangoldt, Hans: Die Lehre vom Unternehmergewinn. Ein Beitrag zur Volkswirtschaftslehre. Leipzig 1855, Nachdruck Frankfurt a.M. 1966.

Meinhardt, Hans: Optimierung des Portfolios in diversifizierten Unternehmen. In: Handbuch Strategische Führung. Hrsg. v. H. A. Henzler. Wiesbaden 1988, S. 135-146.

Menhard, Hans: Einsatzmöglichkeiten für Finanzinnovationen in einem Industrieunternehmen - Risiken und Anwendernutzen. In: Finanzinnovationen - Risiken und ihre Bewältigung. Hrsg. v. K.-M. Burger. Stuttgart 1989, S. 59-72.

Menrad, Siegfried: Der Kostenbegriff. Eine Untersuchung über den Gegenstand der Kostenrechnung. (Betriebswirtschaftliche Studien, H. 16.) Berlin 1965.

Modigliani, Franco a. Miller, Merton H.: The Cost of Capital, Corporation Finance and the Theory of Investment. "The American Economic Review", Evanston/Ill., Vol. 48 (1958), p. 261-297.

Moxter, Adolf: Die Bestimmung des optimalen Selbstfinanzierungsgrades unter privatwirtschaftlichem Aspekt. In: Der Betrieb in der Unternehmung. Hrsg. v. J. Fettel und H. Linhardt. Stuttgart 1963, S. 300-317.

Moxter, Adolf: Optimaler Verschuldungsumfang und Modigliani-Miller-Theorem. In: Aktuelle Fragen der Unternehmensfinanzierung und Unternehmensbewertung. Kurt Schmaltz zum 70. Geburtstag. Hrsg. v. K.-H. Forster u. P. Schuhmacher. Stuttgart 1970, S. 128-155.

Mühlbacher, Michael: Prospektive Erfolgsanalyse und Unternehmensbonität. Frankfurt a.M. 1986.

Müller, Rainer: Krisenmanagement in der Unternehmung. Ein Beitrag zur organisatorischen Gestaltung des Prozesses der Krisenbewältigung. (Kölner Schriften zur Betriebswirtschaft und Organisation, Bd. 5.) 2. Aufl., Frankfurt a.M. und Bern 1986.

Müller-Merbach, Heiner: Zur Ethik ökonomischen Handelns. In: Geldwirtschaft und Rechnungswesen. Hrsg. v. H.-D. Deppe. (Neue Betriebswirtschaftliche Studienbücher, Bd. 1.) Göttingen 1989, S. 3-25.

Mülhaupt, Ludwig: Der Bindungsgedanke in der Finanzierungslehre unter besonderer Berücksichtigung der holländischen Finanzierungsliteratur. Wiesbaden 1966.

Mugler, Josef: Risk Management in der Unternehmung. Wien 1979.

o.V.: "Risikoprämie" stimulierte in den letzten Jahren Investitionsneigung. "Handelsblatt" vom 30.4.1987.

Perridon, Louis u. Steiner, Manfred: Finanzwirtschaft der Unternehmung. 5., überarb. Aufl., München 1988.

Philipp, Fritz: Risiko und Risikopolitik. (Betriebswirtschaftliche Studienbücher. Reihe I: Grundlagen, Bd. 52.) Stuttgart 1967.

Piltz, Klaus: Gewinnverwendungspolitik der Aktiengesellschaft. In: Finanzierungshandbuch. 2., völlig überarb. u. erw. Aufl. Hrsg. v. F.W. Christians. Wiesbaden 1988, S. 627-660.

Pohle, Klaus: Management von Währungsrisiken. In: Finanzierungshandbuch. 2., völlig überarb. u. erw. Aufl. Hrsg. v. F.W. Christians. Wiesbaden 1988, S. 769-781.

Pütz, Paul u. Willgerodt, Hans: Gleiches Recht für Beteiligungskapital. Vorschläge zur Reform von Unternehmensrecht und Kapitalmarkt. (Schriften zur Ordnungspolitik, Bd. 1.) Baden-Baden 1985.

Raettig, Lutz: Finanzierung mit Eigenkapital. Hohes Eigenkapital = mehr Kreditwürdigkeit? Frankfurt a.M. 1974.

Reinhardt, Rudolf: Privates Unternehmen und öffentliches Interesse. In: Beiträge zum Arbeits-, Handels- und Wirtschaftsrecht. Festschrift für Alfred Hueck zum 70. Geburtstag. Hrsg. v. R. Dietz u.a. München und Berlin 1959, S. 439-452.

Rudhart, Peter M.: Stillegungsplanung. Grundlagen und Entscheidungsprozeß. (Neue betriebswirtschaftliche Forschung, Bd. 2.) Wiesbaden 1978.

Rudolph, Bernd: Kreditsicherheiten als Instrumente zur Umverteilung und Begrenzung von Kreditrisiken. "Zeitschrift für betriebswirtschaftliche Forschung", Düsseldorf, Jg. 36 (1984), S. 16-43.

Salomon, Ezra: Leverage and the Cost of Capital. "The Journal of Finance", New York, Vol. 18 (1963), p. 273-279.

Schneider, Dieter: Investition und Finanzierung. Lehrbuch der Investitions-, Finanzierungs- und Ungewißheitstheorie. 5., neu bearb. Aufl., Wiesbaden 1983.

Schwartz, Eli: Theory of Capital Structure of the Firm. "The Journal of Finance". New York, Vol. 14 (1959), p. 18-39.

Scott, James: The Probability of Bankruptcy. A Comparison of Empirical Predictions and Theoretical Models. "Journal of Banking and Finance", New York, Vol. 5 (1981), p. 317-344.

Sprink, Joachim: Zur Finanzierungsstruktur deutscher Unternehmen. "Die Bank", Köln, o.Jg. (1989), S. 70-73.

Sterk, Hans-Peter: Selbstbeteiligung unter risikotheoretischen Aspekten. (Veröffentlichungen des Instituts für Versicherungswissenschaft der Universität Mannheim, H. 14.) Karlsruhe 1979.

Streitferdt, Lothar: Grundlagen und Probleme der betriebswirtschaftlichen Risikotheorie. (Schriftenreihe des Seminars für Allgemeine Betriebswirtschaftslehre der Universität Hamburg, Bd. 1.) Wiesbaden 1973.

Süchting, Joachim: Finanzmanagement. Theorie und Politik der Unternehmensfinanzierung. (Schriftenreihe des Instituts für Kredit- und Finanzwirtschaft, Bd. 1.) 4., vollst. überarb. Aufl., Wiesbaden 1984.

Verhandlungen des 54. Deutschen Juristentages, Nürnberg 1982. Möglichkeiten der Sanierung von Unternehmen durch Maßnahmen im Unternehmens-, Arbeits-, Sozial- und Insolvenzrecht. Bd. II (Sitzungsberichte). Teil M. Hrsg. v. der Ständigen Deputation des Deutschen Juristentages. München 1982.

Wallich, Henry C.: Eigenkapital und andere Mittel zur Verbesserung der Banksicherheit. In: Der volkswirtschaftliche Sparprozeß. Beihefte zu "Kredit und Kapital". Heft 9. Hrsg. v. W. Ehrlicher u. D. B. Simmert. Berlin 1985, S. 549-564.

Weiershäuser, Eberhard: Geschäftsfeldrisiken und Gesamtrisiko der Bank. In: Finanzintermediation und Risikomanagement. Produktentwicklung, Steuerungstechniken und Marktstrategien auf den internationalen Finanzmärkten. Hrsg. v. H.-J. Krümmel und B. Rudolph. Frankfurt a.M. 1989, S. 158-175.

Wermuth, Dieter u. Ochynski, Walter: Strategien an den Devisenmärkten. Eine Anleitung für die Praxis. 3., völlig überarb. u. erw. Aufl., Wiesbaden 1987.

Witte, Eberhard: Die Unternehmungskrise - Anfang vom Ende oder Neubeginn? In: Unternehmenskrisen - Ursachen, Frühwarnung, Bewältigung. Hrsg. v. R. Bratschitsch und W. Schnellinger. Stuttgart 1981, S. 7-24.

von Wysocki, Klaus: Zur Frage der angemessenen Eigenkapitalausstattung aus betriebswirtschaftlicher Sicht. In: "Fremdfinanzierung" von Kapitalgesellschaften durch Anteilseigner im deutschen und ausländischen Körperschaftsteuerrecht. (Münchener Schriften zum Internationalen Steuerrecht, H. 6.) München 1982, S. 1-11.

Empirische Untersuchungen zur Bedeutung von Zahlungs- und Haftungsleistungen im Kombinationsprozeß von Unternehmen des Nichtfinanziellen Sektors

Christoph Pretzsch, Göttingen

Inhaltsverzeichnis

1 Einführung   99

2 Monetäre Leistungen im Leistungserstellungs- und Leistungsabsatzprozeß
von Unternehmen des Nichtfinanziellen Sektors   100

    21 Zur Problematik der "traditionellen" Sichtweise monetärer
Leistungsprozesse   100

    22 Zum Einsatz von Zahlungs- und Haftungsleistungen bei der Erstellung
von technisch-organisatorischen und monetären Marktleistungen
durch Unternehmen des Nichtfinanziellen Sektors   104

3 Empirische Entwicklung der Nutzung monetärer Leistungen durch
Unternehmen des Nichtfinanziellen Sektors und Vorschlag zur
Abgrenzung von Teilergebnissen in der externen Rechnungslegung   107

    31 Entwicklung der Nutzung monetärer Leistungen in technisch-
organisatorischen und monetären Aktiva   107

    32 Zur Abgrenzung monetärer sowie technisch-organisatorischer
Teilergebnisse   109

4 Empirische Analyse der Bedeutung des Liquiditätsmäßig-finanziellen
Bereichs bei Unternehmen des Nichtfinanziellen Sektors anhand der
Berechnung monetärer sowie technisch-organisatorischer Teilergebnisse
in der externen Rechnungslegung   114

    41 Entwicklung des monetären sowie des technisch-organisatorischen
Teilergebnisses   114

42 Entwicklung des korrigierten monetären sowie des korrigierten
technisch-organisatorischen Teilergebnisses   115

43 Entwicklung des korrigierten bereinigten monetären sowie des
korrigierten bereinigten technisch-organisatorischen Teilergebnisses 121

5 Schlußbetrachtung   124

Anhang   126

Literaturverzeichnis   129

1 Einführung

Gutenberg[1] bezeichnet die Aufrechterhaltung des Finanziellen Gleichgewichts von Betrieben als systemindifferenten Tatbestand. Neben der Gewährleistung der Zahlungsfähigkeit stellt - über Gutenberg hinausgehend - aufgrund ökonomischer und rechtlicher Sachzwänge die Sicherung der Schuldendeckungsfähigkeit den zweiten bedeutenden Problemkomplex der Aufrechterhaltung des Finanziellen Gleichgewichts[2] dar: Die Funktionsfähigkeit des wirtschaftlichen Leistungsaustauschprozesses ist entscheidend abhängig vom Vertrauen der Wirtschaftssubjekte in die Leistungsfähigkeit und damit auch in die finanzielle Stabilität des Vertragspartners.[3] Ein kennzeichnendes Merkmal der modernen arbeitsteiligen Tauschwirtschaft in Form der Geldwirtschaft sind in diesem Sinne monetäre Leistungsprozesse zur Abwicklung realgüterwirtschaftlicher Transaktionen, zur Sicherung der liquiditätsmäßig-finanziellen Existenz von Wirtschaftssubjekten sowie zur Erzielung von Erträgen aus monetären Anlagen. Unabdingbare Voraussetzung der Aufnahme und Durchführung jeder betrieblichen Leistungserstellung ist somit neben der Nutzung von technisch-organisatorischen Produktionsfaktoren die Nutzung von Zahlungsleistungen und die ausreichende Verfügungsmacht eines Betriebs über haftende Mittel zum Schutz vor Risiken im Sinne von Verlustgefahren. Der fundamentalen Bedeutung finanzieller Haftungsleistungen für die gedeihliche Existenz von Unternehmen steht jedoch "eine weitgehende Vernachlässigung der finanziellen Haftung als *wirtschaftliche Leistung* in der wirtschaftswissenschaftlichen Theorie gegenüber"[4].

Ausgehend von der hier bereits angedeuteten einseitigen Ausrichtung der betriebswirtschaftlichen Literatur auf technisch-organisatorische Leistungsprozesse zeigt Teil 2 des vorliegenden Beitrags zunächst die Problematik dieser "traditionellen" Sichtweise für eine widerspruchsfreie Erfassung monetärer Beziehungen zwischen Teilnehmern am wirtschaftlichen Leistungsaustauschprozeß auf. Anschließend wird die Nutzung von Zahlungs- und Haftungsleistungen bei der Erstellung technisch-organisatorischer und monetärer Marktleistungen theoretisch skizziert. Teil 3 untersucht zum einen die empirische Entwicklung der Nutzung monetärer Leistungen in monetären und technisch-organisatori-

---

[1] *E. Gutenberg*, Grundlagen der Betriebswirtschaftslehre. Erster Band: Die Produktion. 24., unveränd. Aufl., Berlin, Heidelberg u. New York 1983, S. 459f.

[2] *H.-D. Deppe*, Einführung des Herausgebers zu Heft 7a und 7b. In: Texte zur wissenschaftlichen Bankbetriebslehre I und II. Hrsg. u. eingef. v. H.-D. Deppe. (Göttinger Hefte zur Bankbetriebslehre und Unternehmungsfinanzierung, H. 7a u. 7b.) Göttingen 1980 u. 1981, S. IX-XLVIII, hier S. IXL. - Zu verschiedenen Begriffsfassungen des "Finanziellen Gleichgewichts" vgl.: *W. Benner*, Betriebliche Prozesse, finanzwirtschaftliche Existenzbedingungen und finanzielles Gleichgewicht. In: Geldwirtschaft und Rechnungswesen. Hrsg. v. H.-D. Deppe. (Neue Betriebswirtschaftliche Studienbücher, Bd. 1.) Göttingen 1989, S. 153-198, hier S. 184ff.

[3] Vgl. *H.-D. Deppe*, Finanzielle Haftung heute - Obsoletes Relikt oder marktwirtschaftliche Fundamentalleistung? In: Zweihundert Jahre Geld und Brief. Herausforderungen an die Kapitalmärkte. Festgabe an die Niedersächsische Börse zu Hannover aus Anlaß ihres 200jährigen Bestehens. Hrsg. v. C. P. Claussen, L. Hübl u. H.-P. Schneider. Frankfurt a.M. 1987, S. 179-204. Wiederabgedruckt in: Geldwirtschaft und Rechnungswesen, a.a.O., S. 199-228, hier S. 200.

[4] *H.-D. Deppe*, Finanzielle Haftung heute ..., a.a.O., S. 202f.

schen Aktiva bei Unternehmen des Nichtfinanziellen Sektors (NFS); zum anderen wird die Vorgehensweise erläutert, nach der im Teil 4 die Erfolgsbeiträge des Liquiditätsmäßig-finanziellen Bereichs (LFB) bzw. des Technisch-organisatorischen Bereichs (TOB) für die Erzielung des Jahresergebnisses der Unternehmen des NFS abgeschätzt werden. Im <u>Teil 4</u> erfolgt dann auf der Basis empirischen Datenmaterials der Deutschen Bundesbank die Berechnung externer Teilergebnisse des LFB und des TOB, wobei vor allem interne Leistungsbeziehungen zwischen den beiden Leistungsbereichen einbezogen werden.

2 Monetäre Leistungen im Leistungserstellungs- und Leistungsabsatzprozeß von Unternehmen des Nichtfinanziellen Sektors

21 Zur Problematik der "traditionellen" Sichtweise monetärer Leistungsprozesse

Die Allgemeine Betriebswirtschaftslehre faßt monetäre Transaktionen zwischen Unternehmen und anderen Wirtschaftseinheiten sowie finanzielle Vorgänge innerhalb der Unternehmen unter dem wissenschaftlichen Konzept "Betriebliche Finanzwirtschaft"[5] mit den Teilgebieten "Finanzierung" und "Investition" zusammen. Als eine zentrale Aufgabe wird der betrieblichen Finanzwirtschaft somit die finanzielle Sicherstellung der Durchführung der (technisch-organisatorischen) Produktion zugeordnet[6]: Die betriebswirtschaftliche Literatur sieht "Finanzierung" in der Regel als vierte betriebliche Hauptfunktion <u>neben</u> den Funktionen "Beschaffung", "Produktion" und "Absatz" an; es herrscht die Auffassung vor, daß finanzielle Ströme (zumindest in ihrer weit überwiegenden Mehrzahl) den (real-)güterwirtschaftlichen Strömen des Produktionsprozesses <u>entgegengerichtet</u> seien.[7]

Verbreitete Konsequenz dieser Auffassung ist die heute noch übliche Gegenüberstellung eines "Zahlungs-" bzw. "Finanzbereichs" und eines "Leistungs-" bzw. "Produktionsbereichs" in der Allgemeinen Betriebswirtschaftslehre (und darüber hinaus auch in einigen Zweig-

---

5   Andere, weitgehend identische Begriffe sind z.B.: finanzwirtschaftlicher Bereich, finanzieller Bereich, Finanzierungsbereich, Finanzbereich.

6   Vgl. z.B.: *E. Gutenberg*, Einführung in die Betriebswirtschaftslehre. (Die Wirtschaftswissenschaften, R. A, 1. Beitrag.) Wiesbaden 1958, S. 93; *H. Müller-Merbach*, Komprehensive Informationssysteme und Allgemeine Betriebswirtschaftslehre. "Zeitschrift für Betriebswirtschaft", Wiesbaden, Jg. 59 (1989), S. 1023-1045, hier S. 1033; *G. Wöhe*, Einführung in die Allgemeine Betriebswirtschaftslehre. 16., überarb. Aufl., München 1986, S. 659.

7   Vgl. dazu z.B.: *H. Albach* u. *R. Albach*, Das Unternehmen als Institution. Rechtlicher und gesellschaftlicher Rahmen. Eine Einführung. Wiesbaden 1989, S. 171f.; *E. Gutenberg*, Die Unternehmung als Gegenstand betriebswirtschaftlicher Theorie. (Betriebs- und finanzwirtschaftliche Forschungen, II. Serie, H. 40.) Frankfurt a.M. 1967, S. 54ff.; *E. Gutenberg*, Grundlagen der Betriebswirtschaftslehre. Dritter Band: Die Finanzen. 8., erg. Aufl., Berlin, Heidelberg u. New York 1980, S. 1f.; *E. Heinen*, Einführung in die Betriebswirtschaftslehre. 9., verb. Aufl., Wiesbaden 1985, S. 126f.; *R. H. Schmidt*, Grundzüge der Investitions- und Finanzierungstheorie. 2., durchges. Aufl., Wiesbaden 1986, S. 5ff.; *E. Schneider*, Industrielles Rechnungswesen. Grundlagen und Grundfragen. 4. Aufl., Tübingen 1963, S. 8f.; *J. Süchting*, Finanzmanagement. Theorie und Politik der Unternehmensfinanzierung. (Schriftenreihe des Instituts für Kredit- und Finanzwirtschaft, Bd. 1.) 5., vollst. überarb. u. erw. Aufl., Wiesbaden 1989, S. 9ff.; *G. Wöhe*, Einführung ..., a.a.O., S. 11.

betriebswirtschaftslehren wie z.B. in der Industriebetriebslehre).[8] Eine Untersuchung dahingehend, ob Erkenntnisse der Produktionstheorie auch auf monetäre Prozesse angewendet werden können und müssen, wird somit von vornherein praktisch ausgeschlossen. Als wesentlicher Grund dafür ist vermutlich die Tatsache anzusehen, "daß der Prozeß der [monetären] Leistungserstellung ... nicht sichtbar in Erscheinung tritt, sondern sich fast ausschließlich in den Büchern [des Betriebs] ... abspielt, die eben auch nur das Ergebnis des Prozesses, nicht aber den Prozeß selbst widerspiegeln"[9].

Der skizzierten, in der Allgemeinen Betriebswirtschaftslehre und in einigen Zweigbetriebswirtschaftslehren vorherrschenden Auffassung steht jedoch in der heutigen modernen arbeitsteiligen Tauschwirtschaft in Form der Geldwirtschaft ein sich ständig vergrößerndes Volumen monetärer Transaktionen entgegen[10], das die enge und einseitige Ausrichtung des (produktionstheoretischen) Schrifttums auf die technisch-organisatorische Leistungserstellung als nicht wirklichkeitsnah erscheinen läßt. Mit Zunahme des Welthandels haben sich zwar auch die reale Transaktionen begleitenden monetären Ströme erhöht. Wie aber empirische Untersuchungen und Statistiken zeigen, entwickeln monetäre Leistungen eine immer größer werdende Eigendynamik. Folge ist, daß sich das Volumen monetärer Transaktionen in den letzten Jahren weitaus stärker erhöht hat als der Umfang der realgüterwirtschaftlichen Transaktionen.[11] Diese Entwicklung wird beispielsweise durch Veränderungen in der Vermögensbildung der Produktionsunternehmen des NFS belegt:[12] Der Anteil der Geldvermögensbildung dieser Unternehmen an ihrer Gesamtver-

---

[8] Vgl. z.B.: *H.-D. Möser*, Finanz- und Investitionswirtschaft in der Unternehmung. Landsberg am Lech 1988, S. 21f.; *D. Schneider*, Investition, Finanzierung und Besteuerung. 6., vollst. neu bearb. Aufl., Wiesbaden 1989, S. 140ff.

[9] *L. Mülhaupt*, Ansatzpunkte für eine Theorie der Kreditbank. "Jahrbuch für Sozialwissenschaft", Göttingen, Bd. 12 (1961), S. 132-143. Wiederabgedruckt in: Texte zur wissenschaftlichen Bankbetriebslehre I, a.a.O., S. 69-80, hier S. 70.

[10] Auch die in jüngster Vergangenheit im internationalen Wirtschaftsverkehr verstärkt angewendeten Bartergeschäfte ändern nichts an der heutigen grundsätzlichen Dominanz der arbeitsteiligen Tauschwirtschaft in Form der Geldwirtschaft: Die in Bartergeschäften getauschten Güter werden zumindest über die Funktion des Geldes als Recheneinheit verglichen. Entscheidend ist aber, daß ein wesentlicher Grund des Auflebens von Bartergeschäften fehlendes Vertrauen in die finanzielle Leistungsfähigkeit oder -willigkeit der Vertragspartner bzw. der Volkswirtschaften der Vertragspartner ist, so daß Bartergeschäfte z.T. auch als Ausweichreaktion gegen Funktionsstörungen von Geldwirtschaften aufgefaßt werden können. Vgl. dazu z.B.: *F. Weissenbeck* u. *H. A. Mehler*, Barter - kostengünstig einkaufen, neue Absatzmärkte erschließen, kreativ finanzieren. Landsberg am Lech 1987, insb. S. 28, S. 119 u. S. 124.

[11] Vgl. z.B.: *H. Dicke*, Unternehmer sind keine Unterlasser: Investitionsverhalten rational. "Die Bank", Köln, o. Jg. (1988), S. 178-183, hier S. 179; *H. Hesse* u. *H. Keppler*, Die Internationalisierung der Finanzmärkte und die Einbindung deutscher Banken und Börsen in diesen Prozeß. In: Zweihundert Jahre Geld und Brief, a.a.O., S. 103-129, hier S. 110f. u. S. 118f.; *o.V.*, Liquiditäts-Probleme. "Zeitschrift für das gesamte Kreditwesen", Frankfurt a.M., Jg. 40 (1987), S. 685f., hier S. 685.

[12] Vgl. *Deutsche Bundesbank (Hrsg.)*, Zahlenübersichten und methodische Erläuterungen zur gesamtwirtschaftlichen Finanzierungsrechnung der Deutschen Bundesbank 1960 bis 1987. (Sonderdrucke der Deutschen Bundesbank, Nr. 4.) 5. Aufl., Frankfurt a.M. 1988, S. 48ff.; *Deutsche Bundesbank (Hrsg.)*, Ergebnisse der gesamtwirtschaftlichen Finanzierungsrechnung der Deutschen Bundesbank 1979 bis 1987. Ergänzungslieferung. (Sonderdrucke der Deutschen Bundesbank, Nr. 4.) Frankfurt a.M. 1988, S. 6 u. S. 9. Vgl. dazu auch: *R. Weichert*, Probleme des Risikokapitalmarktes in der Bundesrepublik Deutschland. Ursachen, Auswirkungen, Lösungsmöglichkeiten. (Kieler Studien, Nr. 213.) Tübingen 1987, S. 35.

mögensbildung (Geldvermögensbildung und Sachvermögensbildung) hat sich unter Schwankungen von weniger als 20 v.H. im Jahre 1960 auf über 50 v.H. in den 80er Jahren, zwischenzeitlich sogar auf fast 70 v.H. erhöht. Von ihren verfügbaren monetären Mitteln verwenden die Produktionsunternehmen mittlerweile also mehr als die Hälfte zur Bildung von Geldvermögen.

Die angesprochenen Entwicklungen verdeutlichen, daß monetäre Prozesse sich gegenwärtig zunehmend im nationalen und vor allem im internationalen Wirtschaftsgeschehen von der Realgüterwirtschaft lösen und sich in erheblichem Umfang unabhängig von realgüterwirtschaftlichen Prozessen vollziehen. So spricht Bähre[13] auch davon, daß "das alte 'Banking follows trade' [heute] geradezu bieder und verschlafen wirkt". Die Gründe für diese Entwicklung, durch die u.a. auch die traditionelle Abgrenzung zwischen Banken und Nichtbanken immer mehr verwischt wird, sind vielfältig. Bedeutsam sind vor allem die fortschreitende Internationalisierung der Wirtschaftsbeziehungen, (damit verbunden) die Deregulierungsmaßnahmen an wichtigen Finanzmärkten und die Notwendigkeit zur verstärkten Risikovorsorge bei den Unternehmen des NFS. Darüber hinaus lassen sich als Ursachen Veränderungen in den Zielsetzungen und Strategischen Grundsätzen für den monetären Bereich der nichtfinanziellen Unternehmen nennen: Der monetäre Bereich wird zunehmend auf eigene Gewinnerzielung ausgerichtet und organisatorisch als Profit Center geführt.

Die Bedeutung monetärer Faktoren zu unterschätzen und dabei insbesondere die Bedeutung der Haftungsleistung bei der Leistungserstellung einer Einzelwirtschaft sowie auf gesamtwirtschaftlicher Ebene zu verkennen - was nach dem gegenwärtigen Stand der Literatur zu befürchten ist -, kann somit in zunehmendem Maße zu monetären Fehlallokationen oder sogar zu monetären Krisen führen. Anzeichen bzw. Beispiele derartiger monetärer Krisen[14] sind bereits heute unter anderem die "Eigenkapitallücke" in der westdeutschen Wirtschaft, (auch) dadurch mitverursacht die Insolvenzrekorde der letzten Jahre, die internationale Verschuldungskrise sowie die gravierenden finanziellen Schwierigkeiten der US-amerikanischen Savings and Loan Associations mit existentieller Krise der staatlichen Einlagenversicherung[15]. Unterstützt werden derartige Fehlallokationen finanzieller Mittel durch institutionelle Hemmnisse wie z.B. die steuerliche Benachteiligung des Eigenkapi-

---

[13] *I. L. Bähre*, Begrüßungsansprache. In: Banken: Leistungsfähige und weltweite Partner. XIII. Deutscher Bankentag am 26. und 27. März 1979 in Bonn. Vorträge und Diskussionen. Hrsg. v. Bundesverband Deutscher Banken. Köln 1979, S. 19-22, hier S. 21.

[14] Vgl. dazu auch: *H.-D. Deppe*, Finanzielle Haftung heute ..., a.a.O., S. 202. Mit der Stabilität des internationalen Finanzsystems beschäftigt sich ein Beitrag von Fingleton, der Meinungen bedeutender internationaler Bankiers zusammengetragen hat: *E. Fingleton*, Will the System tumble? "Euromoney", London, o.Jg. (1986), H. 9, S. 110-125.

[15] Vgl dazu z.B.: *W. A. Braun*, Die Savings & Loan Associations in den USA. "Sparkasse", Stuttgart, Jg. 106 (1989), S. 358-360; *o.V.*, Staatliche Rettungsaktion für die Sparkunden. Die amerikanische Landschaft der Finanzinstitutionen wird sich ändern. "Frankfurter Allgemeine Zeitung" v. 23.8.1989.

tals[16], durch teilweise wissenschaftliche Geringschätzung der Bedeutung einer ausreichenden Ausstattung mit haftenden Mitteln für das Finanzielle Gleichgewicht und damit für die finanzielle Stabilität einer Unternehmung[17] sowie durch weitgehende Vernachlässigung der Haftungsleistung in volkswirtschaftlichen Theorien[18].

Im Gegensatz zur vorstehend skizzierten "traditionellen" Sichtweise eines lediglich technisch-organisatorischen Produktionsprozesses in der Allgemeinen Betriebswirtschaftslehre wird bei produktionstheoretischen Untersuchungen von Unternehmen des Finanziellen Sektors, deren Betriebszweck primär in der Erstellung monetärer Marktleistungen liegt, vor allem die Bedeutung liquiditätsmäßig-finanzieller Faktoren für die Leistungserstellung analysiert. Eine fundamentale Modifikation des Produktionsfaktorsystems von Gutenberg stellt in der wissenschaftlichen Bankbetriebslehre die Einführung des sogenannten "Monetären Faktors" (in Zahlungs- und Haftungsqualität) als Produktionsfaktor von Bankbetrieben durch Deppe[19] dar. Aufbauend auf dem erweiterten Produktionsfaktorsystem und unter Anwendung von Erkenntnissen der Systemtheorie entwickelt Deppe[20] eine systemtheoretische Konzeption, die zu einer Einteilung des Bankbetriebs in drei Analysebereiche führt: in den Geschäftspolitischen Bereich (GPB) als bankbetrieblichen Steuerungsbereich sowie in den Liquiditätsmäßig-finanziellen Bereich und in den Technisch-organisatorischen Bereich, die die beiden bankbetrieblichen Leistungsbereiche darstellen. In den beiden Leistungsbereichen vollzieht sich der Kombinationsprozeß bankbetrieblicher Leistungserstellung, der gedanklich in einen Liquiditätsmäßig-finanziellen Kombinationsprozeß (LFK) sowie in einen Technisch-organisatorischen Kombinationsprozeß (TOK) getrennt werden kann.

---

[16] Vgl. z.B.: *H. Albach*, Zur Versorgung der Wirtschaft mit Risikokapital. (ifm-Materialien, Nr. 9.) Bonn 1983, S. 108f.; *H.-D. Deppe*, Finanzielle Haftung heute ..., a.a.O., S. 216; *R. Pöllath*, Steuerliche Gesichtspunkte bei der Entscheidung über Nachfrage, Angebot und Vermittlung von unternehmerischem Eigenkapital. "ZIP Zeitschrift für Wirtschaftsrecht", Köln, Jg. 5 (1984), S. 1029-1046; *P. Pütz* u. *H. Willgerodt*, Gleiches Recht für Beteiligungskapital. Vorschläge zur Reform von Unternehmensrecht und Kapitalmarkt. (Schriften zur Ordnungspolitik, Bd. 1.) 1. Aufl., Baden-Baden 1985, S. 18.

[17] Vgl. z.B.: *D. Schneider*, Lücken bei der Begründung einer "Eigenkapitallücke". "Der Betrieb", Düsseldorf u. Frankfurt a.M., Jg. 39 (1986), S. 2293-2298; *D. Schneider*, Messung des Eigenkapitals als Risikokapital. "Der Betrieb", Düsseldorf u. Frankfurt a.M., Jg. 40 (1987), S. 185-191.

[18] Vgl. dazu: *W. Stützel*, Die Aktie und die volkswirtschaftliche Risiken-Allokation. In: Geld und Versicherung. Analysen, Thesen, Perspektiven im Spannungsfeld liberaler Theorie. Festgabe für Wilhelm Seuß. Hrsg. v. M. Jung, R. R. Lucius u. W. G. Seifert. Karlsruhe 1981, S. 193-211, hier S. 200.

[19] Vgl. insbesondere *H.-D. Deppe*, Eine Konzeption wissenschaftlicher Bankbetriebslehre in drei Doppelstunden. In: Bankbetriebliches Lesebuch. Ludwig Mülhaupt zum 65. Geburtstag. Hrsg. v. H.-D. Deppe. Stuttgart 1978, S. 3-98, hier S. 31ff.; *H.-D. Deppe*, Einführung des Herausgebers ..., a.a.O., S. XXXIVff.

[20] Vgl. *H.-D. Deppe*, Der Bankbetrieb als Gegenstand von Wachstumsanalysen. "Zeitschrift für Betriebswirtschaft", Wiesbaden, Jg. 34 (1964), S. 353-381. Wiederabgedruckt in: Texte zur wissenschaftlichen Bankbetriebslehre I, a.a.O., S. 81-109, hier S. 98ff.; *H.-D. Deppe*, Bankbetriebliches Wachstum. Funktionalzusammenhänge und Operations Research in Kreditinstituten. Stuttgart 1969, insb. S. 20ff.; *H.-D. Deppe*, Eine Konzeption wissenschaftlicher Bankbetriebslehre ..., a.a.O., S. 6ff.; *H.-D. Deppe*, Einführung des Herausgebers ..., a.a.O., S. XIIIff. Vgl. dazu erläuternd und im Sinne der Allgemeinen Betriebswirtschaftslehre verallgemeinernd auch: *G. Liebau*, Monetäre Leistungen und konzeptionelle Erfassung des Betriebs. In: Geldwirtschaft und Rechnungswesen, a.a.O., S. 27-150, hier S. 36ff.

Das für Bankbetriebe entwickelte Produktionsfaktorsystem und die darauf aufbauende Unterscheidung von zwei betrieblichen Leistungsbereichen (LFB und TOB) bzw. zwei Kombinationsprozessen (LFK und TOK) hat über die Bankbetriebslehre hinaus auch fundamentalen Aussagewert für produktionstheoretische Fragestellungen der Allgemeinen Betriebswirtschaftslehre und anderer Zweigdisziplinen. Die grundlegende Bedeutung des um monetäre Leistungen modifizierten betrieblichen Faktorsystems für produktionstheoretische Fragestellungen allgemein hat Deppe bereits früher angedeutet und in neueren Veröffentlichungen konkretisiert.[21] Die Eigenschaft monetärer Leistungen als Produktionsfaktoren der Leistungserstellung von Unternehmen des NFS ist - mit besonderem Bezug auf haftende Mittel - in dem vorstehenden Beitrag von Liebau[22] eingehend theoretisch begründet worden. An diese theoretischen Analysen anschließend analysiert der vorliegende Beitrag in den Teilen 3 und 4 die empirische Relevanz der Nutzung von Haftungs- und Zahlungsleistungen im Leistungserstellungsprozeß von Unternehmen des NFS.

22 Zum Einsatz von Zahlungs- und Haftungsleistungen bei der Erstellung von technisch-organisatorischen und monetären Marktleistungen durch Unternehmen des Nichtfinanziellen Sektors

Monetäre Leistungen (Zahlungs- und Haftungsleistungen) sind durch das zeitliche Auseinanderfallen von Leistung und vereinbarter Gegenleistung charakterisiert (offene Leistungsbeziehungen bzw. Zeitraumleistungen).[23] Der wirtschaftliche Inhalt einer Zahlungsleistung besteht in dem zeitlich befristeten oder unbefristeten Verzicht des Leistungsgebers (Eigenkapitalgeber oder Fremdkapitalgeber) auf anderweitige Nutzung der zur Verfügung gestellten Zahlungsmittel; der wirtschaftliche Inhalt einer Haftungsleistung liegt in der Übernahme von Risiken im Sinne von Verlustgefahren zur Absicherung der Ansprüche von Gläubigern des Unternehmens. Diese Haftungsleistung wird vom Leistungsgeber insbesondere durch Bereitstellen von Eigenkapital (Reinvermögen des Unternehmens) erbracht. Eine Haftungsleistung läßt sich demnach gedanklich in zwei Leistungselemente zerlegen, und zwar 1. in die dokumentierte Bereitschaft zur Übernahme betrieblicher Verlustgefahren und 2. in die Unterwerfung konkret vorhandenen eigenen Vermögens unter den Zugriff der Gläubiger (materielle Fundierung der Risikoübernahme).[24]

Monetäre Marktleistungen werden - wie auch technisch-organisatorische Marktleistungen - aus Leistungselementen der beiden betrieblichen Leistungsbereiche LFB und TOB erstellt, d.h., zur Produktion <u>jeder</u> Angebotsleistung sind <u>interne monetäre sowie interne technisch-organisatorische</u> Leistungen erforderlich ("Dualismus der Marktleistungserstel-

---

[21] Vgl. *H.-D. Deppe*, Eine Konzeption wissenschaftlicher Bankbetriebslehre ..., a.a.O., S. 83; *H.-D. Deppe*, Finanzielle Haftung heute ..., a.a.O., S. 212ff.; *H.-D. Deppe* u. *K. Lohmann*, Grundriß analytischer Finanzplanung. (Neue Betriebswirtschaftliche Studienbücher, Bd. 2.) 2., neubearb. Aufl., Göttingen 1989, S. 23ff.

[22] Vgl. den Beitrag von *G. Liebau* in der vorliegenden Festschrift.

[23] Vgl. dazu: *G. Liebau*, Monetäre Leistungen ..., a.a.O., S. 51.

[24] *H.-D. Deppe*, Finanzielle Haftung heute ..., a.a.O., S. 207.

lung").[25] Bei Marktleistungen mit primär liquiditätsmäßig-finanzieller Dimension stellen die internen Leistungen des LFB das die Nachfrage auslösende Charakteristikum dar, bei Marktleistungen mit primär technisch-organisatorischer Dimension dominieren entsprechend die internen Leistungen des TOB.

Unmittelbar einleuchtend ist die zeitliche Bindung von <u>Zahlungsleistungen</u> in Marktleistungen mit primär liquiditätsmäßig-finanzieller Dimension (z.B. bei der Kreditvergabe, beim Erwerb festverzinslicher Wertpapiere oder von Beteiligungen) sowie in technisch-organisatorischen Aktiva (z.B. beim Erwerb von Grundstücken und Gebäuden oder der Betriebs- und Geschäftsausstattung). Neben Zahlungsleistungen werden im betrieblichen Leistungserstellungsprozeß aber auch monetäre Faktorpotentiale mit <u>Haftungsqualität</u> durch Belegung mit Risiken im Sinne von Verlustgefahren produktiv eingesetzt.[26]

Das Belegen betrieblicher Haftungspotentiale erfolgt im Leistungserstellungsprozeß von Unternehmen des NFS jedoch nicht nur - gemäß dem Sachziel dieser Unternehmen - durch Übernahme von Risiken aus dem technisch-organisatorischen Leistungsprozeß: Gerade in jüngster Vergangenheit nimmt die Bedeutung eingegangener Risiken aus dem liquiditätsmäßig-finanziellen Leistungserstellungsprozeß und aus monetären Marktleistungen auch im NFS stark zu, so daß effektiv gewordene Risiken aus monetären Leistungsprozessen bei einigen nichtfinanziellen Unternehmen bereits zu beträchtlichen Erfolgseinbußen geführt haben.[27] Die Leistung "Gläubigerschutz" vor konkreten Risiken aus dem technisch-organisatorischen oder dem liquiditätsmäßig-finanziellen Leistungsprozeß geht somit als interner Leistungsbestandteil in die angebotenen Marktleistungen ein, da bei der Erstellung dieser Marktleistungen vom Betrieb haftende Mittel zur Deckung möglicher Verluste und damit letztlich zur Sicherung der Einhaltung der betrieblichen Existenzbedingung der Schuldendeckungsfähigkeit eingesetzt werden müssen.[28]

Unmittelbar offenkundig ist die produktive Nutzung betrieblicher Haftungspotentiale bei der Erstellung <u>beteiligungsrechtlicher</u> monetärer Marktleistungen, da diese als wesentli-

[25] Vgl. *H.-D. Deppe*, Bankbetriebliches Wachstum, a.a.O., S. 26; *H.-D. Deppe*, Finanzielle Haftung heute ..., a.a.O., S. 220. Vgl. dazu auch: *P. Reus*, Geldwirtschaftlicher Leistungsdualismus und Bankkostenrechnung. (Neue Betriebswirtschaftliche Studienbücher, Bd. 4.) Göttingen 1989, S. 26ff.

[26] Vgl. auch: *H.-W. Sinn*, Risiko als Produktionsfaktor. "Jahrbücher für Nationalökonomie und Statistik", Stuttgart, Bd. 201 (1986), S. 557-571, insb. S. 560f.

[27] So wies z.B. die Vereinigte Elektrizitätswerke Westfalen Aktiengesellschaft (VEW AG) im Geschäftsjahr 1987 Aufwendungen aus Verlustübernahme allein aus dem Beteiligungsgeschäft in Höhe von fast 0,5 Mrd. DM aus. Die Volkswagen AG hatte in den Geschäftsjahren 1982 - 1986 Abschreibungen auf Finanzanlagen (u.a. für Risiken aus dem Beteiligungsengagement bei der Triumph-Adler AG) von insgesamt ca. 2,4 Mrd. DM vorzunehmen; vgl. dazu auch: *G. Weinrich*, Messung der wirtschaftlichen Lage - Ergebnisse bei deutschen Automobilunternehmen. "Der Betrieb", Düsseldorf u. Frankfurt a.M., Jg. 41 (1988), S. 1861-1868, hier S. 1868.

[28] So setzt beispielsweise der Bertelsmann Konzern für Finanzanlagen eine Unterlegung mit Eigenkapital in Höhe von 37 v.H. an; vgl. *R. Liedl*, Eigenkapitalorientierte Investitionsrechnung bei Bertelsmann. "Zeitschrift für betriebswirtschaftliche Forschung", Düsseldorf u. Frankfurt a.M., Jg. 40 (1988), S. 172-182, hier S. 174.

ches nachfrageauslösendes Leistungselement das Angebot haftender Mittel beinhalten.[29] So werden beim Erwerb einer Beteiligung vom anbietenden Unternehmen über die Zurverfügungstellung haftender Mittel Risiken vor allem dadurch übernommen, daß das anbietende Unternehmen in Höhe der Beteiligung für (betriebsfremde) Risiken aus dem Kombinationsprozeß des Beteiligungsunternehmens haftet. Die Marktleistung "Beteiligungserwerb" ist also nicht durch Haftungspotentiale des Marktleistungsnehmers geschützt, sondern selbst Teil von dessen Verlustdeckungspotential.[30] Zur Absicherung dieser Risiken hat der die Beteiligungsleistung anbietende Betrieb uno actu eigenes Haftungspotential bereitzuhalten.

Auch beim Angebot von <u>schuldrechtlichen</u> monetären Marktleistungen werden betriebliche Haftungspotentiale produktiv genutzt: Forderungspositionen des Unternehmens sind ebenfalls mit Risiken behaftet, für die Haftungspotentiale zur Vorsorge bereitgehalten werden müssen. Der wesentliche Unterschied zu beteiligungsrechtlichen monetären Marktleistungen liegt darin, daß bei einer schuldrechtlichen monetären Marktleistung die Haftungsübernahme kein angebotener bzw. kein die Nachfrage auslösender Leistungsbestandteil ist. Bei negativer Erfolgsentwicklung im Betrieb des Fremdkapitalnehmers steigt jedoch das Ausfallrisiko auch für den Anbieter einer schuldrechtlichen monetären Marktleistung. Neben dem Ausfallrisiko unterliegen Forderungspositionen häufig auch anderen Risiken wie z.B. dem Zinsänderungsrisiko oder dem Währungsrisiko. Zwischen Risikoübernahme aus beteiligungsrechtlichen bzw. aus schuldrechtlichen monetären Marktleistungen bestehen somit prinzipiell zwar fundamentale, tatsächlich aber u.U. nur graduelle Unterschiede: Das Risiko, Vermögensverluste zu erleiden, ist für den Anbieter einer beteiligungsrechtlichen monetären Marktleistung gemäß Wirtschaftsordnung höher als für den Anbieter einer schuldrechtlichen monetären Marktleistung.[31]

Die vorstehend skizzierte Nutzung monetärer Leistungen verdeutlicht bereits die produktionstheoretischen Zusammenhänge im LFB von Unternehmen des NFS: Monetäre Leistungen (Haftungs- und Zahlungsleistungen) werden von Leistungsgebern gegen Entgelt beschafft, im Liquiditätsmäßig-finanziellen Kombinationsprozeß für die Erstellung aller Arten von Marktleistungen eingesetzt sowie als "Endprodukte" des monetären Leistungs-

---

[29] Zur Systematisierung von Nutzungsformen von Haftungspotentialen im betrieblichen Leistungserstellungsprozeß vgl.: *W. Benner*, Betriebliche Finanzwirtschaft als monetäres System. (Göttinger Hefte zur Bankbetriebslehre und Unternehmungsfinanzierung, H. 3.) Göttingen 1983, S. 232ff.; *P. Reus*, Kostenrechnung und monetäre Leistungen im Betrieb. In: Geldwirtschaft und Rechnungswesen, a.a.O., S. 283-312, hier S. 296.

[30] Vgl. dazu: *G. Liebau*, Monetäre Leistungen ..., a.a.O., S. 82f. - Derartige Risiken aus einer monetären Marktleistung in Form einer Beteiligung können beträchtlichen Umfang annehmen und sogar Risiken aus der eigenen technisch-organisatorischen Leistungserstellung übersteigen: "Beteiligungen ... sind ... langfristig gebundenes Kapital, aus dem sich Haftungen und Risiken ergeben können, die über die des Sachanlagevermögens weit hinausgehen (z.B.: AEG/KWU), und für die gerade eine ausreichende Eigenkapitalbasis unabdingbare Voraussetzung ist"; *H.-J. Krahnen*, Die Eigenkapitalbasis der Unternehmen. In: Eigenkapital und Kapitalmarkt. (Schriftenreihe des Instituts für Kapitalmarktforschung an der J. W. Goethe-Universität Frankfurt am Main, Kolloquien-Beiträge, Nr. 17.) Frankfurt a.M. 1978, S. 30-54, hier S. 43.

[31] *G. Liebau*, Monetäre Leistungen ..., a.a.O., S. 55.

erstellungsprozesses in Form von Marktleistungen mit primär liquiditätsmäßig-finanzieller Dimension an Leistungsnehmer gegen Entgelt abgesetzt. Statt "Finanzierung" als vierte betriebliche Funktion neben "Beschaffung", "Produktion" und "Absatz" anzusehen, ist es somit zwingend notwendig, systemtheoretisch den LFB als eigenständigen Leistungsbereich auch bei nichtfinanziellen Unternehmen aufzufassen[32], in dem sich - wie im TOB - Input-, Kombinations- und Outputprozesse vollziehen. Diese systemtheoretische Sichtweise betrachtet mithin die nichtfinanzielle Unternehmung als geschäftspolitisch zu steuerndes, technisch-organisatorisches und liquiditätsmäßig-finanzielles "Input-Output-System".[33]

3 Empirische Entwicklung der Nutzung monetärer Leistungen durch Unternehmen des Nichtfinanziellen Sektors und Vorschlag zur Abgrenzung von Teilergebnissen in der externen Rechnungslegung

31 Entwicklung der Nutzung monetärer Leistungen in technisch-organisatorischen und monetären Aktiva

Bilanzieller Ausdruck des Umfangs der Bindung beschaffter monetärer Leistungen mit Zahlungs- und Haftungsqualität in technisch-organisatorischen Investitionen bzw. in "Finanzinvestitionen" (monetären Marktleistungen) sind der ausgewiesene Sachvermögensbestand bzw. die ausgewiesenen monetären Aktiva in den Unternehmensbilanzen (vgl. Übersicht 1). Im Zeitraum von 1965 bis 1987 ist der Sachvermögensbestand der Unternehmen des NFS absolut zwar gestiegen, der Anteil des Sachvermögens an der Bilanzsumme dieser Unternehmen hat sich aber von über 60 v.H. auf knapp über 50 v.H. verringert. Eine wichtige Ursache für diesen Trend kann in der Entwicklung der Renditen von Sachvermögen und monetärem Unternehmensvermögen gesehen werden. So hat die reale (unter Herausrechnung von Scheingewinnen[34] ermittelte) Sachvermögensrendite von 1971 bis 1982 kontinuierlich von 9,4 v.H. auf 3,9 v.H. abgenommen und liegt zur Zeit auch nur wenig über diesem Tiefststand. Dagegen näherte sich im gleichen Zeitraum der Realzinssatz[35] auf monetäres Vermögen in Form festverzinslicher Wertpapiere unter Schwankungen immer mehr der realen Sachvermögensrendite an und überstieg diese in den achtziger Jahren sogar.[36] Das Interesse der Unternehmen des NFS hat sich somit aus Rentabilitätsüberlegungen heraus entgegen ihrem eigentlichen Betriebszweck im Sinne des Sachziels zunehmend

---

[32] Vgl. dazu: *H.-D. Deppe*, Finanzielle Haftung heute ..., a.a.O., S. 211ff., insb. S. 215.

[33] Vgl. dazu auch die Übersicht 1 im Beitrag von *G. Liebau* in der vorliegenden Festschrift.

[34] Scheingewinne können aufgrund der Abschreibungsmodalitäten z.B. dadurch entstehen, daß bilanzielle Abschreibungen im Anlagevermögen auf der Basis von (historischen) Anschaffungspreisen und nicht realistischerweise auf der Basis von (in der Regel gestiegenen) Wiederbeschaffungspreisen vorzunehmen sind. Vgl. zu Scheingewinnen und Möglichkeiten ihrer Abschätzung: *H. Dicke* u. *P. Trapp*, Zinsen, Gewinne, Nettoinvestitionen. Zu den Bestimmungsfaktoren der Sachvermögensbildung westdeutscher Unternehmen. (Kieler Diskussionsbeiträge, Nr. 99.) Kiel 1984, S. 11 u. S. 22f.

[35] Zur Berechnung vgl. Anhang 1, Sp. 8.

[36] Vgl. dazu auch: *J. Keitgen*, Der Lohn der Mutigen. "Wertpapier", Düsseldorf, Jg. 36 (1988), S. 1273.

Übersicht 1: Entwicklung des Sachvermögens und der monetären Aktiva in v.H. der Bilanzsumme bei Betrieben des NFS sowie Entwicklung der realen Sachvermögensrendite und der realen Umlaufsrendite festverzinslicher Wertpapiere *

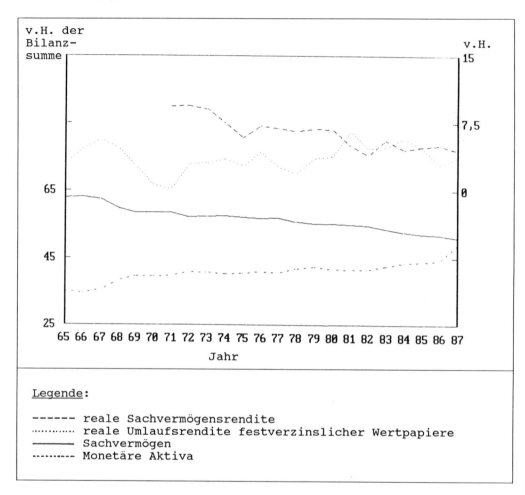

Legende:

`------` reale Sachvermögensrendite
`············` reale Umlaufsrendite festverzinslicher Wertpapiere
`————` Sachvermögen
`---------` Monetäre Aktiva

---

* Erstellt nach Daten aus: *Deutsche Bundesbank (Hrsg.)*, Jahresabschlüsse der Unternehmen in der Bundesrepublik Deutschland 1965 bis 1981. (Sonderdrucke der Deutschen Bundesbank, Nr. 5.) 3. Aufl., Frankfurt a.M. 1983, S. 12f.; *Deutsche Bundesbank (Hrsg.)*, 40 Jahre Deutsche Mark. Monetäre Statistiken 1948-1987. Frankfurt a.M. 1988, S. 7 u. S. 226; *o.V.*, Ertragslage und Finanzierungsverhältnisse der Unternehmen in den Jahren 1982-1988. "Monatsberichte der Deutschen Bundesbank", Frankfurt a.M., Jg. 35-41 (1983-1989), Tabellenanhang (Tabelle: Bilanz und Erfolgsrechnung der Unternehmen nach Wirtschaftsbereichen); *Statistisches Bundesamt (Hrsg.)*, Volkswirtschaftliche Gesamtrechnungen. Fachserie 18, R. 1: Konten und Standardtabellen. Stuttgart u. Mainz, verschiedene Jahre, Tab. 351. - In Anlehnung an Dicke und Trapp wurde die reale Sachvermögensrendite als das Verhältnis aus dem "realen" Erfolg der technisch-organisatorischen Unternehmenstätigkeit ("reales" externes technisch-organisatorisches Teilergebnis) in v.H. des Sachvermögensbestandes (zu Wiederbeschaffungspreisen) ermittelt; vgl. *H. Dicke* u. *P. Trapp*, Zinsen, Gewinne, Nettoinvestitionen ..., a.a.O., S. 11ff. u. S. 22ff. Zur Berechnung vgl. auch Anhang 1.

auf monetäre Anlagen konzentriert. Die Bindung monetärer Beschaffungsleistungen in technisch-organisatorischen Aktiva ist folglich - gemessen in v.H. der Bilanzsumme - kontinuierlich gesunken, die Nutzung monetärer Beschaffungsleistungen zum Angebot monetärer Marktleistungen durch nichtfinanzielle Unternehmen hat dagegen offensichtlich stark zugenommen: Der Anteil monetärer Aktiva in den Bilanzen der Unternehmen des NFS ist im Durchschnitt aller Unternehmen mittlerweile auf ca. 49 v.H. der Bilanzsumme gestiegen.[37]

Der Vergleich dieses Durchschnittswertes mit den entsprechenden prozentualen Werten der zwanzig umsatzstärksten Industrieunternehmen in der Bundesrepublik Deutschland zeigt, daß bei fast allen dieser Großunternehmen das Verhältnis der monetären Aktiva an der Bilanzsumme über dem Durchschnitt und bei Dreiviertel dieser Unternehmen sogar signifikant über 50 v.H. liegt (vgl. Übersicht 2). Monetäre Aktiva machen hier somit das Hauptgewicht der Aktivseite der Bilanzen aus.

Die Übersichten 1 und 2 zeigen bereits die Bedeutung des LFB bei nichtfinanziellen Unternehmen. Die große praktische Relevanz der produktiven Nutzung von Zahlungs- und Haftungsleistungen zum Angebot monetärer Marktleistungen durch Unternehmen des NFS wird im folgenden durch eine Abschätzung des Einflusses zu bestätigen sein, den der dem LFB zuzurechnende Teil-Jahreserfolg auf den gesamten Unternehmenserfolg dieser Unternehmen hat.

32 Zur Abgrenzung monetärer sowie technisch-organisatorischer Teilergebnisse

Die eben dargestellte Entwicklung des Umfangs monetärer und technisch-organisatorischer Aktiva an der Bilanzsumme legt bereits die Vermutung nahe, daß der Einfluß des LFB auf den Jahreserfolg der Unternehmen des NFS stark zugenommen hat. Eine Untersuchung externer Teilergebnisse von Unternehmen des NFS, unterschieden nach externem monetärem Teilergebnis aus dem LFB sowie externem technisch-organisatorischem Teilergebnis aus dem TOB, soll den Realitätsgehalt dieser Vermutung überprüfen. Die Vorgehensweise bei den im Teil 4 vorzunehmenden Berechnungen derartiger externer Teilergebnisse wird durch Übersicht 3 verdeutlicht.

Ausgangspunkt der Ermittlung eines externen monetären und eines externen technisch-organisatorischen Teilergebnisses in Übersicht 3 ist die Gewinn- und Verlustrechnung der Unternehmen des NFS. Die betrieblichen Aufwands- und Ertragsarten werden getrennt in technisch-organisatorische und monetäre Bestandteile. Auf der Ertragsseite sind als technisch-organisatorische Erträge vor allem die "Umsatzerlöse" anzusehen, als monetäre Erträge die Zinserträge sowie die Beteiligungserträge. Den technisch-organisatorischen Aufwand bilden im wesentlichen der Personalaufwand, der Materialaufwand sowie Abschreibungen auf Sachanlagen, den monetären Aufwand der Zinsaufwand sowie die Abschrei-

---

[37] Vgl. auch Übersicht 2, erster Balken.

Übersicht 2: Monetäre Aktiva in v.H. der Bilanzsumme bei den zwanzig umsatzstärksten Industrieunternehmen der Bundesrepublik Deutschland im Jahre 1987 *

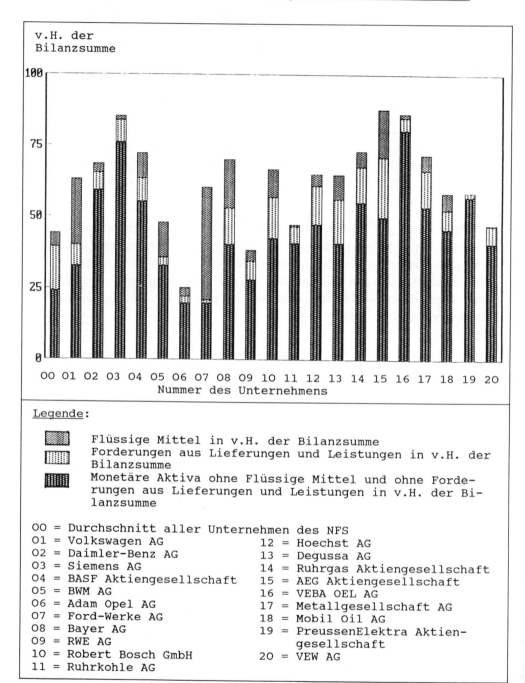

bungen auf Finanzanlagen.[38] Hinzuweisen ist an dieser Stelle bereits auf die Problematik, daß in der externen Rechnungslegung der Praxis weder Aufwendungen für Haftungsleistungen noch für Zahlungsleistungen der Eigenkapitalgeber als betrieblicher Aufwand berücksichtigt werden; Entgelte für die Leistungen der Eigenkapitalgeber werden derzeit in Abhängigkeit von der Erfolgslage des Unternehmens aus dem Jahresüberschuß nach Steuern bemessen.[39] In dieser Verfahrensweise liegt - worauf später noch kurz eingegangen wird - ein gefährliches Potential zur Fehlallokation monetärer Leistungen und insbesondere von Haftungsleistungen begründet.

In Übersicht 3 wird im ersten Schritt jeweils der Saldo aus der Gegenüberstellung von technisch-organisatorischen (TO) bzw. liquiditätsmäßig-finanziellen (LF) Aufwendungen und Erträgen ermittelt, der als externes technisch-organisatorisches bzw. als externes liquiditätsmäßig-finanzielles (monetäres) Teilergebnis bezeichnet werden soll.[40] Die Summe aus externem technisch-organisatorischem und externem monetärem Teilergebnis ergibt den Jahresüberschuß (vor Steuern).

Im zweiten Schritt wird in Übersicht 3 der Tatsache Rechnung getragen, daß bislang noch keine innerbetrieblichen Leistungsbeziehungen zwischen LFB und TOB einbezogen sind. Vielmehr wurden undifferenziert z.B. der Zinsaufwand dem LFB bzw. der Personal- und Sachaufwand dem TOB zugerechnet. Wie aus dem Prinzip des Dualismus der Leistungserstellung folgt, werden aber zur Erstellung technisch-organisatorischer Marktleistungen interne Leistungen des LFB und zur Erstellung monetärer Marktleistungen interne Leistungen des TOB benötigt. Das externe technisch-organisatorische Teilergebnis ist folglich um den technisch-organisatorischen Aufwand für monetäre Marktleistungen (z.B. Personalaufwand für Mitarbeiter der Finanzabteilung und Abschreibungen auf in der Finanzabteilung eingesetzte Datenverarbeitungsanlagen) zu entlasten und mit dem monetären Aufwand für technisch-organisatorische Marktleistungen (z.B. Zinsaufwendungen zur Finanzierung von Sachanlagen) zu belasten. Aufwendungen des LFB für den TOB stellen aber nicht nur Entgelte für Zahlungsleistungen dar; darüber hinaus sind prinzipiell auch Entgelte für die Nutzung von Haftungspotentialen durch den TOB zu berücksichtigen. In diesem Zusammenhang sei aber nochmals an die erwähnte Problematik der Ermittlung des Jahresüberschusses in der Praxis erinnert.

---

[38] Allerdings ist die Zuordnung zum LFB oder zum TOB bei einigen Aufwands- und Ertragspositionen, die in der Gewinn- und Verlustrechnung von Unternehmen des NFS ausgewiesen werden, nicht überschneidungsfrei möglich (z.B. bei sonstigen Erträgen bzw. Aufwendungen). Ferner ist zu beachten, daß der Begriff "Umsatzerlöse" ungenau ist. Zum einen liegen hier keine Erlöse, sondern Erträge vor. Zum anderen sind nicht alle "Umsatzerlöse" der betreffenden Periode zuzurechnen; so stellen z.B. diejenigen Teile der "Umsatzerlöse", die aus Verkäufen vom Lager resultieren, Einnahmen, aber in Höhe der Herstellungskosten keine Erträge dar, da sie periodenfremd sind; vgl. dazu. *H. K. Weber*, Betriebswirtschaftliches Rechnungswesen. Bd. 1: Bilanz und Erfolgsrechnung. 3., neubearb. Aufl., München 1988, S. 244f.

[39] Zur ansatzweisen Verrechnung von "Eigenkapital-Aufwand" bei der Ermittlung von externen TOB- und LFB-Teilergebnissen vgl. Übersicht 7.

[40] Zur empirischen Abschätzung vgl. Kapitel 41.

Übersicht 3: Schema zur Ermittlung des korrigierten technisch-organisatorischen und des korrigierten monetären Teilergebnisses in der externen Rechnungslegung*

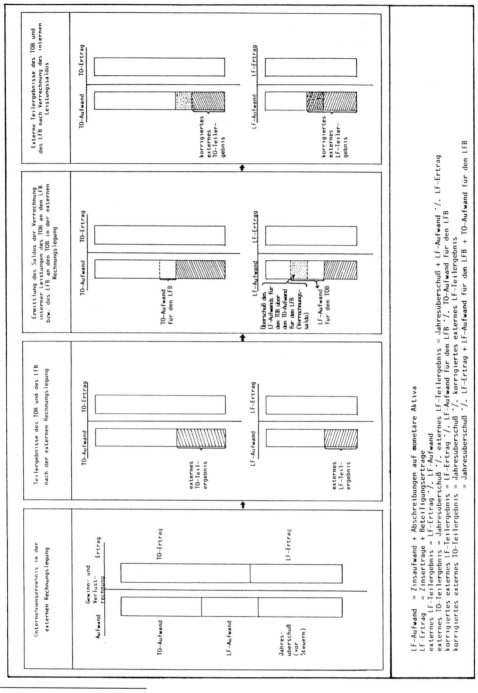

LF-Aufwand   = Zinsaufwand + Abschreibungen auf monetäre Aktiva
LF-Ertrag   = Zinserträge + Beteiligungserträge
externes LF-Teilergebnis = LF-Ertrag ·/. LF-Aufwand
externes TO-Teilergebnis = Jahresüberschuß ·/. externes LF-Teilergebnis = Jahresüberschuß + LF-Aufwand ·/. LF-Ertrag
externes LF-Teilergebnis = LF-Ertrag ·/. LF-Aufwand für den LF ·/. TO-Aufwand für den LF
korrigiertes externes LF-Teilergebnis = LF-Ertrag ·/. LF-Aufwand für den LF ·/. TO-Aufwand für den LF
korrigiertes externes TO-Teilergebnis = Jahresüberschuß ·/. korrigiertes externes LF-Teilergebnis
                                       = Jahresüberschuß ·/. LF-Ertrag + LF-Aufwand für den LFB + TO-Aufwand für den LFB

---

* Erstellt in Anlehnung an: *H.-D. Deppe*, Finanzielle Haftung heute ..., a.a.O., S. 196.

Analog zur Vorgehensweise bei der Korrektur des externen technisch-organisatorischen Teilergebnisses hat die Belastung des externen monetären Teilergebnisses mit dem technisch-organisatorischen Aufwand für den LFB und die Entlastung um den monetären Aufwand für den TOB zu erfolgen. Bei der Ermittlung der zu verrechnenden Volumina interner Leistungsbeziehungen zwischen LFB und TOB soll von Beschaffungspreisen ausgegangen werden.[41] Für die Erfassung von Leistungsbeziehungen zwischen LFB und TOB im externen Rechnungswesen wird als Zwischenergebnis des zweiten Schrittes ein Verrechnungssaldo ermittelt, der den verbleibenden Überschuß an internen Leistungen eines Leistungsbereichs für den anderen Leistungsbereich angibt. Im Beispiel der Übersicht 3 wird von einem Überschuß des LF-Aufwands für den TOB über den TO-Aufwand für den LFB ausgegangen.[42]

Um diesen Verrechnungssaldo werden dann im dritten Schritt die vorher im ersten Schritt ermittelten externen Teilergebnisse "korrigiert"[43]: Im Beispiel in Übersicht 3 vermindert sich das externe technisch-organisatorische Teilergebnis um den Verrechnungssaldo, während das externe monetäre Teilergebnis um den gleichen Betrag steigt. Die so ermittelten neuen Teilergebnisse, deren Summe wieder den Jahresüberschuß (vor Steuern) ergibt, werden als "korrigiertes externes technisch-organisatorisches Teilergebnis" und als "korrigiertes externes monetäres Teilergebnis" bezeichnet. Diese korrigierten externen Teilergebnisse bieten aufgrund der - zumindest teilweisen - Einbeziehung von Leistungsaustauschbeziehungen zwischen LFB und TOB einen aussagefähigeren Einblick in die Bedeutung des externen Erfolgsbeitrags aus monetären bzw. technisch-organisatorischen Marktleistungen als der in der Praxis undifferenziert ermittelte Jahresüberschuß. Aus den korrigierten Teilergebnissen resultieren folglich auch für den externen Betrachter verbesserte Möglichkeiten zur differenzierteren Beurteilung der Erfolgslage eines Unternehmens.

Durch die in Übersicht 3 vorgenommene Korrektur der externen Teilergebnisse werden interne Leistungsbeziehungen zwischen LFB und TOB aber nicht umfassend einbezogen, da - wie bereits angesprochen - derzeit im externen Rechnungswesen in der Praxis Aufwendungen für die Zahlungs- und Haftungsleistungen der Eigenkapitalgeber unberücksichtigt bleiben. Um die internen Leistungsbeziehungen zwischen LFB und TOB vollständiger erfassen zu können, erfolgt im Kapitel 43 - über Übersicht 3 hinausgehend - noch eine Abschätzung derartiger "Aufwendungen" für die Inanspruchnahme der Eigenkapitalgeberleistungen. Mit der "Bereinigung" der korrigierten externen Teilergebnisse um die den monetären bzw. technisch-organisatorischen Marktleistungen zu belastenden Anteile an diesen "Eigenkapital-Aufwendungen" wird dann die Verrechnung interner Leistungsbe-

---

[41] Die Verrechnung kann auch mit Lenkungspreisen erfolgen, so z.B. mit entgangenen Erträgen, die sich daraus ergeben, daß monetäre Leistungen (technisch-organisatorische Einsatzgüter) für den TOK (LFK) genutzt wurden, statt sie für die Erstellung monetärer Marktleistungen (technisch-organisatorischer Marktleistungen) zu verwenden.

[42] Dies stellt in praxi wohl auch den Normalfall dar: Der Zinsaufwand für die Finanzierung von Sachgütern wird bei Unternehmen des NFS die durch die Erstellung monetärer Marktleistungen verursachten Personal- und Sachaufwendungen in der Regel deutlich übersteigen.

[43] Zur empirischen Abschätzung vgl. Kapitel 42.

ziehungen zwischen LFB und TOB in der externen Rechnungslegung der Unternehmen des NFS abgeschlossen.

4 Empirische Analyse der Bedeutung des Liquiditätsmäßig-finanziellen Bereichs bei Unternehmen des Nichtfinanziellen Sektors anhand der Berechnung monetärer sowie technisch-organisatorischer Teilergebnisse in der externen Rechnungslegung

41 Entwicklung des monetären sowie des technisch-organisatorischen Teilergebnisses

In Übersicht 4 sind zunächst nach den Abgrenzungen aus Übersicht 3 die externen Teilergebnisse durch Gegenüberstellung der monetären bzw. technisch-organisatorischen Erträge und Aufwendungen auf der Basis der von der Deutschen Bundesbank[44] veröffentlichten aggregierten Zahlen zu den Gewinn- und Verlustrechnungen der Unternehmen des NFS ermittelt worden. Als monetäre Aufwandsarten werden aus den Statistiken der Deutschen Bundesbank der Zinsaufwand für die Nutzung von beschafften Fremdkapitalgeber-Zahlungsleistungen und die "sonstigen Abschreibungen" angesetzt, die nach Abgrenzung der Deutschen Bundesbank vorwiegend Abschreibungen auf Finanzanlagen umfassen und somit in der Haftungssphäre als Aufwendungen für effektiv gewordene Risiken aus liquiditätsmäßig-finanziellen Marktleistungen interpretiert werden können.[45] Als Erträge des LFB sind die Zinserträge aus schuldrechtlichen monetären Marktleistungen, d.h. für das eigene Angebot von Fremdkapitalgeber-Zahlungsleistungen, und die "übrigen Erträge" (nach Abgrenzung der Deutschen Bundesbank im wesentlichen Beteiligungserträge aus dem eigenen Angebot von Eigenkapitalgeber-Zahlungs- und Eigenkapitalgeber-Haftungsleistungen) einbezogen worden. Alle anderen von der Deutschen Bundesbank veröffentlichten Aufwands- und Ertragspositionen werden dem TOB zugeordnet.[46]

---

[44] o.V., Ertragslage und Finanzierungsverhältnisse der Unternehmen im Jahre 1988, a.a.O., S. 22f.

[45] Folgt aus diesen Aufwendungen ein Jahresfehlbetrag, muß dieser durch effektiven Einsatz aufgebauter Haftungspotentiale abgedeckt werden. Zur Frage, inwieweit die betriebliche Haftungssphäre berührt ist, wenn derartige Aufwendungen lediglich den Jahresüberschuß verringern, vgl. die differenzierte Darstellung zu speziellen, den "eigentlichen" Haftungspotentialen vorgelagerten "Risikodeckungspotentialen" im Beitrag von *P. Reus* in der vorliegenden Festschrift.

[46] Bei dieser Vorgehensweise sind zum Teil Unschärfen vorhanden, so vor allem bei der Zuordnung von aggregierten "Mischpositionen", die sowohl monetäre als auch technisch-organisatorische Elemente enthalten (z.B. übrige Erträge bzw. Aufwendungen). Eine Aufteilung dieser "Mischpositionen" in ihre technisch-organisatorischen bzw. monetären Bestandteile kann aber auf der Basis des verfügbaren Datenmaterials nicht vorgenommen werden. Da sowohl im berechneten externen monetären Teilergebnis als auch im externen technisch-organisatorischen Teilergebnis "Mischpositionen" enthalten sind, ist zumindest eine teilweise Kompensation des aus der unterbliebenen Aufteilung folgenden Fehlers gegeben. Ferner schließt diese Zuordnung von Erträgen und Aufwendungen zum Teil schon - obwohl hier eigentlich noch nicht beabsichtigt - eine Art "Verrechnung" interner Leistungsbeziehungen zwischen LFB und TOB ein: In Abschreibungen auf Sachanlagen enthaltene Absetzungen für außerplanmäßige Wertverluste von maschinellen Anlagen (z.B. aufgrund technischen Fortschritts) können als LF-Aufwendungen für TOB-Risiken interpretiert werden (also - zumindest im Falle eines Jahresfehlbetrages - für den im TOB verursachten effektiven Verzehr von Haftungspotential; vgl. hierzu auch Fußnote 45). Die Kurve des externen TOB-Teilergeb-

Als erstes Zwischenergebnis der getrennten Gegenüberstellung monetärer und technisch-organisatorischer Erfolgsgrößen in der externen Rechnungslegung von Unternehmen des NFS bleibt zunächst festzuhalten, daß der Betrag des <u>externen technisch-organisatorischen Teilergebnisses</u> im gesamten Untersuchungszeitraum über dem Betrag des <u>externen liquiditätsmäßig-finanziellen Teilergebnisses</u> liegt (vgl. Übersicht 4). Allerdings hat sich der Abstand zwischen den beiden Teilergebnissen - vor allem seit Beginn der achtziger Jahre - stark verringert, was bereits auf die gestiegene Bedeutung des Angebots monetärer Marktleistungen im Vergleich zum Angebot technisch-organisatorischer Marktleistungen für den Jahreserfolg der Unternehmen des NFS in der heutigen Wirtschaftspraxis hinweist. Im Jahr 1987 hat das externe liquiditätsmäßig-finanzielle Teilergebnis - sogar bei Vernachlässigung interner Leistungsbeziehungen zwischen LFB und TOB - bereits fast den absoluten Betrag des externen technisch-organisatorischen Teilergebnisses erreicht.

42 Entwicklung des korrigierten monetären sowie des korrigierten technisch-organisatorischen Teilergebnisses

In den im Kapitel 41 ermittelten externen Teilergebnissen sind <u>interne Leistungsbeziehungen</u> zwischen LFB und TOB noch weitgehend unberücksichtigt.[47] Um diese internen Leistungsbeziehungen zumindest ansatzweise einzubeziehen, werden die externen Teilergebnisse aus Übersicht 4 in nachstehend skizzierter Weise "korrigiert":

- Da sowohl monetäre Aktiva als auch technisch-organisatorische Aktiva Zahlungsleistungen binden, wird zur Aussonderung von <u>liquiditätsmäßig-finanziellen Aufwendungen für den TOB</u> der Zinsaufwand nach dem Anteil von monetären bzw. technisch-organisatorischen Aktiva an der Bilanzsumme der Unternehmen des NFS aufgeteilt. Mit dem für die Finanzierung der technisch-organisatorischen Aktiva anfallenden Teil des Zinsaufwands ist das externe technisch-organisatorische Teilergebnis zu belasten, das externe liquiditätsmäßig-finanzielle Teilergebnis ist um den gleichen Betrag zu entlasten.

Es bleibt anzumerken, daß mit dieser Vorgehensweise auch Probleme verbunden sind. Ein Problem liegt z.B. in der Tatsache, daß der Zinsaufwand als über die gesamte Periode kumulierte Stromgröße nach Stichtagsgrößen aus der Bilanz verteilt wird. Entgel-

---

Fortsetzung der Fußnote 46:
nisses verläuft dadurch eher zu niedrig, ohne daß aber die grundlegende Tendenz entkräftet wird. In den Übersichten 6 und 7, die gerade auf die Verrechnung interner Leistungsbeziehungen abzielen, ist dieser "Fehler" nicht mehr vorhanden.

[47] Die ökonomische Notwendigkeit zur Verrechnung interner Leistungsbeziehungen zwischen LFB und TOB wird auch in folgender Aussage von Dicke und Trapp angedeutet: "In der betriebswirtschaftlichen Literatur ist die Ansicht zu finden, daß die gesamten Zinsaufwendungen unter den neutralen Aufwand zu subsumieren sind ... Ökonomisch betrachtet ist eine solche Zurechnung nicht berechtigt. Denn Fremdkapital wird nahezu ausschließlich zur Finanzierung von Anlage- oder Umlaufvermögen im Rahmen des eigentlichen Betriebszwecks aufgenommen und wohl kaum zum Ankauf von Finanzaktiva oder Erwerb von Beteiligungen"; *H. Dicke* u. *P. Trapp*, Zinsen, Gewinne, Nettoinvestitionen ..., a.a.O., S. 14, FN 2. - Die Gültigkeit des letzten Teils dieser Aussage muß zwar bei Betrachtung der Bilanzstrukturen der Unternehmen des NFS (vgl. auch Übersicht 2) relativiert werden, dennoch wird in dieser Aussage implizite auf die internen Leistungsbeziehungen (hier interne Leistungen des LFB an den TOB) eingegangen.

Übersicht 4: <u>Entwicklung des technisch-organisatorischen sowie des monetären Teil-
ergebnisses in der externen Rechnungslegung der Unternehmen des NFS
von 1971 bis 1987 (Mrd. DM)</u> *

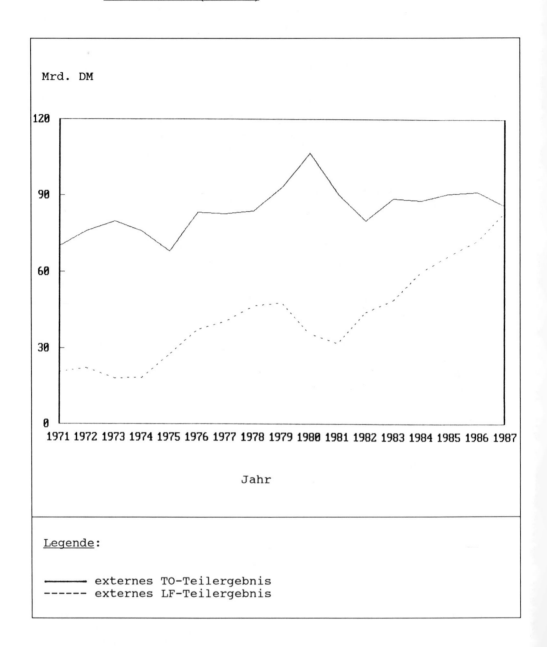

* Erstellt nach Daten aus: *Deutsche Bundesbank (Hrsg.)*, Jahresabschlüsse der Unternehmen ..., a.a.O., S.
12f.; *o.V.*, Ertragslage und Finanzierungsverhältnisse der Unternehmen in den Jahren 1982-1988, a.a.O.
Zur Berechnung vgl. auch Anhang 2.

te für die Nutzung von Zahlungsleistungen müßten verursachungsgerecht nach der Zeitdauer der Nutzung verrechnet werden. Da der überwiegende Teil der Sachinvestitionen durch längerfristig gebundene, bei normaler Zinsstruktur höher verzinsliche Zahlungsleistungen finanziert sein dürfte, monetäre Aktiva dagegen zu größeren Teilen auch durch kürzerfristige und damit normalerweise niedriger verzinsliche Zahlungsleistungen finanziert werden, ist von daher der dem TOB zu belastende Teilbetrag des Zinsaufwands eher zu niedrig angesetzt. Ferner enthalten auf der Ertragsseite die voll dem TOB zugeordneten "Umsatzerlöse" auch Erträge für das Angebot monetärer Leistungen, da die Entgelte für die Inanspruchnahme von Lieferantenkrediten durch Kunden (Verzicht auf Skontoausnutzung) Bestandteile der Marktpreise für die nachgefragten technisch-organisatorischen Leistungen sind. Diese Erträge aus der Gewährung von Lieferantenkrediten wären folglich dem korrigierten externen LFB-Teilergebnis zuzurechnen, worauf hier aber verzichtet werden soll.

Der interne Leistungsbeitrag des LFB für den TOB wird durch die gewählte Vorgehensweise (Aufteilung des Zinsaufwands nach dem Anteil von monetären bzw. technisch-organisatorischen Aktiva an der Bilanzsumme der Unternehmen des NFS) somit insgesamt nur unvollständig erfaßt. Durch die angesprochenen Probleme werden die resultierenden Kernaussagen zu externen Teilergebnissen aber nicht entkräftet. Ließen sich die Mängel eliminieren, wäre letztlich eine weitere Verlagerung der ermittelten Kurvenverläufe zu Lasten des externen TOB-Teilergebnisses zu erwarten. Die letztlich grundlegend feststellbare Entwicklung (vgl. Übersicht 5) würde dadurch eher noch verstärkt.

Die näherungsweise Berechnung des durch Nutzung technisch-organisatorischer Produktionsfaktoren bei der Erstellung monetärer Marktleistungen anfallenden technisch-organisatorischen Aufwands unter Verwendung der Bilanzstrukturen erscheint dagegen nicht angebracht: Bei gedanklicher Gegenüberstellung des jeweiligen Umfangs der Personal- und Sachmittelausstattung der Finanzabteilungen und der technisch-organisatorischen Produktionsstätten von Unternehmen des NFS wird deutlich, daß es nicht sinnvoll ist, Personal- und Sachaufwand nach dem (in Übersicht 2 ermittelten) Anteil monetärer bzw. technisch-organisatorischer Aktiva an der Bilanzsumme aufzuteilen. Daher soll der technisch-organisatorische Aufwand für die Erstellung monetärer Marktleistungen auf der Basis einer empirischen Abschätzung berechnet werden, nach der in den Jahren 1980/81 Aufwendungen des TOB für den LFB in Höhe von ca. 10 v.H. der liquiditätsmäßig-finanziellen Erträge anfielen.[48]

Aufgrund der wachsenden Bedeutung der Finanzabteilungen bei Unternehmen des NFS ist ein Anstieg des absoluten Betrags der technisch-organisatorischen Aufwendungen für den LFB im Zeitablauf zu erwarten. Diese Entwicklung ist in der vorliegenden Übersicht 5 dadurch näherungsweise erfaßt, daß sich auch die Erträge aus monetären Marktleistungen im gewählten Zeitraum erhöht haben, auf deren Basis der technisch-organisatorische Aufwand für den LFB mittels des angegebenen v.H.-Satzes (10 v.H.)

---

[48] Vgl. *H. Dicke* u. *P. Trapp*, Zinsen, Gewinne, Nettoinvestitionen ..., a.a.O., S. 14.

Übersicht 5: Entwicklung des korrigierten technisch-organisatorischen sowie des korrigierten monetären Teilergebnisses in der externen Rechnungslegung der
Unternehmen des NFS von 1971 bis 1987 (Mrd. DM)*

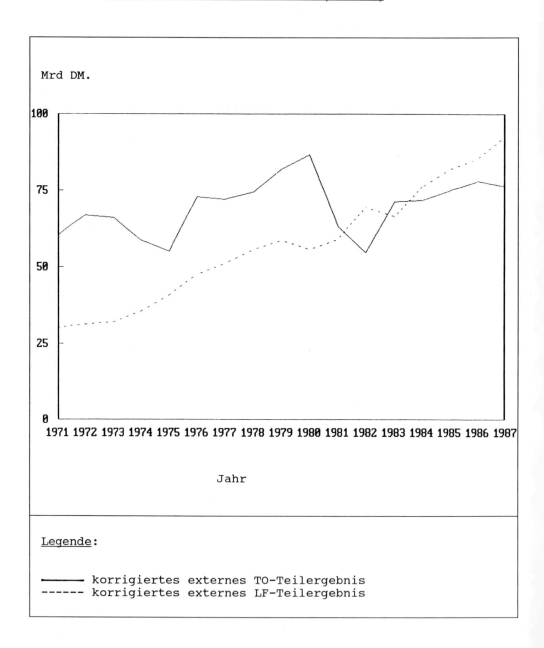

* Erstellt nach Daten aus: *Deutsche Bundesbank (Hrsg.)*, Jahresabschlüsse der Unternehmen ..., a.a.O., S.
12f.; *o.V.*, Ertragslage und Finanzierungsverhältnisse der Unternehmen in den Jahren 1982-1988, a.a.O.
Zur Berechnung vgl. auch Anhang 2.

118

berechnet wurde. Die Gültigkeit dieses Verhältnisses wird zur Vereinfachung für den gesamten der Übersicht 5 zugrunde gelegten Zeitraum unterstellt.[49]

Bei Zusammenfassung der beiden (gemäß der beschriebenen Verfahrensweise ermittelten) Verrechnungsbeträge aus Aufwendungen für die Nutzung interner Leistungen ergibt sich ein betragsmäßiger Überschuß des monetären Aufwands für den TOB über den technisch-organisatorischen Aufwand für den LFB (vgl. Anhang 2, Sp. 10). Um diese Saldogröße werden die externen Teilergebnisse aus Übersicht 4 "korrigiert", d.h. erhöht bzw. vermindert: Die Kurve des korrigierten externen liquiditätsmäßig-finanziellen Teilergebnisses in Übersicht 5 liegt über dem Niveau der Kurve des externen liquiditätsmäßig-finanziellen Teilergebnisses aus Übersicht 4; analog dazu ist das Niveau des korrigierten externen technisch-organisatorischen Teilergebnisses in Übersicht 5 niedriger als das Niveau des externen technisch-organisatorischen Teilergebnisses aus Übersicht 4.

Die Entwicklung der korrigierten externen Teilergebnisse seit 1971 in Übersicht 5 verdeutlicht unmittelbar, daß seit 1984 das korrigierte externe liquiditätsmäßig-finanzielle Teilergebnis ständig über dem korrigierten externen technisch-organisatorischen Teilergebnis liegt. Diese Entwicklung korrespondiert auch im wesentlichen mit den Veränderungen der realen Rendite auf Finanzanlagen und der realen Sachvermögensrendite, die in Übersicht 1 dargestellt wurden.

Die Berechnung einer "korrigierten" realen Sachvermögensrendite auf der Grundlage des korrigierten externen technisch-organisatorischen Teilergebnisses zeigt den in Übersicht 1 festgestellten Trend noch deutlicher auf: Seit Beginn der 70er Jahre nahm der Abstand zwischen korrigierter realer Sachvermögensrendite und realer Umlaufsrendite festverzinslicher Wertpapiere immer mehr ab, und von 1980 bis 1986 lag die reale Umlaufsrendite festverzinslicher Wertpapiere über der korrigierten realen Sachvermögensrendite (vgl. Übersicht 6). Um es in der Sprache der dynamischen Investitionsrechnung auszudrücken: Investitionen in monetären Aktiva weisen zumindest zeitweise - und in jüngster Vergangenheit verstärkt - einen höheren Kapitalwert bzw. höheren internen Zinsfuß[50] auf als Investitionen in Sachanlagen. Das wurde von den Unternehmen des NFS bewußt zur Ertragsoptimierung ausgenutzt: Ihr Jahresüberschuß (vor Steuern) wird derzeit zu mehr als 50 v.H. durch monetäre Marktleistungen erwirtschaftet. Es ist sogar keine Seltenheit

---

[49] Unter Berücksichtigung der starken Zunahme der liquiditätsmäßig-finanziellen Erträge bei Unternehmen des NFS erscheint es nicht wahrscheinlich, daß dieser 1980/81 abgeschätzte v.H.-Satz derzeit höher angesetzt werden müßte. Es ist eher zu vermuten, daß die starke Zunahme der liquiditätsmäßig-finanziellen Erträge in der jüngsten Vergangenheit den Umfang des Ausbaus der Finanzabteilungen bei Unternehmen des NFS und damit auch den Anstieg des technisch-organisatorischen Aufwands für den LFB überkompensiert hat. Danach wäre der zu Lasten des externen monetären Teilergebnisses einzubeziehende Betrag an technisch-organisatorischen Aufwendungen für den LFB tendenziell eher zu hoch angesetzt.

[50] Vgl. dazu z.B.: *G. Franke* u. *H. Hax*, Finanzwirtschaft des Unternehmens und Kapitalmarkt. Berlin u.a. 1988, S. 114ff.; *L. Perridon* u. *M. Steiner*, Finanzwirtschaft der Unternehmung. 5., überarb. Aufl., München 1988, S. 51ff.

Übersicht 6: Entwicklung des Sachvermögens und der monetären Aktiva in v.H. der
Bilanzsumme bei Betrieben des NFS sowie Entwicklung der korrigierten
realen Sachvermögensrendite und der realen Umlaufsrendite festverzinslicher Wertpapiere *

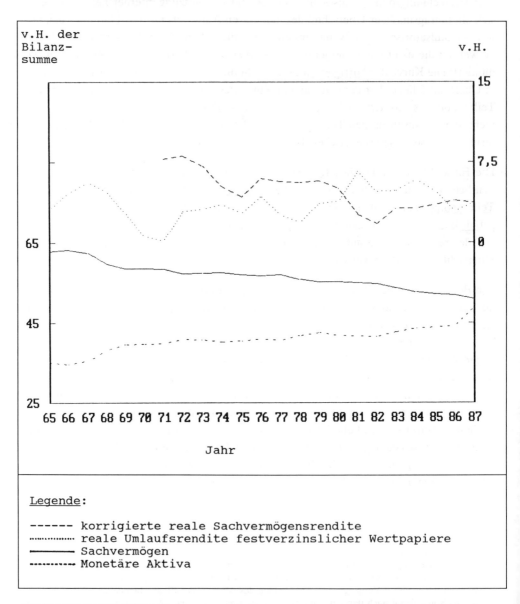

* Zu Quellenangaben vgl. Übersicht 1. - Die korrigierte reale Sachvermögensrendite stellt das Verhältnis
aus "realem" korrigiertem externem technisch-organisatorischem Teilergebnis (Ergebnis aus der technisch-
organisatorischen Unternehmenstätigkeit bei Berücksichtigung interner Leistungsbeziehungen zwischen
TOB und LFB, berechnet als Jahresüberschuß vor Steuern vermindert um das korrigierte externe monetäre Teilergebnis aus Übersicht 5 sowie vermindert um Scheingewinne) in v.H. des Sachvermögensbestandes
(zu Wiederbeschaffungspreisen) dar. Zur Berechnung vgl. auch Anhang 1.

mehr, daß Betriebe des NFS Gewinnausschüttungen am Jahresende im wesentlichen allein aus dem im LFB erwirtschafteten Ergebnis vornehmen können.[51]

43 Entwicklung des korrigierten bereinigten monetären sowie des korrigierten bereinigten technisch-organisatorischen Teilergebnisses

Für eine noch vollständigere Verrechnung interner Leistungsbeziehungen zwischen LFB und TOB ist zu berücksichtigen, daß im externen Rechnungswesen bislang keine Aufwendungen für die Zahlungs- und Haftungsleistungen der Eigenkapitalgeber angesetzt werden (können). Eigenkapitalgeber haben vielmehr zur Entlohnung ihrer Leistungen einen residualbestimmten Anspruch auf Anteile am Jahresüberschuß. Empirische Untersuchungen zeigen aber, daß vor allem die Haftungsleistung der Eigenkapitalgeber in der jüngsten Vergangenheit nur sehr rudimentär durch eine Risikoprämie vergütet wurde[52], was zu Fehlallokationen monetärer Leistungen führen kann. Dies verdeutlicht z.B. die "Eigenkapitallücke": "Heute besteht die Gefahr, daß Eigenkapitalgeberleistungen als Haftungs- *und* Zahlungsleistungen mangels leistungsgerechter Honorierung vom Markt verschwinden"[53].

Bei Erfassung von "Aufwendungen" für Eigenkapitalgeber-Zahlungsleistungen und Eigenkapitalgeber-Haftungsleistungen wird zum einen das Niveau des Jahresüberschusses vor Steuern (und damit auch das Niveau des korrigierten externen LFB- und des korrigierten externen TOB-Teilergebnisses) niedriger als nach derzeitigen Rechnungslegungsvorschriften liegen; zum anderen sind weitere Auswirkungen auf die Struktur der im LFB bzw. im TOB erzielten Erfolgsbeiträge zum Jahresergebnis zu erwarten.

Derartige "Eigenkapital-Aufwendungen" hat der Verfasser ansatzweise abgeschätzt und einbezogen: In Übersicht 7 wurden auf der Basis dieser Abschätzung die korrigierten externen Teilergebnisse aus Übersicht 5 "bereinigt". Als Aufwandssatz zur Vergütung der Eigenkapitalgeber-Haftungsleistung wird eine "Basisprämie" von 3 v.H.[54], als Aufwandssatz

---

[51] Vgl. z.B.: *M. Perlitz*, Wird der Finanzmanager der mächtigste Mann im Industrieunternehmen? In: Bankpolitik, finanzielle Unternehmensführung und die Theorie der Finanzmärkte. Festschrift für Hans-Jacob Krümmel zur Vollendung des 60. Lebensjahres. Hrsg. v. B. Rudolph u. J. Wilhelm. Berlin 1988, S. 309-335, hier S. 330.

[52] Vgl. *W. Gruhler*, Analyse: Kapitalrentabilität und Risikoprämierung. "iw-trends", Köln, Jg. 15 (1988), Nr. 3, S. A1-A18, hier S. A16f.

[53] *H.-D. Deppe*, Finanzielle Haftung heute ..., a.a.O., S. 208.

[54] Empirisches Zahlenmaterial für Haftungsleistungs-Vergütungssätze liegt nicht vor, weil Haftungsleistungen im externen Rechnungswesen derzeit nicht als Aufwandsart einbezogen sind. Auch die Berechnung der in Ausschüttungen enthaltenen, über die Fremdkapitalrendite hinausgehenden Risikoprämie bringt keine brauchbaren Ergebnisse, da - wie bereits angesprochen - Eigenkapitalgeberleistungen in der Praxis derzeit insgesamt nur unzureichend entlohnt werden (vgl. *W. Gruhler*, Analyse ..., a.a.O., S. A16f.). Zur Vereinfachung wird deshalb hier für die Vergütung der Haftungsleistung der Eigenkapitalgeber eine "Basisprämie" unterstellt, die über der empirisch in obiger Quelle ermittelten Risikoprämie liegt, da sinkende Eigenkapitalquoten über lange Zeiträume vermuten lassen, daß die Eigenkapitalgeber mit der Vergütung ihrer Leistungen und hier insbesondere ihrer Haftungsleistungen zuletzt nicht zufrieden waren.

Übersicht 7: <u>Entwicklung des korrigierten bereinigten technisch-organisatorischen sowie des korrigierten bereinigten monetären Teilergebnisses in der externen Rechnungslegung der Unternehmen des NFS von 1971 bis 1987 (Mrd. DM)</u>*

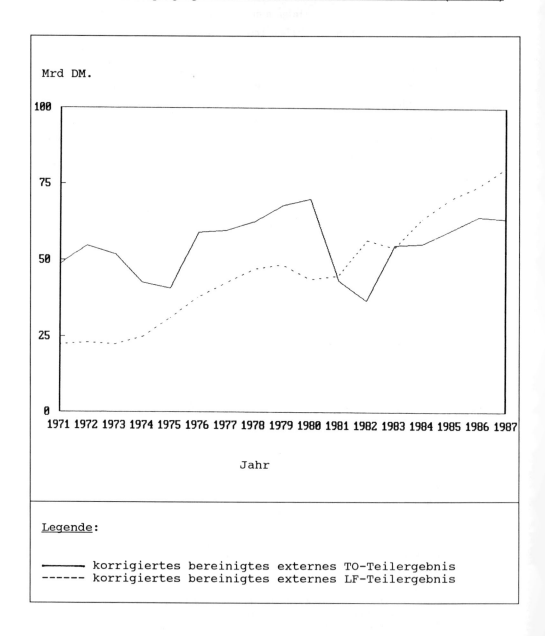

* Erstellt nach Daten aus: *Deutsche Bundesbank (Hrsg.)*, Jahresabschlüsse der Unternehmen ..., a.a.O., S. 12f.; *Deutsche Bundesbank (Hrsg.)*, 40 Jahre Deutsche Mark, a.a.O., S. 226; *o.V.*, Ertragslage und Finanzierungsverhältnisse der Unternehmen in den Jahren 1982-1988, a.a.O. Zur Berechnung vgl. auch Anhang 2.

für die Eigenkapitalgeber-Zahlungsleistung der langfristige Fremdkapitalzinssatz angenommen[55]. Die Verteilung der "Eigenkapital-Aufwendungen", die sich durch Anwendung dieser Aufwandssätze auf das Volumen der Eigenkapitalausstattung der Unternehmen des NFS ergeben, auf die korrigierten externen Teilergebnisse erfolgt - wie bei der Berechnung der korrigierten externen Teilergebnisse - nach dem Anteil monetärer bzw. technisch-organisatorischer Aktiva an der Bilanzsumme.[56]

Die so ermittelten "korrigierten bereinigten externen Teilergebnisse" in Übersicht 7 bestätigen wiederum die große ökonomische Bedeutung monetärer Marktleistungen für das Jahresergebnis bei Unternehmen des NFS. Die Entwicklung dieser korrigierten und bereinigten Teilergebnisse, die noch realitätsnäher als die "nur" korrigierten Teilergebnisse (aus Übersicht 5) interne Leistungsbeziehungen zwischen TOB und LFB erfassen, zeigt, daß bereits seit Beginn der 80er Jahre der Jahreserfolg der Unternehmen des NFS vorwiegend aus monetären Marktleistungen herrührt. Ferner ist aus der Übersicht zu erkennen, daß auch bei Berücksichtigung von "Aufwendungen" für Zahlungs- und Haftungsleistungen der Eigenkapitalgeber den Unternehmen des NFS noch Gewinne (vor Steuern) von weit mehr als 100 Mrd. DM (1987: 144 Mrd. DM[57]) verbleiben, die z.B. zur Stärkung von Rücklagen Verwendung finden können. Vor diesem Hintergrund ist die von Deppe[58] erhobene Forderung zu bekräftigen, zumindest Aufwendungen für Eigenkapitalgeber-Zahlungsleistungen als Betriebsausgaben bei der Gewinnermittlung steuerlich anzuerkennen, um so

---

[55] Zu beachten ist, daß im Fremdkapitalzinssatz auch "Risikoprämien" enthalten sein können. Dies wird deutlich beim Vergleich der Verzinsung festverzinslicher Wertpapiere gleicher Ausstattung, z.B. von Bundesanleihen, Industrieobligationen bis hin zu Junk Bonds. Würde vom Fremdkapitalzinssatz für "reine" Zahlungsleistungen ("pure rate") ausgegangen (d.h. für mit größter Wahrscheinlichkeit "sichere" Kredite, z.B. an den Bund), müßte die oben angenommene Risikoprämie für Eigenkapitalgeber-Haftungsleistungen cet. par. tendenziell eher höher liegen.

[56] Um die "Basisprämie" verursachungsgerecht zu verrechnen, müßte eine Aufteilung nach verursachenden Risiken erfolgen, also z.B. nach dem Verhältnis von Abschreibungen auf Finanzanlagen zu Aufwendungen für TOB-Risiken (u.a. Wertverluste maschineller Anlagen durch technischen Fortschritt). Da aber Aufwendungen für TOB-Risiken aus dem verfügbaren Datenmaterial nicht klar ermittelt werden können, wird hier darauf verzichtet. Bei Differenzierung der "Basisprämie" nach Marktleistungsarten müßte den Investitionen in Sachanlagen bzw. den technisch-organisatorischen Marktleistungen eine höhere Prämie zugerechnet werden als vielen Finanzanlagen (hier insbesondere den festverzinslichen Wertpapieren). Das könnte dann möglicherweise auch zu einer Neubewertung der Sachvermögensrenditen bzw. der Investitionen in Sachanlagen gegenüber Investitionen in Finanzanlagen führen.

[57] Im Vergleich dazu betrug der Jahresüberschuß (vor Steuern) ohne Bereinigung durch "Eigenkapital-Aufwand" 169 Mrd. DM im Jahre 1987 (vgl. Übersicht 5).

[58] Vgl. *H.-D. Deppe*, Finanzielle Haftung heute ..., a.a.O., S. 208. - Aus der steuerlichen Ungleichbehandlung von Fremdkapital- und Eigenkapitalgeber-Zahlungsleistungen resultieren auch Probleme der Erfolgsanalyse: "Würde man zwei Unternehmen mit einer sehr unterschiedlichen Kapitalstruktur vergleichen und den Zinsaufwand zu Lasten des Erfolges rechnen, so wäre die Effizienz der höher verschuldeten Unternehmung schlechter, da sie eine höhere Verschuldung trägt. ... Wer betriebstechnisch und marktspezifisch gleiche, finanziell aber unterschiedlich ausgestattete Unternehmen vergleichen will, muß den Zinsaufwand .. als Bestandteil des Erfolges ansehen"; *J. Hauschildt*, Erfolgs- und Finanz-Analyse. Fragengeleitete Analyse der "Vermögens-, Finanz- und Ertragslage des Unternehmens" nach Bilanzrichtlinien-Gesetz (mit Vergleich zum Aktienrecht 1965). (DATEV-Schriften, Nr. 6.) 2., völlig überarb. u. erw. Aufl., Köln 1987, S. 144. - Das in diesem Zitat angesprochene Problem stellte sich nicht bei einer steuerlichen Anerkennung von Zinsaufwand für Eigenkapitalgeber-Zahlungsleistungen, da dann sämtliche beschafften Zahlungsleistungen unabhängig von der rechtlichen Stellung der Leistungsgeber Zinsaufwand verursachen würden.

Eigen- und Fremdkapitalgeber wenigstens hinsichtlich ihrer Zahlungsleistung steuerlich gleich zu behandeln.

In Anbetracht dieser Ergebnisse ist die früher berechtigte - vom Sachziel der Unternehmen des NFS abgeleitete - Auffassung vom LFB (oder Finanzbereich) als Hilfsbereich[59] bei der Leistungserstellung von Unternehmen des NFS zu relativieren. Vielmehr ist zumindest im Hinblick auf das Formalziel Gewinnerzielung zu konstatieren, daß der LFB derzeit große Bedeutung und vielfach sogar größere Bedeutung als der TOB für die Erwirtschaftung des Jahresüberschusses von Unternehmen des NFS hat.[60] Eine gegenläufige Entwicklung ist im Finanziellen Sektor bei Bankbetrieben zu beobachten, bei denen die Erträge aus (technisch-organisatorischen) Dienstleistungsgeschäften an Gewicht gewinnen[61].

5 Schlußbetrachtung

Ausgangspunkt des vorliegenden Beitrags ist die Diskrepanz zwischen der unzureichenden wissenschaftlich-produktionstheoretischen Erforschung monetärer Einsatzgüter (Haftungs- und Zahlungsleistungen) im betrieblichen Leistungsprozeß auf der einen Seite sowie der in der Wirtschaftspraxis empirisch feststellbaren fundamentalen Zunahme monetärer Leistungsprozesse ohne Koppelung an Realgüterströme auf der anderen Seite. Theoretische Grundlage einer in diesem Beitrag vorzunehmenden empirischen Abschätzung der derzeitigen Bedeutung liquiditätsmäßig-finanzieller Leistungsprozesse bei Unternehmen des NFS für die Erwirtschaftung ihres Jahreserfolges stellt das von Deppe zunächst für Bankbetriebe entwickelte Produktionsfaktorsystem dar, das neben technisch-organisatorischen Produktionsfaktoren den "Monetären Faktor" in Haftungs- und/oder Zahlungsqualität als betrieblichen Produktionsfaktor erfaßt.

Der empirische Nachweis der Bedeutung liquiditätsmäßig-finanzieller Leistungsprozesse bei Unternehmen des NFS erfolgt vor allem anhand der Abschätzung monetärer bzw.

---

[59] Vgl. z.B.: *H. Koch*, Betriebliche Planung. Grundlagen und Grundfragen der Unternehmungspolitik. (Die Wirtschaftswissenschaften, 36. Lieferung, Reihe A (Betriebswirtschaftslehre)/Beitrag Nr. 4.) Wiesbaden 1961, S. 28.

[60] Vgl. dazu z.B. die Umstrukturierung bei Daimler-Benz, mit der die Daimler-Benz AG zu einer Holding wird, die vor allem auch die "Kapital-Drehscheibe" des Konzerns bildet: "Nicht zuletzt liegt das operative Finanz- und Liquiditätsmanagement zentral bei der Daimler-Benz AG. Es verwaltet das Finanzvolumen einer großen Bank ... Der Konzern weist für 1988 einen positiven Zinssaldo von mehr als einer Milliarde Mark aus. Das Ertragsbild der Daimler-Benz AG wird in Zukunft durch ein solches 'eigenes' Finanzergebnis bestimmt sein und durch Beteiligungserträge" (*G. Heller*, Geschäftsführende Holding wird Kapital-Drehscheibe des Konzerns. Daimler-Benz AG/Die Aktionäre sollen in der Hauptversammlung am 28. Juni den Weg in eine neue Epoche der Unternehmensgeschichte freigeben. "Handelsblatt" v. 10.5.1989). - Vgl. zum Angebot monetärer Marktleistungen bei deutschen Automobilunternehmen auch: *G. Weinrich*, Messung der wirtschaftlichen Lage ..., a.a.O., S. 1867.

[61] Vgl. *o.V.*, Längerfristige Entwicklung des Bankensektors und Marktstellung der Kreditinstitutsgruppen. "Monatsberichte der Deutschen Bundesbank", Frankfurt a.M., Jg. 41 (1989), Nr. 4, S. 13-22, hier S. 14f.

technisch-organisatorischer Teilergebnisse im externen Rechnungswesen dieser Unternehmen. Dabei wird in drei Schritten vorgegangen:

- Im ersten Schritt werden die Aufwands- und Ertragsarten in den Gewinn- und Verlustrechnungen der betrachteten Unternehmen in monetäre und technisch-organisatorische Bestandteile getrennt. Das daraus ermittelte externe technisch-organisatorische Teilergebnis lag im gesamten Untersuchungszeitraum über dem externen monetären Teilergebnis, der Abstand beider Größen hat sich im Zeitablauf jedoch stark verringert.

- Im zweiten Schritt wird auf der Basis der in den Gewinn- und Verlustrechnungen der betrachteten Unternehmen ausgewiesenen Aufwendungen und Erträge ansatzweise eine Verrechnung interner Leistungsbeziehungen zwischen LFB und TOB vorgenommen. Das Zwischenergebnis zeigt, daß das korrigierte externe monetäre Teilergebnis in den achtziger Jahren bereits mehrfach das korrigierte externe technisch-organisatorische Teilergebnis überstieg.

- Im dritten Schritt werden schließlich noch - über die Aufwandsarten der Gewinn- und Verlustrechnungen in der Praxis hinausgehend - "Eigenkapitalaufwendungen" in die Berechnung einbezogen, um auch die Haftungs- und Zahlungsleistungen der Eigenkapitalgeber zu erfassen. Als Ergebnis der Verrechnung interner Leistungsbeziehungen zwischen LFB und TOB ist damit festzuhalten, daß bereits seit Beginn der 80er Jahre das korrigierte bereinigte externe monetäre Teilergebnis über dem korrigierten bereinigten externen technisch-organisatorischen Teilergebnis liegt. Die empirische Abschätzung des jeweiligen Erfolgsbeitrags der beiden Leistungsbereiche von Unternehmen des NFS und damit auch des jeweiligen Erfolgsbeitrags von monetären und technisch-organisatorischen Marktleistungen verdeutlicht somit, daß nichtfinanzielle Unternehmen bei Berücksichtigung interner Leistungsbeziehungen zwischen LFB und TOB ihr externes Unternehmensergebnis derzeit zu größeren Teilen im LFB als im TOB erwirtschaften.

Die Ergebnisse theoretischer Analysen zur Produktionsfaktoreigenschaft von Zahlungs- und Haftungsleistungen[62] zeigen somit in Verbindung mit den Ergebnissen der im vorliegenden Beitrag vorgenommenen empirischen Untersuchungen zur Bedeutung des LFB bei Unternehmen des NFS unmittelbar auf, daß die am Sachziel nichtfinanzieller Unternehmen orientierte Auffassung von der Existenz ausschließlich technisch-organisatorischer Produktionsfaktoren bzw. vom TOB als einzigem betrieblichem Leistungsbereich zu eng und nicht wirklichkeitsnah ist. Nur durch umfassende Einbeziehung monetärer Produktionsfaktoren sowie monetärer Leistungsprozesse in die betriebswirtschaftliche Theorie kann daher der "wenig befriedigende Zustand der Allgemeinen Betriebswirtschaftslehre auf monetärem Gebiet"[63] überwunden werden.

---

[62] Vgl. den Beitrag von *G. Liebau* in der vorliegenden Festschrift sowie: *W. Benner*, Betriebliche Finanzwirtschaft ..., a.a.O., S. 226ff.; *H.-D. Deppe*, Eine Konzeption wissenschaftlicher Bankbetriebslehre ..., a.a.O., S. 31ff.; *H.-D. Deppe*, Finanzielle Haftung heute ..., a.a.O., S. 212ff.; *G. Liebau*, Monetäre Leistungen ..., a.a.O., S. 43ff.

[63] *H.-D. Deppe*, Vorwort des Herausgebers. In: Geldwirtschaft und Rechnungswesen, a.a.O., S. V-IX, hier S. V.

Anhang

Anhang 1: Datenmaterial zu den Übersichten 1 und 6 am Beispiel der Jahre 1985 bis 1987 (in Mrd. DM bzw. in v.H.)

Jahr	Monetäre Aktiva	Sachvermögen	Bilanzsumme	Monetäre Aktiva in v.H. der Bilanzsumme	Sachvermögen in v.H. der Bilanzsumme
	(1)	(2)	(3)	(4)	(5)
1985	930,90	1.107,30	2.126,10	43,78	52,08
1986*	959,00	1.125,80	2.170,50	44,18	51,87
1987*	996,80	1.043,00	2.047,10	48,69	50,95

Jahr	Umlaufsrendite festverzinslicher Wertpapiere	Veränderungsrate des Preisindexes des Bruttosozialproduktes	Reale Umlaufsrendite festverzinslicher Wertpapiere [(6)-(7)]	Jahresüberschuß vor Steuern	Zinsaufwand
	(6)	(7)	(8)	(9)	(10)
1985	6,9	2,2	4,7	156,70	51,40
1986*	6,0	3,1	2,9	163,40	48,30
1987*	5,8	2,1	3,7	169,00	46,00

Jahr	Abschreibungen auf Finanzanlagen	Zinserträge und übrige Erträge	Externes LF-Teilergebnis [(12)-(10)-(11)]	Externes TO-Teilergebnis [(9)-(13)]	Abschreibungen zu Wiederbeschaffungspreisen nach den VGR
	(11)	(12)	(13)	(14)	(15)
1985	16,70	134,40	66,30	90,40	166,29
1986*	17,60	138,10	72,20	91,20	172,53
1987*	13,80	143,20	83,40	85,60	178,60

Jahr	Abschreibungen zu Anschaffungspreisen nach den VGR	Abschreibungen zu Anschaffungspreisen nach Bilanzstatistik der Deutschen Bundesbank	Scheingewinne [(15)/(16)*(17)-(17)]	"Reales" externes TO-Teilergebnis [(14)-(18)]	Nettosachanlagevermögen[a]
	(16)	(17)	(18)	(19)	(20)
1985	127,73	109,30	33,00	57,40	538,20
1986*	135,03	113,20	31,44	59,76	558,20
1987*	142,76	119,70	30,05	55,55	593,20

[a]Sachanlagevermögen abzgl. Wertberichtigungen auf Sachanlagen nach der Bilanzstatistik der Deutschen Bundesbank

126

Jahr	Nettoanlagevermögen zu Wiederbeschaffungspreisen/Nettoanlagevermögen zu Anschaffungspreisen nach den VGR (21)	Nettosachanlagevermögen zu Wiederbeschaffungspreisen [(20)*(21)] (22)	Vorräte (23)	Sachvermögen zu Wiederbeschaffungspreisen [(22)+(23)] (24)
1985	1,38	742,72	440,70	1.183,42
1986*	1,36	759,15	432,20	1.191,35
1987*	1,33	788,96	449,80	1.238,76

Jahr	Reale Sachvermögensrendite [(19)/(24) *100] (25)	Korrigiertes externes LF-Teilergebnis (Anhang 2, Sp. 11) (26)	Korrigiertes externes TO-Teilergebnis [(9)-(26)] (27)	"Reales" korrigiertes externes TO-Teilergebnis [(27)-(18)] (28)	Korrigierte reale Sachvermögensrendite [(28)/(24) *100] (29)
1985	4,85	81,75	74,95	41,95	3,54
1986*	5,02	85,35	78,05	46,61	3,91
1987*	4,48	92,68	76,32	46,27	3,74

*Daten für 1987, insb. in den Spalten (2), (3) und (11), nur bedingt vergleichbar (Umstellung auf das neue Bilanzrecht).

Anhang 2: Datenmaterial zu den Übersichten 4, 5 und 7 am Beispiel der Jahre 1985 bis 1987 (in Mrd. DM bzw. in
v.H.)

Jahr	Jahresüber-schuß vor Steuern (1)	Zinsauf-wand (2)	Abschrei-bungen auf Finanzan-lagen (3)	Zinserträ-ge und übrige Er-träge (4)	Externes LF-Teil-ergebnis [(4)-(2)-(3)] (5)
1985	156,70	51,40	16,70	134,40	66,30
1986*	163,40	48,30	17,60	138,10	72,20
1987*	169,00	46,00	13,80	143,20	83,40

Jahr	Externes TO-Teil-ergebnis [(1)-(5)] (6)	Monetäre Ak-tiva in v.H. der Bilanz-summe (Anhang 1, Sp. 4) (7)	LF-Aufwand für LFB [(2)*(7) /100+(3)] (8)	TO-Auf-wand für LFB[a] [0,1*(4)] (9)	Verrech-nungssaldo interner Leistungs-beziehungen [(2)+(3) -(8)-(9)] (10)
1985	90,40	43,78	39,21	13,44	15,45
1986*	91,20	44,18	38,94	13,81	13,15
1987*	85,60	48,69	36,20	14,32	9,28

[a]Vgl. hierzu Kapitel 42 des vorliegenden Beitrags

Jahr	Korrigier-tes exter-nes LF-Teilergeb-nis [(5)+(10)] (11)	Korrigier-tes exter-nes TO-Teilergeb-nis [(6)-(10)] (12)	Eigenka-pitalbe-stand (13)	Umlaufsren-dite fest-verzinsli-cher Wert-papiere (14)	Eigenkapi-talaufwand-satz [(14)+3 v.H. "Basisprä-mie"] (15)
1985	81,75	74,95	274,80	6,9	9,9
1986*	85,35	78,05	280,20	6,0	9,0
1987*	92,68	76,32	284,70	5,8	8,8

Jahr	Eigenka-pital-aufwand [(13) *(15) /100] (16)	Anteil LFB am Eigenka-pitalauf-wand [(16)*(7) /100] (17)	Anteil TOB am Eigenka-pitalauf-wand [(16)-(17)] (18)	Korrigier-tes berei-nigtes ex-ternes LF-Teilergeb-nis [(11)-(17)] (19)	Korrigier-tes berei-nigtes ex-ternes TO-Teilergeb-nis [(12)-(18)] (20)
1985	27,21	11,91	15,29	69,84	59,65
1986*	25,22	11,14	14,08	74,21	63,97
1987*	25,05	12,20	12,85	80,48	63,46

*Daten für 1987, insb. in Spalte (3), nur bedingt vergleich-
bar (Umstellung auf das neue Bilanzrecht).

Literaturverzeichnis

Albach, Horst: Zur Versorgung der Wirtschaft mit Risikokapital. (ifm-Materialien, Nr. 9.) Bonn 1983.

Albach, Horst u. Albach, Renate: Das Unternehmen als Institution. Rechtlicher und gesellschaftlicher Rahmen. Eine Einführung. Wiesbaden 1989.

Bähre, Inge Lore: Begrüßungsansprache. In: Banken: Leistungsfähige und weltweite Partner. XIII. Deutscher Bankentag am 26. und 27. März 1979 in Bonn. Vorträge und Diskussionen. Hrsg. v. Bundesverband Deutscher Banken. Köln 1979, S. 19-22.

Benner, Wolfgang: Betriebliche Finanzwirtschaft als monetäres System. (Göttinger Hefte zur Bankbetriebslehre und Unternehmungsfinanzierung, H. 3.) Göttingen 1983.

Benner, Wolfgang: Betriebliche Prozesse, finanzwirtschaftliche Existenzbedingungen und finanzielles Gleichgewicht. In: Geldwirtschaft und Rechnungswesen. Hrsg. v. H.-D. Deppe. (Neue Betriebswirtschaftliche Studienbücher, Bd. 1.) Göttingen 1989, S. 153-198.

Braun, Wolfgang A.: Die Savings & Loan Associations in den USA. "Sparkasse", Stuttgart, Jg. 106 (1989), S. 358-360.

Deppe, Hans-Dieter: Der Bankbetrieb als Gegenstand von Wachstumsanalysen. "Zeitschrift für Betriebswirtschaft", Wiesbaden, Jg. 34 (1964), S. 353-381. Wiederabgedruckt in: Texte zur wissenschaftlichen Bankbetriebslehre I. Hrsg. u. eingef. v. H.-D. Deppe. (Göttinger Hefte zur Bankbetriebslehre und Unternehmungsfinanzierung, H. 7a.) Göttingen 1980, S. 81-109.

Deppe, Hans-Dieter: Bankbetriebliches Wachstum. Funktionalzusammenhänge und Operations Research in Kreditinstituten. Stuttgart 1969.

Deppe, Hans-Dieter: Eine Konzeption wissenschaftlicher Bankbetriebslehre in drei Doppelstunden. In: Bankbetriebliches Lesebuch. Ludwig Mülhaupt zum 65. Geburtstag. Hrsg. v. H.-D. Deppe. Stuttgart 1978, S. 3-98.

Deppe, Hans-Dieter: Einführung des Herausgebers zu Heft 7a und 7b. In: Texte zur wissenschaftlichen Bankbetriebslehre I und II. Hrsg. u. eingef. v. H.-D. Deppe. (Göttinger Hefte zur Bankbetriebslehre und Unternehmungsfinanzierung, H. 7a u. 7b.) Göttingen 1980 u. 1981, S. IX-XLVIII.

Deppe, Hans-Dieter: Finanzielle Haftung heute - Obsoletes Relikt oder marktwirtschaftliche Fundamentalleistung? In: Zweihundert Jahre Geld und Brief. Herausforderungen an die Kapitalmärkte. Festgabe an die Niedersächsische Börse zu Hannover aus Anlaß ihres 200jährigen Bestehens. Hrsg. v. C. P. Claussen, L. Hübl u. H.-P. Schneider. Frankfurt a.M. 1987, S. 179-204. Wiederabgedruckt in: Geldwirtschaft und Rechnungswesen. Hrsg. v. H.-D. Deppe. (Neue Betriebswirtschaftliche Studienbücher, Bd. 1.) Göttingen 1989, S. 199-228.

Deppe, Hans-Dieter: Vorwort des Herausgebers. In: Geldwirtschaft und Rechnungswesen. Hrsg. v. H.-D. Deppe. (Neue Betriebswirtschaftliche Studienbücher, Bd. 1.) Göttingen 1989, S. V-IX.

Deppe, Hans-Dieter u. Lohmann, Karl: Grundriß analytischer Finanzplanung. (Neue Betriebswirtschaftliche Studienbücher, Bd. 2.) 2., neubearb. Aufl., Göttingen 1989.

Deutsche Bundesbank (Hrsg.): Jahresabschlüsse der Unternehmen in der Bundesrepublik Deutschland 1965 bis 1981. (Sonderdrucke der Deutschen Bundesbank, Nr. 5.) 3. Aufl., Frankfurt a.M. 1983.

Deutsche Bundesbank (Hrsg.): 40 Jahre Deutsche Mark. Monetäre Statistiken 1948-1987. Frankfurt a.M. 1988.

Deutsche Bundesbank (Hrsg.): Ergebnisse der gesamtwirtschaftlichen Finanzierungsrechnung der Deutschen Bundesbank 1979 bis 1987. Ergänzungslieferung. (Sonderdrucke der Deutschen Bundesbank, Nr. 4.) Frankfurt a.M. 1988.

Deutsche Bundesbank (Hrsg.): Zahlenübersichten und methodische Erläuterungen zur gesamtwirtschaftlichen Finanzierungsrechnung der Deutschen Bundesbank 1960 bis 1987. (Sonderdrucke der Deutschen Bundesbank, Nr. 4.) 5. Aufl., Frankfurt a.M. 1988.

Dicke, Hugo: Unternehmer sind keine Unterlasser: Investitionsverhalten rational. "Die Bank", Köln, o. Jg. (1988), S. 178-183.

Dicke, Hugo u. Trapp, Peter: Zinsen, Gewinne, Nettoinvestitionen. Zu den Bestimmungsfaktoren der Sachvermögensbildung westdeutscher Unternehmen. (Kieler Diskussionsbeiträge, Nr. 99.) Kiel 1984.

Fingleton, Eamonn: Will the System tumble? "Euromoney", London, o.Jg. (1986), H. 9, S. 110-125.

Franke, Günter u. Hax, Herbert: Finanzwirtschaft des Unternehmens und Kapitalmarkt. Berlin u.a. 1988.

Gruhler, Wolfram: Analyse: Kapitalrentabilität und Risikoprämierung. "iw-trends", Köln, Jg. 15 (1988), Nr. 3, S. A1-A18.

Gutenberg, Erich: Einführung in die Betriebswirtschaftslehre. (Die Wirtschaftswissenschaften, R. A, 1. Beitrag.) Wiesbaden 1958.

Gutenberg, Erich: Die Unternehmung als Gegenstand betriebswirtschaftlicher Theorie. (Betriebs- und finanzwirtschaftliche Forschungen, II. Serie, H. 40.) Frankfurt a.M. 1967.

Gutenberg, Erich: Grundlagen der Betriebswirtschaftslehre. Erster Band: Die Produktion. 24., unveränd. Aufl., Berlin, Heidelberg u. New York 1983.

Gutenberg, Erich: Grundlagen der Betriebswirtschaftslehre. Dritter Band: Die Finanzen. 8., erg. Aufl., Berlin, Heidelberg u. New York 1980.

Hauschildt, Jürgen: Erfolgs- und Finanz-Analyse. Fragengeleitete Analyse der "Vermögens-, Finanz- und Ertragslage des Unternehmens" nach Bilanzrichtlinien-Gesetz (mit Vergleich zum Aktienrecht 1965). (DATEV-Schriften, Nr. 6.) 2., völlig überarb. u. erw. Aufl., Köln 1987.

Heinen, Edmund: Einführung in die Betriebswirtschaftslehre. 9., verb. Aufl., Wiesbaden 1985.

Heller, Georg: Geschäftsführende Holding wird Kapital-Drehscheibe des Konzerns. Daimler-Benz AG/Die Aktionäre sollen in der Hauptversammlung am 28. Juni den Weg in eine neue Epoche der Unternehmensgeschichte freigeben. "Handelsblatt" v. 10.5.1989.

Hesse, Helmut u. Keppler, Horst: Die Internationalisierung der Finanzmärkte und die Einbindung deutscher Banken und Börsen in diesen Prozeß. In: Zweihundert Jahre Geld und Brief. Herausforderungen an die Kapitalmärkte. Festgabe an die Niedersächsische Börse zu Hannover aus Anlaß ihres 200jährigen Bestehens. Hrsg. v. C. P. Claussen, L. Hübl u. H.-P. Schneider. Frankfurt a.M. 1987, S. 103-129.

Keitgen, Johannes: Der Lohn der Mutigen. "Wertpapier", Düsseldorf, Jg. 36 (1988), S. 1273.

Koch, Helmut: Betriebliche Planung. Grundlagen und Grundfragen der Unternehmungspolitik. (Die Wirtschaftswissenschaften, 36. Lieferung, Reihe A (Betriebswirtschaftslehre)/Beitrag Nr. 4.) Wiesbaden 1961.

Krahnen, Hans-Joachim: Die Eigenkapitalbasis der Unternehmen. In: Eigenkapital und Kapitalmarkt. (Schriftenreihe des Instituts für Kapitalmarktforschung an der J. W. Goethe-Universität Frankfurt am Main, Kolloquien - Beiträge, Nr. 17.) Frankfurt a.M. 1978, S. 30-54.

Liebau, Gerhard: Monetäre Leistungen und konzeptionelle Erfassung des Betriebs. In: Geldwirtschaft und Rechnungswesen. Hrsg. v. H.-D. Deppe. (Neue Betriebswirtschaftliche Studienbücher, Bd. 1.) Göttingen 1989, S. 27-150.

Liedl, Reinhard: Eigenkapitalorientierte Investitionsrechnung bei Bertelsmann. "Zeitschrift für betriebswirtschaftliche Forschung", Düsseldorf u. Frankfurt a.M., Jg. 40 (1988), S. 172-182.

Möser, Heinz-Dieter: Finanz- und Investitionswirtschaft in der Unternehmung. Landsberg am Lech 1988.

Mülhaupt, Ludwig: Ansatzpunkte für eine Theorie der Kreditbank. "Jahrbuch für Sozialwissenschaft", Göttingen, Bd. 12 (1961), S. 132-143. Wiederabgedruckt in: Texte zur wissenschaftlichen Bankbetriebslehre I. Hrsg. u. eingef. v. H.-D. Deppe. (Göttinger Hefte zur Bankbetriebslehre und Unternehmungsfinanzierung, H. 7a.) Göttingen 1980, S. 69-80.

Müller-Merbach, Heiner: Komprehensive Informationssysteme und Allgemeine Betriebswirtschaftslehre. "Zeitschrift für Betriebswirtschaft", Wiesbaden, Jg. 59 (1989), S. 1023-1045.

o.V.: Liquiditäts-Probleme. "Zeitschrift für das gesamte Kreditwesen", Frankfurt a.M., Jg. 40 (1987), S. 685f.

o.V.: Ertragslage und Finanzierungsverhältnisse der Unternehmen in den Jahren 1982-1988. "Monatsberichte der Deutschen Bundesbank", Frankfurt a.M., Jg. 35-41 (1983-1989).

o.V.: Längerfristige Entwicklung des Bankensektors und Marktstellung der Kreditinstitutsgruppen. "Monatsberichte der Deutschen Bundesbank", Frankfurt a.M., Jg. 41 (1989), Nr. 4, S. 13-22.

o.V.: Staatliche Rettungsaktion für die Sparkunden. Die amerikanische Landschaft der Finanzinstitutionen wird sich ändern. "Frankfurter Allgemeine Zeitung" v. 23.8.1989.

Perlitz, Manfred: Wird der Finanzmanager der mächtigste Mann im Industrieunternehmen? In: Bankpolitik, finanzielle Unternehmensführung und die Theorie der Finanzmärkte. Festschrift für Hans-Jacob Krümmel zur Vollendung des 60. Lebensjahres. Hrsg. v. B. Rudolph u. J. Wilhelm. Berlin 1988, S. 309-335.

Perridon, Louis u. Steiner, Manfred: Finanzwirtschaft der Unternehmung. 5., überarb. Aufl., München 1988.

Pöllath, Reinhard: Steuerliche Gesichtspunkte bei der Entscheidung über Nachfrage, Angebot und Vermittlung von unternehmerischem Eigenkapital. "ZIP Zeitschrift für Wirtschaftsrecht", Köln, Jg. 5 (1984), S. 1029-1046.

Pütz, Paul u. Willgerodt, Hans: Gleiches Recht für Beteiligungskapital. Vorschläge zur Reform von Unternehmensrecht und Kapitalmarkt. (Schriften zur Ordnungspolitik, Bd. 1.) 1. Aufl., Baden-Baden 1985.

Reus, Peter: Geldwirtschaftlicher Leistungsdualismus und Bankkostenrechnung. (Neue Betriebswirtschaftliche Studienbücher, Bd. 4.) Göttingen 1989.

Reus, Peter: Kostenrechnung und monetäre Leistungen im Betrieb. In: Geldwirtschaft und Rechnungswesen. Hrsg. v. H.-D. Deppe. (Neue Betriebswirtschaftliche Studienbücher, Bd. 1.) Göttingen 1989, S. 283-312.

Schmidt, Reinhard H.: Grundzüge der Investitions- und Finanzierungstheorie. 2., durchges. Aufl., Wiesbaden 1986.

Schneider, Dieter: Lücken bei der Begründung einer "Eigenkapitallücke". "Der Betrieb", Düsseldorf u. Frankfurt a.M., Jg. 39 (1986), S. 2293-2298.

Schneider, Dieter: Messung des Eigenkapitals als Risikokapital. "Der Betrieb", Düsseldorf u. Frankfurt a.M., Jg. 40 (1987), S. 185-191.

Schneider, Dieter: Investition, Finanzierung und Besteuerung. 6., vollst. neu bearb. Aufl., Wiesbaden 1989.

Schneider, Erich: Industrielles Rechnungswesen. Grundlagen und Grundfragen. 4. Aufl., Tübingen 1963.

Sinn, Hans-Werner: Risiko als Produktionsfaktor. "Jahrbücher für Nationalökonomie und Statistik", Stuttgart, Bd. 201 (1986), S. 557-571.

Statistisches Bundesamt (Hrsg.): Volkswirtschaftliche Gesamtrechnungen. Fachserie 18, R. 1: Konten und Standardtabellen. Stuttgart u. Mainz, verschiedene Jahre.

Stützel, Wolfgang: Die Aktie und die volkswirtschaftliche Risiken-Allokation. In: Geld und Versicherung. Analysen, Thesen, Perspektiven im Spannungsfeld liberaler Theorie. Festgabe für Wilhelm Seuß. Hrsg. v. M. Jung, R. R. Lucius u. W. G. Seifert. Karlsruhe 1981, S. 193-211.

Süchting, Joachim: Finanzmanagement. Theorie und Politik der Unternehmensfinanzierung. (Schriftenreihe des Instituts für Kredit- und Finanzwirtschaft, Bd. 1.) 5., vollst. überarb. u. erw. Aufl., Wiesbaden 1989.

Weber, Helmut Kurt: Betriebswirtschaftliches Rechnungswesen. Bd. 1: Bilanz und Erfolgsrechnung. 3., neubearb. Aufl., München 1988.

Weichert, Ronald: Probleme des Risikokapitalmarktes in der Bundesrepublik Deutschland. Ursachen, Auswirkungen, Lösungsmöglichkeiten. (Kieler Studien, Nr. 213.) Tübingen 1987.

Weinrich, Günter: Messung der wirtschaftlichen Lage - Ergebnisse bei deutschen Automobilunternehmen. "Der Betrieb", Düsseldorf u. Frankfurt a.M., Jg. 41 (1988), S. 1861-1868.

Weissenbeck, Friedrich u. Mehler, Horst A.: Barter - kostengünstig einkaufen, neue Absatzmärkte erschließen, kreativ finanzieren. Landsberg am Lech 1987.

Wöhe, Günter: Einführung in die Allgemeine Betriebswirtschaftslehre. 16., überarb. Aufl., München 1986.

Finanzielle Haftung und Intermediation als Konstituenten moderner Geldwirtschaften - Einige Basisüberlegungen

Wolfgang Benner, Hamburg

Inhaltsverzeichnis

1 Einführung   137

2 Aspekte der finanziellen Haftung in Geldwirtschaften   139

   21 Haftungsgründe und ökonomische Ausgangsfragen   139

   22 Haftung aus Finanzkontrakten   141

   23 Solvenz, finanzielle Reserven und Risikopuffer   143

   24 Haftung und Anreizwirkungen   146

3 Aspekte der Intermediation in Geldwirtschaften   147

   31 Geldfunktionen und Verschuldung   148

   32 Finanzkontrakte, Transformation und Intermediation von Banken   150

      321 Banken als Spezialisten im gesamtwirtschaftlichen Geldkreislauf   150

      322 Transformation von Finanzkontrakten durch Banken   151

      323 Banken als Finanzintermediäre   154

4 Ausblick   156

Literaturverzeichnis   159

1 Einführung

Der Begriff Geldwirtschaft scheint auf den ersten Blick bereits dadurch hinreichend charakterisiert, daß man auf die Existenz und Verwendung von Geld in einer derartigen Wirtschaftsgemeinschaft verweist. Durch welche Merkmale eine Geldwirtschaft ansonsten zu charakterisieren ist, stellt sich - ökonomisch gesehen - meist als Frage dar, die in vielem ohne Bezug zum Geld beantwortet wird. Das Stichwort "Geldschleier" steht hier für eine lange ökonomische Forschungstradition mit dieser Grundeinstellung. Bei näherer Betrachtung (auch unter Einbeziehung historischer Erkenntnisse) sieht man jedoch, daß die Verwendung von Geld in einer Wirtschaftsgemeinschaft in der Regel einhergeht mit einer Reihe spezifischer gesellschaftlicher und wirtschaftlicher Merkmale, wobei der Wirkungszusammenhang, die Intensität der Verknüpfung und die gegenseitige Bedingtheit dieser Merkmale allerdings nur zum Teil wissenschaftlich geklärt sind.

In der geschichtlichen Entwicklung haben sich Geldwirtschaften mehrfach in einer (komplexen) Merkmalsverbindung unbezweifelbar als besonders effizient, zumindest als robust und zudem expansiv, erwiesen: Geldwirtschaften auf Privateigentumsbasis mit individuellen, dezentralisierten Produktions- und Konsumentscheidungen, die über Märkte koordiniert werden, also (privat)kapitalistische Marktwirtschaften.[1] Dies ist aus mindestens zwei Gründen zwangsläufig:

1. Die Dynamik kapitalistischer Wirtschaften kommt erst mit der Verschuldung von Privateigentümern richtig in Gang (Verschuldungsdruck, Debitismus).[2] Verschuldung ist die wesentlichste Voraussetzung für die Geldentstehung; Geld ist zugleich wiederum das ideale Medium der Verschuldung, das schließlich auf eigenen Märkten über vielfältig differenzierte Finanzkontrakte angeboten, nachgefragt und gehandelt wird.

2. Der marktmäßige Güteraustausch bei hochgradig arbeitsteiliger Produktion des gesellschaftlichen Güteraufkommens funktioniert nur dann großräumig, dauerhaft und reibungslos, wenn Geld als generelles Zahlungsmittel verwendet wird: Die Austauschrelationen zwischen Gütern sind durch Preise ersetzt, d.h., der Wert der Güter wird in Geldeinheiten ausgedrückt, und es werden Güter gegen Bezahlung mit Geld erworben.

Mit zwei Merkmalen der heutigen individualistischen, arbeitsteilig spezialisierten Geldwirtschaften soll sich der folgende Beitrag etwas näher auseinandersetzen; er folgt dabei

---

[1] Zu Merkmalen kapitalistischer Wirtschaft vgl. *J. Kromphardt*, Konzeptionen und Analysen des Kapitalismus. 2., überarb. Aufl., Göttingen 1987, S. 17 ff.

[2] Die Bedeutung der Verschuldung für Kapitalismus und Geldwirtschaft hebt insbesondere hervor: *G. Heinsohn*, Privateigentum, Patriarchat, Geldwirtschaft. Eine sozialtheoretische Rekonstruktion zur Antike. (Suhrkamp Taschenbuch Wissenschaft, Bd. 455.) Frankfurt a.M. 1984, S. 94 ff. Aber auch inhaltlich herausfordernd und streitbar, dabei in der Diktion oft fragwürdig *P.C. Martin* unter Mitarbeit von *W. Lüftl*, Der Kapitalismus. Ein System, das funktioniert. München 1986, S. 56 ff. - *P.C. Martin*, Aufwärts ohne Ende. Die neue Theorie des Reichtums. München 1988.

der Leitlinie dieser Festschrift, zentrale Arbeitsbereiche bzw. Interessengebiete des Jubilars zu akzentuieren:

1. In Geldwirtschaften bestehen zu jedem Zeitpunkt erhebliche <u>monetäre Leistungsverpflichtungen</u> von Individuen, Personenvereinigungen und staatlichen Gebilden. Die Erfüllung dieser Leistungsverpflichtungen wird damit für das Fortbestehen von Geldwirtschaften zu einem existentiellen Problem und muß durch gesellschaftliche Reglements gestützt werden. Einen derartigen Stützungsmechanismus bildet das Institut der Haftung, das aber weit über das Einstehenmüssen für monetäre Leistungsverpflichtungen hinausreicht. Aspekte der Haftung in Geldwirtschaften, bzw. genauer: der Haftung für monetäre Vertragsschulden, sind Gegenstand des ersten Hauptteils dieses Beitrags.[3]

2. Mit der Existenz monetärer Transaktionen und daraus resultierenden monetären Beziehungen zwischen Wirtschaftssubjekten werden sehr bald auf finanzielle Intermediationsleistungen und finanzielle Dienstleistungen spezialisierte Unternehmungen erforderlich: die <u>Banken</u>. Banken treten im System moderner Geldwirtschaften als Nachfrager und Anbieter finanzieller Leistungen auf (in anderer Terminologie: als Produzenten von Geld sowie einer außerordentlich großen Vielfalt an Finanztiteln)[4]; zudem erbringen sie zahlreiche Dienstleistungen im Geld- und Finanztitelverkehr. Der Finanztitelverkehr hat offenbar die Eigenschaft immanenten, selbstinduzierten Wachstums, und zwar nicht nur im Volumen, sondern auch in der Qualität, was sich in zunehmender Formenvielfalt und auch hierarchischer Ausdifferenzierung der finanziellen Leistungsarten (bis hin zu "Ansprüchen auf Ansprüche") sowie in neuen bzw. erweiterten Marktsegmenten monetärer Märkte niederschlägt. Banken spielen in diesem Zusammenhang eine wichtige Rolle. Einige Aspekte der Funktion von Ban-

---

[3] Vgl. hierzu aus den wissenschaftlichen Arbeiten Deppes zu diesem Problembereich vor allem folgende Publikationen: *H.-D. Deppe*, Eine Konzeption wissenschaftlicher Bankbetriebslehre in drei Doppelstunden. In: Bankbetriebliches Lesebuch. Ludwig Mülhaupt zum 65. Geburtstag. Hrsg. v. H.-D. Deppe. Stuttgart 1978, S. 3-98. - *H.-D. Deppe*, Finanzielle Haftung heute - Obsoletes Relikt oder marktwirtschaftliche Fundamentalleistung? In: Zweihundert Jahre Geld und Brief. Herausforderungen an die Kapitalmärkte. Festgabe an die Niedersächsische Börse zu Hannover aus Anlaß ihres 200jährigen Bestehens. Hrsg. v. C.P. Claussen, L. Hübl u. H.-P. Schneider. Frankfurt a.M. 1987, S. 179-204. Wiederabgedruckt in: Geldwirtschaft und Rechnungswesen. Hrsg. v. H.-D. Deppe. (Neue Betriebswirtschaftliche Studienbücher, Bd. 1.) Göttingen 1989, S. 199-228. - *H.-D. Deppe*, KWG-Novellierung und finanzielle Stabilität. "Zeitschrift für das gesamte Kreditwesen", Frankfurt a.M., Jg. 37 (1984), S. 286-292.

[4] Vgl. hierzu *L. Mülhaupt*, Der Prozeß der multiplen Giralgeldschöpfung in einem Zweibankensystem. "Zeitschrift für handelswissenschaftliche Forschung", Köln und Opladen, Jg. 9 (1957), S. 448-462. Wiederabgedruckt in: Texte zur wissenschaftlichen Bankbetriebslehre I. Hrsg. v. H.-D. Deppe. (Göttinger Hefte zur Bankbetriebslehre und Unternehmungsfinanzierung, H. 7a.) Göttingen 1980, S. 319-333. - *L. Mülhaupt*, Ansatzpunkte für eine Theorie der Kreditbank. "Jahrbuch für Sozialwissenschaft", Göttingen, Bd. 12 (1961), S. 132-142. Wiederabgedruckt in: Texte zur wissenschaftlichen Bankbetriebslehre I. Hrsg. v. H.-D. Deppe. (Göttinger Hefte zur Bankbetriebslehre und Unternehmungsfinanzierung, H. 7a.) Göttingen 1980, S. 69-80.

ken in geldwirtschaftlichen Wirtschaftssystemen, insbesondere die Frage nach den typischen Intermediationsleistungen, sind Gegenstand des zweiten Hauptteils.[5]

2 Aspekte der finanziellen Haftung in Geldwirtschaften

Haftung als gesellschaftliches Reglement ist bekanntlich nicht auf Geldwirtschaften und die geforderte Erfüllung von Geldschulden beschränkt, sondern erstreckt sich auf viele nichtmonetäre und auch auf außerökonomische Lebensbereiche der Menschen. Zweifellos haben aber die wirtschaftlichen Aktivitäten der Menschen gravierende und umfangreiche Anwendungsgebiete für Haftungsvereinbarungen/-vorschriften geschaffen und tragen noch immer zu deren Ausweitung bei; verwiesen sei kurz auf die außerordentlich wichtigen Gebiete der Produkthaftung, der Haftung für Umweltschädigungen und andere Haftungsursachen im Bereich der Güterproduktion und Güterversorgung.

21 Haftungsgründe und ökonomische Ausgangsfragen

Einen knappen Überblick über zivilrechtliche Haftungsanlässe gibt die folgende Auflistung[6]:

I.   Haftung als Schadensverantwortlichkeit aus Vertrag

   a. Schadenshaftung als primäre Leistungspflicht eines Vertrages

   b. Schadenshaftung als sekundäre Leistungspflicht eines Vertrages

     (1) bei Unmöglichkeit der Leistung

     (2) bei Schuldnerverzug

     (3) bei positiver Vertragsverletzung

     (4) bei culpa in contrahendo

II. Außervertragliche Haftung

   a. Deliktische Haftung

   b. Gefährdungshaftung

   c. Aufopferungshaftung

---

[5] Von den vielen Bezugspunkten zu wissenschaftlichen Arbeiten Deppes seien hier genannt: *H.-D. Deppe*, Bankbetriebliches Wachstum. Funktionalzusammenhänge und Operations Research in Kreditinstituten. Stuttgart 1969. - *H.-D. Deppe*, Betriebswirtschaftliche Grundlagen der Geldwirtschaft. Bd. 1: Einführung und Zahlungsverkehr. Stuttgart 1973. - Art. Bankbetriebslehre *(H.-D. Deppe)*. In: Handwörterbuch der Betriebswirtschaft. Enzyklopädie der Betriebswirtschaftslehre Bd. I/1. Hrsg. v. E. Grochla u. W. Wittmann. 4., völlig neu gestalt. Aufl., Stuttgart 1974, Sp. 402-418. - *H.-D. Deppe*, Die Rolle des Wertpapiererwerbs bei Anlagedispositionen eines Kreditinstituts. "Wirtschaftswissenschaftliches Studium", München u. Frankfurt a.M., Jg. 5 (1976), S. 441-449.

[6] Zusammengestellt nach Art. Haftungsrecht, zivilrechtliches *(K. Müller)*. In: Handwörterbuch der Wirtschaftswissenschaft. Dritter Band. Hrsg. v. W. Albers u.a. Stuttgart u.a. 1981, S. 743-751.

Der Komplex haftungsrelevanter Vorgänge, der Gegenstand dieses Teils sein soll, ist Teil der "Schadensverantwortlichkeit" aus Vertragsbeziehungen (Pos. I.a und I.b), welche vor allem daraus resultiert, daß die geschuldete Leistung nicht vertragsgemäß erbracht wird. Wie bereits einführend erwähnt, gewinnen in kapitalistischen Geldwirtschaften die monetären Leistungsverpflichtungen besonderes Gewicht, so daß damit zugleich ein bedeutsames Feld vertraglicher Haftung eröffnet ist; nur dieser Bereich soll behandelt und mit Deppe[7] als "finanzielle Haftung" bezeichnet werden. Weil monetäre Entgeltvereinbarungen vorherrschen und weil das Volumen von Finanzkontrakten wegen zunehmender Verschuldung außerordentlich steigt, liegen hohe monetäre Vertragsschulden vor, für deren Erfüllung zu haften ist. Da Erfüllung in diesen Fällen Zahlung bedeutet, wird vom Schuldner auf Zahlung gehaftet. Der konkrete Haftungsfall tritt bei Insolvenz als besonderer Form des Nichtleistenkönnens (oder auch -wollens) in Geldwirtschaften ein.

Auch in der Ökonomie kann zunächst durchaus der juristischen Einteilung der Haftungsfälle gefolgt werden, wobei allerdings die Fragestellungen bzw. Aspekte, unter denen Haftungsregelungen untersucht werden, zumindest partiell andere sein dürften als in der Rechtswissenschaft. Während in der juristischen Diskussion besonderes Gewicht auf die Ausgleichs- und Kompensationsfunktion des Haftungsrechts gelegt wird, scheint in der ökonomischen Diskussion das Präventionsziel im Zentrum des Interesses zu stehen.[8] So will die Ökonomie herausarbeiten, wie durch Setzung entsprechender Haftungssanktionen das Verhalten von Individuen so gesteuert werden kann, daß Insolvenzfälle möglichst vermieden werden, weil bei richtiger Anreizstruktur die Kosten der Insolvenzvermeidung (z.B. Kosten der Reservehaltung) geringer sind als die Kosten des Insolvenzeintritts (etwa Vermögensverluste bei Zwangsversteigerung, aber auch Verlust der gesellschaftlichen Stellung).

Daß das Präventionsziel - insbesondere in betriebswirtschaftlicher Sicht - nicht die einzige ökonomische Fragestellung sein kann, zeigen die Arbeiten von Deppe. Hier wird auf der Basis eines leistungswirtschaftlichen input-output-Konzepts nach dem wirtschaftlichen Leistungsinhalt der Haftungsübernahme gefragt und untersucht, ob - und wenn ja, wie - Haftungsübernahme als Produktivfaktor in eine Theorie betrieblicher Leistungserstellung und

---

[7]   H.-D. Deppe, Eine Konzeption wissenschaftlicher Bankbetriebslehre ..., a.a.O., S. 31 ff. u. S. 52 ff. - H.-D. Deppe, Finanzielle Haftung heute ..., a.a.O., S. 206 ff. Kritisch zur Verwendung des Rechtsbegriffs "Haftung" für wirtschaftliche Sachverhalte D. Schneider, Investition, Finanzierung und Besteuerung. 6., vollst. neu bearb. Aufl., Wiesbaden 1990, S. 57; ähnlich in diversen früheren Auflagen und Zeitschriftenbeiträgen.

[8]   Vgl. u.a.: M. Adams, Ökonomische Analyse der Gefährdungs- und Verschuldenshaftung. Heidelberg 1985. - M. Adams, Produkthaftung - Wohltat oder Plage? - Eine ökonomische Analyse. "Betriebs-Berater", Heidelberg, Jg. 42 (1987), Beilage 20 zu Heft 31. - H.G. Monissen, Haftungsregeln und Allokation. Einige einfache analytische Zusammenhänge. "Jahrbuch für Sozialwissenschaften", Göttingen, Bd. 27 (1976), S. 391-412. - H. Kötz, Zivilrechtliche Haftung aus ökonomischer Sicht. In: Die Ökonomisierung der Sozialwissenschaften. Sechs Wortmeldungen. Hrsg. v. H.-B. Schäfer u. K. Wehrt. Frankfurt a.M. 1989, S. 149-167.

- darauf aufbauend - in die Kostentheorie einzubauen ist. Die Antwort gibt Deppe[9] mit seiner Konzeption des "Monetären Faktors". Ohne hierauf näher eingehen zu können, sollen in diesem Teil einige ökonomische Aspekte zur Haftung in Geldwirtschaften aufgezeigt werden; dabei steht die Haftung des Schuldners aus Finanzkontrakten im Mittelpunkt.

22 Haftung aus Finanzkontrakten

Haftung aus Vertragsschulden bedeutet für einen Schuldner das Erduldenmüssen von Eingriffen in sein Vermögen durch Gläubiger, falls er die vertraglich vereinbarte Leistung nicht erbringt. Besonders relevant sind Haftungsregelungen (neben Kontroll-, Informations-, Einwirkungs- und Gestaltungsregelungen) bei Verträgen, in denen Leistung und Gegenleistung zeitlich getrennt sind (Terminverträge) oder in denen Leistung und/oder Gegenleistung über befristete oder unbefristete Zeiträume hinweg zu erbringen sind (Zeitraumverträge wie z.B. Arbeitsverträge, Versorgungsverträge und insbesondere auch Kreditverträge). Haftung hat hier primär die Funktion der Verstärkung von vertraglich vereinbarten Leistungsverpflichtungen[10] und intensiviert somit die Bindung der Vertragspartner an ihre Leistungszusage.

Eine besondere Rolle spielt bei Vertragsschulden in einer Geldwirtschaft die Haftung des Geldnehmers für die Erfüllung der Entgelt- und Rückzahlungspflichten aus Finanzkontrakten.[11] Der Gläubiger, der als Geldgeber eine (stark) risikobehaftete Vorleistung erbringen muß, begegnet i.d.R. den Versprechungen und selbst den vertraglich fixierten Leistungsverpflichtungen des Schuldners mit Mißtrauen und Skepsis.[12] Der Schuldner muß daher dem potentiellen Geldgeber vor Vertragsabschluß durch glaubhafte Informationen über das geplante Investitionsobjekt, aber auch über seine Haftungsbereitschaft und -fähigkeit zur Überwindung seiner Skepsis und also zur Geldhingabe bewegen. Nach Ver-

---

[9] Siehe hierzu umfassend *H.-D. Deppe*, Eine Konzeption wissenschaftlicher Bankbetriebslehre ..., a.a.O., S. 31 ff. - Vgl. ferner *W. Benner*, Betriebliche Finanzwirtschaft als monetäres System. (Göttinger Hefte zur Bankbetriebslehre und Unternehmungsfinanzierung, H. 3.) Göttingen 1983, S. 226-240. - *G. Liebau*, Monetäre Leistungen und konzeptionelle Erfassung des Betriebs. In: Geldwirtschaft und Rechnungswesen. Hrsg. v. H.-D. Deppe. (Neue Betriebswirtschaftliche Studienbücher, Bd. 1.) Göttingen 1989, S. 27-150, hier insbesondere S. 43-94. - *P. Reus*, Monetäre Leistungen und Kostenrechnung im Betrieb. In: Geldwirtschaft und Rechnungswesen. Hrsg. v. H.-D. Deppe. (Neue Betriebswirtschaftliche Studienbücher, Bd. 1.) Göttingen 1989, S. 283-312.

[10] So im Grunde bereits *O. Gierke*, Schuld und Haftung im älteren deutschen Recht, insbesondere die Form der Schuld und Haftungsgeschäfte. Breslau 1910, S. 9 f. u. S. 11 ff. - Ferner *G. Franke*, Finanzielle Haftung aus der Sicht der Kapitalmarkttheorie. In: Geldwirtschaft und Rechnungswesen. Hrsg. v. H.-D. Deppe. (Neue Betriebswirtschaftliche Studienbücher, Bd. 1.) Göttingen 1989, S. 229-255, hier S. 229 ff.

[11] Vgl. die Darstellung von Finanzkontrakten aus moderner Sicht bei *G. Franke* u. *H. Hax*, Finanzwirtschaft des Unternehmens und Kapitalmarkt. (Heidelberger Lehrtexte Wirtschaftswissenschaften.) Berlin u.a. 1988, S. 332 ff. - Ferner *J. Drukarczyk*, Finanzierung. Eine Einführung. 3., überarb. Aufl., Stuttgart 1986, S. 99 ff. u. S. 133 ff. - *D. Schneider*, Investition, Finanzierung und Besteuerung, a.a.O., S. 493 ff. u. S. 523 ff.

[12] Vgl. *R.H. Schmidt*, Ein neo-institutionalistischer Ansatz der Finanzierungstheorie. In: Unternehmensführung aus finanz- und bankwirtschaftlicher Sicht. Hrsg. v. E. Rühli u. J.P. Thommen. Stuttgart 1981, S. 133-154, hier S. 141. - *J. Drukarczyk*, Finanzierung, a.a.O., S. 14 f.

tragsabschluß muß der Geldgeber durch vertragliche Vereinbarungen oder faktische Schutzvorkehrungen vor schädigendem Verhalten des Schuldners glaubwürdig geschützt sein; erst im Vertrauen auf diesen Schutz kann er sein Mißtrauen überwinden.

Das Ausmaß der Haftung aus Finanzkontrakten ist bekanntlich in starkem Maße von der Rechtsform des Geldnehmers abhängig (Einzelkaufmann, Personengesellschaft, Kapitalgesellschaft, Genossenschaft etc.). So kann der Geldnehmer als Schuldner von Entgelt- und Tilgungszahlungen bei Nichtleistung mit seinem gesamten Vermögen, also unbeschränkt haften; dies ist vor allem beim Einzelkaufmann und bei echten Personengesellschaften der Fall. Er kann die Haftung jedoch auch auf seine Einlage in die Unternehmung (bzw. das Investitionsobjekt) beschränken; dies ist z.B. der Fall bei Kapitalgesellschaften. Bei Haftungsbeschränkungen wird - quasi als Kompensation für diesen Vorteil des Schuldners - ein gesetzliches Insolvenzverfahren nicht erst bei Zahlungsunfähigkeit, sondern bereits bei Überschuldung ausgelöst. Die Überschuldung gilt als der zeitlich frühere Insolvenzauslöser, der eine befürchtete Auszehrung des Haftungsvermögens bis zur als äußerst wahrscheinlich geltenden (späteren) Zahlungsunfähigkeit verhindern soll.[13]

Ob und wie schnell es zur Haftungsinanspruchnahme eines Geldnehmers kommt, ist aber auch entscheidend von spezifischen Zahlungsmerkmalen der gewählten Kontraktform abhängig, d.h. von der Art der Partizipation am Unternehmensergebnis; hier ist zwischen Festbetrags- und Restbetragskontrakten zu unterscheiden[14]:

- Nimmt der Geldnehmer Festbetragskapital auf, unterwirft er sich in nomineller Höhe fixierten Zahlungsverpflichtungen: Entgelt- und Rückzahlungen (Tilgungen) liegen fest und sind unbedingt, d.h. unabhängig vom wirtschaftlichen Erfolg des Geldnehmers, zu leisten. Der effektive Haftungsfall kann bei hohem Investitionsrisiko sehr schnell eintreten.

- Nimmt der Geldnehmer Restbetragskapital auf, bestehen keine betraglich festgelegten, sondern nur variable, vom Erfolg des Investitionsobjekts bzw. der Unternehmung abhängige Zahlungsverpflichtungen. Der Leistungsverpflichtung des Geldnehmers ist also eine Erfolgsermittlung (und -feststellung) vorgeschaltet; die Zahlungsverpflichtung ist nur bedingt. Der Geldnehmer muß dann leisten, wenn er aufgrund der wirtschaftlichen Gegebenheiten auch leisten kann. Ein Haftungsfall für Restbetragskapital kann selbst bei hohem Investitionsrisiko nicht eintreten, es sei denn, es liegt - bei positivem Erfolg - Zahlungsunwilligkeit des Geldnehmers vor.

---

[13] Vgl. *J. Drukarczyk*, Finanzierung, a.a.O., S. 313 ff. - *R.H. Schmidt*, Ökonomische Analyse des Insolvenzrechts. Wiesbaden 1980, S. 109 ff. - *W. Benner*, Betriebliche Finanzwirtschaft ..., a.a.O., S. 35.

[14] Vgl. *D. Schneider*, Investition, Finanzierung und Besteuerung, a.a.O., S. 56, S. 531 ff. u. S. 538 ff. sowie als Urheber der Begriffsbildung *W. Stützel*, Die Aktie und die volkswirtschaftliche Risiken-Allokation. In: Geld und Versicherung. Analysen, Thesen, Perspektiven im Spannungsfeld liberaler Theorie. Festgabe für Wilhelm Seuß. Hrsg. v. M. Jung, R.R. Lucius u. W.G. Seifert. Hrsg. v. M. Jung u.a. Karlsruhe 1981, S. 193-211, hier S. 208.

Damit es nicht bzw. mit hoher Wahrscheinlichkeit nicht zum Leistungsausfall und damit zur Haftungsinanspruchnahme kommt, kann der Geldnehmer als Investor (Unternehmer) versuchen, das Investitionsrisiko (als Bündel von Produktions- und Absatz- sowie generellen Marktrisiken) durch aktive Sicherheitspolitik (Risikopolitik) zu mindern. Für den Haftungsfall kann der Geldnehmer durch passive Sicherheitspolitik Vorsorge treffen, indem er ausreichend Haftungsmasse, insbesondere Reinvermögen als haftendes Vermögen im eigentlichen Sinne bereithält.[15] In dem dauerhaften Bereitstellen bzw. Bereithalten von haftendem Vermögen wird von Deppe[16] die eigentliche Haftungsleistung bzw. der eigentliche Leistungsinhalt der finanziellen Haftung gesehen. Finanzielle Haftung ist in diesem Sinne eine wirtschaftliche Leistung, die nicht erst im tatsächlichen Schadensfall, sondern als schadensversicherungsähnliche Dauerleistung zum Schutz der Gläubiger erbracht wird. Vorsorge für die eigene ökonomische Leistungsfähigkeit, speziell für die Fähigkeit, monetäre Leistungsverpflichtungen erfüllen zu können, führt zur Bildung von Reserven, die im Insolvenzfall oder bereits vorher zur Vermeidung des Insolvenzfalls eingesetzt werden sollen. Reserven zeigen damit einerseits bei gegebenem Investitionsrisiko (Geschäftsrisiko) den Abstand des Geldnehmers von der Grenze der Insolvenz an und sagen etwas über die Tragfähigkeit von Risiken aus; andererseits lassen sie Vermutungen über die Befriedigungsaussichten der Gläubiger im Insolvenzfall zu.

Für eine Unternehmung, die ihre monetäre Leistungsfähigkeit (Solvenz) bewahren will, kommen zwei unterschiedliche Formen der allgemeinen Reservenbildung und -haltung in Frage[17]:

1.   Reserven zur Sicherung der laufenden (eher kurzfristigen) monetären Leistungsbereitschaft: Liquiditätsreserven (1. Form der Solvenzreserven). Hier handelt es sich um Reserven mit meist gut kalkulierbarem, relativ geringem Realisationsrisiko. Zweck der Reserven ist die Abwendung von Zahlungsschwierigkeiten auf kürzere Sicht. Liquiditätsreserven dienen einerseits der Absicherung gegen erwogene Zahlungsrisiken (nicht essentielle Zahlungsungleichgewichte) sowie andererseits dem Schutz vor Zahlungsunfähigkeit bei nicht vorhergesehenen Umweltsituationen (ex-post-Überraschungen). Liquiditätsreserven sind aus Kostengründen im Regelfall nicht zur Bewältigung fundamentaler Zahlungsungleichgewichte angelegt. Bei der Bewältigung von Zahlungsschwierigkeiten über Liquiditätsreserven wird vorausgesetzt bzw. kann angenommen werden, daß Kapitalgeber ihre Kapitaleinlage nicht als gefährdet ansehen (müssen) und daher ihre Anteils- bzw. Forderungsposition beibehalten bzw. u.U. sogar aufstocken.

---

[15]   Vgl. dazu die Beiträge von *G. Liebau* und *P. Reus* in der vorliegenden Festschrift.

[16]   Vgl. *H.-D. Deppe*, Eine Konzeption wissenschaftlicher Bankbetriebslehre ..., a.a.O., S. 32 f. - *H.-D. Deppe*, Finanzielle Haftung heute ..., a.a.O., S. 206 ff.

[17]   So etwa *D. Schneider*, Investition, Finanzierung und Besteuerung, a.a.O., S. 52.

2. Reserven zur Sicherung der strukturellen (eher langfristigen) monetären Leistungsbereitschaft: Schuldendeckungsreserven (2. Form der Solvenzreserven). Diese Reserven sind nicht in konkreten einzelnen Vermögensobjekten identifizierbar, sondern stellen nur einen ideellen Anteil am gesamten Vermögen dar; sie sind weniger gut erfaßbar und einem hohen (beachtlichen) Realisationsrisiko unterworfen. Dieser ideelle Vermögensanteil wird Reinvermögen genannt. Zweck der Reserven ist die Abwendung von Zahlungsschwierigkeiten auf lange Sicht, indem über einen hinreichend hohen Vermögenspuffer Defizite zwischen Vermögenszugängen und -wertsteigerungen einerseits sowie Vermögensabgängen und -wertminderungen andererseits aufgefangen werden können.

Gläubigern wird mit angemessenen Schuldendeckungsreserven signalisiert, daß ein hinreichender Abstand zum Nichtleistenkönnen (Insolvenzfall) besteht. Zugleich demonstrieren Unternehmer mit hohen Schuldendeckungsreserven die Intensität ihres eigenen Engagements an der Unternehmung. Gläubiger sehen in diesem Fall regelmäßig keinen Anlaß zu grundlegenden kapitalmäßigen Einschnitten (Kündigung, zusätzliche Sicherheitsanforderungen, Erhöhung des Risikozuschlags u.ä.).

Solvenzreserven (Liquiditätsreserven, Schuldendeckungsreserven) werden primär für die Gesamtheit der monetären Leistungsverpflichtungen einer Unternehmung gebildet, lassen sich aber auch für spezifische Fälle, d.h. für spezifische Anspruchsberechtigte, vorsehen. Dies soll am Beispiel der Schuldendeckungsreserven skizziert werden: Haftungsmasse (also Vermögen) kann als allgemeines Zugriffspotential für die Gesamtheit der Gläubiger zur Verfügung stehen bzw. gehalten werden; in diesem Falle bestehen keine spezifischen bevorrechtigten Zugriffsmöglichkeiten einzelner Gläubiger. Im (bilanziellen) Reinvermögen läßt sich der für alle Gläubiger gültige Überschuldungspuffer abbilden. Haftungsmasse kann aber auch in Form einzelner Vermögensobjekte nur als spezifisches Zugriffspotential für einzelne Gläubiger dienen, welche dann gegenüber anderen Gläubigern bevorrechtigt sind. Zugleich wird durch diese Form der Reservierung der Wert des Zugriffspotentials für die nicht gesicherten Gläubiger gemindert, wenn für sie nur schlechter verwertbares Vermögen (nach Aus- und Absonderung) verbleibt, was durchaus häufig eintreffen dürfte. Zur zweiten Form des Zugriffspotentials gehören die Mobiliar- und Immobiliarsicherheiten.[18]

---

[18] Garantien und Bürgschaften z.B. von Banken verbessern in der Regel ebenfalls nur die Position von einzelnen Gläubigern, doch mit dem bedeutsamen Unterschied, daß keine Schlechterstellung der alten Gläubiger erfolgt. Bei Inanspruchnahme der bürgenden Bank steht dieser ein schuldrechtlicher Anspruch aus dem Bürgschafts- oder Garantievertrag zu. Es kommt zu einem Gläubigeraustausch. Damit wird deutlich, daß Bürgschaften und Garantien bedingte Kreditleistungen darstellen, die durch einen anderen Kreditgeber (begünstigter Sicherungsnehmer) ausgelöst werden können, der sich quasi eine Option auf Abtretung seiner Forderungsposition an einen Stillhalter (Bürge, Garant) erwirkt hat. Der Sicherungseffekt ist von der Leistungsfähigkeit (Vermögensausstattung) des Bürgen abhängig; die Sicherungswirkung ist möglicherweise wegen der Verteilung des zur Sicherung bereitstehenden Vermögens auf zwei Verpflichtete höher (Diversifikation des Zugriffsvermögens). Vgl. auch *B. Rudolph*, Kreditsicherheiten als Instrumente zur Umverteilung und Begrenzung von Kreditrisiken. "Zeitschrift für betriebswirtschaftliche Forschung", Düsseldorf, Jg. 36 (1984), S. 16-43.

Haftung wird von Geldgläubigern in Anspruch genommen bei Nichtleistung des Schuldners. Das Nichtleistenkönnen ist jedoch in aller Regel keine ja/nein-Situation, sondern ein Zustand teilweiser und abgestufter Möglichkeiten der Gläubigerbefriedigung. Insofern ist es entscheidend, ob Ansprüche aus Finanzkontrakten (Entgeltzahlungen, Rückzahlungen) gleichberechtigt sind oder ob eine Rangfolge der Ansprüche besteht; letzteres ist der Regelfall. Das bedeutet aber, daß es entscheidend auf die Position in dieser Rangfolge und somit auf Vorrangigkeit oder Nachrangigkeit bei der Anspruchsbefriedigung ankommt.

Eine Rangfolge in der Geldgeberbefriedigung ist gleichbedeutend mit der Übernahme von Pufferfunktionen seitens der nachrangig zu befriedigenden Ansprüche gegenüber den vorrangigen Ansprüchen. Hier geht es also nicht mehr um die Haftung des Leistungsverpflichteten (für Schulden aus Finanzkontrakten), sondern um die Regelung der Ansprüche mehrerer Leistungsempfänger (Empfangsberechtigter). In Financiersgemeinschaften mit Beteiligung des eigentlichen Investors (Unternehmers) gehört auch dieser zu den Leistungsempfängern aus dem Investitionsobjekt (Unternehmen), steht aber in der Rangfolge der Anspruchsbefriedigung in aller Regel an letzter Stelle, liefert also Kapital mit der höchsten Pufferwirkung. Kapital mit Pufferwirkung kann nun generell als Risikokapital bezeichnet werden.[19] Der Begriff Risikokapital muß somit nicht dem Eigenkapital einer Unternehmung gleichgesetzt werden. Als Risikokapital gelten aus der Sicht eines Geldgebers bzw. Investors "jene durch Unternehmungsvermögen gedeckten Auszahlungsansprüche, die auf Grund des Insolvenzrechts und vertraglicher Vereinbarungen in der Reihenfolge bei der Befriedigung von Ansprüchen des Investors gleich- oder nachgeordnet sind."[20] Dabei ist der eigene Anspruch des Investors ein Element in der Menge der Ansprüche.

Für alle Geldgeber einer Unternehmung ist die Frage nach der Höhe des Risikokapitals zugleich auch (und primär) eine Frage nach der Höhe des intern - aus Umsatzerlösen - bereitgestellten Risikokapitals.[21] Innenfinanziertes Risikokapital wird aus Entgeltzahlungen des betrieblichen Leistungsprozesses (monetärer Leistungsbegleitprozeß) gebildet und nicht aus Objektzahlungen über den Finanzmarkt. Es kann gebildet werden bei Entscheidungen über die Gewinnermittlung und über die Gewinnverwendung. Im ersten Fall werden durch die Anwendung von Gewinnermittlungsregeln Einzahlungen aus dem Leistungsprozeß "um ihre gewinnerhöhende Wirkung gebracht" und bilanzmäßig reserviert; im zweiten Fall werden Teile des ermittelten Gewinns als Gewinnvortrag oder Einstellung in die Gewinnrücklage vor Ausschüttungen bewahrt.

Finanzielle Haftung und Risikokapital können nun in folgenden Zusammenhang gestellt werden:

---

[19] So vor allem *D. Schneider*, Investition, Finanzierung und Besteuerung, a.a.O., S. 59 ff.

[20] *D. Schneider*, Investition, Finanzierung und Besteuerung, a.a.O., S. 61.

[21] Vgl. *D. Schneider*, Investition, Finanzierung und Besteuerung, a.a.O., S. 63 ff.

- Inanspruchnahme aus Haftung (aus Finanzkontrakten) ist beim Schuldner das "Erduldenmüssen" des Gläubigerzugriffs in das eigene Vermögen; diese Zugriffsmöglichkeit kann sich auf das gesamte - auch das zukünftige - Vermögen (bei unbeschränkter Haftung) oder auf einen wertmäßig begrenzten Teil des Vermögens (bei beschränkter Haftung) erstrecken. Hier wird mit eigenem Vermögen für eine Leistungsverpflichtung gehaftet.

- Inanspruchnahme aus Risikokapitalgewährung ist das "Zurückstehenmüssen" des Risikokapitalgebers hinter den Ansprüchen bevorrechtigter Geldgeber/Kapitalgeber. Dieses Zurückstehenmüssen trifft insbesondere Kapitalgeber mit Restbetragskontrakten, gilt aber auch - in abgestufter Weise - für Festbetragskontrakte.

Die Eigenschaft von Restbetragspositionen, nur vom Unternehmensergebnis abhängige Zahlungen zu bewirken, läßt diese Positionen zu besonders qualifiziertem Risikokapital werden; Ansprüche aus Restbetragskontrakten stehen in der Rangfolge der Befriedigung durchweg an letzter Stelle, wobei allerdings innerhalb der Gruppe der Restbetragskontrakte deutliche Abstufungen vorliegen. Restbetragskontrakte über monetäre Verfügungsmöglichkeiten, d.h. Vereinbarung ergebnisabhängiger Zahlungen (Entgelt- und Rückzahlungen), können als Eigenkapital einer Unternehmung bezeichnet werden.

Eigenkapital wird hier in Anlehnung an D. Schneider[22] ausschließlich über das Merkmal ergebnisabhängiger Kontraktzahlungen abgegrenzt von anderen Kapitalpositionen. Dieser idealtypische Begriff stellt damit den Gegensatz zu einer vollständig ergebnisunabhängigen (auf Festbeträge lautenden) Gestaltung von Finanzkontrakten dar; Kontrakte der letztgenannten Art werden als Fremdkapital (Verschuldung) bezeichnet.

Risikokapital ist also ein Meßkonzept für die Verlustpufferfunktion des Kapitals bzw. genauer für die Höhe (und Qualität) des Verlustpuffers für einzelne Kapitalgeber bzw. für Kapitalgebergruppen. Eigenkapital ist ein Meßkonzept für Restbetragsansprüche aus Finanzkontrakten oder, wenn primär auf das Investitionsobjekt bzw. das Vermögen einer Unternehmung abgestellt werden soll, ein Meßkonzept für das Reinvermögen, also den (ideellen) Teil des Vermögens, der nicht mit Festbetragsansprüchen belegt ist. Bekanntlich bedient man sich zur Messung (Feststellung) dieses ideellen Teils jedoch nicht nur eines einzigen Instruments, sondern - in Abhängigkeit vom Meßziel - sehr verschiedener Instrumente: Handelsbilanz, Kreditstatus, Überschuldungsstatus, Kapitalwertrechnung u.ä. Die Ergebnisse der Meßbemühungen mit diesen Instrumenten fallen zwangsläufig unterschiedlich aus.

24 Haftung und Anreizwirkungen

Finanzielle Haftung ist aber - wie oben bereits angedeutet - nicht nur eine Frage der Reservierung von Vermögen und damit vor allem der Höhe von Haftungsreserven, sondern

---

[22] Vgl. *D. Schneider*, Investition, Finanzierung und Besteuerung, a.a.O., S. 58.

auch eine Frage des Haftungs<u>willens</u> und damit durchaus ein moralisches Problem bzw. aus Sicht des Gläubigers ein <u>moralisches Risiko</u> (neben den Risiken aus der Investition). Die Auferlegung von Haftung gibt dem Gläubiger größere Gewißheit, daß der Schuldner seinen Leistungsverpflichtungen nachkommen wird. Für den Schuldner bedeutet die Unterwerfung unter Haftungsregelungen demzufolge eine größere <u>Selbstbindung</u> an Vertragspflichten.

Aus der Sicht eines Gläubigers stellt Haftung als Verstärkung der Leistungsverpflichtung bzw. des Leistungswillens eines Schuldners ein <u>Drohpotential</u>, eine <u>Sanktionsmöglichkeit</u> dar.[23] Die Wirksamkeit dieses Drohpotentials ist jedoch relativ und durchaus auch abhängig von der Höhe des haftenden Vermögens beim Schuldner und dessen Gesamtverschuldung, aber auch von der Interessenlage aller Gläubiger sowie ihrer Position in der Befriedigungsrangfolge. So gilt folgende Vermutung: Je höher die Verschuldung des Geldnehmers, um so weniger wird er die Haftungssanktion als Bedrohung empfinden, und um so eher wird er eine risikoreichere Geschäftspolitik betreiben. Betrachtet man finanzielle Haftung unter Anreizaspekten, so ist es sinnvoll, die Haftung im Verbund mit <u>anderen Sanktionsmöglichkeiten</u> in einem Finanzkontrakt, aber vor allem auch mit positiven, den Leistungswillen des Schuldners verbessernden <u>Anreizen</u> zu sehen.

Die Wirksamkeit der Haftungsdrohung ist schließlich in ganz entscheidendem Maße eine Frage der <u>Durchsetzbarkeit</u>. Hier ist in fortentwickelten Gesellschaften der Staat gefordert, der den Gläubigern Rechtsmittel zur Durchsetzung ihrer Ansprüche bis hin zum Zwangseingriff in das Schuldnervermögen zur Verfügung stellt (Zwangsversteigerung, Zwangsverwaltung). In diesem Zusammenhang ist vor allem auf das Kreditsicherungsrecht und das Insolvenzrecht (Konkurs- und Vergleichsrecht) zu verweisen; letzteres soll bekanntlich primär eine geordnete und nach dem Grundsatz der gleichen Gläubigerbefriedigung (par conditio creditorum) ablaufende Regelung der Gläubigeransprüche gewährleisten.[24]

3 Aspekte der Intermediation in Geldwirtschaften

Wenden wir uns nun mit einigen Überlegungen dem <u>Geld</u> als Objekt von Finanzkontrakten und der Finanzintermediation über <u>Banken</u> als im Geldkreislauf agierenden Unternehmungen zu.

---

[23] So u.a. auch: *G. Franke*, Finanzielle Haftung aus der Sicht der Kapitalmarkttheorie, a.a.O., S. 247 ff. u. S. 253.

[24] Vgl. mit weiteren Literaturhinweisen *J. Drukarczyk*, Unternehmen und Insolvenz. Wiesbaden 1987. - *M. Bitz, W. Hemmerde* u. *W. Rausch*, Gesetzliche Regelungen und Reformvorschläge zum Gläubigerschutz. Eine ökonomische Analyse. (Heidelberger betriebswirtschaftliche Studien.) Berlin, Heidelberg, New York u. Tokio 1986.

Geld wird üblicherweise durch die Triade der Geldfunktionen erklärt bzw. definiert[25]; somit gelten alle Objekte als Geld, die in einer Wirtschaftsgemeinschaft

1.   als generelles Zahlungsmittel dienen, insbesondere im Tauschverkehr als Medium des Güteraustausches fungieren und zur Tilgung von monetären Schulden verwandt werden;

2.   als generelle Recheneinheit zur Bewertung von Güterbeständen und -strömen herangezogen werden;

3.   als Wertaufbewahrungs- und Wertübertragungsmittel in der Zeit dienen.

Betrachtet man weniger die Funktionen als vielmehr die grundsätzliche ökonomische Natur des Geldes, so ist der Verpflichtungs- bzw. vice versa der Forderungscharakter des Geldes hervorzuheben. Geld entsteht aus Akten der Verschuldung, d.h., Geld enthält ein Leistungsversprechen für die Zukunft, ist also Kredit. Um den spezifischen Geldstatus zu erhalten, muß diese Kreditbeziehung besonders leicht abtretbar bzw. übertragbar sein (hohe Fungibilität beim Gläubigerwechsel); das bedeutet im einzelnen zumindest dreierlei:

1.   Der Geldemittent als Erst- und Letztschuldner muß von allen (potentiellen) Gläubigern als besonders zuverlässig angesehen werden; bei staatlichem Zwangsgeld (gesetzliches Zahlungsmittel) kann dieses Merkmal zeitweise abgeschwächt sein oder gar entfallen. Das elementare Interesse an hoher bzw. höchster Bonität läßt nur Schulden einiger weniger Schuldner für Geldzwecke geeignet erscheinen.

2.   Der Kredit muß in generellen Werteinheiten ausgedrückt sein, d.h. in Recheneinheiten, in denen ökonomische Ansprüche bzw. Verpflichtungen üblicherweise gemessen werden.

3.   Wenn die Übertragung in Form einer körperlichen Übergabe erfolgen soll, muß der Kredit verbrieft sein, ohne den Anspruchsberechtigten namentlich zu nennen (Verbriefung als Inhabertitel). An die äußere Qualität der Beurkundung bzw. der Urkunde sind die üblichen Forderungen der Fälschungssicherheit und Beständigkeit zu stellen. Es handelt sich dann um Bargeld. Wenn die Übertragung jedoch nur in einem Buchungskreis geschehen soll, sind (leicht) übertragbare Guthaben (Buch- oder Giralgeld) von nicht oder nur schwer übertragbaren Guthaben abzugrenzen; ferner sind standardisierte Instrumente zur Information über die Modalitäten der Übertragung zu entwickeln (Instrumente des bargeldlosen Zahlungsverkehrs). Aus diesen Instrumenten können sich wiederum neue Formen des Bargeldes entwickeln, wenn

---

[25]   Vgl. u.a. und stellvertretend für die ökonomische Literatur *H.-D. Deppe*, Betriebswirtschaftliche Grundlagen der Geldwirtschaft, a.a.O., S. 5 ff. - *O. Issing*, Einführung in die Geldtheorie. 6., überarb. Aufl., München 1987, S. 1 f.

das Instrument einen verbrieften Anspruch auf eine monetäre Leistung enthält, der nicht sofort eingelöst werden muß und leicht übertragbar ist.[26]

Geld stellt folglich ein leicht übertragbares, abstraktes (nicht auf konkrete Güter lautendes) <u>Leistungsversprechen</u> dar, das in einer Wirtschaftsgesellschaft wegen der Bonität des Verpflichteten (Geldemittent) allgemein als Zahlungsmittel akzeptiert wird. Mit einer Zahlung wird somit nicht endgültig geleistet, sondern lediglich ein fungibles (weiterreichbares) Leistungsversprechen übertragen. Der Gläubiger (monetärer Forderungen) bleibt nach der Zahlung in der Gläubigerposition, lediglich die Qualität seiner Forderung verändert sich, sie ist schneller - nämlich sofort - verfügbar geworden und auf besonders sichere Schuldner gerichtet: Die Liquidität der Forderung hat sich erhöht.

Geld ist ein Objekt, das den immerwährenden <u>Aufschub</u> der endgültigen (= konsumfähigen) Leistung ermöglicht und den Geldempfänger (Gläubiger einer monetären Leistung) nicht zu sofortigem Konsum zwingt, sondern ihm in zeitlicher und gütermäßiger Hinsicht freie Konsumwahl einräumt; mit anderen Worten:

Geld beinhaltet eine <u>dauerhafte, zeitlich unbegrenzte Option mit einer Vielzahl von Freiheitsgraden</u>[27]; offen sind neben Leistungszeitpunkt und -ort vor allem der Kontraktpartner und das zu leistende Gut (dieses mag im Zeitpunkt der Zahlung noch nicht einmal existieren, möglicherweise ist sogar die gesamte Güterart noch unbekannt). Offen ist aber auch der Ausübungspreis. Einer zu weiten Verlagerung des Konsums in die Zukunft wirken jedoch mögliche Preissteigerungen, insbesondere eine allgemeine Inflation, entgegen.

Die zentrale Funktion von Geld wird in gesamtwirtschaftlicher Sicht überwiegend in der <u>Verminderung der Transaktionskosten</u> (einschließlich Such- und Informationskosten) bei Tauschvorgängen gesehen.[28] Dies trifft für moderne Geldwirtschaften im Vergleich zu Naturaltauschwirtschaften ohne Zweifel zu. Niemand wird ernsthaft bezweifeln, daß die enorme Zahl der Gütertransaktionen in einer entwickelten, hochgradig arbeitsteiligen Wirtschaft erst durch ein zentrales Tauschmedium zufriedenstellend bewältigt werden kann. Dennoch folgt daraus nicht, daß Geld quasi als "Schmiermittel des Tauschverkehrs" und damit als bestes reibungsloses Tauschmedium entstanden ist, vielmehr kann diese Erklärung als nachträgliche Rationalisierung der Funktionsweise von Geld angesehen werden. Die Entstehung von Geld im ersten Jahrtausend v.u.Z. scheint vielmehr mit Verschuldung in Privateigentümerwirtschaften vor dem Hintergrund einer antiken Tempelabgabenpflicht und Güterbevorratung erklärbar zu werden, wobei individuelle Risikovorsorge von Privateigentümern über Reservenbildung, Ausleihung von Teilen der Reserven

---

[26] Auf diesem Weg ist die Banknote entstanden.

[27] So im Kern bereits *P.C. Martin*, Der Kapitalismus, a.a.O., S. 133 f.

[28] Etwa *O. Issing*, Geldtheorie ..., a.a.O., S. 3.

(Überschußreserven) und damit Verschuldung der Ausleiher die wesentlichen Anstöße darstellten.[29]

32 Finanzkontrakte, Transformation und Intermediation von Banken

321 Banken als Spezialisten im gesamtwirtschaftlichen Geldkreislauf

Die Ausweitung der Geldverwendung und die Intensivierung der Nutzung von Geld können in einer Wirtschaftsgemeinschaft nur in Verbindung mit spezialisierten Unternehmungen vorangetrieben werden, welche im gesamtwirtschaftlichen Geldnetz Aufgaben der Funktionalisierung bzw. Ökonomisierung des Geldverkehrs übernehmen. Aus der Sicht des einzelnen Teilnehmers am Geldverkehr würden ohne Banken zunehmend Probleme bei der Abwicklung von Zahlungen, der Aufbewahrung von Geld, bei Verschuldungsprozessen etc. auftreten. Spezialisten, die einzelne oder alle Schwierigkeiten im Geldkreislauf überwinden helfen, werden als Banken bezeichnet. Sie bieten damit, wie Deppe[30] formuliert, sowohl generelle als auch individuelle "monetäre Problemlösungen für den Zahlungs-, Kredit- und Kapitalverkehr" an. Banken übernehmen daher Umtausch-, Depot- (incl. Geldanlage-) und Transportfunktionen am Objekt Geld sowie Finanzierungsfunktionen. Sie vermindern bzw. beseitigen insofern Friktionen im gesamtwirtschaftlichen Geldstrom[31], die sich als qualitative, räumliche und zeitliche Friktionen äußern. Dabei ist allerdings zu bedenken, daß Entwicklung und Weiterentwicklung von "monetären Problemlösungen" nicht nur nach Kundenbedürfnissen, sondern auch im Hinblick auf zukünftige Entwicklungen und Bedürfnisstrukturen, wie die Banken sie vermuten und prognostizieren, sowie in Richtung auf Produktkonzeptionen erfolgen, wie Banken sie für realisierbar oder erstrebenswert halten. Bedürfnisse und zur Bedürfnisbefriedigung entwickelte Produkte beeinflussen sich auch im Finanziellen Sektor wechselseitig.

Im wesentlichen sind drei Gruppen von Leistungen als bankspezifisch oder banktypisch anzusehen:

1. Angebot von Geldanlageleistungen als Vermittler und als Produzent;

2. Angebot von Finanzierungsleistungen als Vermittler und als Produzent;

3. Angebot von (sonstigen) Dienstleistungen im Geldverkehr.

Kennzeichnend für die Funktion der Banken ist also, daß sie zur Befriedigung der Kundenbedürfnisse über die Tätigkeit als Vermittler von finanziellen Leistungen hinaus vor

---

[29] Vgl. *G. Heinsohn*, Privateigentum ..., a.a.O., S. 94 ff. sowie historisch vertiefend *B. Laum*, Heiliges Geld. Eine historische Untersuchung über den sakralen Ursprung des Geldes. Tübingen 1924. Ähnlich *O. Issing*, Geldtheorie ..., a.a.O., S. 1.

[30] *H.-D. Deppe*, Eine Konzeption wissenschaftlicher Bankbetriebslehre ..., a.a.O., S. 9.

[31] Vgl. zu dieser Interpretation *J. Süchting*, Bankmanagement. 2., überarb. Aufl., Stuttgart 1987, S. 7.

allem als Produzent und Anbieter eigener (wenn auch meist durch ähnliche Leistungen anderer Anbieter substituierbarer und der Konkurrenz unterliegender) Produkte im Finanziellen Sektor auftreten. Finanzprodukte oder monetäre Leistungen können offenbar zumindest in ihrer jeweiligen Grundcharakteristik von zahlreichen anderen Wirtschaftssubjekten (auch Nichtbanken) offeriert werden. Doch verstehen es Banken als Spezialisten im Finanziellen Sektor, Finanzleistungen den Bedürfnissen der Kunden besser anzupassen und zugleich Kostenvorteile zu nutzen; d.h., Banken verfügen über spezifische Leistungsvorteile gegenüber der direkten Form der Finanztransaktion im Nichtbankenfinanzmarkt.[32] Diese Vorteile verschaffen ihnen eine (dauerhafte) Existenzmöglichkeit. Das Auftreten von Banken bzw. das Angebot von Bankgeschäften durch spezielle Unternehmungen wird hier erklärt vor dem gedanklichen (hypothetischen) Hintergrund einer Geldwirtschaft ohne Banken. Allerdings würde dabei die Effizienz des Nichtbankenfinanzmarktes zu klären sein, es müßten also insbesondere Markttransaktionskosten bekannt bzw. schätzbar sein. Treten Banken auf, so übernehmen sie Funktionen des Marktes, d.h., sie ersetzen den ursprünglichen Markt ganz oder teilweise, oder sie übernehmen Funktionen im Markt, d.h., sie ergänzen und verbessern ihn. Banken sind damit substitutive und/ oder komplementäre Institutionen für Finanzmärkte.

322 Transformation von Finanzkontrakten durch Banken

Zur Begründung der Bankfunktionen kann in Übereinstimmung mit der Fachliteratur auf sogenannte Transformationsleistungen verwiesen werden, die Banken als Finanzintermediäre erbringen. Das Transformationskonzept basiert ursprünglich auf der unterstellten einfachen Analogie bankbetrieblicher Leistungsprozesse zu realgüterwirtschaftlichen Produktionsprozessen:[33] Geld wird von der Bank als Rohstoff eingekauft (Einlagengeschäft), gelagert (Zahlungsmittelkonten) und weiterverarbeitet (Kreditgeschäft). Im Kreditgeschäft werden also letztlich "umgeformte bzw. veredelte" Gelder aus dem Einlagengeschäft an die Kunden abgegeben. Die Umformung wird vor allem im Hinblick auf die quantitativen Merkmale Betrag und Fristigkeit vorgenommen, so daß von Betrags- (oder Losgrößen-)transformation sowie Fristentransformation gesprochen wird. Ebenso wichtig ist indes die Risikotransformation, die das Merkmal der Sicherheit bzw. Unsicherheit von Zah-

---

[32] Siehe hierzu H. Schmidt, Liquidität von Finanztiteln als integrierendes Konzept der Bankbetriebslehre. "Zeitschrift für Betriebswirtschaft", Wiesbaden, Jg. 49 (1979), S. 710-722, hier S. 713. Vgl. auch den ausführlichen Überblick sowie die informative Diskussion wesentlicher Erklärungskonzepte der spezifischen Bankenfunktionen bei E. Wagner, Theorie der Bankunternehmung. Eine Analyse von Bankverhaltensmodellen unter dem Aspekt der Transaktionskosten. Frankfurt a.M. u. Bern 1982. - Einen Überblick über mikroökonomische Modelle zum "Bankverhalten" vermitteln E. Baltensperger, Alternative Approaches to the Theory of the Banking Firm. "Journal of Monetary Economics", Amsterdam, Vol. 6 (1980), p. 1-37 sowie E. Baltensperger u. H. Milde, Theorie des Bankverhaltens. Berlin u.a. 1987.

[33] So z.B. bei H. Bernicken, Bankbetriebslehre. Stuttgart 1926, S. 9 f. u. S. 26, zitiert nach J. Süchting, Bankmanagement, a.a.O., S. 4.

lungsströmen verändert.[34] Hinzu tritt eine räumliche Transformation durch großflächige Sammlung von Einlagen und örtlich konzentrierte Kreditvergabe.

Die einfache Transformationsvorstellung wird in zweifacher Weise überwunden:

1. durch den Ausbau der bankbetrieblichen Produktionstheorie, d.h. vor allem durch die von Deppe[35] entwickelten Bausteine: Theorie des Monetären Faktors sowie Darstellung bankbetrieblicher Leistungsprozesse in Linearen Programmierungsmodellen mit Verknüpfung von Marktleistungen, Faktorbeständen (Reservoirs) und Verbrauchskoeffizienten. Erst mit diesen Konzepten gelingt ein entscheidender Schritt nach vorne;

2. durch Anwendung des Transformationsgedankens auf der Ebene der monetären Beschaffungs- und Absatzkontrakte. Diese Betrachtungsweise soll hier weiter verfolgt werden.

Transformation findet in Bankbetrieben - genau besehen - nicht an dem Leistungsobjekt Geld statt, sondern an den <u>Kontraktformen</u> bzw. den relevanten <u>Vertragselementen</u> der die Nutzungsmöglichkeiten an Geld verschaffenden Finanzkontrakte. Hier liegt auch der wesentliche Unterschied zur realgüterwirtschaftlichen Produktion, bei der eine Transformation bzw. Umwandlung physikalischer und/oder chemischer Eigenschaften vorherrscht; im Gegensatz dazu verändert die finanzwirtschaftliche Transformation von Banken den Grad der Verfügbarkeit von Geld.[36] Geldaufnahme und -anlage werden in vielfacher Weise den Bedürfnissen der Bankkunden angepaßt, indem unterschiedliche Ausgestaltungen der Finanzkontrakte für die Geldaufnahme einerseits und die Geldanlage andererseits mit eigener Verpflichtung der Banken angeboten werden. Diese Entkoppelung von Einlagen- und Kreditgeschäft ist möglich, weil Banken wichtige Effekte nutzen können: Poolungseffekt, Bodensatzeffekt, Portfolioeffekt, Diversifikationseffekt.

Der finanzwirtschaftlichen Transformation liegen Geldnutzungskontrakte (Kreditvertrag, Einlagenvertrag) zugrunde, die nur eine i.d.R. befristete Nutzung des Leistungsobjektes Geld mit Rückerstattungspflicht (ähnlich zum Mietvertrag) vorsehen. Weil hier die Vertragselemente, an denen die Transformation ansetzt, zu den produkttypischen Merkmalen

---

[34] Vgl. zu wichtigen Grundlagen *H. Arnold*, Risikotransformation. Finanzierungsinstrumente und Finanzierungsinstitute als Institutionen zur Transformation von Unsicherheitsstrukturen. Saarbrückener Dissertation 1964. - Ferner mit Bezug zur Portfoliotheorie u.a.: *H. Schmidt*, Liquidität von Finanztiteln ..., a.a.O., S. 713. - *H. Schmidt*, Einzelkredit und Kreditportefeuille. In: Bankpolitik, finanzielle Unternehmensführung und die Theorie der Finanzmärkte. Festschrift für Hans-Jacob Krümmel zur Vollendung des 60. Lebensjahres. Hrsg. v. B. Rudolph u. J. Wilhelm. Berlin 1988, S. 245-259, hier S. 249 ff.

[35] Vgl. *H.-D. Deppe*, Bankbetriebliches Wachstum, a.a.O., S. 17-25, S. 75 ff. u. S. 122 ff. - *H.-D. Deppe*, Eine Konzeption wissenschaftlicher Bankbetriebslehre ..., a.a.O., S. 31-42 u. S. 47-49.

[36] Weiterhin könnte es so scheinen, als ob die Verbesserung der Verfügbarkeit von Geldnutzungen (für Nachfrager und Anbieter) durch Banken der Leistung von *Handels- oder Distributionsunternehmungen* vergleichbar bzw. subsumierbar sei. (So z.B. *J. Süchting*, Bankmanagement, a.a.O., S. 4.) Distributionsunternehmen erleichtern i.d.R. den Eigentumserwerb von Realgütern und damit den Erwerb des totalen Nutzungspotentials für den Verbrauch bzw. Gebrauch von Gütern. Auch hier werden bei (weitgehend) unveränderten Leistungsobjekten - den gehandelten Realgütern - Transformationen an wesentlichen Vertragsbestandteilen (Leistungsort, Auftragsgröße etc.) vorgenommen.

gehören, also erst dadurch ein konkretes Produktbild in der Vorstellung des Kunden bewirkt wird, lassen Veränderungen an diesen Merkmalen auch den Eindruck aufkommen, daß durch bankbetriebliche Transformationsleistungen wirklich neue Produkte geschaffen werden. Dies gilt insbesondere für die Risikotransformation.[37]

Transformation von Merkmalen der Finanzkontrakte (Betrag, Zeit, Sicherheit) stellt im Grunde nur eine andere Ausdrucksweise für die Zerlegung eines Zahlungsstroms (zwischen ursprünglichen Überschuß- und Defiziteinheiten) in zwei voneinander unabhängige Zahlungsströme (zwischen Überschußeinheit und Bank sowie Bank und Defiziteinheit) dar. Die Trennbarkeit von Investitions- und Finanzierungskontrakten einer Bank kann in bezug auf die Merkmale einzelner Kontrakte vollständig sein, zu prüfen ist aber, ob gruppen- bzw. gesamtbestandsspezifische Merkmale ebenfalls außer acht gelassen werden können oder als Grenzen der Transformation bzw. Trennbarkeit zu beachten sind, wenn bestimmte Sicherheitsniveaus nicht unterschritten werden sollen. Eine derartige (absolute) Trennbarkeit ist bekanntlich nur in spezifischen Modellwelten (MM-Welt, CAPM-Welt u.ä.) möglich, deren zentrales Merkmal die Existenz eines vollkommenen Kapitalmarktes (bzw. vollkommener Finanzmärkte) ist; in diesen Modellwelten haben Banken jedoch keine immanent begründbare Existenzberechtigung. Erst bei Marktunvollkommenheiten (z.B. bei Informationsasymmetrien oder bei Transaktionskosten) kann die Transformationsleistung von Banken als notwendig begründet werden.

Die neuen, durch Intermediation und Trennung entstandenen Zahlungsströme werden von Banken als Ergebnis eigener Leistungsprozesse und damit als Marktleistungen verstanden: Bei der Investitionszahlungsreihe gilt die Übertragung von Geldnutzungen (Investitionsauszahlung) und ihre Gestaltung als banktypische Leistung, bei der Finanzierungszahlungsreihe gilt die Bedienung (Amortisations- und Entgeltzahlung) als banktypische Leistung. Im Investitionsbereich der Bank werden als Bankleistung Nutzungsmöglichkeiten an Geldpotentialen (befristet und unbefristet) übertragen; die Bank erwirbt dafür von ihren Kunden wirtschaftliche Risiko-/Chance-Potentiale. Nutzungsmöglichkeiten an Geld können auf Basis von Fest- oder Restbetragskontrakten in unbedingter Form übertragen werden; sie sind jedoch auch über bedingte (vom Eintritt spezifizierter Umweltsituationen abhängige) Kontrakte erreichbar. Im ersten Fall wird die Investitionsauszahlung als verbindliche Leistung der Bank zu Beginn der Investition fällig, im zweiten Fall ist diese Auszahlung nur bedingt fällig, und zwar in Abhängigkeit von einem oder mehreren genau definierten Umweltzuständen. Im ersten Fall entsteht bei der Bank eine aktivierbare Vermögensposition (aktive Bestandshaltung), im zweiten Fall lediglich eine Eventualposition. Der "normalen" Investition ist gewissermaßen eine Stillhalterposition der Bank vorgeschaltet; erst bei Inanspruchnahme, d.h. Ausübung der Option durch den Begünstigten (Käufer

---

[37] *H. Schmidt*, Liquidität von Finanztiteln ..., a.a.O., S. 713. - Vgl. auch die (z.T. indirekten) Hinweise auf Schwierigkeiten der Abgrenzung von Produkteigenschaften einerseits sowie Merkmalen der Vermarktung (Handelbarkeit) einschließlich der Definition von Transaktionskosten andererseits bei *H. Schmidt*, Marktorganisationsbestimmte Kosten und Transaktionskosten als börsenpolitische Kategorien. "Kredit und Kapital", Berlin, Jg. 16 (1983), S. 184-204, hier S. 201.

eines Calls), leistet die Bank eine Zahlung und erwirbt damit (wie im ersten Fall) eine Gläubiger- oder Anteilseignerposition.

Im Finanzierungsbereich der Bank werden als Bankleistung Geldanlagemöglichkeiten mit geringerem Risiko angeboten. Die Bank stellt Risiko-/Chance-Positionen für risikoaverse Geldanleger zur Verfügung und erwirbt dafür Nutzungsmöglichkeiten an Geld auf der Basis von Fest- und (zum geringen Teil) Restbetragskontrakten: Daß Risiken des Investitionsbereichs, also Merkmalsausprägungen der Investitionskontrakte, nicht direkt an den Finanzierungsbereich weitergegeben werden müssen, liegt einerseits - und zum erheblichen Teil - daran, daß die oben aufgeführten "Effekte" eintreten bzw. bewußt herbeigeführt werden können. Als weitere Ursache kommt aber andererseits hinzu, daß Banken im Durchschnitt gesehen über größere Kompetenz und höheren Sachverstand im Kreditgeschäft verfügen als Nichtbanken und insofern Kredite mit besserem Erfolg (d.h. geringeren Ausfällen) vergeben und überwachen können.[38] Hierher gehören auch die bankübliche Kreditbesicherung sowie die Routine bei der Kreditüberwachung und in der Abwicklung von Kreditfaillissements etc.

Die spezifischen Leistungen der Banken in einer Geldwirtschaft lassen sich nach dem Transformationskonzept also erblicken in einer Verbesserung der Verfügungsmöglichkeiten über Geld dadurch, daß

1. kleine und kleinste Einlagenbeträge "gepoolt" und in größeren Losgrößen Kreditnehmern zur Verfügung gestellt werden können;

2. Überlassungsfristen von Einlagen nicht mehr die Verfügungsdauer über Kredite begrenzen, sondern die Befristung der Finanzkontrakte mit bankbetrieblicher Gläubigerposition einerseits und Schuldnerposition andererseits unabhängig voneinander vorgenommen werden kann;

3. Kredite (in Buch- und Briefform) zu Portefeuilles zusammengefaßt werden, so daß bei Korrelationen kleiner +1 das Risiko des Portfolios geringer ist als die einfache Summe der gewichteten Einzelkreditrisiken (Durchschnittsrisiko).

323 Banken als Finanzintermediäre

Faßt man die im Abschnitt 322 abschließend genannten Punkte zusammen, so läßt sich die Hauptleistung von Banken mit dem Begriff "Finanztiteltransformation" umschreiben: Banken verwandeln die von ursprünglichen Defiziteinheiten (Betriebe des Nichtfinanziellen Sektors) begebenen Finanztitel in solche, die den Präferenzen der letzten Überschußeinheiten (private Haushalte) besser entsprechen. Diese Leistung wird auch als Intermedia-

---

[38] Vgl. *J.P. Krahnen*, Kapitalmarkt und Kreditbank. Untersuchungen zu einer mikroökonomischen Theorie der Bankunternehmung. (Schriften zum Bank- und Börsenwesen, Bd. 6.) Berlin 1985, S. 6.

tion[39] bezeichnet, womit besonders auf die Funktion der Banken hingewiesen wird, zwischen ursprüngliche Überschuß- und Defiziteinheiten zu treten und über die Vermittlung von Finanztitelangebot und -nachfrage hinaus beiden Seiten als selbstverpflichteter Kontraktpartner zur Verfügung zu stehen. Hinsichtlich der Vertragsgestaltung mit dem jeweils anderen Vertragspartner (also Art und Fristigkeit der Verwendung von beschafften Mitteln bzw. Art und Fristigkeit der Finanzierung bei Geldanlagen) können Banken nach eigenem Ermessen entscheiden, besteht also keine Bindung durch die begebenen Finanztitel.[40]

Intermediation kann als Transformation wenig liquider Finanztitel in hochliquide Titel verstanden werden, so daß die Hauptleistung von Banken konsequenterweise in der "Produktion von Liquidität" zu sehen ist.[41] Die Erhöhung der Liquidität von Finanztiteln ist einerseits die Kehrseite einer Verminderung von Risikokosten (Bonitätsrisiken, Marktzinsrisiken), andererseits die Folge einer Verminderung von Transaktionskosten.

Das Intermediationskonzept läßt sich als integrativer Abschluß der Transformationsvorstellungen bezeichnen, indem über Einzelaspekte hinaus eine Systematisierung und ökonomische Begründung der Transformationsleistungen versucht wird. Diese ökonomische Begründung greift auf einen Kostenvergleich zurück und versucht nachzuweisen, daß Finanzintermediäre Finanzleistungen für Kreditnehmer und Einleger zu geringeren Kosten erbringen können als diese ursprünglichen Geldnachfrager und -anbieter selbst. Dabei handelt es sich um die Kosten der Finanztransaktionen im weitesten Sinne, so daß Such- und Informationskosten, Überwachungskosten etc., aber auch Risikokosten, also - anders gegliedert - alle Kosten der Vertragsvorbereitung, des Vertragsabschlusses und der Vertragserfüllung und -abwicklung, einbezogen sind.

Doch auch zur Erklärung anderer Bankgeschäfte (neben den durch Transformation erklärten Kredit- und Einlagengeschäften) kann das Konzept der Intermediation - allerdings indirekt - nutzbar gemacht werden, denn auch bei diesen Geschäften erbringen Banken einen der Intermediation vergleichbaren Leistungsbeitrag: sie erhöhen die Liquidität von Finanztiteln durch Verringerung von Verwahrungs- und Verwaltungskosten (Depotgeschäft), durch Verringerung von spezifischen Transaktionskosten (Wertpapieremissions- und Wertpapierkommissionsgeschäft) u.ä. Diese Leistungen können als zur eigentlichen Intermediation substitutive Tätigkeiten aufgefaßt werden.[42] Damit läßt sich der Kern der Intermediations- bzw. Transformationskonzepte in der Begründung und dem modellmäßig gestützen Nachweis von gesamtwirtschaftlichen Kostenvorteilen bei Einschaltung von Ban-

---

[39] Vgl. u.a. *H. Schmidt*, Liquidität von Finanztiteln ..., a.a.O., S. 713 ff. - *G.J. Benston* a. *C.W. Smith, jr.*: A Transactions Cost Approach to the Theory of Financial Intermediation. "The Journal of Finance", New York, Vol. 31 (1976), p. 215-231. Früher bereits *J.G. Gurley* a. *E.S. Shaw*, Money in a Theory of Finance. Washington 1960, p. 94 a. p. 195-197.

[40] Vgl. dazu (mit Hinweis auf Coase) *E. Wagner*, Theorie der Bankunternehmung, a.a.O., S. 12.

[41] Vgl. *H. Schmidt*, Liquidität von Finanztiteln ..., a.a.O., S. 713.

[42] H. Schmidt spricht hier direkt von Intermediations-Substitution. *H. Schmidt*, Liquidität von Finanztiteln ..., a.a.O., S. 716 f.

ken in Finanztransaktionen erblicken. Es wird hier mit institutionell bedingten Kostenvorteilen vor dem Hintergrund einer Geldwirtschaft ohne Banken argumentiert. Derartige Erklärungsmodelle basieren auf dem Vergleich zweier Modellwelten, ohne damit jedoch empirisch überprüfbare Hypothesen zu liefern. Ein derartiger, auf "Kostenreduzierung" aufbauender Erklärungsansatz kann nur dann von Nutzen sein, wenn sich Transaktionskosten (und ergänzend Koordinationskosten) konzeptionell klar erfassen lassen. Mit großer Berechtigung fordert Albach[43] daher die Weiterentwicklung der bislang vorwiegend produktionsmäßig ausgerichteten Kostenrechnung zu einer Transaktions- und Koordinationskostenrechnung. Nicht unerhebliche Schwierigkeiten bereitet jedoch schon die Abgrenzung von Produktionskosten i.e.S. und Kosten einer Übertragung von Verfügungsmöglichkeiten (Transaktion), da letztere in erheblichem Maße von bestimmten Produkteigenschaften (z.B. Handelbarkeit, Fungibilität) abhängen. Infolgedessen ist es schwierig, Produktionskosten und Transaktionskosten eindeutig abzugrenzen; dies gilt insbesondere für Bankleistungen.[44]

4 Ausblick

Versucht man abschließend einige Querverbindungen zwischen finanzieller Haftung und Intermediation in Geldwirtschaften aufzuzeigen, so setzt man mit den Überlegungen am besten bei den Intermediären an und fragt, welche Beiträge sie im Gesamtkomplex finanzieller Haftung erbringen. Es lassen sich hier zumindest drei unterschiedliche Problemkreise festhalten:

1. Welches <u>Leistungsangebot</u> weisen Banken zur Verbesserung der Haftungsfähigkeit <u>anderer Wirtschaftssubjekte</u>, insbesondere zur Verbesserung der finanziellen Haftung auf?

2. Können <u>Banken als Gläubiger monetärer Leistungen</u> (Finanzierungsleistungen im Aktivgeschäft) geringere Anforderungen an die Haftungsfähigkeit der Schuldner stellen, oder sind sie hier anderen Kreditgebern gleichgestellt?

3. Können <u>Banken als Schuldner monetärer Leistungen</u> (Geldanlageleistungen im Passivgeschäft) von geringeren Anforderungen an ihre Haftungsfähigkeit ausgehen, oder müssen sie im Gegenteil - wegen der größeren Vertrauensempfindlichkeit ihrer (Einleger-)Kundschaft - gerade eine höhere Haftungsfähigkeit aufweisen?

Die Komplexität dieser Fragen gestattet hier in diesem Ausblick noch nicht einmal eine systematische Skizze, geschweige denn eine systematische, abwägende Erörterung. Daher

---

[43] Vgl. *H. Albach*, Kosten, Transaktionen und externe Effekte im betrieblichen Rechnungswesen. "Zeitschrift für Betriebswirtschaft", Wiesbaden, Jg. 58 (1988), S. 1143-1170, hier S. 1155 f. u. S. 1159 ff.

[44] Vgl. die Definition von Transaktionskosten und marktorganisationsbestimmten Kosten bei *H. Schmidt*, Marktorganisationsbestimmte Kosten ..., a.a.O., S. 188 ff.

soll auch nur auf ein paar Beziehungslinien hingewiesen werden, die sich zu den bisherigen Überlegungen ergeben.

Die erste Frage macht zunächst deutlich, daß Banken im Intermediationsbereich Leistungen erbringen (können), die bei den Abnehmern eine Verbesserung der Haftungsfähigkeit im Sinne einer Erhöhung der Solvenzreserven des Typs 2 (Reinvermögen) bewirkt, weil bei diesen nur Restbetragsverpflichtungen entstehen. Banken tätigen in diesem Fall keine Kredit-, sondern Beteiligungsinvestitionen. Häufiger kommen derartige Beteiligungen bekanntlich auch ungeplant zustande, so z.B. bei der Betreuung von Aktienemissionen mit Übernahmeverpflichtung der Emissionsbanken und nicht vollständiger Zeichnung des Kapitalerhöhungsvolumens oder auch bei Umwandlung eingefrorener Kredite. Für eine Reihe von Spezialinstituten (Kapitalbeteiligungsgesellschaften, Unternehmensbeteiligungsgesellschaften, Venture-Capital-Gesellschaften) ist die Aufstockung des Reinvermögens von ausgewählten Unternehmen Hauptgeschäftszweig.

Die oben aufgeführte zweite Frage zielt vor allem auf das Kreditvergabeverhalten von Banken ab und dabei insbesondere auf das Problem, wie Banken Bonitätsrisiken von Kreditnachfragern bei Kreditentscheidungen berücksichtigen. Dabei spielt eine wesentliche Rolle, ob die Bank erkannte und erwogene Kreditrisiken überhaupt eingeht oder nur sichere Kredite gewährt. Erwogene Risiken belasten bei Risikoeintritt u.U. die Nettohaftungsreserve der Bank. Zunächst sind Verrechnungsmöglichkeiten (Kompensationen) mit laufenden Erträgen auszuschöpfen, m.a.W.: es sind Poolungseffekte und Portfolioeffekte zu nutzen. Aber auch dazu muß es nicht kommen, wenn die Verwertung von Kreditsicherheiten den ursprünglichen Kreditausfall kompensiert. Fraglich ist, ob die kreditvergebende Bank Kreditausfälle durch Kalkulation von Risikoprämien im Durchschnitt neutralisieren sollte. Würde dieser Weg eingeschlagen, könnten Banken aber Risikoprämien niedriger kalkulieren als Kreditgeber ohne "Portefeuilleeinbindung" oder höhere Einzelrisiken in Kauf nehmen und diese über Diversifikation im Portefeuille auf die für tragfähig gehaltene Höhe bringen.

Schließlich wäre als dritte (und hier abschließend aufgeführte) Frage zur Stellung der Banken im Problemkreis der finanziellen Haftung zu untersuchen, ob für Banken eine geringere eigene Haftungsvorsorge durch Reinvermögen zulässig erscheint. Diese Frage geht das zentrale Problem der Sicherung der (monetären) Leistungsfähigkeit statt von der aktiven Sicherheitspolitik (Risikopolitik) von der ergänzenden oder auch substitutiven Seite der passiven Sicherheitspolitik (Risikovorsorge über Reserven) an und ist insbesondere im Hinblick auf die traditionell niedrige Eigenkapitalquote der Banken aktuell. Die Möglichkeit erheblicher Risikoreduzierung über Portefeuillebildung kann bei gegebenem Gesamtbankrisiko auch so genutzt werden, daß geringere Solvenzreserven in Form von Reinvermögen gehalten werden; im Kreditgeschäft wird die gesetzte Risikogrenze beibehalten und nicht erhöht.

Eine Reduzierung der Risikotragfähigkeit der einzelnen Bank könnte schließlich auch plausibel erscheinen, wenn gegenseitige Beistandssysteme geschaffen werden. Abgesehen von negativen Anreizen für die individuelle Vorsorge und der Mißbrauchsmöglichkeiten durch Hazardeure haben solche Systeme durchaus ihre guten Seiten. Dennoch sollte man ihre Leistungsfähigkeit schon allein wegen der begrenzten Einsatzmassen an Vermögen sowie auch wegen der begrenzten Strapazierfähigkeit des Gemeinschaftsgedankens nicht überschätzen.

Letztlich ist damit in Wirtschaftsgemeinschaften, die so stark dem Individualismus verpflichtet sind wie kapitalistische Wirtschaften, die Eigenverantwortlichkeit auch in der Haftungsvorsorge gefordert. Beistandssysteme können dabei Stützungsfunktionen übernehmen, doch nie die individuelle Vorsorge über Reinvermögensbildung ersetzen. Stützel hat dies einmal kurz auf folgenden Nenner gebracht: "Wir brauchen nicht mehr Feuerwehr. Wir brauchen solidere Häuser."[45]

In Anbetracht der rapide wachsenden "Billionengebilde" von Geldschuldverhältnissen mit den inhärenten Gefährdungen des Kapitaldienstes - und damit der Schuldner und Gläubiger - ist jedoch nicht nur die Verbesserung der Haftungsbasis von Banken eine zwingende Verpflichtung bankbetrieblicher Geschäftspolitik, sondern auch die Hilfe bei der Aufstockung der Eigenkapitalausstattung von Nichtbanken. Man kann die Eigenkapitalausstattung aller Unternehmen nun mit gutem Grund über die Finanzierungsproblematik hinaus als ordnungspolitisches Problem kapitalistischer Wirtschaften sehen,[46] und man stößt dann sehr schnell auf die Bedeutung einer angemessenen Eigenkapitalausstattung für marktwirtschaftliche Motivierungs- und Anpassungsmechanismen, die gerade in komplexen und dynamischen Wirtschaften notwendig werden, um den Fortbestand der Wirtschaftsgemeinschaft auf einem bestimmten Wohlfahrtsniveau zu sichern. Erst mit einer derartigen Denkausrichtung und ihrer wissenschaftlichen Ausarbeitung wird man dem vielschichtigen Problem der Finanzierung mit Eigenkapital bzw. der betrieblichen Kapitalstruktur gerecht. Hier findet sich dann auch die tiefere Begründung für die Notwendigkeit finanzieller Haftung sowie der Solvenzreserven. Deppe[47] hat diesen Hintergrund in der Kennzeichnung der finanziellen Haftung als fundamentales vertrauensbildendes Element der marktwirtschaftlichen, dezentralen Wirtschaftsweise immer wieder mit Nachdruck betont.

---

[45] *W. Stützel*, Ölgelder-Recycling. Vortrag auf der 26. Kreditpolitischen Tagung der Zeitschrift für das gesamte Kreditwesen. "Zeitschrift für das gesamte Kreditwesen", Frankfurt a.M., Jg. 33 (1980), S. 1157-1163, hier S. 1163.

[46] Vgl. *H. Schmidt*, Anteilsmärkte und Kreditmärkte. Gegenseitige Ergänzung oder Substitute? "Jahrbuch für Sozialwissenschaft", Göttingen, Bd. 37 (1986), S. 354-367, hier S. 355 u. S. 357 ff.

[47] Zuletzt mit großer Deutlichkeit in *H.-D. Deppe*, Finanzielle Haftung heute ..., a.a.O., S. 199 ff.

Literaturverzeichnis

Adams, Michael: Ökonomische Analyse der Gefährdungs- und Verschuldenshaftung. Heidelberg 1985.

Adams, Michael: Produkthaftung - Wohltat oder Plage? - Eine ökonomische Analyse. "Betriebs-Berater", Heidelberg, Jg. 42 (1987), Beilage 20 zu Heft 31.

Albach, Horst: Kosten, Transaktionen und externe Effekte im betrieblichen Rechnungswesen. "Zeitschrift für Betriebswirtschaft", Wiesbaden, Jg. 58 (1988), S. 1143-1170.

Arnold, Hans: Risikentransformation. Finanzierungsinstrumente und Finanzierungsinstitute als Institution zur Transformation von Unsicherheitsstrukturen. Saarbrückener Dissertation 1964.

Baltensperger, Ernst: Alternative Approaches to the Theory of the Banking Firm. "Journal of Monetary Economics", Amsterdam, Vol. 6 (1980), p. 1-37.

Baltensperger, Ernst u. Milde, Hellmuth: Theorie des Bankverhaltens. Berlin u.a. 1987.

Baltensperger, Ernst: Die Regulierung des Bankensektors. "Wirtschaftswissenschaftliches Studium", München u. Frankfurt a.M., Jg. 17 (1988), S. 53-57.

Benner, Wolfgang: Der liquiditätsmäßig-finanzielle Bereich (LFB) als Gegenstand der wissenschaftlichen Bankbetriebslehre. In: Bankbetriebliches Lesebuch. Ludwig Mülhaupt zum 65. Geburtstag. Hrsg. v. H.-D. Deppe. Stuttgart 1978, S. 341-390.

Benner, Wolfgang: Betriebliche Finanzwirtschaft als monetäres System. (Göttinger Hefte zur Bankbetriebslehre und Unternehmungsfinanzierung, H. 3.) Göttingen 1983.

Benner, Wolfgang: Betriebliche Prozesse, finanzwirtschaftliche Existenzbedingungen und finanzielles Gleichgewicht. In: Geldwirtschaft und Rechnungswesen. Hrsg. v. H.-D. Deppe. (Neue Betriebswirtschaftliche Studienbücher, Bd. 1.) Göttingen 1989, S. 153-198.

Benston, George a. Smith, Clifford W., jr.: A Transactions Cost Approach to the Theory of Financial Intermediation. "The Journal of Finance", New York, Vol. 31 (1976), p. 215-231.

Bernicken, Hans: Bankbetriebslehre. Stuttgart 1926.

Bitz, Michael, Hemmerde, Wilhelm u. Rausch, Werner: Gesetzliche Regelungen und Reformvorschläge zum Gläubigerschutz. Eine ökonomische Analyse. (Heidelberger betriebswirtschaftliche Studien.) Berlin, Heidelberg, New York u. Tokio 1986.

Clemenz, Gerhard: Informationsökomomische Theorien der Kreditrationierung. "Wirtschaftswissenschaftliches Studium", München u. Frankfurt a.M., Jg. 17 (1988), S. 598-604.

Deppe, Hans-Dieter: Bankbetriebliches Wachstum. Funktionalzusammenhänge und Operations Research in Kreditinstituten. Stuttgart 1969.

Deppe, Hans-Dieter: Betriebswirtschaftliche Grundlagen der Geldwirtschaft. Bd. 1: Einführung und Zahlungsverkehr. Stuttgart 1973.

Deppe, Hans-Dieter: Art. Bankbetriebslehre. In: Handwörterbuch der Betriebswirtschaft. Enzyklopädie der Betriebswirtschaftslehre, Bd. I/1. Hrsg. v. E. Grochla u. W. Wittmann. 4., völlig neu gestalt. Aufl., Stuttgart 1974, Sp. 402-418.

Deppe, Hans-Dieter: Die Rolle des Wertpapiererwerbs bei Anlagedispositionen eines Kreditinstituts. "Wirtschaftswissenschaftliches Studium", München u. Frankfurt a.M., Jg. 5 (1976), S. 441-449.

Deppe, Hans-Dieter: Eine Konzeption wissenschaftlicher Bankbetriebslehre in drei Doppelstunden. In: Bankbetriebliches Lesebuch. Ludwig Mülhaupt zum 65. Geburtstag. Hrsg. v. H.-D. Deppe. Stuttgart 1978, S. 3-98.

Deppe, Hans-Dieter: KWG-Novellierung und finanzielle Stabilität. "Zeitschrift für das gesamte Kreditwesen", Frankfurt a.M., Jg. 37 (1984), S. 286-292.

Deppe, Hans-Dieter: Finanzielle Haftung heute - Obsoletes Relikt oder marktwirtschaftliche Fundamentalleistung? In: Zweihundert Jahre Geld und Brief. Herausforderungen an die Kapitalmärkte. Festgabe an die Niedersächsische Börse zu Hannover aus Anlaß ihres 200jährigen Bestehens. Hrsg. v. C.P. Claussen, L. Hübl und H.-P. Schneider. Frankfurt a.M. 1987, S. 179-204. Wiederabgedruckt in: Geldwirtschaft und Rechnungswesen. Hrsg. v. H.-D. Deppe. (Neue Betriebswirtschaftliche Studienbücher, Bd. 1.) Göttingen 1989, S. 199-228.

Deppe, Hans-Dieter u. Lohmann, Karl: Grundriß analytischer Finanzplanung. (Neue Betriebswirtschaftliche Studienbücher, Bd 2.) 2., neubearb. Aufl., Göttingen 1989.

Drukarczyk, Jochen: Finanzierung. Eine Einführung. 3., überarb. Aufl., Stuttgart 1986.

Drukarczyk, Jochen: Unternehmen und Insolvenz. Wiesbaden 1987.

Engels, Wolfram: The Optimal Monetary Unit. Frankfurt a.M. 1981.

Fama, Eugene F.: Banking in the Theory of Finance. "Journal of Monetary Economics", Amsterdam, Vol. 6 (1980), p. 39-57.

Fischer, Otfrid: Finanzwirtschaft der Unternehmung I. Daten und Alternativen der Finanzwirtschaft. (wisu-texte.) Tübingen u. Düsseldorf 1977.

Franke, Günter: Finanzielle Haftung aus der Sicht der Kapitalmarkttheorie. In: Geldwirtschaft und Rechnungswesen. Hrsg. v. H.-D. Deppe. (Neue Betriebswirtschaftliche Studienbücher, Bd. 1.) Göttingen 1989, S. 229-255.

Franke, Günter u. Hax, Herbert: Finanzwirtschaft des Unternehmens und Kapitalmarkt. (Heidelberger Lehrtexte Wirtschaftswissenschaften.) Berlin u. a. 1988.

Fuhrmann, Wilfried: Theorie effizienter Finanzmärkte. "Wirtschaftswissenschaftliches Studium", München u. Frankfurt a.M., Jg. 17 (1988), S. 546-552.

Gierke, Otto: Schuld und Haftung im älteren deutschen Recht, insbesondere die Form der Schuld und Haftungsgeschäfte. Breslau 1910.

Gurley, John G. a. Shaw, Edward S.: Money in a Theory of Finance. Washington 1960.

Heinsohn, Gunnar: Privateigentum, Patriarchat, Geldwirtschaft. Eine sozialtheoretische Rekonstruktion zur Antike. (Suhrkamp Taschenbuch Wissenschaft, Bd. 455.) Frankfurt a.M. 1984.

Issing, Otmar: Einführung in die Geldtheorie. 6., überarb. Aufl., München 1987.

Kötz, Hein: Zivilrechtliche Haftung aus ökonomischer Sicht. In: Die Ökonomisierung der Sozialwissenschaften. Sechs Wortmeldungen. Hrsg. v. H.B. Schäfer u. K. Wehrt. Frankfurt a.M. 1989, S. 149-167.

Krahnen, Jan Pieter: Kapitalmarkt und Kreditbank. Untersuchungen zu einer mikroökonomischen Theorie der Bankunternehmung. (Schriften zum Bank- und Börsenwesen, Bd. 6.) Berlin 1985.

Kromphardt, Jürgen: Konzeptionen und Analysen des Kapitalismus. 2., überarb. Aufl., Göttingen 1987.

Krümmel, Hans-Jacob: Bedeutung und Funktionen des Eigenkapitals in der modernen Kreditwirtschaft. "Österreichisches Bank-Archiv", Wien, Jg. 33 (1985), S. 187-198.

Krümmel, Hans-Jacob: Neue Finanzierungsformen und aufsichtsrechtliche Strukturnormen. In: Neuere Entwicklungen auf den Finanzmärkten. Hrsg. v. H. Schierenbeck. (Schriftenreihe des Instituts für Kreditwesen der Westfälischen Wilhelms-Universität Münster, Bd. 34.) Frankfurt a. M. 1987, S. 39-76.

Laum, Bernhard: Heiliges Geld. Eine historische Untersuchung über den sakralen Ursprung des Geldes. Tübingen 1924.

Liebau, Gerhard: Monetäre Leistungen und konzeptionelle Erfassung des Betriebs. In: Geldwirtschaft und Rechnungswesen. Hrsg. v. H.-D. Deppe. (Neue Betriebswirtschaftliche Studienbücher, Bd. 1.) Göttingen 1989, S. 27-150.

Lohmann, Karl: Finanzmathematische Wertpapieranalyse. (Neue Betriebswirtschaftliche Studienbücher, Bd. 3.) 2., durchges. u. erw. Aufl., Göttingen 1989.

Lohmann, Karl: Zur Schätzung betrieblicher Zinsänderungsrisiken am Beispiel des Bankbetriebs und zur Bewertung zinsabhängiger Optionen. In: Geldwirtschaft und Rechnungswesen. Hrsg. v. H.-D. Deppe. (Neue Betriebswirtschaftliche Studienbücher, Bd. 1.) Göttingen 1989, S. 313-332.

Loistl, Otto: Grundzüge der betrieblichen Kapitalwirtschaft. Berlin u.a. 1986.

Martin, Paul C. unter Mitarbeit von *Lüftl, Walter*: Der Kapitalismus. Ein System, das funktioniert. München 1986.

Martin, Paul C.: Aufwärts ohne Ende. Die neue Theorie des Reichtums. München 1988.

Monissen, Hans G.: Haftungsregeln und Allokation: Einige einfache analytische Zusammenhänge. "Jahrbuch für Sozialwissenschaft", Göttingen, Bd. 27 (1976), S. 391-412.

Mülhaupt, Ludwig: Der Prozeß der multiplen Giralgeldschöpfung in einem Zweibankensystem. "Zeitschrift für handelswissenschaftliche Forschung", Köln und Opladen, Jg. 9 (1957), S. 448-462. Wiederabgedruckt in: Texte zur wissenschaftlichen Bankbetriebslehre I. Hrsg. v. H.-D. Deppe. (Göttinger Hefte zur Bankbetriebslehre und Unternehmungsfinanzierung, H. 7a.), Göttingen 1980, S. 319-333.

Mülhaupt, Ludwig: Ansatzpunkte für eine Theorie der Kreditbank. "Jahrbuch für Sozialwissenschaft", Göttingen, Bd. 12 (1961), S. 132-142. Wiederabgedruckt in: Texte zur wissenschaftlichen Bankbetriebslehre I. Hrsg. v. H.-D. Deppe. (Göttinger Hefte zur Bankbetriebslehre und Unternehmungsfinanzierung, H. 7a.) Göttingen 1980, S. 69-80.

Mülhaupt, Ludwig: Einführung in die Betriebswirtschaftslehre der Banken. Struktur und Grundprobleme des Bankbetriebs und des Bankwesens in der Bundesrepublik Deutschland. 3., überarb. Aufl., Wiesbaden 1980.

Mülhaupt, Ludwig: Von der Bankenkrise 1931 zur Bankenaufsicht 1981. "Zeitschrift für betriebswirtschaftliche Forschung", Wiesbaden, Jg. 34 (1982), S. 435-455. Wiederabgedruckt in: Geldwirtschaft und Rechnungswesen. Hrsg. v. H.-D. Deppe. (Neue Betriebswirtschaftliche Studienbücher, Bd. 1.) Göttingen 1989, S. 339-369.

Müller, Klaus: Art. Haftungsrecht, zivilrechtliches. In: Handwörterbuch der Wirtschaftswissenschaft. Dritter Band. Hrsg. v. W. Albers u.a., Stuttgart u.a. 1981, S. 743-751.

Reus, Peter: Monetäre Leistungen und Kostenrechnung im Betrieb. In: Geldwirtschaft und Rechnungswesen. Hrsg. v. H.-D. Deppe. (Neue Betriebswirtschaftliche Studienbücher, Bd. 1.) Göttingen 1989, S. 283-312.

Rudolph, Bernd: Kreditsicherheiten als Instrumente zur Umverteilung und Begrenzung von Kreditrisiken. "Zeitschrift für betriebswirtschaftliche Forschung", Düsseldorf, Jg. 36 (1984), S. 16-43.

Schäfer, Hans-Bernd u. Ott, Claus: Lehrbuch der ökonomischen Analyse des Zivilrechts. Berlin u. Heidelberg 1986.

Schmidt, Hartmut: Liquidität von Finanztiteln als integrierendes Konzept der Bankbetriebslehre. "Zeitschrift für Betriebswirtschaft", Wiesbaden, Jg. 49 (1979), S. 710-722.

Schmidt, Hartmut: Marktorganisationsbestimmte Kosten und Transaktionskosten als börsenpolitische Kategorien. "Kredit und Kapital", Berlin, Jg. 16 (1983), S. 184-204.

Schmidt, Hartmut: Anteilsmärkte und Kreditmärkte. Gegenseitige Ergänzung oder Substitute? "Jahrbuch für Sozialwissenschaft", Göttingen, Bd. 37 (1986), S. 354-367.

Schmidt, Hartmut: Einzelkredit und Kreditportefeuille. In: Bankpolitik, finanzielle Unternehmensführung und die Theorie der Finanzmärkte. Festschrift für H.-J. Krümmel zur Vollendung des 60. Lebensjahres. Hrsg. von B. Rudolph und J. Wilhelm. Berlin 1988, S. 245-259.

Schmidt, Hartmut: Wertpapierbörsen. München 1988.

Schmidt, Reinhard H.: Ökonomische Analyse des Insolvenzrechts. Wiesbaden 1980.

Schmidt, Reinhard H.: Ein neo-institutionalistischer Ansatz der Finanzierungstheorie. In: Unternehmungsführung aus finanz- und bankwirtschaftlicher Sicht. Hrsg. v. E. Rühli u. J.-P. Thommen. Stuttgart 1981, S. 133-154.

Schmidt, Reinhard H.: Neuere Property Rights-Analysen in der Finanzierungstheorie. In: Betriebswirtschaftslehre und Theorie der Verfügungsrechte. Hrsg. v. D. Budäus, E. Gerum u. G. Zimmermann. Wiesbaden 1988, S. 239-267.

Schneider, Dieter: Lücken bei der Begründung einer "Eigenkapitallücke". "Der Betrieb", Düsseldorf, Jg. 39 (1986), S. 2293-2298.

Schneider, Dieter: "Angemessenes haftendes Eigenkapital" für Euronotes-Fazilitäten? "Die Bank", Köln, o. Jg. (1986), S. 560-568.

Schneider, Dieter: Messung des Eigenkapitals als Risikokapital. "Der Betrieb", Düsseldorf, Jg. 40 (1987), S. 185-191.

Schneider, Dieter: Die Steuerreform und ihre Finanzierung in ihren Folgen für die Unternehmensfinanzierung mit Risikokapital. "Der Betrieb", Düsseldorf, Jg. 40 (1987), S. 2529-2535.

Schneider, Dieter: Investition, Finanzierung und Besteuerung. 6., vollst. neu bearb. Aufl., Wiesbaden 1990.

Spremann, Klaus: Investition und Finanzierung. 3., vollst. überarb. u. erw. Aufl., München u. Wien 1990.

Stützel, Wolfgang: Ölgelder-Recycling. Vortrag auf der 26. Kreditpolitischen Tagung der Zeitschrift für das gesamte Kreditwesen. "Zeitschrift für das gesamte Kreditwesen", Frankfurt a.M., Jg. 33 (1980), S. 1157-1163.

Stützel, Wolfgang: Die Aktie und die volkswirtschaftliche Risiken-Allokation. In: Geld und Versicherung. Analysen, Thesen, Perspektiven im Spannungsfeld liberaler Theorie. Festgabe für Wilhelm Seuß. Hrsg. v. M. Jung, R.R. Lucius u. W.G. Seifert. Karlsruhe 1981, S. 193-211.

Stützel, Wolfgang: Marktpreis und Menschenwürde. Thesen zur Wirtschafts- und Bildungspolitik. 2. Aufl., Stuttgart 1982.

Süchting, Joachim: Bankmanagement. 2., überarb. Aufl., Stuttgart 1987.

Süchting, Joachim: Finanzmanagement. Theorie und Politik der Unternehmensfinanzierung. (Schriftenreihe des Instituts für Kredit- und Finanzwirtschaft, Bd. 1.) 5., vollst. überarb. u. erw. Aufl., Wiesbaden 1989.

Wagner, Eckehard: Theorie der Bankunternehmung. Eine Analyse von Bankverhaltensmodellen unter dem Aspekt der Transaktionskosten. Frankfurt a.M. u. Bern 1982.

Finanzielle Haftung im optionstheoretischen Modell

Karl Lohmann, Göttingen

Inhaltsverzeichnis

1 Einführung 167

2 Annahmen eines einfach strukturierten Grundmodells und Problemstellung 169

3 Optionstheoretische Interpretation des Problems 170

4 Vermögensentwicklung als stochastischer Prozeß 173

    41 Stochastische Prozesse bei kontinuierlicher Zeitbetrachtung 173

        411 Stetige Prozesse 174

        412 Unstetige Prozesse 179

    42 Stochastische Prozesse bei periodischer Zeitbetrachtung 180

        421 Diskretisierung von Brownschen Prozessen 180

        422 Multiplikative Binomialprozesse 185

    43 Empirische Untersuchungen zu den stochastischen Prozessen 187

5 Zur Optionsbewertung bei Risikoneutralität 189

    51 Optionsbewertung bei geometrischen Brownschen Prozessen 189

    52 Optionsbewertung bei multiplikativen Binomialprozessen 203

6 Zur präferenzfreien Optionsbewertung   205

61 Optionsbewertung bei geometrischen Brownschen Prozessen   205

62 Optionsbewertung bei multiplikativen Binomialprozessen   215

7 Mögliche Erweiterungen des Grundmodells   218

8 Zusammenfassung   219

Symbolverzeichnis   222

Literaturverzeichnis   225

1 Einführung

Das von Gutenberg[1] in die deutsche betriebswirtschaftliche Literatur eingeführte System von Produktionsfaktoren wurde von Deppe[2] für Bankbetriebe durch die Hinzufügung eines monetären Produktionsfaktors in Zahlungs- und Haftungsqualität erweitert. Die Notwendigkeit dieser Erweiterung ergibt sich aus der Einbettung des Subsystems Betrieb in das System der modernen Tauschwirtschaft in Form der Geldwirtschaft.[3]

Bei der wirtschaftswissenschaftlichen Analyse der Leistungserstellung von Betrieben wird die Nutzung des monetären Produktionsfaktors häufig nur pauschal erfaßt, z.B. in Form von kalkulatorischen Zinsen.[4] Die fehlende explizite Untergliederung des Monetären Faktors in seine Qualitäten hat zur Folge, daß kostenrechnerische Abbildungen monetärer Leistungen bei weitem nicht den Standard erreichen, der für die Abbildung technisch-organisatorischer Leistungsprozesse als selbstverständlich gilt.[5]

Eine Ursache für die unterbleibende Differenzierung könnte darin liegen, daß Haftungsleistungen nur im Verbund mit Zahlungsmittelüberlassungen gesehen werden, da in der Praxis Haftungsleistungen meistens nur in der Kombination mit Zahlungsmittelüberlassungsleistungen vorkommen. Die Renditeforderungen der Kapitalgeber denkt man sich dann als Summe der Entgeltsätze für die beiden Leistungsarten. Den Entgeltsatz für die Zahlungsmittelüberlassungsleistung erhält man mit guter Näherung aus dem Effektivzinssatz einer Anleihe mit erstklassiger Schuldnerbonität, wobei die Zahlungsmittelüberlas-

---

[1] Vgl. *E. Gutenberg*, Grundlagen der Betriebswirtschaftslehre. Erster Band: Die Produktion. (Enzyklopädie der Rechts- und Staatswissenschaft, Abt. Staatswissenschaft.) 24., unveränd. Aufl., Berlin, Heidelberg u. New York 1983, S. 5 ff.

[2] Vgl. *H.-D. Deppe*, Eine Konzeption wissenschaftlicher Bankbetriebslehre in drei Doppelstunden. In: Bankbetriebliches Lesebuch. Ludwig Mülhaupt zum 65. Geburtstag. Hrsg. v. H.-D. Deppe. Stuttgart 1978, S. 3-98, hier S. 34-39. - Ursprünglich wurde das Faktorsystem Gutenbergs von Deppe für Kreditinstitute erweitert, wobei er jedoch die nicht hinreichende Berücksichtigung monetärer Leistungen in der Allgemeinen Betriebswirtschaftslehre sowie der Volkswirtschaftslehre bemängelte und die Übertragbarkeit der entwickelten Konzeption auch auf Betriebe des Nichtfinanziellen Sektors betonte. Vgl. dazu: *H.-D. Deppe*, Eine Konzeption wissenschaftlicher Bankbetriebslehre ..., a.a.O., S. 83 und *H.-D. Deppe*, Finanzielle Haftung heute - Obsoletes Relikt oder marktwirtschaftliche Fundamentalleistung? In: Zweihundert Jahre Geld und Brief. Herausforderungen an die Kapitalmärkte. Festgabe an die Niedersächsische Börse zu Hannover aus Anlaß ihres 200 jährigen Bestehens. Hrsg. v. C. P. Claussen, L. Hübl u. H.-P. Schneider. Frankfurt a. M. 1987, S. 179-204. Wiederabgedruckt in: Geldwirtschaft und Rechnungswesen. Hrsg. v. H.-D. Deppe. (Neue Betriebswirtschaftliche Studienbücher, Bd. 1.) Göttingen 1989, S. 199-228, hier S. 216 ff. - Eine eingehende Analyse der Produktionsfaktoreigenschaften des Monetären Faktors, insbesondere auch für Betriebe des Nichtfinanziellen Sektors, nimmt vor *G. Liebau*, Monetäre Leistungen und konzeptionelle Erfassung des Betriebs. In: Geldwirtschaft und Rechnungswesen. Hrsg. v. H.-D. Deppe. (Neue Betriebswirtschaftliche Studienbücher, Bd. 1.) Göttingen 1989, S. 27-150, hier S. 36-94.

[3] Vgl. *H.-D. Deppe* u. *K. Lohmann*, Grundriß analytischer Finanzplanung. (Neue Betriebswirtschaftliche Studienbücher, Bd. 2.) 2., neubearb. Aufl., Göttingen 1989, S. 30 ff.

[4] Vgl. z.B. *Verband der Chemischen Industrie e.V. (Hrsg.)*, Kalkulatorische Zinsen als betriebswirtschaftliches Steuerungsinstrument. (Schriftenreihe des Betriebswirtschaftlichen Ausschusses und des Finanzausschusses, H. 16.) Frankfurt a.M. 1989.

[5] Vgl. *P. Reus*, Kostenrechnung und monetäre Leistungen im Betrieb. In: Geldwirtschaft und Rechnungswesen. Hrsg. v. H.-D. Deppe. (Neue Betriebswirtschaftliche Studienbücher, Bd. 1.) Göttingen 1989, S. 283-312.

sungsfrist und die Restlaufzeit der Anleihe übereinstimmen müssen. Für diesen Effektivzinssatz ist die Bezeichnungsweise risikofreier Zinssatz üblich. Die Risikofreiheit bezieht sich jedoch nur auf das Bonitätsrisiko, nicht auf das Zinsänderungsrisiko.[6]

Der Risikoprämiensatz, das ist der Betrag, um den die Rendite von bonitätsrisikobehafteten Finanztiteln den risikofreien Zinssatz übersteigt, erweist sich bei genauerer Analyse als ungeeigneter für die Bewertung der Haftungsleistung, als man zunächst vermutet. Insbesondere ist die Mittelung einer während der Restlaufzeit variierenden Haftungsleistung zu einer Risikoprämie schwer durchschaubar. Cox und Rubinstein[7] ist zuzustimmen, wenn sie feststellen: "Hence, although yield-to-maturity is a commonly used measure, it must be interpreted very carefully." Ingersoll[8] nimmt noch unmittelbarer zur Problematik der Risikoprämie Stellung, wenn er zusammenfaßt: "We can conclude from our analysis that when comparing bonds of different maturities, the yield spread will not accurately reflect the relative bankruptcy risk." Die Aufspaltung der geforderten Kapitalgeberrendite in einen risikofreien Zinssatz und in einen Risikoprämiensatz stellt trotz der angedeuteten Probleme einen Fortschritt gegenüber einer undifferenzierten Betrachtungsweise dar. Darum soll sie auch als "zweitbeste Lösung" in diesem Beitrag untersucht werden.

Für eine von der Zahlungsmittelüberlassungsleistung getrennte Analyse der Haftungsleistung sprechen auch ganz allgemeine Gesichtspunkte[9]: So ist es vor der Entwicklung neuer Produkte zweckmäßig, die grundlegenden Komponenten möglicher Produkte genau zu erforschen. Dieses Prinzip von Analyse und Synthese hat fundamentale Bedeutung für den technischen Fortschritt. Die physikalische Erforschung der Maschinenelemente nutzt dem Maschinenbau, die Produktion von chemischen Präparaten beruht auf den Erkenntnissen der analytischen Chemie, und die Organisation von Arbeitsabläufen wird durch Bewegungsstudien[10] verbessert. In Analogie zu diesen Beispielen dürfte die Erforschung der

---

[6] Zur kostenrechnerischen Erfassung des Zinsänderungsrisikos wäre es zweckmäßig, den risikofreien Zinssatz noch einmal aufzuspalten in einen fristenkongruenten Zinssatz der Refinanzierung und einen Entgeltsatz für die Fristentransformation. Vgl. *K. Lohmann*, Zur Schätzung betrieblicher Zinsänderungsrisiken am Beispiel des Bankbetriebs und zur Bewertung zinsabhängiger Optionen. In: Geldwirtschaft und Rechnungswesen. Hrsg. v. H.-D. Deppe. (Neue Betriebswirtschaftliche Studienbücher, Bd. 1.) Göttingen 1989, S. 313-332, hier S. 317, Gleichung (7a).

[7] Vgl. *J. C. Cox* a. *M. Rubinstein*, Options Markets. Englewood Cliffs 1985, p. 383.

[8] Vgl. *J. E. Ingersoll, Jr.*, Theory of Financial Decision Making. Totowa 1987, p. 423. Zur Kritik an der Risikoabgeltungshypothese, die der Interpretation der Risikoprämie zugrunde liegt, vgl. *K. Spremann*, Investition und Finanzierung. 3., vollst. überarb. u. erw. Aufl., München u. Wien 1990, S. 278 ff.

[9] Vgl. *M. Steiner* u. *K. Kölsch*, Finanzierung. Zielsetzungen, zentrale Ergebnisse und Entwicklungsmöglichkeiten der Finanzierungsforschung. "Die Betriebswirtschaft", Stuttgart, Jg. 49 (1989), S. 409-432, hier S. 412 f. u. S. 421-425.

[10] Ein besonders deutliches Beispiel ist das Master-Clerical-Data-Verfahren, das auf der Idee beruht, "daß sich alle zu untersuchenden Tätigkeiten aus der Kombination von bestimmten Grundbewegungen zusammensetzen." Vgl. *G. Emmerich*, Studien zur Terminplanung in ausgewählten Abteilungen von Kreditinstituten. Göttinger Dissertation 1968, S. 90.

Komponenten[11] monetärer Leistungen die Entwicklung von marktgerechten Finanzdienstleistungen fördern. Als Komponente der monetären Leistung ist die Haftungsleistung in fast allen finanziellen Marktleistungen enthalten. Die Marktbewertung der reinen Haftungsleistung läßt sich am besten aus Preisen für solche Marktleistungen ermitteln, bei denen die Haftungsleistung dominiert, wie bei Bürgschaften, Aktienfinanzierungen mit Teileinzahlungen und Optionen. Marktpreissammlungen für derartige Geschäfte können als empirische Basis zur Bestimmung der Faktoren dienen, die die Bewertung der Haftungsleistung beeinflussen. Wegen der Breite und Transparenz der Optionsmärkte werden in diesem Beitrag Optionspreise als Grundlage der Analyse gewählt. Für diese Auswahl spricht ferner, daß insbesondere seit der bahnbrechenden Veröffentlichung von Black und Scholes[12] eine ausgebaute Optionstheorie zur Verfügung steht, die die relevanten Einflußfaktoren des Optionswertes bereits herausgearbeitet hat.

Die Optionstheorie beruht weitgehend auf den Annahmen über vollkommene Kapitalmärkte. Auch in diesem Beitrag wird nur am Rande auf Marktunvollkommenheiten eingegangen. Die relativ ausführliche Beschreibung von Vermögensentwicklungen durch stochastische Prozesse soll Instrumente für Simulationsrechnungen bereitstellen, mit denen auch bei Marktunvollkommenheiten der Wert von Haftungsleistungen abgeschätzt werden kann.

2 Annahmen eines einfach strukturierten Grundmodells und Problemstellung

Im Anschluß an Black und Scholes[13] wird ausgegangen von einer Unternehmung A mit beschränkter Haftung (beispielsweise GmbH oder Aktiengesellschaft), deren Gesamtvermögen zum Zeitpunkt $t = 0$ vom Markt mit V_0 bewertet ist. Diesem Unternehmensvermögen stehen als einzige Schulden Zahlungsansprüche von Gläubigern gegenüber, die zum Zeitpunkt $t = T$ in Höhe von X fällig sind. Der Rückzahlungsanspruch X soll Tilgung und Zinsen umfassen. Zwischen den Zeitpunkten $t = 0$ und $t = T$ sind keine Zahlungen an die Gläubiger zu leisten. Man kann sich beispielsweise die Schulden der Unternehmung als begebene Null-Kuponanleihe (Zero-Bond) vorstellen. Ferner soll gelten, daß die Gläu-

---

[11] In einem Exposé über die strukturellen Veränderungen an den internationalen Finanzmärkten und ihre Auswirkungen auf Emittenten, Investoren und Banken, das die Bank for International Settlements im Jahre 1987 herausgab, werden in der Anlage 1 die verschiedenen Komponenten einer komplizierten Serie von Emissions- und Swapgeschäften als Bestandteile einer Gesamttransaktion verbal und grafisch sehr anschaulich dargestellt, die die Credit Suisse First Boston-Group im Jahre 1985 durchführte. Vgl. *Bank for International Settlements (Hrsg.)*, Structural Change in Financial Markets. O.O., 1987, Attachment I.

[12] Vgl. *F. Black* a. *M. Scholes*, The Pricing of Options and Corporate Liabilities. "Journal of Political Economy", Chicago, Vol. 81 (1973), p. 637-654.

[13] Vgl. *F. Black* a. *M. Scholes*, The Pricing of Options ..., a.a.O., p. 649 f.

biger zwischen den Zeitpunkten $t = 0$ und $t = T$ nicht Konkurs wegen Überschuldung auslösen können.[14] Es erfolgen keine Zahlungen an die Eigenkapitalgeber.

In dieser Arbeit wird der Unternehmung A eine bis auf die Haftungsbeschränkung identische Unternehmung B mit unbeschränkter Haftung gegenübergestellt, bei der das Haftungsvermögen zum Zeitpunkt T in jedem Fall ausreicht, die Gläubigeransprüche in Höhe von X zu befriedigen. Die Marktwerte der Eigenkapitalien zum Zeitpunkt t der Unternehmungen A bzw. B seien mit E_t^A bzw. E_t^B bezeichnet. Im folgenden sollen diese Marktwerte bei Annahme eines stochastischen Prozesses für das Gesamtvermögen V ermittelt werden. Die Differenz $E_t^A - E_t^B$ stellt dann die Marktbewertung der Haftungsleistung zum Zeitpunkt t dar. Die Einflußfaktoren für diese Marktbewertung sind zu bestimmen.

Die Analyse erfolgt durchgängig unter der Annahme eines vollkommenen Kapitalmarktes.[15] Es gibt also weder Transaktionskosten noch Steuern. Informations- und Insolvenzkosten sind ausgeschlossen. Es bestehen homogene Erwartungen der Marktteilnehmer. Leerverkäufe sind unbeschränkt möglich. Der Zinssatz für risikofreie Geldanlagen ist im Zeitablauf konstant, so daß Zinsänderungsrisiken entfallen.

3 Optionstheoretische Interpretation des Problems

Black und Scholes[16] zeigten, daß sich das Eigenkapital der Unternehmung A zu einem Zeitpunkt $0 \leq t \leq T$ als (europäische[17]) Kaufoption auf das Unternehmensvermögen zum Basispreis X und der Optionsfrist $T-t$ interpretieren läßt.

Zunächst seien die Zusammenhänge für den Zeitpunkt der Fälligkeit des Rückzahlungsbetrages, also zum Zeitpunkt $t = T$, betrachtet. Zu diesem Zeitpunkt lassen sich die Marktwerte des Eigen- und Fremdkapitals ohne Optionspreistheorie bestimmen. Sie hängen in einfacher Weise von dem dann vorhandenen Unternehmensvermögen V_T ab.

Für die Abhängigkeit des Marktwertes E_T^A vom Gesamtvermögen V_T ist die beschränkte Haftung der Unternehmung A von zentraler Bedeutung. Die beschränkte Haftung räumt den Eigenkapitalgebern nämlich das Wahlrecht ein, die Unternehmung Konkurs gehen zu lassen, wenn das Gesamtvermögen V_T zum Zeitpunkt T kleiner als der Rückzahlungsbe-

---

[14] Die Bedeutung dieser Prämisse untersucht Jurgeit. Vgl. *L. Jurgeit*, Bewertung von Optionen und bonitätsrisikobehafteten Finanztiteln: Anleihen, Kredite und Fremdfinanzierungsfazilitäten. Wiesbaden 1989, S. 412 ff. - Vgl. auch Teil 7 dieses Beitrags.

[15] Die Bedeutung der Annahmen eines vollkommenen Kapitalmarktes für die Haftung untersucht Franke in *G. Franke*, Finanzielle Haftung aus der Sicht der Kapitalmarkttheorie. In: Geldwirtschaft und Rechnungswesen. Hrsg. v. H.-D. Deppe. (Neue Betriebswirtschaftliche Studienbücher, Bd. 1.) Göttingen 1989, S. 229-255, hier S. 234 f.

[16] Vgl. *F. Black* a. *M. Scholes*, The Pricing of Options ..., a.a.O., p. 649 ff.

[17] Eine Option, die nur am Ende der Optionsfrist ausgeübt werden kann, wird als "europäische" Option bezeichnet. Hingegen können "amerikanische" Optionen auch vor dem Verfalltag wahrgenommen werden.

trag X ist. Der Marktwert des Eigenkapitals der Unternehmung A kann daher nie negativ werden. Für E_T^A gilt:

$$E_T^A = \max\ (0,\ V_T - X) \tag{1}$$

Für Zeitpunkte t mit $0 \le t \le T$ ist dann der Marktwert des Eigenkapitals E_t^A der Preis für eine (europäische) Kaufoption zum Basispreis X und der Optionsfrist T–t. Analog zur Gleichung (1) folgt für den Marktwert F_T^A des Fremdkapitals der Unternehmung A zum Zeitpunkt T:

$$F_T^A = \min\ (V_T,\ X) \tag{2}$$

Die Summe $E_T^A + F_T^A$ ist stets gleich dem Gesamtvermögen V_T. Da im Falle der Unternehmung B keine Haftungsbeschränkung vorliegt, gelten für die Marktwerte E_T^B und F_T^B:

$$E_T^B = V_T - X \tag{3}$$

$$F_T^B = X. \tag{4}$$

Für die Unternehmung B lassen sich ohne Optionspreistheorie die Marktwerte für das Eigenkapital und das Fremdkapital für jeden beliebigen Zeitpunkt t mit $0 \le t \le T$ leicht bestimmen. Wegen der Sicherheit der Rückzahlung X folgt nämlich mit dem Zinssatz für risikofreie Anlagen pro Zeiteinheit i_f:

$$E_t^B = V_t - X\ (1 + i_f)^{t-T} \tag{3a}$$

$$F_t^B = X\ (1 + i_f)^{t-T} \tag{4a}$$

Aus den Gleichungen (1) und (3) folgt für den Marktwert der Haftungsleistung H_T zum Zeitpunkt T:

$$H_T = E_T^A - E_T^B = \max\ (X - V_T,\ 0) \tag{5}$$

Die Haftungsleistung zum Zeitpunkt T hat also den Wert einer (europäischen) Verkaufsoption auf das Unternehmensvermögen zum Basispreis X und der Restlaufzeit 0. Für Zeitpunkte t mit $0 \le t \le T$ ist dann der Wert der Haftungsleistung H_t gleich dem Wert einer (europäischen) Verkaufsoption auf das Unternehmensvermögen zum Basispreis X und der Restlaufzeit T–t. Da sich die Marktwerte von Eigenkapital und Fremdkapital der beiden Unternehmungen zum identischen Gesamtvermögen ergänzen, gilt allgemein:

$$H_t = F_t^B - F_t^A \ge 0 \tag{5a}$$

Der sichere Forderungstitel der Gläubiger des Unternehmens B ist niemals niedriger bewertet als der ausfallbedrohte Forderungstitel der Gläubiger des Unternehmens A.

Beim Kauf des Vermögens V_0 zum Zeitpunkt $t = 0$ müssen die Eigenkapitalgeber im Fall A eine Zahlungsleistung in Höhe von $V_0 - F_0^A$ erbringen, im Fall B eine geringere Zahlungsleistung in Höhe von $V_0 - F_0^B$ zusammen mit einer Haftungsleistung H_0.

Zusammenfassend läßt sich feststellen:

Der Marktwert des Eigenkapitals der Unternehmung A läßt sich für jeden Zeitpunkt $0 \leq t \leq T$ als Wert einer Kaufoption auf das Gesamtvermögen zum Basispreis X und der Optionsfrist $T-t$ bestimmen. Bei Ablauf der Optionsfrist steht der Wert dieser Option eindeutig fest.

Der Marktwert des Fremdkapitals der Unternehmung A ergibt sich dann daraus, daß die Summe der Marktwerte von Eigen- und Fremdkapital in jedem Zeitpunkt t gleich dem Unternehmensvermögen V_t sein muß.

Die Marktwerte des Eigen- und Fremdkapitals der Unternehmung B lassen sich ohne Optionspreistheorie bei Kenntnis des risikofreien Zinssatzes bestimmen.[18]

Der Marktwert der Haftungsleistung kann für jeden Zeitpunkt $0 \leq t \leq T$ als Wert einer Verkaufsoption auf das Gesamtvermögen zum Basispreis X und der Optionsfrist $T-t$ berechnet werden.

Zur Bestimmung von E_t^A, F_t^A und H_t für $0 \leq t < T$ braucht man eine Optionspreistheorie. Ohne Annahmen über Risikopräferenzen der Marktteilnehmer (z.B. Risikoneutralität) oder über den Prozeß der Vermögensentwicklung im Intervall $(0, T)$ liefert die Optionspreistheorie nur untere und obere Grenzen für E_t^A, F_t^A und H_t vor Ablauf der Optionsfrist.[19] In der vorliegenden Untersuchung werden präferenzfreie Optionsbewertungen angestrebt. Bewertungen, die Risikoneutralität der Marktteilnehmer voraussetzen, dienen lediglich der Veranschaulichung der allgemeinen Ergebnisse. Zur Optionsbewertung wird unterstellt, daß die Vermögensentwicklung durch einen stochastischen Prozeß beschreibbar ist. Mit der Annahme, daß das Unternehmensvermögen einem bestimmten stochastischen Prozeß folgt, der bereits vor Black und Scholes[20] von Sprenkle[21], Ayres[22],

---

[18] Optionstheoretische Untersuchungen sind daher nur für die Unternehmung A erforderlich. Zur Abkürzung der Schreibweise wird bei den folgenden Optionspreisbestimmungen der Index A dann weggelassen, wenn keine Verwechselungen zu befürchten sind.

[19] Ohne Annahmen über Risikopräferenzen und über den Prozeß der Vermögensentwicklung gilt beispielsweise $E_T^A \leq E_t^A \leq V_t$.

[20] Vgl. F. *Black* a. M. *Scholes*, The Pricing of Options ..., a.a.O., p. 640.

[21] Vgl. C. M. *Sprenkle*, Warrant Prices as Indicators of Expectations and Preferences. "Yale Economic Essays", New Haven, Vol. 1 (1961), p. 178-231.

[22] Vgl. H. *Ayres*, Risk Aversion in the Warrant Markets. "Industrial Management Review", Cambridge, Vol. 5 (1963), p. 45-54.

Boness[23] und Samuelson[24] in die Literatur eingeführt wurde, lassen sich für beliebige Zeitpunkte t mit $0 \leq t \leq T$ aufgrund der Optionspreistheorie die Werte für E_t^A und damit auch für F_t^A und H_t berechnen. Neben diesem sogenannten geometrischen Brownschen Prozeß[25] sollen zur Erweiterung der Anwendungsmöglichkeiten noch andere mit diesem Grundprozeß in Beziehung stehende Verlaufsannahmen zur Vermögensentwicklung betrachtet werden.

4 Vermögensentwicklung als stochastischer Prozeß

Die stochastischen Prozesse zur Vermögensentwicklung lassen sich danach unterscheiden, ob angenommen wird, daß sich das Vermögen in jedem Zeitpunkt oder nur zu periodisch angeordneten Zeitpunkten ändern kann. Während die stochastischen Prozesse mit kontinuierlicher Zeitbetrachtung besser für die Ableitung geschlossener Lösungen von einfachen Problemstellungen geeignet sind, empfiehlt sich die diskrete Analyse für numerische Berechnungen komplizierter Probleme, für die keine geschlossenen Lösungen existieren.

41 Stochastische Prozesse bei kontinuierlicher Zeitbetrachtung

Bei kontinuierlicher Zeitbetrachtung lassen sich Prozesse mit stetiger und unstetiger Vermögensentwicklung unterscheiden, wobei die stetigen Prozesse in der Optionspreisliteratur vorherrschend sind. Die meisten optionstheoretischen Untersuchungen betrachten als "underlying asset" nicht wie hier das gesamte, evtl. heterogen zusammengesetzte Unternehmensvermögen, sondern ein Vermögen, das nur aus Aktien besteht. Da die moderne Theorie der Aktienmärkte stark von der Effizienzmarktthese[26] geprägt ist, wurden zur Beschreibung der Kursentwicklung vorwiegend nicht antizipierende Prozesse herangezogen. Unter sehr allgemeinen Bedingungen können derartige Prozesse in zwei Komponenten zerlegt werden.[27] Die stetige Komponente stellt einen verallgemeinerten Brownschen Prozeß dar. Nach dem japanischen Mathematiker Kiyosi Ito wird ein verallgemeinerter

---

[23] Vgl. *A. J. Boness*, Elements of a Theory of Stock-Option Value. "Journal of Political Economy", Chicago, Vol. 72 (1964), p. 163-175.

[24] Vgl. *P. A. Samuelson*, Rational Theory of Warrant Pricing. "Industrial Management Review", Cambridge, Vol. 7 (1965), p. 13-31.

[25] Bezeichnung nach dem schottischen Botaniker Robert Brown, der 1826 derartige mit Hilfe der kinetischen Theorie der Materie erklärbare Bewegungen unter dem Mikroskop beobachtete. Vgl. *H. Balzer*, Finanzielle Unternehmenspolitik bei Geldentwertung. Ein dynamisches Investitions- und Finanzierungsmodell. Wiesbaden 1980, S. 174, Fußnote 72 und *A. Einstein* u. *L. Infeld*, Die Evolution der Physik. Hamburg 1958, S. 46 ff.

[26] Einen kritischen Überblick zur Effizienzmarkttheorie findet man bei *R. Stöttner*, Finanzanalyse. Grundlagen der markttechnischen Analyse. München u. Wien 1989, S. 71 ff. Vgl. auch *E. F. Fama*, Efficient Capital Markets: A Review of Theory and Empirical Work. "The Journal of Finance", Chicago, Vol. 25 (1970), p. 383-417.

[27] Vgl. *T. P. McGarty*, Stochastic Systems and State Estimation. New York 1974, p. 76 ff.

Brownscher Prozeß auch Ito-Prozeß genannt. Die unstetige Komponente ist ein verallgemeinerter Poisson-Prozeß. Mit Poisson-Prozessen lassen sich sprunghafte Vermögensentwicklungen abbilden. Stetige Prozesse werden im folgenden Abschnitt 411, unstetige Prozesse im Abschnitt 412 behandelt.

411 Stetige Prozesse

Am häufigsten wird die Vermögensentwicklung als geometrischer[28] Brownscher Prozeß modelliert. Die Vermögensänderungen sind im Zeitablauf unkorreliert. Für die momentane relative Vermögensänderung dV_t/V_t im Zeitpunkt t wird angesetzt:

$$\frac{dV_t}{V_t} = \alpha \, dt + \sigma \, dw \qquad (6)$$

Dabei bezeichnet dV_t die Vermögensänderung im Zeitintervall (t , t+dt), α die erwartete relative Vermögensänderungsrate, σ die Standardabweichung dieser relativen Vermögensänderungsrate und dw das stochastische Differential zu einem Wiener-Prozeß.

Die rechte Seite der Gleichung (6) setzt sich aus einer deterministischen Komponente α dt und einer stochastischen Komponente σ dw zusammen, wobei die Volatilität σ ein Maß für die Stärke der stochastischen Komponente ist. Der erste Term heißt Driftkomponente und beschreibt das erwartete Zeitverhalten der relativen Vermögensänderung, während der zweite Term als Zufallskomponente das unerwartete Zeitverhalten ausdrückt.

Im folgenden wird davon ausgegangen, daß α und σ Konstanten sind.

Wenn α oder σ von V_t oder t abhängen,

$$\frac{dV_t}{V_t} = \alpha \, (V_t,t) \, dt + \sigma \, (V_t,t) \, dw \; , \qquad (6a)$$

spricht man nicht mehr von einem Brownschen Prozeß, sondern von einem Ito-Prozeß.[29] Die Zeitabhängigkeit von α wirft dabei für die optionstheoretische Auswertung geringere

---

[28] Arithmetische Brownsche Prozesse können zu negativen Vermögen führen und sind daher für die Beschreibung der Vermögensentwicklung schlechter geeignet. Vgl. *G. Güttler* u. *U. Hielscher*, Aktienoptionspreise und ihre Komponenten. "Zeitschrift für betriebswirtschaftliche Forschung", Köln u. Opladen, Jg. 29 (1977), S. 128-145, hier S. 134-136.

[29] Wie später gezeigt wird, folgen E_t^A und F_t^A einem derart verallgemeinerten Brownschen Prozeß, siehe Gleichungen (58) und (59).

Probleme auf als die Zeitabhängigkeit von σ. Einen wichtigen Fall, in dem die Standardabweichung σ von dem Vermögen V_t abhängt, entwickelt Geske[30].

Für den Fall $\sigma = 0$ stellt die Gleichung (6) eine gewöhnliche Differentialgleichung dar, aus der man durch Integration mit der Integrationskonstanten C erhält:

$$\ln V_t = \alpha t + C \tag{7}$$

Bei Berücksichtigung der Anfangsbedingung für $t = 0$ folgt mit $C = \ln V_0$:

$$V_t = V_0 \exp{(\alpha t)} \tag{8}$$

Der Beitrag des zweiten Summanden auf der rechten Seite der Gleichung (6) zum Zeitverhalten des Vermögens ist schwieriger zu interpretieren. Für das stochastische Differential dw gilt $E[dw] = 0$ und $E[(dw)^2] = dt$. $E[dw] = 0$ impliziert, daß der Erwartungswert der Vermögensänderung aufgrund des zweiten Terms der Gleichung (6) gleich Null ist. Aus der Unkorreliertheit der Vermögensänderung und aus $E[(dw)^2] = dt$ (wegen $E[dw] = 0$ ist dann auch $Var[dw] = dt$) folgt, daß im Falle $\alpha = 0$ für die Vermögensänderung zwischen zwei Zeitpunkten s und t mit $0 \leq s \leq t \leq T$ gilt[31]:

$$Var(V_t - V_s) = \sigma^2 (t - s)$$

Der Differentialquotient dw/dt existiert nicht als Funktion. Dieser Differentialquotient, der im mathematischen Sinne zu den Distributionen[32] gehört, wird in der Physik und in den Ingenieurwissenschaften zur Darstellung des "weißen Rauschens"[33] verwendet. Durch die Einführung des stochastischen Differentials dw wird die Gleichung (6) zu einer sogenannten stochastischen Differentialgleichung.[34]

Als Lösungen ergeben sich für V_t nicht wie in Gleichung (8) Funktionswerte, sondern Wahrscheinlichkeitsdichtefunktionen. Mit der Theorie der stochastischen Differentialglei-

---

[30] Vgl. *R. Geske*, The Valuation of Compound Options. "Journal of Financial Economics", Amsterdam, Vol. 7 (1979), p. 63-81, hier insbesondere p. 73. Vgl. auch *M. Rubinstein*, Displaced Diffusion Option Pricing. "The Journal of Finance", Chicago, Vol. 38 (1983), p. 213-217 und *M. Schroder*, Computing the Constant Elasticity of Variance Option Pricing Formula. "The Journal of Finance", Chicago, Vol. 44 (1989), p. 211-219.

[31] Vgl. *F. Böker*, Über statistische Methoden bei Punktprozessen. (Göttinger Wirtschaftswissenschaftliche Studien, Bd. 25.) Göttingen 1987 ,S. 19 f.

[32] Vgl. *A. N. Kolmogorov* u. *S. V. Fomin*, Reelle Funktionen und Funktionalanalysis. Berlin 1975, S. 203-217 sowie *M. J. Lighthill*, Introduction to Fourier Analysis and Generalized Functions. Cambridge 1958.

[33] Das Adjektiv weiß im "weißen Rauschen" bzw. white in der englischen Bezeichnungsweise "white noise" ist damit zu erklären, daß eine Fourieranalyse von dw/dt zeigt, daß alle Frequenzen in gleicher Stärke enthalten sind. Vgl. *P. S. Maybeck*, Stochastic Models. Estimation and Control. Vol. 1. (Mathematics in Science and Engineering, Vol. 141.) New York u.a. 1979, p. 8, Fig. 1.3.

[34] Vgl. z.B. *I. I. Gichman* u. *A. W. Skorochod*, Stochastische Differentialgleichungen. Berlin 1971.

chungen erhält man folgende Wahrscheinlichkeitsdichtefunktionen für $\ln (V_t/V_0)$ bzw. V_t/V_0, woraus die Dichtefunktionen für $\ln V_t$ und V_t leicht gewonnen werden können:

1. Der natürliche Logarithmus des Vermögensverhältnisses $y = \ln (V_t/V_0)$ ist für jeden Zeitpunkt $t > 0$ normalverteilt mit dem Erwartungswert $(\alpha - 0{,}5\,\sigma^2)\,t$ und der Varianz $\sigma^2 t$:

$$f(y) = \frac{1}{(2\pi t)^{1/2}\,\sigma}\ \exp\ \left(\frac{-(y - t(\alpha - \sigma^2/2))^2}{2\,\sigma^2 t}\right) \tag{9}$$

Wichtig ist, daß der Erwartungswert der Verteilung $t(\alpha - \sigma^2/2)$ ist und nicht $t\alpha$, wie von H. Zimmermann[35] angenommen wird.

2. Das Vermögensverhältnis V_t/V_0 ist für jeden Zeitpunkt $t > 0$ lognormalverteilt. Die Wahrscheinlichkeitsdichten $l(z)$ für die Vermögensverhältnisse $z = V_t/V_0$ ergeben sich aus:

$$l(z) = \frac{1}{(2\pi t)^{1/2}\,\sigma z}\ \exp\ \left(\frac{-(\ln z - t(\alpha - \sigma^2/2))^2}{2\,\sigma^2 t}\right) \tag{10}$$

Die Lognormalverteilung ist eine rechtsschiefe Verteilung.[36] Negative Vermögen V_t sind ausgeschlossen. Erwartungswerte bzw. Varianzen werden durch die Gleichungen (11) und (12) beschrieben:

$$E\ [V_t/V_0] = \exp\ (\alpha t) \tag{11}$$

$$\text{Var}\ [V_t/V_0] = \exp\ (2\alpha t)\ (\exp\ (\sigma^2 t) - 1) \tag{12}$$

Die Maxima der Wahrscheinlichkeitsdichten von V_t/V_0 liegen bei

$$V_t/V_0 = \exp\ ((\alpha - 1{,}5\,\sigma^2)t).$$

In Übersicht 1 sind die Wahrscheinlichkeitsdichten $l(z)$ für die Vermögensverhältnisse nach einem Monat, zwei Monaten, drei Monaten und sechs Monaten eingetragen. Zeiteinheit ist das Quartal mit 90 Tagen. Bei Wahl dieser Zeiteinheit wurde α mit $\ln 1{,}025$ angesetzt, σ mit $(2\alpha)^{1/2} = (2 \ln 1{,}025)^{1/2}$. Es folgt damit für $l(z)$:

---

[35] Vgl. *H. Zimmermann*, Preisbildung und Risikoanalyse von Aktienoptionen. Grüsch 1988, S. 367, Gleichung 8.3.2 in Verbindung mit Gleichung 8.3.1. - Die Vernachlässigung von $- 0{,}5\ \sigma^2$ ist vermutlich dadurch verursacht, daß Zimmermann nicht mit Ito's Formel für stochastische Differentiale, sondern mit gewöhnlichen totalen Differentialen rechnete. Zu Ito's Formel vgl. *I. I. Gichmann* u. *A. W. Skorochod*, Stochastische Differentialgleichungen, a.a.O., S. 23.

[36] In der Monographie *J. Aitchison* a. *J. A. C. Brown*, The Lognormal Distribution. Cambridge 1957, wird die Lognormalverteilung ausführlich untersucht.

Übersicht 1: <u>Wahrscheinlichkeitsdichten für das Vermögensverhältnis V_t/V_0 nach einem Monat (t = 1/3), nach zwei Monaten (t = 2/3), nach drei Monaten (t = 1) und nach sechs Monaten (t = 2)</u>

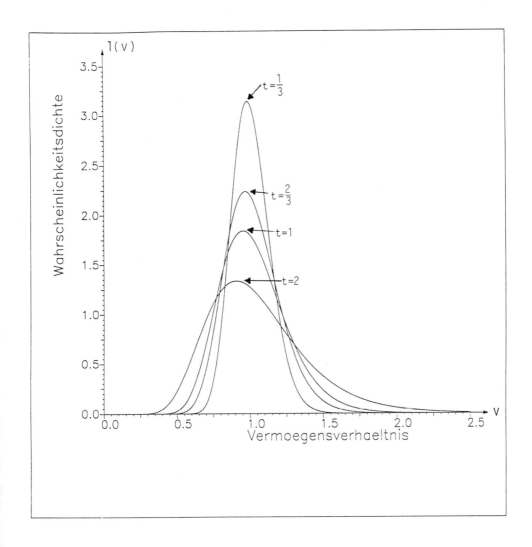

$$l(z) = \frac{1}{(4\pi t \ln 1{,}025)^{1/2} \, z} \, \exp \left(\frac{-(\ln z)^2}{4t \ln 1{,}025} \right) \quad (10a)$$

Nach den Gleichungen (11) und (12) folgt für die Erwartungswerte und Varianzen:

$$E [V_t/V_0] = 1{,}025^t \quad (11a)$$

$$Var [V_t/V_0] = 1{,}025^{2t} (1{,}025^{2t} - 1) \quad (12a)$$

Die Maxima der Wahrscheinlichkeitsdichten von V_t/V_0 liegen bei $V_t/V_0 = 1{,}025^{-2t}$, beispielsweise für t=1 bei 0,9518.

Die Übersicht 1 veranschaulicht, insbesondere für den Fall t=2, daß die Lognormalverteilung eine rechtsschiefe Verteilung ist. Ferner erkennt man: Je kleiner t ist, desto größer ist das Maximum von $l(z)$ und desto rascher fällt die Kurve für die Wahrscheinlichkeitsdichte nach beiden Seiten ab. Größere Abweichungen vom Vermögensverhältnis V_t/V_0 = 1 werden also mit wachsendem t immer wahrscheinlicher.

Eine andere Darstellungsweise für die beschriebene stochastische Vermögensentwicklung ergibt sich aus folgendem Ansatz:

$$V_t = V_0 \exp (\beta t), \quad (13)$$

wobei ß ein arithmetischer Brownscher Prozeß ist mit

$$d\beta = \mu dt + \sigma dw. \quad (14)$$

Als Lösung ergibt sich aus der stochastischen Differentialgleichung (14) für ß: ß ist normalverteilt mit dem Erwartungswert μt und der Varianz $\sigma^2 t$. Nach Ito's Lemma[37] folgt aus den Gleichungen (13) und (14):

$$dV_t = (\mu + \frac{\sigma^2}{2}) \, V_t \, dt + \sigma V_t \, dw \quad (15)$$

Durch Vergleich mit Gleichung (6) erkennt man, daß gilt:

$$\alpha = \mu + \sigma^2/2 \quad (16)$$

Die Ansätze nach Gleichung (6) und nach den Gleichungen (13) und (14) sind sorgfältig zu unterscheiden. Eine Verwechselung wie bei H. Zimmermann[38] führt, wie Gleichung (16) zeigt, für $\sigma \neq 0$ zu Fehlern.

---

[37] Vgl. *T. P. McGarty*, Stochastic Systems and State Estimation, a.a.O., p. 114 ff.
[38] Vgl. *H. Zimmermann*, Preisbildung und Risikoanalyse von Aktienoptionen, a.a.O., S. 367.

Der bisher beschriebene Vermögensentwicklungsprozeß bildet - auf Aktienvermögen angewandt - die Grundlage der Optionsbewertung von Black und Scholes[39]. Es stellt sich die Frage, ob diese Prozesse oder Varianten dieser Prozesse, z.B. mit zeitabhängigen[40] Werten α oder σ, die Zusammenhänge in der Realität gut approximieren. Für Aktien, aber auch andere Aktiva[41], gibt es zahlreiche Untersuchungen zu dieser Frage. So lassen sich z.B. aus der Gleichung (9) gut testbare Hypothesen bezüglich der logarithmierten Aktienrenditen entwickeln. Die empirischen logarithmierten Aktienrenditen weichen von der Normalverteilung systematisch in der Weise ab, daß sehr kleine Aktienrenditen und sehr große Aktienrenditen höhere Wahrscheinlichkeitsdichten besitzen als ihnen nach der angenommenen Normalverteilung zukommen.

Brownsche Prozesse der Vermögensentwicklung führen mit der Wahrscheinlichkeit 1 zu stetigen Zufallspfaden für das Vermögen. Die Zufallspfade haben zwar unbegrenzte Schwankungen[42], sprunghafte Veränderungen der Vermögenswerte sind aber ausgeschlossen. Auf stochastische Prozesse in kontinuierlicher Zeitbetrachtung, die sprunghafte Veränderungen bei der Vermögensentwicklung zulassen, die durch plötzliche und unerwartete Informationen ausgelöst sein können, wird kurz im nächsten Abschnitt 412 eingegangen.

412 Unstetige Prozesse

Jede Realisierung der stochastischen Prozesse nach Gleichung (6) führt mit Wahrscheinlichkeit 1 zu stetigen Vermögensentwicklungen. Cox und Ross[43] entwickelten Optionspreisformeln für einen stochastischen Prozeß, der auch sprunghafte Veränderungen des Vermögens abbildet:

$$\frac{dV_t}{V_t} = \alpha \; dt + (k - 1) \; \pi \qquad (17)$$

In Gleichung (17) beschreibt der erste Summand $\alpha \; dt$ wie in Gleichung (6) das erwartete Zeitverhalten der relativen Vermögensänderung. Der zweite Summand als Zufallskompo-

[39] Vgl. *F. Black* a. *M. Scholes*, The Pricing of Options ..., a.a.O., p. 640.

[40] Die Zeitabhängigkeit von α wirft dabei geringere Probleme auf als die Zeitabhängigkeit von σ. Vgl. *J. C. Cox* a. *M. Rubinstein*, Options Markets, a.a.O., p. 276 ff. und p. 361 ff.

[41] Z.B. für Devisen, Gold etc, vgl. *H.-J. Büttler*, An Expository Note on the Valuation of Foreign Exchange Options. "Journal of International Money and Finance", Guildford, Vol. 8 (1989), p. 235-304; *J. Welcker* u. *J. W. Kloy*, Professionelles Optionsgeschäft - alles über Optionen auf Aktien, Renten, Devisen, Waren, Terminkontrakte-. Zürich 1988, S. 109 f. Für festverzinsliche Wertpapiere mit endlicher Laufzeit ist das beschriebene Vermögensentwicklungsmodell grundsätzlich ungeeignet, vgl. *R. Schöbel*, Zur Theorie der Rentenoption. Berlin 1987, S. 11 f.

[42] Vgl. *T. P. McGarty*, Stochastic Systems and State Estimation, a.a.O., p. 97 ff., Theorem 3.2.

[43] Vgl. *J. C. Cox* a. *S. A. Ross*, The Valuation of Options for Alternative Stochastic Processes. "Journal of Financial Economics", Amsterdam, Vol. 3 (1976), p. 145-166, hier p. 147 ff.

nente wird von einem Poisson-Prozeß π getrieben.[44] In dem Intervall (t , t + dt) tritt mit der Wahrscheinlichkeit λ dt ein Sprung in Höhe von k - 1 als relative Vermögensänderung auf, mit der Wahrscheinlichkeit 1 - λ dt bleibt dieser Sprung aus. Der zweite Term in Gleichung (17) kann durch den Zugang einer für die Vermögensbewertung relevanten Information erklärt werden. Die Eintrittswahrscheinlichkeit für eine derartige Information, die einen Sprung in der Vermögensbewertung auslöst, ist proportional zur Länge des Zeitintervalls dt mit der Proportionalitätskonstanten λ. In der Verallgemeinerung kann die Sprunghöhe k - 1 von anderen Variablen, z.B. V_t, abhängen.

Bei zeitkonstantem Wert λ ist die Wahrscheinlichkeit dafür, daß genau n Sprünge in dem Intervall [0 , t] eintreten, gleich $(\lambda t)^n$ / n! exp (-λt).

Merton[45] entwickelte Optionspreismodelle, bei denen sich die Vermögensentwicklung aus der Kombination der Gleichungen (6) und (17) ergibt. Die relative Vermögensänderung setzt sich dann zusammen aus einer deterministischen Driftkomponente und zwei Zufallskomponenten, von denen die eine von einem Wiener-Prozeß und die andere von einem Poisson-Prozeß getrieben wird.

42 Stochastische Prozesse bei periodischer Zeitbetrachtung

Die Vermögensänderungen sollen nun nur zu periodisch angeordneten Zeitpunkten erfolgen. Es werden Diskretisierungen der geometrischen Brownschen Prozesse des Abschnitts 411 und multiplikative Binomialprozesse analysiert. Durch geeignete Grenzübergänge lassen sich aus den Binomialprozessen sowohl Brownsche Prozesse als auch Poisson-Prozesse erzeugen.

421 Diskretisierung von Brownschen Prozessen

Für die Gleichung (6) des Abschnitts 411 gilt folgende Diskretisierung, wobei der Fehler eine geringere Größenordnung als Δt hat[46]:

$$\frac{\Delta V_t}{V_t} = \alpha \, \Delta t + \sigma \, (\Delta t)^{1/2} \, e_t \qquad (18)$$

---

[44] Vgl. *F. Böker*, Über statistische Methoden ..., a.a.O., S. 33 f.

[45] Vgl. *R. C. Merton*, Option Pricing when Underlying Stock Returns are Discontinuous. "Journal of Financial Economics", Amsterdam, Vol. 3 (1976), p. 125-144, hier p. 127 ff.

[46] Es gilt, wenn der Fehler mit f(Δt) bezeichnet wird:

$$\lim_{\Delta t \to 0} (f(\Delta t) / \Delta t) = 0$$

In Gleichung (18) ist e_t eine standardnormalverteilte Zufallsvariable, also mit Erwartungswert 0 und Varianz 1. Für $s \neq t$ gilt: cov $(e_s, e_t) = 0$.

Für $\Delta t \to 0$ geht der durch Gleichung (18) beschriebene Prozeß in den geometrischen Brownschen Prozeß der Gleichung (6) über.

Durch den Einsatz von Personal Computern kann man heute ohne großen Zeitaufwand Zufallsexperimente auf der Grundlage von Gleichung (18) durchführen. Standardnormalverteilte Zufallszahlen lassen sich mit Hilfe des Zufallsgenerators RND auf verschiedene Weisen erzeugen.[47] In den Übersichten 2a und 2b sind zwei nach Gleichung (18) berechnete Zufallspfade dargestellt. Ausgangspunkt ist ein Vermögen V_0 von 1.000.000 DM. Wie in Übersicht 1 wurde als Zeiteinheit das Quartal und für α der Wert ln 1,025 gewählt. In Übereinstimmung mit dem Zahlenbeispiel des Abschnitts 411 ist $\sigma = (2\alpha)^{1/2}$. Für Δt wurde 1 Tag = 1/90 Quartal angesetzt. Über den unteren Zeitachsen der Übersichten 2a und 2b ist die tägliche Veränderungsrate des Vermögens

$$\alpha \Delta t + \sigma (\Delta t)^{1/2} e_t$$
$$= 1/90 \ln 1,025 + (2 \ln 1,025)^{1/2} (1/90)^{1/2} e_t$$

aufgetragen. Die unkorrelierten Zufallszahlen e_t bewirken die erratischen Schwankungen. Durch Multiplikation der täglichen Veränderungsrate mit dem Vermögen zu Beginn des Tages erhält man die Vermögensänderung während des Tages. Die Kumulierung der Vermögensänderungen ergibt dann das Vermögen V_t in Abhängigkeit von t, das über den oberen Zeitachsen der Übersichten 2a und 2b aufgetragen ist.

Mit dem Computer wurden nicht nur die beiden Experimente nach den Übersichten 2a und 2b ausgeführt, sondern insgesamt $N = 10.000$ Versuche. Ausgehend von $V_0 = 1.000.000$ DM ergaben sich damit für die Vermögen nach einem Quartal 10.000 Werte von V_1. Zur Veranschaulichung des Ergebnisses dieser großen Stichprobe wurde in Übersicht 3 ein Histogramm mit 200 Klassenintervallen angefertigt. Dieses Histogramm der Übersicht 3 ähnelt schon stark einer Lognormalverteilung. Bei wachsendem Stichprobenumfang wird sich das Histogramm immer mehr der Wahrscheinlichkeitsdichtefunktion für $t = 1$ der Übersicht 1 angleichen.

---

[47] Beispielsweise werden mit Hilfe des Zufallsgenerators RND gleichverteilte Zufallsvariablen u_1, u_2 aus (0,1) bestimmt. Anschließend berechnet man die standardnormalverteilte Zufallsvariable $Z = (-2 \ln u_1) \cos(2\pi u_2)$. Vgl. *R. Y. Rubinstein*, Simulation and the Monte-Carlo-Method. New York 1981, p. 86. Ein anderer Weg der Erzeugung einer standardnormalverteilten Zufallsvariablen ist die Verwerfungsmethode von J. v. Neumann.

Übersicht 2a: <u>Vermögensentwicklung und tägliche Veränderungsrate des Vermögens als stochastische Prozesse: Zufallspfad a</u>

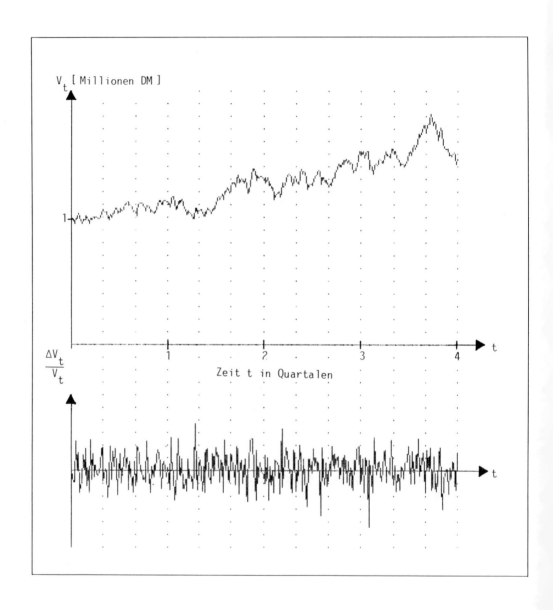

Übersicht 2b: Vermögensentwicklung und tägliche Veränderungsrate des Vermögens als stochastische Prozesse: Zufallspfad b

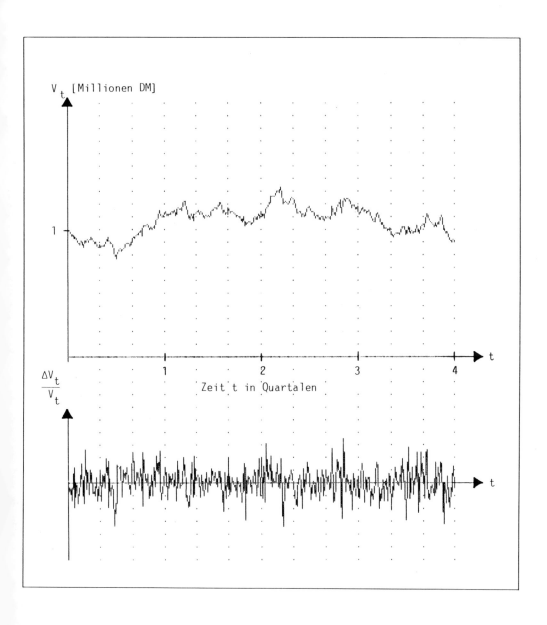

Übersicht 3: Histogramm zur Häufigkeitsverteilung für das Vermögen zum Zeitpunkt
t = 1 bei 10.000 Realisationen

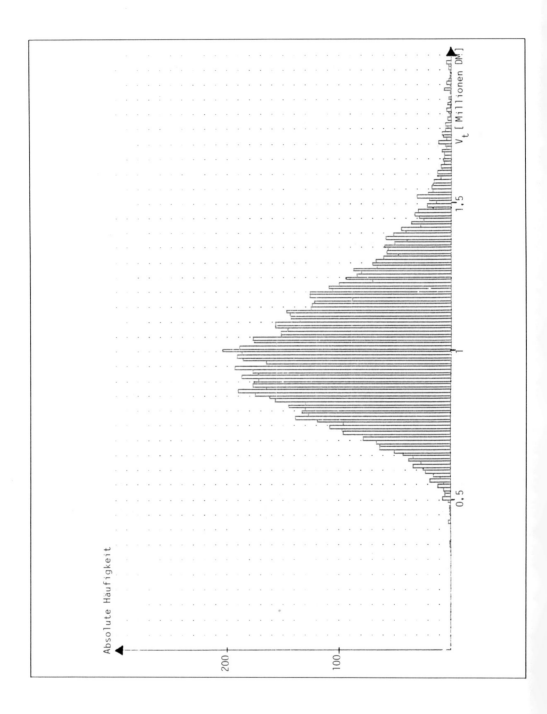

Multiplikative Binomialprozesse bieten eine Möglichkeit, sich in vereinfachter Weise dem Problem der Optionsbewertung zu nähern.[48] Einen Binomialprozeß kann man in elementare Prozeßschritte mit zwei möglichen Ausgängen zerlegen. Das Zeitintervall, in dem ein derartiger elementarer Prozeßschritt erfolgt, sei zunächst als Zeiteinheit gewählt. Bei Binomialprozessen sind die elementaren Prozeßschritte voneinander unabhängig. Die Vermögensentwicklung wird als multiplikativer Binomialprozeß abgebildet. Es gibt die beiden im Zeitablauf konstanten Faktoren z (für Vermögenszunahme) und a (für Vermögensabnahme[49]). Bei gegebenem Vermögen V_t kann das Vermögen zum Zeitpunkt t+1 mit der Wahrscheinlichkeit q den Wert z V_t und mit der Gegenwahrscheinlichkeit 1 - q den Wert a V_t annehmen. Durch serielle Ausführung von zwei Prozeßschritten erkennt man, daß unter den gleichen Voraussetzungen für V_{t+2} mit der Wahrscheinlichkeit q^2 der Wert z^2 V_t, mit der Wahrscheinlichkeit 2q(1 - q) der Wert z a V_t und mit der Wahrscheinlichkeit $(1 - q)^2$ der Wert a^2 V_t realisiert wird. Ausgehend von dem Anfangsvermögen V_0 sind bei diesem multiplikativen Prozeß für V_n insgesamt n+1 Werte möglich, und zwar gilt für die Wahrscheinlichkeit, daß V_n den Wert $V_0 z^k a^{n-k}$ annimmt:

$$\text{Prob}(V_n = V_0 z^k a^{n-k}) = \frac{n!}{k!(n-k)!} q^k (1 - q)^{n-k} \qquad (19)$$

$$\text{für } k = 0, \ldots, n$$

V_n ist damit eine logarithmisch binomialverteilte Zufallsvariable, ln V_n ist binomialverteilt. Erwartungswert bzw. Varianz der binomialverteilten Zufallsvariablen $\ln(V_n/V_0)$ sind in den Gleichungen (20) bzw. (21) angegeben:

$$\text{E}[\ln(V_n/V_0)] = n[q \ln z + (1 - q) \ln a] \qquad (20)$$

$$\text{Var}[\ln(V_n/V_0)] = nq(1 - q)[\ln(z/a)]^2 \qquad (21)$$

Wie bei dem geometrischen Brownschen Prozeß des Abschnitts 411 gilt für Erwartungswert und Varianz des Logarithmus des Vermögensverhältnisses, daß sie proportional zur Zeit sind. Für den geometrischen Brownschen Prozeß geht diese Tatsache aus der Gleichung (9) hervor. Durch einen Grenzübergang läßt sich jeder geometrische Brownsche Prozeß aus einem multiplikativen Binomialprozeß erzeugen. Zu diesem Zweck muß man bei fester Wahl der Zeiteinheit das Zeitintervall für einen elementaren Prozeßschritt gegen Null gehen lassen.

---

[48] Vgl. den Titel des Aufsatzes von *J. C. Cox, S. A. Ross* a. *M. Rubinstein*, Option Pricing: A Simplified Approach. "Journal of Financial Economics", Amsterdam, Vol. 7 (1979), p. 229-263.

[49] Es gilt 0 < a < z. Später wird gezeigt, daß bei Ausschluß von Arbitragegewinnen a kleiner als 1 + i_f sein muß. Der Fall 1 ≤ a < 1 + i_f ist möglich, so daß in diesem Fall die Bezeichnungsweise Vermögensabnahme nicht zutrifft. Die Symbole z und a sind nur als Merkhilfe gedacht.

Ein geometrischer Brownscher Prozeß ist nach Gleichung (6) durch die Parameter α und σ eindeutig gekennzeichnet. Wird für den elementaren Prozeßschritt ein Zeitintervall der Länge $1/m$ gewählt und außerdem

$$z = \exp((\sigma^2/m)^{1/2}),$$

$$a = \exp(-(\sigma^2/m)^{1/2}) = z^{-1} \text{ und}$$

$$q = 0,5 + 0,5((\alpha - \sigma^2/2)/\sigma)(1/m)^{1/2}$$

gesetzt, so nähert sich für wachsende Werte von m der beschriebene multiplikative Binomialprozeß immer mehr dem geometrischen Brownschen Prozeß nach Gleichung (6) an.[50]

Soll beispielsweise der geometrische Brownsche Prozeß angenähert werden, zu dem die Dichtefunktion des Vermögensverhältnisses der Gleichung (10a) gehört, so ist bei der Wahl der Zeiteinheit 1 Quartal anzusetzen:

$$z = \exp[(2 \ln 1,025 / m)^{1/2}] \tag{22a}$$

$$a = z^{-1} \tag{22b}$$

$$q = 0,5 \tag{22c}$$

Ausgehend von $t = 0$ mit dem Anfangsvermögen V_0 erreicht man nach m elementaren Prozeßschritten den Zeitpunkt $t = 1$ mit der Wahrscheinlichkeitsverteilung für V_1. Für den Erwartungswert von V_1 ergibt sich nach Gleichung (19):

$$E[V_1] = \sum_{k=0}^{m} \frac{m!}{k!\,(m-k)!} q^k (1 - q)^{m-k} V_0 z^k a^{m-k}$$

$$= (qz + (1 - q)a)^m \tag{23}$$

Mit den speziellen Werten für z, a und q nach den Gleichungen (22a) - (22c) erhält man:

$$\frac{E[V_1]}{V_0} = \left(\frac{z + a}{2}\right)^m = \left(\cosh\left(\frac{2 \ln 1,025}{m}\right)^{1/2}\right)^m \tag{23a}$$

Im Falle eines elementaren Prozeßschritts im Quartal ist $E[V_1]/V_0 = \cosh((2 \ln 1,025)^{1/2}) = 1,024794$. Wird das Quartal in 9 gleichlange Intervalle eingeteilt, erfolgt ein elementarer Prozeßschritt in 10 Tagen. Nach Gleichung (23a) ergibt sich dann mit $m = 9$ der Wert $E[V_1]/V_0 = 1,024976$. Bei Aufteilung des Quartals in 100 Zeitintervalle ändert sich das Vermögen alle 0,9 Tage und $E[V_1]/V_0 = 1,024998$.

---

[50] Vgl. *J. C. Cox* a. *M. Rubinstein*, Options Markets, a.a.O., p. 199 ff.

Wegen

$$\lim_{m \to \infty} \left(\cosh \left(\left(\frac{2 \ln 1,025}{m} \right)^{1/2} \right)^m \right) \tag{23b}$$

$$= \exp (\ln 1,025) = 1,025$$

nähert sich $E[V_1]/V_0$ immer mehr dem nach Gleichung (11a) geforderten Grenzwert 1,025 an.

Das Beispiel sollte die Approximation des geometrischen Brownschen Prozesses durch multiplikative Binomialprozesse veranschaulichen.

Die Approximationsmöglichkeit von geometrischen Brownschen Prozessen durch multiplikative Binomialprozesse ist für die Optionspreisbewertung aus zwei Gründen bedeutsam:

1. Die Interpretation von ökonomischen Transaktionen, die einen elementaren Prozeßschritt begleiten, ist oft einfacher als die Vorstellung von Anpassungsmaßnahmen in jedem Zeitpunkt.

2. Numerische Lösungen erfordern ohnehin häufig eine Diskretisierung eines stetigen Prozesses. Hier bietet sich die Approximation durch Binomialprozesse an.

43 Empirische Untersuchungen zu den stochastischen Prozessen

Über den Zusammenhang zwischen Prozessen und Vermögensentwicklungen gibt es umfangreiche Analysen für Aktienvermögen. Eine zusammenfassende Darstellung der empirischen Untersuchungen für den deutschen Aktienmarkt findet man bei Möller[51]. Bei den Analysen geht es um die Fragestellung, ob die relativen Änderungen von Aktienkursen unkorreliert sind, ob die logarithmierten Aktienrenditen entsprechend Gleichung (9) mit ausreichender Genauigkeit als Normalverteilung[52] beschrieben werden können und ob die Renditen zu jedem Zeitpunkt als Realisierung einer im Zeitablauf identischen Wahrscheinlichkeitsverteilung interpretierbar sind. Löderbach[53] zeigte 1985, daß sich Aktienkurse häufig besser durch allgemeine ARIMA-Prozesse als durch Brownsche Prozesse beschreiben lassen. Damit ist die Annahme der Unabhängigkeit aufeinanderfolgender Kursänderungen widerlegt.

[51] Vgl. *H. P. Möller*, Die Informationseffizienz des deutschen Aktienmarktes - eine Zusammenfassung und Analyse empirischer Untersuchungen. "Zeitschrift für Betriebswirtschaft", Wiesbaden, Jg. 37 (1985), S. 500-518.

[52] Vgl. *H. P. Möller*, Das Capital-Asset-Pricing-Modell. - Separationstheorien oder auch Erklärung der Preisbildung auf realen Kapitalmärkten. "Die Betriebswirtschaft", Stuttgart, Jg. 46 (1986), S. 707-719, hier S. 712-714.

[53] Vgl. *B. Löderbach*, Modelle zur Aktienkursprognose auf der Basis der Box/Jenkings-Verfahren. Eine empirische Untersuchung. Krefeld 1985, insbes. S. 149 u. S. 165.

Bei fast allen Analysen - sowohl für den US-amerikanischen als auch den deutschen Aktienmarkt - zeigte sich, daß die Häufigkeitsverteilung der logarithmierten Aktienrenditen in systematischer Weise von der Normalverteilung abweicht. Es ergeben sich sogenannte leptokurtische Verteilungen mit höheren Wahrscheinlichkeitsdichten für kleine und große Aktienrenditen. Im Ausgleich dazu sind die Wahrscheinlichkeitsdichten für mittlere Aktienrenditen niedriger als bei der Normalverteilung, vgl. Übersicht 4, die von Zimmermann[54] übernommen wurde. Als Erklärung für diese Abweichung von der Normalverteilung werden in der Literatur unterschiedliche Meinungen vertreten. Nach Akgiray, Booth und Loistl[55] kommt der in Abschnitt 412 besprochenen Kombination von Brownschen Prozessen mit Sprüngen, die von Poisson-Prozessen gesteuert werden, der höchste statistische Erklärungsgehalt zu. In jüngster Zeit haben die genannten Autoren[56] die deutsche Aktienkursentwicklung mit Hilfe von "Generalized Autoregressive Conditional Heteroscedastic (GARCH)"-Prozessen modelliert. Die Ergebnisse sprechen gegen eine (Random-Walk-) Effizienz des deutschen Kapitalmarktes.[57]

Übersicht 4: <u>Abweichungen zwischen der leptokurtischen Verteilung und der Normalverteilung</u>

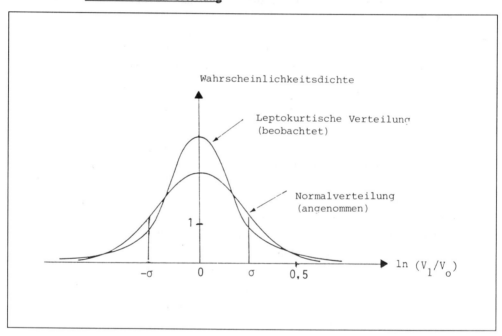

[54] Vgl. *H. Zimmermann*, Preisbildung und Risikoanalyse von Aktienoptionen, a.a.O., S. 105.

[55] Vgl. *V. Akgiray, G. G. Booth* a. *O. Loistl*, Statistical Models of German Stock Returns. "Journal of Economics", Wien u. New York, Vol. 49 (1989), p. 17-33.

[56] Vgl. *V. Akgiray, G. G. Booth* a. *O. Loistl*, German Stock Market's Resiliency to World Wide Panics. "Zeitschrift für Betriebswirtschaft", Wiesbaden, Jg. 59 (1989), S. 968-978.

[57] Vgl. *O. Loistl*, Zur neueren Entwicklung der Finanzierungstheorie. "Die Betriebswirtschaft", Stuttgart, Jg. 50 (1990), S. 47-84, hier S. 68 f.

5 Zur Optionsbewertung bei Risikoneutralität

Marktteilnehmer sind risikoneutral, wenn sie für unsichere Vermögensanlagen den gleichen Erwartungswert der Rendite fordern wie für sichere Anlagen. Risikoaverse Anleger verlangen, daß unsichere Vermögensanlagen einen höheren Erwartungswert der Rendite erbringen als sichere Anlagen. Risikoaversion ist die vorherrschende Verhaltensweise der Wirtschaftssubjekte bei großen Investitionen. Bei Risikosympathie sind die Investoren bei unsicheren Vermögensanlagen mit einem geringeren Erwartungswert der Rendite zufrieden als bei sicheren Anlagen.

In der Optionspreistheorie werden präferenzfreie Bewertungen angestrebt, also Optionswerte, die nicht davon abhängig sind, ob sich die Marktteilnehmer risikoneutral, risikoavers oder risikosympathisch verhalten. In diesem Teil 5 wird eine Optionsbewertung bei Risikoneutralität der Marktteilnehmer dargestellt. Die Ableitung der Optionsbewertung ist anschaulicher und läßt sich weitgehend auf präferenzfreie Bewertungen übertragen.

Im Kapitel 51 wird die risikoneutrale Optionsbewertung bei Annahme eines geometrischen Brownschen Prozesses für die Vermögensentwicklung entsprechend Abschnitt 411 hergeleitet. Das Kapitel 52 enhält dann Überlegungen zur Optionsbewertung, wenn die Vermögensentwicklung als multiplikativer Binomialprozeß darstellbar ist.[58]

51 Optionsbewertung bei geometrischen Brownschen Prozessen

Nach Abschnitt 411 und Gleichung (10) ist bei Annahme eines geometrischen Brownschen Prozesses für die Vermögensentwicklung das Vermögensverhältnis V_t/V_0 lognormal verteilt. Beispiele für Wahrscheinlichkeitsdichtefunktionen von V_t/V_0 sind in der Übersicht 1 eingetragen. Die Wahrscheinlichkeitsdichtefunktion für $t = 1$ wurde in Übersicht 5 in größerem Maßstab übernommen. Der Quotient aus Rückzahlungsbetrag X und Anfangsvermögen V_0 sei mit x bezeichnet. Im Beispiel der Übersicht 5 ist $x = 0,85$ und $T = 1$ angenommen, d.h. es wird unterstellt, daß einem Anfangsvermögen von 1 DM im Zeitpunkt $t = 0$ ein Rückzahlungsanspruch der Gläubiger in Höhe von $0,85$ DM für den Zeitpunkt $t = 1$ gegenübersteht. Bei beschränkter Haftung gibt in Übersicht 5 der Flächeninhalt der schraffierten Fläche unter der Dichtekurve die Konkurswahrscheinlichkeit wieder, während der Flächeninhalt der nicht schraffierten Fläche unter der Kurve gleich der Wahrscheinlichkeit für die vertragsgemäße Rückzahlung ist. Für die Konkurswahrscheinlichkeit gilt mit der Wahrscheinlichkeitsdichtefunktion $l(z)$ nach Gleichung (10):

$$\text{Prob}(V_1/V_0 < x) = \int_0^x l(z) \, dz \qquad (24)$$

---

[58] Auf Weiterführungen der Analysen zu den Abschnitten 412 und 421 wird aus Platzgründen verzichtet.

Übersicht 5: Die Wahrscheinlichkeitsdichte l(v) in Abhängigkeit von dem Vermögensverhältnis v zum Zeitpunkt T = 1 und die Flächendarstellung der Konkurswahrscheinlichkeit für x = 0,85

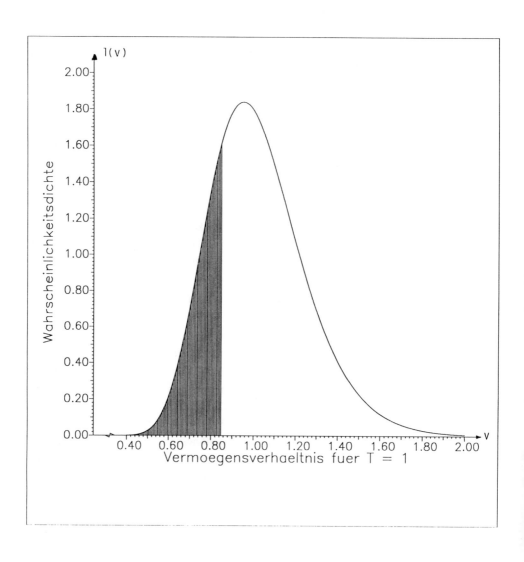

Im Konkursfall gehört den Gläubigern das gesamte Vermögen V_1, das in diesem Fall kleiner als X ist.

Die Wahrscheinlichkeit für die vertragsgemäße Rückzahlung beträgt:

$$\text{Prob}(V_1/V_0 \geq x) = \int_x^\infty l(z)\ dz \qquad (25)$$

Für den Erwartungswert des Fremdkapitals im Zeitpunkt $t = 1$ gilt somit:

$$E[F_1] = V_0\ [\int_0^x z\ l(z)\ dz\ +\ x \int_x^\infty l(z)\ dz\ ] \qquad (26)$$

Für $x > 0$ ist offensichtlich $E[F_1]$ kleiner als X.

Der Wert der Integrale soll 1. analytisch bestimmt und 2. anschaulich ermittelt werden:

1. Analytische Berechnung von $E[F_1]$:

    1a. Analytische Bestimmung des ersten Integrals der Gleichung (26):

$$\int_0^x z\ l(z)\ dz = \frac{1}{(2\pi)^{1/2}\ \sigma} \int_0^x \exp\ (\frac{-\ (\ \ln\ z\ -\ (\alpha\ -\ \sigma^2/2))^2}{2\ \sigma^2})\ dz$$

Mit der Substitution $z = \exp\ (y)$ folgt:

$$\int_0^x z\ l(z)\ dz$$

$$= \frac{1}{(2\pi)^{1/2}\ \sigma} \int_0^{\ln\ x} \exp\ (y)\ \exp\ (\frac{-\ (\ y\ -\ (\alpha\ -\ \sigma^2/2))^2}{2\ \sigma^2})\ dy$$

Nun gilt, wie man leicht durch Umformung der Exponenten nachrechnet:

$$\exp\ (y)\ \exp(\frac{-\ (y\ -\ (\alpha\ -\ \sigma^2/2))^2}{2\ \sigma^2})$$

$$= \exp\ (\alpha)\ \exp(\frac{-\ (y\ -\ (\alpha\ +\ \sigma^2/2))^2}{2\ \sigma^2})$$

191

Daraus ergibt sich für das gesuchte Integral:

$$\int_0^x z \, l(z) \, dz$$

$$= \frac{1}{(2\pi)^{1/2} \, \sigma} \, \exp{(\alpha)} \int_0^{\ln x} \exp{\left(\frac{-(y-(\alpha+\sigma^2/2))^2}{2\,\sigma^2}\right)} \, dy$$

$$= \exp{(\alpha)} \; N\left(\frac{\ln x - (\alpha+\sigma^2/2)}{\sigma}\right) \, ,$$

wobei N die Verteilungsfunktion der Standardnormalverteilung darstellt mit

$$N(u) \;=\; \frac{1}{(2\pi)^{1/2}} \int_{-\infty}^{u} e^{-s^2/2} \, ds.$$

1b. Analytische Berechnung des zweiten Integrals der Gleichung (26):

$$\int_x^{\infty} l(z) \, dz$$

$$= \frac{1}{(2\pi)^{1/2} \, \sigma} \int_x^{\infty} \frac{1}{z} \, \exp{\left(\frac{-(\ln z - (\alpha-\sigma^2/2))^2}{2\,\sigma^2}\right)} \, dz$$

Mit der Substitution $z = \exp{(y)}$ folgt:

$$\int_x^{\infty} l(z) \, dz = \frac{1}{(2\pi)^{1/2} \, \sigma} \int_{\ln x}^{\infty} \exp{\left(\frac{-(y-(\alpha-\sigma^2/2))^2}{2\,\sigma^2}\right)} \, dz$$

$$= 1 - N\left(\frac{\ln x - (\alpha-\sigma^2/2)}{\sigma}\right)$$

$$= N\left(\frac{-\ln x + \alpha - \sigma^2/2}{\sigma}\right)$$

Zusammenfassend ergibt sich für $E[F_1]$:

$$E[F_1] = V_0 \left[\exp(\alpha) \; N\left(\frac{\ln x - \alpha - \sigma^2/2}{\sigma}\right) \right.$$

$$\left. + x \; N\left(\frac{-\ln x + \alpha - \sigma^2/2}{\sigma}\right) \right] \tag{27}$$

Anschauliche Ermittlung von $E[F_1]$:

In Übersicht 6 ist die Verteilungsfunktion der logarithmischen Normalverteilung eingetragen. Das Vermögensverhältnis V_1/V_0 werde mit v bezeichnet. Für die Verteilungsfunktion gilt:

$$L(v) = \int_0^v l(z) \; dz \tag{28}$$

Für die Wahrscheinlichkeit, daß der Rückzahlungsbetrag x vertragsgemäß zurückgezahlt wird, ergibt sich dann:

$$\int_x^\infty l(z) \; dz = 1 - L(x) \tag{29}$$

Der zweite Term in der eckigen Klammer der Gleichung (26) ist für $x = 0,85$ gleich dem Flächeninhalt der dunkel schraffierten Fläche in Übersicht 6. Unmittelbar oder durch partielle Integration erkennt man, daß der Flächeninhalt der hell schraffierten Fläche über der Verteilungskurve den Wert des ersten Terms in der eckigen Klammer der Gleichung (26) darstellt. Bei Anwendung der partiellen Integration folgt nämlich:

$$\int_0^x z \; l(z) \; dz = x \; L(x) - \int_0^x L(z) \; dz \tag{30}$$

Nach Gleichung (30) wird von dem Flächeninhalt $x \; L(x)$ des Rechtecks der Flächeninhalt der eng schraffierten Fläche unter der Verteilungskurve subtrahiert. Damit ist bewiesen, daß der Flächeninhalt der hell schraffierten Fläche oberhalb der Verteilungskurve mit dem Wert des ersten Terms in der eckigen Klammer der Gleichung (26) übereinstimmt.

Übersicht 6: Die Verteilungsfunktion L(v) in Abhängigkeit von dem Vermögensverhältnis v zum Zeitpunkt T = 1 und Flächenschraffuren zur Ermittlung des Erwartungswerts des Fremdkapitals

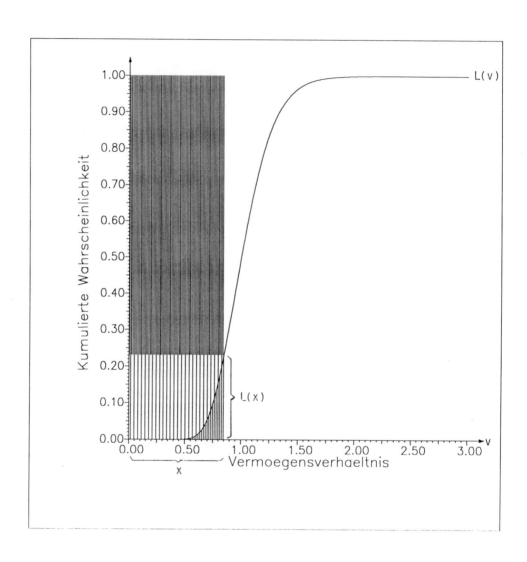

Zusammenfassend ergibt sich, daß die Summe der Flächeninhalte der hell und dunkel schraffierten Flächen oberhalb der Verteilungskurve dem durch V_0 dividierten Erwartungswert des Fremdkapitals zum Zeitpunkt $t = 1$ gleicht. Der durch V_0 dividierte Anspruch der Fremdkapitalgeber beträgt x und ist gleich dem Flächeninhalt des Rechtecks in Übersicht 6 mit der Seitenlänge x in Abszissenrichtung und der Seitenlänge 1 in Ordinatenrichtung. Der Flächeninhalt der eng schraffierten Fläche unter der Verteilungskurve gibt die durch V_0 dividierte Differenz zwischen der vertragsgemäßen und der erwarteten Rückzahlung wieder:

$$X - E[F1] = V_0 \int_0^x L(z) \, dz \qquad (31)$$

Durch Drehung der Übersicht 6 um $90°$ erhält man die bestandsökonomische Darstellung[59] der Übersicht 7. Auf der Abszisse ist die Wahrscheinlichkeit dafür eingetragen, daß das Vermögensverhältnis größer oder gleich dem Ordinatenwert ist. Die Ordinate enthält alle möglichen Werte für das Vermögensverhältnis. In Höhe des Wertes x ist eine Parallele zur Abszisse eingetragen. Mit der Wahrscheinlichkeit $1 - L(x)$ erhalten die Gläubiger die volle Rückzahlung X. Der Flächeninhalt des dunkel schraffierten Rechtecks in Übersicht 7 beträgt $x(1 - L(x))$. Mit der Wahrscheinlichkeit $L(x)$ tritt der Konkursfall ein, der Erwartungswert der Rückzahlung ist nun kleiner als der Rückzahlungsanspruch. Der Flächeninhalt der eng schraffierten Fläche oberhalb der Kurve gibt in Übersicht 7 nun den durch V_0 dividierten Erwartungswert des Kreditausfalls an. Aus Übersicht 7 kann man anschaulich die Wirkung einer höheren Verschuldung ablesen: Für steigende Werte von x nimmt der Flächeninhalt der eng schraffierten Fläche oberhalb der Kurve deutlich zu.

Aus den entwickelten Gleichungen und aus den Übersichten dieses Abschnitts können nun leicht die Zinssätze ermittelt werden, die risikoneutrale Gläubiger bei Kreditgewährung verlangen. Der kontinuierliche Zinssatz pro Zeiteinheit für risikofreie Anlagen sei r_f. Der Zusammenhang zwischen diesem kontinuierlichen Zinssatz und dem Zinssatz i_f des Teils 3 ist durch folgende Beziehung[60] gegeben:

$$1 + i_f = \exp(r_f) \qquad (32)$$

[59] Vgl. *B. Rudolph*, Die Kreditvergabeentscheidung der Banken. Der Einfluß von Zinsen und Sicherheiten auf die Kreditgewährung. Opladen 1974, S. 32 f. und *R. H. Schmidt*, Grundzüge der Investitions- und Finanzierungstheorie. 2., durchges. Aufl., Wiesbaden 1986, S. 186 ff.

[60] Vgl. *K. Lohmann*, Finanzmathematische Wertpapieranalyse. (Neue Betriebswirtschaftliche Studienbücher, Bd. 3.) 2., durchges. u. erw. Aufl., Göttingen 1989, S. 40 ff.

Übersicht 7: Bestandsökonomische Darstellung für den Zeitpunkt T = 1 mit Flächenschraffuren zur Ermittlung des Erwartungswerts des Fremdkapitals

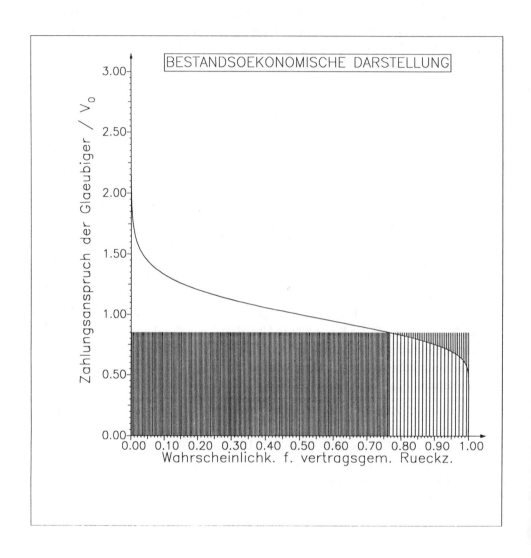

Sei F_0 der von den Fremdkapitalgebern im Zeitpunkt $t = 0$ geliehene Betrag. Dann folgt für risikoneutrale Marktteilnehmer:

$$E[F_1] = F_0 \exp(r_f) \tag{33}$$

Im Kreditvertrag muß von den Gläubigern ein kontinuierlicher Zinssatz r_v gefordert werden, so daß gilt:

$$X = F_0 \exp(r_v) \tag{34}$$

Aus den Gleichungen (33) und (34) folgt für den Risikoprämiensatz $r_v - r_f$:

$$r_v - r_f = \ln(X / E[F_1]) \tag{35}$$

Mit Hilfe von Gleichung (27) läßt sich umformen:

$$r_v - r_f \tag{36}$$

$$= \ln \left(\frac{x}{\exp(\alpha) \; N\left(\dfrac{\ln x - \alpha - \sigma^2/2}{\sigma}\right) + x \, N\left(\dfrac{-\ln x + \alpha - \sigma^2/2}{\sigma}\right)} \right)$$

In Übersicht 8 ist der Risikoprämiensatz $r_v - r_f$ über x aufgetragen. Wegen der vorausgesetzten Risikoneutralität der Marktteilnehmer gilt $\alpha = r_f$. Entsprechend dem durchgängig gewählten Zahlenbeispiel ist in Übersicht 8 $\alpha = \ln 1,025$ und $\sigma^2 = 2 \, \alpha$ angenommen. Man erkennt aus Übersicht 8, daß der Risikoprämiensatz für kleine Werte von x nur sehr kleine Werte annimmt. Für $x = 0,85$ jedoch beträgt der Risikoprämiensatz $0,0275$, ist somit schon größer als der Zinssatz für risikofreie Kredite. Der Vertragszinssatz ist damit mehr als doppelt so hoch wie der risikofreie Zinssatz.

Die Gleichung (35) kann auch auf anschauliche Weise interpretiert werden. Das Verhältnis, von dem auf der rechten Seite der Gleichung (35) der Logarithmus zu berechnen ist, läßt sich als Flächenverhältnis interpretieren. Wegen

$$(X / E[F_1]) = (x / (E[F_1] / V_0))$$

ist $(X / E[F_1])$ aus der bestandsökonomischen Darstellung der Übersicht 7 ablesbar. Der Flächeninhalt des gesamten schraffierten Rechtecks mit der Seitenlänge 1 in Abszissenrichtung und der Seitenlänge x in Ordinatenrichtung ist zu dividieren durch den Flächeninhalt des gleichen Rechtecks, bei dem das dreiecksartige, eng schraffierte Flächenstück oberhalb der Kurve fehlt. Man kann damit anschaulich verfolgen, daß dieser Quotient mit wachsendem x außerordentlich stark steigt. Die Übersicht 8 weist aus, daß selbst nach Logarithmierung noch ein überproportionales Wachstum verbleibt.

Übersicht 8: Der Risikoprämiensatz pro Quartal zur Risikoabgeltung des Bonitäts-
risikos bei risikoneutralen Marktteilnehmern in Abhängigkeit von der
Verschuldung

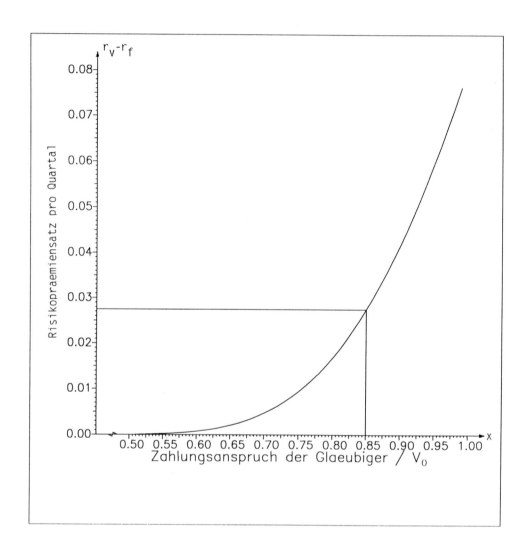

Die Ableitung der Gleichung (35) beruht auf der Risikoabgeltungshypothese, nach der sich Gläubiger zum Ausgleich der Konkursgefahr eine Risikoprämie im Zinssatz vergüten lassen. Stiglitz und Weiss[61] führten dagegen aus, daß informationsökonomische Überlegungen gegen die Risikoabgeltungshypothese sprechen, und Wilhelm[62] zeigte auf, daß sich die Banken als Gläubiger nicht entsprechend der Risikoabgeltungshypothese verhalten.

Aus Gleichung (27) und der angenommenen Risikoneutralität lassen sich nun die Marktwerte für F_0, E_0 und H_0 bestimmen. Für die Unternehmung A mit beschränkter Haftung gilt wegen $\alpha = r_f$ (Risikoneutralität[63]) bei $T = 1$:

$$F_0^A = V_0 \ N\left(\frac{\ln x - r_f - \sigma^2/2}{\sigma}\right)$$

$$+ \ X \exp(-r_f) \ N\left(\frac{-\ln x + r_f - \sigma^2/2}{\sigma}\right) \tag{37}$$

Die Verallgemeinerung für $0 \le t < T$ mit beliebigen Werten $T > 0$ liefert:

$$F_t^A = V_t \ N(h_1) + X \exp(-r_f \ (T - t)) \ N(h_2), \tag{37a}$$

wobei wie im folgenden für h_1 und h_2 gilt:

$$h_1 = \frac{\ln (X/V_t) - (T - t)(r_f + \sigma^2/2)}{\sigma \ (T - t)^{1/2}} \tag{38}$$

$$h_2 = \frac{-\ln (X/V_t) + (T - t)(r_f - \sigma^2/2)}{\sigma \ (T - t)^{1/2}} \tag{39}$$

Gleichung (37a) läßt sich dahingehend interpretieren, daß $N(h_2)$ die Wahrscheinlichkeit dafür ist, daß die Unternehmung A nicht Konkurs anmeldet, wenn die Schulden fällig sind. Der zweite Term in Gleichung (37a) ist daher der mit dem risikofreien Zinssatz abgezinste Rückzahlungsanspruch. Der erste Term in Gleichung (37a) ist der Gegenwartswert des Vermögens unter der Bedingung, daß zum Fälligkeitstag der Schulden diese höher sind als das Vermögen. Da die Summe aus F_0^A und E_0^A gleich V_0 ist, folgt wegen $1 - N(z) = N(-z)$:

[61] Vgl. *J. E. Stiglitz* a. *A. Weiss*, Credit Rationing in Markets with Imperfect Information. "The American Economic Review", Evanston, Vol. 71 (1981), p. 393-410.

[62] Vgl. *J. Wilhelm*, Die Bereitschaft der Banken zur Risikoübernahme im Kreditgeschäft. "Kredit und Kapital", Berlin, Jg. 15 (1982), S. 705-727.

[63] Die Gleichungen werden so notiert, daß sie auch bei präferenzfreier Bewertung gelten. Vgl. Kapitel 61.

$$E_0^A = V_0 \ N\left(\frac{-\ln x + r_f + \sigma^2/2}{\sigma}\right)$$

$$- \ X \ \exp(-r_f) \ N\left(\frac{-\ln x + r_f - \sigma^2/2}{\sigma}\right) \tag{40}$$

mit der Verallgemeinerung für $0 \leq t < T$:

$$E_t^A = V_t \ N(-h_1) - X \ \exp(-r_f \ (T - t)) \ N(h_2) \tag{40a}$$

Der Wert der Haftungsleistung H_0 ergibt sich aus den Gleichungen (4a), (5a), (32) und (37):

$$H_0 = \ X \ \exp(-r_f) \ N\left(\frac{\ln x - r_f + \sigma^2/2}{\sigma}\right)$$

$$- \ V_0 \ N\left(\frac{\ln x - r_f - \sigma^2/2}{\sigma}\right) \tag{41}$$

Durch Abzinsung läßt sich aus Gleichung (31) der Wert von H_0 leichter ermitteln:

$$H_0 = \ \exp(-r_f) \ V_0 \int_0^x L(z) \ dz \tag{42}$$

Gleichung (42) bestätigt unmittelbar, daß H_0 für $x > 0$ immer positiv ist.[64]

Schließlich gilt für Gleichung (41) die Verallgemeinerung:

$$H_t = X \ \exp(- \ r_f \ (T - t)) \ N(-h_2) - V_t \ N(h_1) \tag{41a}$$

Nun bleibt zu klären, wie der Wert der Haftungsleistung H_t von den Parametern X, V_t, σ, r_f und $T-t$ abhängt. In der folgenden Analyse sollen bei Variation eines Parameters die übrigen vier Parameter konstant sein.

---

[64] Anschaulich läßt sich das Integral in Gleichung (42) mit Hilfe der Übersicht 6 als Flächeninhalt ermitteln.

1. Variation von X:

Die partielle Differentiation von Gleichung (41a) nach X ergibt:

$$\frac{\partial H_t}{\partial X} = \exp(-r_f (T - t)) \, N(-h_2) > 0 \qquad (43)$$

$$\frac{\partial^2 H_t}{\partial X^2} = \frac{\exp(-r_f (T - t))}{X \, \sigma \, (T - t)^{1/2}} \, N'(-h_2) > 0, \qquad (44)$$

wobei N' die Dichtefunktion zur Standardnormalverteilung darstellt. Der Wert der Haftungsleistung ist also eine streng monoton wachsende und streng konvexe Funktion des Rückzahlungsanspruchs X. Wie zu erwarten war, steigt ceteris paribus der Wert der Haftungsleistung progressiv mit wachsender Verschuldung.

Für den Spezialfall $t = 0$ und $T = 1$ folgt aus Gleichung (42):

$$\frac{\partial H_0}{\partial X} = \exp(-r_f) \, L(x) \qquad (43a)$$

$$\frac{\partial^2 H_0}{\partial X^2} = (\exp(-r_f)/V_0) \, l(x) \qquad (44a)$$

Die Übersichten 6 bzw. 5 vermitteln einen optischen Eindruck von den Verläufen der Funktionen $\partial H_0/\partial X$ bzw. $\partial^2 H_0/\partial X^2$. Vergleiche auch die Abhängigkeit des Werts einer Verkaufsoption von dem Ausübungskurs, die in vielen Textbüchern zum Optionsgeschäft grafisch dargestellt ist.[65]

2. Variation von V_t:

Die partielle Differentiation von Gleichung (41a) nach V_t ergibt:

$$\frac{\partial H_t}{\partial V_t} = - N(h_1) < 0 \qquad (45)$$

$$\frac{\partial^2 H_t}{\partial V_t^2} = \frac{1}{V_t \, \sigma \, (T - t)^{1/2}} \, N'(-h_1) > 0 \qquad (46)$$

Die Haftungsleistung ist also eine streng monoton fallende und streng konvexe Funktion des Gesamtvermögens. Wenn bei konstantem Rückzahlungsanspruch X das Gesamtvermögen V_t steigt, wird der Konkursfall unwahrscheinlicher und die Haf-

---

[65] Z.B. in *J. Welcker* u. *J. W. Kloy*, Professionelles Optionsgeschäft, a.a.O., S. 68.

tungsleistung damit von geringerem Wert. Die Interpretation von H_t als Verkaufsoption unterstützt diese Vorstellung.[66]

3.　Variation von σ:

Die partielle Differentiation von Gleichung (41a) nach σ ergibt:

$$\frac{\partial H_t}{\partial \sigma} = V_t \ (T - t)^{1/2} \ N'(-h_1) > 0 \qquad (47)$$

$$\frac{\partial^2 H_t}{\partial \sigma^2} = h_1 \ V_t \ N'(-h_1) \ [\frac{\ln(X/V_t) + (T-t)(\sigma^2/2 - r_f)}{\sigma^2}] \quad (48)$$

Aus Gleichung (47) geht hervor, daß die Abhängigkeit des Marktwerts der Haftungsleistung von der Volatilität σ um so größer ist, je höher V_t ist, je länger die Restlaufzeit ausfällt und je näher der Wert h_1 bei Null liegt. Der Wert der Haftungsleistung nimmt bei wachsender Volatilität zu, da bei der Unternehmung A bei zunehmendem σ der Konkursfall wahrscheinlicher wird. Über das Vorzeichen der zweiten Ableitung sind keine allgemeinen Aussagen möglich. Da $\partial^2 H/\partial \sigma^2$ i.a. sehr klein ist, verläuft H_t als Funktion von σ fast linear.

4.　Variation von r_f:

Die partielle Differentiation von Gleichung (41a) nach r_f ergibt:

$$\frac{\partial H_t}{\partial r_f} = -(T - t) \ X \ \exp(-r_f(T - t)) \ N(-h_2) < 0 \quad (49)$$

Der Wert der Haftungsleistung nimmt mit wachsendem risikofreiem Zinssatz ab. Bei Risikoneutralität gilt $\alpha = r_f$. Eine Steigerung von r_f bewirkt, daß der Erwartungswert von V_t steigt und damit ceteris paribus die Konkurswahrscheinlichkeit der Unternehmung A sinkt. H_t ist i.a. nur in schwacher Weise von dem Zinssatz für risikofreie Anlagen abhängig.

5.　Variation der Restlaufzeit $\tau = T - t$:

Die partielle Differentiation von Gleichung (41a) nach der Restlaufzeit τ ergibt bereits bei der ersten Differentiation kein eindeutiges Vorzeichen:

---

[66]　Vgl. *J. Welcker* u. *J. W. Kloy*, Professionelles Optionsgeschäft, a.a.O., S. 66.

$$\frac{\partial H_t}{\partial \tau} = - r_f \ X \ \exp(-r_f \ \tau) \ N(-h_2)$$

$$+ \ (V_t \ \sigma/(2 \ \tau^{1/2})) \ N'(-h_1) \tag{50}$$

Bei der Verlängerung der Restlaufzeit sind zwei Effekte zu unterscheiden. Wie man aus dem ersten Term der Gleichung (41a) erkennt, bewirkt eine wachsende Restlaufzeit, daß der Rückzahlungsanspruch X über einen längeren Zeitraum abgezinst wird. Dieser erste Effekt führt also zu einem geringeren Wert der Haftungsleistung bei steigender Restlaufzeit. Andererseits nimmt bei wachsender Restlaufzeit die Wahrscheinlichkeitsdichte für kleine Gesamtvermögen zu, was man aus Übersicht 1 ablesen kann. Dieser zweite Effekt erhöht die Konkurswahrscheinlichkeit und damit den Wert der Haftungsleistung.

Es bedarf umfangreicher Untersuchungen[67], um feststellen zu können, welcher der beiden Effekte bei welcher Parameterkonstellation überwiegt.

52 Optionsbewertung bei multiplikativen Binomialprozessen

Wie im Abschnitt 422 wird das Intervall zwischen den Zeitpunkten $t = 0$ und $t = 1$ in m gleichlange Teilintervalle unterteilt. In jedem dieser Teilintervalle soll ein elementarer Prozeßschritt stattfinden in der Weise, daß der Wert des Unternehmensvermögens am Ende des Teilintervalls mit der Wahrscheinlichkeit q das z-fache und mit der Gegenwahrscheinlichkeit $1-q$ das a-fache des Vermögenswertes am Anfang des Teilintervalls ausmacht. Nach den Überlegungen des Abschnitts 422 gibt es dann bei bekanntem Anfangsvermögen V_0 $m+1$ Werte von V_1, und es gilt für die Wahrscheinlichkeit, daß V_1 den Wert $V_0 \ z^k \ a^{m-k}$ annimmt:

$$\text{Prob} \ (V_1 = V_0 \ z^k \ a^{m-k}) = \frac{m!}{k! \ (m-k)!} \ q^k \ (1-q)^{m-k} \tag{51}$$

$$\text{für } k = 0, \ldots, m$$

Bei $\tau = 1$ tritt der Konkursfall ein, wenn $V_1 < X$ ist. In diesem Fall gehört den Gläubigern das Vermögen V_1. Für $V_1 \geq X$ erhalten die Gläubiger den vollen Rückzahlungsbetrag X. Die Folge der Zahlen $V_0 \ z^k \ a^{m-k}$ wächst monoton mit dem Laufindex k. Es soll der Grenzwert k^* bestimmt werden, bis zu dem V_1 kleiner ist als X. Gilt $V_0 \ a^m \geq X$, wird $k^* = -1$ gesetzt. Für $V_0 \ a^m < X$ gilt für k^*:

---

[67] Vgl. *J. C. Cox* a. *M. Rubinstein*, Options Markets, a.a.O., p. 229 ff., insbesondere Figure 5-27 auf p. 231 und *L. Jurgeit*, Bewertung von Optionen ..., a.a.O., S. 158-161.

$$V_0 \ z^{k^*} a^{m-k^*} < X \ \text{und}$$

$$V_0 \ z^{k^*+1} \ a^{m-k^*-1} \geq X$$

Mit diesem Wert k^* kann für den Erwartungswert des Fremdkapitals bei $T = 1$ geschrieben werden:

$$E[F_1] = V_0 \sum_{k=0}^{k^*} \frac{m!}{k! \ (m-k)!} \ q^k \ (1-q)^{m-k} \ z^k \ a^{m-k}$$

$$+ \ X \sum_{k=k^*+1}^{m} \frac{m!}{k! \ (m-k)!} \ q^k \ (1-q)^{m-k} \tag{52}$$

Wie im Kapitel 51, Gleichung (35), folgt dann für den Risikoprämiensatz $r_v - r_f$ bei Risikoneutralität:

$$r_v - r_f = \ln \ (\ X \ / \ E[F_1]) \tag{53}$$

Wegen der vorausgesetzten Risikoneutralität erhält man das Fremdkapital zum Zeitpunkt $t = 0$ für die Unternehmung A mit beschränkter Haftung durch Abzinsung von $E[F_1]$ für eine Zeiteinheit:

$$F_0^A = \exp \ (- \ r_f) \ E[F_1] \tag{54}$$

Wegen $F_0^B = \exp \ (- \ r_f) \ X$ ergibt sich für den Wert der Haftungsleistung zum Zeitpunkt $t = 0$:

$$H_0 = \exp \ (- \ r_f) \ (X - E[F_1]) \tag{55}$$

Wählt man wie im Abschnitt 422

$$z = \exp \ ((\sigma^2/m)^{1/2})$$

$$a = z^{-1}$$

$$q = 0,5 + 0,5 \ ((r_f - \sigma^2/2)/\sigma) \ m^{-1/2},$$

so nähert sich für $m \to \infty$ die Bewertung der Haftungsleistung nach Gleichung (55) immer mehr dem Wert nach Gleichung (41) im Kapitel 51 an.[68]

---

[68] Vgl. *J. C. Cox* a. *M. Rubinstein*, Options Markets, a.a.O., p. 205 ff.

Eine andere Art des Grenzübergangs zeigt Ingersoll[69]. Er wählt:

$$z = 1 + r_f/m + \sigma \left((1 - q)/(mq)\right)^{1/2}$$

$$a = 1 + r_f/m - \sigma \left(q/(m(1 - q))\right)^{1/2}$$

Auch in diesem Fall konvergiert für $m \rightarrow \infty$ die Bewertung der Haftungsleistung nach Gleichung (55) zur Bewertung der Gleichung (41). Einen guten Überblick über die mathematischen Zusammenhänge zwischen Binomial- und Normalverteilung bieten Dinges und Rost[70].

6 Zur präferenzfreien Optionsbewertung

In diesem Teil soll der Wert der Haftungsleistung ohne Annahmen über die Risikopräferenzen der Marktteilnehmer abgeleitet werden. Zur Bewertung der Haftungsleistung ist nun das Prinzip der Arbitragefreiheit[71] wesentlich, das risikolose Arbitragegewinne ausschließt. Analog zu Teil 5 gliedert sich dieser Teil in das Kapitel 61 mit zeitkontinuierlicher Betrachtungsweise, bei der angenommen wird, daß die Vermögensentwicklung einem geometrischen Brownschen Prozeß folgt, und in das Kapitel 62 mit zeitdiskreter Betrachtungsweise, bei der sich das Vermögen gemäß einem multiplikativen Binomialprozeß entwickelt.

61 Optionsbewertung bei geometrischen Brownschen Prozessen

Zur Vorbereitung der präferenzfreien Optionsbewertung ist es zweckmäßig. einige Folgerungen aus der bereits im Abschnitt 411 diskutierten Gleichung (6) zu ziehen. Die stochastische Differentialgleichung zur Vermögensentwicklung lautete:

$$\frac{dV_t}{V_t} = \alpha \, dt + \sigma \, dw \qquad (6)$$

Wegen $E[dw] = 0$ folgt aus Gleichung (6):

$$E[dV_t] = \alpha \, V_t \, dt \qquad (56)$$

Aus der Bedingung $E[(dw)^2] = dt$ ergibt sich:

$$E[(dV_t)^2] = \sigma^2 \, V_t^2 \, dt \qquad (57)$$

[69] Vgl. *J. E. Ingersoll, Jr.*, Theory of Financial Decision Making, a.a.O., p. 322 f.

[70] Vgl. *H. Dinges* u. *H. Rost*, Prinzipien der Stochastik. Stuttgart 1987, S. 28-51.

[71] Vgl. *G. Franke* u. *H. Hax*, Finanzwirtschaft des Unternehmens und Kapitalmarkt. Berlin u.a. 1988, S. 294 ff.

Ähnliche stochastische Differentialgleichungen wie für das Unternehmensvermögen gelten für die Marktwerte des Eigen- und Fremdkapitals:

$$\frac{dE_t}{E_t} = \alpha_E \; dt + \sigma_E \; dw \tag{58}$$

$$\frac{dF_t}{F_t} = \alpha_F \; dt + \sigma_F \; dw \tag{59}$$

Dabei sind die Parameter α_E, σ_E, α_F und σ_F i.a. keine Konstanten. Sie können von V_t, t und T abhängen. Für $X > 0$ ist $\sigma_E > \sigma$, da die Kaufoption sich volatiler verhält als der ihr zugrundeliegende Vermögenswert.

Es sei nun angenommen, daß beliebige Teile sowohl des Unternehmensvermögens V_t als auch des Eigenkapitals E_t jederzeit zu den jeweiligen Marktwerten ohne Transaktionskosten gekauft und verkauft werden können. Der risikolose Anlagezins r_f sei gleich dem risikolosen Kreditzins und im Zeitablauf konstant. Wenn dann ferner unterstellt wird, daß risikolose Arbitragegewinne nicht möglich sein sollen, ist die Entwicklung von E_t durch die Entwicklung von V_t eindeutig bestimmt.

Um dies zu zeigen, wird ein risikoloses Portefeuille P_t aus (positiven oder negativen) Teilbeträgen von V_t und E_t zusammengestellt, wobei die Gewichtungsfaktoren zeitabhängig sein können:

$$P_t = b_t \; E_t + c_t \; V_t \tag{60}$$

Aus Ito's Lemma folgt dann:

$$dP_t = b_t \; dE_t + E_t \; db_t + db_t \; dE_t + c_t \; dV_t$$
$$+ \; V_t \; dc_t + dc_t \; dV_t$$

Es gilt somit für die relative Wertänderung des Portefeuilles:

$$\frac{dP_t}{P_t} = \frac{b_t \; E_t}{P_t} \; \frac{dE_t}{E_t} + \frac{c_t \; V_t}{P_t} \; \frac{dV_t}{V_t}$$
$$+ \; \frac{(E_t + dE_t) \; db_t + (V_t + dV_t) \; dc_t}{P_t} \tag{61}$$

In Gleichung (61) ist der dritte Summand gleich Null, da sich die Portefeuilleumschichtungen selbst finanzieren sollen. Mit den Gleichungen (6) und (58) folgt aus Gleichung (61):

$$\frac{dP_t}{P_t} = (\frac{b_t \; E_t}{P_t} \; \alpha_E + \frac{c_t \; V_t}{P_t} \; \alpha) \; dt + (\frac{b_t \; E_t}{P_t} \; \sigma_E + \frac{c_t \; V_t}{P_t} \; \sigma) \; dw$$

Damit das zusammengestellte Portefeuille risikofrei ist, muß gelten:

$$\frac{b_t \; E_t}{P_t} \; \sigma_E + \frac{c_t \; V_t}{P_t} \; \sigma = 0 \qquad (62)$$

Aus der Bedingung der Arbitragefreiheit folgt dann:

$$\frac{b_t \; E_t}{P_t} \; \alpha_E + \frac{c_t \; V_t}{P_t} \; \alpha = r_f \qquad (63)$$

Wegen Gleichung (60) ergibt sich aus Gleichung (63):

$$\frac{b_t \; E_t}{P_t} \; (\alpha_E - r_f) + \frac{c_t \; V_t}{P_t} \; (\alpha - r_f) = 0 \qquad (64)$$

Wegen X $>$ 0 ist $\sigma_E > \sigma$, und Gleichung (62) läßt sich lösen mit $b_t \; E_t = - \sigma/(\sigma_E - \sigma) < 0$ und $c_t \; V_t = \sigma_E/(\sigma_E - \sigma) > 0$. Mit diesem Ergebnis folgt aus Gleichung (64):

$$\alpha_E - r_f = (\sigma_E \; / \; \sigma) \; (\alpha - r_f) \qquad (65)$$

Nach Ito's Lemma ergibt sich für $E_t = E_t(V_t,t)$ und wegen der Gleichungen (56) und (57):

$$\frac{dE_t}{E_t} = (\alpha \; V_t \; \frac{\partial E_t}{\partial V_t} + \frac{\partial E_t}{\partial t} + \frac{\partial^2 E_t}{\partial V_t^2} \; \frac{\sigma^2 \; V_t^2}{2}) \; / \; E_t \; dt$$

$$+ \; (V_t \; \frac{\partial E_t}{\partial V_t} \; \sigma) \; / \; E_t \; dw \qquad (66)$$

Durch Vergleich mit Gleichung (58) erhält man die folgenden beiden Gleichungen:

$$\alpha_E = (\alpha \; V_t \; \frac{\partial E_t}{\partial V_t} + \frac{\partial E_t}{\partial t} + \frac{\partial^2 E_t}{\partial V_t^2} \; \frac{\sigma^2 \; V_t^2}{2}) \; / \; E_t \qquad (67)$$

$$\sigma_E = (V_t \; \frac{\partial E_t}{\partial V_t} \; \sigma) \; / \; E_t = \Omega_E \; \sigma \qquad (68)$$

Dabei ist Ω_E die Elastizität des Marktwertes des Eigenkapitals in bezug auf das Unternehmensvermögen.

Aus den Gleichungen (65), (67) und (68) ergibt sich dann die partielle Differentialgleichung:

$$\frac{1}{2} \, \sigma^2 \, V_t^2 \, \frac{\partial^2 E_t}{\partial V_t^2} + r_f \, V_t \, \frac{\partial E_t}{\partial V_t} - r_f \, E_t + \frac{\partial E_t}{\partial t} = 0 \qquad (69)$$

Für diese partielle Differentialgleichung erhält man mit den Randbedingungen $E_t(0,t)$ = 0, $E_t(V_t,T)$ = $\max(0, V_t - X)$ und $E_t(V_t,t) \leq V_t$ die Lösung:

$$E_t = V_t \, N \left(\frac{- \ln \, (X/V_t) + (T-t)(r_f + \sigma^2/2)}{\sigma(T-t)^{1/2}} \right) \qquad (70)$$

$$- X \, \exp(- r_f(T-t)) \, N\left(\frac{- \ln \, (X/V_t) + (T-t)(r_f - \sigma^2/2)}{\sigma(T-t)^{1/2}} \right)$$

Gleichung (70) stellt die vielzitierte Kaufoptionsformel von Black und Scholes[72] dar.

Mit den Größen h_1 und h_2 der Gleichungen (38) und (39) in Kapitel 51 läßt sich Gleichung (70) kompakter schreiben:

$$E_t^A = V_t \, N(- h_1) - X \, \exp(- r_f \, (T - t)) \, N(h_2) \qquad (70a)$$

E_t^A ist der Marktwert des Eigenkapitals der Unternehmung A zum Zeitpunkt t.[73]

Die Gleichung (70a), die für beliebige Risikoeinstellungen der Marktteilnehmer gilt, ist identisch mit der Gleichung (40a) des Kapitels 51, die unter der Annahme der Risikoneutralität der Marktteilnehmer abgeleitet wurde. Diese Identität läßt sich dann auf die Gleichungen für F_t^A und H_t übertragen. Die Entwicklung der Gleichung für H_t soll hier jedoch auf anderem Wege als im Kapitel 51 erfolgen.

Aus den Gleichungen (3a) und (32) folgt für den Marktwert des Eigenkapitals der Unternehmung B:

$$E_t^B = V_t - X \, \exp(- r_f \, (T - t)) \qquad (71)$$

Wegen $H_t = E_t^A - E_t^B$ ergibt sich damit aus den Gleichungen (70a) und (71) für den Wert der Haftungsleistung:

---

[72] Vgl. *F. Black* a. *M. Scholes*, The Pricing of Options ..., a.a.O., p. 644.

[73] Zur Abkürzung der Schreibweise wurde bei der Ableitung der Gleichung (70) der Index A weggelassen.

$$H_t = X \exp(- r_f (T - t)) N(- h_2) - V_t N(h_1) \qquad (72)$$

Die Gleichung (72) ist identisch mit der Gleichung (41a) des Kapitels 51. Alle Ergebnisse des Kapitels 51, die aus der partiellen Differentiation von H_t nach den Variablen X, V_t, σ, r_f und der Restlaufzeit $T-t$ gewonnen wurden, bleiben somit gültig. Um Wiederholungen zu vermeiden, soll nun ein anderer Weg der Analyse der Gleichung (72) beschritten werden.

Der Verschuldungsgrad der unbeschränkt haftenden Unternehmung B zum Zeitpunkt t sei mit d^B bezeichnet:

$$d^B = X \exp(- r_f (T - t)) / V_t \qquad (73)$$

Dabei ist $X \exp(- r_f (T - t))$ der Gegenwartswert des Rückzahlungsanspruchs gegenüber der Unternehmung B. Für $\sigma^2 (T - t)$ sei zur Abkürzung v geschrieben. Dann läßt sich Gleichung (72) umformen zu:

$$H_t = V_t \left[d^B N\left(\frac{\ln d^B + v/2}{v^{1/2}}\right) - N\left(\frac{\ln d^B - v/2}{v^{1/2}}\right) \right] \qquad (72a)$$

Aus Gleichung (72a) läßt sich unmittelbarer als aus Gleichung (72) erkennen, von welchen ökonomischen Variablen der Wert der Haftungsleistung abhängt.

Für die Elastizität des Werts der Haftungsleistung in bezug auf das Unternehmensvermögen folgt aus Gleichung (72a):

$$\Omega_H = (\partial H_t / \partial V_t) / (H_t / V_t)$$

$$= \frac{- N\left(\dfrac{\ln d^B - v/2}{v^{1/2}}\right)}{- N\left(\dfrac{\ln d^B - v/2}{v^{1/2}}\right) + d^B N\left(\dfrac{\ln d^B + v/2}{v^{1/2}}\right)}$$

$$= \frac{- N(h_1)}{- N(h_1) + d^B N(- h_2)} \qquad (74)$$

Ω_H ist negativ.

Zur Ermittlung des Risikoprämiensatzes soll zunächst aus Kapitel 51 die Gleichung für den Marktwert des Fremdkapitals der Unternehmung A übernommen werden, die auch bei präferenzfreier Bewertung gilt:

$$F_t^A = V_t\ N(h_1)\ +\ X\ exp(-\ r_f(T\ -\ t))\ N(h_2) \tag{37a}$$

Um den Anspruch auf den Rückzahlungsbetrag X zu erreichen, muß ein Vertragszinssatz r_v gefordert werden, so daß gilt:

$$X = F_t^A\ exp(-\ r_v(T\ -\ t)) \tag{75}$$

Aus Gleichung (75) folgt:

$$r_v = (ln\ (F_t^A\ /\ X))\ /\ (t\ -\ T) \tag{76}$$

Durch Subtraktion des risikofreien Zinssatzes von beiden Seiten der Gleichung (76) erhält man eine Formel für den Risikoprämiensatz bei präferenzfreier Bewertung:

$$r_v\ -\ r_f = (ln\ (F_t^A\ /\ X))\ /\ (t\ -\ T)\ -\ r_f \tag{77}$$

Aus Gleichung (37a), (73) und (77) ergibt sich dann:

$$r_v\ -\ r_f = (1\ /\ (t\ -\ T))\ ln\ (N(h_2)\ +\ 1/d^B\ N(h_1)) \tag{78}$$

Zur komparativ-statischen Analyse des Risikoprämiensatzes ist die Elastizität des Marktwerts des Fremdkapitals der Unternehmung A in bezug auf das Unternehmensvermögen als Zwischengröße wichtig. Man erhält aus Gleichung (37a):

$$\Omega_F = \frac{\partial F_t^A\ /\ \partial V_t}{F_t^A\ /\ V_t} = N(h_1)\ /\ (N(h_1)\ +\ d^B\ N(h_2)) \tag{79}$$

Ω_F ist positiv und kleiner als 1. Für $d^B = 1$ ist $\Omega_F = 0,5$.

Die partiellen Ableitungen des Risikoprämiensatzes nach den Variablen d^B und σ sind positiv, wie zu erwarten ist, da der Kredit bei zunehmendem Verschuldungsgrad und zunehmender Volatilität riskanter wird. Die partielle Ableitung des Risikoprämiensatzes nach der Restlaufzeit ist im Vorzeichen unbestimmt. Die Analyse der Abhängigkeit des Risikoprämiensatzes von der Restlaufzeit τ bedarf einer umfangreicheren Untersuchung.[74]

Für die partiellen Ableitungen gelten im einzelnen:

$$\frac{\partial(r_v\ -\ r_f)}{\partial d^B} = \Omega_F\ /\ (\tau\ d^B) > 0 \tag{80}$$

---

[74] Vgl. *J. E. Ingersoll, Jr.*, Theory of Financial Decision Making. a.a.O., p. 421 ff.

$$\frac{\partial (r_v - r_f)}{\partial \sigma} = \frac{\Omega_F \ N'(h_1)}{\tau^{1/2} \ N(h_1)} > 0 \qquad (81)$$

$$\frac{\partial (r_v - r_f)}{\partial \tau} = (\frac{\sigma}{2} \ \frac{\partial (r_v - r_f)}{\partial \sigma} - (r_v - r_f)) \ / \ \tau \qquad (82)$$

Schließlich sollen noch die Koeffizienten α_E und α_F aus den Gleichungen (58) und (59) bestimmt werden. α_E bzw. α_F sind die Erwartungswerte der Marktwertänderungsraten des Eigen- bzw. Fremdkapitals.

Analog zu Gleichung (65) gilt die Gleichung (65a):

$$\alpha_F - r_f = (\sigma_F \ / \ \sigma) \ (\alpha - r_f) \qquad (65a)$$

Aus Gleichung (68) folgt:

$$\sigma_E \ / \ \sigma = \Omega_E \qquad (83)$$

Für die Elastizität des Marktwertes des Eigenkapitals in bezug auf das Unternehmensvermögen gilt:

$$\Omega_E = \frac{\partial E_t^A \ / \ \partial V_t}{E_t^A / \ V_t} = \frac{N(- h_1)}{N(- h_1) \ - \ d^B \ N(h_2)} \qquad (84)$$

Ω_E ist positiv und größer als 1.

Zwischen Ω_E und Ω_F besteht folgender Zusammenhang:

$$\Omega_E = 1 + (F_t^A \ / \ E_t^A) \ (1 - \Omega_F) \qquad (85)$$

Wegen $(\sigma_F / \sigma) = \Omega_F$ läßt sich aus den Gleichungen (65), (65a), (79), (83) und (84) ableiten:

$$\alpha_E - r_f = \Omega_E \ (\alpha - r_f) = \frac{N(- h_1) \ (\alpha - r_f)}{N(- h_1) \ - \ d^B \ N(h_2)} \qquad (86)$$

$$\alpha_F - r_f = \Omega_F \ (\alpha - r_f) = \frac{N(h_1) \ (\alpha - r_f)}{N(h_1) \ + \ d^B \ N(h_2)} \qquad (87)$$

Nach der Irrelevanzthese zur Kapitalstruktur von Modigliani und Miller[75] muß gelten:

$$\alpha_E \; E_t^A + \alpha_F \; F_t^A = \alpha \; V_t \tag{88}$$

Dieser Zusammenhang läßt sich mit Hilfe der Gleichungen (85), (86) und (87) leicht bestätigen.

α_E bzw. α_F nennt man häufig auch kurz die Kostensätze für Eigen- und Fremdkapital. Die Gleichung (88) wird dann dahingehend interpretiert, daß sich der Kostensatz für das Gesamtkapital als gewichtetes arithmetisches Mittel aus den Kostensätzen für das Eigen- und Fremdkapital ergibt.

In Übersicht 9a sind die Erwartungswerte der Marktwertänderungsraten α_E und α_F für die Unternehmung A in Abhängigkeit von dem Verschuldungskoeffizienten F_t^A/E_t^A aufgetragen. Dabei wurde in Übereinstimmung mit den bisherigen Zahlenbeispielen $\alpha = \ln 1{,}025$, $\sigma = (2\alpha)^{1/2}$ und $\tau = 1$ angesetzt. Im Falle der Risikoneutralität der Marktteilnehmer wäre $\alpha = r_f$ und nach den Gleichungen (86) und (87) würde unabhängig von dem Verschuldungskoeffizienten gelten: $\alpha_E = \alpha_F = r_f$. Bei der grafischen Darstellung ergäben sich für α_E und α_F identische Parallelen zur Abszisse im Abstand r_f. In der Übersicht 9a wurde für r_f der Wert $\ln 1{,}01$ gewählt. Wegen $\alpha > r_f$ ist damit Risikoaversion der Marktteilnehmer unterstellt.

Übersicht 9a veranschaulicht, daß α_E eine streng monoton wachsende und streng konkave Funktion des Verschuldungskoeffizienten ist. Für einen Verschuldungskoeffizienten von Null gilt $\alpha_E = \alpha = \ln 1{,}025 = 0{,}02469$ und $\alpha_F = r_f = \ln 1{,}01 = 0{,}0095$. Für α_F ergibt sich ein S-förmiger Verlauf, mit wachsendem Verschuldungskoeffizienten nähert sich α_F immer mehr dem Wert α an, da die Gläubiger einen immer größeren Anteil des Unternehmensrisikos übernehmen.

In Übersicht 9b sind die Erwartungswerte der Marktwertänderungsraten α_E und α_F für die Unternehmung B in Abhängigkeit von dem Verschuldungskoeffizienten F_t^B/E_t^B aufgetragen. Die grafische Darstellung ergibt für α_E eine Gerade mit dem Ordinatenabschnitt α und der Steigung $\alpha - r_f$. Der Verlauf von α_F wird durch eine Parallele zur Abszisse im Abstand r_f beschrieben. Die Geraden für α_E und α_F in Übersicht 9b sind genau die Tangenten an die Kurven von α_E und α_F in Übersicht 9a bei einem Verschuldungskoeffizienten von Null.

---

[75] Vgl. *F. Modigliani* a. *M. H. Miller*, The Cost of Capital, Corporation Finance and the Theory of Investment. "The American Economic Review", Stanford, Vol. 48 (1958), p. 261-297. Wiederabgedruckt in deutscher Übersetzung in: Die Finanzierung der Unternehmung. Hrsg. v. H. Hax u. H. Laux. Köln 1975, S. 86-119.

Übersicht 9a: <u>Erwartungswerte der Kostensätze für das Eigenkapital (α_E) und das Fremd-
kapital (α_F) der Unternehmung A in Abhängigkeit vom Verschuldungskoef-
fizienten zu Marktpreisen</u>

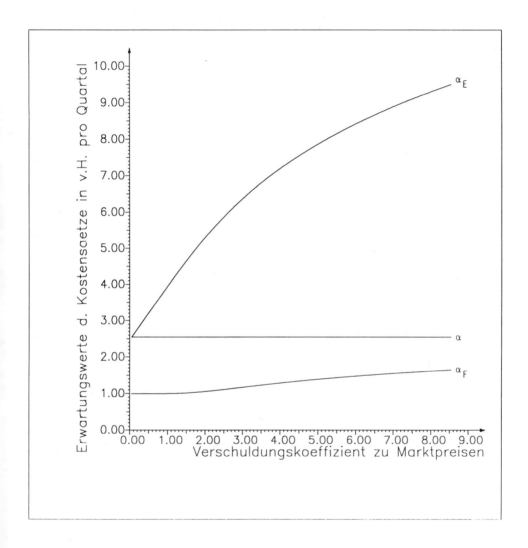

Übersicht 9b: Erwartungswerte der Kostensätze für das Eigenkapital (α_E) und das Fremd-kapital (α_F) der Unternehmung B in Abhängigkeit vom Verschuldungskoef-fizienten zu Marktpreisen

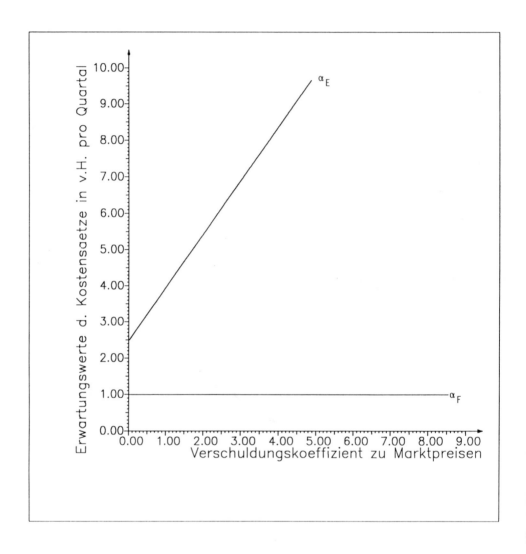

Grafische Abbildungen zum Verlauf von α_E und α_F in Abhängigkeit von dem Verschuldungskoeffizienten entsprechend Übersicht 9b findet man in vielen Textbüchern zur Finanzwirtschaft.[76]

In der Kostenrechnung sind für beide Unternehmungen als Kapitalkosten insgesamt $\alpha\, V_t$ anzusetzen. Die Eigenkapitalkosten der Unternehmung B sollten dabei in die Eigenkapitalkosten der Unternehmung A und in die Haftungskosten des haftenden Privatvermögens zerlegt werden, so daß mit einem Haftungskostensatz α_H in Analogie zu Gleichung (88) gilt:

$$\alpha_E{}^A\, E_t{}^A - \alpha_H\, H_t + r_f\, F_t{}^B = \alpha\, V_t \qquad (88a)$$

Kostenansätze nach Gleichung (88a) können der kostenrechnerischen Trennung von Betriebs- und Privatsphäre dienen. Weitere Anwendungsmöglichkeiten bieten sich bei kostenrechnerischen Erfassungen von staatlichen Kreditgarantien oder bei Patronatserklärungen von Konzernmüttern.

62 Optionsbewertung bei multiplikativen Binomialprozessen

Bei Binomialprozessen läßt sich die Bedeutung des Ausschlusses von risikofreien Arbitragegewinnen anschaulicher nachvollziehen als bei Brownschen Prozessen. Zunächst werden die Wirkungen des Arbitragefreiheitsprinzips an einem elementaren Prozeßschritt gezeigt. Durch die serielle Ausführung von elementaren Prozeßschritten lassen sich die Ergebnisse verallgemeinern. Durch geeigneten Grenzübergang kann man aus den Ergebnissen für Binomialprozesse die Kaufoptionsformel von Black und Scholes[77] ableiten, die für Brownsche Prozesse gilt.

Für die erste Analyse sollen Zeiteinheit, Zeitintervall für einen elementaren Prozeßschritt und Optionsfrist übereinstimmen. Das Vermögen zu Beginn des betrachteten Zeitintervalls sei mit V_t bezeichnet. Für $V_T = V_{t+1}$ ergeben sich dann mit den Bezeichnungen des Abschnitts 422 zwei mögliche Werte, nämlich $z\, V_t$ mit der Wahrscheinlichkeit q und $a\, V_t$ mit der Wahrscheinlichkeit $1 - q$. Da zum Zeitpunkt T der Rückzahlungsbetrag X fällig wird, erhält man aus Gleichung (1), daß E_T mit der Wahrscheinlichkeit q den Wert $\max\,(0,\ z\, V_t - X)$ und mit der Gegenwahrscheinlichkeit $(1 - q)$ den Wert $\max(0,\ a\, V_t - X)$ annimmt. Bei Verwendung der Bezeichnungsweisen:

[76] Vgl. beispielsweise *R. H. Schmidt*, Grundzüge der Investitions- und Finanzierungstheorie, a.a.O., S. 235, Abb. 10.3. Die Abb. 10.4 auf der gleichen Seite entspricht weitgehend der Übersicht 9a. Allerdings erkennt man aus der Abbildung nicht den S-förmigen Verlauf von α_F mit der asymptotischen Näherung an α für große Verschuldungskoeffizienten.

[77] Siehe Gleichung (70) im Kapitel 61.

$$E_T^+ = \max\ (0,\ z\ V_t\ -\ X) \qquad\qquad (89)$$

$$E_T^- = \max\ (0,\ a\ V_t\ -\ X) \qquad\qquad (90)$$

folgt im Falle der Risikoneutralität der Marktteilnehmer:

$$E_t = (q\ E_T^+ + (1\ -\ q)\ E_T^-)\ /\ (1\ +\ i_f) \qquad\qquad (91)$$

Mit dem Prinzip der Arbitragefreiheit ist eine Bewertung von E_t möglich, ohne daß Annahmen über Risikopräferenzen der Marktteilnehmer notwendig sind. Zunächst folgt aus dem Prinzip der Arbitragefreiheit, daß gilt:

$$a\ <\ 1\ +\ i_f\ <\ z \qquad\qquad (92)$$

Bei $1\ +\ i_f\ <\ a$ würde keine risikofreie Anlage getätigt werden, da die Anlagen in V_t immer höher rentieren. Im Falle $z\ <\ 1\ +\ i_f$ wäre es für alle Marktteilnehmer unvorteilhaft, in das risikobehaftete Vermögen zu investieren.

Zur Ableitung einer präferenzfreien Bewertung kann man nun wie im Kapitel 61 (siehe Gleichung (60)) ein risikoloses Portefeuille P_t aus Teilbeträgen von V_t und E_t zusammenstellen oder aber durch Mischen eines Teilbetrages von V_t mit einer risikofreien Anlage den Wert E_t in der Weise duplizieren, daß die Mischung sowohl im günstigen Fall mit der Wahrscheinlichkeit q als auch im ungünstigen Fall mit der Wahrscheinlichkeit $1 - q$ die gleichen Ergebnisse liefert wie die Anlage in E_t. Die erste Methode führt zu ganz ähnlichen Überlegungen wie im Kapitel 61. Bei dem zweiten Weg werden Zahlen y_t und M_t gesucht, so daß am Ende eines elementaren Prozeßschritts die Mischung $y_t\ V_t + M_t$ mit der Wahrscheinlichkeit q den Wert E_T^+ und mit der Gegenwahrscheinlichkeit $1 - q$ den Wert E_T^- annimmt. Es müssen somit die beiden folgenden Gleichungen erfüllt sein:

$$z\ y_t\ V_t\ +\ M_t\ (1\ +\ i_f)\ =\ E_T^+ \qquad\qquad (93a)$$

$$a\ y_t\ V_t\ +\ M_t\ (1\ +\ i_f)\ =\ E_T^- \qquad\qquad (93b)$$

Die Auflösung der beiden Gleichungen nach den Werten y_t und M_t liefert:

$$y_t\ =\ \frac{E_T^+\ -\ E_T^-}{(z\ -\ a)\ V_t} \qquad\qquad (94a)$$

216

$$M_t = - \frac{1}{1 + i_f} \frac{a\ E_T^+ - z\ E_T^-}{z - a} \tag{94b}$$

Wegen des Prinzips der Arbitragefreiheit muß nun gelten:

$$
\begin{aligned}
E_t &= y_t\ V_t + M_t \\
&= (\frac{1 + i_f - a}{z - a}\ E_T^+ + \frac{z - (1 + i_f)}{z - a}\ E_T^-)\ /\ (1 + i_f) \tag{95}
\end{aligned}
$$

Die Gleichung (95) für E_t hängt nur von z, a, i_f, X und V_t ab. Der Wert von E_t wird nicht direkt von der subjektiven Wahrscheinlichkeit q und von den Risikopräferenzen der Marktteilnehmer beeinflußt.[78]

Bezeichnet man die wegen der Ungleichungskette (92) stets zwischen 0 und 1 liegende Zahl $(1 + i_f - a)\ /\ (z - a)$ mit p, so läßt sich Gleichung (95) in die Gleichung (96) überführen, die für q = p in die bei Risikoneutralität geltende Gleichung (91) übergeht:

$$E_t = (p\ E_T^+ + (1 - p)\ E_T^-)\ /\ (1 + i_f) \tag{96}$$

Die Zahl p wird "Pseudowahrscheinlichkeit"[79] oder "modellendogene Wahrscheinlichkeit"[80] genannt.

Mit Hilfe der Pseudowahrscheinlichkeit p ist es nun möglich, die Ergebnisse des Kapitels 52, die unter der Voraussetzung der Risikoneutralität der Marktteilnehmer entwickelt wurden, auf die präferenzfreie Bewertung zu übertragen. Man braucht zu diesem Zweck in der Gleichung (52) nur den Wert q durch die Pseudowahrscheinlichkeit p zu ersetzen. Auch der Grenzübergang zum Brownschen Prozeß vollzieht sich auf diese Weise.

---

[78] Ein mittelbarer Einfluß ist über die Bewertung von V_t gegeben.

[79] Vgl. *L. Kruschwitz* u. *R. Schöbel*, Eine Einführung in die Optionspreistheorie (I). "Wirtschaftsstudium", Tübingen u. Düsseldorf, Jg. 13 (1984), S. 68-72, hier S. 72.

[80] Vgl. *N. Senghas*, Präferenzfreie Bewertung von Kapitalanlagen mit Options-Charakter. Königstein/Ts. 1981, S. 35.

7 Mögliche Erweiterungen des Grundmodells

Das beschriebene Grundmodell ist in verschiedene Richtungen erweitert worden. Einen sehr guten Überblick findet man bei Jurgeit[81]. Er erweitert das Grundmodell durch Berücksichtigung von dinglichen Sicherheiten, gesetzlichen Vorrängen, Haftungszusagen Dritter, Gläubiger- und Schuldnerkündigungsrechten, Wandlungs- und Bezugsrechten, vereinbarten Zins- und Tilgungszahlungen vor Endfälligkeit, Marktunvollkommenheiten sowie um die Bewertung von Fremdfinanzierungsfazilitäten. Jurgeit erweitert außerdem das Grundmodell durch Berücksichtigung der Möglichkeit eines Schuldnerkonkurses vor Fälligkeit von Zins- und Tilgungszahlungen. Zum Problem der Überschuldung sind im optionstheoretischen Modell darüber hinaus die Analysen von Cox und Rubinstein[82] zu den down-and-out Optionen (down-and-out Calls und up-and-out Puts wichtig). Nach Meinung des Verfassers sollten die Ergebnisse für Stoppzeiten von Ito-Prozessen stärker für das Problem der Überschuldung angewendet werden. Mit Techniken des Abschnitts 421 sind Simulationsexperimente zur Überschuldungswahrscheinlichkeit möglich.

Simulationsexperimente können bedeutsam sein, wenn man die Beschränkung der Analyse auf eine Unternehmung oder auf den Vergleich von zwei Unternehmungen aufgibt und die Systemstabilität von n Unternehmungen untersuchen will. Für ein System von n Bankbetrieben haben Batchelor[83] und Paroush[84] wegweisende Konzepte entwickelt. Das Modell von Batchelor ist flexibler und läßt sich eher auf Betriebe des Nichtfinanziellen Sektors übertragen. In dem Modell von Batchelor hat die Insolvenz einer Unternehmung wegen angenommener unvollkommener Information der Marktteilnehmer Auswirkungen auf die Einschätzungen der Konkurswahrscheinlichkeit der anderen Unternehmungen, wobei diese Effekte um so stärker ausfallen, je mehr die anderen Unternehmungen der in Konkurs gegangenen Unternehmung gleichen. Beispielsweise erhöht die Insolvenz einer Privatbank nach dieser Annahme in der Einschätzung der Marktteilnehmer die Konkurswahrscheinlichkeit von anderen Privatbanken stärker als z.B. von Genossenschaftsbanken, was man an der Steigerung des Risikoprämiensatzes erkennen kann. Die Modellannahmen von Batchelor lassen sich nun zusammen mit den Diskretisierungen des Abschnitts 421 zu Brownschen Prozessen in ein Simulationsmodell einbringen, in dem die Stabilität des gesamten Systems untersucht werden kann. In dem einfachen Fall eines Systems von Aktienanlegern ist die Zunahme der Systemstabilität bei höheren Einschüssen (margins) zur Reduzierung der Kreditfinanzierung leicht nachweisbar.

---

[81] Vgl. *L. Jurgeit*, Bewertung von Optionen..., a.a.O., S. 199-421.

[82] Vgl. *J. C. Cox* a. *M. Rubinstein*, Options Markets, a.a.O., p. 408-412. Siehe auch *J. E. Ingersoll, Jr.*, Theory of Financial Decision Making, a.a.O., p. 369 f. Ingersoll erweitert in dem gleichen Buch das Grundmodell auf den Seiten 445 und 446, indem er variierende risikofreie Zinssätze zuläßt.

[83] Vgl. *R. A. Batchelor*, The Avoidance of Catastrophe: Two Nineteenth-century Banking Crises. In: Financial Crises and the World Banking System. Ed. by F. Capie a. G. E. Wood. New York 1986, p. 41-73, insbesondere p. 61-71.

[84] Vgl. *J. Paroush*, The Domino Effect and the Supervision of the Banking System. "The Journal of Finance", Chicago, Vol. 43 (1988), p. 1207-1218.

8 Zusammenfassung

In diesem Beitrag wurde versucht, Haftungsleistungen mit Hilfe von optionstheoretischen Methoden zu bewerten. Die Bewertung ergab sich aus einer Differenzmessung: Eine Unternehmung A mit beschränkter Haftung wurde einer sonst identischen Unternehmung B mit unbeschränkter Haftung gegenübergestellt, bei der das Privatvermögen der Eigentümer in jedem denkbaren Fall ausreichen sollte, die vertraglichen Ansprüche der Gläubiger zu befriedigen. Das Einstehen für alle betrieblichen Schulden, das durch die Haftungsunterwerfung des Privatvermögens ermöglicht wird, ist eine Leistung für die Unternehmung B, die in der Kostenrechnung dieser Unternehmung mit unbeschränkter Haftung nicht übersehen werden darf. Die Bewertung dieser Haftungsleistung erfolgte mit Hilfe der Optionspreistheorie. Eine wesentliche Voraussetzung dafür ist das Prinzip der Arbitragefreiheit, also der Ausschluß der Möglichkeit, risikolose Arbitragegewinne zu erzielen.

Im ersten Teil des Beitrags, in der Einführung, wurden Argumente dafür vorgetragen, den Monetären Faktor mit seinen beiden Qualitäten, der Zahlungs- und Haftungsqualität, explizit in Bewertungs- und Entscheidungsmodelle der Wirtschaftswissenschaften einzubeziehen. Die bewertungsmäßige Entkoppelung der Haftungsleistung von der mit ihr häufig im Verbund auftretenden Zahlungsmittelüberlassungsleistung erleichtert die Preisfindung für neue Finanzdienstleistungen, in denen diese Leistungsarten des monetären Bereichs als Komponenten enthalten sind. Die häufig unbewußt gesetzten Prämissen bei Aufspaltung der Kapitalgeberrenditen in einen risikofreien Zinssatz und einen Risikoprämiensatz lassen diese Entgeltzurechnung zu den genannten monetären Leistungsarten jedoch als nur bedingt geeignet erscheinen.

Im zweiten Teil erfolgten Einschränkungen der Allgemeinheit der Analyse: Das Grundmodell geht von einer äußerst vereinfachten Datenkonstellation aus. Außerdem wurden die üblichen Annahmen zum vollkommenen Kapitalmarkt vorausgesetzt. Das allgemeine Problem der Bewertung der Haftungsleistung wurde damit auf eine spezielle Problemstellung eingeengt, die jedoch noch wesentliche Aspekte der allgemeinen Problemstellung enthielt.

Der dritte Teil befaßte sich mit der optionstheoretischen Interpretation der speziellen Problemstellung. Im Anschluß an Black und Scholes wurde das Eigenkapital der Unternehmung A als Kaufoption interpretiert. Die Eigentümer der Unternehmung B, die ein Privatvermögen bereithalten, um den aus den betrieblichen Schulden resultierenden Auszahlungsverpflichtungen nachkommen zu können, werden als Stillhalter einer Verkaufsoption gesehen, die es den Fremdkapitalgebern gestattet, den Eigentümern das Unternehmensvermögen zu ihrem Rückzahlungsanspruch zu verkaufen. Zur Bewertung der im Teil 3 angesprochenen Kauf- und Verkaufsoption vor Ablauf der Optionsfrist sind Annahmen über die stochastische Entwicklung des Vermögens notwendig.

Im Teil 4 wurden die beim gegenwärtigen Stand der Optionspreistheorie bedeutsamen stochastischen Prozesse dargestellt. Das Kapitel 41 über stochastische Prozesse bei zeitkontinuierlicher Betrachtungsweise befaßte sich mit geometrischen Brownschen Prozessen, die zu der Optionspreisformel von Black und Scholes führen, und mit verallgemeinerten Poisson-Prozessen, denen in Verbindung mit Brownschen Prozessen ein hoher Erklärungsgehalt zur Beschreibung von Aktienkursentwicklungen nachgesagt wird. Im Kapitel 42 bei zeitdiskreter Betrachtungsweise wurden Diskretisierungen der geometrischen Brownschen Prozesse beschrieben, die für Simulationsrechnungen bedeutsam sind, und multiplikative Binomialprozesse, die einen vereinfachten Zugang zur Optionspreistheorie bieten und die bei der näherungsweisen Berechnung von Optionswerten Verwendung finden, für die keine geschlossenen Lösungen existieren, wie z.B. für amerikanische Verkaufsoptionen oder für Optionen bei Dividendenausschüttung. Das abschließende Kapitel 43 des Teils 4 enthält einige Ergebnisse zu empirischen Vermögensentwicklungen, wenn sich das Vermögen aus Aktien zusammmensetzt. Im gesamten Teil 4 wurde vorausgesetzt, daß der Wert des Unternehmensvermögens zum Zeitpunkt t einen eindeutig bestimmten Marktwert annimmt, beispielsweise den Börsenwert. Die unterstellten stochastischen Prozesse für die Entwicklung des Wertes des Unternehmensvermögens führen bei zeitkontinuierlicher bzw. zeitdiskreter Betrachtungsweise zu Wahrscheinlichkeitsdichten bzw. Wahrscheinlichkeitsverteilungen für den Wert des Vermögens zu späteren Zeitpunkten als dem Betrachtungszeitpunkt.

Der Teil 5 setzte Risikoneutralität der Marktteilnehmer voraus. Es wurde ein durch Anschauung unterstützter Zugang zu den Optionspreisformeln angestrebt. Aus den Wahrscheinlichkeitsdichtefunktionen des Teils 4 ließen sich Konkurswahrscheinlichkeiten ableiten, Risikoprämiensätze bestimmen und bonitätsrisikobehaftete Finanztitel bewerten. Für den Wert der Haftungsleistung wurde eine Gleichung angegeben, aus der der Einfluß der fünf Bestimmungsfaktoren: gegenwärtiges Unternehmensvermögen, Rückzahlungsanspruch der Gläubiger, Volatilität der Vermögensänderungsrate, risikofreier Zinssatz und Restlaufzeit hervorging. Sensitivitätsanalysen erfolgten mit der Einschränkung, daß bei Variation eines Bestimmungsfaktors die anderen vier Variablen konstant blieben. Im Kapitel 51 wurde für die Vermögensentwicklung ein multiplikativer Binomialprozeß unterstellt und die Optionsbewertung bei Grenzübergang zum Brownschen Prozeß gezeigt.

Im Teil 6 wurde eine präferenzfreie Optionsbewertung entwickelt, also eine Bewertung, die von der Risikoeinstellung der Marktteilnehmer unabhängig ist. Die Formeln gelten somit auch für den Spezialfall der Risikoneutralität. Für die Entwicklung der Gleichungen für die Optionspreise war nun das Prinzip der Arbitragefreiheit entscheidend. Durch eine Variablentransformation gelang es, die Zahl der unabhängigen Variablen, die den optionstheoretischen Marktwert der Haftungsleistung beeinflussen, von fünf auf drei zu reduzieren. Die Einflußfaktoren für den Risikoprämiensatz wurden angegeben und einer Sensitivitätsanalyse unterzogen. Die Ergebnisse des Kapitel 61 konnten dazu dienen, den Leverage-Rendite-Effekt bei bonitätsrisikobehaftetem Fremdkapital zu bestimmen. Ein Vergleich der Übersichten 9a und 9b zeigt dabei den Fortschritt in der Analyse. Im Kapitel 62 wurde bei zeitdiskreter Betrachtungsweise das Konzept der Pseudowahrscheinlichkeit eingeführt, das es erlaubte, die Resultate des Kapitels 51 bei Risikoneutralität auf die präferenzfreie Bewertung zu übertragen.

Schließlich enthält der Teil 7 einige Anregungen und Literaturverweise zu Erweiterungen des Grundmodells. Die vorgeschlagene simultane Betrachtung von mehreren Unternehmungen wirft neue Probleme auf, deren Lösung nach Meinung des Verfassers Chancen eröffnet, bessere Einblicke in die finanzielle Stabilität von Systemen und in die Bedeutung von geldwirtschaftlichen Solidarleistungen zu gewinnen.

Symbolverzeichnis

a	Faktor bei ungünstiger Entwicklung im Binomialmodell
α	Erwartungswert der Vermögensänderungsrate
α_E	Erwartungswert der Marktwertänderungsrate des Eigenkapitals
α_F	Erwartungswert der Marktwertänderungsrate des Fremdkapitals
c	Integrationskonstante
cosh(.)	Cosinushyperbolicus Funktion: $\cosh x = (\exp(x) + \exp(-x))/2$
d	Symbol für Differential
d^B	Verschuldungsgrad der Unternehmung B
	$(= F_t^B/V_t = X \exp(-r_f\tau)/V_t)$
Δ	Symbol für Differenzbildung
e_t	Standardnormalverteilte Zufallsvariable
E_t	Marktwert des Eigenkapitals zum Zeitpunkt t
E_t^A	Marktwert des Eigenkapitals zum Zeitpunkt t für die Unternehmung A
E_t^B	Marktwert des Eigenkapitals zum Zeitpunkt t für die Unternehmung B
E[.]	Erwartungswertoperator
exp(.)	Exponentialfunktion: $\exp(x) = e^x$
F_t	Marktwert des Fremdkapitals zum Zeitpunkt t
F_t^A	Marktwert des Fremdkapitals zum Zeitpunkt t für die Unternehmung A
F_t^B	Marktwert des Fremdkapitals zum Zeitpunkt t für die Unternehmung B
h_1	$= (\ln d^B - \tau \sigma^2/2) / (\sigma \tau^{1/2})$
h_2	$= (-\ln d^B - \tau \sigma^2/2) / (\sigma \tau^{1/2})$
H_t	Marktwert der Haftungsleistung zum Zeitpunkt t
i_f	risikofreier Periodenzinssatz

k	Laufindex
l(.)	Wahrscheinlichkeitsdichtefunktion der Lognormalverteilung
L(.)	Verteilungsfunktion der Lognormalverteilung
	$L'(x) = l(x)$
ln(.)	Natürlicher Logarithmus
λ	Erwartungswert der Poisson-Verteilung
m	Anzahl der Perioden pro Zeiteinheit
M_t	risikoloser Anteil an einem duplizierenden Portefeuille
μ	$= \alpha - \sigma^2/2$
n	Anzahl der Zeiteinheiten
n(.)	Dichtefunktion der standardisierten Normalverteilung
	$n(x) = (2\pi)^{-1/2} \exp(-x^2/2)$
N(.)	Verteilungsfunktion der standardisierten Normalverteilung
	$N'(x) = n(x)$
$N'(x)$	$= n(x)$
υ	$= \sigma^2 \, \tau$
Ω	Elastizität in bezug auf das Unternehmensvermögen
Ω_E	Elastizität des Marktwerts des Eigenkapitals
Ω_F	Elastizität des Marktwerts des Fremdkapitals
Ω_H	Elastizität des Marktwerts der Haftungsleistung
p	Pseudowahrscheinlichkeit
P_t	risikofreies Portefeuille
q	Wahrscheinlichkeit
r_f	risikofreier kontinuierlicher Zinssatz $= \ln(1 + i_f)$
r_v	kontinuierlicher Vertragszinssatz

σ	Volatilität der Vermögensänderungsrate
σ_E	Volatilität der Eigenkapitaländerungsrate
σ_F	Volatilität der Fremdkapitaländerungsrate
t	Zeit
T	Fälligkeitszeitpunkt des Fremdkapitals
τ	Restlaufzeit $\tau = T - t$
v	$= v_t / v_0$
v_t	Unternehmensvermögen zum Zeitpunkt t
$Var[.]$	Varianzoperator
w	Wiener-Prozeß
x	$= X / v_0$
X	Rückzahlungsbetrag für Fremdkapital
z	Faktor bei günstiger Entwicklung im Binomialmodell

Literaturverzeichnis

Aitchison, John a. Brown, J. A. C.: The Lognormal Distribution. Cambridge 1957.

Akgiray, Vedat, Booth, G. Geoffrey a. Loistl, Otto: Statistical Models of German Stock Returns. "Journal of Economics", Wien u. New York, Vol. 49 (1989), p. 17-33.

Akgiray, Vedat, Booth, G. Geoffrey a. Loistl, Otto: German Stock Market's Resiliency to World Wide Panics. "Zeitschrift für Betriebswirtschaft", Wiesbaden, Jg. 59 (1989), S. 968-978.

Ayres, H.: Risk Aversion in the Warrant Markets. "Industrial Management Review", Cambridge, Vol. 5 (1963), p. 45-54.

Balzer, Hermann: Finanzielle Unternehmenspolitik bei Geldentwertung. Ein dynamisches Investitions- und Finanzierungsmodell. Wiesbaden 1980.

Bank for International Settlements (Hrsg.): Structural Change in Financial Markets. o.O., 1987.

Batchelor, Roy A.: The Avoidance of Catastrophe: Two Nineteenth-century Banking Crises. In: Financial Crises and the World Banking System. Ed. by F. Capie a. G. E. Wood. New York 1986, p. 41-73.

Black, Fischer a. Scholes, Myron: The Pricing of Options and Corporate Liabilities. "Journal of Political Economy", Chicago, Vol. 81 (1973), p. 637-654.

Böker, Fred: Über statistische Methoden bei Punktprozessen. (Göttinger Wirtschaftswissenschaftliche Studien, Bd. 25.) Göttingen 1987.

Boness, A. James: Elements of a Theory of Stock-Option Value. "Journal of Political Economy", Chicago, Vol. 72 (1964), p. 163-175.

Büttler, Hans-J.: An Expository Note on the Valuation of Foreign Exchange Options. "Journal of International Money and Finance", Guildford, Vol. 8 (1989), p. 295-304.

Cox, John C. a. Ross, Stephen A.: The Valuation of Options for Alternative Stochastic Processes. "Journal of Financial Economics", Amsterdam, Vol. 3 (1976), p. 145-166.

Cox, John C., Ross, Stephen A. a. Rubinstein, Mark: Option Pricing: A Simplified Approach. "Journal of Financial Economics", Amsterdam, Vol. 7 (1979), p. 229-263.

Cox, John C. a. Rubinstein, Mark: Options Markets. Englewood Cliffs 1985.

Deppe, Hans-Dieter: Eine Konzeption wissenschaftlicher Bankbetriebslehre in drei Doppelstunden. In: Bankbetriebliches Lesebuch. Ludwig Mülhaupt zum 65. Geburtstag. Hrsg. von H.-D. Deppe. Stuttgart 1978, S. 3-98.

Deppe, Hans-Dieter: Finanzielle Haftung heute - Obsoletes Relikt oder marktwirtschaftliche Fundamentalleistung? In: Zweihundert Jahre Geld und Brief. Herausforderungen an die Kapitalmärkte. Festgabe an die Niedersächsische Börse zu Hannover aus Anlaß ihres 200jährigen Bestehens. Hrsg. v. C. P. Claussen, L. Hübl u. H.-P. Schneider, Frankfurt a.M. 1987, S. 179-204. Wiederabgedruckt in: Geldwirtschaft und Rechnungswesen. Hrsg. v. H.-D. Deppe. (Neue Betriebswirtschaftliche Studienbücher, Bd. 1.) Göttingen 1989, S. 199-228.

Deppe, Hans-Dieter u. Lohmann, Karl: Grundriß analytischer Finanzplanung. (Neue Betriebswirtschaftliche Studienbücher, Bd. 2.) 2., neubearb. Aufl., Göttingen 1989.

Dinges, Hermann u. Rost, Hermann: Prinzipien der Stochastik. Stuttgart 1987.

Einstein, Albert u. Infeld, Leopold: Die Evolution der Physik. Hamburg 1958.

Emmerich, Gerhard: Studien zur Terminplanung in ausgewählten Abteilungen von Kreditinstituten. Göttinger Dissertation 1968.

Fama, Eugene F.: Efficient Capital Markets: A Review of Theory and Empirical Work. "The Journal of Finance", Chicago, Vol. 25 (1970), p. 383-417.

Franke, Günter: Finanzielle Haftung aus der Sicht der Kapitalmarkttheorie. In: Geldwirtschaft und Rechnungswesen. Hrsg. v. H.-D. Deppe. (Neue Betriebswirtschaftliche Studienbücher, Bd. 1.) Göttingen 1989, S. 229-255.

Franke, Günter u. Hax, Herbert: Finanzwirtschaft des Unternehmens und Kapitalmarkt. Berlin u.a. 1988.

Geske, Robert: The Valuation of Compound Options. "Journal of Financial Economics", Amsterdam, Vol. 7 (1979), p. 63-81.

Gichman, Iosif I. u. Skorochod, Anatolij W.: Stochastische Differentialgleichungen. Berlin 1971.

Güttler, Gerhard u. Hielscher, Udo: Aktienoptionspreise und ihre Komponenten. "Zeitschrift für betriebswirtschaftliche Forschung", Köln u. Opladen, Jg. 29 (1977), S. 128-145.

Gutenberg, Erich: Grundlagen der Betriebswirtschaftslehre. Erster Band: Die Produktion. (Enzyklopädie der Rechts- und Staatswissenschaft, Abt. Staatswissenschaft.) 24., unveränd. Aufl., Berlin, Heidelberg u. New York 1983.

Ingersoll, Jonathan E., Jr.: Theory of Financial Decision Making. Totowa 1987.

Jurgeit, Ludwig: Bewertung von Optionen und bonitätsrisikobehafteten Finanztiteln: Anleihen, Kredite und Fremdfinanzierungsfazilitäten. Wiesbaden 1989.

Kolmogorov, Andrej N. u. Fomin, Servij V.: Reelle Funktionen und Funktionalanalysis. Berlin 1975.

Kruschwitz, Lutz u. Schöbel, Rainer: Eine Einführung in die Optionspreistheorie (I). "Wirtschaftsstudium",Tübingen u. Düsseldorf, Jg. 13 (1984), S. 68-72.

Liebau, Gerhard: Monetäre Leistungen und konzeptionelle Erfassung des Betriebs. In: Geldwirtschaft und Rechnungswesen. Hrsg. v. H.-D. Deppe. (Neue Betriebswirtschaftliche Studienbücher, Bd. 1.) Göttingen 1989, S. 27-150.

Lighthill, M. J.: Introduction to Fourier Analysis and Generalized Functions. Cambridge 1958.

Löderbach, Bernhard: Modelle zur Aktienkursprognose auf der Basis der Box/Jenkings-Verfahren. Eine empirische Untersuchung. Krefeld 1985.

Lohmann, Karl: Finanzmathematische Wertpapieranalyse. (Neue Betriebswirtschaftliche Studienbücher, Bd. 3.) 2., durchges. u. erw. Aufl., Göttingen 1989.

Lohmann, Karl: Zur Schätzung betrieblicher Zinsänderungsrisiken am Beispiel des Bankbetriebs und zur Bewertung zinsabhängiger Optionen. In: Geldwirtschaft und Rechnungswesen. Hrsg. v. H.-D. Deppe. (Neue Betriebswirtschaftliche Studienbücher, Bd. 1.) Göttingen 1989, S. 313-332.

Loistl, Otto: Zur neueren Entwicklung der Finanzierungstheorie. "Die Betriebswirtschaft", Stuttgart, Jg. 50 (1990), S. 47-84.

Maybeck, Peter S.: Stochastic Models, Estimation and Control, Vol. 1 (Mathematics in Science and Engineering, Vol. 141.) New York u.a. 1979.

McGarty, Terrence P.: Stochastic Systems and State Estimation. New York 1974.

Merton, Robert C.: Option Pricing when Underlying Stock Returns are Discontinuous. "Journal of Financial Economics", Amsterdam, Vol. 3 (1976), p. 125-144.

Modigliani, Franco a. Miller, Merton H.: The Cost of Capital, Corporation Finance and the Theory of Investment. "The American Economic Review", Stanford, Vol. 48 (1958), p. 261-297. Wiederabgedruckt in deutscher Übersetzung in: Die Finanzierung der Unternehmung. Hrsg. v. H. Hax u. H. Laux. Köln 1975, S. 86-119.

Möller, Hans Peter: Die Informationseffizienz des deutschen Aktienmarktes - eine Zusammenfassung und Analyse empirischer Untersuchungen. "Zeitschrift für Betriebswirtschaft", Wiesbaden, Jg. 37 (1985), S. 500-518.

Möller, Hans Peter: Das Capital-Asset-Pricing-Modell. - Separationstheorien oder auch Erklärung der Preisbildung auf realen Kapitalmärkten. "Die Betriebswirtschaft", Stuttgart, Jg. 46 (1986), S. 707-719.

Paroush, Jacob: The Domino Effect and the Supervision of the Banking System. "The Journal of Finance", Chicago, Vol. 43 (1988), p. 1207-1218.

Reus, Peter: Kostenrechnung und monetäre Leistungen im Betrieb. In: Geldwirtschaft und Rechnungswesen. Hrsg. v. H.-D. Deppe. (Neue Betriebswirtschaftliche Studienbücher, Bd. 1.) Göttingen 1989, S. 283-312.

Rubinstein, Mark: Displaced Diffusion Option Pricing. "The Journal of Finance", Chicago, Vol. 38 (1983), p. 213-217.

Rubinstein, Reuven Y.: Simulation and the Monte-Carlo-Method. New York 1981.

Rudolph, Bernd: Die Kreditvergabeentscheidung der Banken. Der Einfluß von Zinsen und Sicherheiten auf die Kreditgewährung. Opladen 1974.

Samuelson, Paul A.: Rational Theory of Warrant Pricing. "Industrial Management Review", Cambridge, Vol. 7 (1965), p. 13-31.

Schmidt, Reinhard H.: Grundzüge der Investitions- und Finanzierungstheorie. 2., durchges. Aufl., Wiesbaden 1986.

Schöbel, Rainer: Zur Theorie der Rentenoption. Berlin 1987.

Schroder, Mark: Computing the Constant Elasticity of Variance Option Pricing Formula. "The Journal of Finance", Chicago, Vol. 44 (1989), p. 211-219.

Senghas, Norbert: Präferenzfreie Bewertung von Kapitalanlagen mit Options-Charakter. Königstein/Ts. 1981.

Spremann, Klaus: Investition und Finanzierung. 3., vollst. überarb. u. erw. Aufl., München u. Wien 1990.

Sprenkle, Case M.: Warrant Prices as Indicators of Expectations and Preferences. "Yale Economic Essays", New Haven, Vol. 1 (1961), p. 178-231.

Steiner, Manfred u. Kölsch, Karsten: Finanzierung. Zielsetzungen, zentrale Ergebnisse und Entwicklungsmöglichkeiten der Finanzierungsforschung. "Die Betriebswirtschaft", Stuttgart, Jg. 49 (1989), S. 409-432.

Stiglitz, Joseph E. a. Weiss, Andrew: Credit Rationing in Markets with Imperfect Information. "The American Economic Review", Evanston, Vol. 71 (1981), p. 393-410.

Stöttner, Rainer: Finanzanalyse. Grundlagen der markttechnischen Analyse. München u. Wien 1989.

Verband der Chemischen Industrie e.V. (Hrsg.): Kalkulatorische Zinsen als betriebswirtschaftliches Steuerungsinstrument. (Schriftenreihe des Betriebswirtschaftlichen Ausschusses und des Finanzausschusses, H. 16.) Frankfurt a.M. 1989.

Welcker, Johannes u. Kloy, Jörg W.: Professionelles Optionsgeschäft - alles über Optionen auf Aktien, Renten, Devisen, Waren, Terminkontrakte-. Zürich 1988.

Wilhelm, Jochen: Die Bereitschaft der Banken zur Risikoübernahme im Kreditgeschäft. "Kredit und Kapital", Berlin, Jg. 15 (1982), S. 705-727.

Zimmermann, Heinz: Preisbildung und Risikoanalyse von Aktienoptionen. Grüsch 1988.

Teil 2

Finanzielle Haftung und Haftungspolitik in der Wirtschaftspraxis

Finanzielle Haftung und Wirtschaftsprüfung

Gerhard Emmerich, Hannover

Inhaltsverzeichnis

1 Einführung 233

2 Eigenkapital als Basiselement finanzieller Haftung von Betrieben 234

21 Zur Eigenkapitalsituation in der Bundesrepublik Deutschland 234

22 Eigenkapital und Handelsrecht 237

221 Schutzvorschriften bei der Aufbringung des Eigenkapitals 237

222 Schutzvorschriften für die Erhaltung des Eigenkapitals 241

2221 Ausschüttungssperren im Zusammenhang mit
Bilanzierungshilfen und eigenen Anteilen 242

2222 Anschaffungs- und Realisationsprinzip 243

223 Aussagefähigkeit des Eigenkapitalausweises
im Jahresabschluß 244

**3 Die Prüfung der Aufbringung und Erhaltung des Eigenkapitals
durch den Wirtschaftsprüfer** 248

31 Die Abschlußprüfung als Gesetz- und Ordnungsmäßigkeitsprüfung 248

32 Die Prüfung des Lageberichtes 249

33 Aussagen im Prüfungsbericht zu den Grundlagen
finanzieller Haftung 251

4 Zusammenfassung 258

Literaturverzeichnis 260

1 Einführung

Finanzielle Haftungsleistungen stellen die Grundlage des Vertrauens dar, das für das Funktionieren der in hohem Maße arbeitsteiligen modernen Volkswirtschaften existentiell ist, und bilden somit einen Grundpfeiler der Tauschwirtschaft in Form der Geldwirtschaft. Finanzielle Haftungsleistungen definiert Deppe[1] "als rechtsverbindliches Einstehen im Geschäftsverkehr, verbunden mit wirtschaftlicher Garantie für übernommene Haftung durch Bereithalten geeigneter geldwerter Potentiale, insbesondere von Reinvermögen, um die Haftung im Krisenfall effektiv zu machen". Bereitschaft zur Übernahme betrieblicher Verlustgefahren sowie materielle Fundierung dieser Risikoübernahme durch Haftungspotentiale sind also Leistungselemente der finanziellen Haftung. Beim Haftungspotential kann es sich um betriebsreinvermögensfundiertes Haftungspotential oder um sonstiges Haftungspotential handeln.[2] Betriebsreinvermögensfundierte Haftungspotentiale werden im Rechnungswesen durch das Eigenkapital abgebildet. Sonstige Haftungspotentiale sind entweder nur betriebsvermögensfundiert, nicht betriebsvermögensfundiert oder basieren auf zukünftigen Einnahmen. Die finanzielle Haftung kann im Kern "als wirtschaftliche Leistung mit 'Risikoübernahme zur Absicherung von Gläubigern, garantiert durch Reinvermögen'"[3], bezeichnet werden. Die beiden Einflußgrößen finanzieller Haftung - rechtsverbindliche Risikoübernahme und Garantie durch (Rein-)Vermögensunterlegung - sind essentielle Voraussetzungen für einen wirksamen Gläubigerschutz.

Die Höhe des als Eigenkapital ausgewiesenen Reinvermögens wird durch die betriebliche Rechnungslegung dokumentiert. Diese Rechnungslegung ist ein bedeutender Bestandteil unserer freiheitlichen Marktordnung. Die Märkte für Kapital - nicht nur der detailliert geregelte "organisierte Kapitalmarkt" (Aktien- und Rentenmarkt), sondern vor allem auch die nicht gesetzlich organisierten Märkte für Eigen- und Fremdkapital - benötigen Regeln für ein geordnetes Verhalten der Marktteilnehmer.[4] Die Marktteilnehmer sind die Adressaten der Rechnungslegung. Ein wesentliches Ziel der externen Rechnungslegung ist es, den Adressaten die Beurteilung der geldwerten Haftungspotentiale der Unternehmung zu ermöglichen. Adressaten sind dabei nicht nur die Anteilseigner oder Gesellschafter, sondern auch die Kreditgeber, Arbeitnehmer, Kunden sowie die interessierte Öffentlichkeit. Dabei ist die gesetzliche Regelung der Rechnungslegung unter dem Aspekt eines ange-

---

[1] *H.-D. Deppe*, Finanzielle Haftung heute - Obsoletes Relikt oder marktwirtschaftliche Fundamentalleistung? In: Zweihundert Jahre Geld und Brief. Herausforderungen an die Kapitalmärkte. Festgabe an die Niedersächsische Börse zu Hannover aus Anlaß ihres 200jährigen Bestehens. Hrsg. v. C.P. Claussen, L. Hübl u. H.-P. Schneider. Frankfurt a.M. 1987, S. 179-204. Wiederabgedruckt in: Geldwirtschaft und Rechnungswesen. Hrsg. v. H.-D. Deppe. (Neue Betriebswirtschaftliche Studienbücher, Bd. 1.) Göttingen 1989, S. 199-228, hier S. 201.

[2] Vgl. *G. Liebau*, Monetäre Leistungen und konzeptionelle Erfassung des Betriebs. In: Geldwirtschaft und Rechnungswesen. Hrsg. von H. D. Deppe. (Neue Betriebswirtschaftliche Studienbücher, Bd. 1.) Göttingen 1989, S. 27-150, hier S. 76 ff.

[3] *H.-D. Deppe*, Finanzielle Haftung heute ..., a.a.O., S. 207.

[4] Vgl. *W. Busse von Colbe*, Die neuen Rechnungslegungsvorschriften aus betriebswirtschaftlicher Sicht. "Die Wirtschaftsprüfung", Düsseldorf, Jg. 40 (1987), S. 117-126, hier S. 118.

messenen Interessenausgleichs einmal zwischen den Rechnungslegenden und den Informationsempfängern und zum anderen zwischen den verschiedenen Gruppen der Informationsempfänger zu sehen.[5] Vor dem Hintergrund dieses Interessenausgleichs wird auch die Notwendigkeit der Prüfung der Rechnungslegung ersichtlich. Nur die Prüfung und Bestätigung der korrekten Anwendung der vom Gesetzgeber fixierten Kompromißnormen durch unabhängige Prüfungsinstanzen kann die Rechnungslegung für die Adressaten akzeptabel erscheinen lassen. Die Zusammenhänge zwischen finanzieller Haftung und Wirtschaftsprüfung sind damit evident.

2 Eigenkapital als Basiselement finanzieller Haftung von Betrieben

Neben der Bereitschaft zur Übernahme betrieblicher Verlustgefahren "ist die *materielle Fundierung der Risikoübernahme*"[6] durch die Bereitstellung von Haftungspotential (insbesondere von Reinvermögen) für den potentiellen Zugriff der Gläubiger das zweite Leistungselement der finanziellen Haftung von Betrieben. Diese finanzielle Haftung kann "je nach Rechtsform des Betriebes unterschiedlich weit angelegt sein und Gläubigern somit einen unterschiedlich hohen Schutz gewähren".[7] Dabei ist auch die Abbildung des Reinvermögens im Rechnungswesen durch das Eigenkapital von der Rechtsform des Unternehmens abhängig. Die Höhe des Eigenkapitals hat also im betrieblichen Leistungsprozeß in der arbeitsteiligen Tauschwirtschaft in Form der Geldwirtschaft eine herausragende Bedeutung. Die Frage der "angemessenen" Eigenkapitalausstattung der Unternehmungen in der Bundesrepublik Deutschland wird unter dem Stichwort "Eigenkapitallücke" diskutiert.

21 Zur Eigenkapitalsituation in der Bundesrepublik Deutschland

Die These, daß die Situation der Unternehmen in der Bundesrepublik Deutschland durch eine sogenannte Eigenkapitallücke gekennzeichnet ist, wird in der Literatur kontrovers diskutiert.[8] Ausgangspunkt der Diskussion ist im allgemeinen die Entwicklung der Kapital-

---

[5] Vgl. *H. Egner*, Bilanzen. München 1974, S. 38 f.

[6] *H.-D. Deppe*, Finanzielle Haftung heute ..., a.a.O., S. 207.

[7] *W. Benner*, Betriebliche Prozesse, finanzwirtschaftliche Existenzbedingungen und finanzielles Gleichgewicht. In: Geldwirtschaft und Rechnungswesen. Hrsg. v. H.-D. Deppe. (Neue Betriebswirtschaftliche Studienbücher, Bd. 1.) Göttingen 1989, S. 153-198, hier S. 168.

[8] Vertreten wird die These u.a. von: *J. Drukarczyk*, Finanzierung. Eine Einführung. 4., überarb. Aufl., Stuttgart 1989, S. 162; *J. Sprink*, Zur Finanzierungsstruktur deutscher Unternehmen. "Die Bank", Köln, o.Jg. (1989), S. 70-73, hier S. 72; *P. Wilden*, Alternative Ansätze zur Verbesserung der unternehmerischen Kapitalausstattung. "Die Bank", Köln, o.Jg. (1989), S. 479-484, hier S. 479; *J. Ringel*, Eigenkapitalfinanzierungen für mittelständische Unternehmen. "Sparkasse", Stuttgart, Jg. 105 (1988), S. 151-155, hier S. 151; *A. Mori* u. *H. Albach*, Das Finanzierungsverhalten japanischer und deutscher Unternehmen. "Zeitschrift für Betriebswirtschaft", Wiesbaden, Jg. 57 (1987), S. 251-296, hier S. 284; *K.-H. Berger*, Zur Eigenkapitalausstattung der Unternehmung. In: Zweihundert Jahre Geld und Brief. Herausforderungen an die Kapitalmärkte. Festgabe an die Niedersächsische Börse zu Hannover aus Anlaß ihres 200jährigen Bestehens. Hrsg. v. C.P. Claussen, L. Hübl u. H.-P. Schneider. Frankfurt a.M. 1987, S. 219-231, hier S. 226 ff.; *H.-D. Deppe*, Finanzielle Haftung heute ..., a.a.O., S. 202; *H. Vormbaum*, Finanzierung der Betriebe. 7., überarb. u. erw.

struktur (insbesondere der vertikalen Eigenkapitalquote als Vomhundertsatz der Bilanz-summe) auf der Grundlage der Erhebungen der Deutschen Bundesbank. Die dort ausge-wiesene Eigenkapitalquote betrug 1965 29,8 v.H., 1975 23,7 v.H. und 1985 18,2 v.H. Die letzte veröffentlichte Zahl für das Jahr 1988 betrug 19,0 v.H.[9] Zur Würdigung dieser Da-tenbasis ist zu sagen, daß die Daten der Deutschen Bundesbank einmal auf Bilanzen beru-hen, die zum Zweck der Bonitätsprüfung im Rediskontgeschäft vorgelegt werden, womit diese Unternehmen besser repräsentiert sind als jene Unternehmen, deren Bonität er-kennbar nicht ausreicht, bundesbankfähige Wechsel auszustellen. Außerdem ist anzumer-ken, daß größere Unternehmen (insbesondere die großen Aktiengesellschaften) im Ver-gleich zu ihrer zahlenmäßigen Bedeutung in der Bundesrepublik ein besonders hohes Ge-wicht in der Statistik erhalten. Beide Einflüsse führen zu einer tendenziell zu hoch ausge-wiesenen Eigenkapitalquote. Weiter darf bei der Beurteilung des auf der Grundlage von Handelsbilanzen bestimmten Eigenkapitals nicht verkannt werden, daß das in der Han-delsbilanz ausgewiesene Eigenkapital nur bedingt zur Messung des betriebswirtschaftli-chen Eigenkapitals verwandt werden kann, da die Höhe des handelsrechtlich ausgewiese-nen Eigenkapitals von der handelsrechtlichen Bilanzierungs- und Bewertungskonzeption abhängt und insbesondere - auch mittels einer detaillierten Jahresabschlußanalyse - nicht alle stillen Reserven auch nur annähernd quantifizierbar sind. Diese Einflüsse führen zu einer tendenziell zu niedrig ausgewiesenen Eigenkapitalquote.

Zur Behebung dieser Mängel wird in der Literatur vorgeschlagen, anstelle der auf den Handelsbilanzen beruhenden Erhebungen der Deutschen Bundesbank die Einheitswert-statistiken des Statistischen Bundesamtes heranzuziehen.[10] Dieser Vorschlag erscheint aber nicht tragfähig, da die steuerlichen Teilwerte zum Teil über den tatsächlichen Wie-derbeschaffungskosten liegen oder vielfach nichts mit den Wiederbeschaffungskosten zu tun haben (z.B. Anhaltewerte für Maschinen) und da Teilwerte auch dann in Ansatz ge-bracht werden, wenn die Ertragswerte niedriger sind.[11] Im übrigen zeigen auch die Ein-heitswertstatistiken des Statistischen Bundesamtes im Zeitablauf eine rückläufige Eigen-

---

Fortsetzung der Fußnote 8:

Aufl., Wiesbaden 1986, S. 265; *Sachverständigenrat zur Begutachtung der gesamtwirtschaftlichen Entwicklung*, Jahresgutachten 1984/85. Bundestags-Drucksache 10/2541, S. 84 ff. - Gegen diese These wenden sich u.a. *W. Siewert*, Das Eigenkapital im Unternehmen - eine Notwendigkeit oder ein überholtes Dogma? "Spar-kasse", Stuttgart, Jg. 106 (1989), S. 212-214; *F. Kübler* u. *R.H. Schmidt*, Gesellschaftsrecht und Konzen-tration. (Schriften zur wirtschaftswissenschaftlichen Analyse des Rechts, Bd. 3.) Berlin 1988, S. 134 ff.; *D. Schneider*, Lücken bei der Begründung einer "Eigenkapitallücke". "Der Betrieb", Düsseldorf u. Frankfurt a.M., Jg. 39 (1986), S. 2293-2298, hier S. 2293; *I. Scheibe-Lange, G. Volkmann* u. *R. Welzmüller*, Die Eigen-kapitalquote der Unternehmen in der Bundesrepublik Deutschland. (WSI-Arbeitsmaterialien, H. 3.) Düs-seldorf 1983, S. 56 f.

[9] Vgl. die Kommentierungen der Deutschen Bundesbank zur Ertragslage und zu den Finanzierungsverhält-nissen deutscher Unternehmen in den November-Ausgaben der "Monatsberichte der Deutschen Bundes-bank" der Jahre 1966, 1976, 1986 und 1989, zuletzt: *Deutsche Bundesbank*, Ertragslage und Finanzierungs-verhältnisse der Unternehmen im Jahre 1988. "Monatsberichte der Deutschen Bundesbank", Frankfurt a.M., Jg. 41 (1989), Nr. 11, S. 13-29, hier S. 19.

[10] Vgl. *I. Scheibe-Lange, G. Volkmann* u. *R. Welzmüller*, Die Eigenkapitalquote der Unternehmen ..., a.a.O., S. 26 f.

[11] Vgl. *H. Albach u.a.*, Zur Versorgung der deutschen Wirtschaft mit Risikokapital. (ifm-materialien, Nr. 9.) Bonn 1983, S. 20.

kapitalquote, so daß von dieser Tatsache bei grundsätzlichen Überlegungen über die Eigenkapitalausstattung der Unternehmen in der Bundesrepublik auszugehen ist.

In der Literatur wird das Absinken der vertikalen Eigenkapitalquote primär auf die mangelnde Ertragskraft der Unternehmen zurückgeführt und auf die Bedeutung mangelnder Ertragskraft für die Investitionstätigkeit, die Vollbeschäftigung, das Wirtschaftswachstum und die internationale Wettbewerbsfähigkeit hingewiesen[12], wobei die volkswirtschaftlichen Zielgrößen teilweise auch als Maßstäbe für die Beurteilung der Eigenkapitalausstattung herangezogen werden.

Zwar bezweifelt D. Schneider, daß es eine gesamtwirtschaftlich effiziente Eigenkapitalausstattung gebe, die zur Vermeidung von Kapitalverschwendung durch Insolvenzen und damit zur Verwirklichung der Allokationseffizienz führe. Ursächlich erscheint ihm dafür das in der Realität unvollständige Marktsystem.[13] Dieses führe dazu, daß die Soll-Norm einer optimalen Eigenkapitalausstattung fehle und somit eine entsprechende Eigenkapitalquote nicht festgestellt werden könne.[14] Es ist aber nicht zu übersehen, daß eine niedrige Eigenkapitalquote die Kreditaufnahmemöglichkeiten des Unternehmens beschränkt und insoweit der Finanzierungsspielraum für Investitionen durch die Eigenkapitalausstattung beeinflußt wird. Wenn auch letztlich günstige Ertragsperspektiven die unerläßliche Basis für das Eingehen neuer Investitionsrisiken darstellen, ist dennoch die durch eigenes finanzielles Engagement der Anteilseigner bzw. der Gesellschafter belegte Vertrauenswürdigkeit (angemessene Zuführung von Eigenkapital) unabdingbare Voraussetzung jeder Kreditgewährung. Wegen der Unsicherheit der künftigen Erfolgslage schafft "[zunehmendes] Reinvermögen in Betrieben (als konkretes Vermögenspendant zum haftenden Eigenkapital) .. für die (im arbeitsteiligen System der Geldwirtschaft) unvermeidbaren Risiken einen zusätzlichen Schutz".[15] Mit Recht weisen Deppe/Lohmann[16] unter Bezugnahme auf die Einhaltung bestimmter Schulden-Eigenkapital-Relationen darauf hin, daß das, was "vordergründig als 'bloße Konvention', 'Gewohnheit' oder als nicht näher begründbares betriebliches 'Finanzgebaren' apostrophiert wird, ... bei systemtheoretischer Sicht häufig (zumindest näherungsweise im Denkmodell) als Folge gesamtwirtschaftlicher Sachzwänge aus Arbeitsteilung und Geldwirtschaft" zu würdigen ist. Niedrige Eigenkapitalquoten stehen kapitalintensiven und risikoreichen Forschungs- und Investitionsstrategien entgegen, weil Fehlschläge den Bestand des Unternehmens gefährden können.[17] Zu dem leistungswirtschaftlichen Risiko tritt aufgrund der Verschuldung ein finanzielles Kapitalstrukturrisiko.

---

[12] Vgl. *H. Albach u.a.*, Zur Versorgung der deutschen Wirtschaft ..., a.a.O., S. 1 ff.; *T. Thormählen* u. *J. Michalk*, Leiden die deutschen Unternehmen an mangelnder Eigenkapitalausstattung? "Wirtschaftsdienst", Hamburg, Jg. 63 (1983), S. 87-95, hier S. 87 ff.; *M. Perlitz* u. *H. Küpper*, Die Eigenkapitalausstattung von Unternehmen. "Wirtschaftswissenschaftliches Studium", München, Jg. 14 (1985), S. 505-512, hier S. 505.

[13] Vgl. *D. Schneider*, Lücken bei der Begründung einer "Eigenkapitallücke", a.a.O., S. 2297 f.

[14] Vgl. *D. Schneider*, Lücken bei der Begründung einer "Eigenkapitallücke", a.a.O., S. 2298.

[15] *H.-D. Deppe* u. *K. Lohmann*, Grundriß analytischer Finanzplanung. (Neue Betriebswirtschaftliche Studienbücher, Bd. 2.) 2., neubearb. Aufl., Göttingen 1989, S. 35.

[16] *H.-D. Deppe* u. *K. Lohmann*, Grundriß analytischer Finanzplanung, a.a.O., S. 35.

[17] Vgl. *J. Drukarczyk*, Finanzierung ..., a.a.O., S. 162.

Wir haben also in unseren weiteren Überlegungen zum Zusammenhang zwischen finanzieller Haftung und Wirtschaftsprüfung davon auszugehen, daß das in der Handelsbilanz als Eigenkapital abgebildete Reinvermögen die zentrale Basis finanzieller Haftung von Betrieben ist und sich dieses Reinvermögen (Eigenkapital) gemessen an der Bilanzsumme in den letzten beiden Jahrzehnten verringert hat.

22 Eigenkapital und Handelsrecht

"Die beiden Einflußgrößen finanzieller Haftung - rechtsverbindliche Risikoübernahme als Leistungsinhalt und Garantie durch Reinvermögensunterlegung - sind essentielle Voraussetzungen für einen wirksamen *Gläubigerschutz*."[18] Der Gläubigerschutz ist auch der primäre Zweck der handelsrechtlichen Rechnungslegung. Das Handelsrecht versucht, die Sicherung des Eigenkapitals durch eine Vielzahl von Vorschriften, die die Aufbringung und die Erhaltung des Eigenkapitals betreffen, zu gewährleisten. Im folgenden beschränken wir uns auf die Darstellung der handelsrechtlichen Vorschriften für Aktiengesellschaften.

221 Schutzvorschriften bei der Aufbringung des Eigenkapitals

Neben der Bestimmung über den Mindestnennbetrag des Grundkapitals einer Aktiengesellschaft in Höhe von 100.000 DM (§ 7 AktG) sind hier die Gründungsprüfung, die Prüfung bei der Kapitalerhöhung gegen Sacheinlagen und die Rücklagendotierung der AG zu nennen.

§ 33 II AktG verlangt neben der obligatorischen Prüfung des Gründungshergangs durch Mitglieder des Vorstands und des Aufsichtsrats (§ 33 I AktG) eine Prüfung durch einen oder mehrere Prüfer (Gründungsprüfer), wenn

1. ein Mitglied des Vorstands oder des Aufsichtsrats zu den Gründern gehört oder

2. bei der Gründung für Rechnung eines Mitglieds des Vorstands oder des Aufsichtsrats Aktien übernommen worden sind oder

3. ein Mitglied des Vorstands oder des Aufsichtsrats sich einen besonderen Vorteil oder für die Gründung oder ihre Vorbereitung eine Entschädigung oder Belohnung ausbedungen hat oder

4. eine Gründung mit Sacheinlagen oder Sachübernahmen vorliegt.

Die Gründungsprüfung hat sich auf den gesamten Gründungshergang zu erstrecken.[19] § 34 I AktG hebt dabei zwei Umstände namentlich hervor, die in jedem Fall zu prüfen sind:

---

[18] *H.-D. Deppe*, Finanzielle Haftung heute ..., a.a.O., S. 208.

[19] Vgl. *U. Eckardt*, § 34 Umfang der Gründungsprüfung. In: Aktiengesetz. Kommentar von E. Geßler, W. Hefermehl, U. Eckardt u. B. Kropff. Bd. I (§§ 1-75). München 1984, § 34 Rn. 3 m.w.N.

1. Sind die Angaben der Gründer über die Übernahme der Aktien, über die Einlagen auf das Grundkapital und über die Festsetzungen nach §§ 26 und 27 AktG richtig und vollständig?

2. Erreicht der Wert der Sacheinlagen oder Sachübernahmen den Nennbetrag der dafür zu gewährenden Aktien oder den Wert der dafür zu gewährenden Leistungen?

Nach § 183 III AktG hat bei der Kapitalerhöhung gegen Sacheinlagen eine Prüfung durch einen oder mehrere Prüfer stattzufinden. Obwohl die Vorschrift nicht explizit auf § 34 I AktG verweist, wird aus dem Sinnzusammenhang der Bestimmungen gefolgert, daß sich der Umfang der Prüfung analog zur Gründungsprüfung darauf erstreckt, "ob der Wert der Sacheinlagen ... den Nennbetrag der dafür zu gewährenden Aktien oder den Wert der dafür zu gewährenden Leistungen erreicht".[20]

Die Gründungsprüfung wurde durch die zweite Aktienrechtsnovelle von 1884 erstmalig kodifiziert, um dem Gedanken des Aktionärs- und Gläubigerschutzes gerecht zu werden.[21] Ein wichtiger Schwerpunkt der aktienrechtlichen Gründungsprüfung liegt dabei auf der Beurteilung des Wertes der Sacheinlagen, die den Nennbetrag der dafür zu gewährenden Aktien erreichen müssen.[22] Es kommt also darauf an, daß das gewährte Eigenkapital durch die eingebrachten Sacheinlagen gedeckt wird. Das gleiche Problem besteht bei der Kapitalerhöhung gegen Sacheinlagen, so daß beide Prüfungen identische Bewertungsüberlegungen aufwerfen.

Das Aktiengesetz vermittelt keinen unmittelbaren Aufschluß darüber, welche Wertkonzeption bei der Bewertung von Sacheinlagen generell und von Unternehmen bzw. Unternehmensbeteiligungen speziell heranzuziehen ist. Die adäquate Bewertungsmethode ist vielmehr aus dem Zweck der Vorschriften abzuleiten. Die Bewertung einzelner Vermögensgegenstände hat sich am Verwendungszweck der Sacheinlagen zu orientieren. Betriebsnotwendige Gegenstände sollten mit dem Beschaffungsmarktzeitwert im Zeitpunkt der Eintragung der Sacheinlage, nicht betriebsnotwendige Vermögensgegenstände mit dem Veräußerungspreis zum Eintragungszeitpunkt bewertet werden. Da in vielen Fällen die Vermögensgegenstände ohne feststellbaren Marktpreis sein werden (wie z.B. gebrauchte Gegenstände, immaterielle Werte, Spezialanfertigungen), ist die Bewertung anhand von Hilfswerten vorzunehmen.

(Fortgeschriebene) historische Anschaffungs- oder Herstellungskosten sind zwar in der Vergangenheit vom Markt objektiviert worden, zum Bewertungszeitpunkt läßt sich i.d.R. jedoch kein eindeutiger kausaler Zusammenhang zwischen historischen Anschaffungs- oder Herstellungskosten und den zu bestimmenden Beschaffungsmarktpreisen herstellen.

---

[20] Vgl. *G. Penné*, Die Prüfung der Sacheinlagen nach Aktienrecht. Birkach, Berlin u. München 1984, S. 18, Fn. 1.

[21] Vgl. z.B. *H. Schedlbauer*, Sonderprüfungen. Ein Handbuch der gesetzlichen und freiwilligen aperiodischen Sonderprüfungen. Stuttgart 1984, S. 43.

[22] Vgl. § 34 I Nr. 2 AktG.

Historische Anschaffungs- oder Herstellungskosten sind daher nur bedingt als Hilfswert geeignet.[23]

Denkbar wäre als Hilfswert auch der Ertragswert eines einzelnen Vermögensgegenstandes (Einzelertragswert). Das setzt jedoch die Zuordnung eines isolierten Ausgaben- und Einnahmenstromes auf den einzelnen Vermögensgegenstand voraus. Diese Voraussetzung dürfte im allgemeinen nur bei nicht im eigentlichen Wirtschaftsprozeß eingesetzten Vermögensgegenständen (z.B. verpachtetes Gebäude) erfüllt sein.[24]

Die Bewertung der Sacheinlagen könnte auch durch Opportunitätskosten erfolgen, deren Bestimmung "im Einzelfall [jedoch] äußerst schwierig und mit großen Unsicherheiten verbunden"[25] ist.

Sowohl bei der Bewertung mit dem Einzelertragswert wie auch mit Opportunitätskosten wird von Annahmen ausgegangen. Eine Objektivierung dieser Werte, soweit sie sich überhaupt ermitteln lassen, könnte durch einen Vergleich mit den um die technischen Wertminderungen verringerten Anschaffungs- oder Herstellungskosten der Sacheinlagengegenstände erfolgen. Im Hinblick auf das herausragende Ziel des Gläubigerschutzes sollte "im Zweifel stets der niedrigere dieser zu vergleichenden Hilfswerte als Sollwert angesetzt werden".[26]

Auf die Bewertung einer Sacheinlage in Form eines Unternehmens(anteils) sind danach die allgemein für die Unternehmensbewertung geltenden Regeln anzuwenden: Über den Primat des Ertragswertes herrscht heute zwischen Betriebswirtschaftslehre[27], Jurisprudenz[28], der Berufspraxis der Wirtschaftsprüfer[29] und der neueren Rechtsprechung[30] Einigkeit.

---

[23] Vgl. *G. Penné*, Die Prüfung der Sacheinlagen nach Aktienrecht, a.a.O., S. 187 ff.

[24] Vgl. *H. Mansch*, Ertragswerte in der Handelsbilanz. Thun u. Frankfurt a.M. 1979, S. 20 ff.

[25] *G. Penné*, Die Prüfung der Sacheinlagen nach Aktienrecht, a.a.O., S. 186.

[26] *G. Penné*, Die Prüfung der Sacheinlagen nach Aktienrecht, a.a.O., S. 190.

[27] Vgl. z.B. *A. Moxter*, Grundsätze ordnungsmäßiger Unternehmensbewertung. 2., vollst. umgearb. Aufl., Wiesbaden 1983, S. 9 ff. m.w.N.; *W. Ballwieser* u. *R. Leuthier*, Betriebswirtschaftliche Steuerberatung: Grundprinzipien, Verfahren und Probleme der Unternehmensbewertung. (Teil I). "Deutsches Steuerrecht", München u. Frankfurt a.M., Jg. 24 (1986), S. 545-551, hier S. 548.

[28] Vgl. *D.J. Piltz*, Die Unternehmensbewertung in der Rechtsprechung. 2., völlig neu bearb. Aufl., Düsseldorf 1989, S. 16; *B. Großfeld*, Unternehmens- und Anteilsbewertung im Gesellschaftsrecht. Zur Barabfindung ausscheidender Gesellschafter. 2., neubearb. Aufl., Köln 1988, S. 30 f.; *J. Schulze-Osterloh*, Das Auseinandersetzungsguthaben des ausscheidenden Gesellschafters einer Personengesellschaft nach § 738 Abs. 1 Satz 2 BGB. "Zeitschrift für Unternehmens- und Gesellschaftsrecht", Berlin, Jg. 15 (1986), S. 545-564, hier S. 550 ff.

[29] Vgl. *Hauptfachausschuß (Hrsg.)*, Stellungnahme HFA 2/1983 des Instituts der Wirtschaftsprüfer in Deutschland e.V.: Grundsätze zur Durchführung von Unternehmensbewertungen. "Die Wirtschaftsprüfung", Düsseldorf, Jg. 36 (1983), S. 468-480, hier S. 469; *G. Bartke*, Grundsätze ordnungsmäßiger Unternehmensbewertung - Zur Entwicklung und zum Stand der Diskussion über die Unternehmensbewertung. "Zeitschrift für betriebswirtschaftliche Forschung", Düsseldorf u. Frankfurt a.M., Jg. 30 (1978), S. 238-250, hier S. 247.

Dem als (Teil-)Rekonstruktionswert verstandenen Substanzwert wird "keine eigene Funktion als Wert"[31] mehr zugemessen, weil er "keinen direkten Bezug zum Zielsystem des Bewertungssubjekts"[32] und damit auch "keinen Bezug zum Unternehmenswert hat"[33]. In Übereinstimmung mit dem Wirtschaftsprüfer-Handbuch[34] wird in der Stellungnahme HFA 2/1983[35] eindeutig konstatiert: "Der Substanzwert kann nicht Bestandteil des Unternehmenswertes sein." Mit der Ablehnung des Substanz_wertes_ wird freilich die Relevanz vorhandener _Substanz_ für die Bestimmung des Ertragswertes nicht in Abrede gestellt.[36]

Fraglich bleibt nach der Festlegung auf das Ertragswertverfahren, welche Gutachterposition einzunehmen bzw. welche funktionale Wertkategorie bei der Bewertung eines Unternehmens als Sacheinlage einschlägig ist: Zu entscheiden ist hier zwischen dem Standpunkt des "neutralen Gutachters", der einen (mit bestimmten Informationsrestriktionen ausgestatteten) "objektivierten Wert" ermittelt, und dem des "Schiedsgutachters", der einen vermittlungsorientierten sogenannten Arbitriumwert vorlegt.[37]

Wird der Unterschied zwischen beiden Wertkategorien vereinfachend auf nach der Unternehmenseinbringung entstehende Synergieeffekte reduziert, so würde aus der Einbeziehung dieser Verbundvorteile (Arbitriumwert) für den Einbringer eine Vorabvergütung resultieren, die die Altaktionäre nicht erhielten. Werden Synergieeffekte außer acht gelassen (beim objektivierten Wert), dann haben zukünftig alle Aktionäre nach Maßgabe ihrer Anteilsquote an der kapitalerhöhenden Gesellschaft daran teil.[38]

Die mit der Bewertung der Sacheinlage zum objektivierten Wert implizierte Aufteilung etwaiger Verbundvorteile auf Alt- und Neuaktionäre[39] im Verhältnis ihrer Beteiligungen verkörpert ein plausibles Gerechtigkeitspostulat; deshalb und mit Rücksicht auf die hö-

---

[30] Vgl. _BGH-Urteil_ vom 24.9.1984 - II ZR 256/83. Abgedruckt in: "Zeitschrift für Wirtschafts- und Bankrecht, Wertpapier-Mitteilungen", o.O., Jg. 38 (1984), S. 1506; _Landgericht Frankfurt_, Beschluß vom 16.5.1984 - 3/3 AktE 144/80: Zur Bemessung von Abfindung und Ausgleich nach den §§ 304, 305 AktG; "Triumpf-Adler AG / Adlerwerke vorm. H. Kleyer AG". Abgedruckt in: "Die Aktiengesellschaft", Köln, Jg. 30 (1985), S. 58-59.

[31] _Hauptfachausschuß (Hrsg.)_, Stellungnahme HFA 2/1983 ..., a.a.O., S. 479.

[32] Art. Gesamtwert der Unternehmung (_W. Busse von Colbe_). Handwörterbuch des Rechnungswesens. Enzyklopädie der Betriebswirtschaftslehre, Bd. III. Hrsg. v. E. Kosiol u.a. 2., völlig neu bearb. Aufl., Stuttgart 1981, Sp. 570-581.

[33] _B. Großfeld_, Unternehmens- und Anteilsbewertung im Gesellschaftsrecht ..., a.a.O., S. 29.

[34] Vgl. _Institut der Wirtschaftsprüfer in Deutschland e.V. (Hrsg.)_, Wirtschaftsprüfer-Handbuch 1985/86. Handbuch für Rechnungslegung, Prüfung und Beratung. Bd. I. Bearb. v. W.D. Budde u.a. Düsseldorf 1985, S. 1134 u. S. 1141 ff.

[35] Vgl. _Hauptfachausschuß (Hrsg.)_, Stellungnahme HFA 2/1983 ..., S. 473.

[36] Vgl. _G. Sieben_, Der Substanzwert der Unternehmung. Wiesbaden 1963, S. 80.

[37] Vgl. _Hauptfachausschuß (Hrsg.)_, Stellungnahme HFA 2/1983 ..., a.a.O., S. 473.

[38] Vgl. _P. Kupsch_ u. _G. Penné_, Probleme der aktienrechtlichen Gründungsprüfung bei Einbringung einer Unternehmung. "Die Wirtschaftsprüfung", Düsseldorf, Jg. 38 (1985), S. 125-134, hier S. 132.

[39] Vgl. auch analog _R. Nonnenmacher_, Das Umtauschverhältnis bei der Verschmelzung von Kapitalgesellschaften. "Die Aktiengesellschaft", Köln, Jg. 27 (1982), S. 153-158, hier S. 157.

here Rechtssicherheit ist der Forderung von Kupsch/Penné zu folgen, ein einzulegendes Unternehmen in aller Regel mit dem objektivierten Ertragswert zu bewerten.[40]

Dieser objektivierte Unternehmenswert "drückt den Wert des im Rahmen des vorhandenen Unternehmenskonzeptes fortgeführten Unternehmens, bezogen auf eine Alternativinvestition am Kapitalmarkt, aus"[41]. Er läßt demnach andererseits andere als finanzielle Nutzenerwartungen der Anteilseigner, geplante Strukturänderungen jeglicher Art sowie günstigere als die allgemein zugängliche Anlagemöglichkeit in nahezu risikofreie Kapitalmarkttitel unberücksichtigt.

Im Rahmen der Erörterung der Schutzvorschriften bei der Aufbringung des Eigenkapitals sind auch die Vorschriften über die Dotierung der Rücklagen zu würdigen. Das HGB unterscheidet grundsätzlich zwischen der Kapitalrücklage und den Gewinnrücklagen. Die Rücklagearten unterscheiden sich dadurch, daß in die Kapitalrücklage Beträge eingestellt werden, die der Gesellschaft von Eigenkapitalgebern von außen zufließen, während die Gewinnrücklagen die Beträge aufnehmen, die aus den von der Gesellschaft im abgelaufenen oder in einem früheren Geschäftsjahr erzielten Gewinnen resultieren. § 272 II HGB spezifiziert die der Kapitalrücklage zuzuführenden Beträge im einzelnen. Darüber hinaus sind bestimmte Beträge, die aus Kapitalherabsetzungen resultieren, nach §§ 232, 237 V AktG in die Kapitalrücklage einzustellen, und nach § 218 AktG ist im Rahmen des bedingten Kapitals eine Sonderrücklage zu bilden.

Die Dotierungsnormen der Gewinnrücklagen sind ebenfalls auf das Ziel des Gläubigerschutzes zurückzuführen. Aktiengesellschaften haben solange 5 v.H. des um einen Verlustvortrag geminderten Jahresüberschusses in eine gesetzliche Rücklage einzustellen, bis diese und die Kapitalrücklage nach § 272 II 1 bis 3 HGB zusammen den zehnten oder einen in der Satzung bestimmten höheren Teil des Grundkapitals erreichen (§ 150 II AktG). Über die gesetzliche Pflichtdotierung hinausgehende Zuweisungen zu der gesetzlichen Rücklage können nur von der Hauptversammlung nach § 58 III Satz 1 AktG im Rahmen des Gewinnverwendungsbeschlusses vorgenommen werden.

222 Schutzvorschriften für die Erhaltung des Eigenkapitals

Bei Kapitalgesellschaften ergibt sich im Vergleich zu anderen Rechtsformen für die Gläubiger eine Mehrgefährdung: Zum einen ist die Haftung auf das Gesellschaftsvermögen beschränkt, zum anderen könnten die Verwaltungsorgane dieser Gesellschaften tendenziell zu riskanteren Dispositionen neigen, weil sie vor dem Gläubigerzugriff geschützt sind.[42] Zur Erhaltung eines Mindesthaftungsvermögens hat der Gesetzgeber eine gewisse Zugriffsmasse (über die Verbindlichkeiten hinaus) bei diesen Gesellschaften in Höhe des

---

[40] Vgl. *P. Kupsch* u. *G. Penné*, Probleme der aktienrechtlichen Gründungsprüfung ..., a.a.O., S. 132.

[41] *Hauptfachausschuß (Hrsg.)*, Stellungnahme HFA 2/1983 ..., a.a.O., S. 472.

[42] Vgl. *A. Moxter*, Bilanzlehre. 2., unveränd. Aufl., Wiesbaden 1976, S. 51.

Grund- bzw. Stammkapitals und der gesetzlich gebundenen Rücklagen vorgeschrieben, da der Ansatz dieser Passivposten eine Ausschüttung der Aktiva in der entsprechenden Höhe verhindert und so Reinvermögen bindet.

Der Erhaltung dieses Mindesthaftungsvermögens und damit des Reinvermögens dienen verschiedene Ausschüttungssperrvorschriften, wie z.B. das Verbot der Rückgewähr des Grundkapitals (§ 57 I Satz 1 AktG), die Beschränkung der Ausschüttung auf den Bilanzgewinn (§ 58 V AktG), die Bildung einer Rücklage für eigene Anteile (§ 272 IV HGB), die Deckung des Betrages aktivierter Bilanzierungshilfen durch Gewinnrücklagen (§§ 269, 274 II Satz 2 HGB) sowie das Anschaffungs- und Realisationsprinzip (§§ 252 I 4, 253 HGB). Im Rahmen dieses Beitrags können wir uns nur mit der grundsätzlichen Problematik der Ausschüttungssperrvorschriften im Zusammenhang mit Bilanzierungshilfen und eigenen Anteilen sowie dem Anschaffungs- und Realisationsprinzip auseinandersetzen.

2221 Ausschüttungssperren im Zusammenhang mit Bilanzierungshilfen und eigenen Anteilen

Als Bilanzierungshilfen dürfen Aufwendungen für die Ingangsetzung des Geschäftsbetriebs und dessen Erweiterung, soweit sie nicht bilanzierungsfähig sind (§ 269 HGB), und aktive latente Steuern (§ 274 II HGB) auf der Aktivseite der Bilanz eingestellt werden. Werden derartige Bilanzierungshilfen gebildet, so dürfen Gewinne nur ausgeschüttet werden, wenn die nach der Ausschüttung verbleibenden jederzeit auflösbaren Gewinnrücklagen zuzüglich eines Gewinnvortrags und abzüglich eines Verlustvortrags dem Betrag der Bilanzierungshilfen mindestens entsprechen.

Der allgemein akzeptierte Hauptzweck der Bilanzierungshilfe des § 269 HGB ist die Vermeidung oder Verringerung eines Verlustausweises, einer Unterbilanz oder sogar einer Überschuldung in der Anlauf- bzw. Unternehmenserweiterungsphase durch Aktivierung ansonsten zu berücksichtigenden Periodenaufwands. Hierbei muß jedoch beachtet werden, daß es sich lediglich um die Vermeidung des Ausweises einer Überschuldung in der Handelsbilanz handeln kann, da in die vergleichs- und konkursrechtliche Überschuldungsmessung nur Vermögensgegenstände einzubeziehen sind und Bilanzierungshilfen außer Ansatz bleiben müssen.[43]

Die Einführung einer wie im anglo-amerikanischen Recht üblichen aktiven Steuerabgrenzung in Form einer Bilanzierungshilfe wurde damit begründet, daß eine Gesamtbetrachtung bei der Ermittlung latenter Steuerabgrenzungen ermöglicht wird. Mit der gleichzeitig vorgesehenen Ausschüttungssperre in Höhe der aktivierten Beträge wird verhindert, daß höhere Gewinnausschüttungen getätigt werden, als dies ohne die Aktivierung

---

[43] Vgl. *H. Adler, W. Düring* u. *K. Schmaltz*, Rechnungslegung und Prüfung der Unternehmen. Kommentar zum HGB, AktG, GmbHG, PublG nach den Vorschriften des Bilanzrichtlinien-Gesetzes. 5. Aufl., völlig neu bearb. von K.H. Forster u.a. Stuttgart 1987, § 252 HGB Tz. 6.

der Ingangsetzungs- und Erweiterungsaufwendungen oder der aktiven latenten Steuern möglich gewesen wäre. Dem Gesichtspunkt der Erhaltung des betrieblichen Reinvermögens als essentielle Voraussetzung für einen wirksamen Gläubigerschutz wird damit Rechnung getragen. Allerdings wird kein gesonderter Ausweis im Eigenkapital gefordert, wie dies vergleichsweise für die Rücklage für eigene Anteile vorgesehen ist. Hier sieht nämlich § 272 IV HGB vor, daß in eine Rücklage für eigene Anteile der Betrag einzustellen ist, der dem auf der Aktivseite der Bilanz für die eigenen Anteile anzusetzenden Betrag entspricht. Im Unterschied zu den Ausschüttungssperrvorschriften in den §§ 269, 274 II HGB erfolgt hier eine Ausschüttungssperre durch eine konkrete Buchung zu Lasten des Ergebnisses und einen tatsächlichen Rücklagenausweis. Eine solche Regelung (mit Belastung des Ergebnisses) wäre mit den speziellen Zwecken der §§ 269, 274 II HGB nicht vereinbar. Der Gläubigerschutz kann deshalb dort nur indirekt gewährleistet werden.

2222 Anschaffungs- und Realisationsprinzip

Das im Jahresabschluß durch das Eigenkapital abgebildete Reinvermögen der Unternehmung ergibt sich aus der Differenz zwischen Gesamtvermögen und Schulden. Somit ist "die Ermittlung der Höhe des betrieblichen Reinvermögens mit der gesamten Bilanzierungs- und Bewertungsproblematik"[44] der handelsrechtlichen Jahresabschlüsse verbunden. Diese Jahresabschlüsse sind nach kodifizierten Grundsätzen (Grundsätze ordnungsmäßiger Buchführung) und detaillierten gesetzlichen Vorschriften zur Bilanzierung, Bewertung und Gliederung zu erstellen. Eine Gefährdung des Mindesthaftungsvermögens würde z.B. entstehen, wenn die Aktiva hinsichtlich ihres Ansatzes und ihrer Bewertungshöchstgrenze nicht definiert wären und somit ein "willkürlicher" Überschuß der Aktiva über die entsprechenden Passiva ausgewiesen bzw. ausgeschüttet werden könnte. Deshalb stellen die Anschaffungs- oder Herstellungskosten die absolute Obergrenze des handelsrechtlichen Wertansatzes dar (§ 253 I HGB). Der Inhalt der Anschaffungs- und Herstellungskosten wird in § 255 HGB exakt definiert. Unterschreitungen der Anschaffungs- oder Herstellungskosten erfolgen nach Maßgabe des Abschreibungs- und des Niederstwertprinzips (§ 253 II-V HGB). Somit sind Ober- und Untergrenze der Bewertung festgelegt.

In engem Zusammenhang mit dem Anschaffungskostenprinzip steht das in § 252 I 4 zweiter Halbsatz HGB kodifizierte Realisationsprinzip, wonach Gewinne nur zu berücksichtigen sind, wenn sie am Abschlußstichtag realisiert sind. Realisierung setzt den Abschluß eines Verkaufsaktes oder eines ähnlichen Vorganges voraus.[45]

---

[44] *G. Liebau*, Monetäre Leistungen und konzeptionelle Erfassung des Betriebs, a.a.O., S. 77.

[45] Vgl. *U. Leffson*, Die Grundsätze ordnungsmäßiger Buchführung. 7., rev. u. erw. Aufl., Düsseldorf 1987, S. 247 ff.

Nun ist aber nicht zu übersehen, daß der Reinvermögensausweis im Jahresabschluß trotz der (vor dem Hintergrund der Erhaltung eines Mindesthaftungsvermögens) zu begrüßenden Regelungen zum Anschaffungs- und Realisationsprinzip erheblich von tatsächlichen Einflußnahmen und formellen Gestaltungen sowie von subjektiven Schätzungen und Prognosen bedeutender Bilanzpositionen abhängt. Die Höhe des ausgewiesenen Eigenkapitals wird also von der Bilanzierung und Bewertung der Vermögensgegenstände und der Schulden beeinflußt. Bilanzierung und Bewertung sind wiederum mit von der Bilanzpolitik der Rechnungslegenden abhängig.

Bilanzpolitik kann als Sachverhaltsgestaltung vor dem Bilanzstichtag Einfluß auf das Mengengerüst der Aktiva und Passiva nehmen oder lediglich in der Ausübung von Bilanzierungs- und Bewertungswahlrechten sowie in der Ausfüllung von gesetzlichen Ermessensspielräumen auf einem gegebenen Mengengerüst aufbauen.[46]

Gängige Beispiele für sachverhaltsgestaltende Bilanzpolitik zur Beeinflussung des Eigenkapitalausweises sind das Vorziehen bzw. Hinausschieben bestimmter Aufwendungen wie für Reparaturen, Forschungsaufwendungen oder Werbeaufwendungen. Aber auch der Zeitpunkt von Investitionen mit den damit gleichzeitig einsetzenden Abschreibungen oder Absatzvorgängen beeinflussen den Eigenkapitalausweis am Bilanzstichtag.[47]

Interessanter für unsere Betrachtung ist jedoch die Wahl außergewöhnlicher Rechtsgestaltungen, mit deren Hilfe der Vermögens-, Liquiditäts- und Erfolgsausweis im Jahresabschluß entscheidend verändert werden kann.[48]

Forschungs- und Entwicklungsaktivitäten können z.B. auf eine Tochtergesellschaft übertragen werden. Später erwirbt das Unternehmen die Ergebnisse der Forschung und Entwicklung von der Tochter und aktiviert sie als entgeltlich erworbene immaterielle Anlagewerte. Ohne die Übertragung auf die Tochter hätten die Ergebnisse als selbsterstellte immaterielle Anlagewerte nicht aktiviert werden dürfen. Ein weiteres Beispiel: Gegen-

---

[46] Vgl. z.B. *D.W. Schulze zur Wiesch*, Bilanzpolitik durch Sachverhaltsgestaltung - Tendenzen und Grenzen. In: 50 Jahre Wirtschaftsprüfer-Beruf. Bericht über die Jubiläumsfachtagung vom 21. bis 23. Oktober 1981 in Berlin. Düsseldorf 1981, S. 61-70, hier S. 61; *B. Kropff*, Sinn und Grenzen von Bilanzpolitik - im Hinblick auf den Entwurf des Bilanzrichtlinie-Gesetzes. In: Der Jahresabschluß im Widerstreit der Interessen. Hrsg. v. J. Baetge. Düsseldorf 1983, S. 179-211, hier S. 179 ff.; *G. Wöhe*, Bilanzierung und Bilanzpolitik. Betriebswirtschaftlich - Handelsrechtlich - Steuerrechtlich. Mit einer Einführung in die verrechnungstechnischen Grundlagen. 7., völlig neubearb. u. erw. Aufl., München 1987, S. 55 ff.

[47] Vgl. *D.W. Schulze zur Wiesch*, Bilanzpolitik durch Sachverhaltsgestaltung ..., a.a.O., S. 61 f.; *G. Wöhe*, Bilanzierung und Bilanzpolitik ..., a.a.O., S. 61 f.; *U. Leffson* u. *F.J. Bönkhoff*, Zu Materiality-Entscheidungen bei Jahresabschlußprüfungen. "Die Wirtschaftsprüfung", Düsseldorf, Jg. 35 (1982), S. 389-397, hier S. 391; *H. Clemm*, Die Jahresabschlußanalyse als Grundlage für die Lageberichtsprüfung und die Berichterstattung des Abschlußprüfers? In: Bilanzanalyse und Bilanzpolitik. Hrsg. v. J. Baetge. Düsseldorf 1989, S. 53-78, hier S. 73.

[48] Vgl. hierzu ausführlich *D.W. Schulze zur Wiesch*, Bilanzpolitik durch Sachverhaltsgestaltung ..., a.a.O., S. 62 ff.

stände des Sachanlagevermögens lassen sich gegen Geschäftsanteile in eine Beteiligungsgesellschaft einbringen. Durch diese Umwidmung sind nun andere Bewertungsvorschriften anzuwenden. Auch können durch die Einbringung stille Reserven aufgedeckt werden. Eine derartige Aufdeckung der stillen Reserven ist auch im Rahmen des Sale and Lease back-Verfahrens möglich: Ein im Betriebsvermögen befindlicher Vermögensgegenstand (z.B. ein Betriebsgebäude) wird an eine Leasinggesellschaft veräußert und anschließend gemietet. Der Vermögensgegenstand wird nicht mehr in der eigenen Bilanz ausgewiesen, das Jahresergebnis nur über die Leasingraten beeinflußt. Eine weitere Rechtsgestaltung stellen die Pensionsgeschäfte dar[49], bei denen Vermögensgegenstände entgeltlich an einen Dritten verkauft und zu einem Zeitpunkt nach dem Bilanzstichtag vereinbarungsgemäß zurückgekauft werden. Ein ähnlicher Effekt wird durch Abschluß und Ausführung von Kauf- und Lieferverträgen vor dem Bilanzstichtag und einer Rückabwicklung nach dem Stichtag verfolgt. Darüber hinaus kann ein Trägerunternehmen zur Verbesserung seiner bilanziellen Vermögens- und Ertragslage die ihm zugehörige, rechtlich selbständige Unterstützungskasse übernehmen, die Vermögenswerte zwar aktivieren, die Altzusagen i.S.d. Art. 28 I EGHGB jedoch nicht passivieren.[50] Besonders vielfältig sind die Möglichkeiten zur Sachverhaltsgestaltung zwischen verbundenen Unternehmen. Insbesondere bei abweichenden Bilanzstichtagen der verbundenen Unternehmen bestehen große Spielräume für bilanzpolitische Maßnahmen in den Einzelabschlüssen der Unternehmen.

"Wie der sachverhaltsgestaltenden Bilanzpolitik einerseits, so kommt der Berichterstattung andererseits sozusagen spiegelbildlich wachsende Bedeutung zu."[51] Die Aufgabe des Wirtschaftsprüfers liegt nun in der Beurteilung, ob der Jahresabschluß unter Beachtung der Grundsätze ordnungsmäßiger Buchführung noch ein den tatsächlichen Verhältnissen entsprechendes Bild der Vermögens-, Finanz- und Ertragslage vermittelt; mit anderen Worten, ob das "true and fair view"-Gebot des § 264 II Satz 1 HGB beachtet wird.[52]

"Die bilanziellen Auswirkungen rechtsmißbräuchlicher Gestaltungen werden [jedoch] auch durch noch so intensive Berichterstattung nicht sanktioniert."[53] Rechtsmißbräuchliche Ge-

---

[49] Vgl. ausführlich *H. Clemm*, Zur Behandlung außergewöhnlicher rechtlicher Gestaltungsformen im Jahresabschluß. Beispielsfälle: Pensionsgeschäfte und Leasing. "Die Wirtschaftsprüfung", Düsseldorf, Jg. 23 (1970), S. 177-184, hier S. 177 f.

[50] Nach Ansicht des Bundesministers der Finanzen (BMF) liegt jedoch eine Neuzusage vor, wenn nach dem 31.12.1986 die betriebliche Altersversorgung von einer mittelbaren Versorgungszusage (z.B. Unterstützungskasse) in eine unmittelbare Pensionszusage überführt wird. Vgl. *Bundesministerium der Finanzen*, Schreiben v. 13.3.1987. Betr.: Steuerrechtliche Fragen der betrieblichen Altersversorgung; hier: Auswirkungen der durch das Bilanzrichtlinien-Gesetz geänderten handelsrechtlichen Vorschriften. "Bundessteuerblatt", Bonn, 1987/I, S. 365-366, hier S. 365, Ziffer 1c.

[51] *D.W. Schulze zur Wiesch*, Bilanzpolitik durch Sachverhaltsgestaltung ..., a.a.O., S. 69.

[52] Zur umfangreichen Literatur über das "true and fair view"-Gebot vgl. z.B. *H. Beisse*, Die Generalnorm des neuen Bilanzrechts. In: Handelsrecht und Steuerrecht. Festschrift für Dr.Dr.h.c. G. Döllerer. Hrsg. v. B. Knobbe-Keuk, F. Klein u. A. Moxter. Düsseldorf 1988, S. 25-44; *C.P. Claussen*, Zum Stellenwert des § 264 Abs. 2 HGB. In: Bilanz- und Konzernrecht. Festschrift zum 65. Geburtstag von Dr.Dr.h.c. Reinhard Goerdeler. Hrsg. v. H. Havermann. Düsseldorf 1987, S. 79-92; *H. Clemm*, Bilanzpolitik und Ehrlichkeits-("true and fair view"-)Gebot. "Die Wirtschaftsprüfung", Düsseldorf, Jg. 42 (1989), S. 357-366.

[53] *D.W. Schulze zur Wiesch*, Bilanzpolitik durch Sachverhaltsgestaltung ..., a.a.O., S. 69.

staltungen sollen dabei als bewußte, grobe Fehlinformation der Adressaten des Jahresabschlusses verstanden werden[54], die als Verstoß gegen die Grundsätze ordnungsmäßiger Buchführung unzulässig sind. Trotzdem verbleibt ein großer Freiraum für sachverhaltsgestaltende Bilanzpolitik, über die im Anhang nur zu berichten ist, wenn der Jahresabschluß nicht mehr ein den tatsächlichen Verhältnissen entsprechendes Bild der Vermögens-, Finanz- und Ertragslage vermittelt.

Bilanzpolitik kann aber auch durch Ausübung der Bilanzierungs- und Bewertungswahlrechte sowie durch Ausfüllung gegebener Ermessensspielräume gestaltet werden. Das Bilanzrecht sieht eine Vielzahl von Bilanzierungs- und Bewertungswahlrechten vor, die hier nicht im einzelnen aufgezählt werden können. Entscheidend ist, daß der Unternehmer den Eigenkapitalausweis durch die Ausübung dieser Wahlrechte (auch steuerlicher Wahlrechte) entscheidend beeinflussen kann.

Eingehender wollen wir uns nun mit der Ausfüllung gegebener Ermessensspielräume befassen, die vor allen Dingen bei der Bewertung auftreten. Bewerten heißt Vergleichen. Damit ist jede Bewertung abhängig von zugänglichen Vergleichsmöglichkeiten. Weil die Bewertung in Geldeinheiten erfolgt, besteht das Hauptproblem darin, nichtmonetäre Güter im Hinblick auf vom Gesetzgeber vorgegebene Ziele (z.B. Gläubigerschutz, Ausschüttungsbemessungsfunktion des Jahresabschlusses) in Geldeinheiten auszudrücken.[55]

Der Wertansatz hat mehrere Dimensionen (Zeit-, Markt- und Subjektbezug sowie Unsicherheitsgrad). Der Zeitbezug legt fest, ob es sich um Vergangenheits-, Tages- oder Zukunftswerte handeln soll. Beim Marktbezug ist zwischen Beschaffungs- und Absatzmarkt zu unterscheiden. Bestehen für Güter bzw. für gleichartige Güter Marktpreise, ist die Bewertung objektivierbar. Existieren jedoch lediglich Marktpreise für die zur Herstellung der Güter erforderlichen Produktionsfaktoren oder für die durch ihre Verwendung erzielbaren Nutzungen, können nur subjektive Kalkulationswerte für die Bewertung herangezogen werden. Der Unsicherheitsgrad tritt schließlich insbesondere bei sujektiven Kalkulationswerten und bei Zukunftswerten in der Form auf, daß Unsicherheit über den Eintritt der Datenkonstellationen besteht, die der Bewertung zugrunde gelegt wurden.[56]

Die Unsicherheitsproblematik besteht bei wesentlichen Positionen der Aktivseite der Bilanz. Abnutzbares Anlagevermögen ist nach § 253 II Satz 1 HGB planmäßig abzuschreiben. Hierzu bedarf es einer Schätzung der voraussichtlichen Nutzungsdauer, die jedoch von künftigen Entwicklungen abhängt. Das Risiko von Fehlinvestitionen und von grundlegenden Branchenveränderungen (z.B. technische Innovationen) kann nicht (sicher) prognostiziert werden. Insbesondere für langfristige Investitionen (komplette Fabriken und

---

[54] Vgl. *H. Clemm*, Bilanzpolitik ..., a.a.O., S. 366.

[55] Vgl. *W. Busse von Colbe*, Bewertung als betriebswirtschaftliches Problem - Betriebswirtschaftliche Grundüberlegungen. In: Werte und Wertermittlung im Steuerrecht. Hrsg. v. A. Raupach. Köln 1984, S. 39-53, hier S. 39 ff.

[56] Vgl. *W. Busse von Colbe*, Bewertung als betriebswirtschaftliches Problem ..., a.a.O., S. 43 ff.

Fabrikationsanlagen, Atomkraftwerke, Flugzeug- und Schiffsflotten etc.) können diese Entwicklungen, die sich für eine "richtige" Bewertung auf die Bemessung der Nutzungsdauer auswirken müßten, nicht vorausgesehen werden. In jedem Fall ist die Schätzung der Nutzungsdauer nach § 252 I 4 HGB vorsichtig vorzunehmen.[57] Was vorsichtig ist, liegt weitgehend im Ermessen des Bilanzierenden. Die Entscheidung muß aber für den Abschlußprüfer nachvollziehbar sein. Der Abschlußprüfer darf jedoch sein Ermessen nicht an die Stelle des Ermessens des Bilanzierenden setzen; das Problem der mit der Zukunftsorientierung verbundenen Unsicherheit kann auch der Abschlußprüfer nicht lösen.

Eine ähnliche Unsicherheitsproblematik besteht bei der Bestimmung des gegenüber den Anschaffungs- oder Herstellungskosten niedrigeren beizulegenden Werts, der bei allen Gegenständen des Anlagevermögens angesetzt werden kann, bei einer voraussichtlich dauernden Wertminderung jedoch angesetzt werden muß (§ 253 II HGB). Mit Recht bezeichnet Groh[58] den niedrigeren beizulegenden Wert als geheimnisvoll und erklärungsbedürftig. Adler/Düring/Schmaltz[59] erörtern zur Bestimmung des beizulegenden Wertes verschiedene Hilfswerte wie Wiederbeschaffungswert zum Abschlußstichtag, Einzelveräußerungswert oder Ertragswert. Es ist leicht einzusehen, daß Wiederbeschaffungswerte oder Einzelveräußerungswerte unrentabler Produktionsanlagen nur mit erheblichen Schätzungsrisiken bestimmt werden können. Gleiches gilt für die am Ertragswert orientierte Bestimmung des inneren Wertes von Beteiligungen.

Bilanzierende und Abschlußprüfer sind auf Schätzungen angewiesen, die sorgfältig und vorsichtig vorzunehmen sind, bei denen jedoch ein Irrtum nicht auszuschließen ist. Von der Treffsicherheit derartiger Schätzungen hängt auch der Ausweis der Höhe des Eigenkapitals ab.

Der gegenüber den Anschaffungs- oder Herstellungskosten beizulegende niedrigere Wert spielt auch bei der Bewertung der Vermögensgegenstände des Umlaufvermögens eine zentrale Rolle. Er wird beispielsweise bei nicht kuranten Vorräten durch die Verwertungswahrscheinlichkeit oder bei nicht vertragsgemäß bezahlten Forderungen durch die Eingangswahrscheinlichkeit bestimmt. Wie ist aber z.B. die Verwertungswahrscheinlichkeit von Wintersportartikeln nach einem nicht erwartungsgemäß verlaufenen Winter zu beurteilen, wie die Eingangswahrscheinlichkeit von Forderungen an Unternehmen in Weichwährungsländern? Die Bestimmung dieser Wahrscheinlichkeiten ist für die Höhe des ausgewiesenen Eigenkapitals von Bedeutung. Weicht die tatsächliche Wertentwicklung von den durch den Bilanzierenden festgelegten und vom Abschlußprüfer mit dem Be-

---

[57] Vgl. H. Clemm, Die Bedeutung des Bestätigungsvermerkes des Abschlußprüfers einer Aktiengesellschaft nach derzeitiger gesetzlicher Regelung und nach dem Verständnis der Allgemeinheit. "Die Wirtschaftsprüfung", Düsseldorf, Jg. 30 (1977), S. 145-158, hier S. 150; H. Adler, W. Düring u. K. Schmaltz, Rechnungslegung und Prüfung der Unternehmen ..., a.a.O., § 253 IIGB Tz. 332 ff.

[58] Vgl. M. Groh, Das werdende Bilanzrecht in steuerlicher Sicht. "Der Betrieb", Düsseldorf u. Frankfurt a.M., Jg. 38 (1985), S. 1849-1851, hier S. 1851.

[59] Vgl. H. Adler, W. Düring u. K. Schmaltz, Rechnungslegung und Prüfung der Unternehmen ..., a.a.O., § 253 HGB Tz. 409 ff.

stätigungsvermerk versehenen Erwartungen ab, ist die Höhe des Eigenkapitals nicht richtig ausgewiesen worden.

Auf der Passivseite ist der Ansatz der Rückstellungen von besonderem Gewicht für die Höhe des ausgewiesenen Eigenkapitals. Die Unsicherheitsproblematik macht das Wesen der Rückstellungen aus, sie sind nach § 249 I Satz 1 HGB für ungewisse Verbindlichkeiten und drohende Verluste aus schwebenden Geschäften zu bilden. Die Ungewißheit der Verbindlichkeit muß geschätzt werden, es geht um die Bestimmung der Eintrittswahrscheinlichkeit. Wie ist die Eintrittswahrscheinlichkeit eines verlorenen Prozesses, eines Produkthaftungsfalls oder einer Patentverletzung einzuschätzen? Je höher die Eintrittswahrscheinlichkeit eingeschätzt wird, um so niedriger ist wegen des höheren Rückstellungsbetrags das im Jahresabschluß ausgewiesene Eigenkapital. Das Problem der drohenden Verluste aus schwebenden Geschäften stellt sich besonders stark bei langfristigen Fertigungsprozessen. Das Ergebnis eines schwebenden Geschäfts hängt von den beiden Determinanten Verkaufspreis und Selbstkosten ab. Der Verkaufspreis ist meist fest vereinbart. Die Beurteilung der zu erwartenden Selbstkosten hängt von einer realistischen Selbstkostenkalkulation ab, die bei technisch komplizierten Anlagen jedoch äußerst schwierig ist. Sind obendrein noch Garantien in bezug auf die Leistungen der Anlage übernommen sowie möglicherweise eine Fertigstellungsfrist vereinbart worden, bei deren Überschreitung erhebliche Vertragsstrafen zu bezahlen sind, ist eine hinreichend genaue Selbstkostenkalkulation in vielen Fällen kaum möglich.[60]

Clemm[61] weist mit Recht darauf hin, daß die Bandbreiten derartiger bilanzpolitisch wirksamer Aktionen die Höhe des ausgewiesenen Jahresüberschusses häufig erreichen oder sogar übertreffen. Der Jahresabschluß kann insoweit "zwar regelmäßig Symptome und Tendenzen aufzeigen, aber selten einen Gesamteindruck von der Unternehmenssituation vermitteln".[62]

3 Die Prüfung der Aufbringung und Erhaltung des Eigenkapitals durch den Wirtschaftsprüfer

31 Die Abschlußprüfung als Gesetz- und Ordnungsmäßigkeitsprüfung

Wie bereits dargestellt, schreibt das Aktiengesetz für den Hergang der Gründung bei den in § 33 II AktG genannten Fällen sowie bei einer Kapitalerhöhung gegen Sacheinlagen eine Prüfung durch einen oder mehrere Prüfer vor. Diese Prüfer müssen nach § 33 IV AktG nicht Wirtschaftsprüfer sein, doch werden in der Praxis im allgemeinen Wirtschaftsprüfer mit diesen Aufgaben betraut. Die Einhaltung der Vorschriften über die Rücklagen-

---

[60] Vgl. *H. Clemm*, Die Bedeutung des Bestätigungsvermerkes ..., a.a.O., S. 151.

[61] Vgl. *H. Clemm*, Die Jahresabschlußanalyse ..., a.a.O., S. 74.

[62] *H. Clemm*, Die Jahresabschlußanalyse ..., a.a.O., S. 75.

dotierung sowie die Beachtung der Schutzvorschriften für die Erhaltung des Eigenkapitals bei den mittelgroßen und großen Kapitalgesellschaften obliegt der Prüfung durch den als Abschlußprüfer bestellten Wirtschaftsprüfer.

Der Abschlußprüfer hat nach § 317 HGB die Buchführung, den Jahresabschluß und den Lagebericht zu prüfen. Bei der Buchführung ist zu prüfen, ob sie den gesetzlichen Vorschriften entspricht, beim Jahresabschluß, ob er den gesetzlichen Vorschriften entspricht und unter Beachtung der Grundsätze ordnungsmäßiger Buchführung ein den tatsächlichen Verhältnissen entsprechendes Bild der Vermögens-, Finanz- und Ertragslage vermittelt, und beim Lagebericht ist zu prüfen, ob er mit dem Jahresabschluß in Einklang steht. Über das Ergebnis seiner Prüfung berichtet der Abschlußprüfer durch den Bestätigungsvermerk und den Prüfungsbericht. Der Bestätigungsvermerk ist an alle Adressaten des Jahresabschlusses und des Lageberichts gerichtet. Der Wortlaut des uneingeschränkten Bestätigungsvermerks findet sich in § 322 I HGB. Es handelt sich um einen Positivbefund zur Gesetzes- und Ordnungsmäßigkeit der Rechnungslegung, "der Bestätigungsvermerk ist kein Urteil über die wirtschaftliche Lage ..."[63] des geprüften Unternehmens, er stellt vielmehr ein Gesamturteil dar, das sich "nicht lediglich als Summe der Urteile zu den Teilgebieten des Prüfungsgegenstands ..."[64] ergibt, "sondern .. eine Gewichtung der Einzelfeststellungen durch den Prüfer"[65] erfordert. Der Prüfungsbericht ist an die gesetzlichen Vertreter, den Aufsichtsrat der AG und bei der GmbH an deren Gesellschafter gerichtet. Er enthält die Prüfungsergebnisse im einzelnen.

Die Aussagefähigkeit des Bestätigungsvermerks im Hinblick auf die Beurteilung der Höhe des Eigenkapitals (Reinvermögens) als Leistungselement finanzieller Haftung ist auf die Erkenntnismöglichkeiten begrenzt, die die Prüfungsgegenstände zulassen. Diese Grenzen liegen in den oben ausführlich diskutierten systemimmanenten Problemen des Jahresabschlusses, die im wesentlichen aus der Stichtagsbezogenheit des Jahresabschlusses und der Zukunftsorientierung wesentlicher Bilanzpositionen resultieren. Der Jahresabschluß kann nur diejenigen Aussagen liefern, die der Gesetzgeber vorgesehen hat, und auch nur insoweit ist der Jahresabschluß zu prüfen.

32 Die Prüfung des Lageberichtes

Den zur Rechnungslegung Verpflichteten steht allerdings nicht nur der Jahresabschluß, sondern auch der Lagebericht zur Verfügung. Das HGB hat den Lagebericht aus dem Kontext des Geschäftsberichtes des Aktiengesetzes alter Fassung gelöst und ihn unter Übernahme der in der Literatur üblichen Bezeichnung zu einem besonderen Instrument der Rechnungslegung entwickelt; der Erläuterungsbericht (einschließlich Einzelangaben)

---

[63] *Hauptfachausschuß (Hrsg.)*, Fachgutachten 3/1988 des Instituts der Wirtschaftsprüfer in Deutschland e.V.: Grundsätze für die Erteilung von Bestätigungsvermerken bei Abschlußprüfungen. "Die Wirtschaftsprüfung", Düsseldorf, Jg. 42 (1989), S. 27-36, hier S. 28.

[64] *Hauptfachausschuß (Hrsg.)*, Fachgutachten 3/1988 ..., a.a.O., S. 28.

[65] *Hauptfachausschuß (Hrsg.)*, Fachgutachten 3/1988 ..., a.a.O., S. 28.

als weitere Komponente des Geschäftsberichtes alter Art wurde als Anhang Bestandteil des Jahresabschlusses von Kapitalgesellschaften. Nach § 289 I HGB ist "zumindest der Geschäftsverlauf und die Lage der Kapitalgesellschaft so darzustellen, daß ein den tatsächlichen Verhältnissen entsprechendes Bild vermittelt wird". In der verkürzten Bezugnahme auf die Generalnorm des § 264 II HGB sehen wir eine Aufwertung des Lageberichts, da die nicht den Konventionen der Grundsätze ordnungsmäßiger Buchführung unterliegende Lageberichterstattung viel eher als der Jahresabschluß einen Einblick in die tatsächlichen Verhältnisse vermitteln kann. Im Lagebericht besteht die Möglichkeit, im Jahresabschluß nicht abbildbare Beeinträchtigungen der Reinvermögensunterlegung als Einflußgrößen finanzieller Haftung darzustellen. Die der Bilanzierung und Bewertung zugrunde liegenden geschäftlichen Überlegungen und Erwartungen können hier den Adressaten der Rechnungslegung zur Kenntnis gebracht werden. Wir teilen nicht die in der Literatur vertretene Auffassung[66], daß die verkürzte Aufnahme des true and fair view-Konzeptes in § 289 I HGB zeige, daß dieses für den Lagebericht keine unmittelbare Bedeutung habe. Im Gegenteil, gerade zusätzliche, geprüfte verbale Aussagen im Lagebericht[67] geben den Adressaten der Rechnungslegung den abrundenden Einblick zur Beurteilung der Haftungsbasis des Unternehmens.

Von den drei weiteren ergänzenden und/oder präzisierten Berichtsgegenständen des § 289 II HGB wird insbesondere die Ziffer 2 des § 289 II HGB diskutiert. Sie ist mehrheitlich als Hinwendung des europäischen Gesetzgebers zu einer Prognoseorientierung des Lageberichts verstanden worden. Es ist unbestritten, daß die Prüfung des notwendigerweise stark subjektiv geprägten Urteils des Vorstands über die Lage der Gesellschaft eine andere Qualität hat als die Prüfung des Jahresabschlusses. Der Abschlußprüfer kann einer zukunftsorientierten Aussage des Lageberichts nur die Plausibilität, nicht die Richtigkeit bescheinigen. Diese Prüfung der Plausibilität durch eine neutrale, um Objektivität bemühte Instanz ist aber unvermeidbar, da den nicht ausgesprochen fachkundigen Adressaten der Rechnungslegung angesichts der Formulierung des uneingeschränkten Bestätigungsvermerks kaum begreiflich zu machen sein dürfte, daß der für die Beurteilung der Zukunftsaussichten der Gesellschaft wichtigste Teil des Lageberichts keiner materiellen Prüfungspflicht unterliegen soll.

Dem Argument, der Abschlußprüfer sei mit einem Urteil über die Darstellung der (auch prospektiv verstandenen) wirtschaftlichen Lage überfordert[68], werden das Beispiel der "ausländischen Berufskollegen, die diese Aufgabe sicher nicht leichtfertig übernommen

---

[66] Vgl. *B. Kropff*, Der Lagebericht nach geltendem und künftigem Recht. "Betriebswirtschaftliche Forschung und Praxis", Herne u. Berlin, Jg. 32 (1980), S. 514-532; *F. Sahner* u. *H. Kammers*, Der Lagebericht - Gegenwart und Zukunft. "Der Betrieb", Düsseldorf u. Frankfurt a.M., Jg. 37 (1984), S. 2309-2316.

[67] Vgl. *H. Clemm*, Die Jahresabschlußanalyse ..., a.a.O., S. 56.

[68] Vgl. *F.W. Selchert*, Wird die Warnfunktion des Abschlußprüfers nach dem Bilanzrichtlinie-Gesetz ausgeweitet? "Der Betrieb", Düsseldorf u. Frankfurt a.M., Jg. 38 (1985), S. 981-988, hier S. 986. Selchert bezieht sich allerdings auf die Geschäftsführungsprüfung, die gesetzlich nicht vorgeschrieben ist.

haben"[69], und der Hinweis auf andere Berufsaufgaben der Wirtschaftsprüfer in Deutschland, die ebenfalls wesentlich als Prognoseprüfungen aufzufassen sind[70], entgegengehalten. Nun sind allerdings in Anbetracht des unsicheren methodologischen Hintergrunds der Entstehung von Prognosen und der noch kaum entwickelten Grundsätze ordnungsmäßiger Prognose(prüfung)[71] in der Tat übertriebene Hoffnungen in bezug auf die Validität und zeitliche Reichweite von Prognoseaussagen und die Prägnanz und Relevanz des Prüferurteils nicht zu rechtfertigen. Insofern erscheint bei der Ausgestaltung und Detaillierung von Prognosen eine gewisse Zurückhaltung empfehlenswert. In jedem Fall stellt aber die "Übernahme dieser Prüfungen durch den Berufsstand der Wirtschaftsprüfer eine angemessenere Lösung dar, als wegen möglicher Mißinterpretation der Prognoseprüfung ... die Prognoseempfänger in völliger Ungewißheit über die Güte der ihnen zugehenden Informationen zu lassen".[72]

33 Aussagen im Prüfungsbericht zu den Grundlagen finanzieller Haftung

Im Prüfungsbericht muß der Abschlußprüfer aus unterschiedlichen Anlässen zur wirtschaftlichen Lage des geprüften Unternehmens und damit zu den Grundlagen finanzieller Haftung Stellung nehmen. Einmal ist es nach dem Fachgutachten 2/1988 über die gesetzlichen Pflichten hinaus berufsüblich, im Prüfungsbericht die wirtschaftliche Lage des geprüften Unternehmens darzustellen.[73] Zum anderen sehen der § 321 I Satz 4 HGB bei nachteiligen Lageveränderungen und der § 321 II HGB bei bestandsgefährdenden oder entwicklungsbeeinträchtigenden Tatsachen besondere Berichtspflichten vor. Diesen Berichtspflichten wollen wir uns nun zuwenden.

Nach § 321 I Satz 4 HGB ist der Abschlußprüfer verpflichtet, sich im Prüfungsbericht mit nachteiligen Veränderungen der Vermögens-, Finanz- und Ertragslage auseinanderzuset-

---

[69] *O. Wanik,* Probleme der Aufstellung und Prüfung von Prognosen über die Entwicklung der Unternehmung in der nächsten Zukunft. In: Bericht über die Fachtagung 1974 des Instituts der Wirtschaftsprüfer in Deutschland e.V. Düsseldorf 1974, S. 45-60, hier S. 60.

[70] Neben der Untersuchung der Gültigkeit der going concern-Prämisse außerhalb der Jahresabschlußprüfung z.B. die Zukunftserfolgsprognose im Rahmen der Unternehmensbewertung (vgl. *Hauptfachausschuß (Hrsg.),* Stellungnahme HFA 2/1983 ..., a.a.O., S. 470 f. u. S. 476), die Prüfung von Finanzplänen (vgl. *P. Knief,* Die Bestätigung von Finanzplanungen als Aufgabe der wirtschaftsprüfenden und steuerberatenden Berufe. "Die Wirtschaftsprüfung", Düsseldorf, Jg. 36 (1983), S. 300-303, hier S. 300 ff.) und die Kreditwürdigkeitsprüfung (vgl. *F.J. Bönkhoff,* Die Kreditwürdigkeitsprüfung - zugleich ein Beitrag zur Prüfung von Plänen und Prognosen. Düsseldorf 1983).

[71] Vgl. *J. Hagest* u. *G. Kellinghusen,* Zur Problematik der Prognoseprüfung und der Entwicklung von Grundsätzen ordnungsmäßiger Prognosebildung. "Die Wirtschaftsprüfung", Düsseldorf, Jg. 30 (1977), S. 405-415, hier S. 406 f.; Art. Prognoseprüfung (*W.-R. Bretzke*). Handwörterbuch der Revision. Enzyklopädie der Betriebswirtschaftslehre, Bd. VIII. Hrsg. v. A.G. Coenenberg u. K. v. Wysocki. Stuttgart 1983, Sp. 1108-1115. Optimistischer: *D. Rückle,* Externe Prognosen und Prognoseprüfung. "Der Betrieb", Düsseldorf u. Frankfurt a.M., Jg. 37 (1984), S. 57-69, hier S. 65 ff.

[72] *D. Rückle,* Externe Prognosen und Prognoseprüfung, a.a.O., S. 69.

[73] *Hauptfachausschuß (Hrsg.),* Fachgutachten 2/1988 des Instituts der Wirtschaftsprüfer in Deutschland e.V.: Grundsätze ordnungsmäßiger Berichterstattung bei Abschlußprüfungen. "Die Wirtschaftsprüfung", Düsseldorf, Jg. 42 (1989), S. 20-27, hier S. 22.

zen. Dabei besteht naturgemäß die Gefahr, den Prüfungsbericht durch vordergründige Analysen des Jahresabschlusses, die mit ihrem Vergangenheits- und Stichtagsbezug und ihrer Bindung an die Rechnungslegungskonventionen nur zu leicht zu Fehlurteilen führen können, insoweit zum betriebswirtschaftlichen "Spielmaterial" zu entwerten.[74] Die Darstellung der Vermögens-, Finanz- und Ertragslage setzt eigentlich eine umfassende betriebswirtschaftliche Analyse voraus, ohne an die Daten von Buchführung und Jahresabschluß gebunden zu sein. Diese Analyse hätte auf die Entwicklungen, die sich im Jahresabschluß niedergeschlagen haben, sowie auf ihre Ursachen einzugehen und darüber hinaus auf Sachverhalte, die noch nicht im Jahresabschluß zu erfassen waren. Eine derartige betriebswirtschaftliche Analyse ist aber vom Gesetzgeber nicht vorgesehen. Im Gegenteil: Nach der Begründung zum Regierungsentwurf zu § 275 EHGB sind diesbezüglich gegenüber dem früheren Recht "keine sachlichen Änderungen vorgesehen", und nach Biener/Berneke[75] sind mit den terminologischen Abweichungen des § 317 HGB von § 162 II AktG 1965 "inhaltliche Änderungen hinsichtlich des Gegenstands und des Umfangs der Prüfung ... nicht verbunden".

Um die Diskrepanz zwischen einer Darstellung der wirtschaftlichen Lage, die wissenschaftlichen Erkenntnissen Rechnung trägt, und dem Festhalten des Gesetzgebers am bisherigen Prüfungsumfang zu verringern, wird nun überwiegend versucht, § 321 I Satz 4 HGB restriktiv zu interpretieren. Nach dem Wirtschaftsprüfer-Handbuch[76] begründet die neue Vorschrift keine Erweiterung des Prüfungsumfanges. Erweitert werden allein Umfang und Art der Berichterstattung im Prüfungsbericht. Für den Sonderausschuß Bilanzrichtlinien-Gesetz[77] ist eben gerade "eine Verpflichtung des Abschlußprüfers, die Verlustursache kritisch zu durchleuchten ..., ... mit der Berichtspflicht nicht verbunden". Schulze-

---

[74] Vgl. *U. Leffson*, Wirtschaftsprüfung. 4., vollst. überarb. u. erw. Aufl., Wiesbaden 1988, S. 340 ff.; *H. Adler, W. Düring* u. *K. Schmaltz*, Rechnungslegung und Prüfung der Aktiengesellschaft. Handkommentar. 4. Aufl., völlig neu bearb. v. K. Schmaltz u.a. Bd. 2 (Prüfung/Feststellung/Rechtsbehelfe, §§ 161-178, 256-261 AktG 1965). Stuttgart 1968/71, § 166 AktG Tz. 30; *B. Kropff*, § 166 Prüfungsbericht. In: Aktiengesetz. Kommentar von E. Geßler, W. Hefermehl, E. Eckardt u. B. Kropff. Bd. III (§§ 148-178). München 1973, § 166 Anm. 20; *Hauptfachausschuß (Hrsg.)*, Fachgutachten 2/1988 ..., a.a.O., S. 22 f.; *H. Clemm*, Abschlußprüfer und Aufsichtsrat. "Zeitschrift für Unternehmens- und Gesellschaftsrecht", Berlin u. New York, Jg. 9 (1980), S. 455-465, hier S. 460; *J. Schulze-Osterloh*, Zum Umfang der Berichtspflicht des Abschlußprüfers. In: Der Wirtschaftsprüfer im Schnittpunkt nationaler und internationaler Entwicklungen. Festschrift zum 60. Geburtstag von Prof. Dr. Klaus v. Wysocki. Hrsg. v. G. Gross. Düsseldorf 1985, S. 239-251, hier S. 246 f.

[75] *H. Biener* u. *W. Berneke*, Bilanzrichtlinien-Gesetz. Textausgabe des Bilanzrichtlinien-Gesetzes v. 19.12.1985 (Bundesgesetzbl. I S. 2355). Düsseldorf 1986, S. 404.

[76] Vgl. *Institut der Wirtschaftsprüfer in Deutschland e.V. (Hrsg.)*, Wirtschaftsprüfer-Handbuch 1985/86. Handbuch für Rechnungslegung, Prüfung und Beratung. Bd. II (unter Berücksichtigung der Änderungen durch das Bilanzrichtlinien-Gesetz). Bearb. v. W.D. Budde u.a. Düsseldorf 1986, S. 526.

[77] *Sonderausschuß Bilanzrichtlinien-Gesetz (Hrsg.)*, Stellungnahme 1/1986 des Instituts der Wirtschaftsprüfer in Deutschland e.V.: Zur erstmaligen Anwendung der Vorschriften über die Pflichtprüfung nach dem Bilanzrichtlinien-Gesetz und zum Wortlaut des Bestätigungsvermerks bei freiwilligen Abschlußprüfungen. "Die Wirtschaftsprüfung", Düsseldorf, Jg. 39 (1986), S. 166-169, hier S. 168; a.A. *W. Grewe*, Kommentierung § 321 HGB. In: Bonner Handbuch Rechnungslegung. Aufstellung, Prüfung und Offenlegung des Jahresabschlusses. Hrsg. v. M.A. Hofbauer u.a. Bonn 1986, § 321 HGB Rz. 63 ff.; *F.W. Selchert*, Nachteilige Veränderungen und Verluste im Prüfungsbericht. Zu § 279 Abs. 1 Satz 4 EHGB. "Betriebs-Berater", Heidelberg, Jg. 39 (1984), S. 1719-1724, hier S. 1722.

Osterloh[78] kommt zu dem Ergebnis, die "den Abschlußprüfern angesonnene Beurteilung der Vermögens-, Finanz- und Ertragslage [solle] sich danach wohl auf die in den Jahresabschluß einfließenden Daten stützen; eine darüber hinausgehende Analyse der Unternehmenslage ist ... offenbar nicht beabsichtigt. ... Der Gesetzgeber geht also - obwohl das Gegenteil seit langem anerkannt ist - davon aus, daß der Jahresabschluß auf Grund der für ihn geltenden Regeln in der Lage sei, ein solches [zutreffendes] Bild abzugeben."

Man mag dem Gesetzgeber Inkonsequenz vorhalten, wenn er einerseits mit der Pflichtdarstellung negativer Tendenzen - ebenso wie mit der anspruchsvolleren Generalnorm[79] und Kernfassung des Bestätigungsvermerks[80] sowie mit der going concern-Prämisse[81] und der Zukunftsorientierung des Lageberichts[82] - möglicherweise steigende Erwartungen an Gegenstand und Umfang der Abschlußprüfung weckt und andererseits die Voraussetzungen zur Erfüllung der Erwartungen verweigert.[83]

Ob dem wohlverstandenen Interesse des Berufsstandes dann aber damit gedient ist, bestehende Auslegungsspielräume nicht zu nutzen und den Inhalt von Prüfung und Berichterstattung, gemessen am mutmaßlichen Verständnis eines unvoreingenommenen Lesers des Gesetzestextes, zu relativieren, erscheint uns fraglich.[84]

Dahingestellt sein lassen kann man die Frage, ob die in § 321 I Satz 4 HGB "enthaltenen Kautelen ... dazu führen, daß der Bericht über die Vermögens-, Finanz- und Ertragslage nur noch erstattet wird, wenn die hervorgehobenen negativen Veränderungen vorliegen".[85] Solange die "Regelvermutung" des Fachgutachtens 2/1988 in Kraft bleibt, sind die Berufsangehörigen auch weiterhin gehalten, eine allgemeine Darstellung der wirtschaftlichen Lage zu geben, in die die Pflichtfeststellungen zu nachteiligen Veränderungen und Verlusten integriert werden können, sofern nicht die vom Gesetzgeber gewünschte Eindringlich-

---

[78] *J. Schulze-Osterloh*, Zum Umfang der Berichtspflicht ..., a.a.O., S. 249.

[79] Vgl. § 264 II Satz 1 HGB.

[80] Vgl. § 322 I Satz 3 HGB.

[81] Vgl. § 252 I 2 HGB.

[82] Vgl. § 289 II 2 HGB.

[83] Vgl. *F.W. Selchert*, Wird die Warnfunktion ..., a.a.O., S. 988; *F.W. Selchert*, Nachteilige Veränderungen ..., a.a.O., S. 1273; *W. Ballwieser*, Sind mit der neuen Generalklausel zur Rechnungslegung auch neue Prüfungspflichten verbunden? "Betriebs-Berater", Heidelberg, Jg. 40 (1985), S. 1034-1043, hier S. 1034 f. u. S. 1043.

[84] Vgl. *G. Emmerich*, Offene Fragen zum Jahresabschluß und seiner Prüfung. In: Unternehmensfinanzierung heute - Eine Herausforderung für Unternehmer und Berater - Bericht über die Fachtagung 1985 des Instituts der Wirtschaftsprüfer in Deutschland e.V. Düsseldorf 1985, S. 217-230, hier S. 223 f., S. 226 u. S. 230; *G. Emmerich* u. *M. Künnemann*, Zum Lagebericht der Kapitalgesellschaft. "Die Wirtschaftsprüfung", Düsseldorf, Jg. 39 (1986), S. 145-152, hier S. 150. Vgl. auch die unter analytischem Aspekt u.E. stark einschränkende Interpretation des Begriffs "Finanzlage" in: *Sonderausschuß Bilanzrichtlinien-Gesetz (Hrsg.)*, Stellungnahme SABI 3/1986 des Instituts der Wirtschaftsprüfer in Deutschland e.V.: Zur Darstellung der Finanzlage i.S.v. § 264 Absatz 2 HGB. "Die Wirtschaftsprüfung", Düsseldorf, Jg. 39 (1986), S. 670-672, hier S. 670 f.

[85] *J. Schulze-Osterloh*, Zum Umfang der Berichtspflicht ..., a.a.O., S. 250.

keit eine Zusammenfassung in einem besonderen Abschnitt des Prüfungsberichts gebietet.[86]

Nun ist der Abschlußprüfer nicht etwa aufgefordert, gemäß § 321 I Satz 4 HGB Veränderungen der wirtschaftlichen Lage aufzuführen und zu erläutern. Da es sich wohlgemerkt um "nachteilige" Veränderungen handeln muß, wird der Abschlußprüfer nur solche Entwicklungen unter dem Rubrum des § 321 I Satz 4 HGB bzw. in dem einschlägigen Sonderabschnitt darstellen, die er als negativ erkannt hat; der Berichtsadressat wird diese Ausführungen ungeachtet der im Einzelfall gewählten Formulierungen stets als "Voralarm"[87] auffassen.

Es erübrigt sich wohl, hier näher zu erörtern, aus welchen Gründen Unternehmen in unserem Wirtschaftssystem nicht eben selten von einem Jahr zum anderen wesentlichen Änderungen der Vermögens-, Finanz- und Ertragslage unterworfen sind. Das zukünftige Hauptproblem des Abschlußprüfers liegt nun darin, aus der Vielzahl von - schon aus dem Jahresabschluß ablesbaren - Veränderungen die als ungünstig zu beurteilenden zu isolieren.[88]

Das Gesetz regelt nicht, welche Arten von Veränderungen nachteilig sind. Beurteilungsmaßstab sollen "allgemeine und objektive betriebswirtschaftliche Kriterien"[89] sein. Allerdings gibt es keine Kriterien, die sich mit solchen Attributen schmücken könnten, denn eine elementare Einsicht der entscheidungsorientierten Betriebswirtschaftslehre lautet, daß Vorteilsaussagen über alternative Zustände nur im Hinblick auf ein empirisch wahrgenommenes oder hypothetisch gesetztes Ziel zu treffen sind. Wenn der Abschlußprüfer etwa von dem von ihm als typisch erachteten Zielinhalt einer Rentabilitätsmaximierung unter der Nebenbedingung der Aufrechterhaltung des finanziellen Gleichgewichts ausgeht, kann er dafür jedenfalls nicht beanspruchen, ein "objektives" Kriterium zu verwenden. Andererseits wird er sich mit seinem Urteil nicht von einem unternehmensspezifischen Zielsystem abhängig machen wollen[90], dessen schwer feststellbarer Inhalt zudem

---

[86] Vgl. *J. Gmelin*, Neue Anforderungen an die Darstellung des Prüfungsergebnisses zum Einzel- und Konzernabschluß. In: Bericht über die Fachtagung 1986 des Instituts der Wirtschaftsprüfer in Deutschland e.V. Düsseldorf 1986, S. 53-62, hier S. 56 f.; *Institut der Wirtschaftsprüfer in Deutschland e.V. (Hrsg.)*, Wirtschaftsprüfer-Handbuch 1985/86. Handbuch für Rechnungslegung, Prüfung und Beratung. Bd. II (unter Berücksichtigung der Änderungen durch das Bilanzrichtlinien-Gesetz), a.a.O., S. 528 f.

[87] In Anlehnung an die "Abstufung in der Warnpflicht" nach *W.-D. Hoffmann*, Berichterstattung des Wirtschaftsprüfers über die Jahresabschlußprüfung nach den Vorschriften des Bilanzrichtlinie-Gesetzes. "Betriebs-Berater", Heidelberg, Jg. 38 (1983), S. 874-878, hier S. 875.

[88] Vgl. *F.W. Selchert*, Wird die Warnfunktion ..., a.a.O., S. 985.

[89] *Institut der Wirtschaftsprüfer in Deutschland e.V. (Hrsg.)*, Wirtschaftsprüfer-Handbuch 1985/86. Handbuch für Rechnungslegung, Prüfung und Beratung. Bd. II (unter Berücksichtigung der Änderungen durch das Bilanzrichtlinien-Gesetz), a.a.O., S. 527.

[90] Vgl. *Institut der Wirtschaftsprüfer in Deutschland e.V. (Hrsg.)*, Wirtschaftsprüfer-Handbuch 1985/86. Handbuch für Rechnungslegung, Prüfung und Beratung. Bd. II (unter Berücksichtigung der Änderungen durch das Bilanzrichtlinien-Gesetz), a.a.O., S. 527; so aber *F.W. Selchert*, Nachteilige Veränderungen ..., a.a.O., S. 1721.

möglicherweise vom Geschäftsführungsorgan situationsadäquat ad hoc formuliert und manipuliert werden könnte.[91]

Infolge der Bindung an ein hypothetisches Kriterium ist es in der Tat nicht die (ohnehin unerfüllbare) "Aufgabe des Abschlußprüfers, über die Vermögens-, Finanz- und Ertragslage des Unternehmens ein absolutes, wertendes Urteil abzugeben".[92] Daß hingegen die "Berichterstattungspflicht ... sich vielmehr auf das Feststellen von relativen Verschlechterungen gegenüber dem Vorjahr" beschränkt und dies "auch den heranzuziehenden betriebswirtschaftlichen Beurteilungskriterien, die regelmäßig nur eine Rangabstufung zulassen"[93], entspreche, entschärfe die Problematik der Urteilsbildung durch den Abschlußprüfer entgegen der im Wirtschaftsprüfer-Handbuch anklingenden Auffassung nicht wesentlich. Es ist zweifelhaft, daß - wie Gmelin[94] meint - über "die Begriffe Vermögenslage und Ertragslage ... weitgehende Klarheit im Schrifttum und in der Praxis [besteht], so daß die Berichterstattung über nachteilige Veränderungen in diesen Bereichen eher unproblematisch sein dürfte" und "deutlich problematischer [nur] der Begriff der Finanzlage" ist.

Die unbestimmten Rechtsbegriffe "Vermögens-, Finanz- und Ertragslage" sind zu komplexe Phänomene[95], als daß eine Ordinalskalierung im Vergleich zum Vorjahreszustand ohne weiteres möglich wäre - es sei denn, diese Begriffe würden mit bestimmten Kennzahlen identifiziert, deren Veränderungen zweifellos leicht feststellbar wären.[96]

Darf der Abschlußprüfer aber aus der "Verschlechterung der Eigenkapitalquote oder bestimmter Finanzierungsrelationen"[97] kurzerhand folgern, die Finanzlage habe sich zum

---

[91] Vgl. Art. Vermögens- und Finanzlage, Prüfung der (J. Baetge). Handwörterbuch der Revision. Enzyklopädie der Betriebswirtschaftslehre, Bd. VIII. Hrsg. v. A.G. Coenenberg u. K. v. Wysocki. Stuttgart 1983, Sp. 1641-1662, hier Sp. 1653 f.

[92] Institut der Wirtschaftsprüfer in Deutschland e.V. (Hrsg.), Wirtschaftsprüfer-Handbuch 1985/86. Handbuch für Rechnungslegung, Prüfung und Beratung. Bd. II (unter Berücksichtigung der Änderungen durch das Bilanzrichtlinien-Gesetz), a.a.O., S. 527; vgl. auch J. Gmelin, Neue Anforderungen ..., a.a.O., S. 55.

[93] Institut der Wirtschaftsprüfer in Deutschland e.V. (Hrsg.), Wirtschaftsprüfer-Handbuch 1985/86. Handbuch für Rechnungslegung, Prüfung und Beratung. Bd. II (unter Berücksichtigung der Änderungen durch das Bilanzrichtlinien-Gesetz), a.a.O., S. 527.

[94] J. Gmelin, Neue Anforderungen ..., a.a.O., S. 56 f.

[95] Vgl. Art. Ertragslage (A.G. Coenenberg). Handwörterbuch unbestimmter Rechtsbegriffe im Bilanzrecht des HGB. Hrsg. v. U. Leffson, D. Rückle u. B. Großfeld. Köln 1986, S. 155-163; Art. Finanzlage (D. Rückle). Handwörterbuch unbestimmter Rechtsbegriffe im Bilanzrecht des HGB. Hrsg. v. U. Leffson, D. Rückle u. B. Großfeld. Köln 1986, S. 168-184; Art. Vermögenslage gem. § 264 (A. Moxter). Handwörterbuch unbestimmter Rechtsbegriffe im Bilanzrecht des HGB. Hrsg. v. U. Leffson, D. Rückle u. B. Großfeld. Köln 1986, S. 346-351; Art. Vermögens- und Finanzlage, Prüfung der (J. Baetge), a.a.O., Sp. 1641-1662; Art. Ertragslage, Prüfung der (A.G. Coenenberg u. B. Schönbrodt). Handwörterbuch der Revision. Enzyklopädie der Betriebswirtschaftslehre, Bd. VIII. Hrsg. v. A.G. Coenenberg u. K.v. Wysocki. Stuttgart 1983, Sp. 327-338.

[96] Vgl. Institut der Wirtschaftsprüfer in Deutschland e.V. (Hrsg.), Wirtschaftsprüfer-Handbuch 1985/86. Handbuch für Rechnungslegung, Prüfung und Beratung. Bd. II (unter Berücksichtigung der Änderungen durch das Bilanzrichtlinien-Gesetz), a.a.O., S. 527.

[97] Vgl. Institut der Wirtschaftsprüfer in Deutschland e.V. (Hrsg.), Wirtschaftsprüfer-Handbuch 1985/86. Handbuch für Rechnungslegung, Prüfung und Beratung. Bd. II (unter Berücksichtigung der Änderungen durch das Bilanzrichtlinien-Gesetz), a.a.O., S. 527.

Negativen hin entwickelt? Wieweit ist "eine Erhöhung des Verschuldungsgrades durch einen Zugang in Positionen des Anlage- oder Umlaufvermögens zu rechtfertigen"?[98] Schließlich "könnte sich eine solche 'nachteilige Veränderung' im Rahmen eines langfristigen Konzepts der Unternehmensleitung als geboten erweisen".[99] Weiterhin mag eine gesunkene Eigenkapitalquote "im Hinblick auf die Abhängigkeit von Fremdkapitalgebern und in bezug auf die finanzielle Lage nachteilig sein; bezüglich des Gewinnziels kann dagegen vor allem mit Blick auf den Leverage-Effekt eine positive Beurteilung angebracht sein".[100] Selchert[101] resümiert zutreffend: "In der weit überwiegenden Zahl der Fälle dürfte das Abwägen zwischen positiven und negativen Effekten ... mit ganz erheblichen Unsicherheiten verbunden sein."

Wiederum ist der Abschlußprüfer davor zu warnen, den Zielerfüllungsbeitrag eines bestimmten, im Jahresabschluß abgebildeten Zustandes vordergründig auf die Höhe und zeitliche Entwicklung einer Kennzahl zu verkürzen. Richtig ist, daß kein "Urteil über die Qualität dieser Größen, etwa im Hinblick auf einen allgemein gültigen, optimalen Wert, abgegeben werden kann";[102] dies bedeutet aber weitergehend, daß dem Abschlußprüfer letztlich operationale Normen fehlen, "welche er seiner Beurteilung zugrunde legen könnte".[103]

Der Ausweg kann aber auch nicht darin bestehen, unter Berufung auf den Grundsatz der materiality[104] über nachteilige Veränderungen nur dann zu berichten, wenn in "Extremsituationen ... positive Beurteilungen deutlich hinter den negativen zurücktreten", etwa "wenn die Veränderung deutlich in die Nähe der Illiquidität oder Überschuldung geht";[105] denn dann muß bereits die nächste Warnstufe - der Bericht über Tatsachen, die den Bestand des Unternehmens gefährden oder seine Entwicklung wesentlich beeinträchtigen können[106] - ausgelöst werden.[107] Wegen der möglichen Rückwirkungen derartiger Feststel-

---

[98] *F.W. Selchert*, Wird die Warnfunktion ..., a.a.O., S. 986.

[99] *F.W. Selchert*, Wird die Warnfunktion ..., a.a.O., S. 986.

[100] *F.W. Selchert*, Nachteilige Veränderungen ..., a.a.O., S. 1721.

[101] *F.W. Selchert*, Nachteilige Veränderungen ..., a.a.O., S. 1721.

[102] *Institut der Wirtschaftsprüfer in Deutschland e.V. (Hrsg.)*, Wirtschaftsprüfer-Handbuch 1985/86. Handbuch für Rechnungslegung, Prüfung und Beratung. Bd. II (unter Berücksichtigung der Änderungen durch das Bilanzrichtlinien-Gesetz), a.a.O., S. 527.

[103] *F.W. Selchert*, Wird die Warnfunktion ..., a.a.O., S. 986.

[104] Vgl. *F.W. Selchert*, Nachteilige Veränderungen ..., a.a.O., S. 1721; *Institut der Wirtschaftsprüfer in Deutschland e.V. (Hrsg.)*, Wirtschaftsprüfer-Handbuch 1985/86. Handbuch für Rechnungslegung, Prüfung und Beratung. Bd. II (unter Berücksichtigung der Änderungen durch das Bilanzrichtlinien-Gesetz), a.a.O., S. 527.

[105] *F.W. Selchert*, Nachteilige Veränderungen ..., a.a.O., S. 1721; vgl. auch ebenda, S. 1723.

[106] Vgl. § 321 II HGB.

[107] Vgl. *W.-D. Hoffmann*, Berichterstattung des Wirtschaftsprüfers ..., a.a.O., S. 875; *Institut der Wirtschaftsprüfer in Deutschland e.V. (Hrsg.)*, Wirtschaftsprüfer-Handbuch 1985/86. Handbuch für Rechnungslegung, Prüfung und Beratung. Bd. II (unter Berücksichtigung der Änderungen durch das Bilanzrichtlinien-Gesetz), a.a.O., S. 530; *Sonderausschuß Bilanzrichtlinien-Gesetz (Hrsg.)*, Stellungnahme 1/1986 ..., a.a.O., S. 168; *W. Grewe*, Die Pflichtprüfung nach neuem Recht. "Die Wirtschaftsprüfung", Düsseldorf, Jg. 39 (1986), S. 85-92, hier S. 90.

lungen im Prüfungsbericht auf die wirtschaftliche Lage des Unternehmens und zur Vermeidung von Mißverständnissen sollte der Abschlußprüfer - gegebenenfalls abweichend von der bisherigen Lösung[108] - deutlich zum Ausdruck bringen, aus welcher Gesetzesnorm die jeweiligen Ausführungen folgen.[109]

Wenn auch somit auf den Prüfer die heikle Aufgabe zukommt, Urteile abgeben zu müssen, deren Maßstäbe weder im Gesetz vorgegeben sind noch in der Betriebswirtschaftslehre zumindest in Form einvernehmlicher Sprachregelungen existieren, so ist er u.E. doch immerhin nicht zu einer Geschäftsführungsprüfung aufgefordert.[110]

Unter dem Aspekt der finanziellen Haftung sind bei der Darstellung der Vermögenslage nachteilige Veränderungen der Eigenkapitalposition herauszustellen. Zu berichten ist hier auch über nachteilige Veränderungen, die dem Abschlußprüfer bekannt sind, die sich aber (noch) nicht in der Bilanz niedergeschlagen haben (z.B. bei der Entwicklung der Höhe der stillen Reserven). Mit Recht wird im Wirtschaftsprüfer-Handbuch darauf hingewiesen, daß "die Abschätzung solcher Wertveränderungen naturgemäß schwierig und mit Unsicherheiten behaftet ist".[111] Im Hinblick auf die Darstellung der Grundlagen der finanziellen Haftung kommt der Veränderung der Finanzlage besonderes Gewicht zu. Hier ist über die Höhe, Struktur und Entwicklung der Zahlungsverpflichtungen sowie der vorhandenen Zahlungsmittel und unausgenutzten Kreditlinien zu berichten. Es ist darzustellen, welche finanziellen Konsequenzen aus unkommentiert zu lassenden Entscheidungen sich in Finanzplänen und zum Teil auch schon in bereits abgeschlossenen Verträgen niederschlagen. Bezüglich der Ertragslage werden nachteilige Veränderungen in der absoluten und relativen Höhe der Aufwendungen und Erträge zu kommentieren sein. Ein besonderes Gewicht der Berichterstattung sollte auf nachteilige Veränderungen gelegt werden, die aus der Gewinn- und Verlustrechnung nicht erkennbar sind, wie z.B. unterlassene Werbe- und/oder Forschungsaufwendungen. Entsprechendes gilt für negative Veränderungen, die infolge aufgelöster stiller Reserven in der Gewinn- und Verlustrechnung nicht direkt deutlich werden.[112]

---

[108] Vgl. *F.W. Selchert*, Nachteilige Veränderungen ..., a.a.O., S. 1723.

[109] Vgl. *Institut der Wirtschaftsprüfer in Deutschland e.V. (Hrsg.)*, Wirtschaftsprüfer-Handbuch 1985/86. Handbuch für Rechnungslegung, Prüfung und Beratung. Bd. II (unter Berücksichtigung der Änderungen durch das Bilanzrichtlinien-Gesetz), a.a.O., S. 530.

[110] Vgl. *Sonderausschuß Bilanzrichtlinien-Gesetz (Hrsg.)*, Stellungnahme 1/1986 ..., a.a.O., S. 168; *W. Grewe*, Kommentierung § 321 HGB, a.a.O., § 321 HGB Rz. 67; *Institut der Wirtschaftsprüfer in Deutschland e.V. (Hrsg.)*, Wirtschaftsprüfer-Handbuch 1985/86. Handbuch für Rechnungslegung, Prüfung und Beratung. Bd. II (unter Berücksichtigung der Änderungen durch das Bilanzrichtlinien-Gesetz), a.a.O., S. 526; *J. Gmelin*, Neue Anforderungen ..., a.a.O., S. 55; a.A. *F.W. Selchert*, Nachteilige Veränderungen ..., a.a.O., S. 1721; *F.W. Selchert*, Wird die Warnfunktion ..., a.a.O., S. 985 f.

[111] *Institut der Wirtschaftsprüfer in Deutschland e.V. (Hrsg.)*, Wirtschaftsprüfer-Handbuch 1985/86. Handbuch für Rechnungslegung, Prüfung und Beratung. Bd. II (unter Berücksichtigung der Änderungen durch das Bilanzrichtlinien-Gesetz), a.a.O., S. 541.

[112] Vgl. *H. Adler, W. Düring* u. *K. Schmaltz*, Rechnungslegung und Prüfung der Unternehmen ..., a.a.O., § 321 HGB Tz. 146.

§ 321 II HGB übernimmt die bisher in § 166 II AktG 1965 verankerte Redepflicht des Abschlußprüfers inhaltsgleich. Die Anwendung dieser Vorschrift gehörte schon vor der Reform des Handelsrechts zu den größten Herausforderungen im Rahmen der Tätigkeit des Abschlußprüfers. Die Vorschrift stellt darauf ab, daß der Abschlußprüfer "bei Wahrnehmung seiner Aufgaben" Tatbestände feststellt, die den Bestand des Unternehmens gefährden oder seine Entwicklung wesentlich beeinträchtigen können. Durch die Weiterentwicklung der Prüfungspraxis, insbesondere was die Beurteilung des internen Kontrollsystems und die nach der Transformation der 4. EG-Richtlinie erweiterten Prüfungspflichten anbelangt, wächst die Wahrscheinlichkeit, daß der Abschlußprüfer Sachverhalte nach § 321 II HGB aufdeckt (und auch aufzudecken hat).

Zwischen dem § 321 II HGB und dem § 321 I Satz 4 HGB besteht eine abgestufte Berichterstattungspflicht. Die Berichterstattungspflicht nach § 321 II HGB besteht nur in schwerwiegenden Fällen, wie z.B. bei nachhaltigen Verlusten des Unternehmens, laufenden Zahlungsschwierigkeiten oder Gefahr des Entzugs von anderweitig kaum zu beschaffendem Fremdkapital, und nicht schon dann, wenn die Lage der Gesellschaft nur angespannt ist. Über die angespannte Lage wird bereits nach § 321 I Satz 4 HGB berichtet. Die Bestimmungen des § 321 II HGB "können zum Teil die gleichen Sachverhalte zum Gegenstand haben, wie diejenigen des Abs. 1 Satz 4".[113] Entscheidend ist nicht nur die klare Darlegung des Sachverhaltes, sondern auch ein eindeutiger Hinweis, "aus welcher Norm sich die Ausführungen des Abschlußprüfers ableiten".[114]

4 Zusammenfassung

Finanzielle Haftung wird von Deppe als wirtschaftliche Leistung im Sinne der Risikoübernahme zur Absicherung von Gläubigern, garantiert insbesondere durch Reinvermögen, definiert. Betriebsreinvermögensfundierte Haftungspotentiale werden im Rechnungswesen durch das Eigenkapital abgebildet. Das Eigenkapital als zentrale Basis finanzieller Haftung von Betrieben hat sich in der Bundesrepublik Deutschland, gemessen an der Bilanzsumme, in den letzten beiden Jahrzehnten verringert. Die handelsrechtlichen Schutzvorschriften zur Aufbringung und Erhaltung des Eigenkapitals erhalten somit im Rahmen der Wirtschaftsprüfung eine aktuelle Bedeutung. Als Schutzvorschriften bei der Aufbringung des Eigenkapitals sind die Gründungsprüfung, die Prüfung bei der Kapitalerhöhung gegen Sacheinlagen sowie die Dotierungsnormen für die Rücklagen zu nennen. Gewichtige, der Prüfungspflicht unterliegende Schutzvorschriften für die Erhaltung des Eigenkapitals sind die Ausschüttungssperren im Zusammenhang mit Bilanzierungshilfen und eige-

---

[113] *H. Adler, W. Düring* u. *K. Schmaltz*, Rechnungslegung und Prüfung der Unternehmen ..., a.a.O., § 321 HGB Tz. 159.

[114] *Institut der Wirtschaftsprüfer in Deutschland e.V. (Hrsg.)*, Wirtschaftsprüfer-Handbuch 1985/86. Handbuch für Rechnungslegung, Prüfung und Beratung. Bd. II (unter Berücksichtigung der Änderungen durch das Bilanzrichtlinien-Gesetz), a.a.O., S. 530; nicht so stringent *H. Adler, W. Düring* u. *K. Schmaltz*, Rechnungslegung und Prüfung der Unternehmen ..., a.a.O., § 321 HGB Tz. 159.

nen Anteilen sowie das Anschaffungs- und Realisationsprinzip. Dabei sind diese Schutzvorschriften von tatsächlichen Einflußnahmen und formellen Gestaltungen sowie subjektiven Schätzungen und Prognosen der Rechnungslegenden abhängig. Insoweit ist die Aussagefähigkeit des Bestätigungsvermerks im Hinblick auf die Beurteilung der Höhe des Eigenkapitals (Reinvermögens) als Leistungselement finanzieller Haftung auf die Erkenntnismöglichkeiten begrenzt, die die Prüfungsgegenstände zulassen. Besonderes Gewicht erhält in diesem Zusammenhang die Prüfung des Lageberichts, auf die sich der Bestätigungsvermerk ausdrücklich bezieht. Wegen der systemimmanenten Mängel der an die
Rechnungslegungskonventionen gebundenen Jahresabschlüsse erhalten die Aussagen des
Abschlußprüfers zu den Grundlagen finanzieller Haftung im Prüfungsbericht eine herausragende Bedeutung, insbesondere die Berichterstattungspflicht über nachteilige Lageveränderungen nach § 321 I Satz 4 HGB.

Literaturverzeichnis

Adler, Hans, Düring, Walter u. Schmaltz, Kurt: Rechnungslegung und Prüfung der Aktiengesellschaft. Handkommentar. 4. Aufl., völlig neu bearb. v. K. Schmaltz u.a. Bd. 2 (Prü-
fung/Feststellung/Rechtsbehelfe, §§ 161-178, 256-261 AktG 1965). Stuttgart 1968/71,
§ 166.

Adler, Hans, Düring, Walter u. Schmaltz, Kurt: Rechnungslegung und Prüfung der Unternehmen. Kommentar zum HGB, AktG, GmbHG, PublG nach den Vorschriften des Bilanzrichtlinien-Gesetzes. 5. Aufl., völlig neu bearb. von K.H. Forster u.a. Stuttgart
1987, §§ 252, 253 u. 321 HGB.

Albach, Horst u.a.: Zur Versorgung der deutschen Wirtschaft mit Risikokapital. (ifm-materialien, Nr. 9.) Bonn 1983.

Baetge, Jörg: Art. Vermögens- und Finanzlage, Prüfung der. Handwörterbuch der Revision.
Enzyklopädie der Betriebswirtschaftslehre, Bd. VIII. Hrsg. v. A.G. Coenenberg u. K. v.
Wysocki. Stuttgart 1983, Sp. 1641-1662.

Ballwieser, Wolfgang: Sind mit der neuen Generalklausel zur Rechnungslegung auch neue
Prüfungspflichten verbunden? "Betriebs-Berater", Heidelberg, Jg. 40 (1985), S. 1034-
1043.

Ballwieser, Wolfgang u. Leuthier, Rainer: Betriebswirtschaftliche Steuerberatung: Grundprinzipien, Verfahren und Probleme der Unternehmensbewertung. (Teil I). "Deutsches
Steuerrecht", München u. Frankfurt a.M., Jg. 24 (1986), S. 545-551.

Bartke, Günther: Grundsätze ordnungsmäßiger Unternehmensbewertung - Zur Entwicklung und zum Stand der Diskussion über die Unternehmensbewertung. "Zeitschrift für
betriebswirtschaftliche Forschung", Düsseldorf u. Frankfurt a.M., Jg. 30 (1978), S. 238-
250.

Beisse, Heinrich: Die Generalnorm des neuen Bilanzrechts. In: Handelsrecht und Steuerrecht. Festschrift für Dr.Dr.h.c. G. Döllerer. Hrsg. v. B. Knobbe-Keuk, F. Klein u. A.
Moxter. Düsseldorf 1988, S. 25-44.

Benner, Wolfgang: Betriebliche Prozesse, finanzwirtschaftliche Existenzbedingungen und
finanzielles Gleichgewicht. In: Geldwirtschaft und Rechnungswesen. Hrsg. v. H.-D.
Deppe. (Neue Betriebswirtschaftliche Studienbücher, Bd. 1.) Göttingen 1989, S. 153-
198.

Berger, Karl-Heinz: Zur Eigenkapitalausstattung der Unternehmung. In: Zweihundert Jahre Geld und Brief. Herausforderungen an die Kapitalmärkte. Festgabe an die Niedersächsische Börse zu Hannover aus Anlaß ihres 200jährigen Bestehens. Hrsg. v. C.P.
Claussen, L. Hübl u. H.-P. Schneider. Frankfurt a.M. 1987, S. 219-231.

BGH-Urteil vom 24.9.1984 - II ZR 256/83. Abgedruckt in: "Zeitschrift für Wirtschafts- und
Bankrecht, Wertpapier-Mitteilungen", o.O., Jg. 38 (1984), S. 1506.

Biener, Herbert u. Berneke, Wilhelm: Bilanzrichtlinien-Gesetz. Textausgabe des Bilanzrichtlinien-Gesetzes v. 19.12.1985 (Bundesgesetzbl. I S. 2355). Düsseldorf 1986.

Bönkhoff, Franz J.: Die Kreditwürdigkeitsprüfung - zugleich ein Beitrag zur Prüfung von
Plänen und Prognosen. Düsseldorf 1983.

Bretzke, Wolf-Rüdiger: Art. Prognoseprüfung. Handwörterbuch der Revision. Enzyklopädie der Betriebswirtschaftslehre, Bd. VIII. Hrsg. v. A.G. Coenenberg u. K. v. Wysocki. Stuttgart 1983, Sp. 1108-1115.

Bundesministerium der Finanzen: Schreiben v. 13.3.1987. Betr.: Steuerrechtliche Fragen der betrieblichen Altersversorgung; hier: Auswirkungen der durch das Bilanzrichtlinien-Gesetz geänderten handelsrechtlichen Vorschriften. "Bundessteuerblatt", Bonn, 1987/I, S. 365-366.

Busse von Colbe, Walther: Art. Gesamtwert der Unternehmung. Handwörterbuch des Rechnungswesens. Enzyklopädie der Betriebswirtschaftslehre, Bd. III. Hrsg. v. E. Kosiol u.a. 2., völlig neu bearb. Aufl., Stuttgart 1981, Sp. 570-581.

Busse von Colbe, Walther: Bewertung als betriebswirtschaftliches Problem - Betriebswirtschaftliche Grundüberlegungen. In: Werte und Wertermittlung im Steuerrecht. Hrsg. v. A. Raupach. Köln 1984, S. 39-53.

Busse von Colbe, Walther: Die neuen Rechnungslegungsvorschriften aus betriebswirtschaftlicher Sicht. "Die Wirtschaftsprüfung", Düsseldorf, Jg. 40 (1987), S. 117-126.

Claussen, Carsten P.: Zum Stellenwert des § 264 Abs. 2 HGB. In: Bilanz- und Konzernrecht. Festschrift zum 65. Geburtstag von Dr.Dr.h.c. Reinhard Goerdeler. Hrsg. v. H. Havermann. Düsseldorf 1987, S. 79-92.

Clemm, Hermann: Zur Behandlung außergewöhnlicher rechtlicher Gestaltungsformen im Jahresabschluß. Beispielsfälle: Pensionsgeschäfte und Leasing. "Die Wirtschaftsprüfung", Düsseldorf, Jg. 23 (1970), S. 177-184.

Clemm, Hermann: Die Bedeutung des Bestätigungsvermerkes des Abschlußprüfers einer Aktiengesellschaft nach derzeitiger gesetzlicher Regelung und nach dem Verständnis der Allgemeinheit. "Die Wirtschaftsprüfung", Düsseldorf, Jg. 30 (1977), S. 145-158.

Clemm, Hermann: Abschlußprüfer und Aufsichtsrat. "Zeitschrift für Unternehmens- und Gesellschaftsrecht", Berlin u. New York, Jg. 9 (1980), S. 455-465.

Clemm, Hermann: Die Jahresabschlußanalyse als Grundlage für die Lageberichtsprüfung und die Berichterstattung des Abschlußprüfers? In: Bilanzanalyse und Bilanzpolitik. Hrsg. v. J. Baetge. Düsseldorf 1989, S. 53-78.

Clemm, Hermann: Bilanzpolitik und Ehrlichkeits-("true and fair view"-)Gebot. "Die Wirtschaftsprüfung", Düsseldorf, Jg. 42 (1989), S. 357-366.

Coenenberg, Adolf G: Art. Ertragslage. Handwörterbuch unbestimmter Rechtsbegriffe im Bilanzrecht des HGB. Hrsg. v. U. Leffson, D. Rückle u. B. Großfeld. Köln 1986, S. 155-163.

Coenenberg, Adolf G. u. Schönbrodt, Bernd: Art. Ertragslage, Prüfung der. Handwörterbuch der Revision. Enzyklopädie der Betriebswirtschaftslchre, Bd. VIII. Hrsg. v. A.G. Coenenberg u. K.v. Wysocki. Stuttgart 1983, Sp. 327-338.

Deppe, Hans-Dieter: Finanzielle Haftung heute - Obsoletes Relikt oder marktwirtschaftliche Fundamentalleistung? In: Zweihundert Jahre Geld und Brief. Herausforderungen an die Kapitalmärkte. Festgabe an die Niedersächsische Börse zu Hannover aus Anlaß ihres 200jährigen Bestehens. Hrsg. v. C.P. Claussen, L. Hübl u. H.-P. Schneider. Frankfurt a.M. 1987, S. 179-204. Wiederabgedruckt in : Geldwirtschaft und Rechnungswesen. Hrsg. v. H.-D. Deppe. (Neue Betriebswirtschaftliche Studienbücher, Bd. 1.) Göttingen 1989, S. 199-228.

Deppe, Hans-Dieter u. Lohmann, Karl: Grundriß analytischer Finanzplanung. (Neue Betriebswirtschaftliche Studienbücher, Bd. 2.) 2., neubearb. Aufl., Göttingen 1989.

Deutsche Bundesbank: Ertragslage und Finanzierungsverhältnisse der Unternehmen im Jahre 1988. "Monatsberichte der Deutschen Bundesbank", Frankfurt a.M., Jg. 41 (1989), Nr. 11, S. 13-29.

Drukarczyk, Jochen: Finanzierung. Eine Einführung. 4., überarb. Aufl., Stuttgart 1989.

Eckardt, Ulrich: § 34 Umfang der Gründungsprüfung. In: Aktiengesetz. Kommentar von E. Geßler, W. Hefermehl, U. Eckardt u. B. Kropff. Bd. I (§§ 1-75). München 1984, § 34.

Egner, Henning: Bilanzen. München 1974.

Emmerich, Gerhard: Offene Fragen zum Jahresabschluß und seiner Prüfung. In: Unternehmensfinanzierung heute - Eine Herausforderung für Unternehmer und Berater - Bericht über die Fachtagung 1985 des Instituts der Wirtschaftsprüfer in Deutschland e.V. Düsseldorf 1985, S. 217-230.

Emmerich, Gerhard u. Künnemann, Martin: Zum Lagebericht der Kapitalgesellschaft. "Die Wirtschaftsprüfung", Düsseldorf, Jg. 39 (1986), S. 145-152.

Gmelin, Jörg: Neue Anforderungen an die Darstellung des Prüfungsergebnisses zum Einzel- und Konzernabschluß. In: Bericht über die Fachtagung 1986 des Instituts der Wirtschaftsprüfer in Deutschland e.V. Düsseldorf 1986, S. 53-62.

Grewe, Wolfgang: Die Pflichtprüfung nach neuem Recht. "Die Wirtschaftsprüfung", Düsseldorf, Jg. 39 (1986), S. 85-92.

Grewe, Wolfgang: Kommentierung § 321 HGB. In: Bonner Handbuch Rechnungslegung. Aufstellung, Prüfung und Offenlegung des Jahresabschlusses. Hrsg. v. M.A. Hofbauer u.a. Bonn 1986, § 321.

Groh, Manfred: Das werdende Bilanzrecht in steuerlicher Sicht. "Der Betrieb", Düsseldorf u. Frankfurt a.M., Jg. 38 (1985), S. 1849-1851.

Großfeld, Bernhard: Unternehmens- und Anteilsbewertung im Gesellschaftsrecht. Zur Barabfindung ausscheidender Gesellschafter. 2., neubearb. Aufl., Köln 1988.

Hagest, Joachim u. Kellinghusen, Georg: Zur Problematik der Prognoseprüfung und der Entwicklung von Grundsätzen ordnungsmäßiger Prognosebildung. "Die Wirtschaftsprüfung", Düsseldorf, Jg. 30 (1977), S. 405-415.

Hauptfachausschuß (Hrsg.): Stellungnahme HFA 2/1983 des Instituts der Wirtschaftsprüfer in Deutschland e.V.: Grundsätze zur Durchführung von Unternehmensbewertungen. "Die Wirtschaftsprüfung", Düsseldorf, Jg. 36 (1983), S. 468-480.

Hauptfachausschuß (Hrsg.): Fachgutachten 2/1988 des Instituts der Wirtschaftsprüfer in Deutschland e.V.: Grundsätze ordnungsmäßiger Berichterstattung bei Abschlußprüfungen. "Die Wirtschaftsprüfung", Düsseldorf, Jg. 42 (1989), S. 20-27.

Hauptfachausschuß (Hrsg.): Fachgutachten 3/1988 des Instituts der Wirtschaftsprüfer in Deutschland e.V.: Grundsätze für die Erteilung von Bestätigungsvermerken bei Abschlußprüfungen. "Die Wirtschaftsprüfung", Düsseldorf, Jg. 42 (1989), S. 27-36.

Hoffmann, Wolf-Dieter: Berichterstattung des Wirtschaftsprüfers über die Jahresabschlußprüfung nach den Vorschriften des Bilanzrichtlinie-Gesetzes. "Betriebs-Berater", Heidelberg, Jg. 38 (1983), S. 874-878.

Institut der Wirtschaftsprüfer in Deutschland e.V. (Hrsg.): Wirtschaftsprüfer-Handbuch 1985/86. Handbuch für Rechnungslegung, Prüfung und Beratung. Bd. I. Bearb. v. W.D. Budde u.a. Düsseldorf 1985.

Institut der Wirtschaftsprüfer in Deutschland e.V. (Hrsg.): Wirtschaftsprüfer-Handbuch 1985/86. Handbuch für Rechnungslegung, Prüfung und Beratung. Bd. II (unter Berücksichtigung der Änderungen durch das Bilanzrichtlinien-Gesetz). Bearb. v. W.D. Budde u.a. Düsseldorf 1986.

Knief, Peter: Die Bestätigung von Finanzplanungen als Aufgabe der wirtschaftsprüfenden und steuerberatenden Berufe. "Die Wirtschaftsprüfung", Düsseldorf, Jg. 36 (1983), S. 300-303.

Kropff, Bruno: § 166 Prüfungsbericht. In: Aktiengesetz. Kommentar von E. Geßler, W. Hefermehl, E. Eckardt u. B. Kropff. Bd. III (§§ 148-178). München 1973, § 166.

Kropff, Bruno: Der Lagebericht nach geltendem und künftigem Recht. "Betriebswirtschaftliche Forschung und Praxis", Herne u. Berlin, Jg. 32 (1980), S. 514-532.

Kropff, Bruno: Sinn und Grenzen von Bilanzpolitik - im Hinblick auf den Entwurf des Bilanzrichtlinie-Gesetzes. In: Der Jahresabschluß im Widerstreit der Interessen. Hrsg. v. J. Baetge. Düsseldorf 1983, S. 179-211.

Kübler, Friedrich u. Schmidt, Reinhard H.: Gesellschaftsrecht und Konzentration. (Schriften zur wirtschaftswissenschaftlichen Analyse des Rechts, Bd. 3.) Berlin 1988.

Kupsch, Peter u. Penné, Günter: Probleme der aktienrechtlichen Gründungsprüfung bei Einbringung einer Unternehmung. "Die Wirtschaftsprüfung", Düsseldorf, Jg. 38 (1985), S. 125-134.

Landgericht Frankfurt: Beschluß vom 16.5.1984 - 3/3 AktE 144/80: Zur Bemessung von Abfindung und Ausgleich nach den §§ 304, 305 AktG; "Triumpf-Adler / Adlerwerke vorm. H. Kleyer AG". Abgedruckt in: "Die Aktiengesellschaft", Köln, Jg. 30 (1985), S. 58-59.

Leffson, Ulrich: Die Grundsätze ordnungsmäßiger Buchführung. 7., rev. u. erw. Aufl., Düsseldorf 1987.

Leffson, Ulrich: Wirtschaftsprüfung. 4., vollst. überarb. u. erw. Aufl., Wiesbaden 1988.

Leffson, Ulrich u. Bönkhoff, Franz J.: Zu Materiality-Entscheidungen bei Jahresabschlußprüfungen. "Die Wirtschaftsprüfung", Düsseldorf, Jg. 35 (1982), S. 389-397.

Liebau, Gerhard: Monetäre Leistungen und konzeptionelle Erfassung des Betriebs. In: Geldwirtschaft und Rechnungswesen. Hrsg. von H.-D. Deppe. (Neue Betriebswirtschaftliche Studienbücher, Bd. 1.) Göttingen 1989, S. 27-150.

Mansch, Helmut: Ertragswerte in der Handelsbilanz. Thun u. Frankfurt a.M. 1979.

Mori, Akio u. Albach, Horst: Das Finanzierungsverhalten japanischer und deutscher Unternehmen. "Zeitschrift für Betriebswirtschaft", Wiesbaden, Jg. 57 (1987), S. 251-296.

Moxter, Adolf: Bilanzlehre. 2., unveränd. Aufl., Wiesbaden 1976.

Moxter, Adolf: Grundsätze ordnungsmäßiger Unternehmensbewertung. 2., vollst. umgearb. Aufl., Wiesbaden 1983.

Moxter, Adolf: Art. Vermögenslage gem. § 264. Handwörterbuch unbestimmter Rechtsbegriffe im Bilanzrecht des HGB. Hrsg. v. U. Leffson, D. Rückle u. B. Großfeld. Köln 1986, S. 346-351.

Nonnenmacher, Rolf: Das Umtauschverhältnis bei der Verschmelzung von Kapitalgesellschaften. "Die Aktiengesellschaft", Köln, Jg. 27 (1982), S. 153-158.

Penné, Günter: Die Prüfung der Sacheinlagen nach Aktienrecht. Birkach, Berlin u. München 1984.

Perlitz, Manfred u. Küpper, Herbert: Die Eigenkapitalausstattung von Unternehmen. "Wirtschaftswissenschaftliches Studium", München, Jg. 14 (1985), S. 505-512.

Piltz, Detlef J.: Die Unternehmensbewertung in der Rechtsprechung. 2., völlig neu bearb. Aufl., Düsseldorf 1989.

Ringel, Johannes: Eigenkapitalfinanzierungen für mittelständische Unternehmen. "Sparkasse", Stuttgart, Jg. 105 (1988), S. 151-155.

Rückle, Dieter: Externe Prognosen und Prognoseprüfung. "Der Betrieb", Düsseldorf u. Frankfurt a.M., Jg. 37 (1984), S. 57-69.

Rückle, Dieter: Art. Finanzlage. Handwörterbuch unbestimmter Rechtsbegriffe im Bilanzrecht des HGB. Hrsg. v. U. Leffson, D. Rückle u. B. Großfeld. Köln 1986, S. 168-184.

Sachverständigenrat zur Begutachtung der gesamtwirtschaftlichen Entwicklung: Jahresgutachten 1984/85. Bundestags-Drucksache 10/2541.

Sahner, Friedhelm u. Kammers, Heinz: Der Lagebericht - Gegenwart und Zukunft. "Der Betrieb", Düsseldorf u. Frankfurt a.M., Jg. 37 (1984), S. 2309-2316.

Schedlbauer, Hans: Sonderprüfungen. Ein Handbuch der gesetzlichen und freiwilligen aperiodischen Sonderprüfungen. Stuttgart 1984.

Scheibe-Lange, Ingrid, Volkmann, Gert u. Welzmüller, Rudolf: Die Eigenkapitalquote der Unternehmen in der Bundesrepublik Deutschland. (WSI-Arbeitsmaterialien, H. 3.) Düsseldorf 1983.

Schneider, Dieter: Lücken bei der Begründung einer "Eigenkapitallücke". "Der Betrieb", Düsseldorf u. Frankfurt a.M., Jg. 39 (1986), S. 2293-2298.

Schulze zur Wiesch, Dietrich W.: Bilanzpolitik durch Sachverhaltsgestaltung - Tendenzen und Grenzen. In: 50 Jahre Wirtschaftsprüfer-Beruf. Bericht über die Jubiläumsfachtagung vom 21. bis 23. Oktober 1981 in Berlin. Düsseldorf 1981, S. 61-70.

Schulze-Osterloh, Joachim: Zum Umfang der Berichtspflicht des Abschlußprüfers. In: Der Wirtschaftsprüfer im Schnittpunkt nationaler und internationaler Entwicklungen. Festschrift zum 60. Geburtstag von Prof. Dr. Klaus v. Wysocki. Hrsg. v. G. Gross. Düsseldorf 1985, S. 239-251.

Schulze-Osterloh, Joachim: Das Auseinandersetzungsguthaben des ausscheidenden Gesellschafters einer Personengesellschaft nach § 738 Abs. 1 Satz 2 BGB. "Zeitschrift für Unternehmens- und Gesellschaftsrecht", Berlin, Jg. 15 (1986), S. 545-564.

Selchert, Friedrich W.: Nachteilige Veränderungen und Verluste im Prüfungsbericht. Zu § 279 Abs. 1 Satz 4 EHGB. "Betriebs-Berater", Heidelberg, Jg. 39 (1984), S. 1719-1724.

Selchert, Friedrich W.: Wird die Warnfunktion des Abschlußprüfers nach dem Bilanzrichtlinie-Gesetz ausgeweitet? "Der Betrieb", Düsseldorf u. Frankfurt a.M., Jg. 38 (1985), S. 981-988.

Sieben, Günter: Der Substanzwert der Unternehmung. Wiesbaden 1963.

Siewert, Wolfgang: Das Eigenkapital im Unternehmen - eine Notwendigkeit oder ein überholtes Dogma? "Sparkasse", Stuttgart, Jg. 106 (1989), S. 212-214.

Sonderausschuß Bilanzrichtlinien-Gesetz (Hrsg.): Stellungnahme 1/1986 des Instituts der Wirtschaftsprüfer in Deutschland e.V.: Zur erstmaligen Anwendung der Vorschriften über die Pflichtprüfung nach dem Bilanzrichtlinien-Gesetz und zum Wortlaut des Bestätigungsvermerks bei freiwilligen Abschlußprüfungen. "Die Wirtschaftsprüfung", Düsseldorf, Jg. 39 (1986), S. 166-169.

Sonderausschuß Bilanzrichtlinien-Gesetz (Hrsg.).: Stellungnahme SABI 3/1986 des Instituts der Wirtschaftsprüfer in Deutschland e.V.: Zur Darstellung der Finanzlage i.S.v. § 264 Absatz 2 HGB. "Die Wirtschaftsprüfung", Düsseldorf, Jg. 39 (1986), S. 670-672.

Sprink, Joachim: Zur Finanzierungsstruktur deutscher Unternehmen. "Die Bank", Köln, o.Jg. (1989), S. 70-73.

Thormählen, Thies u. Michalk, Jürgen: Leiden die deutschen Unternehmen an mangelnder Eigenkapitalausstattung? "Wirtschaftsdienst", Hamburg, Jg. 63 (1983), S. 87-95.

Vormbaum, Herbert: Finanzierung der Betriebe. 7., überarb. u. erw. Aufl., Wiesbaden 1986.

Wanik, Otto: Probleme der Aufstellung und Prüfung von Prognosen über die Entwicklung der Unternehmung in der nächsten Zukunft. In: Bericht über die Fachtagung 1974 des Instituts der Wirtschaftsprüfer in Deutschland e.V. Düsseldorf 1974, S. 45-60.

Wilden, Patrick: Alternative Ansätze zur Verbesserung der unternehmerischen Kapitalausstattung. "Die Bank", Köln, o.Jg. (1989), S. 479-484.

Wöhe, Günter: Bilanzierung und Bilanzpolitik. Betriebswirtschaftlich - Handelsrechtlich - Steuerrechtlich. Mit einer Einführung in die verrechnungstechnischen Grundlagen. 7., völlig neubearb. u. erw. Aufl., München 1987.

Handelsrechtliche Bilanzierungshilfen - Wahlrecht zur Erhöhung des betrieblichen Haftungspotentials?

Friedrich Janssen, Essen

Inhaltsverzeichnis

1 Einführung 269

2 Reinvermögen als Komponente des finanziellen Haftungspotentials
von Betrieben 269

   21 Funktion des Haftungspotentials und begriffliche Abgrenzung
betriebsreinvermögensfundierten Haftungspotentials 269

   22 Zur Frage der Erfassung ausstehender Einlagen auf das
gezeichnete Kapital 271

3 Auswirkungen der Inanspruchnahme von Bilanzierungshilfen
auf das betriebsreinvermögensfundierte Haftungspotential 272

   31 Zur begrifflichen Abgrenzung von Bilanzierungshilfen 272

   32 Aufwendungen für die Ingangsetzung und Erweiterung
des Geschäftsbetriebs 273

   33 Derivativer Geschäfts- oder Firmenwert 275

   34 Disagio 276

   35 Aktive latente Steuern 277

   36 Pensionsverpflichtungen 278

4 Zusammenfassung der Ergebnisse 279

Literaturverzeichnis 281

1 Einführung

Eines der wesentlichen Ergebnisse der wissenschaftlichen Arbeit von H.-D. Deppe besteht in der Einführung des monetären Produktionsfaktors in das System betrieblicher Produktionsfaktoren.[1] Die Verfügbarkeit des Monetären Faktors ist für jeden Betrieb, der am Leistungserstellungsprozeß einer arbeitsteiligen Tauschwirtschaft in Form der Geldwirtschaft teilnehmen will, unabdingbare Voraussetzung[2]: Durch Beschaffung des Monetären Faktors fließen dem Betrieb Liquiditätspotential zur Sicherung seiner Zahlungsfähigkeit und/oder Haftungspotential zu, um damit rechtsverbindlich für Haftungsfälle einstehen zu können, die sich aus dem Geschäftsverkehr ergeben.

Im Mittelpunkt der sich anschließenden Betrachtung steht ausschließlich das betriebliche Haftungspotential und hier das Reinvermögen des Betriebs als Kernkomponente dieses Haftungspotentials. Es soll insbesondere gezeigt werden, daß die Nutzung sogenannter Bilanzierungshilfen mit Blick auf die Funktion haftender Mittel zu einem ungerechtfertigt erhöhten Ausweis von betrieblichem Reinvermögen führt.

2 Reinvermögen als Komponente des finanziellen Haftungspotentials von Betrieben

21 Funktion des Haftungspotentials und begriffliche Abgrenzung betriebsreinvermögensfundierten Haftungspotentials

Dem betrieblichen Haftungspotential ist in unserer Wirtschaftsordnung die spezielle Funktion des risikotragenden Kapitals zugewiesen: Durch finanzielle Haftungsleistungen wird das wirtschaftliche Vertrauen der Marktteilnehmer geschaffen, ohne das sich eine freiheitliche, am Wettbewerb orientierte Marktwirtschaft in Form der Geldwirtschaft nicht entwickeln könnte.[3]

Die vertrauensbildende Haftungsleistung der Eigenkapitalgeber besteht in der Übernahme von Risiken im Sinne von Verlustgefahren und der durch Deckung effektiver Verluste

---

[1] Vgl. z.B. *H.-D. Deppe*, Eine Konzeption wissenschaftlicher Bankbetriebslehre in drei Doppelstunden. In: Bankbetriebliches Lesebuch. Ludwig Mülhaupt zum 65. Geburtstag. Hrsg. v. H.-D. Deppe. Stuttgart 1978, S. 3-98, hier S. 38.

[2] Vgl. *H.-D. Deppe*, Eine Konzeption wissenschaftlicher Bankbetriebslehre ..., a.a.O., S. 83 sowie *H.-D. Deppe*, Finanzielle Haftung heute - Obsoletes Relikt oder marktwirtschaftliche Fundamentalleistung? In: Zweihundert Jahre Geld und Brief. Herausforderungen an die Kapitalmärkte. Festgabe an die Niedersächsische Börse zu Hannover aus Anlaß ihres 200jährigen Bestehens. Hrsg. v. C.P. Claussen, L. Hübl u. H.-P. Schneider. Frankfurt a.M. 1987, S. 179-204. Wiederabgedruckt in: Geldwirtschaft und Rechnungswesen. Hrsg. v. H.-D. Deppe. (Neue Betriebswirtschaftliche Studienbücher, Bd. 1.) Göttingen 1989, S. 199-228, hier S. 211 ff.

[3] Vgl. *W. Eucken*, Grundsätze der Wirtschaftspolitik. Hrsg. v. E. Eucken u. K. P. Hensel. 5., unveränd. Aufl., Tübingen 1975, S. 285 sowie *H.-D. Deppe*, Finanzielle Haftung heute ..., a.a.O., S. 200 f. u. S. 206.

gegebenen Sicherung vertraglicher Ansprüche von Fremdkapitalgebern. Auch unsere Rechtsordnung nimmt auf diese Funktion Bezug, indem sie die Überschuldung von Kapitalgesellschaften als einen Konkurs- bzw. Vergleichsgrund aufführt.[4] Damit ist die betriebliche Existenz der Kapitalgesellschaft direkt an die gegebene Schuldendeckungsfähigkeit, d.h. an das Überwiegen des Vermögens über die Schulden, gebunden. Das rechtsverbindliche Einstehen bei Haftungsanlässen aus dem Geschäftsverkehr verschafft dem Fremdkapitalgeber also Sicherheit, indem betriebliches Haftungspotential (insbesondere Reinvermögen) schuldrechtliche vertragliche Ansprüche der Gläubiger sichert.

Die Sicherstellung der Fremdkapitalgeber findet jedoch dort eine Grenze, wo der verfügbare Betrag an Reinvermögen (Eigenkapital) nicht groß genug ist, eingetretene Verluste tatsächlich aufzufangen. Sieht man hier von möglichem weiterem Haftungspotential (z.B. im Sinne der Privatvermögenshaftung) ab, so tritt in Höhe der das Eigenkapital übersteigenden Verluste dann ein "Verlustrisiko" auch für den Fremdkapitalgeber auf. Sein Risiko wird demnach bestimmt durch die Höhe des Haftungspotentials und durch die vom Betrieb im Leistungspozeß eingegangenen Risiken im Sinne von Verlustgefahren.[5]

Beim Haftungspotential des Betriebs kann zwischen dem betriebsreinvermögensfundierten Haftungspotential und dem sonstigen Haftungspotential unterschieden werden.[6]

Das betriebsreinvermögensfundierte Haftungspotential, auf das sich dieser Beitrag in den nachfolgenden Ausführungen konzentriert, stellt den Kern des betrieblichen Haftungspotentials dar und ist nach Liebau[7] durch folgende Merkmale gekennzeichnet:

a) Die Haftungsfähigkeit ergibt sich aus konkret vorhandenem unbelastetem Vermögen (Vermögensfundierung).

b) Das haftende Vermögen wurde in den Betrieb eingebracht (Betriebsvermögensfundierung).

c) In Abgrenzung zu eigenkapitalähnlichen Mitteln wird das hier betrachtete Haftungspotential ausschließlich durch das betriebliche Reinvermögen dargestellt (betriebliches Gesamtvermögen - betriebliche Schulden = Reinvermögen bzw. Eigenkapital).

Das nach § 266 HGB in der Bilanz großer und mittelgroßer Kapitalgesellschaften ausgewiesene Eigenkapital stellt sich damit - in zunächst vereinfachter Sicht - als monetäres Äquivalent betriebsreinvermögensfundierten Haftungspotentials dar und umfaßt die Posi-

---

4   Vgl. §§ 207 und 209 ff. Konkursordnung sowie §§ 1 ff. Vergleichsordnung. - Vgl. hierzu z. B. auch *W. Benner*, Betriebliche Prozesse, finanzwirtschaftliche Existenzbedingungen und finanzielles Gleichgewicht. In: Geldwirtschaft und Rechnungswesen. Hrsg. v. H.-D. Deppe. (Neue Betriebswirtschaftliche Studienbücher, Bd. 1.) Göttingen 1989, S. 153-198, hier S. 167 ff.

5   Vgl. *G. Liebau*, Monetäre Leistungen und konzeptionelle Erfassung des Betriebs. In: Geldwirtschaft und Rechnungswesen. Hrsg. v. H.-D. Deppe. (Neue Betriebswirtschaftliche Studienbücher, Bd. 1.) Göttingen 1989, S. 27-150, hier S. 54 f. u. S. 76.

6   Vgl. hierzu Übersicht 2 im Beitrag von *G. Liebau* in der vorliegenden Festschrift.

7   Vgl. *G. Liebau*, Monetäre Leistungen ..., a.a.O., S. 75 ff.

tionen gezeichnetes Kapital, Kapitalrücklage, Gewinnrücklagen, Gewinnvortrag/Verlustvortrag bzw. Jahresüberschuß/Jahresfehlbetrag.[8] Zu prüfen ist allerdings, ob das gezeichnete Kapital in voller Höhe betriebsreinvermögensfundiert ist.

22 Zur Frage der Erfassung ausstehender Einlagen auf das gezeichnete Kapital

Gemäß § 283 HGB ist das gezeichnete Kapital stets zum Nennwert auszuweisen. Als Differenz zwischen dem Nennwert des gezeichneten Kapitals und dem bislang tatsächlich eingezahlten Kapital können sich jedoch sogenannte ausstehende Einlagen auf das gezeichnete Kapital ergeben.

Nach § 272 Abs. 1 Satz 2 HGB sind die ausstehenden Einlagen auf das gezeichnete Kapital auf der Aktivseite der Bilanz vor dem Anlagevermögen gesondert aufzuführen; die davon eingeforderten Einlagen sind zu vermerken.

Alternativ können gemäß § 272 Abs. 1 Satz 3 HGB die nicht eingeforderten ausstehenden Einlagen auch offen auf der Passivseite vom gezeichneten Kapital abgesetzt werden. Der verbleibende Betrag ist in diesem Fall als eingefordertes Kapital in der Hauptspalte der Passivseite auszuweisen. Der eingeforderte, aber noch nicht eingezahlte Betrag ist unter den Forderungen gesondert auszuweisen und entsprechend zu bezeichnen.

Ausstehende Einlagen verkörpern einerseits Ansprüche der Gesellschaft gegenüber ihren Anteilseignern, andererseits können sie als eine Wertberichtigung zum Eigenkapital[9] oder nach Wöhe "als eine Art Gegenposten zum nominell ausgewiesenen Kapital"[10] angesehen werden. In keinem Fall aber erfüllen sie das Merkmal des betriebsreinvermögensfundierten Haftungskapitals: Die Haftungszusagen der Anteilseigner sind in Höhe der ausstehenden Einlagen (noch) nicht materiell im Betrieb fundiert. Zwar wird bei Einforderung der ausstehenden Einlagen in der Regel mit Einzahlungen zu rechnen sein, sicher ist dies jedoch nicht.[11] Von daher haben ausstehende Einlagen auf das gezeichnete Kapital eine geringere Haftungsqualität als eingezahltes Eigenkapital. Es kann den Ausführungen von Liebau[12] gefolgt werden, der bei der Bestimmung des betriebsreinvermögensfundierten Haftungspotentials die ausstehenden Einlagen auf das gezeichnete Kapital von diesem abzieht und sie dem sonstigen Haftungspotential zuordnet.

---

8 Vgl. *G. Liebau*, Monetäre Leistungen ..., a.a.O., S. 77.

9 Vgl. *H. Gräfer*, Einführung in die Bilanzanalyse. Die Beurteilung von Unternehmen anhand veröffentlichter Jahresabschlüsse. Darstellung, Kontrollfragen, Aufgaben und Lösungen. 3., verb. u. erw. Aufl. unter Berücksichtigung des Bilanzrichtlinien-Gesetzes. Herne u. Berlin 1985, S. 87.

10 *G. Wöhe*, Bilanzierung und Bilanzpolitik. Betriebswirtschaftlich - Handelsrechtlich - Steuerrechtlich. Mit einer Einführung in die verrechnungstechnischen Grundlagen. 7., völlig neubearb. u. erw. Aufl., München 1987, S. 298.

11 Vgl. hierzu auch die relativ differenzierten aktienrechtlichen Vorschriften zur Einzahlung der Einlagen bzw. zu den Folgen nicht rechtzeitiger Einzahlung in den §§ 63-66 AktG.

12 Vgl. *G. Liebau*, Monetäre Leistungen ..., a.a.O., S. 76 u. S. 80.

3 Auswirkungen der Inanspruchnahme von Bilanzierungshilfen auf das betriebsreinvermögensfundierte Haftungspotential

Es soll nun gezeigt werden, inwiefern sogenannte Bilanzierungshilfen die Höhe des betriebsreinvermögensfundierten Haftungspotentials beeinflussen können. Diese Frage unterscheidet sich qualitativ von der Problemstellung der Ermittlung der durch handelsrechtliche Bewertungsspielräume beeinflußten Höhe des betrieblichen Reinvermögens und der so eventuell in Vermögens- bzw. Schuldenpositionen enthaltenen "stillen Reserven" oder "stillen Verluste". Darzulegen ist hier vielmehr, daß die "aktiven Bilanzierungshilfen" nicht vermögensfundiert sind und damit überhaupt kein Bestandteil des betriebsreinvermögensfundierten Haftungspotentials sein können und daß durch Inanspruchnahme von Passivierungswahlrechten bei Pensionsverpflichtungen im Sinne einer "passiven Bilanzierungshilfe" das betriebliche Haftungspotential ebenfalls generell zu hoch ausgewiesen wird. Damit in Verbindung steht, daß durch Ausnutzung dieser Bilanzierungshilfen und einer damit relativ willkürlichen Eigenkapitalbildung bzw. -erhaltung ein Überschuldungskonkurs nicht verhindert werden kann.

31 Zur begrifflichen Abgrenzung von Bilanzierungshilfen

Das HGB enthält keine Legaldefinition der Bilanzierungshilfen. Lediglich in den §§ 269 und 274 Abs. 2 HGB wird der Begriff "Bilanzierungshilfe" genannt. § 269 führt aus, daß Aufwendungen für die Ingangsetzung und Erweiterung des Geschäftsbetriebs, soweit sie nicht bilanzierungsfähig sind, als Bilanzierungshilfe aktiviert werden dürfen. § 274 Abs. 2 führt aus, daß für aktive latente Steuern ein Abgrenzungsposten als Bilanzierungshilfe auf der Aktivseite der Bilanz angesetzt werden darf.

Aus betriebswirtschaftlicher Sicht werden Bilanzierungshilfen insbesondere mit Bezug auf die periodengerechte Gewinnermittlung und die Vermeidung der Überschuldung von Betrieben analysiert und beurteilt.[13] So betont etwa D. Schneider die periodische Aufwandsverrechnungsmöglichkeit "einmaliger Ausgaben, die nicht für selbständig verkehrsfähige Wirtschaftsgüter ausgegeben worden sind"[14]. In der Literatur[15] wird zum Teil auch behauptet, daß Bilanzierungshilfen dazu beitragen, einen Überschuldungskonkurs zu verhindern.

---

[13] Vgl. auch *W. Busse von Colbe*, Art. Bilanzierungshilfe. Handwörterbuch unbestimmter Rechtsbegriffe im Bilanzrecht des HGB. Hrsg. v. U. Leffson, D. Rückle u. B. Großfeld. Köln 1986, S. 86-94, hier S. 89 ff.

[14] *D. Schneider*, Gliederungs-, Ansatz- und Bewertungswahlrechte für den Jahresabschluß. In: Rechnungslegung nach neuem Recht. Hrsg. v. M. Bierich u.a. Sonderheft 10/1980 der "Zeitschrift für betriebswirtschaftliche Forschung". Wiesbaden 1980, S. 81-100, hier S. 91. - Mit Bezug auf Aktivierungshilfen vgl. auch z.B.: *W. Busse von Colbe*, Art. Bilanzierungshilfe, a.a.O., S. 90; mit Bezug auf Passivierungshilfen z.B.: *A. Moxter*, Bilanzlehre. Bd. II: Einführung in das neue Bilanzrecht. 3., vollst. umgearb. Aufl., Wiesbaden 1986, S. 30.

[15] Vgl. z.B. *D. Dziadkowski*, Bilanzhilfsposten (Bilanzierungshilfen) und Bewertungshilfen im künftigen Handelsbilanzrecht. "Betriebs-Berater", Heidelberg, Jg. 37 (1982), S. 1336-1345, hier S. 1338.

Chmielewicz[16] hebt diesen Zweck hervor, obwohl er den fehlenden Vermögenscharakter von Bilanzierungshilfen einräumt.

Nach Maul[17] liegen Bilanzierungshilfen vor, wenn der Kreis der bilanzierungsfähigen und wegen des Vollständigkeitsgrundsatzes[18] bilanzierungspflichtigen Vermögensgegenstände durch gesetzliche Sonderregelungen erweitert bzw. der Kreis der Bilanzschulden verringert wird. Gemäß dieser Abgrenzung sollen in den folgenden Ausführungen die Ingangsetzungs- und Erweiterungsaufwendungen, der derivative Geschäfts- oder Firmenwert, das Disagio, aktive latente Steuern sowie der Ausweis von Pensionsverpflichtungen mit Bezug auf die bereits erwähnten Auswirkungen auf das betriebliche Haftungspotential behandelt werden.

32 Aufwendungen für die Ingangsetzung und Erweiterung des Geschäftsbetriebs

Nach § 269 Satz 1 HGB dürfen ansonsten nicht bilanzierungsfähige Aufwendungen für die Ingangsetzung und Erweiterung des Geschäftsbetriebs von Kapitalgesellschaften aktiviert werden. Eine Aktivierungsvoraussetzung bei dieser Bilanzierungshilfe ist also, daß es sich um ansonsten nicht bilanzierungsfähige Aufwendungen handeln muß. Derartige Aufwendungen sind von Ausgaben für die Gründung und für die Beschaffung von Eigenkapital abzugrenzen, die nicht aktiviert werden dürfen.

Zu den Ingangsetzungsaufwendungen gehören beispielsweise Aufwendungen für den Ausbau der Innen- und Außenorganisation, für die Einführungswerbung und Entwicklungsarbeiten, die mit der Aufnahme des Geschäftsbetriebs im Zusammenhang stehen. Voraussetzung für die Wahrnehmung des Wahlrechtes ist jedoch, daß es sich nicht um Anschaffungs- oder Herstellungskosten aktivierungsfähiger Vermögensgegenstände oder um einen Rechnungsabgrenzungsposten handelt, die nach § 246 Abs. 1 HGB aktiviert werden müssen.[19]

Durften nach dem Recht alter Fassung (AktG 1965) nur die Kosten der Ingangsetzung des Geschäftsbetriebs aktiviert werden, ist nach neuem Recht auch die Erweiterung eingeschlossen. Diese Erweiterungsaufwendungen dürfen aber nicht aus regelmäßig wiederkehrenden Maßnahmen folgen, d.h. aus Maßnahmen, die in Verbindung mit dem allmählichen Wachstum des Unternehmens stehen. Vielmehr müssen deutlich abgrenzbare, um-

[16] Vgl. *K. Chmielewicz*, Vereinheitlichung der Rechnungslegung durch ein rechtsformenunabhängiges Rechnungslegungsgesetz. In: Rechnungslegung nach neuem Recht. Hrsg. v. M. Bierich u.a. Sonderheft 10/1980 der "Zeitschrift für betriebswirtschaftliche Forschung". Wiesbaden 1980, S. 15-52, hier S. 38.

[17] Vgl. *K.-H. Maul*, Bilanzierungshilfen im künftigen Bilanzrecht. "Die Aktiengesellschaft", Köln, Jg. 25 (1980), S. 233-240, hier S. 233 ff.

[18] Vgl. § 246 Abs. 1 HGB.

[19] Vgl. *F. W. Selchert*, Der Bilanzansatz von Aufwendungen für die Erweiterung des Geschäftsbetriebs. "Der Betrieb", Düsseldorf u. Frankfurt a.M., Jg. 39 (1986), S. 977-983, hier S. 977.

fassende (sprunghafte) Einzelmaßnahmen vorliegen.[20] Solche Maßnahmen können beispielsweise in der Erschließung neuer Märkte, der Aufnahme neuer Produkte in das Unternehmensprogramm oder der Installation neuer Produktionseinrichtungen bestehen.

Für den Ausweis in der Bilanz ist ein besonderer Posten vor dem Anlagevermögen unter der Bezeichnung "Aufwendungen für die Ingangsetzung und Erweiterung des Geschäftsbetriebs" vorgeschrieben. Die Entwicklung des Bilanzpostens ist nach § 268 Abs. 2 HGB in der Bilanz oder im Anhang darzustellen und im Anhang zu kommentieren (§ 269 Satz 1 HGB). Zu erläutern ist die Art der aktivierten Aufwendungen und der Bezug zur Ingangsetzungs- oder Erweiterungsmaßnahme.

Bei Aktivierung von Ingangsetzungs- oder Erweiterungsaufwendungen besteht nach § 269 Satz 2 HGB eine Ausschüttungssperre in Höhe des aktivierten Betrages. Gewinne dürfen nur ausgeschüttet werden, wenn dem aktivierten Betrag mindestens in gleicher Höhe eine jederzeit auflösbare Gewinnrücklage gegenübersteht. Ein Gewinnvortrag wird bei dieser Berechnung der Gewinnrücklage zugerechnet, ein Verlustvortrag abgezogen. Aktivierte Beträge sind nach § 282 HGB in jedem folgenden Geschäftsjahr zu mindestens einem Viertel durch Abschreibungen zu tilgen. Die ansonsten nicht bilanzierungsfähigen Aufwendungen für die Ingangsetzung und Erweiterung des Geschäftsbetriebs werden vom Gesetz im Fall ihrer Aktivierung ausdrücklich als Bilanzierungshilfe, d. h. als Bilanzierungshilfsposten bzw. bilanzielle Hilfsgröße, bezeichnet.

Ein Zweck dieser Bilanzierungshilfe soll die Vermeidung einer Unterbilanz oder sogar einer Überschuldung in der Anlauf- bzw. Erweiterungsphase der Unternehmung sein. So heißt es in der Begründung zu § 269 HGB, daß durch die Inanspruchnahme der Bilanzierungshilfe eine Überschuldung verhindert werden kann. Diese Aussage ist jedoch nur auf die Möglichkeit der Vermeidung einer bilanziellen Überschuldung zu beziehen.[21] Nach § 268 Abs. 3 HGB ist in der Bilanz von Kapitalgesellschaften der Ausweis eines Aktivpostens "Nicht durch Eigenkapital gedeckter Fehlbetrag" erforderlich, sobald das Eigenkapital durch Verluste aufgebraucht ist und sich so ein Überschuß der Passivposten über die Aktivposten ergäbe. Eine mögliche negative Publizität des Postens "Nicht durch Eigenkapital gedeckter Fehlbetrag" kann durch die Inanspruchnahme der Bilanzierungshilfe verhindert werden. Ebenso läßt sich durch Aktivierung von Ingangsetzungs- oder Erweiterungsaufwendungen die nach § 49 Abs. 3 GmbHG erforderliche Einberufung der Versammlung der Gesellschafter einer GmbH bzw. die nach § 92 Abs. 1 AktG erforderliche Einberufung einer Hauptversammlung der AG bei Verlust der Hälfte des Stamm- bzw. Grundkapitals vermeiden.

---

[20] Vgl. *K.-R. Veit*, Aufwendungen für die Ingangsetzung und Erweiterung des Geschäftsbetriebs. In: Handbuch der Rechnungslegung. Kommentar zur Bilanzierung und Prüfung. Hrsg. v. K. Küting u. C.-P. Weber. Stuttgart 1986, S. 937-946, hier S. 939 ff.

[21] Vgl. *H. Adler, W. Düring* u. *K. Schmaltz*, Rechnungslegung und Prüfung der Unternehmen. Kommentar zum HGB, AktG, GmbHG, PublG nach den Vorschriften des Bilanzrichtlinien-Gesetzes. 5. Aufl., völlig neu bearb. v. K.H. Forster u.a. Stuttgart 1987, § 269 HGB Anm. 2.

Anders ist die Wirkungsweise der Bilanzierungshilfe dagegen mit Blick auf den Überschuldungstatbestand im Sinne der Konkurs- bzw. Vergleichsordnung zu beurteilen. Die konkurs- bzw. vergleichsrechtliche Überschuldung - das Vermögen deckt nicht mehr die Schulden - ist nicht anhand der nach handelsrechtlichen Bilanzierungsvorschriften aufzustellenden Bilanz zu messen[22]. Vielmehr bedarf es der Erstellung einer speziellen Überschuldungsbilanz, in die die Bilanzierungshilfe "Ingangsetzungs- oder Erweiterungsaufwendungen" der Handelsbilanz nicht aufzunehmen ist, da sie keinen Vermögenswert darstellt, der zur Schuldendeckung herangezogen werden kann.[23]

Unter gleichen Gesichtspunkten ist auch festzustellen, daß diese Bilanzierungshilfe kein Bestandteil des betriebsreinvermögensfundierten Haftungspotentials sein kann: Wie gezeigt wurde, ist Voraussetzung für die Aktivierung dieser Bilanzierungshilfe, daß kein Vermögensgegenstand vorliegt. Dies steht jedoch im direkten Gegensatz zu einem Kernelement finanzieller Haftungsübernahme, d.h. der materiellen Fundierung der Risikoübernahme mit konkret vorhandenem Vermögen[24] (Vermögensfundiertheit des Haftungspotentials). Die im Sinne einer Bilanzierungshilfe aktivierten Aufwendungen für die Ingangsetzung und Erweiterung des Geschäftsbetriebs können demnach nicht als Bestandteil des betriebsreinvermögensfundierten Haftungspotentials angesehen werden. Die volumenmäßige Manipulation des Haftungspotentials durch den eventuellen Ansatz dieser Bilanzierungshilfe steht im Gegensatz zur vertrauensbildenden Funktion des Eigenkapitals in einer arbeitsteiligen Tauschwirtschaft in Form der Geldwirtschaft.

33   Derivativer Geschäfts- oder Firmenwert

Nach § 255 Abs. 4 Satz 1 HGB kann bei Übernahme eines Unternehmens ein derivativer Geschäfts- oder Firmenwert aktiviert werden. Der Geschäfts- oder Firmenwert errechnet sich als Differenzgröße zwischen dem für ein Unternehmen gezahlten Kaufpreis und der Summe der Zeitwerte seiner Aktiva abzüglich der Schulden. Er beinhaltet sehr unterschiedliche Komponenten, wie beispielsweise Organisation, Verfahrenstechniken, Kundenbeziehungen, Qualität des Managements oder erwartetes Synergiepotential, die keine selbständigen Vermögensgüter darstellen und deshalb auch nicht als solche zu bilanzieren sind.[25]

---

[22] Vgl. *K.-R. Veit*, Zur Bilanzierung von Organisationsausgaben und Gründungsausgaben nach künftigem Recht. "Die Wirtschaftsprüfung", Düsseldorf, Jg. 37 (1984), S. 65-70, hier S. 67 ff.

[23] Vgl. *D. Commandeur* u. *G. Commandeur*, Die Inanspruchnahme handelsrechtlicher Bilanzierungshilfen - Ein Mittel zur Verhinderung eines Konkurses wegen Überschuldung? "Der Betrieb", Düsseldorf u. Frankfurt a.M., Jg. 41 (1988), S. 661-664, hier S. 663 f.

[24] Vgl. *H.-D. Deppe*, Finanzielle Haftung heute ..., a.a.O., S. 207.

[25] Vgl. *W. Knop* u. *K. Küting*, Anschaffungs- und Herstellungskosten. In: Handbuch der Rechnungslegung. Kommentar zur Bilanzierung und Prüfung. Hrsg. v. K. Küting u. C.-P. Weber. Stuttgart 1986, S. 663-740, hier S. 739.

Das Wahlrecht zur Aktivierung des derivativen Geschäfts- oder Firmenwertes kann auch nur teilweise ausgenutzt werden, d. h., daß jeder Wert zwischen Null und der sich nach § 255 Abs. 4 Satz 1 HGB ergebenden Obergrenze angesetzt werden darf.

Der Geschäfts- oder Firmenwert kann sofort nach dem Erwerb in voller Höhe abgeschrieben werden; bei Aktivierung ist er jedoch nach § 255 Abs. 4 Satz 2 HGB in jedem folgenden Geschäftsjahr zu mindestens einem Viertel durch Abschreibungen zu tilgen. § 255 Abs. 4 Satz 3 HGB relativiert diesen Abschreibungszeitraum: Die Abschreibung kann auch planmäßig auf die Geschäftsjahre verteilt werden, in denen der Geschäfts- oder Firmenwert voraussichtlich genutzt wird. Damit kann die Abschreibungsdauer auch mehr als vier Jahre betragen. Die Gründe für die längere Abschreibungsdauer sind nach § 285 Nr. 13 HGB im Anhang zu nennen. Steuerrechtlich wird gemäß § 7 Abs. 1 Satz 3 EStG eine betriebsgewöhnliche Nutzungsdauer von 15 Jahren unterstellt.

Obwohl der Unterausschuß des Rechtsausschusses des Deutschen Bundestages den Geschäfts- oder Firmenwert ausdrücklich nicht als "Bilanzierungshilfe", sondern als "Vermögensgegenstand" bezeichnet hat, weil sonst eine Ausschüttungssperre hätte eingeführt werden müssen[26], wird im Schrifttum zumeist von einer Bilanzierungshilfe ausgegangen.[27] Es fehlt dem derivativen Firmenwert die Vermögensgegenstände kennzeichnende Einzelverkehrsfähigkeit. So bezeichnet Dziadkowski[28] die Charakterisierung des Geschäfts- oder Firmenwertes als Wirtschaftsgut (Vermögensgegenstand) als nicht systemkonform. Der aktivierte derivative Firmenwert ist deshalb als Bilanzierungshilfe anzusehen.

Aus dieser Qualifizierung des derivativen Geschäfts- oder Firmenwertes ergibt sich, daß er nicht als Bestandteil des betriebsreinvermögensfundierten Haftungspotentials angesehen werden kann. Die notwendige Fundierung der Haftungsübernahme fehlt im Falle des derivativen Geschäfts- oder Firmenwerts, da kein einzelverkehrsfähiger, hinreichend konkretisierbarer Vermögensgegenstand vorliegt.

34   Disagio

Auch die Regelung des § 250 Abs. 3 HGB ist - obwohl dort nicht als solche bezeichnet - als Bilanzierungshilfe zu interpretieren. Nach § 250 Abs. 3 HGB darf der Unterschiedsbetrag zwischen dem Rückzahlungsbetrag und dem Ausgabebetrag einer Verbindlichkeit als aktiver Rechnungsabgrenzungsposten aktiviert werden. Das Wahlrecht kann nur im Jahr der Ausgabe in Anspruch genommen werden; Teilaktivierungen sind möglich. Die Tilgung des Disagios erfolgt nach § 250 Abs. 3 Satz 2 HGB durch planmäßige jährliche Abschrei-

---

[26]   Ähnlich äußern sich auch: *H. Biener* u. *W. Berneke*, Bilanzrichtlinien-Gesetz. Textausgabe des Bilanzrichtlinien-Gesetzes vom 19.12.1985 (Bundesgesetzbl. I S. 2355) mit Bericht des Rechtsausschusses des Deutschen Bundestages, Regierungsentwürfe mit Begründung, EG-Richtlinien mit Begründung, Entstehung und Erläuterung des Gesetzes. Düsseldorf 1986, S. 117.

[27]   Vgl. *H. Adler*, *W. Düring* u. *K. Schmaltz*, Rechnungslegung ..., a.a.O., § 255 HGB Anm. 295.

[28]   Vgl. *D. Dziadkowski*, Bilanzhilfsposten ..., a.a.O., S. 1342.

bungen gemäß der Laufzeit der Verbindlichkeit oder in einem kürzeren Zeitraum (z. B. erstmöglicher Kündigungstermin).[29]

Das Disagio stellt keinen Vermögensgegenstand dar und kann nicht einmal - anders als die Ingangsetzungs- und Erweiterungsaufwendungen oder als der derivative Geschäfts- oder Firmenwert - mit Erfolgserwartungen in Verbindung gebracht werden. Es handelt sich um einen Korrekturposten, der einer wertmäßigen Berichtigung der Verbindlichkeit dient.[30]

Einen solchen Posten in das betriebsreinvermögensfundierte Haftungspotential einzubeziehen, macht wenig Sinn. Es wird deshalb vorgeschlagen, diese Bilanzierungshilfe grundsätzlich nicht als Bestandteil des betrieblichen Haftungspotentials zu betrachten.

35 Aktive latente Steuern

Der in der Handelsbilanz ausgewiesene Ertragsteueraufwand (Körperschaft- und Gewerbeertragsteuer) leitet sich aus dem steuerlichen Einkommen bzw. der Steuerbilanz ab und stimmt deshalb nicht unbedingt mit einem aus der Handelsbilanz abgeleiteten Steueraufwand überein. Für diese temporären Unterschiedsbeträge regelt § 274 HGB den Ansatz eines passiven (Abs. 1) und eines aktiven (Abs. 2) Steuerabgrenzungspostens in der Bilanz. Bei einer Steuerbelastung in nachfolgenden Jahren besteht eine Rückstellungspflicht, bei einer Steuerentlastung ein Aktivierungswahlrecht im Sinne einer Bilanzierungshilfe. Grundvoraussetzung für eine Steuerabgrenzung nach § 274 HGB ist, daß sich die Abweichungen zwischen dem Jahresergebnis der Handelsbilanz und dem steuerpflichtigen Einkommen in nachfolgenden Rechnungsperioden wieder ausgleichen.

Ist das steuerrechtliche Ergebnis zunächst höher und in den folgenden Rechnungsperioden niedriger als das handelsrechtliche Ergebnis, kann in Höhe der voraussichtlichen Steuerentlastung nachfolgender Geschäftsjahre ein Abgrenzungsposten als Bilanzierungshilfe auf der Aktivseite der Bilanz gebildet werden.[31] "Ursachen einer aktivischen Steuerabgrenzung sind:

- Nichtaktivierung oder schnellere Abschreibung des Geschäfts- oder Firmenwertes in der Handelsbilanz (§ 255, Abs. 4 HGB und § 7, Abs. 1, Satz 3 EStG).

- Niedrigerer Ansatz der Herstellungskosten in der Handelsbilanz als in der Steuerbilanz (§ 255, Abs. 2 HGB und Abschn. 33 EStR).

- Nichtaktivierung oder schnellere Abschreibung des Disagios in der Handelsbilanz (§ 250, Abs. 3 HGB und Abschn. 37 EStR).

---

[29] Vgl. *D. Feldgen*, Rechnungsabgrenzungsposten. In: Handbuch der Rechnungslegung. Kommentar zur Bilanzierung und Prüfung. Hrsg. v. K. Küting u. C.-P. Weber. Stuttgart 1986, S. 553-559, hier S. 559.

[30] Vgl. *D. Dziadkowski*, Bilanzhilfsposten ..., a.a.O., S. 1342.

[31] Vgl. *H. Adler*, *W. Düring* u. *K. Schmaltz*, Rechnungslegung ..., a.a.O., § 274 HGB Anm. 16.

- Ansatz von Aufwandsrückstellungen und Rückstellungen für unterlassene Instandhaltung (Nachholung im nächsten Geschäftsjahr, jedoch erst nach 3 Monaten) in der Handelsbilanz, während steuerrechtlich ein Passivierungsverbot besteht (§ 249, Abs. 2 bzw. Abs. 3, Satz 1 HGB)."[32]

Ziel der Steuerabgrenzung nach § 274 HGB ist die periodengerechte Erfolgsermittlung. Der Steuerabgrenzungsposten nach Abs. 2 hat Abgrenzungs- und keinen Vermögenscharakter.[33] Er stellt einen Korrekturbetrag und keinen Anspruch gegenüber dem Finanzamt dar.[34]

Aus den Ausführungen ergibt sich, daß auch diese Bilanzierungshilfe wegen mangelnder Vermögensfundiertheit nicht Bestandteil des betrieblichen Haftungspotentials sein sollte. Dies gilt, obwohl gerade in den Fällen aktiver latenter Steuern zumeist auf die Legung stiller Reserven geschlossen werden kann, da Aufwendungen in der Handelsbilanz gebildet worden sind, die steuerrechtlich keine Anerkennung als Betriebsausgabe gefunden haben. Bezogen auf die Frage der Ermittlung des Umfangs des betrieblichen Haftungspotentials berührt dies jedoch den Fragenkomplex handelsrechtlicher Bewertungswahlrechte, der getrennt von der hier herausgestellten Feststellung zu sehen ist, daß Bilanzierungshilfen wegen ihrer mangelnden Vermögensfundiertheit erst gar nicht Bestandteil des betrieblichen Haftungspotentials sein sollten.

36 Pensionsverpflichtungen

In Anlehnung an die Definition von Maul soll die Einschränkung der Passivierungspflicht für Bilanzschulden ebenfalls als Bilanzierungshilfe angesehen werden. Da unmittelbare und mittelbare Pensionsverpflichtungen ungewisse Verbindlichkeiten darstellen, bestünde für sie nach § 249 Abs. 1 Satz 1 HGB eine generelle Passivierungspflicht, die jedoch durch Art. 28 EGHGB weitgehend aufgelockert wurde. Hiernach braucht bei unmittelbaren Pensionszusagen eine Rückstellung nach § 249 Abs. 1 Satz 1 HGB nicht gebildet zu werden, sofern vor dem 01.01.1987 erworbene Altzusagen vorliegen oder sich vor diesem Zeitpunkt erworbene Ansprüche nach dem 31.12.1986 erhöhen. Im Gegensatz zu unmittelbaren Pensionsverpflichtungen gilt für mittelbare Pensionsverpflichtungen nach Art. 28 Abs. 1 Satz 2 EGHGB ein generelles Passivierungswahlrecht.[35]

---

[32] *W. Eisele*, Technik des betrieblichen Rechnungswesens. Buchführung - Kostenrechnung - Sonderbilanzen. 3., völlig neubearb. Aufl., München 1988, S. 156 f.

[33] Vgl. *W. Ballwieser*, Die Einflüsse des neuen Bilanzrechts auf die Jahresabschlußanalyse. In: Bilanzanalyse und Bilanzpolitik - Vorträge und Diskussionen zum neuen Recht -. Hrsg. v. J. Baetge. Düsseldorf 1989, S. 15-49, hier S. 36.

[34] Vgl. *K.-H. Maul*, Bilanzierungshilfen ..., a.a.O., S. 239.

[35] Vgl. *R. Höfer* u. *E. Mayer-Wegelin*, Rückstellungen. In: Handbuch der Rechnungslegung. Kommentar zur Bilanzierung und Prüfung. Hrsg. v. K. Küting u. C.-P. Weber. Stuttgart 1986, S. 509-552, hier S. 547.

Nach Art. 28 Abs. 2 EGHGB müssen Kapitalgesellschaften, soweit aufgrund des Passivierungswahlrechtes Rückstellungen in der Bilanz nicht gebildet worden sind, entsprechende Angaben im Anhang machen.

Das Passivierungswahlrecht für Pensionsverpflichtungen ist in der Literatur heftig kritisiert worden. Dziadkowski[36] hält beispielsweise die Einräumung des Passivierungswahlrechtes für diese Schulden in Anbetracht der Größenordnung von Pensionszusagen für eines der bedeutendsten Überschuldungsverhinderungsinstrumente.

Bezogen auf das betriebliche Haftungspotential bedeutet die Wahrnehmung dieser Bilanzierungshilfe, daß die Schulden des Unternehmens zu gering und damit als Folge das betriebliche Haftungspotential zu hoch ausgewiesen sind. Werden durch Inanspruchnahme der zuvor behandelten Bilanzierungshilfen Posten aktiviert, die keinen Vermögenscharakter haben, so werden bei Wahrnehmung dieser Bilanzierungshilfe sonstige Verbindlichkeiten nicht passiviert, die Schulden darstellen. Die Wirkungen auf das betriebliche Haftungspotential sind in allen Fällen gleich: Durch die Wahrnehmung von Bilanzierungshilfen wird das betriebliche Haftungspotential zu hoch ausgewiesen. Dies steht jedoch eindeutig im Gegensatz zur vertrauensbildenden Funktion der Haftung. Bilanzierungshilfen sollten deshalb keinen Einfluß auf das betriebliche Haftungspotential haben, d.h. vor seiner Ermittlung eliminiert werden.

4 Zusammenfassung der Ergebnisse

Der Monetäre Faktor ist für jeden Betrieb im Leistungserstellungsprozeß unabdingbar. Sein Zufluß verschafft dem Betrieb Liquiditäts- und/oder Haftungspotential. Finanzielle Haftungsleistungen sind für eine freie Marktwirtschaft essentiell; die vertrauensbildende Haftungsleistung besteht in der Übernahme von Risiken im Sinne von Verlustgefahren und dient damit der Sicherung von Ansprüchen der Fremdkapitalgeber. Das betriebsreinvermögensfundierte Haftungspotential stellt den Kern des betrieblichen Haftungspotentials dar; es wird durch das betriebliche Reinvermögen (Eigenkapital) abgebildet. Ausstehende Einlagen können als eine Art Gegenposten zum nominell ausgewiesenen Eigenkapital betrachtet werden und sind nicht Bestandteil des betriebsreinvermögensfundierten Haftungspotentials.

Bilanzierungshilfen stellen Wahlrechte dar, durch die der Kreis der bilanzierungsfähigen und wegen des Vollständigkeitsgrundsatzes auch bilanzierungspflichtigen Vermögensgegenstände erweitert bzw. der Umfang der Bilanzschulden verringert wird. Das Ausnutzen von aktiven Bilanzierungshilfen (Aufwendungen für die Ingangsetzung und Erweiterung des Geschäftsbetriebs, derivativer Geschäfts- oder Firmenwert, Disagio oder aktive latente Steuern) führt dazu, daß der Ausweis des betrieblichen Eigenkapitals durch Ansatz von

---

[36] Vgl. *D. Dziadkowski*, Bilanzhilfsposten ..., a.a.O., S. 1343.

zusätzlichen Aktivposten erhöht wird, die keine Vermögenswerte darstellen. Durch die für Pensionsverpflichtungen gewährte passive Bilanzierungshilfe kann der Umfang der Betriebsverschuldung geringer ausgewiesen und damit das Eigenkapital überhöht dargestellt werden. Allen betrachteten Bilanzierungshilfen ist gemeinsam, daß ihre Ausnutzung so zu einem erhöhten Ausweis von Haftungspotential führt. Dem steht die Gläubigerschutzfunktion bzw. - allgemeiner - die vertrauensbildende Funktion des Haftungspotentials entgegen. Bilanzierungshilfen sollten deshalb keinen Einfluß auf die Höhe des betriebsreinvermögensfundierten Haftungspotentials haben und bei seiner Ermittlung eliminiert werden.

Literaturverzeichnis

Adler, Hans, Düring, Walter u. Schmaltz, Kurt: Rechnungslegung und Prüfung der Unternehmen. Kommentar zum HGB, AktG, GmbHG, PublG nach den Vorschriften des Bilanzrichtlinien-Gesetzes. 5. Aufl., völlig neu bearb. v. K.H. Forster u.a. Stuttgart 1987.

Ballwieser, Wolfgang: Die Einflüsse des neuen Bilanzrechts auf die Jahresabschlußanalyse. In: Bilanzanalyse und Bilanzpolitik - Vorträge und Diskussionen zum neuen Recht -. Hrsg. v. J. Baetge. Düsseldorf 1989, S. 15-49.

Benner, Wolfgang: Betriebliche Prozesse, finanzwirtschaftliche Existenzbedingungen und finanzielles Gleichgewicht. In: Geldwirtschaft und Rechnungswesen. Hrsg. v. H.-D. Deppe. (Neue Betriebswirtschaftliche Studienbücher, Bd. 1.) Göttingen 1989, S. 153-198.

Biener, Herbert u. Berneke, Wilhelm: Bilanzrichtlinien-Gesetz. Textausgabe des Bilanzrichtlinien-Gesetzes vom 19.12.1985 (Bundesgesetzbl. I S. 2355) mit Bericht des Rechtsausschusses des Deutschen Bundestages, Regierungsentwürfe mit Begründung, EG-Richtlinien mit Begründung, Entstehung und Erläuterung des Gesetzes. Düsseldorf 1986.

Busse von Colbe, Walther: Art. Bilanzierungshilfe. Handwörterbuch unbestimmter Rechtsbegriffe im Bilanzrecht des HGB. Hrsg. v. U. Leffson, D. Rückle u. B. Großfeld. Köln 1986, S. 86-94.

Chmielewicz, Klaus: Vereinheitlichung der Rechnungslegung durch ein rechtsformenunabhängiges Rechnungslegungsgesetz. In: Rechnungslegung nach neuem Recht. Hrsg. v. M. Bierich u.a. Sonderheft 10/1980 der "Zeitschrift für betriebswirtschaftliche Forschung". Wiesbaden 1980, S. 15-52.

Commandeur, Dirk u. Commandeur, Gert: Die Inanspruchnahme handelsrechtlicher Bilanzierungshilfen - Ein Mittel zur Verhinderung eines Konkurses wegen Überschuldung? "Der Betrieb", Düsseldorf u. Frankfurt a.M., Jg. 41 (1988), S. 661-664.

Deppe, Hans-Dieter: Eine Konzeption wissenschaftlicher Bankbetriebslehre in drei Doppelstunden. In: Bankbetriebliches Lesebuch. Ludwig Mülhaupt zum 65. Geburtstag. Hrsg. v. H.-D. Deppe. Stuttgart 1978, S. 3-98.

Deppe, Hans-Dieter: Finanzielle Haftung heute - Obsoletes Relikt oder marktwirtschaftliche Fundamentalleistung? In: Zweihundert Jahre Geld und Brief. Herausforderungen an die Kapitalmärkte. Festgabe an die Niedersächsische Börse zu Hannover aus Anlaß ihres 200jährigen Bestehens. Hrsg. v. C.P. Claussen, L. Hübl u. H.-P. Schneider. Frankfurt a.M. 1987, S. 179-204. Wiederabgedruckt in: Geldwirtschaft und Rechnungswesen. Hrsg. v. H.-D. Deppe. (Neue Betriebswirtschaftliche Studienbücher, Bd. 1.) Göttingen 1989, S. 199-228.

Dziadkowski, Dieter: Bilanzhilfsposten (Bilanzierungshilfen) und Bewertungshilfen im künftigen Handelsbilanzrecht. "Betriebs-Berater", Heidelberg, Jg. 37 (1982), S. 1336-1345.

Eisele, Wolfgang: Technik des betrieblichen Rechnungswesens. Buchführung - Kostenrechnung - Sonderbilanzen. 3., völlig neubearb. Aufl., München 1988.

Eucken, Walter: Grundsätze der Wirtschaftspolitik. Hrsg. v. E. Eucken u. K.P. Hensel. 5., unveränd. Aufl., Tübingen 1975.

Feldgen, Dieter: Rechnungsabgrenzungsposten. In: Handbuch der Rechnungslegung. Kommentar zur Bilanzierung und Prüfung. Hrsg. v. K. Küting u. C.-P. Weber. Stuttgart 1986, S. 553-559.

Gräfer, Horst: Einführung in die Bilanzanalyse. Die Beurteilung von Unternehmen anhand veröffentlichter Jahresabschlüsse. Darstellung, Kontrollfragen, Aufgaben und Lösungen. 3., verb. u. erw. Aufl. unter Berücksichtigung des Bilanzrichtlinien-Gesetzes. Herne u. Berlin 1985.

Höfer, Reinhold u. Mayer-Wegelin, Eberhard: Rückstellungen. In: Handbuch der Rechnungslegung. Kommentar zur Bilanzierung und Prüfung. Hrsg. v. K. Küting u. C.-P. Weber. Stuttgart 1986, S. 509-552.

Knop, Wolfgang u. Küting, Karlheinz: Anschaffungs- und Herstellungskosten. In: Handbuch der Rechnungslegung. Kommentar zur Bilanzierung und Prüfung. Hrsg. v. K. Küting u. C.-P. Weber. Stuttgart 1986, S. 663-740.

Liebau, Gerhard: Monetäre Leistungen und konzeptionelle Erfassung des Betriebs. In: Geldwirtschaft und Rechnungswesen. Hrsg. v. H.-D. Deppe. (Neue Betriebswirtschaftliche Studienbücher, Bd. 1.) Göttingen 1989, S. 27-150.

Maul, Karl-Heinz: Bilanzierungshilfen im künftigen Bilanzrecht. "Die Aktiengesellschaft", Köln, Jg. 25 (1980), S. 233-240.

Moxter, Adolf: Bilanzlehre. Bd. II: Einführung in das neue Bilanzrecht. 3., vollst. umgearb. Aufl., Wiesbaden 1986.

Schneider, Dieter: Gliederungs-, Ansatz- und Bewertungswahlrechte für den Jahresabschluß. In: Rechnungslegung nach neuem Recht. Hrsg. v. M. Bierich u.a. Sonderheft 10/1980 der "Zeitschrift für betriebswirtschaftliche Forschung". Wiesbaden 1980, S. 81-100.

Selchert, Friedrich Wilhelm: Der Bilanzansatz von Aufwendungen für die Erweiterung des Geschäftsbetriebs. "Der Betrieb", Düsseldorf u. Frankfurt a.M., Jg. 39 (1986), S. 977-983.

Veit, Klaus-Rüdiger: Zur Bilanzierung von Organisationsausgaben und Gründungsausgaben nach künftigem Recht. "Die Wirtschaftsprüfung", Düsseldorf, Jg. 37 (1984), S. 65-70.

Veit, Klaus-Rüdiger: Aufwendungen für die Ingangsetzung und Erweiterung des Geschäftsbetriebs. In: Handbuch der Rechnungslegung. Kommentar zur Bilanzierung und Prüfung. Hrsg. v. K. Küting u. C.-P. Weber. Stuttgart 1986, S. 937-946.

Wöhe, Günter: Bilanzierung und Bilanzpolitik. Betriebswirtschaftlich - Handelsrechtlich - Steuerrechtlich. Mit einer Einführung in die verrechnungstechnischen Grundlagen. 7., völlig neubearb. u. erw. Aufl., München 1987.

Strukturelle Veränderungen bei den Betriebsergebnissen und Eigenkapitalbildung der Sparkassen

Harald Griesel, Reutlingen

Inhaltsverzeichnis

1 Einführung 285

2 Zunehmende Einengung der Zinsspannen 287

   21 Stetige Verteuerung der Mittelaufnahme 288

   22 Strukturveränderungen durch das Festzinsgeschäft 292

   23 Sonstige Einflußfaktoren 296

3 Ansatzpunkte zur Kompensation der negativen
Zinsspannenentwicklung 298

   31 Konsequentes Kostenmanagement 298

   32 Nachhaltige Stärkung des Provisionsgeschäfts 300

4 Zusammenfassung und Ausblick 303

Literaturverzeichnis 305

1 Einführung

Bereits in seinem grundlegenden Werk "Bankbetriebliches Wachstum", das auf For-
schungsergebnissen vorausgegangener Jahre basiert, stellt Deppe[1] das Eigenkapital eines
Kreditinstituts als eine "entscheidende Einflußgröße für das finanzielle Wachstum" heraus.
In seinen späteren Arbeiten[2] rückt das haftende Eigenkapital als Kern des finanziellen
Haftungspotentials von Unternehmungen noch stärker in den Mittelpunkt der wissenschaftlichen Auseinandersetzung: Haftende Mittel sind nach Deppe unverzichtbarer Bestandteil des Systems der produktiven Faktoren[3], wobei er die finanzielle Haftung des
Schuldners als "das den Gläubiger sichernde Rechtsinstitut im Wirtschaftsverkehr"[4] und
das haftende Eigenkapital als "unabdingbare Voraussetzung bankbetrieblicher Marktleistungserstellung"[5] definiert. Im Wettbewerb der Kreditinstitute ist insofern die Eigenkapitalausstattung im Sinne eines Sicherheitspolsters, aber zugleich als Kapazitätskriterium
eine elementare Qualitätskomponente.[6] Dies findet auch aktuell seinen Niederschlag in
den Richtlinien des Rates der Europäischen Gemeinschaft über die Eigenmittel von Kreditinstituten bzw. über einen Solvabilitätskoeffizienten.[7]

Bei den öffentlich-rechtlichen Sparkassen vollzieht sich die Eigenkapitalaufbringung im
wesentlichen über Dotierungen der Sicherheitsrücklage und damit über Gewinnerwirtschaftung. Die Sicherheitsrücklage ist zwar - insbesondere auf dem Hintergrund der Gewährträgerhaftung - nur als Teil des gesamten finanziellen Haftungspotentials einer Sparkasse zu sehen, bildet jedoch die Meßlatte hinsichtlich der Geschäftsbegrenzungsfunktion,
die dem haftenden Eigenkapital der Kreditinstitute zukommt. Diese "Funktion der Begrenzung des Geschäftsvolumens (Bremsfunktion)"[8] dokumentiert sich z.B. in den Bestim-

---

[1] *H.-D. Deppe*, Bankbetriebliches Wachstum. Funktionalzusammenhänge und Operations Research in Kreditinstituten. Stuttgart 1969, S. 103.

[2] Vgl. insbesondere *H.-D. Deppe*, Eine Konzeption wissenschaftlicher Bankbetriebslehre in drei Doppelstunden. In: Bankbetriebliches Lesebuch. Ludwig Mülhaupt zum 65. Geburtstag. Hrsg. v. H.-D. Deppe. Stuttgart 1978, S. 3-98 sowie *H.-D. Deppe*, Finanzielle Haftung heute - Obsoletes Relikt oder marktwirtschaftliche Fundamentalleistung? In: Zweihundert Jahre Geld und Brief. Herausforderungen an die Kapitalmärkte. Festgabe an die Niedersächsische Börse zu Hannover aus Anlaß ihres 200jährigen Bestehens. Hrsg. v.
C.P. Claussen, L. Hübl u. H.-P. Schneider. Frankfurt a.M. 1987, S. 179-204. Wiederabgedruckt in: Geldwirtschaft und Rechnungswesen. Hrsg. v. H.-D. Deppe. (Neue Betriebswirtschaftliche Studienbücher, Bd.
1.) Göttingen 1989, S. 199-228.

[3] *H.-D. Deppe*, Eine Konzeption wissenschaftlicher Bankbetriebslehre ..., a.a.O., S. 31 ff. u. S. 38 ff.

[4] *H.-D. Deppe*, Eine Konzeption wissenschaftlicher Bankbetriebslehre ..., a.a.O., S. 32. Vgl. auch *H.-D.
Deppe*, Finanzielle Haftung heute ..., a.a.O., S. 200 ff. u. S. 205 ff.

[5] *H.-D. Deppe*, Eine Konzeption wissenschaftlicher Bankbetriebslehre ..., a.a.O., S. 34 f.

[6] Vgl. dazu *H. Griesel*, Qualitätspolitik im Wettbewerb der Kreditinstitute. (Untersuchungen über das Spar-,
Giro- und Kreditwesen, Abt. A: Wirtschaftswissenschaft. Schriften des Instituts für das Spar-, Giro- und
Kreditwesen an der Universität Bonn, Bd. 97.) Berlin 1978, S. 46 ff. u. S. 133 f.

[7] Vgl. Richtlinie des Rates vom 17. April 1989 über die Eigenmittel von Kreditinstituten (89/299/EWG), abgedruckt im Amtsblatt der Europäischen Gemeinschaften Nr. L 124 v. 5.5.1989, und Richtlinie des Rates
vom 18. Dezember 1989 über einen Solvabilitätskoeffizienten für Kreditinstitute (89/647/EWG), abgedruckt im Amtsblatt der Europäischen Gemeinschaften Nr. L 386 v. 30.12.1989.

[8] *K.F. Hagenmüller*, Der Bankbetrieb. Bd. 1: Strukturlehre - Kapitalbeschaffung der Kreditinstitute. 4., überarb. Aufl., Wiesbaden 1976, S. 229.

mungen des § 10 KWG und in den darauf basierenden "Grundsätzen I und Ia" des Bundesaufsichtsamtes für das Kreditwesen, künftig auch im EG-weiten Solvabilitätskoeffizienten für Kreditinstitute.

Die existentiell notwendige Gewinnerwirtschaftung erfolgt bei den Sparkassen traditionell weit überwiegend über den Zinsüberschuß. Die Zinsspannen sind jedoch in jüngerer Zeit generell spürbar unter Druck geraten. Zunehmend mehr erweisen sich die zinsunabhängigen Erträge in der Kreditwirtschaft als Stütze des Gesamtertrags. Diese Entwicklung führt bei den Sparkassen - insbesondere im Vergleich zu den Großbanken - zu deutlich stärkeren Belastungen, da ihr Provisionsgeschäft weit weniger stark ausgeprägt ist.[9]

Im vorliegenden Beitrag soll dieser Prozeß struktureller Veränderungen bei der Gewinnerwirtschaftung der Sparkassen näher untersucht werden. Dabei wird von dem in Übersicht 1 veranschaulichten Grundschema der Erfolgsspannenrechnung ausgegangen.[10]

In der Analyse konzentriert sich der Verfasser auf die Betriebsergebnisse der Sparkassen und dabei insbesondere auf die Zinsspannen. Damit werden zwar nicht alle Einflußfaktoren der Erzielung von Jahresüberschüssen erfaßt, der Blick kann so jedoch stärker auf die Bereiche gelenkt werden, die nachhaltigen strukturellen Veränderungen unterliegen. Diese einengende Betrachtung vernachlässigt zwangsläufig Interdependenzen zwischen dem Betriebsergebnis und dem außerordentlichen Ergebnis. So läßt sich - um ein Beispiel herauszugreifen - bei der Eigenanlage in festverzinslichen Wertpapieren steuern, ob Erträge stärker das Betriebsergebnis oder das außerordentliche Ergebnis berühren: Ein über pari erworbenes Wertpapier mit vergleichsweise hoher Nominalverzinsung stärkt die Zinsspanne und belastet das außerordentliche Ergebnis, eine unter pari getätigte Wertpapieranlage wirkt dagegen umgekehrt. Trotz solcher Interdependenzen erscheint eine Konzentration in der genannten Weise zweckdienlich.

Im folgenden Teil 2 werden die wesentlichen Hintergründe der aktuellen Zinsspannenbelastungen analysiert. Dazu ist insbesondere auf die Verteuerung der Mittelaufnahme und auf Strukturveränderungen durch das Festzinsgeschäft einzugehen. Ansatzpunkte zur Kompensation dieser Belastungen sind in Teil 3 zu umreißen. Bewußt ist hier lediglich von "Ansatzpunkten" die Rede, da eine vertiefte Behandlung der vielfältigen Einflußfaktoren den gegebenen Rahmen des vorliegenden Beitrags sprengen würde. Teil 4 schließt die Ausführungen mit einer kurzen Zusammenfassung wesentlicher Ergebnisse und einem Ausblick auf die Anforderungen an eine künftige Markt- und Erfolgspolitik der Sparkassen ab.

---

[9] Vgl. zu dieser Entwicklung die Beiträge zur Ertragslage der deutschen Kreditinstitute in den August-Ausgaben der "Monatsberichte der Deutschen Bundesbank" der zurückliegenden Jahre, zuletzt: *Deutsche Bundesbank*, Die Ertragslage der deutschen Kreditinstitute im Jahre 1988. "Monatsberichte der Deutschen Bundesbank", Frankfurt a.M., Jg. 41 (1989), Nr. 8, S. 13-31.

[10] Vgl. hierzu auch *U. Güde*, Geschäftspolitik der Sparkassen. Grundlagen und aktuelle Probleme. 5., neu bearb. u. erw. Aufl., Stuttgart 1989, S. 410.

Übersicht 1: Erfolgsspannenrechnung (Positionen in v.H. der Bilanzsumme bzw. der durchschnittlichen Bilanzsumme)

```
          Zinsertrag

./.       Zinsaufwand
          _____

=         Zinsüberschuß (Zinsspanne)

+         Sonstiger ordentlicher Ertrag[a]

./.       Sonstiger ordentlicher Aufwand[b]
          _____

=         Betriebsergebnis

+         Außerordentlicher Ertrag

./.       Außerordentlicher Aufwand

./.       Gewinnabhängige Steuern
          _____

=         Jahresüberschuß/Jahresfehlbetrag
```

[a] Insbesondere Erträge aus Gebühren und Provisionen;
[b] Personalaufwand, Sachaufwand etc.

2 Zunehmende Einengung der Zinsspannen

Wie schon einleitend dargelegt, ist die deutsche Kreditwirtschaft einem Prozeß sinkender Zinsspannen ausgesetzt. Für die Sparkassen hat diese Entwicklung besondere Bedeutung, da in ihren Aufwands- und Ertragsrechnungen die Zinsspanne traditionell überdurchschnittlich zum Gesamterfolg beitrug und beiträgt. So belief sich der Zinsüberschuß der Sparkassen in den zurückliegenden Jahren auf rund das Zehnfache des Provisionsüberschusses, im Durchschnitt aller Bankengruppen lediglich auf das Sechs- bis Siebenfache.[11]

Wenn im folgenden die Hintergründe für sinkende Zinsspannen aus der Sicht der Sparkassenpraxis untersucht werden, so ist vorwegzuschicken, daß sich der absolute Zinsüberschuß in den zurückliegenden Jahren freilich noch von Jahr zu Jahr erhöht hat, allerdings

---

[11] Vgl. dazu die Zahlenfortschreibungen in: *Deutsche Bundesbank*, Die Ertragslage der deutschen Kreditinstitute im Jahre 1988, a.a.O., S. 26 ff.

nur mit abnehmenden Zuwachsraten.[12] Gesunken ist dagegen die Zinsspanne, d.h. die Relationsgröße aus Zinsüberschuß und Bilanzsumme bzw. durchschnittlicher Bilanzsumme oder auch durchschnittlichem Geschäftsvolumen. Der erwirtschaftete Zinsüberschuß konnte folglich nicht mit dem Bilanzsummen- bzw. Geschäftsvolumenswachstum Schritt halten.

Die Erfahrung zeigt, daß in längeren Zinssenkungsphasen üblicherweise die Zinsspannen unter Druck geraten.[13] Die Einengung der Zinsspannen kann also zinsphasenbedingt sein, d.h. aus nicht völlig gleichgerichteter Entwicklung der Aktiv- und Passivzinssätze resultieren. Ursache für Zinsspannenveränderungen können aber auch Bilanzstrukturverschiebungen sein, wobei diese nachhaltiger wirken. Für die aktuelle Entwicklung kommt der letztgenannten Komponente eine entscheidende Bedeutung zu. Das ist im folgenden herauszuarbeiten.

21 Stetige Verteuerung der Mittelaufnahme

Entscheidenden Einfluß auf die Einengung der Zinsspannen hatte in den zurückliegenden Jahren - mit der Tendenz zur Beschleunigung - die stetige Verteuerung der Mittelaufnahme. Eine immer größere Zahl renditestärkerer Anlageformen führte - abgesehen von zinsphasenbedingten Schwankungen - von der Zinsaufwandsseite her zu einem ständig steigenden Druck auf die Zinsspanne. Die Ursachen dieses Prozesses sind kurz zu skizzieren.

Auf dem Hintergrund der für die Kreditwirtschaft typischen oligopolistischen Marktstrukturen[14] hat sich der Wettbewerb im Kreditgewerbe, insbesondere seit den 60er Jahren, deutlich verstärkt. Die Gründe dafür liegen zum Teil in einer generellen Veränderung der rechtlichen Rahmenbedingungen, innerhalb derer sich kreditwirtschaftlicher Wettbewerb vollzieht.[15] Hinzu kommt aber eine Vielzahl sonstiger Ursachen, wobei für die in diesem Kapitel aufgeworfene Fragestellung insbesondere die folgenden Aspekte bedeutsam erscheinen:

- Die Einkommen der privaten Haushalte sind beträchtlich gestiegen.

---

[12] Vgl. dazu die Zahlenfortschreibungen in: *Deutsche Bundesbank*, Die Ertragslage der deutschen Kreditinstitute im Jahre 1988, a.a.O., S. 28.

[13] Vgl. dazu die Zahlenfortschreibungen in: *Deutsche Bundesbank*, Die Ertragslage der deutschen Kreditinstitute im Jahre 1988, a.a.O., S. 25. - So sank der Zinsüberschuß, bezogen auf das durchschnittliche Geschäftsvolumen, bei den Sparkassen von 3,63 v.H. im Jahre 1983 auf 2,94 v.H. im Jahre 1988.

[14] Vgl. dazu *H. Griesel*, Funktionsweise und charakteristische Merkmale des Bankenwettbewerbs als Gegenstand wissenschaftlicher Bankbetriebslehre. In: Bankbetriebliches Lesebuch. Ludwig Mülhaupt zum 65. Geburtstag. Hrsg. v. H.-D. Deppe. Stuttgart 1978, S. 581-612, hier S. 590, sowie die dort angeführten Literaturquellen.

[15] Vgl. *H. Griesel*, Funktionsweise und charakteristische Merkmale des Bankenwettbewerbs ..., a.a.O., S. 581 f.

- Die Großbanken, die Deutsche Bundespost, Bausparkassen und neu gegründete Kreditinstitute drangen in das Bankgeschäft mit den klassischen Sparkassenkunden ein.

- Da sich andererseits auch die Sparkassen neue Geschäftsfelder und Zielgruppen erschlossen, vollzog sich tendenziell eine Angleichung der Geschäftsstrukturen bei den verschiedenen Bankengruppen.[16]

- Die internationalen Märkte sind für die deutschen Bankkunden bedeutsamer geworden. Entsprechend wird auch das Gewicht ausländischer Kreditinstitute in der Bundesrepublik Deutschland weiter steigen, insbesondere im Zuge der europäischen Integration.

- Die Versicherungen konnten ihren Anteil an der Geldvermögensanlage beträchtlich ausbauen.[17] Dies forderte und fordert die Kreditinstitute zu verstärkten Aktivitäten heraus.

- Sonstige ursprünglich branchenfremde Unternehmen treten vermehrt als Konkurrenten der Kreditinstitute auf.

- Die Kunden, insbesondere auch die Sparkassenkunden, sind in bankgeschäftlichen Fragen heutzutage besser informiert und stärker sensibilisiert, als das früher der Fall war. Dies wurde zum einen durch die Medien und Verbraucherorganisationen bewirkt, zum anderen aber auch durch die Beratungstätigkeit der Institute selbst.[18] Hinzu kommt, daß die Menschen heute vergleichsweise mehr Zeit haben, sich mit ihren Geldangelegenheiten zu beschäftigen. Folge dieser Veränderungen ist unter anderem eine spürbar gestiegene Zinsempfindlichkeit in der Bevölkerung.

- Ererbte Vermögen verändern das Spar- und Anlageverhalten der nachfolgenden Generationen.

Ergebnis der skizzierten Entwicklungen war ein permanent zunehmender Wettbewerbsdruck in der Kreditwirtschaft. Die in der Wettbewerbstheorie betrachtete "Beweglichkeit der Nachfrage"[19], die im wesentlichen von der Substitutionsfähigkeit der Produkte sowie der Markttransparenz abhängt, ist in den zurückliegenden Jahren im kreditwirtschaftli-

---

[16] Allerdings bestehen nach wie vor wesentliche Unterschiede, die bei den weiteren Überlegungen noch zu betonen sein werden.

[17] So stieg der Anteil der Geldanlage bei Versicherungen an der gesamten Geldvermögensbildung der privaten Haushalte von 18,3 v.H. im Jahre 1980 auf 26,6 v.H. im Jahre 1988, während der Anteil der Geldanlage bei Banken von 42,8 v.H. im Jahre 1980 auf 28,6 v.H. im Jahre 1988 sank. Angaben berechnet nach: *Deutsche Bundesbank*, Ergebnisse der gesamtwirtschaftlichen Finanzierungsrechnung für das Jahr 1988. "Monatsberichte der Deutschen Bundesbank", Frankfurt a.M., Jg. 41 (1989), Nr. 5, S. 12-20, hier S. 19. Angabe für 1988 vorläufig. - Vgl. hierzu auch *E. Heßheimer* u. *G. Jaeger*, Geldvermögensbildung: Entwicklung in der Vergangenheit, Tendenzen in der Zukunft. "Sparkasse", Stuttgart, Jg. 103 (1986), S. 428-439.

[18] Vgl. dazu auch *H.-J. Möhle*, Beiträge: Das Passivgeschäft - zentrale Herausforderung für die künftige Geschäftspolitik der Sparkassen. "Sparkasse", Stuttgart, Jg. 102 (1985), S. 454-460, hier S. 455.

[19] Vgl. dazu *E. Kantzenbach*, Die Funktionsfähigkeit des Wettbewerbs. (Wirtschaftspolitische Studien aus dem Institut für Europäische Wirtschaftspolitik der Universität Hamburg, H. 1. Hrsg. v. H. Jürgensen.) 2., durchges. Aufl., Göttingen 1967, S. 46; *H. Griesel*, Funktionsweise und charakteristische Merkmale des Bankenwettbewerbs ..., a.a.O., S. 592 ff.

chen Bereich zweifellos gestiegen. Der Verfasser hat sich vor mehr als zehn Jahren mit den Gründen für die eingeschränkte Mobilität von Bankkunden beschäftigt[20] und muß nach dieser Zeitspanne konstatieren, daß die Mobilität der Kunden sicherlich größer geworden ist; dies insbesondere bezogen auf Anlageprodukte, die in diesem Kapitel im Mittelpunkt stehen.

Die skizzierten Veränderungen der Rahmenbedingungen des Wettbewerbs führten bei den Sparkassen innerhalb von rund zwei Jahrzehnten, dabei vor allem während des letzten Jahrzehnts, zu einem intensiven Einsatz der marktpolitischen Instrumente Produkt- und Sortimentsgestaltung. Insbesondere die Leistungspalette im Passivgeschäft wurde erheblich ausgeweitet. Durch die Entwicklung neuer Leistungen, durch Produktdifferenzierung und Produktbündelung stellen sich die Leistungsprogramme heute sowohl hinsichtlich ihrer Breiten- als auch ihrer Tiefendimension[21] wesentlich umfangreicher dar. Dabei haben die neuen bzw. modifizierten Leistungen in aller Regel eines gemeinsam: Sie bieten den Kunden höhere Renditen und führen folglich bei den Instituten zu steigenden Zinsaufwendungen. Erwähnt sei in diesem Zusammenhang auch, daß im Zuge des Abbaus der staatlichen Sparförderung Ersatzprodukte geschaffen wurden, die die weggefallene Förderung zum Teil durch attraktivere Zinsgestaltungen ausgleichen, um aufgebaute Kundenbeziehungen nicht zu gefährden.[22] Auch dies trug zwangsläufig zur Verteuerung der Mittelaufbringung bei.

Die Sortimentsausweitung hat bei den Sparkassen dazu geführt, daß hinsichtlich der Produktgestaltung und der Produktbezeichnungen inzwischen eine kaum noch zu überblickende Vielfalt besteht. Dennoch soll versucht werden, mit der folgenden Zusammenstellung einen komprimierten Einblick in die Sortimentserweiterungen im Passivgeschäft der Sparkassen zu vermitteln. Aus dem unmittelbaren Erfahrungshorizont des Verfassers lassen sich anführen[23]:

- Sparkassenbriefe (Namenspapiere mit fester Verzinsung; unterschiedliche Laufzeiten);

- Sparkassenobligationen (Orderschuldverschreibungen mit fester Verzinsung; Laufzeiten ab zwei Jahren);

- Inhaberschuldverschreibungen (Inhaberpapiere mit fester Verzinsung; Laufzeiten oft erst ab vier Jahren, da das kurzfristige Emissionskontingent vielfach durch Sparkassenobligationen weitgehend ausgeschöpft ist);

---

[20] Vgl. *H. Griesel*, Funktionsweise und charakteristische Merkmale des Bankenwettbewerbs ..., a.a.O., S. 593 ff.

[21] Vgl. dazu *H. Griesel*, Qualitätspolitik im Wettbewerb der Kreditinstitute, a.a.O., S. 123 ff.

[22] Vgl. zu den Veränderungen in der staatlichen Sparförderung z.B. *S. Platz*, Leitfaden durch das Passivgeschäft. Teil 1 und Teil 2. 3., überarb. u. erw. Aufl., Stuttgart 1987 (Teil 1) u. 1988 (Teil 2), hier Teil 2, S. 252 ff.; *R. Hornung-Draus*, Überblick über die 1989 und 1990 eintretenden Änderungen im Bereich der Vermögensbildung. "Der Betrieb", Düsseldorf u. Frankfurt a.M., Jg. 42 (1989), S. 246-248.

[23] Zur differenzierten Darstellung derartiger Anlageformen vgl. *S. Platz*, Leitfaden durch das Passivgeschäft, a.a.O., Teil 2, S. 252 ff. Vgl. auch *H. Höffer* u. *M. Schöler*, Zur Marktbedeutung der Sondersparformen der Sparkassen. "Sparkasse", Stuttgart, Jg. 103 (1986), S. 236-238.

- Renta-Plan (Auszahlungsplan auf der Basis von Tilgungssparkassenbriefen mit fester Verzinsung für die Laufzeit des jeweiligen Briefes; Gesamtlaufzeiten häufig zwischen acht und 25 Jahren);

- Prämiensparen (siebenjähriger Ratensparvertrag; Ersatzprodukt für das ehemalige staatlich geförderte PVS-Sparen[24]; variable Grundverzinsung und Prämie auf die Summe der eingezahlten Sparbeträge am Ende der Vertragslaufzeit);

- VL-Sparen mit Prämie[25] (Ersatz der staatlichen Sparprämie durch eigene Prämienzahlungen; Konstruktion wie Prämiensparen);

- Vorsorgesparen (langfristiger Ratensparvertrag mit Laufzeiten bis zu 25 Jahren; Konstruktion wie Prämiensparen; häufig in der Produktbezeichnung dem Prämiensparen zugeordnet);

- Versicherungssparen (Vorsorge-Sparvertrag, kombiniert mit einer Risiko-Lebensversicherung);

- Vermögenssparen (variabelverzinsliche Sparform für Einzelanlagen mit Mindestbeträgen; über vorgeschaltete Kündigungssperrfristen Anlagezeiträume von in der Regel ein bis vier Jahren);

- Existenzgründungssparen (Prämiensparvariante, die auf dem Hintergrund eines staatlichen Förderprogramms entstanden ist);

- Sparkassenzertifikate (Spareinlagen mit einjährigem Festzins);

- Gewinnobligationen (als Beteiligungswerte anerkannte Anlagepapiere im Rahmen der VL-Anlage; ab 1990 nur noch für Mitarbeiter der emittierenden Institute einsetzbar);

- Zuwachssparen (Spareinlagen mit jährlich steigendem Zins).

Schon an dieser Stelle ist darauf hinzuweisen, daß einige der neugeschaffenen Produkte notwendig sind, um den anwachsenden Blöcken an Festzinsdarlehen entsprechende festverzinsliche Passivblöcke gegenüberzustellen. Die Festzinsproblematik für Sparkassen wird umfassender aber erst im folgenden Kapitel 22 dargestellt.

Es drängt sich in diesem Zusammenhang die Frage nach der Überschaubarkeit der Sortimente, nach der Notwendigkeit der Sortimentsstraffung auf. Diese Problematik läßt sich im gegebenen Zusammenhang zwar nicht vertiefen, jedoch sei festgehalten, daß solche Straffungen zum Teil erforderlich sind und in der Sparkassenpraxis auch vollzogen wurden. Umfangreiche Leistungsprogramme aber müssen nicht notwendigerweise reduziert werden, um mehr Übersichtlichkeit zu erzielen. Überschaubare Sortimente sind vielmehr auch eine Frage systematisch durchdachter Präsentation gegenüber Kunden und Mitarbeitern.

---

[24] PVS = Prämienbegünstigtes Vertragssparen.
[25] VL = Vermögenswirksame Leistungen.

Bedingt durch die dargestellte Vielzahl an neuen, höherverzinslichen Anlageformen vollzog sich eine kontinuierliche "Verteuerung der Passivseite" zum einen dadurch, daß neue Anlagemittel in diese Angebote flossen, zum anderen aber auch dadurch, daß von den Kunden Umschichtungen vorgenommen wurden, die schnell zu deutlichen strukturellen Verschiebungen führten. Die neuen Leistungsvarianten, speziell die festverzinslichen Produkte, zeichnen sich nicht nur durch attraktivere Renditen aus, sondern im Neugeschäft auch durch raschere Zinsanpassungen bei Zinsniveau-Änderungen. So erfolgen Zinskorrekturen bei Anlageformen wie dem Sparkassenbrief, insbesondere aber bei der Sparkassenobligation und der Inhaberschuldverschreibung wesentlich schneller als bei den traditionellen Formen der Spareinlagen. Damit ergab sich nicht nur eine Verschiebung zugunsten höherrentierlicher, sondern zugleich auch zinsreagiblerer Anlagen, soweit man das Neugeschäft betrachtet. Dieser Effekt wirkt prinzipiell zwar sowohl in Phasen steigender als auch fallender Zinssätze, hat aber per saldo eine weitere Zinsspannenbelastung zur Folge.

Es bleibt am Ende dieses Kapitels festzuhalten, daß insbesondere die Einführung und der Verkauf von Eigenemissionen (Sparkassenbriefe, Sparkassenobligationen, Inhaberschuldverschreibungen) dazu führen, daß sich die Sparkassen in der Zinsspannenstruktur immer mehr den Emissionsinstituten nähern, ohne jedoch - und dies ist ein gravierendes Zukunftsproblem - die für diese Institute typischen Personal- und Sachkostenrelationen aufzuweisen.

22 Strukturveränderungen durch das Festzinsgeschäft

Bereits in Kapitel 21 wurde im Zusammenhang mit der Auflistung neuer Passivprodukte der Sparkassen darauf hingewiesen, daß entscheidende Anstöße zur Schaffung solcher Anlageformen aus strukturellen Verschiebungen auf der Aktivseite der Sparkassenbilanzen resultieren: Festverzinsliche Passiva waren in den Markt zu bringen, um adäquate Finanzierungsmittel für das ständig anwachsende Festzinsdarlehensgeschäft zu sichern.

Für die Problemstellung dieses Beitrags ist es von grundlegender Bedeutung, daß sich in den letzten Jahren die Bilanzstrukturen der Sparkassen nachhaltig verschoben haben: Der Anteil des variabelverzinslichen Geschäfts ist in aller Regel zugunsten des Festzinsgeschäfts spürbar zurückgegangen. Die entscheidenden Impulse für diese Entwicklung kamen vom Aktivgeschäft her. Noch bis in die 70er Jahre hinein wurden die Sparkassen im Gegensatz zu den Hypothekenbanken, den traditionellen Ausreichern von Festzinsdarlehen, als die klassischen Anbieter von variabelverzinslichen Darlehen gesehen. Folge war, daß die Hypothekenbanken eher in Niedrigzinsphasen, die Sparkassen eher in Phasen eines hohen Zinsniveaus stärkere geschäftliche Impulse zu erwarten hatten.

Dieses Darlehensanbieter-Bild der Sparkassen hat sich mittlerweile - mit Konsequenzen, die noch darzustellen sein werden - deutlich gewandelt. Auf dem Hintergrund stärkerer Zinsschwankungen in der Vergangenheit forderten die Darlehensnehmer immer nachhaltiger Zinsfestschreibungen, um sich zumindest für einen Teil der Darlehenslaufzeit auf eine feste Kalkulationsbasis stützen zu können. Dieser Trend verstärkte sich verständlicherweise beträchtlich in Phasen niedriger Zinssätze. Die Sparkassen konnten sich einem solchen Marktdruck nicht entziehen und entwickelten sich auch zu Anbietern von Festzinsdarlehen, was wiederum - wie bereits betont - konsequenterweise zum Aufbau eines Festzins-Passivgeschäfts führte. Auf diese Weise bildeten sich innerhalb recht kurzer Zeiträume zum Teil beachtliche Festzinsblöcke in den Sparkassenbilanzen. Da zu diesen Bilanzstrukturdaten keine bundesweiten Werte vorliegen, kann eine konkrete Quantifizierung nicht erfolgen.

Gravierende Konsequenzen ergeben sich aus dieser Entwicklung für die Zinsspanne insofern, als die Margen im Festzinsgeschäft deutlich unter denen im variabelverzinslichen Geschäft liegen. Diese Margen werden im Markt durch die klassischen Festzinsanbieter, d.h. durch Hypothekarkreditinstitute und weitere Emissionsinstitute, geprägt, bei denen - wie schon oben angedeutet - wesentlich geringere Personal- und Sachkosten als bei einer Flächensparkasse anfallen und die sich demzufolge mit geringeren Margen begnügen können. Geht man von diesen unterschiedlichen Kostenstrukturen aus, so lassen sich - als grobe Anhaltspunkte - für das variabelverzinsliche Geschäft erforderliche Zinsspannen von ca. 3 v.H., für das Festzinsgeschäft solche von ca. 1 v.H. nennen. Der zunehmende Wettbewerbsdruck hat in jüngster Zeit zur Folge, daß im Festzinsgeschäft die Spannen oft sogar deutlich unter 1 v.H. liegen.

Dem Festzinsgeschäft ist ein weiteres gewichtiges erfolgsrechnerisches Problem immanent, das Zinsänderungsrisiko, auf das nunmehr einzugehen ist. Die zuletzt behandelte Zinsspannenbelastung resultiert aus der Tatsache, daß das Festzinsgeschäft generell geringere Gewinnbeiträge liefert als das variabelverzinsliche Geschäft. Demgegenüber läßt sich das Zinsänderungsrisiko darauf zurückführen, daß sich die Festzinsvolumina auf der Aktiv- und der Passivseite der Bilanzen unterschiedlich entwickeln können.

Bei der Untersuchung dieses Problems ist zweckmäßigerweise von den prinzipiell zu unterstellenden Kundeninteressen in unterschiedlichen Zinsphasen auszugehen.[26]

---

[26] Vgl. hierzu z.B. *K.-H. Schäfer*, Zinsbindungen im Aktiv- und Passivgeschäft. Steuerung und Überwachung der Festzinsen im Zeitablauf. In: Sparkassen im Markt. Diskussionsforum zur marktorientierten Unternehmensführung. Heft 2: Rentabilitätssteuerung. Hrsg. v. Deutschen Sparkassen- und Giroverband e.V. Stuttgart 1981, S. 13-18, hier S. 13. - Zur Steuerung von Zinsänderungsrisiken allgemein vgl. u.a. *W. Bessler*, Zinsrisikomanagement in Kreditinstituten. Wiesbaden 1989; *J. Remmers*, Probleme der Erfassung und Steuerung des Zinsänderungsrisikos mit Hilfe des bankbetrieblichen Rechnungswesens. In: Risikovorsorge. Das Rechnungswesen als Informationsinstrument zur Steuerung und Kontrolle bankbetrieblicher Risiken. Hrsg. v. R. Kolbeck. Frankfurt a.M. 1985, S. 61-85; *J. Strobl*, Zinsänderungsrisiken in Kreditinstituten. Wien 1989; *M. Bangert*, Zinsrisiko-Management in Banken. (Schriftenreihe des Instituts für Kredit- und Finanzwirtschaft, Bd. 13.) Wiesbaden 1987.

Übersicht 2: <u>Kundeninteressen in unterschiedlichen Zinsphasen</u>

Produkte \ Zinsphasen	Hochzinsphase	Niedrigzinsphase
Produkte des Aktivgeschäfts	- variable Verzinsung - kurzfristiger Festzins	- langfristiger Festzins
Produkte des Passivgeschäfts	- langfristiger Festzins	- variable Verzinsung - kurzfristiger Festzins

Wie Übersicht 2 zeigt, ist tendenziell eine ungleichgewichtige Entwicklung aktiver und passiver Festzinsblöcke geradezu unausweichlich.[27] Im praktischen Marktgeschehen werden die Konsequenzen, die sich aus dieser Gegenüberstellung ableiten lassen, allerdings abgemildert. So ist im Zeitpunkt einer Konditionenentscheidung häufig nicht klar zu bestimmen, ob man aktuell eine Hochzinsphase bzw. eine Niedrigzinsphase oder aber ein Zwischenstadium in der Zinsentwicklung zu unterstellen hat. Man mag auf Zinsphasenentwicklungen in der Vergangenheit zurückblicken, sich nicht selten widersprechende Zinsprognosen zu Rate ziehen, letztlich ist von Unsicherheit über die weitere Zinsentwicklung auszugehen, die den Effekt abschwächt, der aus dem in Übersicht 2 veranschaulichten Kundeninteresse resultiert.

Auch werden in deutlicher fixierbaren Niedrigzinsphasen bewußt variabelverzinsliche Darlehensteile in Gesamtfinanzierungen eingebaut, da sie dem Darlehenskunden mit Blick auf Sondertilgungsmöglichkeiten wesentlich mehr Flexibilität bieten, als dies bei einem Festzinsdarlehen der Fall ist. Bei Festzinsdarlehen sind flexiblere Handhabungen üblicherweise nur über zu beschließende Zugeständnisse an den Kunden möglich. Zudem werden in der Sparkassenorganisation seit etlichen Jahren Ansatzpunkte erörtert, das Festzinsdarlehensgeschäft zu begrenzen: Angebote wie variabelverzinsliche Darlehen mit garantierter Zinsobergrenze für einen festgelegten Zeitraum, variabelverzinsliche Darlehen mit festen Annuitäten oder variabelverzinsliche Darlehen mit Zinsabstandswahrungen konnten die Festzinsproblematik zumindest abschwächen.

---

[27] Von vielfältigen sonstigen Entscheidungsmotiven wird dabei zunächst abstrahiert.

Dennoch gab es keine Möglichkeit, die skizzierten Probleme vollständig zu lösen. Der Anteil des variabelverzinslichen Geschäfts sank, und im Festzinsgeschäft entwickelten sich die Aktiv- und Passivblöcke ungleichgewichtig. Dabei wurden bei den Sparkassen in aller Regel Aktivüberhänge aufgebaut, verbunden mit Inkongruenzen bei den einzelnen Zinsbindungsfristen. Konkret heißt dies, daß Teile des festverzinslichen Aktivgeschäfts variabel finanziert sind. Bei steigendem Zinsniveau sind für dieses Überhangvolumen die Darlehensverzinsungen festgeschrieben, während sich die Finanzierungsmittel verteuern. Die Gefahr, daß eine solche Situation eintritt, bezeichnen wir als (passivisches) Zinsänderungsrisiko.[28] Der Vollständigkeit halber muß angemerkt werden, daß je nach Zinsentwicklung neben dem Zinsänderungsrisiko auch eine Zinsänderungschance besteht.

Es ist heute unabdingbar, die Entwicklung der Festzinsblöcke in den einzelnen Instituten konsequent zu beobachten und zu analysieren. Die bewilligten fest- und variabelverzinslichen Darlehen sollten nach Stückzahlen und Volumina erfaßt werden, ebenso das nach Zinsbindungsfristen gegliederte aktive und passive Neugeschäft. Im Mittelpunkt aber hat die Erstellung von Fristenablaufbilanzen zu stehen, in die - über kurze Zeiträume aktualisiert - die festverzinslichen Aktiva und Passiva mit ihren jeweils verbleibenden Zinsbindungsfristen einbezogen werden. Auf diese Weise sind die Entwicklungen der Zinsänderungsrisiken zu überwachen und risikomindernde Maßnahmen zu steuern.[29]

Eine solche Eingrenzung des passivischen Zinsänderungsrisikos erfolgt über die kongruente Refinanzierung von Aktivüberhangblöcken bzw. von Einzeldarlehen, wobei Kongruenz abstellt auf Zinsbindungsfristen, nicht auf Gesamtlaufzeiten. Die Absicherung des Zinsänderungsrisikos geht einher mit dem Verzicht auf Gewinnchancen aus der Nutzung der Fristentransformation, genauer: der Zinsbindungsfristen-Transformation. Solche Refinanzierungen - in aller Regel Interbankgeschäfte - führen zu stark eingeengten Margen und bauen gelegentlich Liquidität auf, die - allein unter Liquiditätsgesichtspunkten betrachtet - gar nicht benötigt wird. Die risikopolitische Maßnahme der Absicherung von Zinsänderungsrisiken belastet also unmittelbar die Zinsspanne. Dies aber ist in Kauf zu nehmen, sollen drohende, möglicherweise wesentlich höhere Belastungen der Zinsspanne in der Zukunft ausgeschlossen werden. So gesehen kommt die aktuell hingenommene Belastung durch ein Refinanzierungsgeschäft quasi einer Versicherungsprämie gleich.

---

[28] Vgl. *L. Mülhaupt*, Einführung in die Betriebswirtschaftslehre der Banken. Struktur und Grundprobleme des Bankbetriebs und des Bankwesens in der Bundesrepublik Deutschland. 3., überarb. Aufl., Wiesbaden 1980, S. 193.

[29] Vgl. hierzu z.B. *W. Scholz*, Zinsänderungsrisiken im Jahresabschluß der Kreditinstitute. "Kredit und Kapital", Berlin, Jg. 12 (1979), S. 517-544. Wiederabgedruckt in: Materialien zum Zinsrisiko. Hrsg. v. W.-D. Becker u. R. Falk. (Schriften des Verbandes Öffentlicher Banken, H. 9.) Göttingen 1982, S. 7-32; *H. Schmidt*, Wege zur Ermittlung und Beurteilung der Marktzinsrisiken von Banken. "Kredit und Kapital", Berlin, Jg. 14 (1981), S. 249-286. Wiederabgedruckt in: Materialien zum Zinsrisiko. Hrsg. v. W.-D. Becker u. R. Falk. (Schriften des Verbandes Öffentlicher Banken, H. 9.) Göttingen 1982, S. 33-68; *J. Remmers*, Probleme der Erfassung und Steuerung ..., a.a.O.; *J. Strobl*, Zinsänderungsrisiken in Kreditinstituten, a.a.O., S. 103 ff.

Der Versuch, das Anwachsen der Festzinsdarlehensblöcke zu begrenzen, führt vielfach zu attraktiven Zinsangeboten im variabelverzinslichen Darlehensneugeschäft mit dem Ziel, dieses im Vergleich zum Festzinsdarlehensgeschäft so konkurrenzfähig wie möglich zu halten.[30] Das wiederum hat aber eine Einengung der Zinsspanne aus dem variablen Geschäft zur Folge. Man mag einwenden, daß ein solcher negativer Erfolgseffekt nur zeitlich begrenzt wirkt, da das Neudarlehen nach gewisser Zeit in den variabelverzinslichen Altblock überführt und dann auch mit einer anderen, nämlich höheren Kondition versehen werden kann. Dem sind jedoch enge Grenzen gesetzt: Zum einen verhindert die Orientierung an Modellen der Zinsabstandswahrung ein solches Vorgehen. Zum anderen ist die Verteuerung der variablen Altblöcke nur begrenzt möglich, will man den Trend zu verstärkten Festzinsdarlehenswünschen nicht selbst noch beschleunigen.

In diesem Punkt zeigt sich geradezu ein Dilemma für die Geschäftspolitik der Sparkassen: Das zunehmende Anwachsen des ertragsschwächeren Festzinsgeschäfts erfordert eine besondere Pflege der variabelverzinslichen Blöcke. Diese aber müssen stärker belastet werden, um die zu geringen Gewinnbeiträge des Festzinsgeschäfts auszugleichen. Das wiederum verstärkt auf Dauer die strukturelle Umschichtung zugunsten des Festzinsgeschäfts zusätzlich.

23 Sonstige Einflußfaktoren

Mit der Verteuerung der Finanzierungsmittel und den erfolgswirtschaftlichen Belastungen, die aus den Strukturveränderungen durch das Vordringen des Festzinsgeschäfts resultieren, sind die wesentlichen Ursachen für die zunehmende Einengung der Zinsspannen herausgestellt. Daneben gibt es weitere Tatbestände, die belastend auf die Zinsspanne wirken. Abrundend seien hierzu einige zusätzliche Gesichtspunkte kurz angeführt.

In jüngerer Zeit kommt solchen Geschäften, insbesondere Kreditgeschäften, größere Bedeutung zu, die den Kreditinstituten durch Vermittler zugetragen werden. Bezogen auf die Sparkassen handelt es sich dabei schwerpunktmäßig um Vermittlungen im Rahmen des Verbundes mit ihren Bausparkassen und Versicherungen. Verbundfremde Vermittlungen spielen bei den Sparkassen dagegen - etwa gemessen an den Großbanken - eine marginale Rolle, sind aber auch häufiger zu beobachten als noch vor einigen Jahren. Die Vermittler beanspruchen, an den Erträgen zu partizipieren, die sich für die Sparkassen durch die vermittelten Geschäfte eröffnen. Buchungstechnisch vollzieht sich dies zwar über Provisionszahlungen der Sparkassen an die Vermittler und damit - Bezug nehmend auf Übersicht 1 - über den "sonstigen ordentlichen Aufwand", zumindest sachlogisch darf man diesen Vorgang aber durchaus im Zusammenhang mit der Einengung der Zinsspannen sehen.

---

[30] Vgl. zu dieser Problematik *F. Oelrich*, Das Zinsänderungsrisiko bei zinsvariablen und festverzinslichen Hypotheken. "Der Langfristige Kredit", Frankfurt a.M., Jg. 37 (1986), S. 744-749 sowie *R. Raab* u. *B. Heinlein*, Zinsvariable Hypotheken - gerade jetzt? - Eine Erwiderung - "Der Langfristige Kredit", Frankfurt a.M., Jg. 38 (1987), S. 442-445.

Im Rahmen derartiger Kooperationen mit Versicherungsgesellschaften werden vielfach den Sparkassen vermittelte Darlehen, die durch Hypothekentilgungsversicherungen unterlegt sind, von den Versicherungsgesellschaften selbst refinanziert. Solche Spannengeschäfte, bei denen die Margen oft erheblich unter Druck stehen, bringen zwar einen absoluten Gewinnbeitrag, führen jedoch in der Relationsrechnung zur Verminderung der Zinsspanne. Diese Geschäftsabwicklungen werden hier im Zusammenhang mit steigender Vermittlungs- und Kooperationstätigkeit erwähnt. In der Sache aber zählen auch derartige Darlehensrefinanzierungen - durchweg Refinanzierungen längerfristiger Festzinsdarlehen - zu Maßnahmen der Vermeidung von Zinsänderungsrisiken, wie sie im vorhergehenden Kapitel beschrieben wurden.

Auch wenn auf längere Sicht das Passivgeschäft als Engpaßfaktor für das künftige Bankenwachstum gesehen wird, so gibt es nach wie vor eine Vielzahl sogenannter passivlastiger Sparkassen, bei denen das Kundenkreditgeschäft nicht das Volumen der aufgenommenen Passivmittel erreicht. Überschüssige Finanzierungsmittel fließen dann zwangsläufig in Eigenanlagen, die in der Regel eine geringere Rendite als das Kundengeschäft erbringen. Der Beitrag zur Zinsspanne ist damit geschmälert.

Das ertragsstarke Konsumentenkreditgeschäft verursacht bekanntermaßen überdurchschnittlich hohe Zinsspannenbeiträge. Daher führt auch das zunehmend stärkere Eindringen von Handelsorganisationen wie Kraftfahrzeuganbietern oder Versandhäusern in das Ratenkreditgeschäft zu einer strukturellen Verringerung der Zinsspanne.

Schließlich ist auf die in jüngerer Zeit festzustellende Tendenz hinzuweisen, Konditionenelemente zu beseitigen, die für den Großteil der Bankkunden nicht transparent genug erscheinen. Auch das führt ceteris paribus zur Einengung der Zinsspannen, soweit die Institute von solchen Umstellungen betroffen sind. Zu nennen sind in diesem Zusammenhang die BGH-Rechtsprechung zur Darlehenstilgungsverrechnung[31], aber auch die Neuorientierung bei den Wertstellungen im Zahlungsverkehr.[32]

Ingesamt bleibt festzuhalten, daß die Zinsspannen der Sparkassen seit einigen Jahren rückläufig sind. Zwar mag es im weiteren Verlauf zinsphasenbedingte Entspannungen geben, strukturell aber werden die Zinsspannen auch künftig einem verstärkten Druck ausgesetzt sein.

---

[31] Vgl. z.B. *G. Schleiffer*, BGH-Urteil vom 24.11.1988: Neuberechnung von Hypothekendarlehen. "Der Langfristige Kredit", Frankfurt a.M., Jg. 40 (1989), S. 274-277.

[32] Vgl. z.B. *H. Walkhoff*, Weichenstellungen im Zahlungsverkehr - Neues Zahlungsverkehrskonzept und Neuordnung der Wertstellungsregelungen. "Sparkasse", Stuttgart, Jg. 106 (1989), S. 246-248.

3 Ansatzpunkte zur Kompensation der negativen Zinsspannenentwicklung

Wollen die Sparkassen die belastende Wirkung der negativen Zinsspannenentwicklung auf das Betriebsergebnis ausgleichen, so erfordert dies eine Reduzierung der Nettobedarfsspanne, d.h. - im Sinne der Abgrenzungen in Übersicht 1 - eine Steigerung des sonstigen ordentlichen Ertrags und/oder eine Verringerung des sonstigen ordentlichen Aufwands. Auf diesen Fragenkomplex ist im Anschluß an die Ausführungen in Teil 2 zwangsläufig einzugehen.

31 Konsequentes Kostenmanagement

Bank- bzw. Sparkassengeschäfte sind bekanntlich sach- und insbesondere personalkostenintensive Leistungen.[33] Auf diesem Hintergrund ist die Kostendämpfung bei Sparkassen ein seit Jahren sehr ernstgenommenes Postulat. Ein Blick in die Bundesbankstatistik[34] zeigt, daß die Sparkassen in Relation zum durchschnittlichen Geschäftsvolumen einen höheren Verwaltungsaufwand (im wesentlichen Personal- und Sachaufwand) zu tragen haben, als dies im Durchschnitt aller Bankengruppen der Fall ist. Dies leuchtet ein, da in einen solchen Durchschnitt auch filiallose bzw. filialarme Institute mit weit unterdurchschnittlichen Kosten eingehen. Dabei liegt der Verwaltungsaufwand der Sparkassen unter dem der Kreditgenossenschaften und der Großbanken.

Als bedeutsam bleibt in dem hier gegebenen thematischen Zusammenhang festzuhalten, daß die Sparkassen im Vergleich zu den anderen großen Bankengruppen in der Bundesrepublik Deutschland ihren Personal- und Sachaufwand am konsequentesten eindämmen konnten. Vergleicht man die Relation des Verwaltungsaufwands zum durchschnittlichen Geschäftsvolumen, so ergibt sich im Zeitraum von 1980 bis 1988 folgendes Bild[35]: Im Durchschnitt aller Bankengruppen ist eine Reduzierung um 1,4 v.H. festzustellen. Die Großbanken erhöhten ihre Aufwandsrelation zu Beginn der 80er Jahre beträchtlich, kamen jedoch 1987 und 1988 zu auffallenden Kostensenkungen. Insgesamt ist bei ihnen innerhalb der betrachteten acht Jahre eine Steigerung um 3,8 v.H. zu verzeichnen. Bei den Kreditgenossenschaften folgte auf eine Kostensteigerung bis zum Jahr 1985 eine Rückführung der Werte auf exakt die gleiche Relationsgröße, wie sie sich für 1980 errechnet. Die Sparkassen konnten kontinuierlich über den gesamten Vergleichszeitraum hinweg ihre Kennziffer für den Verwaltungsaufwand um insgesamt 4,5 v.H. senken. Dies wirkte der negativen Zinsspannenentwicklung in deutlich entlastender Weise entgegen.

---

[33] Die Begriffe Aufwendungen und Kosten bzw. Erträge und Erlöse werden im folgenden aus Vereinfachungsgründen synonym verwendet.

[34] Vgl. dazu zuletzt *Deutsche Bundesbank*, Die Ertragslage der deutschen Kreditinstitute im Jahre 1988, a.a.O., S. 25.

[35] Vgl. zu den folgenden Ausführungen *Deutsche Bundesbank*, Die Ertragslage der deutschen Kreditinstitute im Jahre 1988, a.a.O., S. 25.

Bei einer solchen Betrachtung darf freilich nicht unerwähnt bleiben, daß Kostenreduzierung - in diesem Fall relative Kostenreduzierung - an sich noch nicht als Managementerfolg einzustufen ist. Die steigenden Anforderungen an ein zeit- und bedarfsgemäßes Auftreten in den geldwirtschaftlichen Märkten bedingen einen hohen Personal- und Sachmitteleinsatz. So gesehen, ist die Kosteneindämmung nur dann als positiver Schritt zu werten, wenn sie nicht mit einer Beeinträchtigung der Wettbewerbsfähigkeit einhergeht. Da es keine Anzeichen dafür gibt, darf die dargelegte Senkung der Kennziffer für den Verwaltungsaufwand bei den Sparkassen als Rationalisierungserfolg gewertet werden.

Der Prozeß der Kostenreduzierung muß bei den Sparkassen weitergetrieben werden und zu einem noch konsequenteren Kostenmanagement führen. Dazu ist ein wesentlich breiterer Einsatz von DV-gestützten Kostenrechnungssystemen erforderlich. Man muß in diesem Zusammenhang über die isolierte Betrachtung von Kosten im Sinne von "Verwaltungsaufwand" hinausgehen und den Gesamtkomplex der Kosten- und Erlösrechnung weiter ausbauen. Mit Verfahren wie der Kundenkalkulation oder dem Einsatz der Marktzinsmethode bei der Filialkalkulation lassen sich unmittelbar positive Impulse für das Betriebsergebnis bewirken.

Es wird in den vor uns liegenden Jahren verstärkte Konzentrationsbestrebungen in der Sparkassenorganisation geben. Dabei überlagern sich die Motive der Stärkung der Wettbewerbsfähigkeit und der Kostenreduzierung. Weit verzweigte Eigenständigkeiten werden in diesem Prozeß zwangsläufig eingeschränkt werden müssen. Als Beispiel für einen solchen Weg mögen die Bemühungen um Konzentrierung der DV-Entwicklungsarbeit in einem Sparkassen-Informatik-Zentrum dienen. Aber auch Fusionen von bislang eigenständigen Instituten scheinen vorgezeichnet.

Erhebliche Kosten entstehen den Sparkassen bekanntlich durch ihr breites Zweigstellennetz. Auf dem bislang skizzierten Hintergrund wird man davon ausgehen müssen, daß bei Neuinvestitionen in das Zweigstellennetz in den kommenden Jahren zumindest stärkere Zurückhaltung erforderlich sein wird. Eine Ausdünnung dieses Netzes, die - allein betriebswirtschaftlich betrachtet - in vielen Fällen schon bisher plausibel gewesen wäre, rührt allerdings am Selbstverständnis und am Grundauftrag der öffentlich-rechtlichen Sparkassen. Eine solche Ausdünnung - zumal, wenn sie systematisch und in beachtenswertem Umfang betrieben würde - kann nur als ultima ratio gesehen werden.

Als Ergebnis dieses Kapitels bleibt festzuhalten, daß eine erfolgreiche Politik der Reduzierung von Personal- und Sachkosten den Einengungen der Zinsspannen in den zurückliegenden Jahren entgegengesetzt werden konnte. Auf diese Weise ließen sich die Auswirkungen der negativen Zinsspannenentwicklung auf die Betriebsergebnisse abmildern. Weitere Bemühungen um Rationalisierung aber sind unumgänglich [36]

---

[36] Zur Effizienzsteigerung des Zweigstellennetzes vgl. auch *M. Pix* u. *B. Zinn*, Hat der Vertrieb von Finanzdienstleistungen über die Geschäftsstellen noch eine Zukunft? "Betriebswirtschaftliche Blätter", Stuttgart, Jg. 38 (1989), S. 310-315.

Ein weiterer elementarer Ansatzpunkt, die negativen Erfolgswirkungen aus den Verengungen der Zinsspannen auszugleichen, ist die Stärkung des Provisionsgeschäfts der Sparkassen und damit das Bemühen, den Provisionsüberschuß zu einer zunehmend wesentlicheren Stütze der Betriebsergebnisse zu entwickeln. Schon in Teil 1 wurde unter Hinweis auf die Bundesbankstatistik angemerkt, daß das zinsunabhängige Geschäft immer bedeutsamere Gewinnbeiträge in der Kreditwirtschaft liefert. Allerdings sind die Sparkassen an dieser Entwicklung bislang nur marginal, im statistischen Durchschnitt nicht einmal meßbar beteiligt.

Die Sparkassen sind nach wie vor in starkem Maße auf das Zinsgeschäft fixiert, dessen Belastungen durch die Ausführungen in Teil 2 verdeutlicht wurden. Das zinsunabhängige Geschäft spielt bei ihnen eine vergleichsweise untergeordnete Rolle. So ist der Provisionsüberschuß in Relation zum durchschnittlichen Geschäftsvolumen bei den Großbanken dreimal so hoch wie bei den Sparkassen; auch die Genossenschaftsbanken konnten sich auf diesem Gebiet in den letzten Jahren besser entwickeln und liegen per Jahresende 1988 mit dieser Kennziffer um ca. 30 v.H. höher.[37] Die Deutsche Bundesbank verdeutlicht in ihren periodischen Kommentierungen zur Ertragslage der deutschen Kreditinstitute die ungleiche Verteilung der Ertragschancen durch das Vordringen des Effektengeschäfts und stellt dabei spürbare Nachteile der Sparkassen fest. Bezogen auf die gestiegenen zinsunabhängigen Erträge bemerkt sie: "Die damit einhergehende Verschiebung in der Ertragsstruktur begünstigte jene Institute, die neben der klassischen Geschäftsbankentätigkeit auch stärker im Wertpapiergeschäft engagiert sind und auf diese Weise an der weltweit zu beobachtenden 'Verbriefungstendenz' partizipieren."[38]

Allerdings darf in diesem Zusammenhang nicht übersehen werden, daß auch für die "wertpapierstarken" Institute wie die Großbanken die Erträge aus diesem Geschäft keineswegs als gesichert zu betrachten sind. Auch solche Erträge können bei Rückschlägen an den Effektenmärkten unter Druck geraten. So führte der Kurseinbruch an den Aktienbörsen im Herbst 1987 zu kräftigen Einbußen bei den zinsunabhängigen Erträgen. Seit die Ertragslage der Kreditinstitute von der Deutschen Bundesbank statistisch erfaßt und aufbereitet wird, gab es dadurch im Jahr 1987 erstmals einen knappen Rückgang der absoluten Erträge aus Provisionen und Gebühren. Verständlicherweise waren von diesem Rückschlag, der allerdings schon im Jahr 1988 wieder überwunden wurde, besonders die "wertpapierstarken" Institute betroffen, die in den Vorjahren spürbar von der Aufwärtsentwicklung des Effektengeschäfts profitiert hatten. Die Gefahr zwischenzeitlicher Rückschläge im Provisionsgeschäft darf also nicht übersehen werden, sie ändert aber nichts an dem beschriebenen nachhaltigen Trend.

---

[37] Vgl. *Deutsche Bundesbank*, Die Ertragslage der deutschen Kreditinstitute im Jahre 1988, a.a.O., S. 25.

[38] *Deutsche Bundesbank*, Die Ertragslage der deutschen Kreditinstitute im Jahre 1986. "Monatsberichte der Deutschen Bundesbank", Frankfurt a.M., Jg. 39 (1987), Nr. 8, S. 13-31, hier S. 13.

Aus den bisher dargestellten Entwicklungen wird deutlich, daß die Sparkassen höhere Provisions- und Gebührenerträge erwirtschaften müssen, nicht zuletzt zur Erhaltung ihres breiten Zweigstellennetzes. In diesem Sinne hat sich aus den Reihen der Sparkassenorganisation in jüngerer Zeit insbesondere Frick[39] geäußert. Er stellt heraus, daß die traditionelle Konzentration der Sparkasssen auf das klassische Zinsgeschäft kaum noch Wachstumschancen berge, daß vielmehr Chancen für eine nachhaltige Ertragssteigerung fast nur noch im nichtbilanziellen Geschäft gegeben seien.[40]

Die kurzfristige Steigerung der Erträge aus dem nichtbilanzwirksamen Geschäft wird dadurch erschwert, daß die Sparkassen in elementaren Bereichen dieses Geschäfts - so im Auslands- und im Wertpapiergeschäft - Imagenachteile zu verkraften haben. In Teilbereichen des kommerziellen Auslandsgeschäfts oder auch im Wertpapierkonsortialgeschäft sind solche Imageschwächen sachlich tatsächlich noch begründet, nicht aber bezogen auf die Gesamtheit dieser Geschäftssparten. So stehen bei einer Vielzahl größerer Sparkassen nach Auffassung des Verfassers etwa die Qualität der Wertpapierberatung bzw. - umfassender - der Anlage- und Vermögensberatung, aber auch der Abwicklung von Wertpapier- und sonstigen Anlagetransaktionen in keiner Weise hinter der Qualität bei Wettbewerbern zurück. Diese erfolgreiche Entwicklungsarbeit muß engagiert weitergeführt, eine noch wesentlich stärkere Breitenwirkung entfaltet werden.[41]

Insbesondere im Zuge konsequenter und fundierter Betreuung von Individualkunden, die - nebenbei bemerkt - eine zeitaufwendige Ausbildung qualifizierter Vermögensberater voraussetzt, muß das Wertpapiergeschäft der Sparkassen somit deutlich stärker ausgebaut werden. Die Ersetzung des Wertpapierkommissionsgeschäfts durch die Nutzung eigener Handelsbestände erschließt dabei zusätzliche Ertragschancen. Die Sparkassen haben sich auch neuen Herausforderungen in der Anlageberatung konsequent zu stellen. So sind - zumal im Zuge des Auf- und Ausbaus der Deutschen Terminbörse - Termin- und Optionsgeschäftsvarianten sowie -strategien von Spezialberatern zu beherrschen. Der Prozeß zunehmend besserer und breiterer Qualifizierung für die anspruchsvolle Anlageberatung muß bei einer Vielzahl von Sparkassen auch noch zu stärker ertragbringenden Gebührenmodellen im Wertpapiergeschäft führen.

Auch im kommerziellen Auslandsgeschäft sind die erzielten, bislang zum Teil nur bescheidenen Markterfolge schrittweise auszubauen. Oben wurde auf partielle Wettbewerbsnachteile der Sparkassen in dieser Sparte hingewiesen. Allerdings sind viele Sparkassen trotz extrem starken Wettbewerbsdrucks durchaus in der Lage, den Ansprüchen vollauf gerecht zu werden, die ihre mittelständisch geprägten Firmenkunden an die Abwicklung von finan-

---

[39] *H. Frick*, Höhere Gewinnbeiträge aus dem Provisionsgeschäft - Welche Marktstrategien versprechen Erfolg? In: Marketing-Tagung 1988. Hrsg. v. Deutschen Sparkassen- und Giroverband e.V. Stuttgart 1989, S. 135 145, hier S. 136.

[40] Vgl. auch *W. Gerke*, Sinkende Zinsmarge - steigende Provision. "bank und markt", Frankfurt a.M., Jg. 17 (1988), H. 6, S. 5-16.

[41] Vgl. auch *D. Merkle*, Ansätze zum Ausbau des Wertpapiergeschäfts bei Sparkassen. Bisherige und geplante Aktivitäten einer größeren Sparkasse. "Sparkasse", Stuttgart, Jg. 105 (1988), S. 538-542.

ziellen Transaktionen mit dem Ausland stellen. Weitere Verbesserungen hängen maßgeblich davon ab, wie sich die Strukturierung des gesamten Sparkassensektors - speziell mit Blick auf die Landesbanken - künftig darstellen wird.

Auch andere Dienstleistungen bieten Ansatzpunkte zur Stärkung des Provisionsgeschäfts. Genannt sei die Immobilienvermittlung, bei der die einzelne Sparkasse nach Auffassung des Verfassers einen institutionell bedingten Vertrauensvorschuß einbringen kann. Ein weiteres Beispiel sind DV-gestützte Modelle im Bereich der Firmenkundenberatung, ein Bereich, der künftig sicherlich noch stärker unter dem Blickwinkel der Ertragserzielung zu sehen ist. Aus Raumgründen soll hier jedoch nur noch eine bedeutsame Sparte des nicht-bilanzwirksamen Geschäfts kurz betrachtet werden: das Zahlungsverkehrsgeschäft.

Noch bis in die jüngere Vergangenheit erfolgte die Finanzierung, zumindest jedoch eine hohe Subventionierung der Girokontoführung der Sparkassen über den Zinsüberschuß. Zwischenzeitlich aber hat die schrittweise stärkere Orientierung am Kostenverursachungsprinzip in der Breite zur Durchsetzung neuer Gebührenmodelle für die Zahlungsverkehrs-abwicklung geführt.[42] Auch die in Kapitel 23 angesprochene Neuorientierung bei den Wertstellungen im Zahlungsverkehr ist in diese Überlegungen einzubeziehen: Wegfallende Wertstellungserträge sind durch erhöhte Gebührenerträge zu kompensieren.

Da die aktuellen Gebühren nicht ausreichen, die Zahlungsverkehrskosten der Institute zu decken, wird bei Orientierung am Kostenverursachungsprinzip auch in der Zukunft eine weitere Stärkung der Gebührenerträge anzustreben sein.

Im Zusammenhang mit den hier kurz erörterten Zahlungsverkehrsleistungen sei auch auf die wachsende Bedeutung des Kreditkartengeschäfts in der Bundesrepublik Deutschland hingewiesen. Nach jahrelanger Zurückhaltung hat im Jahre 1989 der Absatz der Eurocard - insbesondere auch in der Sparkassenorganisation - beträchtlich zugenommen.[43] Dabei geht es zur Zeit darum, Marktanteile für den Kreditkartenmarkt der Zukunft aufzubauen. Dies ist insofern bedeutsam, als das Kreditkartengeschäft eine wichtige künftige Ertragsquelle werden dürfte. Solche Erwartungen rechtfertigen die momentan hohen Akquisitionskosten. Zunächst reines Provisionsgeschäft, mag das Kreditkartengeschäft - je nach den Entwicklungen und Erfahrungen - bei zukünftiger möglicher Übernahme der Emission durch größere Sparkassen selbst noch erweiterte Ertragsperspektiven eröffnen.

Als Ergebnis dieses Kapitels sei festgehalten, daß das zinsunabhängige Geschäft der Sparkassen nachhaltig forciert werden muß. Trotz marktbezogener und organisationsimmanenter Hemmnisse sind gute Ansätze dafür vorhanden. Es wird entscheidend darauf ankommen, das Provisionsgeschäft auf breiter Basis zu intensivieren, damit aus Erfolgen einzel-

---

[42] Vgl. zu den Hintergründen dieses Gesamtkomplexes z.B. *H.-D. Deppe*, Betriebswirtschaftliche Grundlagen der Geldwirtschaft. Bd. 1: Einführung und Zahlungsverkehr. Stuttgart 1973, S. 419 ff.

[43] Vgl. dazu auch *A. Müller*, Das neue Eurocard-Konzept der Sparkassenorganisation. "Sparkasse", Stuttgart, Jg. 106 (1989), S. 159-162.

ner Institute statistisch nachvollziehbare Erfolge der Sparkassenorganisation insgesamt werden.

4 Zusammenfassung und Ausblick

Bei den Sparkassen vollzieht sich die Gewinnerwirtschaftung traditionell weit überwiegend über die Zinsspannen. Diese aber sind in den zurückliegenden Jahren erheblich unter Druck geraten. Das hat neben zinsphasenbedingten Gründen vornehmlich strukturelle Ursachen: Auf dem Hintergrund zunehmend intensiveren Wettbewerbs und gewandelter Kundenansprüche hat sich das Festzinsgeschäft zu Lasten des traditionellen variabelverzinslichen Geschäfts beträchtlich ausgeweitet. Dies führte zu strukturbedingten Einengungen der Zinsspannen und zum Aufbau von Zinsänderungsrisiken. Teilweise als Folge des anwachsenden Festzinsdarlehensgeschäfts verteuerte sich die Mittelaufnahme spürbar. Auch künftig muß von einer weiteren Belastung der Zinsspannen ausgegangen werden.

Durch kontinuierliche Reduzierung der auf das Geschäftsvolumen bezogenen Personal- und Sachkosten der Sparkassen gelang es, die Zinsspanneneinbußen teilweise zu kompensieren. Künftig ist aber ein noch verstärktes Kostenmanagement erforderlich. Zur nachhaltigen Stabilisierung der Betriebsergebnisse muß zudem das zinsunabhängige Geschäft beträchtlich intensiviert werden. Wenn im Titel dieses Beitrags von strukturellen Veränderungen bei den Betriebsergebnissen der Sparkassen gesprochen wird, so ist dies bezogen auf Rationalisierungserfolge eher als Feststellung, bezogen auf die Notwendigkeit der Steigerung von Provisionsüberschüssen eher als Appell zu verstehen.

Allein das Bemühen um Stabilisierung der Betriebsergebnisse oder auch der außerordentlichen Erfolgsgrößen wird aller Voraussicht nach aber nicht ausreichen, die bislang primär aus Selbstfinanzierung resultierende Eigenkapitalausstattung der Sparkassen zu sichern. Modelle der externen Eigenkapitalzuführung geraten zunehmend stärker in den Blick - ein Gesichtspunkt, der hier lediglich vermerkt sei.[44] Insgesamt ist festzustellen, daß bei den Sparkassen in jüngster Zeit das Problembewußtsein für die zu lösenden Fragen der langfristigen Eigenkapitalsicherung merklich steigt. Die Marketing-Tagung 1988 der deutschen Sparkassenorganisation und der Deutsche Sparkassentag 1989 haben dies deutlich gemacht.

Im Mittelpunkt dieses Beitrags steht das Problem der künftigen Stabilisierung der Betriebsergebnisse der Sparkassen und damit ihrer Gewinnerzielung. Wenig dagegen ist die Rede von dem Grundauftrag, den die Sparkassen in unserem kreditwirtschaftlichen Gefüge zu erfüllen haben. Letzteres ist nicht Gegenstand der hier angestellten Überlegungen; eines sei abschließend aber festgehalten: Die Geschäftstätigkeit der Sparkassen basiert wie die anderer mit ihnen konkurrierender Kreditinstitute - auf einem ausreichenden haf-

---

[44] Vgl. zu dieser Problematik den Beitrag von *H. Wieneke* in der vorliegenden Festschrift.

tenden Eigenkapital. Eigenkapital aber ist für Sparkassen bislang fast ausschließlich, künftig zumindest maßgeblich über Gewinnerzielung zu bilden. Die Erwirtschaftung von Gewinnen ist damit - wenn auch nur als "Mittel zum Zweck" - für Sparkassen existentiell erforderlich. Ihren Auftrag können Sparkassen nur als ausreichend ertragsstarke, vollwertige Partner im Wettbewerb erfüllen.

Literaturverzeichnis

Bangert, Michael: Zinsrisiko-Management in Banken. (Schriftenreihe des Instituts für Kredit- und Finanzwirtschaft, Bd. 13.) Wiesbaden 1987.

Bessler, Wolfgang: Zinsrisikomanagement in Kreditinstituten. Wiesbaden 1989.

Deppe, Hans-Dieter: Bankbetriebliches Wachstum. Funktionalzusammenhänge und Operations Research in Kreditinstituten. Stuttgart 1969.

Deppe, Hans-Dieter: Betriebswirtschaftliche Grundlagen der Geldwirtschaft. Bd. 1: Einführung und Zahlungsverkehr. Stuttgart 1973.

Deppe, Hans-Dieter: Eine Konzeption wissenschaftlicher Bankbetriebslehre in drei Doppelstunden. In: Bankbetriebliches Lesebuch. Ludwig Mülhaupt zum 65. Geburtstag. Hrsg. v. H.-D. Deppe. Stuttgart 1978, S. 3-98.

Deppe, Hans-Dieter: Finanzielle Haftung heute - Obsoletes Relikt oder marktwirtschaftliche Fundamentalleistung? In: Zweihundert Jahre Geld und Brief. Herausforderungen an die Kapitalmärkte. Festgabe an die Niedersächsische Börse zu Hannover aus Anlaß ihres 200jährigen Bestehens. Hrsg. v. C.P. Claussen, L. Hübl u. H.-P. Schneider. Frankfurt a.M. 1987, S. 179-204. Wiederabgedruckt in: Geldwirtschaft und Rechnungswesen. Hrsg. v. H.-D. Deppe. (Neue Betriebswirtschaftliche Studienbücher, Bd. 1.) Göttingen 1989, S. 199-228.

Deutsche Bundesbank: Die Ertragslage der deutschen Kreditinstitute im Jahre 1986. "Monatsberichte der Deutschen Bundesbank", Frankfurt a.M., Jg. 39 (1987), Nr. 8, S. 13-31.

Deutsche Bundesbank: Ergebnisse der gesamtwirtschaftlichen Finanzierungsrechnung für das Jahr 1988. "Monatsberichte der Deutschen Bundesbank", Frankfurt a.M., Jg. 41 (1989), Nr. 5, S. 12-20.

Deutsche Bundesbank: Die Ertragslage der deutschen Kreditinstitute im Jahre 1988. "Monatsberichte der Deutschen Bundesbank", Frankfurt a.M., Jg. 41 (1989), Nr. 8, S. 13-31.

Frick, Heinrich: Höhere Gewinnbeiträge aus dem Provisionsgeschäft - Welche Marktstrategien versprechen Erfolg? In: Marketing-Tagung 1988. Hrsg. v. Deutschen Sparkassen- und Giroverband e.V. Stuttgart 1989, S. 135-145.

Gerke, Wolfgang: Sinkende Zinsmarge - steigende Provision. "bank und markt", Frankfurt a.M., Jg. 17 (1988), H. 6, S. 5-16.

Griesel, Harald: Qualitätspolitik im Wettbewerb der Kreditinstitute. (Untersuchungen über das Spar-, Giro- und Kreditwesen, Abt. A: Wirtschaftswissenschaft. Schriften des Instituts für das Spar-, Giro- und Kreditwesen an der Universität Bonn, Bd. 97.) Berlin 1978.

Griesel, Harald: Funktionsweise und charakteristische Merkmale des Bankenwettbewerbs als Gegenstand wissenschaftlicher Bankbetriebslehre. In: Bankbetriebliches Lesebuch. Ludwig Mülhaupt zum 65. Geburtstag. Hrsg. v. H.-D. Deppe. Stuttgart 1978, S. 581-612.

Güde, Udo: Geschäftspolitik der Sparkassen. Grundlagen und aktuelle Probleme. 5., neu bearb. u. erw. Aufl., Stuttgart 1989.

Hagenmüller, Karl Friedrich: Der Bankbetrieb. Bd. 1: Strukturlehre - Kapitalbeschaffung der Kreditinstitute. 4., überarb. Aufl., Wiesbaden 1976.

Heßheimer, Ernst u. Jaeger, Gerd: Geldvermögensbildung: Entwicklung in der Vergangenheit, Tendenzen in der Zukunft. "Sparkasse", Stuttgart, Jg. 103 (1986), S. 428-439.

Höffer, Herbert u. Schöler, Manfred: Zur Marktbedeutung der Sondersparformen der Sparkassen. "Sparkasse", Stuttgart, Jg. 103 (1986), S. 236-238.

Hornung-Draus, Renate: Überblick über die 1989 und 1990 eintretenden Änderungen im Bereich der Vermögensbildung. "Der Betrieb", Düsseldorf u. Frankfurt a.M., Jg. 42 (1989), S. 246-248.

Kantzenbach, Erhard: Die Funktionsfähigkeit des Wettbewerbs. (Wirtschaftspolitische Studien aus dem Institut für Europäische Wirtschaftspolitik der Universität Hamburg, H. 1. Hrsg. v. H. Jürgensen.) 2., durchges. Aufl., Göttingen 1967.

Merkle, Dieter: Ansätze zum Ausbau des Wertpapiergeschäfts bei Sparkassen. Bisherige und geplante Aktivitäten einer größeren Sparkasse. "Sparkasse", Stuttgart, Jg. 105 (1988), S. 538-542.

Möhle, Hans-Joachim: Beiträge: Das Passivgeschäft - zentrale Herausforderung für die künftige Geschäftspolitik der Sparkassen. "Sparkasse", Stuttgart, Jg. 102 (1985), S. 454-460.

Mülhaupt, Ludwig: Einführung in die Betriebswirtschaftslehre der Banken. Struktur und Grundprobleme des Bankbetriebs und des Bankwesens in der Bundesrepublik Deutschland. 3., überarb. Aufl., Wiesbaden 1980.

Müller, Alfons: Das neue Eurocard-Konzept der Sparkassenorganisation. "Sparkasse", Stuttgart, Jg. 106 (1989), S. 159-162.

Oelrich, Fritz: Das Zinsänderungsrisiko bei zinsvariablen und festverzinslichen Hypotheken. "Der Langfristige Kredit", Frankfurt a.M., Jg. 37 (1986), S. 744-749.

Pix, Manfred u. Zinn, Bernd: Hat der Vertrieb von Finanzdienstleistungen über die Geschäftsstellen noch eine Zukunft? "Betriebswirtschaftliche Blätter", Stuttgart, Jg. 38 (1989), S. 310-315.

Platz, Siegfried: Leitfaden durch das Passivgeschäft. Teil 1 und Teil 2. 3., überarb. u. erw. Aufl., Stuttgart 1987 (Teil 1) u. 1988 (Teil 2).

Raab, Reinhard u. Heinlein, Bernhard: Zinsvariable Hypotheken - gerade jetzt? - Eine Erwiderung - "Der Langfristige Kredit", Frankfurt a.M., Jg. 38 (1987), S. 442-445.

Remmers, Johann: Probleme der Erfassung und Steuerung des Zinsänderungsrisikos mit Hilfe des bankbetrieblichen Rechnungswesens. In: Risikovorsorge. Das Rechnungswesen als Informationsinstrument zur Steuerung und Kontrolle bankbetrieblicher Risiken. Hrsg. v. R. Kolbeck. Frankfurt a.M. 1985, S. 61-85.

Richtlinie des Rates vom 17. April 1989 über die Eigenmittel von Kreditinstituten (89/299/EWG), abgedruckt im Amtsblatt der Europäischen Gemeinschaften Nr. L 124 v. 5.5.1989.

Richtlinie des Rates vom 18. Dezember 1989 über einen Solvabilitätskoeffizienten für Kreditinstitute (89/647/EWG), abgedruckt im Amtsblatt der Europäischen Gemeinschaften Nr. L 386 v. 30.12.1989.

Schäfer, Karl-Heinz: Zinsbindungen im Aktiv- und Passivgeschäft. Steuerung und Überwachung der Festzinsen im Zeitablauf. In: Sparkassen im Markt. Diskussionsforum zur marktorientierten Unternehmensführung. Heft 2: Rentabilitätssteuerung. Hrsg. v. Deutschen Sparkassen- und Giroverband e.V. Stuttgart 1981, S. 13-18.

Schleiffer, Guido: BGH-Urteil vom 24.11.1988. Neuberechnung von Hypothekendarlehen. "Der Langfristige Kredit", Frankfurt a.M., Jg. 40 (1989), S. 274-277.

Schmidt, Hartmut: Wege zur Ermittlung und Beurteilung der Marktzinsrisiken von Banken. "Kredit und Kapital", Berlin, Jg. 14 (1981), S. 249-286. Wiederabgedruckt in: Materialien zum Zinsrisiko. Hrsg. v. W.-D. Becker u. R. Falk. (Schriften des Verbandes Öffentlicher Banken, H. 9.) Göttingen 1982, S. 33-68.

Scholz, Walter: Zinsänderungsrisiken im Jahresabschluß der Kreditinstitute. "Kredit und Kapital", Berlin, Jg. 12 (1979), S. 517-544. Wiederabgedruckt in: Materialien zum Zinsrisiko. Hrsg. v. W.-D. Becker u. R. Falk. (Schriften des Verbandes Öffentlicher Banken, H. 9.) Göttingen 1982, S. 7-32.

Strobl, Johann: Zinsänderungsrisiken in Kreditinstituten. Wien 1989.

Walkhoff, Henner: Weichenstellungen im Zahlungsverkehr - Neues Zahlungsverkehrskonzept und Neuordnung der Wertstellungsregelungen. "Sparkasse", Stuttgart, Jg. 106 (1989), S. 246-248.

Eigenkapitalanforderungen und Möglichkeiten der externen Eigenkapitalbeschaffung aus Sparkassensicht

Herbert Wieneke, Hannover

Inhaltsverzeichnis

1 Einführung   311

2 Grundlegende Betrachtungen zum bankbetrieblichen Eigenkapital   312

  21 Zur Abgrenzung des haftenden Eigenkapitals gemäß § 10 KWG   312

  22 Eigenkapitalfunktionen und ihre Bedeutung für Sparkassen   312

  23 Vergleich der Eigenkapitalausstattung von Kreditbanken, Kreditgenossenschaften und Sparkassen   316

3 Gegenwärtige Eigenkapitalanforderungen und Eigenkapitalbedarf bei Sparkassen   318

  31 KWG-Vorschriften, sparkassenrechtliche und sonstige Vorschriften zum Eigenkapital   318

  32 Wachstum des Geschäftsvolumens, Eigenkapitalbedarf und Gewinnbedarf   319

  33 Besondere Möglichkeiten zur Beeinflussung des Eigenkapitalbedarfs   323

4 Gegenwärtige externe Eigenkapitalbeschaffungsmöglichkeiten von Sparkassen   324

  41 Zuführung von Dotationskapital   324

  42 Weitere Formen der externen Zuführung haftenden Eigenkapitals gemäß § 10 KWG   325

    421   Genußrechtskapital   326

    422   Hafteinlagen   327

5   Zukünftige Eigenkapitalanforderungen bei Sparkassen   329

51 Veränderungen im Sparkassenrecht und daraus resultierende
    Eigenkapitalanforderungen   329

52 Internationale Harmonisierung des Bankrechts und daraus
    resultierende Eigenkapitalanforderungen bei Sparkassen   329

    521 Zweite Bankrechtskoordinierungs-Richtlinie   331

    522 Eigenmittelrichtlinie   332

    523 Solvabilitätsrichtlinie   334

    524 Auswirkungen der Bankrechtsharmonisierung auf den
         Eigenkapitalbedarf von Sparkassen   334

6   Diskussion zukünftiger Möglichkeiten der externen Beschaffung
    haftender Mittel durch Sparkassen   336

61 Eignung der bisherigen Instrumente   337

    611 Maßnahmen zur Kernkapitalverbesserung   337

    612 Maßnahmen zur Ergänzungskapitalverbesserung   337

62 Diskussion neuer Instrumente und Lösungsansätze   339

    621 Stille Beteiligung an Sparkassen   339

    622 Umwandlung in Aktiengesellschaften   340

    623 Aufnahme nachrangiger Darlehen   342

    624 Haftungszuschlag für Sparkassen   342

7   Schlußbetrachtungen   343

Literaturverzeichnis   345

1 Einführung

In Wissenschaft und Praxis ist die Eigenkapitalausstattung von Unternehmen schon häufig Gegenstand kritischer Auseinandersetzungen gewesen. Im Kontext dieses Beitrags ist insbesondere auf die aus verschiedenen Anlässen geführten Diskussionen über die Eigenkapitalausstattung und die Eigenkapitalaufbringungsmöglichkeiten der Kreditinstitute hinzuweisen.[1] Fragen der "angemessenen" Eigenkapitalausstattung und möglicher "Eigenkapitalersatzmittel", aber auch wettbewerbspolitische Gesichtspunkte wurden und werden z.B. in diesem Rahmen diskutiert.[2]

Durch die EG-Richtlinien über die Eigenmittel von Kreditinstituten und über einen Solvabilitätskoeffizienten für Kreditinstitute hat das Thema "Eigenkapitalausstattung im Bankenbereich" aktuell weiter an Bedeutung gewonnen.[3] Diese Thematik wird auch im vorliegenden Beitrag diskutiert. Ausgangspunkt ist die These, daß die öffentlich-rechtlichen Sparkassen - nur diese sind Gegenstand der folgenden Ausführungen - aufgrund ihrer bisher begrenzten Eigenkapitalbeschaffungsmöglichkeiten von den Konsequenzen der Umsetzung der EG-Richtlinien in nationales Recht stärker betroffen sein werden als alle anderen deutschen Kreditinstitute.

Nach einer eher grundlegenden Betrachtung bankbetrieblichen Eigenkapitals bzw. bankbetrieblicher Eigenkapitalausstattung im <u>Teil 2</u> werden die gegenwärtigen aufsichtsrechtlichen Anforderungen an die Eigenkapitalausstattung von Sparkassen sowie deren Eigenkapitalbedarf erörtert (<u>Teil 3</u>). Gegenstand des folgenden <u>Teils 4</u> sind die gegenwärtigen externen Eigenkapitalbeschaffungsmöglichkeiten der Sparkassen. Auf dieser Basis werden dann die zukünftigen Eigenkapitalanforderungen aus öffentlich-rechtlicher Sparkassensicht diskutiert (<u>Teil 5</u>). Vorgreifend gesagt, bestehen Inkongruenzen zwischen den zukünftigen Eigenkapitalanforderungen und der gegenwärtigen Eigenkapitalausstattung der Sparkassen: Die Umsetzung der EG-Richtlinien wird bei einer Vielzahl von Sparkassen zu

---

[1] Vgl. insbesondere *Bericht der Studienkommission "Grundsatzfragen der Kreditwirtschaft"*. (Schriftenreihe des Bundesministeriums der Finanzen, H. 28.) o.O. u. o.J. [Bonn 1979]. - *Professoren-Arbeitsgruppe*, Zur Bestimmung des "haftenden Eigenkapitals" von Kreditinstituten. Stellungnahme einer Professoren-Arbeitsgruppe zum Bericht der Studienkommission "Grundsatzfragen der Kreditwirtschaft". Frankfurt a.M. 1981. - *H.-J. Krümmel*, Bankenaufsichtsziele und Eigenkapitalbegriff. Frankfurt a.M. 1983. - *H.-D. Deppe*, KWG-Novellierung und finanzielle Stabilität. "Zeitschrift für das gesamte Kreditwesen", Frankfurt a.M., Jg. 37 (1984), S. 286-292.

[2] Vgl. zu wettbewerbspolitischen Gesichtspunkten z.B. *J.-G. Grunwald* u. *S. Jokl*, Wettbewerb und Eigenkapital in der deutschen Kreditwirtschaft unter besonderer Berücksichtigung des Sparkassensektors. (Untersuchungen über das Spar-, Giro- und Kreditwesen. Abt. A: Wirtschaftswissenschaft. Schriften des Instituts für das Spar-, Giro- und Kreditwesen an der Universität Bonn, Bd. 100.) Berlin 1978.

[3] Vgl. *Richtlinie des Rates vom 17. April 1989 über die Eigenmittel von Kreditinstituten (89/299/EWG)*. Abgedruckt in: Amtsblatt der Europäischen Gemeinschaften Nr. L 124 vom 5.5.1989. - *Richtlinie des Rates vom 18. Dezember 1989 über einen Solvabilitätskoeffizienten für Kreditinstitute (89/647/EWG)* Abgedruckt in: Amtsblatt der Europäischen Gemeinschaften Nr. L 386 vom 30.12.1989. - Siehe hierzu auch *N. Horn*, Bankrecht auf dem Weg nach Europa. "Zeitschrift für Bankrecht und Bankwirtschaft", Köln, Jg. 1 (1989), S. 107-121. - *B. Rudolph*, Die Eigenkapitaldefinition in Europa. "Zeitschrift für das gesamte Kreditwesen", Frankfurt a.M., Jg. 42 (1989), S. 404-408. - *M. Akmann*, Die EG-Eigenmittelrichtlinie. "Zeitschrift für das gesamte Kreditwesen", Frankfurt a.M., Jg. 43 (1990), S. 186-194.

Eigenkapitalengpässen führen.[4] Daher ist im Teil 6 eine sachgerechte Auseinandersetzung mit zukünftigen Möglichkeiten und Grenzen der externen Zuführung von haftenden Mitteln bei Sparkassen erforderlich. Es ist notwendig, verschiedene Gedankenansätze und Instrumente vorzustellen und diese auf ihre Eignung hin zu untersuchen.

2 Grundlegende Betrachtungen zum bankbetrieblichen Eigenkapital

21 Zur Abgrenzung des haftenden Eigenkapitals gemäß § 10 KWG

Mit Bezug auf Haftungszusammenhänge ist das Eigenkapital einer Unternehmung "dasjenige monetäre Äquivalent des Vermögens .., das für den Zugriff durch Gläubiger im Notfall verfügbar ist".[5] Diese in Geldeinheiten bewertete Differenz aus Vermögen und Schulden wird als Reinvermögen bezeichnet. In dieser betriebswirtschaftlichen Sicht unterscheidet sich das Eigenkapital bzw. das Reinvermögen der Kreditinstitute begrifflich nicht von dem anderer Wirtschaftsunternehmen. Zu beachten ist aber, das für bankaufsichtsrechtliche Zwecke das haftende Eigenkapital von Kreditinstituten in § 10 KWG speziell abgegrenzt wird.

Das haftende Eigenkapital gemäß § 10 KWG unterscheidet sich vom Eigenkapitalbegriff im Sinne von betrieblichem Reinvermögen zum einen durch die Nichtberücksichtigung stiller Reserven. Zum anderen werden bei der Ermittlung des haftenden Eigenkapitals gemäß § 10 KWG bestimmte Haftungsformen rechnerisch berücksichtigt, die kein Eigenkapital im rechtlichen Sinne bzw. kein bilanzielles Eigenkapital sind. Genannt seien hier: der Haftsummenzuschlag bei Kreditgenossenschaften, das nachgewiesene freie Vermögen bei Privatbankiers sowie das Genußrechtskapital.

22 Eigenkapitalfunktionen und ihre Bedeutung für Sparkassen

Um in die Bedeutung der Eigenkapitalausstattung von Kreditinstituten einzuführen, sollen im folgenden im Anschluß an Hagenmüller[6] kurz sieben Eigenkapitalfunktionen vorgestellt und hinsichtlich ihrer Relevanz für die hier speziell betrachtete Institutsgruppe "öffentlich-rechtliche Sparkassen" untersucht werden.

Gründungsfunktion: Die Errichtung eines Kreditinstitutes ist ohne ausreichendes haftendes Eigenkapital gemäß § 33 in Verbindung mit § 32 KWG nicht möglich. Nach gegenwär-

---

[4] Vgl. *o.V.*, Zahlenspiele ums Kapital. "Börsen-Zeitung" vom 18.11.1989.

[5] *H.-D. Deppe*, Eine Konzeption wissenschaftlicher Bankbetriebslehre in drei Doppelstunden. In: Bankbetriebliches Lesebuch. Ludwig Mülhaupt zum 65. Geburtstag. Hrsg. v. H.-D. Deppe. Stuttgart 1978, S. 3-98, hier S. 32.

[6] Vgl. *K.F. Hagenmüller*, Der Bankbetrieb. Bd. 1: Strukturlehre - Kapitalbeschaffung der Kreditinstitute. 4., überarb. Aufl., Wiesbaden 1976, S. 228 ff.

312

tiger bankaufsichtsrechtlicher Praxis des Bundesaufsichtsamtes für das Kreditwesen wird ein haftendes Eigenkapital von 6 Mio. DM als ausreichend für die Erlaubniserteilung zum Betreiben von Bankgeschäften angesehen.[7] Die 2. Bankrechtskoordinierungs-Richtlinie sieht gemäß Artikel 4 bereits ein Anfangskapital von mindestens 5 Mio. ECU vor, wobei diese Anforderung aber von den Mitgliedsstaaten der EG auf 1 Mio. ECU reduziert werden kann.[8]

In der Bundesrepublik Deutschland hat die Gründungsfunktion des Eigenkapitals für Sparkassen aktuell keine Bedeutung: Weder wurden in der jüngeren Vergangenheit Neugründungen vorgenommen noch sind solche realistischerweise in Zukunft zu erwarten.

Garantie- oder Haftungsfunktion: Diese Funktion nimmt auf die Übernahme von Risiken im Sinne von Verlustgefahren durch die Eigenkapitalgeber Bezug. Angesprochen ist also die Gläubigerschutzfunktion, die das als Eigenkapital ausgewiesene betriebliche Reinvermögen hat.[9] Da Gemeinden oder Gemeindeverbände als Eigentümer (Gewährträger) der Sparkassen bei Verlusten über das haftende Eigenkapital hinaus auch aus der Gewährträgerhaftung bzw. der Anstaltslast in Anspruch genommen werden können[10], schützt das haftende Eigenkapital der Sparkassen insoweit auch die Gewährträger selbst vor unmittelbarer Verlustdeckung aus den öffentlichen Haushalten.[11]

Geschäftsbegrenzungsfunktion: Im Zusammenhang mit der Haftungsfunktion des Eigenkapitals steht die "Funktion der Begrenzung des Geschäftsvolumens (Bremsfunktion)".[12] Sie soll eine im Verhältnis zum Umfang und zur Struktur des Geschäftsvolumens angemessene Eigenkapitalausstattung sicherstellen und wird im wesentlichen über die im Anschluß an § 10 KWG formulierten Grundsätze I und Ia des Bundesaufsichtsamtes für das Kreditwesen (BAK) geregelt. Im Prinzip begrenzen diese Grundsätze Risiken im Sinne von Verlustgefahren auf ein bei gegebenem Haftungspotential (haftendem Eigenkapital)

---

[7] Vgl. *V. Szagunn* u. *K. Wohlschieß*, Gesetz über das Kreditwesen in der Fassung vom 11.7.1985. Kommentar. 4., neubearb. u. erw. Aufl., Stuttgart u.a. 1986, Anm. 5 zu § 33 KWG, S. 502 ff.

[8] Vgl. *Zweite Richtlinie des Rates zur Koordinierung der Rechts- und Verwaltungsvorschriften über die Aufnahme und Ausübung der Tätigkeit der Kreditinstitute und zur Änderung der Richtlinie 77/780/EWG* (89/646/EWG). Abgedruckt in: Amtsblatt der Europäischen Gemeinschaften Nr. L 386 vom 30.12.1989.

[9] Vgl. *H.-D. Deppe*, Finanzielle Haftung heute - Obsoletes Relikt oder marktwirtschaftliche Fundamentalleistung? In: Zweihundert Jahre Geld und Brief. Herausforderungen an die Kapitalmärkte. Festgabe an die Niedersächsische Börse zu Hannover aus Anlaß ihres 200jährigen Bestehens. Hrsg. v. C.P. Claussen, L. Hübl. u. H.-P. Schneider. Frankfurt a.M. 1987, S. 179-204. Wiederabgedruckt in: Geldwirtschaft und Rechnungswesen. Hrsg. v. H.-D. Deppe. (Neue Betriebswirtschaftliche Studienbücher, Bd. 1.) Göttingen 1989, S. 199-228, hier S. 207.

[10] Zur Abgrenzung bzw. zum Zusammenhang zwischen Gewährträgerhaftung und Anstaltslast vgl. *Deutscher Bundestag*, Wettbewerbsverschiebungen im Kreditgewerbe und Einlagensicherung. Bundestagsdrucksache V/3500. Bonn 1969, S. 47-49. - Von der möglichen Inanspruchnahme der Einlagensicherung der Sparkassen sei hier abstrahiert.

[11] Vgl. *U. Güde*, Geschäftspolitik der Sparkassen. Grundlagen und aktuelle Probleme. 5., neu bearb. u. erw. Aufl., Stuttgart 1989, S.163.

[12] *K.F. Hagenmüller*, Der Bankbetrieb ..., a.a.O., S. 229.

vertretbares Maß. Dabei werden die Risiken im Sinne von Verlustgefahren aber nur in sehr vereinfachter Weise durch das Geschäftsvolumen bzw. seine Strukturierung erfaßt.[13]

Aufgrund ihrer Geschäftsstruktur hatten bislang nur wenige Sparkassen Probleme mit der Einhaltung dieser Grundsätze. Wie noch darzustellen ist, lassen Veränderungen in der Struktur des Aktivgeschäfts sowie Probleme bei der Eigenkapitalaufbringung befürchten, daß zukünftig zumindest der Grundsatz I bei einer steigenden Zahl von Sparkassen stärker den geschäftspolitischen Handlungsspielraum dieser Institute einengt.

Finanzierungsfunktion: Diese Funktion des Eigenkapitals kommt allgemein darin zum Ausdruck, daß durch die Eigenkapitalzuführung dem Betrieb nicht nur haftende Mittel, sondern auch Zahlungsmittel zugeführt werden. Häufig wird die Finanzierungsfunktion des Eigenkapitals im Sinne "Goldener Finanzierungsregeln" gleich direkter auf die Finanzierung langfristig im Betrieb gebundener Vermögenswerte bezogen. Derartige Zusammenhänge sind auch in § 12 KWG kodifiziert.[14] Danach dürfen die Buchwerte der Anlagen eines Kreditinstituts in Grundstücken, Gebäuden, Betriebs- und Geschäftsausstattung, Schiffen, Anteilen an Kreditinstituten und sonstigen Unternehmen sowie in Forderungen aus Vermögenseinlagen als stiller Gesellschafter und aus Genußrechten zusammen das haftende Eigenkapital nicht übersteigen. Diese Vorschrift soll also sicherstellen, daß die dauerhaften Aktiva, die nur bedingt liquidierbar sind und außerdem keinen regelmäßigen Ertrag erbringen, durch gleichermaßen dauerhafte Finanzierungsmittel (Eigenkapital) finanziert werden.

Der § 12 KWG kann im Leistungsprozeß der Kreditinstitute durchaus Probleme aufwerfen, z.B. bei eigenkapitalschwachen Sparkassen, die aus marktpolitischen Gründen dennoch gezwungen sind, einen Hauptstellenneubau zu errichten und/oder ihr stationäres Geschäftsstellennetz zu modernisieren.[15]

Funktion des intertemporären Verlustausgleichs: Die Funktion des intertemporären Verlustausgleichs beinhaltet die Kompensation von Verlusten einzelner Perioden durch Gewinne aus früheren Zeiträumen. Um das Vertrauen der Gläubiger nicht zu gefährden, er-

---

[13] Vgl. dazu Kapitel 31.

[14] Allerdings wird in der Literatur auch die Frage diskutiert, ob § 12 KWG eher im Sinne der Sicherung der Zahlungsfähigkeit oder eher im Sinne der Sicherung der Schuldendeckungsfähigkeit (finanzielle Haftung) zu interpretieren sei. Vgl. hierzu *L. Mülhaupt*, § 12 KWG: Solvabilitäts- und (oder) Finanzierungsregel? "Zeitschrift für das gesamte Kreditwesen", Frankfurt a.M., Jg. 32 (1979), S. 1086-1094. - *W.A. Müller*, Nochmals: zur Interpretation des § 12 KWG. "Zeitschrift für das gesamte Kreditwesen", Frankfurt a.M., Jg. 33 (1980), S. 332-334. - *A. Erdland*, Eigenkapital und Einlegerschutz bei Kreditinstituten. Eine funktions- und abbildungstheoretische Analyse. (Untersuchungen über das Spar-, Giro- und Kreditwesen. Abt. A: Wirtschaftswissenschaft. Schriften des Instituts für das Spar-, Giro- und Kreditwesen an der Universität Bonn, Bd. 108.) Berlin 1981, S. 164.

[15] Vgl. *O.v.d. Recke*, Bauvorhaben und KWG, Sparkassengesetz u.ä. "Betriebswirtschaftliche Blätter", Stuttgart, Jg. 25 (1980), S. 316-321. - Siehe auch *B. Hidding*, Deutsche Bank will sich den Rücken freihalten. Sicherung der Handlungsfähigkeit in bezug auf § 12 KWG ist strategische Position. "Börsen-Zeitung" vom 16.6.1987.

folgt der Ausgleich möglichst durch Auflösung stiller Reserven und so für Außenstehende nicht erkennbar.[16]

Bemessungsfunktion für die Gewinnausschüttung: Diese Funktion kommt zur Anwendung, wenn Gewinne nach rechtlichen oder statutarischen Bestimmungen entsprechend der Anteile der einzelnen Eigenkapitalgeber am gesamten Eigenkapital des Betriebs ausgeschüttet werden. Die Funktion läßt sich prinzipiell auf die "Verlustteilnahme" übertragen.

Für Sparkassen ist die Ausschüttungsbemessungsfunktion bislang allenfalls von nachgeordneter Bedeutung. Zur Aufrechterhaltung der Handlungsfähigkeit ist es notwendig, daß der erzielte Gewinn in der Regel zur Selbstfinanzierung (Rücklagenzuführung) eingesetzt wird. Nur ein vergleichsweise geringer Teil der Sparkassen tätigt im Rahmen von Kann-Vorschriften[17] Gewinnausschüttungen.

Werbe- oder Repräsentationsfunktion: Diese Funktion beinhaltet, daß die Höhe des ausgewiesenen Eigenkapitals wesentlich das Vertrauen der Gläubiger in die Sicherheit der Einlagen und allgemein in die Leistungsfähigkeit eines Kreditinstituts beeinflußt.

Aufgrund der unbegrenzten Haftungsverpflichtung der Gewährträger dürfte diese Eigenkapitalfunktion bei Sparkassen gegenüber anderen Kreditinstitutsgruppen von geringerer Bedeutung sein, d.h., die Anstaltslast und die Gewährträgerhaftung haben in dieser Beziehung das größere Gewicht.

Abschließend sei zu den Eigenkapitalfunktionen darauf hingewiesen, daß sich das Interesse des Gesetzgebers bzw. der Bankenaufsicht an der Eigenkapitalausstattung von Kreditinstituten primär auf den Gläubigerschutz und auf ordnungspolitische Überlegungen bezieht. Allgemein gesagt, hat z.B. das Bundesaufsichtsamt für das Kreditwesen gemäß § 6 KWG die Aufgabe, "Mißständen im Kreditwesen entgegenzuwirken, die die Sicherheit der den Kreditinstituten anvertrauten Vermögenswerte gefährden, die ordnungsmäßige Durchführung der Bankgeschäfte beeinträchtigen oder erhebliche Nachteile für die Gesamtwirtschaft herbeiführen können." In diesem Sinne sollen der Einlegerschutz und die Funktionsfähigkeit des Kreditgewerbes unter anderem über die Haftungs- und Geschäftsbegrenzungsfunktion des Eigenkapitals sichergestellt werden. Dabei stehen die Haftungsfunktion und die Geschäftsbegrenzungsfunktion letztlich in sehr enger Beziehung zueinander: Durch die Verknüpfung von Risikovolumina mit einer angemessenen Eigenkapitalausstattung (Geschäftsbegrenzungsfunktion des haftenden Eigenkapitals) soll das Eingehen von Risiken im Sinne von Verlustgefahren auf ein vertretbares, dem vorhandenen Haftungspotential angepaßtes Maß beschränkt werden. Durch vorhandenes Haftungspotential sollen im Sinne der "reinen" Haftungsfunktion des Eigenkapitals die Folgen schla-

---

[16] Vgl. in diesem Zusammenhang z.B. *U. Güde*, Bildung von stillen Reserven zur Verstetigung von Gewinnausweis und Eigenkapitalbildung - ein Beispiel. In: Sparkassen im Markt. Diskussionsforum zur marktorientierten Unternehmensführung. H. 2.: Rentabilitätssteuerung. Hrsg. v. Deutschen Sparkassen- und Giroverband e.V. Stuttgart 1981, S. 57-62.

[17] Vgl. z.B. § 27 Abs. 3 Niedersächsisches Sparkassengesetz (NSpG).

gend gewordener Risiken, d.h. effektive Verluste, abgedeckt und so die finanzielle Haftungsfähigkeit eines Kreditinstitutes gegenüber den Einlegern und sonstigen Gläubigern durch Vermeidung der Überschuldung gewahrt werden.[18]

Bezogen auf Sparkassen sei hier die Frage erlaubt, ob für diese Institute die Bedeutung des Eigenkapitals im Sinne der oben abgegrenzten "reinen" Haftungsfunktion nicht zu relativieren ist: Die Sicherheit der Einlagen wird grundsätzlich durch die Gewährträgerhaftung garantiert. Zudem sichert die Anstaltslast den Bestand der Sparkassen für den Fall eintretender Verluste. Die Eigenkapitalvorschriften des KWG gelten dennoch richtigerweise auch für Sparkassen: Es ist zu berücksichtigen, daß diese Vorschriften (z.B. Grundsätze I und Ia) primär im Sinne der Geschäftsbegrenzungsfunktion des Eigenkapitals zu interpretieren sind, d.h., daß sie mögliche Verlustgefahren von vornherein begrenzen sollen. Zudem würden Sparkassen einseitig Marktvorteile erlangen, wenn sie die Eigenkapitalvorschriften des KWG nicht einhalten müßten. Sollen diese Vorschriften aber ohne Einfluß auf den Wettbewerb der Kreditinstitute bleiben, dann sind in diesem Gesamtzusammenhang aus Sparkassensicht allerdings auch unterschiedliche Geschäftsstrukturen und unterschiedliche Eigenkapitalbeschaffungsmöglichkeiten (incl. Steuerlastquoten) einzubeziehen. Auch das statische Konstruktionsprinzip dieser Vorschriften ist zu überdenken.

23 Vergleich der Eigenkapitalausstattung von Kreditbanken, Kreditgenossenschaften und Sparkassen

Wie Übersicht 1 verdeutlicht, weisen Kreditbanken, Kreditgenossenschaften und Sparkassen eine sehr unterschiedliche Eigenkapitalausstattung auf. Allen drei Institutsgruppen ist es im Betrachtungszeitraum 1980 bis 1989 zwar gelungen, ihre Eigenkapitalbasis zu verbessern, das Ausmaß ist aber sehr unterschiedlich. Während die Kreditbanken ihre Eigenkapitalquote (Eigenkapital in v.H. der Bilanzsumme) beträchtlich erhöhen konnten, war dies bei den Kreditgenossenschaften und den Sparkassen nur in geringerem Umfang möglich. Im Vergleich der Sparkassen mit den Kreditgenossenschaften ist zu beachten, daß die auf der Basis des bilanziellen Eigenkapitals gemessene Eigenkapitalquote der Kreditgenossenschaften nur geringfügig besser ist als die der Sparkassen, das gesamte haftende Eigenkapital gemäß § 10 KWG läßt sich bei den Kreditgenossenschaften aber aufgrund des anerkannten Haftsummenzuschlags (§ 10 Abs. 2 Nr. 3 KWG) für den Zeitraum 1980 bis 1989 auf eine durchschnittliche haftende Eigenkapitalquote von 5,0 v.H. der Bilanzsumme hochrechnen. Aus Sparkassensicht ist in der Anerkennung des Haftsummenzuschlags bei Kreditgenossenschaften und gleichzeitiger Nichtberücksichtigung eines entsprechenden Zuschlags bei Sparkassen (für die Gewährträgerhaftung bzw. für die Anstaltslast) mit Blick auf die Geschäftsbegrenzungsfunktion der Eigenkapitalvorschriften des KWG eine

---

[18] Vgl. *R. Holdijk*, Die Eigenkapitalprobleme der deutschen Sparkassen. Kriterien und Realisationsmöglichkeiten einer angemessenen Eigenkapitalausstattung. (Schriftenreihe des Instituts für Kreditwesen der Westfälischen Wilhelms-Universität Münster, Bd. 22.) Wiesbaden 1979, S. 74 f.

Übersicht 1: Eigenkapitalausstattung der Kreditbanken, Kreditgenossenschaften und Sparkassen 1980 - 1989*

Jahr	Grund- und Stammkapital in v.H. der Bilanzsumme^a			Eigenkapital (einschl. offener Rücklagen gem. § 10 KWG) in v.H. der Bilanzsumme			Durchschnittskennziffer Grundsatz I (Obergrenze 18fach)		
	Kreditbanken	Kreditgenossenschaften	Sparkassen	Kreditbanken	Kreditgenossenschaften	Sparkassen	Kreditbanken	Kreditgenossenschaften	Sparkassen
1980	2,30	1,25	0,056	4,78	3,62	3,38	15,0	12,8	13,7
1981	2,31	1,20	0,059	4,89	3,61	3,44	15,1	13,2	13,9
1982	2,33	1,16	0,060	4,96	3,61	3,48	15,1	13,1	13,5
1983	2,32	1,18	0,057	4,93	3,69	3,57	14,7	12,9	13,0
1984	2,24	1,19	0,055	4,88	3,78	3,66	14,7	12,7	12,9
1985	2,22	1,23	0,050	5,13	3,91	3,77	14,6	12,3	12,6
1986	2,25	1,26	0,042	5,46	3,95	3,79	13,3	11,6	12,3
1987	2,28	1,30	0,039	5,68	3,98	3,82	12,7	11,2	12,0
1988	2,20	1,31	0,043	5,55	4,00	3,81	13,2	11,1	11,8
1989	2,17	1,28	0,035	5,76	3,96	3,83	13,3	11,3	12,1

^a Die Bezeichnung der Spalte erfolgte nach der zugrundeliegenden (unveröffentlichten) Statistik der Deutschen Bundesbank zu ausgewählten Bilanzpositionen. Für die Kreditgenossenschaften enthält diese Spalte die Geschäftsguthaben, für die Sparkassen ist bei einzelnen Sparkassen vorhandenes Dotationskapital einbezogen.

* Zusammengestellt und berechnet auf Basis folgender Quellen: *Deutsche Bundesbank*, Statistische Beihefte zu den Monatsberichten der Deutschen Bundesbank. Reihe 1, Bankenstatistik nach Bankengruppen. Frankfurt a.M., diverse Ausgaben. - *Deutsche Bundesbank*, Ausgewählte Bilanzpositionen. Grund- und Stammkapital (unveröffentlichte Statistik). Frankfurt a.M. 1990. - *Deutsche Bundesbank*, Geschäftsbericht der Deutschen Bundesbank für das Jahr 1989. Frankfurt a.M. 1990.

317

Benachteiligung zu erblicken. Dieses Problem wird durch die künftig höheren Eigenkapitalanforderungen gemäß den EG-Richtlinien noch verschärft.

3 Gegenwärtige Eigenkapitalanforderungen und Eigenkapitalbedarf bei Sparkassen

31 KWG-Vorschriften, sparkassenrechtliche und sonstige Vorschriften zum Eigenkapital

Zur Sicherstellung des Gläubigerschutzes hat der Gesetzgeber bzw. das Bundesaufsichtsamt für das Kreditwesen für alle Kreditinstitute verbindliche Normen zur Deckung von Risiken durch haftende Mittel (Eigenkapital) erlassen. Gemäß § 10 Abs. 1 KWG müssen Kreditinstitute "im Interesse der Erfüllung ihrer Verpflichtungen gegenüber ihren Gläubigern, insbesondere zur Sicherheit der ihnen anvertrauten Vermögenswerte ein angemessenes haftendes Eigenkapital haben." Ob das haftende Eigenkapital angemessen ist, wird insbesondere anhand der Erfüllung der BAK-Grundsätze I und Ia beurteilt. Grundsatz I beschränkt mit unterschiedlichen Anrechnungsfaktoren gewichtete Risikoaktiva eines Kreditinstituts auf das 18fache des haftenden Eigenkapitals. Grundsatz Ia - in Kraft seit 1974 als Folge der Vorgänge um die Privatbank Herstatt - setzt den Unterschiedsbetrag zwischen Aktiv- und Passivpositionen in fremder Währung sowie in Edelmetallen ins Verhältnis zum haftenden Eigenkapital.

Es wurde bereits angedeutet, daß aus Sparkassensicht im Zusammenhang mit diesen Grundsätzen, d.h. mit Blick auf gleiche Wettbewerbsvoraussetzungen der Kreditinstitute, auch kritische Anmerkungen zu machen sind. Unabhängig davon ist der Grundgedanke derartiger Risikobegrenzungsregelungen zu bejahen, auch wenn immer wieder offene und verdeckte Schieflagen von Kreditinstituten, auch von Sparkassen, zeigen, daß eine vollständige Risikodeckung angesichts der Unsicherheit über zukünftige Entwicklungen und angesichts geringer Eigenkapitalquoten der Kreditinstitute nur begrenzt möglich ist. Dies war letztlich auch Anlaß dafür, daß sich die verschiedenen Institutsgruppen in Haftungs- bzw. Garantiefonds zusammengeschlossen haben, die den Einlegern über die institutseigenen Haftungspotentiale hinaus die Sicherheit ihrer Forderungen garantieren sollen.[19]

Von Bedeutung ist das haftende Eigenkapital gemäß § 10 KWG ferner für die bereits angesprochenen Anlagen im Sinne von § 12 KWG und für die Großkreditvergabe (§ 13 KWG). Ein Großkredit liegt vor, wenn Kredite an einen Kreditnehmer insgesamt 15 v.H. des haftenden Eigenkapitals des Kreditinstituts übersteigen. Der einzelne Großkredit darf 50 v.H. und alle Großkredite zusammen dürfen das Achtfache des haftenden Eigenkapi-

---

[19] Vgl. hierzu z.B. *D. Schmidt*, Einlagensicherung im deutschen Kreditgewerbe. (Sparkassenheft 60.) Stuttgart 1977.

tals des Kreditinstituts nicht übersteigen. Auch über diese Vorschriften wird eine Risiko-begrenzung angestrebt.

Neben den bisher erörterten Eigenkapitalanforderungen stehen noch einige sparkassen-rechtliche und sonstige Rechtsnormen, die sich letztlich ebenfalls - direkt oder indirekt - auf die finanzielle Haftungsfähigkeit beziehen. Es erscheint hinreichend, diese Vorschrif-ten hier ohne nähere Kommentierung in Übersicht 2 stichwortartig zusammen mit den zu-vor erörterten Eigenkapitalanforderungen aufzulisten.[20]

32 Wachstum des Geschäftsvolumens, Eigenkapitalbedarf und Gewinnbedarf

Die im Kapitel 31 skizzierten Eigenkapitalanforderungen können überwiegend im Sinne der Haftungsfunktion und der Geschäftsbegrenzungsfunktion des Eigenkapitals verstan-den werden. Mit Blick auf die Geschäftsbegrenzungsfunktion des Grundsatzes I ist z.B. bei gleichbleibender Risikostruktur der Aktiva und unverändertem haftendem Eigenkapital ein Wachstum des Geschäftsvolumens nur bis zur Ausschöpfung dieses Grundsatzes mög-lich. Darüber hinausgehendes Wachstum erfordert die Zuführung von Eigenkapital und/oder Veränderungen innerhalb der Aktiva hin zu Positionen mit niedrigerem An-rechnungsfaktor.

In der Vergangenheit konnte bei Sparkassen die Erhöhung des haftenden Eigenkapitals mit dem Wachstum des Geschäftsvolumens Schritt halten. In Zukunft wird diese Eigenka-pitalanpassung nur noch unter erschwerten Bedingungen möglich sein: Ausgehend von weiterer Zinsspannenverengungen ist trotz aktiver geschäftspolitischer Gegensteuerung mit relativ geringerem Erfolg (z.B. bezogen auf das Geschäftsvolumen) zu rechnen.[21] Folglich verschlechtern sich auch die Selbstfinanzierungsmöglichkeiten der Sparkassen. Von daher machen die Auswirkungen derartiger Veränderungen zwingend entsprechende Eigenkapitalbedarfs- und Gewinnbedarfsberechnungen notwendig.

Mit Bezug auf den Grundsatz I sind die Determinanten des zukünftigen Eigenkapitalbe-darfs und die hier gegebenen Zusammenhänge in vereinfachter Weise in Übersicht 3 dar-gestellt.

Prinzipiell vorstellbar ist auch der Einsatz von Verfahren auf der Basis der linearen Pro-grammierung oder von Simulationsmodellen, die eine Erfassung komplexer Zusammen-

---

[20] Zu beachten sind in diesem Zusammenhang die Vorschriften zur Sparkassenaufsicht. Vgl. hierzu z.B. *A. Schmitt-Weigand*, Sparkassenaufsicht und Einlegerschutz. In: Bankpolitik nach der KWG-Novelle. Institu-tionelle und betriebswirtschaftliche Anpassungsmaßnahmen der Kreditinstitute an das reformierte Bank-aufsichtsrecht. Hrsg. v. B. Rudolph. Frankfurt a.M. 1986, S. 27-44.

[21] Vgl. hierzu auch den Beitrag von *H. Griesel* in der vorliegenden Festschrift.

Übersicht 2: <u>Gegenwärtige Eigenkapitalanforderungen</u>

Rechtliche Grundlage	Eigenkapitalanforderung in Kurzform
§ 10 KWG	Angemessenes haftendes Eigenkapital (= HEK)
§ 12 KWG	Dauernde Anlagen ≤ HEK
§ 13 KWG	Großkredit > 15 v.H. HEK, aber ≤ 50 v.H. HEK Alle Großkredite ≤ 8-fache HEK
§ 33 KWG	Errichtungsgrundlage; mindestens 6 Mio. DM
§ 45 KWG	Maßnahmen bei unzureichendem HEK
BAK-Grundsatz I	Kredite + Beteiligungen - Wertberichtigungen ≤ 18-fache HEK
BAK-Grundsatz Ia	Unterschiedsbetrag zw. Aktiv- und Passivpositionen in fremder Währung sowie in Edelmetallen ≤ 30 v.H. HEK
gemäß §§ 795, 808a BGB	Inhaberschuldverschreibungen + Sparkassenobligationen ≤ 3-fache HEK kurz- und mittelfristige Inhaberschuldverschreibungen + Sparkassenobligationen ≤ 1,5-fache HEK
gemäß § 15 BBankG	Rediskontkontingent = HEK * (kurz- und mittelfristige Kredite an Nichtbanken/ Geschäftsvolumen) * Einheitsmultiplikator
§ 27 NSpG	HEK ≥ 3 v.H. Gesamteinlagen und Schuldverschreibungen als Untergrenze für die Ausschüttung
In Niedersachsen geplante, in anderen Bundesländern bereits beschlossene identische oder ähnliche, z.T. bereits realisierte Änderungen des Geschäfts- rechts der Sparkassen	Umstellung der Bemessungsgrundlage für das risiko- behaftete Aktivgeschäft von den anrechnungsfähigen Verbindlichkeiten auf das haftende Eigenkapital gemäß § 10 KWG (vgl. hierzu Übersicht 5).

hänge und Abhängigkeiten erlauben.[22] So könnten angestrebte erfolgsorientierte Strukturveränderungen und angestrebtes Wachstum bei gleichzeitiger Berücksichtigung von Nebenbedingungen (z.B. bankaufsichtsrechtlicher Art) geplant werden.

Übersicht 3: Eigenkapitalbedarfsberechnung

$$E_b = E_s - E_i$$

$$E_s = \frac{A_I * k}{g_I}$$

Legende:

E_i = Ist-Eigenkapital
E_s = Soll-Eigenkapital
E_b = Eigenkapitalzuführungsbedarf
A_I = erwartetes Grundsatz I-relevantes Aktivvolumen
g_I = maximal gewünschte g_I-fache Grundsatz I-Auslastung
k = kapitalgewichteter Durchschnittsanrechnungssatz der
grundsatzrelevanten Aktiva

Wie für jeden Betrieb gibt es zwar auch für Sparkassen im Prinzip interne und externe Eigenkapitalbeschaffungsmöglichkeiten. Im Gegensatz zu den anderen Kreditinstitutsgruppen stützt sich die Eigenkapitalzuführung bei Sparkassen aber bislang nahezu ausschließlich auf die Gewinnthesaurierung. In der Regel besteht das haftende Eigenkapital also nur
aus Rücklagen, die über die Zuführung selbst erwirtschafteter Jahresüberschüsse erhöht
werden.

Von der möglichen Eigenkapitalerhöhung aus Mitteln der Sparkassenfördergesellschaften,
der Zuführung von Dotationskapital durch die Gewährträger oder der Zuführung haftender Mittel durch Ausgabe von Genußrechtskapital ist von Sparkassen in der Vergangenheit nur in vergleichsweise wenigen Fällen Gebrauch gemacht worden. Hinzu kommt, daß
diese Eigenkapitalbeschaffungsmöglichkeiten von Bundesland zu Bundesland sparkassen-
rechtlich unterschiedlich geregelt sind. Zusätzliche Möglichkeiten zur Erhöhung des haftenden Eigenkapitals gemäß § 10 KWG, die Kreditinstitute in anderer Rechtsform haben,
stehen den Sparkassen nicht zur Verfügung, also die Kapitalerhöhung bei Aktiengesellschaften durch Ausgabe junger Aktien, bei Kreditgenossenschaften durch Ausgabe von

---

[22] Vgl. hierzu insbesondere *H.-D. Deppe*, Bankbetriebliches Wachstum. Funktionalzusammenhänge und
Operations Research in Kreditinstituten. Stuttgart 1969. - Siehe hierzu auch die Würdigung von *D. Eisele*,
Bilanzstrukturmanagement und Ressourcenverteilung im internationalen Bankkonzern "Die Betriebswirt-
schaft", Stuttgart, Jg. 45 (1985), S. 121-137. Eisele stellt fest: "Als einer der ersten - wohl weltweit - hat
Deppe die Anwendung der Linearen Programmierung auf dem finanziellen Sektor erforscht. Das war
1959, nur wenige Jahre nach Bekanntwerden von Dantzigs revolutionärer Entdeckung" (S. 123). - Zu nicht-
linearen Modellen vgl. *K. Lohmann*, Nichtlineare Modelle zur finanziellen Leistungsprogrammplanung von
Kreditinstituten. Göttinger Dissertation 1970.

weiteren Geschäftsanteilen an Mitglieder oder bei Privatbanken durch zusätzliches anerkanntes freies Vermögen.

Bereits die unterschiedlichen Möglichkeiten der Eigenkapitalzuführung begründen aus Sparkassensicht Nachteile bei der Ausweitung des Geschäftsvolumens wegen des gegebenen Zusammenhangs mit der Eigenkapitalbasis. Diese Ansicht wird durch den gruppenspezifisch unterschiedlichen jahresdurchschnittlichen "Anteil der per Saldo ausgeschütteten resp. zugeführten Beträge an Eigenkapitalzuwachs in %"[23] unterstrichen; die entsprechenden Anteile[24] betrugen in der Zeit von 1969 bis 1981 bei den Kreditbanken + 31,3 %, bei den Kreditgenossenschaften + 18,5 % und bei den Sparkassen - 3,0 %. Auch für die nahe Zukunft sind keine wesentlichen Veränderungen im Gruppenvergleich zu erwarten, es sei denn infolge der angestrebten Harmonisierung des Bankrechts.[25]

Aus der im Ergebnis bislang weitgehend fehlenden externen Eigenkapitalzuführung ist für Sparkassen die Notwendigkeit zur Erzielung hinreichend hoher Gewinne für die Gewinnthesaurierung abzuleiten. Der Jahresüberschuß hat also primär die Funktion, die durch Geschäftswachstum und sich verändernde Risikobelastung erforderliche Eigenkapitalzuführung sicherzustellen.[26] Unter Berücksichtigung der Ertragssteuerbelastung und eventueller Ausschüttungen sowie des zur Existenzsicherung notwendigen Eigenkapitalbedarfs errechnet sich der Gewinnbedarf in vereinfachter Weise wie in Übersicht 4 abgebildet.

Übersicht 4:   Gewinnbedarfsberechnung

$$G_b = \frac{E_b + G_a}{1 - s}$$

Legende:
G_b = Gewinnbedarf
G_a = Gewinnausschüttung
E_b = Eigenkapitalbedarf
s = Steuerlastquote

[23] *M. Hieber*, Wettbewerbspolitische Aspekte der Neuregelung des haftenden Eigenkapitals der Sparkassen im Bankenaufsichtsrecht. (Untersuchungen über das Spar-, Giro- und Kreditwesen. Abteilung A: Wirtschaftswissenschaft. Schriften des Instituts für das Spar-, Giro- und Kreditwesen an der Universität Bonn, Bd. 116.) Berlin 1982, S. 67.

[24] Vgl. *M. Hieber*, Wettbewerbspolitische Aspekte ..., a.a.O., S. 67.

[25] Vgl. hierzu die Kapitel 52 und 62.

[26] Vgl. *H. Schierenbeck*, Ertragsorientiertes Bankmanagement. Betriebswirtschaftliche Grundlagen des Controlling in Kreditinstituten. 2., vollst. überarb. und erw. Aufl., Wiesbaden 1987, S. 390.

Grundsätzlich wird den Eigenkapitalanforderungen über die Veränderung der haftenden Mittel entsprochen. Unabhängig davon kann die Höhe des notwendigen Eigenkapitalbedarfs aber auch über den Umfang und/oder die Struktur der eigenkapitalerfordernden Geschäfte[27] sowie über besondere rechtliche Gestaltungsmöglichkeiten gesteuert werden. Aus Sparkassensicht seien in diesem Sinne die Zusammenarbeit mit Verbundpartnern, das Leasing und Grundstücksgesellschaften angesprochen.

Sparkassen arbeiten vorrangig nach dem Verbundkonzept, das ihnen unter anderem die Möglichkeit eröffnet, eigenkapitalintensive Geschäfte an ihre Verbundpartner zu vermitteln oder diese mit ihnen zusammen konsortialiter anzugehen. Für die Vermittlungstätigkeit erhalten die Sparkassen dann Provisionen anstelle von Zinserträgen.

Als Partner bieten sich vor allem die Landesbanken, Landesbausparkassen und öffentlich-rechtlichen Versicherungsunternehmen an. Die Vermittlung im Verbund stellt sicher, daß entsprechende Kundenverbindungen nicht an Mitwettbewerber verloren gehen. Bei der Sparkasse wird eine Grundsatzanrechnung und damit im Umkehrschluß eine Risikoerhöhung vermieden. In diesen Fällen muß die Sparkasse ein für Dritte nicht erkennbares bilanzunwirksames Wachstum akzeptieren.

Durchzuführende Baumaßnahmen von Kreditinstituten wirken sich auf die Erfolgslage, auf Eigenkapitalrelationen und auf Grundsatzauslastungen aus. Alternativ zur traditionellen Direktfinanzierung derartiger Bauinvestitionen stehen der Sparkasse u.a. folgende Wege offen:

- Finanzierung durch Eigenleasing;

- Finanzierung durch geschlossene Immobilienfonds;

- Finanzierung durch eine eigene Grundstücksgesellschaft.

Vergleichsrechnungen sollten vor allem dann durchgeführt werden, wenn bei der Direktfinanzierung der § 12 KWG zum vorübergehenden Engpaß wird: Bei den oben aufgezeigten Alternativen zur Direktinvestition ist die Sparkasse nicht Eigentümer der erstellten Bauten. Diese sind damit auch nicht im Rahmen von § 12 KWG zu berücksichtigen. Dauerhafte Eigenkapitalprobleme sind selbstverständlich nicht über die Nutzung derartiger Alternativen lösbar.

Das Eigenleasing ist eine Finanzierungsalternative ohne Einsatz eigener Mittel. Der Aufwand der Sparkasse beschränkt sich auf die Verwaltungsgebühren und die Mehrwertsteuer aus der Leasinggebühr. Bildet § 12 KWG kein Problem, kommen allerdings durch das

---

[27]   Vgl. hierzu die Kapitel 31 und 32.

Leasing erreichbare Vorteile nicht zum Tragen. Mit der Leasingfinanzierung vergleichbar ist die Finanzierung durch geschlossene Immobilienfonds.

Eine praktikable, mit Entlastung bei Eigenkapitalanforderungen verbundene Finanzierungsalternative ist auch die sparkasseneigene Grundstücksgesellschaft. In diesem Fall erstellt eine von der Sparkasse zu gründende Baugesellschaft das Objekt und vermietet es an die Sparkasse. Gemäß Bundesfinanzhofauffassung besteht kein organschaftliches Verhältnis, so daß der Vorsteuerabzug geltend gemacht werden kann. Somit können Bauvorhaben in eigener Regie mit den gleichen Steuervorteilen wie beim Leasing durchgeführt werden, ohne dessen Nachteile hinnehmen zu müssen. Gegenüber der Leasingfinanzierung werden die Verwaltungsgebühren vermieden, und Miet- sowie Vermögen- und Gewerbekapitalsteuerzahlungen fallen niedriger aus.

4 Gegenwärtige externe Eigenkapitalbeschaffungsmöglichkeiten von Sparkassen

Es wurde bereits darauf hingewiesen, daß die externe Eigenkapitalzuführung bei Sparkassen gegenwärtig ohne praktische Bedeutung ist. Derartige, für Sparkassen zur Zeit aber prinzipiell gegebene Möglichkeiten der externen Eigenkapitalzuführung sind im folgenden kurz etwas näher zu erörtern.

41 Zuführung von Dotationskapital

Durch den Gewährträger eingebrachtes Eigenkapital wird als Dotationskapital bezeichnet. Entsprechende Zuführungen können sowohl zeitlich befristet als auch unbefristet und zudem sowohl als Bar- wie auch als Sacheinlage erfolgen. Obwohl die Zuführung von Dotationskapital bisher noch nicht in allen Sparkassengesetzen[28] ausdrücklich erwähnt wird, ist sie doch grundsätzlich in allen Bundesländern praktizierbar.

Dotationskapital ist Sparkassen bisher nur in vergleichsweise geringem Umfang zugeführt worden. In den Jahren von 1980 bis 1989 stand allen Sparkassen zusammen lediglich ein jahresdurchschnittliches Dotationskapital in Höhe von 335 Mio. DM zur Verfügung.[29] Ausgesprochene Notsituationen waren für den einen oder anderen Gewährträger Anlaß, seiner Sparkasse Dotationskapital zuzuführen. Insbesondere bei hohen Verlusten (im Verhältnis zum vorhandenen haftenden Eigenkapital) haben einzelne Sparkassen verschiedentlich Dotationskapital erhalten, durchaus auch in der Erwartungshaltung, daß dieses

---

[28] Erwähnt z.B. in § 29 Schleswig-Holsteinisches Sparkassengesetz.

[29] Berechnet unter Zugrundelegung folgender Statistik: *Deutsche Bundesbank*, Ausgewählte Bilanzpositionen, a.a.O.

Kapital später in Teilbeträgen wieder an den Gewährträger zurückgeführt wird.[30] Solche Rückzahlungen lassen sich bei wiedererlangter Ertragsstärke der betroffenen Sparkasse begründen, können von Fall zu Fall aber auch sehr stark auf den Aspekt "moral persuasion" zurückgeführt werden.

Auch ohne Verlustsituationen kann die geschäftsbegrenzende Wirkung relativ geringen Eigenkapitals in Ausnahmefällen durchaus Anlaß für den Gewährträger sein, seiner Sparkasse haftende Mittel zur Verfügung zu stellen. Die betreffende Sparkasse kann so gezielt auf eine solidere Eigenkapitalbasis gestellt werden und so ihre Marktposition[31] halten bzw. ausbauen.

Von derartigen Ausnahmesituationen abgesehen, wird der Zuführung von Dotationskapital auch in Zukunft regelmäßig die Finanzknappheit der Gewährträger entgegenstehen. Aufgrund der schon chronischen finanziellen Anspannung der öffentlichen Kassen sind der Eigenkapitalstärkung durch Kapitaleinlagen der Gewährträger faktisch sehr enge Grenzen gesetzt. Der besonderen Stellung der Sparkassen als Instituten eigener Art mit öffentlichem Auftrag wurde daher in der Vergangenheit durch Gewährung steuerlicher Sonderregelungen Rechnung getragen. Inzwischen sind diese aus dem öffentlichen Auftrag abgeleiteten Privilegien aber schrittweise abgebaut worden, ohne daß gleichzeitig ein entsprechender Ausgleich über die Anpassung der Eigenkapitalzuführungsmöglichkeiten und eine Aufhebung sparkassenrechtlicher Geschäftsbeschränkungen geschaffen worden wäre. Dieser Widerspruch - Vollbesteuerung der Gewinne ohne Anpassung des Geschäftsrechts - kann nur über die aus Bundes- und Ländersicht unterschiedliche Positionierung der Sparkassen erklärt werden. Während für die Bundesregierung die Sparkassen vorrangig am Bankenmarkt tätige Universalkreditinstitute sind, sehen die Länder die Sparkassen weiterhin als Institute mit Geschäftsbeschränkungen, öffentlichem Auftrag und kommunaler Haftung.[32]

42 Weitere Formen der externen Zuführung haftenden Eigenkapitals gemäß § 10 KWG

Weitere Formen haftenden Eigenkapitals gemäß § 10 KWG, die für Sparkassen im Sinne der externen Zuführung in Frage kommen, sind Vermögenseinlagen stiller Gesellschafter gemäß § 10 Abs. 4 KWG sowie Genußrechte gemäß § 10 Abs. 5 KWG. Beide Instrumente

---

[30] Im Jahre 1977 hat z.B. die Stadtsparkasse Hannover 30 Mio. DM Dotationskapital von ihrem Gewährträger erhalten, das sie seit 1987 ohne Vorliegen einer vertraglichen Verpflichtung in Teilbeträgen wieder an die Stadt zurückführt.

[31] Zur Sicherung der Marktposition - auch im Hinblick auf den EG-Binnenmarkt - hat z.B. die Kreissparkasse Köln im Jahr 1988 von ihrem Gewährträger eine Zuführung zur Sicherheitsrücklage in Höhe von 60 Mio. DM erhalten. Vgl. o.V., Kreissparkasse Köln; Kapital vom Gewährträger "Börsen-Zeitung" vom 26.1.1989.

[32] Vgl. J. Burmeister, Entwicklungsperspektiven des Sparkassenwesens im Spannungsfeld von Wirtschaft und Verwaltung. In: Die Zukunft gestalten. 50. Lehrgang des Lehrinstituts für das kommunale Sparkassen- und Kreditwesen. Sommerschule 1988. Hrsg. v. Deutschen Sparkassen- und Giroverband e.V. Stuttgart 1989, S. 301 f.

haben sich in der praktischen Anwendung in Sparkassen bereits bewährt, wobei sie aber - wie schon erwähnt - quantitativ gesehen bisher keine große Rolle spielen.

421 Genußrechtskapital

Kapital aus der Gewährung von Genußrechten kann seit der Novellierung des Kreditwesengesetzes durch das 3. KWG-Änderungsgesetz mit Wirkung vom 1. Januar 1985 dem haftenden Eigenkapital gemäß § 10 KWG zugerechnet werden. Als haftendes Eigenkapital gemäß § 10 KWG wird Genußrechtskapital dann anerkannt, wenn bestimmte Anforderungen erfüllt sind.[33] Nach § 10 Abs. 5 KWG sind folgende Voraussetzungen unabdingbar:

- Zurechnung des Genußrechtskapitals zum haftenden Eigenkapital nur bis höchstens 25 v.H. des haftenden Eigenkapitals gemäß § 10 Abs. 2 und 3 ohne Zuschlag nach Abs. 2 S. 1 Nr. 3 KWG;

- Verlustteilnahme des Genußrechtskapitals bis zu seiner vollen Höhe;

- Rückforderungsmöglichkeit erst nach Befriedigung der Gläubiger des Kreditinstituts;

- Mindestlaufzeit fünf Jahre;

- Nachrangigkeit gegenüber den Gläubigern und Mindestlaufzeit sind ausdrücklich und schriftlich zu nennen;

- Mindestrestlaufzeit von zwei Jahren bis zur Fälligkeit des Rückzahlungsanspruchs.

Unabhängig von der Rechtsform können Genußscheine grundsätzlich durch alle Kreditinstitute ausgegeben werden. Ausschließlich Sparkassen benötigen aber aufgrund des Enumerationsprinzips, das ihnen nur die Durchführung ausdrücklich genehmigter Geschäfte erlaubt, noch zusätzlich eine Genehmigung durch den jeweiligen Landesgesetzgeber. Umstritten ist dabei, ob die Genehmigung die Änderung des jeweiligen Sparkassengesetzes erfordert oder ob nur die Mustersatzung[34] geändert werden muß.

In Abhängigkeit von den unterschiedlichen Auffassungen der zuständigen Stellen ist die Genußscheinausgabe für Sparkassen in einigen Bundesländern - in der Regel unter bestimmten Auflagen zur Vermeidung von Fremdeinflüssen - bereits möglich. In anderen Bundesländern ist die Ausgabemöglichkeit noch in der Diskussionsphase. Den Sparkassen in Niedersachsen steht dieser Weg der Beschaffung haftender Mittel z.B. bereits seit der Mustersatzungsänderung im Jahre 1986 offen. Trotzdem sind externen Kapitalgebern Ge-

---

[33] Vgl. *C.-Ch. Hedrich*, Der Genußschein als eigenkapitalverstärkendes Finanzierungsinstrument, insbesondere für Kreditinstitute. (Studienreihe der Stiftung Kreditwirtschaft an der Universität Hohenheim, Bd. 1.) Hohenheim 1986, insbesondere S. 116-127.

[34] Vgl. *R. Fischer*, Der Genußschein: Anmerkungen aus Sparkassensicht. "Der Langfristige Kredit", Frankfurt a.M., Jg. 39 (1988), S. 604-609, hier S. 605 f.

nußrechte gemäß § 21 a Mustersatzung erst von einer niedersächsischen Sparkasse[35] eingeräumt worden. Auch bei den Sparkassen in den übrigen Bundesländern bildet die Einräumung von Genußrechten und insbesondere die Genußscheinbegebung noch die Ausnahme.[36] Im Vergleich dazu haben Großbanken und andere Kreditinstitutsgruppen mit eigenem Zugang zum Kapitalmarkt von dieser Möglichkeit der Beschaffung haftender Mittel bereits regen Gebrauch gemacht.

Der Vorteil der Genußscheinausgabe gegenüber den sonstigen Zuführungsmöglichkeiten haftender Mittel liegt für alle Kreditinstitute vor allem in den günstigen Kapitalkosten begründet: Wenn durch die Ausgabebedingungen für den Genußscheininhaber Ansprüche auf den Liquidationserlös, insbesondere eine Beteiligung an den stillen Reserven, sowie Kontroll- und Mitwirkungsrechte ausgeschlossen sind, dann werden Ausschüttungen steuerlich wie Fremdkapitalzinsen, also als abzugsfähige Betriebsausgabe, behandelt.[37]

422 Hafteinlagen

Zur Verbesserung der Eigenkapitalausstattung öffentlich-rechtlicher Sparkassen stellen die Fördergesellschaften (Hafteinlagengesellschaften) der regionalen Sparkassenverbände seit 1974 stille Einlagen[38] bereit. Diese Einlagen werden in der Regel unbefristet auf mindestens fünf Jahre gewährt und dienen z.B. zur Vermeidung oder Beseitigung vorübergehender Engpässe im BAK-Grundsatz I und/oder bei § 12 KWG. Ihrem Rechtscharakter nach sind solche Hafteinlagen Vermögenseinlagen stiller Gesellschafter. Rechtsgrundlage für die Anerkennung dieser Einlagen als haftendes Eigenkapital bildet der bereits angesprochene § 10 Abs. 4 KWG. Danach sind folgende Merkmale unverzichtbar:

- Verlustteilnahme der stillen Einlagen bis zu ihrer vollen Höhe;

- Rückforderungsmöglichkeit erst nach Befriedigung der Gläubiger des Kreditinstituts;

- Mindestlaufzeit fünf Jahre;

- Mindestrestlaufzeit von zwei Jahren bis zur Fälligkeit des Rückzahlungsanspruchs;

- Nachrangigkeit gegenüber den Gläubigern und Mindestlaufzeit sind ausdrücklich und schriftlich zu nennen.

---

[35] Zur Verstärkung des haftenden Eigenkapitals, insbesondere aber auch aus marktpolitischen Überlegungen hat die Kreissparkasse Wesermünde-Hadeln bereits im Jahr 1987 die satzungsrechtlichen Möglichkeiten gemäß § 21a Mustersatzung genutzt und Genußrechtskapital aufgenommen.

[36] Von herausragender Bedeutung ist die Genußscheinplacierung der Nassauischen Sparkasse. Die Nassauische Sparkasse (Naspa) hat zur Verbreiterung ihrer Eigenkapitalbasis im Jahr 1989 Genußscheine über 50 Mio. DM mit einer Laufzeit von 10 Jahren begeben. Diese Papiere sind von einem nicht näher spezifizierten institutionellen Anleger übernommen worden. In Abhängigkeit von der Kapitalmarktlage ist die Ausgabe weiterer Genußscheine in Höhe von 30 Mio. DM vorgesehen. Vgl. o.V., Naspa kommt mit Genußscheinen. "Börsen-Zeitung" vom 12.9.1989.

[37] Vgl. § 8 KStG.

[38] Vgl. o.V., Prophylaxe für Sparkassen. "Börsen-Zeitung" vom 22.8.1974.

Weitere Voraussetzungen für die Anerkennung stiller Einlagen bei Sparkassen erläutert das BAK mit Schreiben vom 19.04.73.[39] Danach wird die für die stille Gesellschaft im Sinne des § 230 HGB erforderliche Bildung einer Zweckgemeinschaft nur dann anerkannt, wenn sich

- der jeweils zuständige Sparkassen- und Giroverband unmittelbar oder mittelbar - durch Zwischenschaltung einer GmbH - beteiligt und wenn

- die Sparkasse selbst oder ein sonstiger Dritter an der zwischengeschalteten GmbH nicht beteiligt sind.

Ergänzende landesrechtliche Regelungen sehen regelmäßig vor, daß die Hafteinlagen nur durch bestimmte Institutionen der Sparkassenorganisation eingebracht werden können, um so die Möglichkeit fremder Einflußnahme auf die Geschäftspolitik der betreffenden Sparkasse zu vermeiden.

In der Sparkassenpraxis hat sich folgende Vorgehensweise durchgesetzt: Eine Einmann-GmbH des regionalen Sparkassen- und Giroverbandes (= Sparkassenfördergesellschaft) nimmt Kapitalmarktmittel auf und überläßt sie der Sparkasse[40] als stille Einlage unbefristet auf mindestens fünf Jahre mit der Abrede, daß die Einlage erst nach Befriedigung aller anderen Gläubiger zurückgezahlt werden muß.[41] Die Sparkasse verzinst die Hafteinlage und erstattet der GmbH die ihr entstehenden Kosten, soweit diese Zahlungsvorgänge nicht bei ihr selbst zu einem Verlustausweis führen.

Als sinnvolle Ergänzung des Eigenkapitals eignet sich die Hafteinlage vor allem für solche Sparkassen, die durch eine akute Krise (Verluste) oder durch überdurchschnittliche Wachstumserfolge entstandene Eigenkapitalengpässe überbrücken müssen. Die Hafteinlage ist dagegen keine Lösung für die Beseitigung eines langfristigen Eigenkapitalmangels. Dieser erfordert die Zuführung nicht rückzahlbarer haftender Mittel.

Die quantitativ eher geringe Bedeutung der Hafteinlagen zeigen Anzahl und Höhe der Inanspruchnahmen: Ende 1988 wurde dieses Instrument - stichtagsbezogen - lediglich von 29 Sparkassen mit Hafteinlagen von insgesamt relativ unbedeutender Größenordnung genutzt.

---

[39] Vgl. *Bundesaufsichtsamt für das Kreditwesen*, Schreiben an den Deutschen Sparkassen- und Giroverband e.V., Bonn, vom 19. April 1973. Veröffentlicht als Anlage zur DSGV-Mitteilung Nr. 161 vom 26. April 1973.

[40] Im Jahre 1989 hat z.B. die Sparkasse Mainz über die bestehende Sparkassenfördergesellschaft des Rheinland-pfälzischen Sparkassen- und Giroverbandes eine stille Vermögenseinlage erhalten, die nach maximal 10 Jahren zurückgezahlt werden muß. Die Refinanzierung der Sparkassenfördergesellschaft erfolgte über den Kapitalmarkt und aus Verbandsrücklagen. Insbesondere die Geschäftsbegrenzungsfunktion des haftenden Eigenkapitals war Anlaß für die dringend notwendige Eigenkapitalverbesserung der Sparkasse Mainz. Mit der stillen Vermögenseinlage wurden die Eigenmittel um 40 Mio. DM auf 110 Mio. DM erhöht. Vgl. *o.V.*, Sparkasse Mainz erhält "solidarische" Finanzspritze der Schwester-Institute. "Handelsblatt" vom 27.4.1989. - *o.V.*, Kapitalspritze vom Verband. "Handelsblatt" vom 30.10.1989.

[41] Vgl. *J. Oebbecke*, Rechtsfragen der Eigenkapitalausstattung der kommunalen Sparkassen. (Schriften zum deutschen Kommunalrecht, Bd. 20.) Siegburg 1980, S. 18.

5 Zukünftige Eigenkapitalanforderungen bei Sparkassen

51 Veränderungen im Sparkassenrecht und daraus resultierende Eigenkapitalanforderungen

Durch die Änderung der Sparkassengesetze und Verabschiedung entsprechender Rechtsvereinfachungsgesetze wird die Bedeutung der Geschäftsbegrenzungsfunktion des haftenden Eigenkapitals bei Sparkassen weiter zunehmen. In einigen Bundesländern bereits beschlossene Satzungsänderungen[42] werden in gleicher oder modifizierter Form auch in den übrigen Bundesländern zur Anwendung kommen. In Anpassung an die KWG-Vorschriften werden bisherige Bemessungsgrundlagen für Geschäftsbegrenzungen geändert und gleichzeitig neu zugelassene, risikobehaftete Geschäfte an die haftenden Mittel gekoppelt, um so auch eine Reduzierung des Verwaltungsaufwands zu realisieren.

Übersicht 5 gibt stichwortartig die erwarteten zukünftigen sparkassenrechtlichen und sonstigen Anforderungen wieder, die selbstverständlich hausintern noch enger gefaßt werden können. Allerdings sind dann von der Sparkassenleitung risikopolitische Überlegungen und Gesichtspunkte der Wettbewerbsfähigkeit und Marktpositionierung gegeneinander abzuwägen.

52 Internationale Harmonisierung des Bankrechts und daraus resultierende Eigenkapitalanforderungen bei Sparkassen

Mit der Globalisierung der Finanzmärkte hat die Diskussion über die notwendige Dimensionierung der haftenden Mittel eine neue Qualität erhalten. Im Mittelpunkt der Bemühungen steht die internationale Harmonisierung der bankaufsichtsrechtlichen Bestimmungen zur Risikobegrenzung.

Der bei der Bank für Internationalen Zahlungsausgleich in Basel gebildete Ausschuß für Bankenbestimmungen und -überwachung[43] hat inzwischen internationale Eigenkapitalstandards erarbeitet. Ausgehend von der Globalisierung der Finanzmärkte, der stürmischen Entwicklung von Finanzinnovationen und damit verbundenen Risiken geht es vor allem um die Erreichung folgender Ziele:

- Sicherstellung des Gläubigerschutzes,

- Schutz des internationalen Währungssystems,

- Wettbewerbsneutralität der nationalen Anforderungen an Kreditinstitute.

---

[42] Vgl. Übersicht 2.

[43] Im folgenden nach seinem Vorsitzenden, Peter Cooke, als Cooke-Ausschuß bezeichnet.

Übersicht 5: Erwartete Eigenkapitalanforderungen

Quelle	Eigenkapitalanforderung in Kurzform		
Niedersächsische Sparkassen-verordnung (NSpV) - Stand 04/90 -	Blankokredit	≤	15 v.H. HEK
	alle Blankokredite	≤	8-fache HEK
	ungedeckte Kredite an Genossenschaften	≤	2,5-fache HEK
	Personalkredit	≤	25 v.H. HEK
	Kommunalkredite	≤	6-fache HEK
	Anteilsscheine an Fonds mit überwiegend inländischen, ausländischen Wertpapieren sowie an Immobilienfonds	≤	75 v.H. HEK
	Aktien, sonstige Wertpapiere und Genußrechte	≤	50 v.H. HEK
	Aktien einer AG	≤	10 v.H. HEK
	Optionsgeschäfte (Verkauf) nach Basispreisen	≤	3 v.H. HEK
	Optionsgeschäfte (Kauf) nach Optionspreisen	≤	3 v.T. HEK
	Wertpapiertermingeschäfte nach Basispreisen	≤	3 v.H. HEK
	alle vorgenannten Wertpapier-geschäfte	≤	1,5-fache HEK
	Anlagen in ausländischer Währung oder ECU bei nicht ausgeschlossenem Währungs-risiko	≤	25 v.H. HEK
	Vorratsbausparverträge	≤	75 v.H. HEK

Allgemeine Ausnahme-genehmigung (ab 04/90)	Kreditgewährung niedersächsischer Sparkassen an
	 • Personen mit Wohnsitz in der DDR
	    - im Einzelfall ≤ 2,5 v.H. HEK
	    - insgesamt ≤ 100 v.H. HEK ⎤ zusammen
	 • Sparkassen in der DDR zum Auf- ⎬ ≤ 100 v.H.
	    bau ihres Geschäftsbetriebs ≤ 100 v.H. HEK ⎦ HEK		

Einzelausnahme-genehmigungen	Für enumerativ nicht erfaßte, aber per Ausnahmegenehmigung zuge-lassene, risikobehaftete Aktivgeschäfte (z.B. Berlindarlehnsge-schäfte außerhalb des Geschäftsgebietes) fungiert inzwischen oft das haftende Eigenkapital gemäß § 10 KWG als Bemessungsgrundlage. Diese Vorgehensweise wird in Zukunft weiter an Bedeutung gewinnen.		

Die Anpassung nationaler bankaufsichtsrechtlicher Bestimmungen ist außerdem im Hinblick auf den gemeinsamen EG-Binnenmarkt notwendig. Der Rat der Europäischen Gemeinschaft hat die bereits erwähnten drei Richtlinien verabschiedet, die von entscheidender Bedeutung für die Kreditinstitute sind:

- Zweite Richtlinie des Rates vom 15. Dezember 1989 zur Koordinierung der Rechts- und Verwaltungsvorschriften über die Aufnahme und Ausübung der Tätigkeit der Kreditinstitute und zur Änderung der Richtlinie 77/780/EWG (im folgenden kurz: Zweite Bankrechtskoordinierungs-Richtlinie),

- Richtlinie des Rates vom 17. April 1989 über die Eigenmittel von Kreditinstituten (im folgenden kurz: Eigenmittelrichtlinie),

- Richtlinie des Rates vom 18. Dezember 1989 über einen Solvabilitätskoeffizienten für Kreditinstitute (im folgenden kurz: Solvabilitätsrichtlinie).

Diese Richtlinien sind durch die nationalen Gesetzgeber zwingend in nationales Recht zu transformieren.[44]

521 Zweite Bankrechtskoordinierungs-Richtlinie

In Beziehung zu den "haftenden Mitteln" steht die Bestimmung der 2. Bankrechtskoordinierungs-Richtlinie, nach der künftig für die unter die Bankenaufsicht fallenden Kreditinstitute das Heimatlandkontroll-Prinzip gelten soll. Kreditinstitute, die eine Genehmigung zum Betreiben von Bankgeschäften in einem EG-Mitgliedsland besitzen, können sich danach grundsätzlich ohne weitere Zulassung durch die Aufsichtsbehörden des Aufnahmelandes in diesem niederlassen. Sie unterliegen aufgrund der Niederlassungsfreiheit dann ausschließlich der Bankenaufsicht ihres Heimatlandes.

Da die Geschäftstätigkeit der Sparkassen bisher unter anderem aufgrund des Regionalprinzips stark eingeschränkt ist, hat für sie die Bestimmung über die Niederlassungsfreiheit große Bedeutung. Um so weniger verständlich ist aus Sparkassensicht daher, daß nach Intervention der deutschen Beteiligten das ursprünglich vorgesehene Austrittsrecht aus dem Herkunftsland in ein Eintrittsrecht gemäß Artikel 18 der 2. Bankrechtskoordinierungs-Richtlinie umgewandelt worden ist. Damit gilt aufgrund des Regionalprinzips ausschließlich für die deutschen Sparkassen, daß sie weiterhin nur im Bereich ihres Gewährträgers tätig sein können. Es bleibt abzuwarten, ob entsprechende Ausnahmegenehmigungen gestellt und erteilt werden, die Orientierungsgröße für mögliche landesrechtliche Änderungen sein könnten. Solange beides nicht der Fall ist, ergeben sich für Sparkassen mit Blick auf diese Zusammenhänge unmittelbar keine zusätzlichen Eigenkapitalanforderungen.

---

[44] Vgl. *W. Geiger*, Auswirkungen internationaler Bankaufsichtsnormen auf die Struktur der deutschen Kreditwirtschaft. In: Finanzintermediation und Risikomanagement. Vorträge und Berichte der Tagung Finanzintermediation und Risikomanagement am 15. September 1988. Hrsg. v. H.-J. Krümmel und B. Rudolph. Frankfurt a.M. 1989, S. 260-270, hier S. 261.

Voraussichtlich wird auch die gemäß Artikel 10 der 2. Bankrechtskoordinierungs-Richtlinie vorgesehene Mindestausstattung mit haftenden Mitteln der bereits bestehenden Kreditinstitute den Sparkassen keine Probleme verursachen.[45] Von den Regelungen gemäß Artikel 12, die für qualifizierte Beteiligungen an Nichtkredit- bzw. Nichtfinanzinstituten für die Einzelbeteiligung eine Obergrenze von 15 v.H. und für alle qualifizierten Beteiligungen zusammen eine Obergrenze von 60 v.H. der haftenden Eigenmittel des Kreditinstituts vorsehen, werden Sparkassen aufgrund ihres Geschäftsrechts wohl kaum tangiert sein.

522 Eigenmittelrichtlinie

Die Richtlinie über die Eigenmittel von Kreditinstituten vom 17. April 1989 hat die Harmonisierung des bankaufsichtsrechtlichen Eigenkapitalbegriffs im EG-Bereich zum Ziel. Die Richtlinie definiert die anrechenbaren Eigenkapitalbestandteile, wobei lediglich "eine Höchstzahl von Bestandteilen und in Frage [kommender Beträge]"[46] formuliert werden. Den EG-Mitgliedsstaaten bleibt es überlassen, ob sie alle oder aber nur Teile der zugelassenen Komponenten als haftende Eigenmittel anerkennen und damit ggf. strengere Bestimmungen für die Institute des eigenen Landes anwenden.

Als haftendes Eigenkapital werden unter anderem alle gemäß § 10 KWG definierten Bestandteile anerkannt. Zugelassen sind darüber hinaus im deutschen Bilanzrecht bzw. im § 10 KWG bisher unbekannte Neubewertungsrücklagen und Fonds für allgemeine Bankrisiken. Ebenso wie im Bericht des Cooke-Ausschusses werden zwei Qualitätskategorien haftender Mittel unterschieden: Kernkapital und Ergänzungskapital. Nach der Eigenmittelrichtlinie besteht das Kernkapital aus dem eingezahlten Eigenkapital und den ausgewiesenen Rücklagen. Alle weiteren zugelassenen Bestandteile bilden das Ergänzungskapital, das durch die nationale Bankenaufsicht nur bis zu 100 v.H. des Kernkapitals im Sinne haftender Eigenmittel anerkannt werden kann, Haftsummenzuschläge nur bis zu 50 v.H. des Kernkapitals. Übersicht 6 unterstreicht, daß die erwähnten Wettbewerbsnachteile der Sparkassen mit der Eigenmittelrichtlinie weder behoben noch gemildert werden.

Ob die deutsche Bankenaufsicht unter anderem Neubewertungsrücklagen für Wertpapiere sowie für Grundstücke und Gebäude voll oder anteilig als Ergänzungskapital anerkennen und/oder versteuerte Sondersammelwertberichtigungen sowie unversteuerte Pauschalwertberichtigungen zulassen wird, ist noch nicht endgültig entschieden: Generell strebt die deutsche Bankenaufsicht die Beibehaltung eines möglichst engen Eigenkapitalbegriffs an. Dies soll hier zwar nicht näher diskutiert werden, hingewiesen sei jedoch darauf, daß eine solche Vorgehensweise in jedem Fall zu Wettbewerbsnachteilen gegenüber den EG-Ban-

---

[45] Nach Artikel 10 Abs. 2 der 2. Bankrechtskoordinierungs-Richtlinie können die Mitgliedstaaten der EG beschließen, "daß die Kreditinstitute, die zum Zeitpunkt der Umsetzung dieser Richtlinie in innerstaatliches Recht bereits bestehen, deren Eigenmittel jedoch die in Artikel 4 für das Anfangskapital festgesetzten Beträge nicht erreichen, ihre Tätigkeiten weiterhin ausüben können. In diesem Fall dürfen die Eigenmittel nicht unter den ab dem Zeitpunkt der Bekanntgabe dieser Richtlinie erreichten Höchstbetrag sinken."

[46] Vgl. Eigenmittelrichtlinie ..., a.a.O., S. L 124/16.

Übersicht 6: Haftende Eigenkapitalelemente aus Sparkassensicht *

Eigenkapitalelemente in Kurzform	Eigenkapitalanerkennung § 10 KWG	DSGV-Erhebung	Eigenmittelrichtlinie
01 Grund- oder Stammkapital	+		+
02 Dotationskapital	+	+	+
03 Offene Rücklagen	+	+	+
04 Reingewinn/entstandene Verluste	±	±	±
05 Vermögenseinlagen stiller Gesellschafter ohne "private"/ mit "privaten" Beteiligten	+	+	+
06 Sonstiges			
07 Zwischensumme I		= Kernkapital	= Kernkapital
08 Genußrechtskapital	+ max. 25 v.H. von 02+03+04	+	+
09 Haftsummenzuschläge			+
10 kumulative Vorzugsaktien			+
11 Nachrangige Darlehen			+] zus. max. 50 v.H. von 07
12 Neubewertungsrücklagen			+
13 Sondersammelwertberichtigungen gemäß § 26a KWG		+	+
14 Sammel-/Pauschalwertberichtigungen		+	+
15 Fonds für allgemeine Bankrisiken			+
16 Sonstiges			+
17 Zwischensumme II		= max. 100 v.H. von 07	= max. 100 v.H. (ohne 15) von 07
18 Kapitalbeteiligungen von mehr als 10 v.H. bis unter 40 v.H. an Kreditinstituten		.	
19 Endsumme	= HEK	= HEK	= HEK

---

* *Deutscher Sparkassen- und Giroverband e.V.*, Sondererhebung über Eigenkapitalausstattung und zusätzliche Belastungen aus dem Solvabilitätskoeffizienten. Auswertungsbogen zur Solvabilitätsrichtlinie. Bonn 1989.

333

ken führen wird, denen derartiges Ergänzungskapital anerkannt wird. Die deutschen Kreditinstitute und damit auch die Sparkassen müßten diese Positionen dann über die für sie zugelassenen Möglichkeiten der externen Eigenkapitalzuführung kompensieren, es sei denn, sie wären bereit, bei Eigenkapitalmangel auf ertragreiche, durch haftende Eigenmittel zu unterlegende Geschäfte zu verzichten. Beide Lösungswege würden zwangsläufig die Erfolgssituation der Institute beeinflussen.

523 Solvabilitätsrichtlinie

Während die Eigenmittelrichtlinie die Höchstzahl von Bestandteilen haftender Mittel und die in Frage kommenden Beträge regelt, stellt die Richtlinie über einen Solvabilitätskoeffizienten für Kreditinstitute eine Beziehung zwischen der Eigenkapitalausstattung und "den mit einem Kreditrisiko behafteten Aktiva und außerbilanzmäßigen Geschäften"[47] her. Wie der im Anschluß an § 10 KWG formulierte Grundsatz I des BAK haben beide Richtlinien als gemeinsames Ziel die Sicherstellung einer - in Relation zu eingegangenen Risiken - angemessenen Ausstattung der Kreditinstitute mit haftenden Mitteln. Das gewichtete risikotragende Bankgeschäft muß also durch eigene haftende Mittel gedeckt sein. Gemäß Artikel 10 Abs. 1 der Solvabilitätsrichtlinie ist ab 1. Januar 1993 eine Eigenkapitalunterlegung von mindestens 8 v.H. und nach Artikel 6 der Eigenmittelrichtlinie eine Kernkapitalunterlegung von mindestens 4 v.H. vorgesehen.

Die Deutsche Bundesbank und der Deutsche Sparkassen- und Giroverband e.V. (DSGV) veranlaßten Proberechnungen[48], um die Ent- und Belastungen nach der Solvabilitätsrichtlinie gegenüber dem bisherigen Grundsatz I sowie die Einhaltungswahrscheinlichkeit für die in Zukunft vorgesehene Eigenkapitalunterlegung hochzurechnen. Beide Berechnungen erfolgten nach dem in Übersicht 7 wiedergegebenen Schema, das gleichzeitig das Konstruktionsprinzip des Solvabilitätskoeffizienten deutlich macht. Die Übertragung der vorgesehenen Mindesteigenkapitalunterlegung von 8 v.H. entspricht nach der bisherigen Grundsatz I-Praxis dem 12,5-fachen des haftenden Eigenkapitals.

524 Auswirkungen der Bankrechtsharmonisierung auf den Eigenkapitalbedarf von Sparkassen

Die Sparkassen verfügen im Vergleich mit ihren Hauptwettbewerbern[49] über die mit Abstand niedrigste Eigenkapitalquote. Das hat dazu geführt, daß bereits aktuell für relativ viele Sparkassen der Grundsatz I und § 12 KWG zu Engpaßfaktoren geworden sind. Die

---

[47] Vgl. Solvabilitätsrichtlinie ..., a.a.O., S. L 386/14.

[48] Vgl. hierzu Abschnitt 524. Während die Deutsche Bundesbank über eine Repräsentativauswahl 145 Kreditinstitute aus allen Bankengruppen in ihre Berechnungen einbezogen hat, ist die Sondererhebung zum Solvabilitätskoeffizienten durch den Deutschen Sparkassen- und Giroverband e.V. bei allen Sparkassen durchgeführt worden.

[49] Vgl. Kapitel 23.

damit verbundenen Probleme werden durch die Harmonisierung der internationalen Eigenkapitalstandards und deren Transformierung per 01.01.1993 in deutsches Recht noch verschärft.

Übersicht 7: <u>Belastungsfaktoren der Solvabilitätsrichtlinie aus Sparkassensicht</u>

	Anrechnung in v.H.
01 Gewichtete Aktivwerte gemäß Grundsatz I	+ 100
02 Realkredite	- 50
03 Hypothekenkredite für den Wohnungsbau	+ 50
04 Übrige Realkredite	+ 100
05 Anleihen und Schuldverschreibungen der öffentlichen Hand	+ 0
06 " " " inld. Kreditinstitute	+ 20
07 " " " sonst. Unt. und Ausländer	+ 100
08 Börsengängige Anteile, Investmentanteile und sonstige Wertpapiere	+ 100
09 Geschäfts- und Betriebsausstattung, Grundstücke und Gebäude	+ 100
10 Summe aller gewichteten Aktivwerte	
11 Eigenkapital in v.H. Zeile 10 ≥ 8	
12 Kernkapital in v.H. Zeile 10 ≥ 4	

Insbesondere die deutschen Sparkassen müssen die Zeit bis zum Inkrafttreten der in deutsches Recht transformierten Richtlinien zur massiven Eigenkapitalzuführung nutzen. Belastungen ergeben sich aufgrund der Anforderung, daß die risikogewichteten Aktiva und außerbilanzmäßigen Geschäfte nicht größer als das 12,5-fache der haftenden Eigenmittel - wenn auch in veränderter Begriffsabgrenzung - sein dürfen. Belastungen folgen dabei auch aus der - gegenüber Grundsatz I - vorgesehenen Erweiterung der einzubeziehenden Aktiva sowie deren z.T. veränderter Risikogewichtung. So erfordert die höhere Anrechnung der gewerblichen Realkredite bei allen Sparkassen zusammen ein mehr als 0,4-fach höheres Eigenkapital als bisher. Dies dürfte zu einer marktpolitisch unerwünschten Verteuerung dieser Kreditart führen. Die Einbeziehung der Geschäfts- und Betriebsausstattung sowie der Grundstücke und Gebäude wird bei den Sparkassen eine durchschnittliche Belastung von mehr als dem 0,3-fachen des haftenden Eigenkapitals[50] und die der Wertpapiere eine 0,9-fache Zusatzbelastung verursachen.

Nach der vom Deutschen Sparkassen und Giroverband e.V. bei allen Sparkassen per Stichtag 31.12.1988 durchgeführten Sondererhebung zum Solvabilitätskoeffizienten ver-

---

[50] Vgl. *W. Geiger*, Auswirkungen internationaler Bankaufsichtsnormen ..., a.a.O., S. 264.

fügte jede der untersuchten 584 Sparkassen bei einer Streubreite von 4,6 bis 14,4 v.H. über das notwendige Kernkapital in Höhe von mindestens 4 v.H. Die durchschnittliche Kernkapitalquote aller Sparkassen lag bei 7,1 v.H. Als Engpaßfaktor kristallisierte sich dagegen erwartungsgemäß die gesamte Eigenmittelquote[51] heraus, und zwar in einer vorher nicht vermuteten Deutlichkeit. Die Eigenmittelunterlegung der gewichteten risikobehafteten Geschäfte (8 v.H.) wurde bei einer Streubreite von 4,9 v.H. bis 25,4 v.H. von 218 Sparkassen (= 37,3 v.H.) nicht erreicht. Hätten diese Sparkassen den künftigen Anforderungen bereits am 31.12.1988 entsprechen müssen, wären zusätzliche haftende Mittel in Höhe von zusammen rd. 1,7 Mrd. DM notwendig gewesen.

Aufgrund der statischen Betrachtungsweise ist mit Einhaltung der Deckungsrelationen noch nicht der zukunftsorientierte Handlungsspielraum der Institute gewährleistet. Wird der geschäftspolitisch notwendige Spielraum als das 1-fache anrechenbare Eigenkapital definiert, ergibt sich eine Eigenmittelunterlegungsnotwendigkeit von 8,7 v.H. Diese zusätzliche Anforderung erfüllte nur jede zweite Sparkasse. Bei 294 Sparkassen (= 50,3 v.H.) wäre per 31.12.1988 eine Eigenmittelzuführung von insgesamt über 3 Mrd. DM erforderlich gewesen.

Mit Blick in die Zukunft wird der tatsächliche Zuführungsbedarf an haftenden Eigenmitteln erheblich über dem ermittelten Mindestvolumen liegen. Erwartete Strukturveränderungen und ein wachsendes eigenkapitalbelastendes Aktivgeschäft werden zwangsläufig zu einer zusätzlichen Erhöhung des Mittelbedarfs führen. In diesem Zusammenhang ist von besonderer Bedeutung, daß sich die Möglichkeiten der Sparkassen zur Bildung von Kernkapital über den Weg der Selbstfinanzierung in den kommenden Jahren tendenziell verschlechtern werden. Stärker als bisher müssen sich folglich auch die deutschen Sparkassen mit der externen Eigenkapitalbeschaffung auseinandersetzen.

6 Diskussion zukünftiger Möglichkeiten der externen Beschaffung haftender Mittel durch Sparkassen

Die DSGV-Proberechnungen haben gezeigt, daß sich die haftenden Eigenmittel der Sparkassen im Sinne der Eigenmittelrichtlinie bzw. der Solvabilitätsrichtlinie zu 74 v.H. aus Kernkapital und zu 26 v.H. aus Ergänzungskapital zusammensetzen. Selbst die eigenkapitalschwächsten Sparkassen verfügen mit einer Unterlegung in Höhe von 4,6 v.H. beim Kernkapital noch über einen ausreichenden geschäftspolitischen Handlungsspielraum. Probleme verursacht dagegen die gesamte Eigenkapitalunterlegung der gewichteten risikobehafteten Aktiva in Höhe von 8 v.H. Die hier notwendige Verbesserung der Eigenkapitalausstattung kann grundsätzlich über den zielorientierten Einsatz der in der Sparkas-

---

[51] Bei den durch die Deutsche Bundesbank nach unterschiedlichen Kriterien durchgeführten zwei Proberechnungen erreichten die Sparkassen im Durchschnitt Eigenmittelquoten von 11,6 v.H. bzw. 10,5 v.H. Für rd. ein Drittel der Sparkassen errechnete die Deutsche Bundesbank einen Koeffizienten von weniger als 8 v.H.

senpraxis gebräuchlichen Instrumente zur Eigenmittelbeschaffung und/oder über die bisher nicht gebräuchlichen Instrumente angegangen werden.

61 Eignung der bisherigen Instrumente

611 Maßnahmen zur Kernkapitalverbesserung

Für Sparkassen werden als Kernkapital[52] das Dotationskapital, die offenen Rücklagen und die Vermögenseinlagen stiller Gesellschafter anerkannt; unberücksichtigt bleibt hier künftig das dann als Ergänzungskapital anrechenbare Genußrechtskapital. Diese Eigenkapitalbeschaffungsmöglichkeiten sind bereits im Teil 4 diskutiert worden, so daß im folgenden lediglich ihre Eignung zur Lösung der ab 1993 erwarteten Eigenmittelengpässe zu erörtern ist.

Aus Gründen der Vollständigkeit sei vorab darauf hingewiesen, daß die Erhöhung der Eigenkapitalquote bei Sparkassen über höhere Rücklagendotierungen bis 1992 wohl kaum realisierbar ist. Infolge der erwarteten Strukturveränderungen und des verschärften Wettbewerbs wäre vielmehr eine Stabilisierung des absoluten und insbesondere des relativen Jahresüberschusses bereits als Erfolg zu werten.

Die Zuführung von Dotationskapital durch den Gewährträger wird auch zukünftig den Ausnahmefall darstellen; denn angesichts der regelmäßig angespannten Finanzsituation der Gemeinden und/oder umfassender "sonstiger" kommunaler Aufgaben wird die Gewährung von Dotationskapital trotz gegebener Notwendigkeit politisch nur selten durchsetzbar sein.

Ob die Hafteinlage von Sparkassenfördergesellschaften in Zukunft als Kernkapital oder als Ergänzungskapital anerkannt wird, ist durch die Bankenaufsicht noch abschließend zu beantworten. Unabhängig davon eignet sich die Hafteinlage auch weiterhin nur zur Überbrückung vorübergehender Eigenkapitalengpässe. Zudem kann die Eigenkapitalbeschaffung über Hafteinlagen angesichts des zusätzlichen Bedarfs an haftenden Mitteln von mehr als 3 Mrd. DM quantitativ nur relativ geringe Bedeutung gewinnen.

612 Maßnahmen zur Ergänzungskapitalverbesserung

Die Empfehlungen des Cooke-Ausschusses[53], die Eigenmittelrichtlinie und die Solvabilitätsrichtlinie nennen als Ergänzungskapital[54] insbesondere das Genußrechtskapital, Neu-

---

[52] Vgl. Übersicht 6.

[53] Vgl. z.B. *U. Traber*, Die internationale Harmonisierung bankaufsichtlicher Eigenkapitaldeckungsnormen. Ein Überblick. "Sparkasse", Stuttgart, Jg. 105 (1988), S. 352-360. - *H.J. Mast*, Die Eigenmittelvorschrift des Cooke-Komitees und die Finanzmärkte. "Zeitschrift für das gesamte Kreditwesen", Frankfurt a.M., Jg. 42 (1989), S. 410-412.

[54] Vgl. Übersicht 6.

bewertungsrücklagen, nachrangige Darlehen und versteuerte stille Reserven. Nach bisherigem Recht ist davon lediglich das Genußrechtskapital als haftendes Eigenkapital gemäß § 10 KWG zugelassen.

Von 584 deutschen Sparkassen verfügten Ende 1988 lediglich zwei über zusammen 16 Mio DM Genußrechtskapital. Gemäß § 10 Abs. 5 Nr. 6 KWG wird Genußrechtskapital gegenwärtig bis zu einer Höhe von 25 v.H. des "Kernkapitals" als haftendes Eigenkapital anerkannt. Da die Sparkassen Ende 1988 über rd. 33 Mrd. DM "Kernkapital" verfügten, hätten sie sich rein rechnerisch über die Ausgabe von Genußscheinen ungefähr 8 Mrd. DM haftende Mittel beschaffen können. Trotzdem wäre nach der gegenwärtigen KWG-Regelung Ende 1988 bei 138 Sparkassen eine Eigenkapitallücke von zusammen 700 Mio DM geblieben.

Die Eigenmittelrichtlinie sieht die Begrenzung der Genußscheinausgabe auf 25 v.H. des Kernkapitals nicht vor, so daß dem Gesetzgeber für die Anerkennung als Ergänzungskapital theoretisch ein Gestaltungsspielraum bis max. 100 v.H. des Kernkapitals zur Verfügung steht. In Abhängigkeit vom zukünftigen Anerkennungsgrad des Genußrechtskapitals könnten die per Ende 1988 hochgerechneten Eigenmittelengpässe aufgrund der Kernkapitalunterlegung von mindestens 4,6 v.H. bereits von allen betroffenen Sparkassen durch die Genußscheinausgabe vollständig, zumindest aber in wesentlichem Umfang bis zum 1.1.1993 behoben werden. Soweit die Genußscheinausgabe bisher nicht oder nur unter Einschränkungen erlaubt ist, wären kurzfristig noch die landesrechtlichen Voraussetzungen zu schaffen. Vorrangig sollten Genußscheine auch den eigenen Kunden zum Erwerb angeboten werden. Börseneinführungen sind dann angezeigt, wenn größere Sparkassen kurzfristig höhere Beträge plazieren wollen.

Für Sparkassen wird die Genußscheinausgabe erheblich an Bedeutung gewinnen.[55] Übersehen werden darf aber nicht, daß diese Art der Beschaffung haftender Mittel nicht nur kalkulatorische, sondern tatsächliche Eigenkapitalkosten verursacht. Unter Berücksichtigung steuerlicher Aspekte ist der Genußschein gegenüber anderen Möglichkeiten der externen Zuführung haftender Mittel dennoch eine kostengünstige Alternative. Hinzu kommt aus spezieller Sparkassensicht, daß bei Genußscheinen Mitwirkungs- und Einflußrechte der Erwerber ausgeschlossen werden können.

---

[55] Nach Ansicht des Bayerischen Sparkassen- und Giroverbandes soll das Eigenkapitalproblem ausschließlich über die Begebung von Genußrechten gelöst werden. Der Westfälisch-Lippische Sparkassen- und Giroverband fordert vom Land Nordrhein-Westfalen die Schaffung von Regelungen zur Aufnahme von Genußrechtskapital. Die Zahl entsprechender Anträge auf Ausnahmegenehmigungen nimmt zu. Vgl. z.B.: *o.V.*, Ausnahmegenehmigung für die erstmalige Emission von Genüssen bald zu erwarten. "Handelsblatt" vom 9.1.1990. - *o.V.*, Verband fordert vom Land Regelungen für die Aufnahme von Genußrechtskapital. "Handelsblatt" vom 8.2.1990. - *o.V.*, Eigenkapital-Problem soll ausschließlich über Genußrechts-Ausgabe gelöst werden. "Handelsblatt" vom 2.2.1989. - Vgl. auch Abschnitt 421.

621 Stille Beteiligung an Sparkassen

Die DSGV-Proberechnungen haben gezeigt, daß es bei den Sparkassen keine aktuellen Engpaßsituationen beim Kernkapital im Sinne der EG-Richtlinien gibt. Trotzdem ist es legitim und notwendig, durch Sparkassen bisher nicht genutzte Instrumente zur Beschaffung haftender Mittel auf ihre Eignung zur Lösung möglicher zukünftiger Kernkapitalprobleme bereits heute zu diskutieren. Als Lösungsweg wird hier die stille Beteiligung an Sparkassen favorisiert.[56] Grundvoraussetzung für die stille Beteiligung an Sparkassen ist eine entsprechende Zulassung im Sparkassenrecht. Sparkassen können bisher - z.B. gemäß § 21a Abs. 3 MuSa für die Sparkassen in Niedersachsen - ausschließlich stille Vermögenseinlagen hereinnehmen "von juristischen Personen des öffentlichen Rechts sowie von Gesellschaften des privaten Rechts, deren Aufgabe die Förderung von Sparkassen ist und in denen juristische Personen des öffentlichen Rechts die Stimmenmehrheit haben". Es ist noch abschließend zu prüfen, ob für stille Beteiligungen von anderen Personen Gesetzesänderungen oder Novellierungen der Sparkassenverordnungen bzw. der Mustersatzungen notwendig sind. Unabhängig davon sollte der jeweilige Gewährträger darüber entscheiden können, ob er seiner Sparkasse das Recht einräumt, stille Beteiligungen von Dritten hereinzunehmen. Bei positiver Beschlußlage sollte die Sparkasse dann eigenverantwortlich über die Konditionengestaltung und Annahme von Einzelbeteiligungen entscheiden können.

Die Errichtung der stillen Gesellschaft kann als Zweckgemeinschaft auf der Grundlage eines Gesellschaftsvertrages bzw. Beteiligungsvertrages im Sinne des § 705 BGB erfolgen. Zur Diskussion steht ausschließlich die typische stille Beteiligung im Sinne der §§ 230 ff. HGB ohne mitunternehmerische Rechte; lediglich der Jahresabschluß soll dem Gesellschafter übersandt werden. Ob die Kontrollrechte so stark eingeschränkt werden können, ist wegen dann möglicher Zweifel am Vorliegen eines echten Gesellschaftsverhältnisses noch endgültig zu beantworten. Die typische stille Beteiligung soll gleichzeitig die Voraussetzung gemäß § 10 Abs. 4 KWG erfüllen.

Stille Beteiligungen an Sparkassen sollten grundsätzlich nur durch natürliche und/oder juristische Personen sowie Personengesellschaften und Körperschaften des öffentlichen Rechts im Bereich des Gewährträgergebiets erworben werden können.[57] Insgesamt sollten solche Beteiligungen 25 v.H. des Eigenkapitals der Sparkasse nicht übersteigen und bei ei-

---

[56] Vgl. *G.A. Schröder*, Genußscheine oder typische stille Beteiligungen. Modelle künftiger Eigenkapitalausstattung für Sparkassen. "Börsen-Zeitung" vom 8.6.1989.

[57] Insgesamt wird die stille Vermögenseinlage aus Sparkassensicht als hervorragendes Instrument zur Beteiligung von Kunden und Mitarbeitern sowie zur Zukunftssicherung der Sparkassen betrachtet. Unterschiedlich wird lediglich die Dringlichkeit für die Hereinahme stiller Einlagen von Privaten beurteilt. Vgl. *o.V.*, Württembergische Sparkassen für stille Einlagen als Eigenmittel. "Börsen-Zeitung" vom 9.2.1990. - *o.V.*, Stille Bürgerbeteiligungen sind vorerst nicht geplant. "Handelsblatt" vom 23.1.1990. - *o.V.*, Regierung lehnt Beteiligung Privater an Sparkassen ab. "Handelsblatt" vom 8.11.1989.

nem einzelnen stillen Gesellschafter nicht mehr als 5 v.H. des haftenden Eigenkapitals der einzelnen Sparkasse betragen. Die Übertragung stiller Einlagen auf einen Dritten sollte von der schriftlichen Zustimmung der Sparkasse abhängig gemacht werden.

Die Novelle des HSpG sieht bereits die Aufnahme privater stiller Beteiligungen ab 1. Januar 1993 vor. Danach können die hessischen Sparkassen private Vermögenseinlagen bis zu 49 v.H. ihres haftenden Eigenkapitals, des späteren Kernkapitals, hereinnehmen. Die kommunale Dominanz bleibt damit erhalten.[58]

Die Bereitschaft der Sparkassen zur Einräumung stiller Beteiligungen wird wesentlich davon abhängen, ob das Bundesaufsichtsamt für das Kreditwesen dieses Kapital als Kernkapital anerkennt. Abzuwarten bleibt darüber hinaus, ob als Maßstab für die Dauerhaftigkeit dieser Einlagen vom stillen Gesellschafter der Verzicht auf Kündigung erwartet oder die Rückzahlung von einer Zustimmung des Bundesaufsichtsamtes abhängig gemacht wird. Beides würde ohne Zweifel die Bedeutung der stillen Beteiligung als Instrument zur Eigenmittelbeschaffung stark beeinflussen.

Die Eigenkapitalbeschaffung über stille Beteiligungen kann zunächst vor allem für die Sparkassen Bedeutung erlangen, die nach den Probeberechnungen des DSGV ihre risikobehafteten Aktiva nicht mit einer Mindestquote an haftenden Mitteln von 8 v.H. unterlegen und darüber hinaus ihren zusätzlichen Mittelbedarf - bei Aufrechterhaltung der Genußrechtskapitalbegrenzung auf 25 v.H. des Gesamtkapitals bzw. neu auf 50 v.H. des Kernkapitals - nicht vollständig über die Begebung von Genußrechten ausgleichen können. Unabhängig davon ist es für alle Sparkassen wichtig, mit der stillen Einlage ein Instrument zur Kernkapitalbeschaffung zu erhalten. Die erwarteten Strukturveränderungen und die Folgen der EG-Harmonisierung werden dauerhaft ohne die externe Kernkapitalzuführung kaum zu bewältigen sein, wobei die Bereitstellung von Dotationskapital aus den oben erläuterten Gründen in der Regel auszuschließen ist.

622 Umwandlung in Aktiengesellschaften

Von wenigen Sparkassen abgesehen, handelt es sich bei den deutschen Sparkassen um selbständige Anstalten des öffentlichen Rechts. Über die Zweckmäßigkeit dieser Rechtsform für Sparkassen ist in der Vergangenheit wiederholt diskutiert worden. Im Mittelpunkt der Diskussion stand dabei regelmäßig die Umwandlung der Anstalt des öffentlichen Rechts in eine Aktiengesellschaft.[59]

---

[58] Vgl. *o.V.*, Die hessischen Sparkassen können erst Anfang 1993 Privatkapital aufnehmen. "Handelsblatt" vom 18.10.1989. - *o.V.*, Hessens Sparkassen dringen auf neues Gesetz. Vermögenseinlage stiller Gesellschafter zwingend erforderlich zur Erreichung der EG-Eigenkapitalnorm - Herbe Kritik an den Querschüssen der Genossenschaftsbanken. "Börsen-Zeitung" vom 16.9.1989.

[59] Zuletzt hat sich die Deutsche Angestellten-Gewerkschaft für die Zulassung der Rechtsform der AG für Sparkassen eingesetzt und die Auffassung vertreten, daß damit zwar die kommunale Gewährträgerhaftung, nicht aber der öffentliche Auftrag zur Disposition gestellt werde. Vgl. *o.V.*, AG-Rechtsform vereinbar mit öffentlichem Auftrag. "Handelsblatt" vom 2.10.1989. - Von den Sparkassen setzt sich insbesondere die

Durch die Umwandlung allein wird zwar noch keine Verbesserung der Eigenkapitalausstattung erreicht. Sie ebnet, vereinfacht gesagt, aber den Zugang zum organisierten Kapitalmarkt und könnte damit ein Weg zur Beschaffung zusätzlichen Kernkapitals sein. Die Sparkassen könnten dann ihr Eigenkapital durch Ausgabe neuer Aktien gegen Bareinlagen erhöhen. Diese Aktien könnten sowohl am freien Kapitalmarkt bei privaten und institutionellen Anlegern als auch innerhalb der Sparkassenorganisation plaziert werden. Die erstgenannte Kapitalbeschaffungsmöglichkeit würde in Verbindung mit dem Instrument der vinkulierten Namensaktie die Abwehr unerwünschter Fremdeinflüsse sicherstellen.

Die skizzierte Eigenkapitalzuführung über den freien Kapitalmarkt würde für die Sparkassen eine Teilprivatisierung bedeuten. Solange sich die Sparkassen als Institute mit öffentlichem Auftrag verstehen, ist aber eine mögliche Teilprivatisierung kaum vorstellbar und kann letztlich nicht gewollt sein. Ohne die aufgezeigte Problematik vertiefen zu wollen, sei nur noch darauf hingewiesen, daß eine derartige Teilprivatisierung auch die Gefahr der Übernahme von Sparkassen durch Dritte beeinhaltet.

Über die Ausgabe von Vorzugsaktien ohne Stimmrecht könnte die Einflußnahmemöglichkeit durch dritte Aktionäre allerdings weitestgehend ausgeschlossen werden. Bei unregelmäßiger Zahlung des Vorzugsbetrages kann jedoch das Stimmrecht bei Eintritt der Bedingungen gemäß § 140 AktG bis zur Nachzahlung der Rückstände wieder aufleben. Unabhängig von dieser Situation würde die Plazierung von Vorzugsaktien am Kapitalmarkt eine Mittelbeschaffung gemäß § 139 Abs. 2 AktG nur bis zur Höhe des Gesamtnennbetrages der Stammaktien erlauben. Spätestens nach Ausschöpfung dieser Möglichkeit müßte der Gewährträger die neuen Aktien aus der dann notwendigen Grundkapitalerhöhung durch Ausgabe von Stammaktien übernehmen, wenn eine Teilprivatisierung weiterhin vermieden werden soll.

Mit Blick auf den 1.1.1993 kann damit bei Umwandlung in eine Aktiengesellschaft die Kapitalerhöhung durch Ausgabe von Vorzugsaktien zunächst als durchaus geeignete Maßnahme zur Eigenkapitalbeschaffung der Sparkassen angesehen werden. Entsprechend den hochgerechneten Deckungsrelationen könnten die gewichteten risikobehafteten Aktiva über diesen Weg ebenfalls komplett durch Kernkapital unterlegt werden. Das Kapital aus Vorzugsaktien steht zeitlich unbefristet zur Verfügung, so daß seine Anerkennung als Kernkapital unzweifelhaft ist. Gegenüber anderen externen Mittelzuführungsmöglichkeiten verursacht die Vorzugsaktie bei Berücksichtigung steuerlicher Aspekte jedoch vergleichsweise hohe Kapitalkosten. Darüber hinaus ist zu beachten, daß nach grundsätzlicher Entscheidung, die Rechtsform der Aktiengesellschaft zuzulassen, selbst Vollprivatisierungen aufgrund der skizzierten Finanzsituation der Gemeinden nicht auszuschließen wären.

Fortsetzung der Fußnote 59:
Landesgirokasse Stuttgart für die Aktie als Kapitalbeschaffungsinstrument ein. Vgl. *o.V.*, Zentrale Landesbank "notwendig". "Börsen-Zeitung" vom 15.8.1989. - Gegen die Sparkassen-AG hat sich der Deutsche Städtetag ausgesprochen. Vgl. *o.V.*, Städtetag: Keine Sparkassenprivatisierung. "Börsen-Zeitung" vom 6.10.1989. - Vgl. auch *J. Burmeister*, Entwicklungsperspektiven des Sparkassenwesens ..., a.a.O., S. 308 ff.

Aus heutiger Sicht kann bei Würdigung der verschiedenen Gesichtspunkte die Umwandlung der Sparkassen von Anstalten des öffentlichen Rechts in Aktiengesellschaften nicht befürwortet werden.[60] Solange die kommunale Bindung der Sparkassen, ihr öffentlicher Auftrag und das Regionalprinzip außer Frage stehen, gibt es außerdem keinen Anlaß, die Gewährträgerhaftung aufzugeben. Nach Abwägung von Pro und Contra können die Sparkassen ihre Möglichkeiten und Chancen im Wettbewerb nutzen, wenn ihnen über die Selbstfinanzierung hinaus Instrumente wie Genußrechtskapital und stille Beteiligungen für die externe Zuführung haftender Mittel zur Verfügung stehen.

623 Aufnahme nachrangiger Darlehen

Stellen private Einleger der Sparkasse Darlehen zur Verfügung und erklären gleichzeitig den Rücktritt ihrer Forderung hinter alle anderen Gläubiger, dann liegt ein nachrangiges Darlehen[61] vor. Das nachrangige Darlehen unterscheidet sich von der stillen Einlage vor allem durch seine nicht am Erfolg der Sparkasse orientierte Verzinsung. Umstritten ist, ob das nachrangige Darlehen am laufendem Verlust beteiligt werden muß, d.h. nur dann als Haftkapital angesehen werden kann.[62]

Der nationale Gesetzgeber kann nachrangige Darlehen als Ergänzungskapital anerkennen, wenn bestimmte, in Artikel 3 Abs. 2 der Eigenmittelrichtlinie genannte Voraussetzungen erfüllt sind. Nach der Eigenmittelrichtlinie wird nachrangiges Haftkapital bis zu 50 v.H. des Kernkapitals als Ergänzungskapital anerkannt. Bisher gibt es jedoch keine Hinweise für die Aufnahme nachrangigen Haftkapitals in das Kreditwesengesetz. Mit einer Anerkennung durch die deutsche Bankenaufsicht ist aufgrund des aktuellen Diskussionsstandes kaum zu rechnen.

624 Haftungszuschlag für Sparkassen

Gemäß § 10 Abs. 2 Nr. 3 KWG werden bei den Kreditgenossenschaften das Geschäftsguthaben, die Rücklagen und darüber hinaus ein Zuschlag[63], der der Haftsummenverpflich-

---

[60] Vgl. o.V., Sparkassen sollten der AG nicht nachjagen. "Zeitschrift für das gesamte Kreditwesen", Frankfurt a.M., Jg. 41 (1988), S. 746-747.

[61] Vgl. *J. Oebbecke*, Rechtsfragen der Eigenkapitalausstattung ..., a.a.O., S. 19. - Vgl. zum nachrangigen Haftkapital auch *H.-J. Krümmel*, Nachrangiges Haftkapital als haftendes Eigenkapital im Bankenaufsichtsrecht. (Mitteilungen aus dem Institut für das Spar-, Giro- und Kreditwesen an der Universität Bonn, Nr. 11.) Bonn 1984. - *G. Driever*, Das nachrangige Haftkapital. Eine Ergänzung zum Eigenkapital der Kreditgenossenschaften und anderer Kreditinstitute. (Schriften zum Genossenschaftswesen und zur Öffentlichen Wirtschaft, Bd. 6.) Berlin 1982. - *P. Wilden*, Nachrangige Finanzierungsformen. Instrumente zur Verbesserung des monetären Übertragungsweges. (Betriebswirtschaftliche Beiträge, Bd. 119.) Idstein 1989.

[62] Vgl. *M. Hieber*, Wettbewerbspolitische Aspekte ..., a.a.O., S. 105 ff.

[63] Gemäß § 1 Abs. 3 der Zuschlagsverordnung vom 6.12.1963 in der durch Verordnung vom 20.12.1984 geänderten Fassung darf der Haftsummenzuschlag im Jahr 1985 50 v.H. des ohne Zuschlag vorhandenen haftenden Eigenkapitals gemäß § 10 Abs. 2 Satz 1 Nr. 3 sowie Abs. 3 und Abs. 7 KWG nicht übersteigen. Bis 1995 wird dieser Zuschlag pro Jahr um jeweils 2,5 Prozentpunkte auf dann 25 v.H. des sonstigen haftenden Eigenkapitals gesenkt.

tung der Genossen Rechnung tragen soll, als haftendes Eigenkapital anerkannt. Damit ist der Haftsummenzuschlag im Kontext mit der externen Zuführung haftender Mittel zu sehen.

Im Gegensatz zu den Regelungen des Kreditwesengesetzes sind nach den Vorschlägen des Cooke-Ausschusses Haftsummenzuschläge weder als Kernkapital noch als Ergänzungskapital zugelassen. Dennoch hat die Bundesrepublik Deutschland bei der EG die Anerkennung von Haftsummen bei Kreditgenossenschaften durchgesetzt, obwohl im übrigen die durch die Eigenmittelrichtlinie vorgesehenen Möglichkeiten nicht voll ausgeschöpft werden sollen. Mit dieser Privilegienfestschreibung zugunsten der Kreditgenossenschaften wird die Anerkennung eines Haftungszuschlages für Sparkassen für die Anstaltslast und die Gewährträgerhaftung endgültig definitiv verneint. Aus Sparkassensicht bleibt es unverständlich, daß einem Hauptwettbewerber Haftsummenzuschläge anerkannt werden - in Zukunft als Ergänzungskapital bis zu einer Höhe von 50 v.H. des Kernkapitals -, während die Gewährträgerhaftung nicht entsprechend berücksichtigt wird.

Im Anschluß an die Empfehlungen des Cooke-Ausschusses und aus Gründen der Wettbewerbsneutralität wäre es konsequent, Haftsummenzuschläge grundsätzlich nicht als haftende Mittel anzuerkennen. Hinzu kommt, daß von der Nachschußpflicht in den vergangenen Jahren trotz konkreter Anlässe aufgrund vielfältiger Krisen faktisch kein Gebrauch gemacht worden ist, um das Standing des genossenschaftlichen Gesamtverbundes zu schonen. Die Anerkennung von Haftsummenzuschlägen ist in diesem Sinne weder für Kreditgenossenschaften noch für Sparkassen nachhaltig vertretbar.

7 Schlußbetrachtungen

Für Sparkassen wird die Geschäftsbegrenzungsfunktion des Eigenkapitals immer spürbarer. Die Möglichkeiten und Kosten der Zuführung haftender Mittel werden wesentlich Geschäftsstruktur und -umfang sowie die Erfolgssituation der Sparkassen beeinflussen. Wenn die Sparkassen zunächst schwerpunktmäßig regional tätig sind, so können und sollten sie sich doch der Internationalisierung des Bankgeschäfts nicht verschließen; dies in dem Bewußtsein, daß damit selbstverständlich nicht nur Chancen, sondern auch Risiken verbunden sind.

Auch in den Bemühungen um die internationale Harmonisierung des Bankrechts ist die Eigenkapitalausstattung der Kreditinstitute von herausragender Bedeutung. Im internationalen Wettbewerb ist eine angemessene Ausstattung mit Eigenkapital notwendig, um die Haftungsfähigkeit des einzelnen Instituts sicherzustellen und um einen möglichen Kollaps des internationalen Bankensystems zu verhindern. Alles zusammen ist ohne eine Verbesserung der Eigenkapitalausstattung nicht darstellbar. Um die EG-Vorschriften erfüllen zu können, müssen auch vergleichsweise viele Sparkassen ihr Eigenkapital verstärken.

Die EG-Richtlinien sehen einen Handlungsrahmen vor, der dem deutschen Gesetzgeber innerhalb der aufgezeigten Möglichkeiten bei der Umsetzung der Harmonisierungsvorschriften in nationales Recht enger gefaßte Regelungen erlaubt. Nach der Eigenmittelrichtlinie gibt es einen zweistufigen Eigenkapitalbegriff mit verschiedenen Elementen, von denen einige durch die deutsche Bankenaufsicht bisher nicht anerkannt werden und/oder aufgrund der deutschen Bilanzierungsvorschriften nicht zugelassen sind.

Unter Berücksichtigung des internationalen Wettbewerbs, der zukünftigen EG-Öffnung und der aktuellen Öffnung nach Osten sollte eine möglichst umfassende Übernahme der EG-Richtlinien in deutsches Bankrecht geprüft werden. Hinreichende Qualität haftender Mittel muß zur Sicherstellung des Gläubigerschutzes allerdings gewahrt bleiben, wobei Höhe und Qualität haftender Mittel in Zukunft durchaus auch ein noch bedeutsamerer Faktor als heute im internationalen Wettbewerb werden kann. Vorhandene Nachteile der Sparkassen bei der Eigenkapitalbeschaffung könnten durch entsprechende Gestaltung und Zulassung einzelner der diskutierten Zuführungsmöglichkeiten von haftenden Mitteln gemildert werden. Auch in Zukunft werden die Mitwettbewerber ihre in jedem Fall besseren Möglichkeiten der Eigenkapitalzuführung zielorientiert zu nutzen wissen. Für die Sparkassen ist es in diesem Umfeld wichtig, möglichst flexible Beschaffungsinstrumente zur Verfügung zu haben, um so ihren regional beeinflußten und individuell geprägten Eigenkapitalbedürfnissen möglichst optimal gerecht werden zu können.

Die Notwendigkeit der Eigenkapitalzuführung bei Sparkassen wird durch die Proberechnungen zum Solvabilitätskoeffizienten unterstrichen. Vergleichsweise viele Sparkassen werden ihre Marktchancen und Selbstständigkeit nur dann behaupten können, wenn sie auf ein möglichst umfassendes Instrumentarium zur externen Zuführung haftender Mittel zurückgreifen können. Soll die Selbstfinanzierung auch in Zukunft Schwerpunkt der Eigenkapitalbeschaffung der Sparkassen bleiben, muß darüber hinaus die Steuerbelastung der thesaurierten Gewinne überdacht werden. Da die kommunalen Gewährträger nicht in das körperschaftsteuerliche Anrechnungsverfahren einbezogen sind, kann bisher auch das Schütt-Aus-Hol-Zurück-Verfahren bei Sparkassen nicht sinnvoll zur Anwendung kommen. Die Disharmonie zwischen öffentlichem Auftrag und Geschäfts- sowie Steuerrecht ist vorrangig zu beseitigen, wenn für die Sparkassen daraus resultierende Wettbewerbsnachteile ausgeschlossen werden sollen.

Die Erhaltung der Wettbewerbsfähigkeit der Sparkassen und anderer Kreditinstitute in der Bundesrepublik Deutschland muß durch den deutschen Gesetzgeber sichergestellt werden. In diesem Sinne sollten auch die durch die EG-Richtlinien gebotenen Möglichkeiten konsequent genutzt werden. Erstrebenswert ist die Realisierung eines möglichst geringen Abstandes zwischen den bisherigen Normvorstellungen des deutschen Gesetzgebers und den Normen der Harmonisierungsrichtlinien. Als Maßstab für den Nutzungsgrad des Handlungsspielraums kann aber ausschließlich die Sicherung der Funktionsfähigkeit des deutschen Bankensystems akzeptiert werden.

Literaturverzeichnis

Akmann, Michael: Die EG-Eigenmittelrichtlinie. "Zeitschrift für das gesamte Kreditwesen", Frankfurt a.M., Jg. 43 (1990), S. 186-194.

Bericht der Studienkommission "Grundsatzfragen der Kreditwirtschaft". (Schriftenreihe des Bundesministeriums der Finanzen, H. 28.) o.O. u. o.J. [Bonn 1979].

Bundesaufsichtsamt für das Kreditwesen: Schreiben an den Deutschen Sparkassen- und Giroverband e.V., Bonn, vom 19. April 1973. Veröffentlicht als Anlage zur DSGV-Mitteilung Nr. 161 vom 26. April 1973.

Burmeister, Joachim: Entwicklungsperspektiven des Sparkassenwesens im Spannungsfeld von Wirtschaft und Verwaltung. In: Die Zukunft gestalten. 50. Lehrgang des Lehrinstituts für das kommunale Sparkassen- und Kreditwesen. Sommerschule 1988. Hrsg. v. Deutschen Sparkassen- und Giroverband e.V. Stuttgart 1989.

Deppe, Hans-Dieter: Bankbetriebliches Wachstum. Funktionalzusammenhänge und Operations Research in Kreditinstituten. Stuttgart 1969.

Deppe, Hans-Dieter: Eine Konzeption wissenschaftlicher Bankbetriebslehre in drei Doppelstunden. In: Bankbetriebliches Lesebuch. Ludwig Mülhaupt zum 65. Geburtstag. Hrsg. v. H.-D. Deppe. Stuttgart 1978, S. 3-98.

Deppe, Hans-Dieter: KWG-Novellierung und finanzielle Stabilität. "Zeitschrift für das gesamte Kreditwesen", Frankfurt a.M., Jg. 37 (1984), S. 286-292.

Deppe, Hans-Dieter: Finanzielle Haftung heute - Obsoletes Relikt oder marktwirtschaftliche Fundamentalleistung? In: Zweihundert Jahre Geld und Brief. Herausforderungen an die Kapitalmärkte. Festgabe an die Niedersächsische Börse zu Hannover aus Anlaß ihres 200jährigen Bestehens. Hrsg. v. C.P. Claussen, L. Hübl u. H.-P. Schneider. Frankfurt a.M. 1987, S. 179-204. Wiederabgedruckt in: Geldwirtschaft und Rechnungswesen. Hrsg. v. H.-D. Deppe. (Neue Betriebswirtschaftliche Studienbücher, Bd. 1.) Göttingen 1989, S. 199-228.

Deutsche Bundesbank: Ausgewählte Bilanzpositionen. Grund- und Stammkapital (unveröffentlichte Statistik). Frankfurt a.M. 1990.

Deutsche Bundesbank: Geschäftsbericht der Deutschen Bundesbank für das Jahr 1989. Frankfurt a.M. 1990.

Deutsche Bundesbank: Statistische Beihefte zu den Monatsberichten der Deutschen Bundesbank. Reihe 1, Bankenstatistik nach Bankengruppen. Frankfurt a.M., diverse Ausgaben.

Deutscher Bundestag: Wettbewerbsverschiebungen im Kreditgewerbe und Einlagensicherung. Bundestagsdrucksache V/3500. Bonn 1969.

Deutscher Sparkassen- und Giroverband e.V.: Sondererhebung über Eigenkapitalausstattung und zusätzliche Belastungen aus dem Solvabilitätskoeffizienten. Auswertungsbogen zur Solvabilitätsrichtlinie. Bonn 1989.

Driever, Gerd: Das nachrangige Haftkapital. Eine Ergänzung zum Eigenkapital der Kreditgenossenschaften und anderer Kreditinstitute. (Schriften zum Genossenschaftswesen und zur Öffentlichen Wirtschaft, Bd. 6.) Berlin 1982.

Eisele, Dieter: Bilanzstrukturmanagement und Ressourcenverteilung im internationalen Bankkonzern. "Die Betriebswirtschaft", Stuttgart, Jg. 45 (1985), S. 121-137.

Erdland, Alexander: Eigenkapital und Einlegerschutz bei Kreditinstituten. Eine funktions- und abbildungstheoretische Analyse. (Untersuchungen über das Spar-, Giro- und Kreditwesen. Abt. A: Wirtschaftswissenschaft. Schriften des Instituts für das Spar-, Giro- und Kreditwesen an der Universität Bonn, Bd. 108.) Berlin 1981.

Europäische Gemeinschaften: Richtlinie des Rates vom 17. April 1989 über die Eigenmittel von Kreditinstituten (89/299/EWG). "Amtsblatt der Europäischen Gemeinschaften", Nr. L 124 vom 5.5.1989.

Europäische Gemeinschaften: Richtlinie des Rates vom 18. Dezember 1989 über einen Solvabilitätskoeffizienten für Kreditinstitute (89/647/EWG). "Amtsblatt der Europäischen Gemeinschaften", Nr. L 386 vom 30.12.1989.

Europäische Gemeinschaften: Zweite Richtlinie des Rates zur Koordinierung der Rechts- und Verwaltungsvorschriften über die Aufnahme und Ausübung der Tätigkeit der Kreditinstitute und zur Änderung der Richtlinie 77/780/EWG (89/646/EWG). "Amtsblatt der Europäischen Gemeinschaften", Nr. L 386 vom 30.12.1989.

Fischer, Reinfrid: Der Genußschein: Anmerkungen aus Sparkassensicht. "Der Langfristige Kredit", Frankfurt a.M., Jg. 39 (1988), S. 604-609.

Geiger, Walter: Auswirkungen internationaler Bankaufsichtsnormen auf die Struktur der deutschen Kreditwirtschaft. In: Finanzintermediation und Risikomanagement. Vorträge und Berichte der Tagung Finanzintermediation und Risikomanagement am 15. September 1988. Hrsg. v. H.-J. Krümmel u. B. Rudolph. Frankfurt a.M. 1989, S. 260-270.

Grunwald, Jorg-Günther u. Jokl, Stefan: Wettbewerb und Eigenkapital in der deutschen Kreditwirtschaft unter besonderer Berücksichtigung des Sparkassensektors. (Untersuchungen über das Spar-, Giro- und Kreditwesen. Abt. A: Wirtschaftswissenschaft. Schriften des Instituts für das Spar-, Giro- und Kreditwesen an der Universität Bonn, Bd. 100.) Berlin 1978.

Güde, Udo: Bildung von stillen Reserven zur Verstetigung von Gewinnausweis und Eigenkapitalbildung - ein Beispiel. In: Sparkassen im Markt. Diskussionsforum zur marktorientierten Unternehmensführung. H. 2.: Rentabilitätssteuerung. Hrsg. v. Deutscher Sparkassen- und Giroverband e.V. Stuttgart 1981, S. 57-62.

Güde, Udo: Geschäftspolitik der Sparkassen. Grundlagen und aktuelle Probleme. 5., neu bearb. und erw. Aufl., Stuttgart 1989.

Hagenmüller, Karl Friedrich: Der Bankbetrieb. Bd. 1: Strukturlehre - Kapitalbeschaffung der Kreditinstitute. 4., überarb. Aufl., Wiesbaden 1976.

Hedrich, Carl-Christoph: Der Genußschein als eigenkapitalverstärkendes Finanzierungsinstrument, insbesondere für Kreditinstitute. (Studienreihe der Stiftung Kreditwirtschaft an der Universität Hohenheim, Bd. 1.) Hohenheim 1986.

Hidding, Bruno: Deutsche Bank will sich den Rücken freihalten. Sicherung der Handlungsfähigkeit in bezug auf § 12 KWG ist strategische Position. "Börsen-Zeitung" vom 16.6.1987.

Hieber, Manfred: Wettbewerbspolitische Aspekte der Neuregelung des haftenden Eigenkapitals der Sparkassen im Bankenaufsichtsrecht. (Untersuchungen über das Spar-, Giro- und Kreditwesen. Abteilung A: Wirtschaftswissenschaft. Schriften des Instituts für das Spar-, Giro- und Kreditwesen an der Universität Bonn, Bd. 116.) Berlin 1982.

Holdijk, Rudolf: Die Eigenkapitalprobleme der deutschen Sparkassen. Kriterien und Realisationsmöglichkeiten einer angemessenen Eigenkapitalausstattung. (Schriftenreihe des Instituts für Kreditwesen der Westfälischen Wilhelms-Universität Münster, Bd. 22.) Wiesbaden 1979.

Horn, Norbert: Bankrecht auf dem Weg nach Europa. "Zeitschrift für Bankrecht und Bankwirtschaft", Köln, Jg. 1 (1989), S. 107-121.

Krümmel, Hans-Jacob: Nachrangiges Haftkapital als haftendes Eigenkapital im Bankenaufsichtsrecht. (Mitteilungen aus dem Institut für das Spar-, Giro- und Kreditwesen an der Universität Bonn, Nr. 11.) Bonn 1984.

Krümmel, Hans-Jacob: Bankenaufsichtsziele und Eigenkapitalbegriff. Frankfurt a.M. 1983.

Lohmann, Karl: Nichtlineare Modelle zur finanziellen Leistungsprogrammplanung von Kreditinstituten. Göttinger Dissertation 1970.

Mast, Hans J.: Die Eigenmittelvorschrift des Cooke-Komitees und die Finanzmärkte. "Zeitschrift für das gesamte Kreditwesen", Frankfurt a.M., Jg. 42 (1989), S. 410-412.

Mülhaupt, Ludwig: § 12 KWG: Solvabilitäts- und (oder) Finanzierungsregel? "Zeitschrift für das gesamte Kreditwesen", Frankfurt a.M., Jg. 32 (1979), S. 1086-1094.

Müller, Werner A.: Nochmals: zur Interpretation des § 12 KWG. "Zeitschrift für das gesamte Kreditwesen", Frankfurt a.M., Jg. 33 (1980), S. 332-334.

o.V.: Prophylaxe für Sparkassen. "Börsen-Zeitung" vom 22.8.1974.

o.V.: Sparkassen sollten der AG nicht nachjagen. "Zeitschrift für das gesamte Kreditwesen", Frankfurt a.M., Jg. 41 (1988), S. 746-747.

o.V.: Kreissparkasse Köln: Kapital vom Gewährträger. "Börsen-Zeitung" vom 26.1.1989.

o.V.: Eigenkapital-Problem soll ausschließlich über Genußrechts-Ausgabe gelöst werden. "Handelsblatt" vom 2.2.1989.

o.V.: Sparkasse Mainz erhält "solidarische" Finanzspritze der Schwester-Institute. "Handelsblatt" vom 27.4.1989.

o.V.: Zentrale Landesbank "notwendig". "Börsen-Zeitung" vom 15.8.1989.

o.V.: Naspa kommt mit Genußscheinen. "Börsen-Zeitung" vom 12.9.1989.

o.V.: Hessens Sparkassen dringen auf neues Gesetz. Vermögenseinlage stiller Gesellschafter zwingend erforderlich zur Erreichung der EG-Eigenkapitalnorm - Herbe Kritik an den Querschüssen der Genossenschaftsbanken. "Börsen-Zeitung" vom 16.9.1989.

o.V.: AG-Rechtsform vereinbar mit öffentlichem Auftrag. "Handelsblatt" vom 2.10.1989.

o.V.: Städtetag: Keine Sparkassenprivatisierung. "Börsen-Zeitung" vom 6.10.1989.

o.V.: Die hessischen Sparkassen können erst Anfang 1993 Privatkapital aufnehmen. "Handelsblatt" vom 18.10.1989.

o.V.: Kapitalspritze vom Verband. "Handelsblatt" vom 30.10.1989.

o.V.: Regierung lehnt Beteiligung Privater an Sparkassen ab. "Handelsblatt" vom 8.11.1989.

o.V.: Zahlenspiele ums Kapital. "Börsen-Zeitung" vom 18.11.1989.

o.V.: Ausnahmegenehmigung für die erstmalige Emission von Genüssen bald zu erwarten. "Handelsblatt" vom 9.1.1990.

o.V.: Stille Bürgerbeteiligungen sind vorerst nicht geplant. "Handelsblatt" vom 23.1.1990.

o.V.: Verband fordert vom Land Regelungen für die Aufnahme von Genußrechtskapital. "Handelsblatt" vom 8.2.1990.

o.V.: Württembergische Sparkassen für stille Einlagen als Eigenmittel. "Börsen-Zeitung" vom 9.2.1990.

Oebbecke, Janbernd: Rechtsfragen der Eigenkapitalausstattung der kommunalen Sparkassen. (Schriften zum deutschen Kommunalrecht, Bd. 20.) Siegburg 1980.

Professoren-Arbeitsgruppe: Zur Bestimmung des "haftenden Eigenkapitals" von Kreditinstituten. Stellungnahme einer Professoren-Arbeitsgruppe zum Bericht der Studienkommission "Grundsatzfragen der Kreditwirtschaft". Frankfurt a.M. 1981.

von der Recke, Olaf: Bauvorhaben und KWG, Sparkassengesetz u.ä. "Betriebswirtschaftliche Blätter", Stuttgart, Jg. 25 (1980), S. 316-321.

Rudolph, Bernd: Die Eigenkapitaldefinition in Europa. "Zeitschrift für das gesamte Kreditwesen", Frankfurt a.M., Jg. 42 (1989), S. 404-408.

Schierenbeck, Henner: Ertragsorientiertes Bankmanagement. Betriebswirtschaftliche Grundlagen des Controlling in Kreditinstituten. 2., vollst. überarb. und erw. Aufl., Wiesbaden 1987.

Schmidt, Dirk: Einlagensicherung im deutschen Kreditgewerbe. (Sparkassenheft 60.) Stuttgart 1977.

Schmitt-Weigand, Adolf: Sparkassenaufsicht und Einlegerschutz. In: Bankpolitik nach der KWG-Novelle. Institutionelle und betriebswirtschaftliche Anpassungsmaßnahmen der Kreditinstitute an das reformierte Bankaufsichtsrecht. Hrsg. v. B. Rudolph. Frankfurt a.M. 1986, S. 27-44.

Schröder, Gustav Adolf: Genußscheine oder typische stille Beteiligungen. Modelle künftiger Eigenkapitalausstattung für Sparkassen. "Börsen-Zeitung" vom 8.6.1989.

Szagunn, Volkhard u. Wohlschieß, Karl: Gesetz über das Kreditwesen in der Fassung vom 11.7.1985. Kommentar. 4., neubearb. u. erw. Aufl., Stuttgart u.a. 1986.

Traber, Uwe: Die internationale Harmonisierung bankaufsichtlicher Eigenkapitaldeckungsnormen. Ein Überblick. "Sparkasse", Stuttgart, Jg. 105 (1988), S. 352-360.

Wilden, Patrick: Nachrangige Finanzierungsformen. Instrumente zur Verbesserung des monetären Übertragungsweges. (Betriebswirtschaftliche Beiträge, Bd. 119.) Idstein 1989.

Woeste, Christian: Rahmenbedingungen für die Bildung von Eigenkapital bei den öffentlich-rechtlichen Sparkassen. Bundesrepublik Deutschland, Großbritannien und Österreich - ein Vergleich vor dem Hintergrund der jüngsten Entwicklungen. Frankfurt a.M. 1989.

Staatliche Förderung der Beteiligungskapitalbildung in Arbeitnehmerhand durch die Vermögensbildungsgesetze - Zielsetzung, Entwicklung und kritische Würdigung

Siegfried Platz, Hannover

Inhaltsverzeichnis

1 **Zielsetzung der Förderung der Beteiligungskapitalbildung in Arbeitnehmerhand**   351

  11   "Vermögenspolitische Wende"   351

  12   Die kodifizierten vermögenspolitischen Ziele im einzelnen   352

    121   Stabilisierung der Wirtschaftsordnung   352

    122   Partnerschaftliche Integration der Arbeitnehmer in ihr arbeitgebendes Unternehmen   353

    123   Stärkung der Eigenvorsorge   353

    124   Verbesserung der Eigenkapitalausstattung   354

    125   Weitere Zielvorstellungen   355

2 **Entwicklung der Förderungsmodalitäten in den Vermögensbildungsgesetzen**   355

  21   Förderkatalog   357

  22   Förderart   360

  23   Förderrahmen   361

**3 Kritische Würdigung der Förderung der Beteiligungskapitalbildung
in Arbeitnehmerhand**   362

31 Zum Beteiligungscharakter und zur Zieladäquanz ausgewählter
Anlageformen   364

311 Arbeitnehmer-Darlehen   364

312 Wandelschuldverschreibungen   365

313 Bausparen   366

314 Gewinnschuldverschreibungen   367

32 Fehlentwicklungen im Vermögensbildungsgesetz   369

321 Risiken direkter Kapitalallokation   369

322 Unzureichendes Angebot an Beteiligungswerten   371

323 Wegfall des gespaltenen Arbeitnehmer-Sparzulagesatzes   374

324 Problematik der Existenz von Einkommensgrenzen   375

325 Verwässerung der Wahlfreiheit   376

4 Vermögenspolitischer Ausblick   377

Literaturverzeichnis   379

1 Zielsetzung der Förderung der Beteiligungskapitalbildung in Arbeitnehmerhand

Das Gesetz kennt heute im wesentlichen zwei Wege der gezielten Förderung der Beteiligungskapitalbildung in Arbeitnehmerhand: zum einen die Form zulagebegünstigter Geldleistungen an den Arbeitnehmer zum Erwerb von Vermögensbeteiligungen über das Vermögensbildungsgesetz, zum anderen die steuerbegünstigte Überlassung von Vermögensbeteiligungen als Sachbezug, geregelt im § 19a des Einkommensteuergesetzes (EStG).

Der folgende Beitrag beleuchtet ausschließlich Fragen zur Anwendung und Effizienz des Vermögensbildungsgesetzes, dem ersten Eckpfeiler der Beteiligungskapitalbildung in Arbeitnehmerhand. § 19a EStG bleibt dagegen ausgeklammert.

Die Vermögenspolitik in der Bundesrepublik war zunächst auf eine allgemeine Verbesserung der Vermögensbildung - vor allem in unteren Einkommensschichten - ausgerichtet. Mittlerweile hat sich eine Umorientierung, eine "vermögenspolitische Wende", eingestellt. Dahinter stehen ganz konkrete vermögenspolitische Zielvorstellungen.

11 "Vermögenspolitische Wende"

Im Jahre 1983 kam der Gesetzgeber zu der Überzeugung, daß die bisherige Förderung der Ersparnis- und Vermögensbildung (Erstes bis Drittes Vermögensbildungsgesetz, Spar-Prämiengesetz, Kapitalerhöhungssteuergesetz) sowie die bisherigen betrieblichen Vereinbarungen über eine Mitarbeiterbeteiligung hinsichtlich der Beteiligung breiter Schichten der Arbeitnehmer am "Produktivkapital" der Wirtschaft noch nicht den erwünschten Fortschritt gebracht hätten[1], obwohl dies ab Inkrafttreten des Ersten Vermögensbildungsgesetzes aus dem Jahre 1961 eines der vorrangigen Anliegen gewesen ist.[2] Deshalb verabschiedete der Bundestag das "Gesetz zur Förderung der Vermögensbildung der Arbeitnehmer durch Kapitalbeteiligungen (Vermögensbeteiligungsgesetz)"[3] vom 22. Dezember 1983.

Mit diesem Ersten Vermögensbeteiligungsgesetz sollte nach längerer vermögenspolitischer Pause wieder Bewegung in die staatliche Vermögenspolitik kommen. Gleichzeitig wurde damit eine vermögenspolitische Umorientierung eingeleitet. Die traditionelle Förderung der Geldvermögensbildung wurde nicht weiter ausgebaut. Gestiegene Masseneinkommen, verbunden mit einer relaitv breitgestreuten Geldvermögensbildung in Arbeitnehmerhand, ließen vermögensbildungspolitische Maßnahmen aus sozialpolitischen Erwä-

---

[1] Vgl. Entwurf eines Gesetzes zur Förderung der Vermögensbildung der Arbeitnehmer durch Kapitalbeteiligungen (Vermögensbeteiligungsgesetz). Bundestags-Drucksache 10/337 vom 2.9.1983, S. 1 (im weiteren zitiert als Bundestags-Drucksache 10/337).

[2] Vgl. *N. Blüm*, Vermögensbildungspolitik - wie soll es weitergehen? "Börsen-Zeitung" vom 31.12.1984 (Jahresschlußausgabe).

[3] *Bundesgesetzblatt* (BGBl.) 1983 I, S. 1592.

gungen als weniger vordringlich erscheinen.[4] Statt dessen wurden nun die staatlichen Förderungsaktivitäten auf eine breite Beteiligung der Arbeitnehmer am Risikokapital der Unternehmen gezielt ausgerichtet.

In der Begründung zum Entwurf des Ersten Vermögensbeteiligungsgesetzes erklärte die Bundesregierung[5], daß mit dem Gesetzentwurf die Umsetzung des bereits im Jahreswirtschaftsbericht 1983 dargelegten Konzepts[6] zur Fortentwicklung der Vermögenspolitik eingeleitet werden sollte.

Auch in späteren vermögenspolitischen Gesetzesinitiativen betonte die Bundesregierung[7] ausdrücklich, daß die geänderte Vermögenspolitik der 80er Jahre eindeutig im Zeichen einer verstärkten Förderung der Arbeitnehmerbeteiligung am Risikokapital der Unternehmen stehe, nachdem die Vermögensbildung jahrzehntelang fast ausschließlich durch die Förderung des Konten-, Lebensversicherungs- und Bausparens geprägt war.

Die Bundesregierung ließ sich bei ihrer ersten vermögenspolitischen Initiative von Zielvorstellungen leiten, die nachstehend kurz beschrieben werden.[8] Alle späteren vermögenspolitischen Initiativen bis hinein in die heutige Zeit waren von gleichartigen Zielsetzungen geprägt.

12 Die kodifizierten vermögenspolitischen Ziele im einzelnen

121 Stabilisierung der Wirtschaftsordnung

Die Bundesregierung geht davon aus, daß eine Vermögenspolitik, die darauf ausgerichtet ist, die Beteiligung der Arbeitnehmer am Unternehmenskapital verstärkt zu fördern, einen wichtigen Beitrag zur Stabilisierung und systemgerechten Weiterentwicklung der Sozialen Marktwirtschaft leistet.[9]

---

[4] Vgl. *N. Blüm*, Vermögensbildungspolitik ..., a.a.O.

[5] Vgl. Bundestags-Drucksache 10/337, S. 10.

[6] Vgl. Jahreswirtschaftsbericht 1983 der Bundesregierung. Bundestags-Drucksache 9/2400 vom 27.1.1983, S. 11 u. S. 15 f. (im weiteren zitiert als Bundestags-Drucksache 9/2400).

[7] Vgl. Entwurf eines Zweiten Gesetzes zur Förderung der Vermögensbildung der Arbeitnehmer durch Kapitalbeteiligungen (Zweites Vermögensbeteiligungsgesetz). Bundestags-Drucksache 10/5981 vom 8.9.1986, S. 1 u. S. 20 (im weiteren zitiert als Bundestags-Drucksache 10/5981).

[8] Vgl. Bundestags-Drucksache 10/337, S. 10 ff.

[9] Vgl. Bundestags-Drucksache 10/337, S. 10; ferner Bericht des Ausschusses für Arbeit und Sozialordnung zum Entwurf eines Vermögensbeteiligungsgesetzes. Bundestags-Drucksache 10/733 vom 5.12.1983, S. 2 (im weiteren zitiert als Bundestags-Drucksache 10/733); Entwurf eines Gesetzes zur Förderung von Arbeitnehmerbeteiligungen am Produktivvermögen. Bundestags-Drucksache 10/3955 vom 3.10.1985, S. 1 (im weiteren zitiert als Bundestags-Drucksache 10/3955). Vgl. dazu auch den Entwurf eines Vermögensbildungsgesetzes zur Förderung von Arbeitnehmerbeteiligungen am Produktivvermögen (Gesetzesantrag des Landes Niedersachsen), Bundesrats-Drucksache 239/82 vom 11.6.1982, S. 1 (im weiteren zitiert als Bundesrats-Drucksache 239/82).

Sind nämlich immer mehr Arbeitnehmer am Risikokapital der Wirtschaft beteiligt, so festigt diese breite Schicht von Eigentümern auf Dauer das Fundament der Sozialen Marktwirtschaft, einer Wirtschaftsordnung, die auf privatem Eigentum an den Produktionsmitteln beruht und sich hierin insbesondere von zentralverwaltungswirtschaftlichen Wirtschafts- und Gesellschaftssystemen unterscheidet. Zugleich beinhaltet nach Auffassung der Bundesregierung eine Zunahme der Risikokapitalbeteiligung in Arbeitnehmerhand die Chance, die freiheitliche Ordnung der Sozialen Marktwirtschaft im Sinne verbesserter sozialer Gerechtigkeit weiterzuentwickeln.[10]

122 Partnerschaftliche Integration der Arbeitnehmer in ihr arbeitgebendes Unternehmen

Risikokapitalbeteiligungen stellen einen wichtigen Beitrag zur partnerschaftlichen Integration der Arbeitnehmer in ihr arbeitgebendes Unternehmen dar. Die Bundesregierung[11] glaubt, daß dieser Beteiligungsgedanke die Motivation und Verantwortung wie auch die Selbständigkeit der Arbeitnehmer bei der Wahrnehmung ihrer betrieblichen Aufgaben fördert und gleichzeitig einer Entfremdung des Arbeitnehmers von seiner Arbeit entgegenwirkt.[12] Darin wiederum sieht die Bundesregierung einen Beitrag zur Stabilisierung der inneren Struktur des Unternehmens. Qualifizierte menschliche Arbeitsleistungen erweisen sich gleichzeitig auch als unabdingbares Sicherungselement für den Fortbestand eines Unternehmens in einem marktwirtschaftlichen Wirtschaftssystem.[13]

123 Stärkung der Eigenvorsorge

Aus sozialpolitischer Perspektive läßt sich die Bundesregierung[14] bei der Förderung von Risikokapitalbeteiligungen in Arbeitnehmerhand weiterhin von dem Gedanken leiten, daß eine verstärkte Beteiligung der Arbeitnehmer am Unternehmenskapital der individuellen Daseinsvorsorge dient. Eine derartige Eigenvorsorge sichert die Aufrechterhaltung des Lebensstandards in wirtschaftlichen Notfällen und bei verminderter Leistungsfähigkeit.

---

[10] Vgl. dazu auch *F. Sturm*, Das neue Gesetz zur Förderung der Vermögensbildung der Arbeitnehmer durch Kapitalbeteiligungen (Vermögensbeteiligungsgesetz). "Wertpapier-Mitteilungen", Frankfurt a.M., Jg. 38 (1984), S. 753-766, hier S. 753.

[11] Vgl. Bundestags-Drucksache 10/337, S. 10; vgl. ferner Bundestags-Drucksache 10/733, S. 2.

[12] Vgl. dazu auch *H.-G. Guski* u. *H.J. Schneider*, 30 Jahre betriebliche Vermögensbeteiligung: Erfahrungen und Auswirkungen. "Die Bank", Köln, o.Jg. (1983), S. 591-597, hier S. 595 ff.; ferner *H.E. Büschgen*, Vermögensbildung in Risikokapital - Wunsch und Wirklichkeit. "Die Bank", Köln, o.Jg. (1986), S. 396-401, hier S. 396.

[13] Vgl. *H.-D. Deppe*, Finanzielle Haftung heute - Obsoletes Relikt oder marktwirtschaftliche Fundamentalleistung? In: Zweihundert Jahre Geld und Brief. Herausforderungen an die Kapitalmärkte. Festgabe an die Niedersächsische Börse zu Hannover aus Anlaß ihres 200jährigen Bestehens. Hrsg. v. C.P. Claussen, L. Hübl u. H.-P. Schneider. Frankfurt a.M. 1987, S. 179-204. Wiederabgedruckt in: Geldwirtschaft und Rechnungswesen. Hrsg. v. H.-D. Deppe. (Neue Betriebswirtschaftliche Studienbücher, Bd. 1.) Göttingen 1989, S. 199-228, hier S. 201.

[14] Vgl. Bundestags-Drucksache 10/337, S. 10.

Gleichzeitig sieht die Bundesregierung darin einen Beitrag zur Entlastung gesellschaftlicher Sicherungssysteme. Eine Versorgungslücke, die zwischen subjektivem Sicherungsbedürfnis des einzelnen und den diagnostizierten Leistungsmöglichkeiten einer obligatorischen Sozialversicherung besteht, läßt sich nur durch Bildung individuellen Vermögens schließen. Hinzu kommt, daß staatliche Sicherungssysteme nicht automatisch, weil eben staatlich, ungefährdet sind. In dem Maße, wie man die mögliche Fehlbarkeit eines kollektiven Sicherungssystems verstärkt registriert, gewinnt auch die individuelle Vermögensbildung zunehmend an Bedeutung.

124 Verbesserung der Eigenkapitalausstattung

Die Bundesregierung[15] läßt sich in ihren vermögenspolitischen Zielvorstellungen ferner davon leiten, daß eine stärkere Beteiligung der Arbeitnehmer am Risikokapital positive Auswirkungen auf die Kapitalstruktur der Unternehmen hat, da deren Eigenkapitalausstattung steigt. Eine verbesserte Eigenkapitalausstattung ist gleichbedeutend mit einer Zunahme der finanziellen Haftungsbasis der Unternehmen, die der Sicherung der Gläubigeransprüche dient: "Finanzielle Haftung bedeutet ... diejenige wirtschaftliche Leistung, die rechtlich das Einstehen für Schulden aus dem technisch-organisatorischen wie auch aus dem monetären Leistungsprozeß der betrachteten Unternehmung zur Folge hat"[16]. Zusätzliches Eigenkapital erleichtert ferner die Fremdfinanzierungsmöglichkeiten der Unternehmen, stärkt ihre Investitionskraft und verbessert so die Voraussetzungen für die Schaffung neuer und die Sicherung bestehender Arbeitsplätze.

Die Bereitstellung von zusätzlichem Risikokapital[17] seitens privater Haushalte durch direkte Zuführung von haftenden, langfristigen Finanzierungsmitteln ermöglicht es den Unternehmen, auch chancenreiche, aber ebenso risikoreiche Investitionen vorzunehmen[18], wodurch sie ihre Wettbewerbsfähigkeit sichern und stärken[19]. Eine Eigenkapitalaufstok-

---

15 Vgl. Bundestags-Drucksache 10/337, S. 10; ferner Bundestags-Drucksache 10/3955, S. 1; Bundesrats-Drucksache 239/82.

16 *H.-D. Deppe*, Finanzielle Haftung heute ..., a.a.O., S. 206.

17 Zur betriebswirtschaftlichen Bedeutung der Zufuhr von Eigenkapital (Risikokapital) als Grundlage "finanzieller Haftung" vgl. *H.-D. Deppe*, Finanzielle Haftung heute ..., a.a.O., S. 205 ff., ferner *G. Liebau*, Monetäre Leistungen und konzeptionelle Erfassung des Betriebs. In: Geldwirtschaft und Rechnungswesen. Hrsg. v. H.-D. Deppe. (Neue Betriebswirtschaftliche Studienbücher, Bd. 1.) Göttingen 1989, S. 27-150, hier S. 54 ff.

18 Vgl. *W. Gerke* u. *M.A. Schöner*, Aspekte der Vermögensverteilung und -bildung in der Bundesrepublik Deutschland. "Der Langfristige Kredit", Frankfurt a.M., Jg. 37 (1986), S. 684-691, hier S. 689.

19 Vgl. *W. Gerke*, Die Verbesserung der Wettbewerbsfähigkeit durch Bereitstellung von Risikokapital. "Wirtschaftswissenschaftliches Studium", München u. Frankfurt a.M., Jg. 14 (1985), S. 359-362, hier S. 359 ff.

kung erhöht somit nachhaltig die Schuldendeckungsfähigkeit[20], was in Zeiten eines insgesamt unsicheren Umfeldes[21] zusätzliche Bedeutung erlangt.

125 Weitere Zielvorstellungen

Bereits im Jahreswirtschaftsbericht 1983 kündigte die Bundesregierung an, daß sie sich von einer Förderung des Arbeitnehmerbeteiligungskapitals auch Erleichterungen für eine wachstums- und beschäftigungspolitische Lohnpolitik verspreche.[22]

Gleichzeitig erklärt die Bundesregierung in ihrer Begründung zum Ersten Vermögensbeteiligungsgesetz, daß auch in Zukunft staatlichen Initiativen zur Vermögensbildung in Arbeitnehmerhand der Grundsatz der Freiwilligkeit zugrunde zu liegen habe. Es müsse auch künftig Sache der beteiligten Vertragspartner bleiben, ein auf ihre Bedürfnisse abgestimmtes Beteiligungsmodell zu vereinbaren.[23]

Schließlich geht die Bundesregierung davon aus, daß eine mögliche, durch betriebliche Vermögensbeteiligungen ("Investivlohn") ausgelöste "lohnpolitische Zurückhaltung zugunsten einer wirtschaftspolitisch gebotenen Stärkung der Kapitalausstattung und Investitionskraft der Unternehmen nicht die Einkommens- und Vermögensverteilung zum Nachteil der Arbeitnehmer verschiebt."[24]

2 Entwicklung der Förderungsmodalitäten in den Vermögensbildungsgesetzen

Das Vermögensbildungsgesetz ist in den rund dreißig Jahren seines Bestehens ständigen Novellierungen unterworfen gewesen. Die jeweiligen Neufassungen sind größtenteils Ausdruck veränderter Gewichtungen in den vermögenspolitischen Zielvorstellungen. Das hat sich insbesondere in den gesetzlich fixierten Förderungsmodalitäten niedergeschlagen. Übersicht 1 gibt einen synoptischen Überblick über die in den letzten drei Jahrzehnten

---

[20] Zur Schuldendeckungsfähigkeit als einer finanzwirtschaftlichen Existenzbedingung eines Bankbetriebs wie auch eines gewerblichen Betriebs in der Geldwirtschaft vgl. *H.-D. Deppe*, Eine Konzeption wissenschaftlicher Bankbetriebslehre in drei Doppelstunden. In: Bankbetriebliches Lesebuch. Ludwig Mülhaupt zum 65. Geburtstag. Hrsg. v. H.-D. Deppe. Stuttgart 1978, S. 3-98, hier S. 31 ff.; ferner *W. Benner*, Betriebliche Prozesse, finanzwirtschaftliche Existenzbedingungen und finanzielles Gleichgewicht. In: Geldwirtschaft und Rechnungswesen. Hrsg. v. H.-D. Deppe. (Neue Betriebswirtschaftliche Studienbücher, Bd. 1.) Göttingen 1989, S. 153-198, hier S. 167 ff.

[21] Die momentane, durch Haftungskrisen gekennzeichnete, besorgniserregende internationale Wirtschaftslage wird zutreffend skizziert von *H.-D. Deppe*, Finanzielle Haftung heute ..., a.a.O., S. 200 ff.

[22] Vgl. Bundestags-Drucksache 9/2400, S. 15.

[23] Vgl. Bundestags-Drucksache 10/337, S. 10.

[24] Bundestags-Drucksache 10/337, S. 12.

Übersicht 1: Synoptische Darstellung der Förderungsmodalitäten in den Vermögensbildungsgesetzen (VermBG) von 1961 - 1990

Anlageformen nach den Vermögensbildungsgesetzen	1.VermBG von 1961 Förderrahmen DM [a]	2.VermBG von 1965 Förderrahmen DM [a]	3.VermBG von 1970/1975 Förderrahmen DM [b]	3.VermBG Arbeitnehmer-Sparzulage %	3.VermBG von 1982 Arbeitnehmer-Sparzulage %	4.VermBG von 1984 Förderrahmen DM	4.VermBG Arbeitnehmer-Sparzulage %	5.VermBG von 1987 Förderrahmen DM	5.VermBG von 1987 Arbeitnehmer-Sparzulage %	5.VermBG von 1990 Förderrahmen DM	5.VermBG von 1990 Arbeitnehmer-Sparzulage %
Belegschaftsaktien	312	312/468	624	30/40	23/33	936[c]	23/33	936	23/33	936	20
Sonstige inländische Aktien	312 (über SparPG)	312/468 (über SparPG)	624 (über (SparPG))[c]	30/40	23/33	936[c]	23/33	936	23/33	936	20
Ausländische Aktien	-	-	-	-	-	936[c]	23/33	936	23/33	936	20
Kuxe	312 (über SparPG)	312/468 (über SparPG)	624 (über SparPG)[c]	30/40	23/33	936[c]	23/33	936	23/33	936	20
Wandelschuldverschreibungen	312 (über SparPG)	312/468 (über SparPG)	624 (über SparPG)[c]	30/40	23/33	936[c]	23/33	936	23/33	936	20
Gewinnschuldverschreibungen	312 (über SparPG)	312/468 (über SparPG)	624 (über SparPG)[c]	30/40	23/33	936[c]	23/33	936	23/33	936[e]	20
Inländische Aktien-Fondsanteile	312 (über SparPG)	312/468 (über SparPG)	624 (über SparPG)[c]	30/40	23/33	936[c]	23/33	936	23/33	936	20
Ausländische Aktien-Fondsanteile	-	-	-	-	-	-	-	936	23/33	936	20
Anteile an Beteiligungs-Sondervermögen	-	-	-	-	-	-	-	936	23/33	936	20
Genußscheine	-	-	-	-	-	936[c]	23/33	936	23/33	936[e,f]	20
Genossenschaftsanteile	-	-	-	-	-	936	23/33	936	23/33	936	20
GmbH-Anteile	-	-	-	-	-	-	-	936	23/33	936	20
Stille Beteiligungen	-	-	-	-	-	936	23/33	936	23/33	936[g]	20
Arbeitnehmer-Darlehen	312	312/468	624[d]	30/40	23/33	936	23/33	936	23/33	936	20
Mitarbeiter-Genußrechte	-	-	-	-	-	936	23/33	936	23/33	936	20
Festverzinsliche Schuldverschreibungen/Rentenschuldverschreibungen und Anleiheforderungen	312 (über SparPG)	312/468 (über SparPG)	624 (über SparPG)[c]	30/40	23/33	624[c]	16/26	-	-	-	-
Investmentanteile (außer Aktien-Fondsanteile)	312 (über SparPG)	312/468 (über SparPG)	624 (über SparPG)[c]	30/40	23/33	624[c]	16/26	-	-	-	-
Kontensparen	312 (über SparPG)	312/468 (über SparPG)	624 (über SparPG)[c]	30/40	23/33	624[c]	16/26	624	16/26	936	0
Versicherungssparen	-	-	624	30/40	23/33	624	16/26	624	16/26	936	0
Bausparen nach WoPG	312	312/468	624	30/40	23/33	624	23/33	624	23/33	936	10
Wohnwirtschaftliche Verwendung	312	312/468	624	30/40	23/33	624	23/33	624	23/33	936	10

Linke Randkategorien: Sparen in Beteiligungswerten — Verbriefte Vermögensbeteiligungen (Wertpapiere) (Belegschaftsaktien bis Genußscheine), Nicht verbriefte Vermögensbeteiligungen (Genossenschaftsanteile bis Mitarbeiter-Genußrechte); Sparen in Wertpapieren ohne Beteiligungscharakter (Festverzinsliche Schuldverschreibungen, Investmentanteile); Geldsparen (Kontensparen, Versicherungssparen); Bausparen (Bausparen nach WoPG, Wohnwirtschaftliche Verwendung).

[a] Lohnsteuer- und Sozialabgabenfreiheit für die vermögenswirksamen Leistungen bis zum angegebenen Förderrahmen.

[b] Förderrahmen von maximal 624 DM in allen Fassungen des 3. VermBG unverändert geblieben.

[c] Im 3. VermBG von 1982 sowie im 4. VermBG unmittelbar im Anlagekatalog des VermBG aufgeführt, wobei aber die Anlagevorschriften nach dem SparPG einzuhalten waren.

[d] Im 3. VermBG von 1975 und 1982 nicht als Anlageform enthalten; Anlage nur über SparPG.

[e] Gewinnschuldverschreibungen und Genußscheine von Kreditinstituten nur, sofern sie an eigene Mitarbeiter ausgegeben werden.

[f] Außerbetriebliche Genußscheine von Nichtbanken nur, wenn sie an der Börse gehandelt werden.

[g] Nur betriebliche stille Beteiligungen.

festzustellenden Gesetzesänderungen, soweit sie sich in den Förderungsmodalitäten (Förderkatalog, Förderungsart, finanzieller Förderungsrahmen) niedergeschlagen haben.[25]

21 Förderkatalog

Mit dem "Gesetz zur Förderung der Vermögensbildung der Arbeitnehmer (1. VermBG)" vom 12.7.1961 (BGBl. I, S. 909) wurde erstmals ein Gesetz verabschiedet, das direkt auf die Bildung von Dauervermögen in der Hand der Arbeitnehmer[26] abzielte. Gefördert wurden sogenannte "vermögenswirksame Leistungen". Vermögenswirksame Leistungen definierte der Gesetzgeber als Zuwendungen, die der Arbeitgeber aufgrund einer freiwilligen Betriebsvereinbarung oder in Einzelverträgen für den Arbeitnehmer zusätzlich zum tariflichen Lohn erbrachte. Erst das Zweite Vermögensbildungsgesetz sah später auch die Möglichkeit vor, vermögenswirksame Leistungen über Tarifverträge auszuhandeln, was die Akzeptanz des Gesetzes ganz entscheidend erhöhte.[27]

Für die Anlage vermögenswirksamer Leistungen stellte das Gesetz einen festumrissenen Förderkatalog auf. Dieser Anlagekatalog umfaßte im wesentlichen Anlagen nach dem Spar-Prämiengesetz und dem Wohnungsbau-Prämiengesetz.[28] Darüber hinaus waren auch Belegschaftsaktien aufgeführt. Von letzteren einmal abgesehen, enthielt der Förderkatalog des Ersten Vermögensbildungsgesetzes direkt keine Beteiligungstitel. Auch im Zweiten[29] und Dritten Vermögensbildungsgesetz[30] änderte sich daran nichts.

Erst das Vierte Vermögensbildungsgesetz vom 6.2.1984 (BGBl. I, S. 202)[31] brachte eine Ausdehung des Anlagekatalogs um weitere, bisher nicht enthaltene Kapitalbeteiligungen, wie

- Genußscheine,

- Mitarbeiter-Genußrechte,

---

[25] Eine detaillierte Beschreibung des Sparens nach den Vermögensbildungsgesetzen ist zu finden bei *S. Platz*, Leitfaden durch das Passivgeschäft, Teil 2: Spareinlage, Sparurkunde, Sondersparformen. 3., überarb. u. erw. Aufl., Stuttgart 1988, S. 252 ff.

[26] Der Arbeitnehmerbegriff orientierte sich zunächst am Betriebsverfassungsgesetz (§ 1 Abs. 2 1. VermBG) mit der Konsequenz, daß nur Angestellte und Arbeiter der Privatwirtschaft die Vorteile des Vermögensbildungsgesetzes nutzen konnten. Bedienstete des öffentlichen Dienstes wurden erst aufgrund des Zweiten Vermögensbildungsgesetzes von 1965 in den begünstigten Personenkreis einbezogen.

[27] Vgl. *E. Giese*, 15 Jahre Vermögensbildungsgesetz. "Sparkasse", Stuttgart, Jg. 93 (1976), S. 371-373, hier S. 371.

[28] Enthalten waren ferner Aufwendungen für Entschuldungsmaßnahmen des Arbeitnehmers sowie zur Begründung von Darlehensforderungen gegen den Arbeitgeber.

[29] Zweites Gesetz zur Förderung der Vermögensbildung der Arbeitnehmer (Zweites Vermögensbildungsgesetz 2. VermBG) vom 1.7.1965 (BGBl. I, S. 585).

[30] Drittes Gesetz zur Förderung der Vermögensbildung der Arbeitnehmer (Drittes Vermögensbildungsgesetz - 3. VermBG) vom 27.6.1970 (BGBl. I, S. 930); geänderte Fassungen vom 15.1.1975 (BGBl. I, S. 257) und vom 30.9.1982 (BGBl. I, S. 1369).

[31] Änderung aufgrund des "Ersten Vermögensbeteiligungsgesetzes" vom 22.12.1983.

- Genossenschaftsanteile,

- typische stille Beteiligungen.

Die Aufnahme neuer Beteiligungstitel in den Förderkatalog des 4. VermBG diente der Realisierung des bereits im Jahreswirtschaftsbericht 1983 dargelegten Konzepts der Bundesregierung zur Fortentwicklung der Vermögensbildungspolitik[32] (sogenannte "erste vermögenspolitische Stufe").

Mit Verabschiedung des "Zweiten Vermögensbeteiligungsgesetzes" vom 19.12.1986[33] wurde die seit längerem angekündigte "zweite vermögenspolitische Stufe" verwirklicht. Sie führte u.a. zum 5. VermBG vom 19.2.1987.[34]

Der Förderkatalog des ab 1.1.1987 anzuwendenden Fünften Vermögensbildungsgesetzes wurde um

- GmbH-Geschäftsanteile und

- Anteilscheine an ausländischen Aktienfonds

erweitert. Außerdem wurden

- Anteilscheine an Beteiligungs-Sondervermögen[35],

die es nach dem Gesetz über Kapitalanlagegesellschaften (KAGG) bislang nicht gab, in den Anlagekatalog neu aufgenommen.

Die Einbeziehung der zuletzt genannten indirekten außerbetrieblichen Beteiligungsform in die staatliche Sparförderung war notwendig geworden, weil die betriebliche Mitarbeiterbeteiligung nur für einen geringen Teil der Arbeitnehmer und die direkte und indirekte

---

[32] Vgl. Bundestags-Drucksache 9/2400, S. 15.

[33] Zweites Gesetz zur Förderung der Vermögensbildung der Arbeitnehmer durch Kapitalbeteiligungen (Zweites Vermögensbeteiligungsgesetz) vom 19.12.1986 (BGBl. I, S. 2595).

[34] Fünftes Gesetz zur Förderung der Vermögensbildung der Arbeitnehmer (Fünftes Vermögensbildungsgesetz - 5. VermBG) vom 19.2.1987 (BGBl. I, S. 630). - Zur Anwendung des Gesetzes vgl. Schreiben des Bundesministers der Finanzen vom 31.8.1987 (IV B 6 - S 2432 - 20/87), abgedruckt in: "Der Betrieb", Düsseldorf u. Frankfurt a.M., Jg. 40 (1987), Beilage Nr. 21/87 zu Heft Nr. 44 vom 30.10.1987, S. 5-18, hier S. 5 ff. Siehe auch *S. Schoen*, Das Fünfte Vermögensbildungsgesetz. "Betriebs-Berater", Heidelberg, Jg. 42 (1987), S. 894-900, hier S. 894 ff.

[35] Im KAGG wurden Kapitalanlagegesellschaften neu aufgenommen, die für ihr Sondervermögen außer Wertpapiere auch stille Beteiligungen an nicht börsennotierten Unternehmen erwerben konnten. Diese "Beteiligungs-Sondervermögen" wurden neben Wertpapierfonds und Immobilienfonds als dritte Art von Sondervermögen nach dem Investmentgesetz zugelassen. Mit vermögenswirksamen Leistungen erworbene Anteilscheine solcher Beteiligungs-Sondervermögen zählen dann zu den begünstigten Vermögensbeteiligungen im Sinne des Gesetzes. Beteiligungs-Sondervermögen stellen damit einen Weg dar, Arbeitnehmern die indirekte außerbetriebliche Kapitalbeteiligung an nicht börsennotierten Unternehmen zu ermöglichen, während sich kapitalsuchenden mittelständischen Betrieben hier eine zusätzliche Eigenkapitalquelle erschließt (vgl. *W.-E. Hesse*, Beteiligungs-Sondervermögen. "Zeitschrift für das gesamte Kreditwesen", Frankfurt a.M., Jg. 38 (1985), S. 187-190).

Übersicht 2: <u>Anlageformen, Anlageinstitute und Vertragsformen nach dem</u>
<u>Fünften Vermögensbildungsgesetz 1990</u>

Anlageinstitute / Anlageformen	Kredit-institute	Arbeitgeber	Bauspar-kassen	Versiche-rungs-gesell-schaften	Leistung an angegebenes Anlageinstitut oder an Arbeitnehmer selbst
Sparkonto[a]	• Konten-sparvertrag gem. § 8 5. VermBG	–	–	–	–
Beteiligungswerte — Wertpapiere[b] / Andere Vermögensbeteiligungen[c]	• Sparvertrag über Wertpapiere und andere Vermögensbeteiligungen gem. § 4 5. VermBG	• Wertpapier-Kaufvertrag gem. § 5 5. VermBG • Beteiligungs-Vertrag gem. § 6 5. VermBG • Beteiligungs-Kaufvertrag gem. § 7 5. VermBG	–	–	–
Bausparkonto	–	–	• Bauspar-vertrag nach WoPG	–	–
Bau- und Entschuldungs-maßnahmen	–	–	–	–	• Vertrag über Bau- und Entschuldungs-maßnahmen
Kapitalversicherung auf den Erlebens- und Todesfall[a]	–	–	–	• Kapital-versiche-rungs-vertrag gem. § 9 5. VermBG	–

[a] Das Konten- und Versicherungssparen wird nicht mehr mit Arbeitnehmersparzulage gefördert; vermögenswirksame Leistungen, insbesondere tarifvertraglich vereinbarte Leistungen, können weiter eingezahlt werden.

[b] Zu den Wertpapieren mit Beteiligungscharakter zählen Aktien, Kuxe, Wandelschuldverschreibungen, Gewinnschuldverschreibungen und Genußscheine von Nichtbanken (von Kreditinstituten nur, sofern sie von deren Mitarbeitern erworben werden; außerbetriebliche Genußscheine von Nichtbanken nur, wenn sie an der Börse gehandelt werden), Investmentanteile in- und ausländischer Aktienfonds (mindestens 70 % Aktienanteil), Anteilscheine an Beteiligungssondervermögen (§ 2 Abs. 1 Nr. 1 Buchstaben a bis f 5. VermBG).

[c] Andere (nichtverbriefte) Vermögensbeteiligungen sind Genossenschaftsanteile, GmbH-Anteile, betriebliche stille Beteiligungen, Arbeitnehmerdarlehen, Genußrechte am Unternehmen des Arbeitgebers.

außerbetriebliche Beteiligung bis dahin vorwiegend an den wenigen emissionsfähigen großen Unternehmen in Betracht kam.

Ein endgültiges Aussehen erlangte der Förderkatalog - wie es scheint - durch die Steuerreform 1990.[36] Aus Übersicht 2 wird ersichtlich, welche Anlageformen, Anlageinstitute und Vertragsformen für das vermögenswirksame Beteiligungssparen seit dem 1.1.1990 bereitstehen.[37]

22 Förderart

Das Erste und Zweite Vermögensbildungsgesetz förderte die Spartätigkeit der Arbeitnehmer ursprünglich in der Weise, daß vermögenswirksame Leistungen von der Lohnsteuer- und Sozialabgabenpflicht befreit waren.[38]

Eine grundlegende Änderung in der Förderungsart brachte das Dritte Vermögensbildungsgesetz. An die Stelle der bisherigen Steuer- und Sozialabgabenfreiheit, durch die aufgrund des Progressionseffekts im Steuertarif besser verdienende Arbeitnehmer am stärksten begünstigt wurden, trat ab 1. Januar 1971 das System der Arbeitnehmer-Sparzulage.

Die Arbeitnehmer-Sparzulage, die ursprünglich im Zuge der monatlichen Lohn- und Gehaltsabrechnung ausgezahlt wurde, heute dagegen im Rahmen des Lohnsteuerjahresausgleichs beim Finanzamt vom Arbeitnehmer selbst beantragt werden muß[39], betrug anfänglich 30 v.H. der vermögenswirksam angelegten Sparleistungen (bei Familien mit drei und mehr Kindern 40 v.H.).

Mit Wirkung zum 1.1.1982 führte der Gesetzgeber eine Spaltung der staatlichen Prämie ein[40]: 16 v.H. für Formen der Geldvermögensbildung und 23 v.H. für Beteiligungswerte

---

[36] Durch Art. 18 Steuerreformgesetz 1990 vom 25.7.1988 (BGBl. I, S. 1093) wurde das Fünfte Vermögensbildungsgesetz in wesentlichen Teilen geändert. Die Neufassung trat zum 1.1.1990 in Kraft.

[37] Eine spezielle Änderung im Anlagekatalog ist bereits zum 1.1.1989 aufgrund des Art. 9 Haushaltsbegleitgesetz 1989 vom 22.12.1989 (BGBl. I, S. 2262) eingetreten. Seit diesem Zeitpunkt können nur noch betriebliche stille Beteiligungen mit vermögenswirksamen Leistungen erworben werden. - Zur Anwendung des ab 1.1.1990 geltenden Rechts vgl. R. Hornung-Draus, Überblick über die 1989 und 1990 eintretenden Änderungen im Bereich der Vermögensbildung. "Der Betrieb", Düsseldorf u. Frankfurt a.M., Jg. 42 (1989), S. 246-248; E. Zacharias u. M. Hebig, Die wichtigsten Auswirkungen des Regierungsentwurfs eines Steuerreformgesetzes 1990 auf das 5. VermBG. "Finanzrundschau", Köln, Jg. 70 (1988), S. 324-330.

[38] Anfänglich hatte der Arbeitgeber für die aufgebrachten vermögenswirksamen Leistungen die anfallende Lohnsteuer des Arbeitnehmers in Form einer Pauschale in Höhe von 8 v.H. selbst zu entrichten. Diese Verpflichtung zur Übernahme der Lohnsteuerpauschale entfiel mit dem Zweiten Vermögensbildungsgesetz.

[39] Vgl. § 14 Abs. 4 des 5. VermBG 1990.

[40] Vgl. die Änderung des Dritten Vermögensbildungsgesetzes von 1975 durch Art. 29 Zweites Gesetz zur Verbesserung der Haushaltsstruktur (2. Haushaltsstrukturgesetz) vom 22.12.1981 (BGBl. I, S. 1523). Erwähnt sei, daß die sogenannte Doppelförderung für vermögenswirksame Leistungen, nämlich Zahlung einer staatlichen Sparprämie nach dem Sparprämiengesetz (SparPG) bei gleichzeitiger Gewährung einer Arbeitnehmer-Sparzulage durch das Subventionsabbaugesetz (SubvAbG) vom 26.6.1981 (BGBl. I, S.

(unter Beibehaltung der zehnprozentigen Kinderadditive). Diese Spreizung des Sparzula-gesatzes gegen Ende der Geltungsdauer des Dritten Vermögensbildungsgesetzes deutete bereits eine erste Änderung in der Zielrichtung der staatlichen Vermögenspolitik an, nämlich verstärkte Konzentration der Förderungsmaßnahmen auf das reine Beteiligungs-sparen.

Indessen machte der Gesetzgeber die Inanspruchnahme der staatlichen Prämienzahlungen von der Einhaltung bestimmter Einkommensgrenzen abhängig, die im Dritten Vermö-gensbildungsgesetz erstmals eingeführt wurden und bis zum Inkrafttreten des Fünften Ver-mögensbildungsgesetzes 1990 unverändert blieben.[41]

Mit dem Steuerreformgesetz 1990 änderte der Gesetzgeber ein letztes Mal die Anwen-dung und Höhe des staatlichen Zulagensatzes. Ab 1.1.1990 gilt für alle im Anlagekatalog enthaltenen Beteiligungsformen ein einheitlicher Prämiensatz von 20 v.H. (Bausparen 10 v.H.). Weggefallen ist die sogenannte Kinderadditive, d.h. die Zusatzförderung von 10 v.H. bei drei und mehr steuerlich anerkannten Kindern.

Das Konten- und Kapitalversicherungssparen ist zwar noch im Förderkatalog des Fünften Vermögensbildungsgesetzes 1990 enthalten, allerdings ohne Zulageberechtigung (Anlagen mit sogenannter "Nullförderung").

23 Förderrahmen

Der staatlich begünstigte Förderrahmen, den der Arbeitnehmer mit seinen vermögens-wirksamen Leistungen ausnutzen konnte, belief sich anfänglich (Erstes Vermögensbil-dungsgesetz) auf 312 DM je Arbeitnehmer im Kalenderjahr, wurde dann im Zuge der Ge-setzesnovellierungen laufend nach oben angepaßt. Bereits das Zweite Vermögensbildungs-gesetz sah einen familiengerechten Zusatzförderungsbetrag vor: Bei mehr als zwei Kin-dern erhöhte sich der Begünstigungsrahmen von 312 DM auf 468 DM.

Die nächste Förderstufe wurde mit dem Dritten Vermögensbildungsgesetz ab 1971 er-reicht. Der Staat begünstigte nun ein Sparvolumen in Höhe von 624 DM.

Entsprechend der "vermögenspolitischen Wende", die mit dem Ersten Vermögensbeteili-gungsgesetz von 1984 eingeleitet wurde und im Vierten Vermögensbildungsgesetz ihren

---

Fortsetzung der Fußnote 40:
1523), aufgehoben wurde. Davon betroffen waren alle Verträge, die nach dem 12.11.1980 zustandegekom-men waren.

[41] Alleinstehenden Arbeitnehmern wurde die Arbeitnehmer-Sparzulage nur gewährt, wenn ihr zu versteu-erndes Einkommen im Kalenderjahr der Sparleistung 24.000 DM nicht überstieg. Für Verheiratete belief sich die entsprechende Betragsgrenze auf 48.000 DM. In einer späteren Änderung des Dritten Vermö-gensbildungsgesetzes erhöhte sich die Einkommensgrenze um 1.800 DM für jedes Kind (§ 12 3. VermBG 1975). Aufgrund des Steuerreformgesetzes 1990 sind die Einkommensgrenzen zum 1.1.1990 auf 27.000 DM/54.000 DM (Alleinstehende/Verheiratete) angehoben worden bei gleichzeitiger Streichung des vor-erwähnten Kindererhöhungsbetrages von 1.800 DM.

Niederschlag fand, nahm der Gesetzgeber im Förderungsrahmen eine betragsmäßige Differenzierung vor: Der um 312 DM auf insgesamt 936 DM heraufgesetzte Aufstockungsbetrag war nur dann mit dem erhöhten Satz von 23 v.H. zulagebegünstigt, wenn hierfür Beteiligungsformen im Sinne des Gesetzes erworben wurden.

Das Fünfte Vermögensbildungsgesetz von 1987 ließ den Förderungsrahmen in Höhe von 936 DM, der in seiner Gesamthöhe den gesetzlichen Vermögensbeteiligungen vorbehalten war, unverändert. Die Bundesregierung begründete ihre ablehnende Haltung, den erhöhten Förderrahmen allen Anlageformen zu öffnen[42], damit, daß ein Verzicht auf den Förderungsvorsprung für Risikokapitalbeteiligungen die mit dem Ersten Vermögensbeteiligungsgesetz von 1984 eingeschlagene Neuorientierung in der Vermögenspolitik konterkarieren würde.[43]

Eine letzte Aufstockung des Begünstigungsrahmens brachte schließlich das Fünfte Vermögensbildungsgesetz 1990 im Rahmen der Steuerreform 1990, allerdings nur für das Bausparen. Da für alle begünstigten Anlageformen ab 1.1.1990 ein einheitlicher Förderungshöchstbetrag von 936 DM gelten sollte, mußte der Begünstigungsrahmen für das Bausparen von bis dahin 624 DM um 312 DM aufgestockt werden.

Die jüngste Novellierung des Fünften Vermögensbildungsgesetzes, hervorgerufen durch das Steuerreformgesetz 1990, ist prinzipiell zum 1.1.1990 in Kraft getreten. Für die Abwicklung von Altverträgen gestand der Gesetzgeber jedoch weitreichende Übergangsregelungen zu. Übersicht 3 zeigt die Anwendung der teilweise bis weit in die neunziger Jahre hineinreichenden Übergangsvorschriften, insbesondere hinsichtlich der geltenden Fördermodalitäten.

3 Kritische Würdigung der Förderung der Beteiligungskapitalbildung in Arbeitnehmerhand

Eine eindeutige Effizienzkontrolle der vom Gesetzgeber auf der Grundlage der Vermögensbildungsgesetze vollzogenen Vermögensbildungspolitik ist angesichts unzureichender statistischer Basisdaten nicht möglich. Hinzu kommt das Problem der Zurechenbarkeit einzelner vermögenspolitischer Maßnahmen auf die tatsächliche Vermögenssituation bei den Zielgruppen, auf die das Gesetz primär abstellt. Mitnahmeeffekte, d.h. Sparprozesse, die auch ohne staatliche Förderung eingeleitet worden wären, erschweren zusätzlich Aussagen über die Effizienz vermögenspolitischer Aktivitäten.

---

[42] So die Forderung des Bundesrates in einer Stellungnahme zum Entwurf eines Zweiten Vermögensbeteiligungsgesetzes (vgl. Bundestags-Drucksache 10/6280 vom 29.10.1986, Anlage 1, im weiteren zitiert als Bundestags-Drucksache 10/6280).

[43] Vgl. Gegenäußerung der Bundesregierung zur Stellungnahme des Bundesrates zum Entwurf eines Zweiten Vermögensbeteiligungsgesetzes (Bundestags-Drucksache 10/6280 vom 29.10.1986, Anlage 2).

Übersicht 3: Änderungen im Fünften Vermögensbildungsgesetz 1990 mit
Übergangsregelungen

Abschlußjahr/ Förderungsjahr — Sparformen	Altverträge — Vertragsabschluß bis 31.12.1988		Neuverträge — Vertragsabschluß 1.1. bis 31.12.1989		Neuverträge — Vertragsabschluß ab 1.1.1990
	Förderungsjahr bis 31.12.1989	Förderungsjahr ab 1.1.1990	Förderungsjahr 1.1.-31.12.1989	Förderungsjahr ab 1.1.1990	Förderungsjahr ab 1.1.1990
Geld-sparen — Kontensparen[a] / Versicherungssparen	16 % (26 %) 624 DM	10 % 624 DM	16 % (26 %) 624 DM	16 % (26 %) 624 DM	0 % 936 DM
Gewinnobligationen/Genußscheine von Nichtbanken	23 % (33 %) 936 DM	10 % 936 DM	23 % (33 %) 936 DM	–	–
Beteiligungssparen — Gewinnobligationen/Genußscheine von Kreditinstituten an eigene Mitarbeiter	23 % (33 %) 936 DM	20 % 936 DM	23 % (33 %) 936 DM	20 % 936 DM	20 % 936 DM
Außerbetriebliche stille Beteiligungen[c]	23 % (33 %) 936 DM	–[c]	–	–	–
Sonstiges Beteiligungs-sparen	23 % (33 %) 936 DM	20 % 936 DM	23 % (33 %) 936 DM	20 % 936 DM	20 % 936 DM
Bausparen[e] und wohnungswirtschaftliche Verwendung	23 % (33 %) 624 DM (Wohnungsbau-prämie 10 %)	10 % 624 DM (Wohnungsbau-prämie 10 %)	23 % (33 %) 624 DM (Wohnungsbau-prämie 10 %)	10 % 936 DM (Wohnungsbau-prämie 10 %)	10 % 936 DM (Wohnungsbau-prämie 10 %)

a Wertpapiersparen in Nicht-Beteiligungswerten (z.B. festverzinsliche Wertpapiere) nur noch im Zuge der Verwendung von Kontensparbeiträgen möglich.

b Abwicklung im Rahmen eines Wertpapier-Sparvertrages; für Gewinnobligationen/Genußscheine von Kreditinstituten an Kunden Abschluß eines Wertpapier-Sparvertrages nur bis 31.12.1989 möglich gewesen.

c Der außerbetriebliche Beteiligungsvertrag konnte bis zum 30.9.1989 gekündigt werden, so daß dann ab 1990 jegliche gesellschaftsrechtliche Beitragspflicht erloschen ist.

d Einschließlich betrieblicher stiller Beteiligungen.

e Förderungshöchstbetrag 800/1.600 DM für Alleinstehende/Verheiratete.

f Bei Einzahlungen bis 31.12.1988 betrug die Prämie 14 % + 2 % für jedes "Prämienkind".

Die folgende kritische Würdigung überprüft den Beteiligungscharakter (Risikokapitalcharakter) einzelner im Anlagekatalog enthaltener Anlageformen und stellt einige Fehlentwicklungen heraus, die einer breiteren Akzeptanz des Gesetzes offenbar entgegenstehen.

Dabei ist darauf hinzuweisen, daß das Vermögensbildungsgesetz keine exakte Definition der Begriffe "Beteiligungskapital" oder "Risikokapital" kennt. Vielmehr zählt der Gesetzgeber enumerativ auf, welche Anlageformen als Beteiligungstitel aufzufassen sind, und weist ihnen dann die Förderungswürdigkeit zu.

31 Zum Beteiligungscharakter und zur Zieladäquanz ausgewählter Anlageformen

311 Arbeitnehmer-Darlehen

Arbeitnehmer-Darlehen (§ 2 Abs. 1 Nr. 1 Buchstabe k 5. VermBG 1990) zählen zu den vom Vermögensbildungsgesetz geförderten Beteiligungsformen. Allerdings verschaffen sie dem Arbeitnehmer lediglich reine Gläubigerrechte (Darlehensforderungen gem. §§ 607 ff. BGB)[44], verbunden mit einem bestimmten Zinsertrag. Gewinnbeteiligungen[45] oder Gesellschafterrechte sind dem Grundtyp des Arbeitnehmer-Darlehens fremd. Auch eine Verlustbeteiligung ist nicht zulässig. Andernfalls käme es zu einer Kollision mit der Bestimmung des § 607 BGB.[46] Es liegt demnach beim Arbeitnehmer-Darlehen keine Kapital- bzw. Vermögensbeteiligung im Sinne des Gesetzes vor.[47]

Ein positiver Beitrag auf die Eigenkapitalausstattung läßt sich mithin über das Arbeitnehmer-Darlehen nicht erreichen. Vielmehr drängt sich hier der Eindruck auf, daß die Vermögensbildung über das Arbeitnehmer-Darlehen sich eher zu einer zinsgünstigen Fremdkapitalquelle entwickelt als zu einer Hilfe bei der Behebung des Eigenkapitalmangels der Unternehmen.[48] Bestehende Finanzierungsvorteile gegenüber dem üblichen Bankkredit sprechen für diese Befürchtung.[49] Zumindest unter diesem Aspekt wäre zu überlegen, das Arbeitnehmer-Darlehen als "planwidrigen Fehlgriff" des Gesetzgebers aus dem Förderkatalog des Vermögensbildungsgesetzes zu streichen.

---

[44] Vgl. *F. Sturm*, Das neue Gesetz zur Förderung der Vermögensbildung ..., a.a.O., S. 759.

[45] Sollte neben einem festen Zins auch eine Beteiligung an dem vom Darlehensnehmer mit dem bereitgestellten Kapital erzielten Gewinn vereinbart sein, liegt ein <u>partiarisches Darlehen</u> vor. Zur Abgrenzung der Darlehensforderung gegenüber dem Arbeitgeber von der stillen Beteiligung vgl. *S. Schoen*, Die außerbetriebliche Beteiligung als stiller Gesellschafter nach dem Fünften Vermögensbildungsgesetz. "Betriebs-Berater", Heidelberg, Jg. 43 (1988), S. 2113-2116, hier S. 2113 f.

[46] Danach ist der Darlehensnehmer verpflichtet, das Empfangene in Sachen von gleicher Art, Güte und Menge zurückzuerstatten (§ 607 Abs. 1 BGB).

[47] Vgl. *D. Holzheimer*, Gestaltungsformen der Mitarbeiterbeteiligung. "Die Bank", Köln, o.Jg. (1982), S. 16-24, hier S. 18.

[48] Vgl. *D. Reuter*, Verbesserung der Risikokapitalausstattung der Unternehmen durch Mitarbeiterbeteiligung? "Neue Juristische Wochenschrift", München, Jg. 37 (1984), S. 1849-1857, hier S. 1849.

[49] Vgl. die Modellrechnung in: *o.V.*, Ein neuer Paragraph erleichtert die Mitarbeiter-Beteiligung. "Frankfurter Allgemeine Zeitung" vom 28.12.1983; ferner *A. Bergen*, Mitarbeiterbeteiligungen in der Praxis: Es gibt kein Patentrezept. "Der Langfristige Kredit", Frankfurt a.M., Jg. 37 (1986), S. 721-723, hier S. 721.

Auch führen Darlehensforderungen gegen den Arbeitgeber als Fremdkapitalbeteiligung nicht zu der vom Gesetzgeber über das Vermögensbildungsgesetz angestrebten Identifizierung des Arbeitsnehmers mit "seinem" Unternehmen.[50]

Es darf jedoch nicht verkannt werden, daß das Arbeitnehmer-Darlehen häufig als beliebte - weil relativ unverbindliche - Vorstufe für eine spätere qualifizierte gesellschaftsrechtliche Kapitalbeteiligung aufgefaßt wird.[51] Insbesondere eine etwa vereinbarte gewinnabhängige Verzinsung der Darlehensforderung kann geeignet sein, die Mitarbeiter langsam an risikoreichere Kapitalanlagen heranzuführen.[52]

Anzumerken bleibt noch, daß materielle Fördervoraussetzung für das Arbeitnehmer-Darlehen eine Insolvenzsicherung ist, entweder durch Bankbürgschaft oder durch eine Versicherung. Diese privatrechtliche Sicherung trägt jedoch lediglich dem sogenannten Werksparkassenverbot in § 3 Nr. 1 KWG Rechnung.[53] Ansonsten wäre eine Insolvenzsicherung des Arbeitnehmers bei einer Beteiligung am arbeitgebenden Unternehmen auch nicht gerechtfertigt. Die Förderungswürdigkeit von betrieblichen Vermögensbeteiligungen wird ja heute gerade damit begründet, daß es sich dabei um Anlagen handelt, die ihrem Charakter nach Risikokapital darstellen.[54]

312 Wandelschuldverschreibungen

Wandelschuldverschreibungen genießen die volle Förderungswürdigkeit des Gesetzes (§ 2 Abs. 1 Nr. 1 Buchstabe b 5. VermBG 1990), obgleich sie zunächst <u>Fremdkapital</u> darstellen. Wandelschuldverschreibungen bilden aber eine Vorstufe echter gesellschaftsrechtlicher Kapitalbeteiligungen[55], weil sie dem Gläubiger - sofort oder von einem bestimmten Zeit-

---

[50] Vgl. *H.-W. Klein* u. *A. Braun*, Möglichkeiten der betrieblichen Vermögensbildung. "Betriebs-Berater", Heidelberg, Jg. 41 (1986), S. 673-678, hier S. 677.

[51] Vgl. Bundestags-Drucksache 10/337, S. 12; Empfehlungen der Ausschüsse zum Entwurf eines Gesetzes zur Förderung von Arbeitnehmerbeteiligungen am Produktivvermögen (Antrag des Landes Niedersachsen), Bundesrats-Drucksache 229/85 vom 13.5.1985, S. 8 (im weiteren zitiert als Bundesrats-Drucksache 229/85). Ferner *F. Sturm*, Das neue Gesetz zur Förderung der Vermögensbildung ..., a.a.O., S. 756; *D. Holzheimer*, Ausbau der Vermögensbildung - aber zeit- und sachgerecht. "Die Bank", Köln, o.Jg. (1985), S. 177-184, hier S. 182; *A. Bergen*, Mitarbeiterbeteiligungen ..., a.a.O., S. 721 f.

[52] Vgl. *H.-W. Klein* u. *A. Braun*, Möglichkeiten der betrieblichen Vermögensbildung, a.a.O., S. 677.

[53] Danach dürfen Wirtschaftseinheiten, die keine Kreditinstitute sind, von ihren Betriebsangehörigen keine Einlagen entgegennehmen. Bei Vorhandensein einer banküblichen Sicherung liegen indessen keine Einlagen im Sinne des Kreditwesengesetzes vor (vgl. *S. Platz*, Leitfaden durch das Passivgeschäft, Teil 1: Grundlagen, Sparvertrag und Sparkonto. 4., überarb. u. erw. Aufl., Stuttgart 1989, S. 82 ff.) Insoweit kollidieren insolvenzgesicherte Arbeitnehmer-Darlehen auch nicht mit dem Werksparkassenverbot des Kreditwesengesetzes. Sollte das Darlehen dagegen mit einer Verlustbeteiligung zwingend gekoppelt sein, liegt nach Auffassung des Bundesaufsichtsamtes für das Kreditwesen kein Darlehen und somit auch keine Einlage im Sinne von § 1 KWG vor: Für ein Darlehen und damit auch für den Einlagenbegriff nach dem Kreditwesengesetz ist es wesentlich, daß der Geldgeber einen ungekürzten Rückzahlungsanspruch in Höhe der hingegebenen Geldsumme hat (vgl. dazu *N.B. Breuer*, Mitarbeiterbeteiligung in der Bundesrepublik. "Die Bank", Köln, o.Jg. (1980), S. 134-136, hier S. 136).

[54] Vgl. Bundestags-Drucksache 10/337, S. 13.

[55] Vgl. Bundesrats-Drucksache 229/85, S. 8.

punkt an - das unentziehbare Recht zum Umtausch oder zum Bezug von Aktien des Unternehmens bieten, das die Wandelschuldverschreibung emittiert hat. Mit dieser gesellschaftsrechtlichen Anbindung des Inhabers einer Wandelschuldverschreibung an das emittierende Unternehmen wird die weiterhin gegebene staatliche Förderung des Fremdkapitaltitels "Wandelschuldverschreibung" gerechtfertigt.

Es darf allerdings nicht übersehen werden, daß eine Wandlung in Aktienkapital nicht etwa zwingend vorgeschrieben ist und häufig aus ökonomischen Gründen auch unterbleibt. In einem solchen Fall besaß der Inhaber einer Wandelschuldverschreibung für die gesamte Laufzeit praktisch eine "gewöhnliche" Schuldverschreibung und konnte dennoch die volle Förderung des Gesetzes in Anspruch nehmen. Ferner bleibt für den Wandelobligationär das Risiko eines erheblichen Kursverfalls in Baissezeiten wie beim unmittelbaren Aktienbesitz weitgehend ausgeschlossen.[56] Der Inhaber einer Wandelobligation, der sein Wandlungsrecht nicht ausübt, leistet letztlich keinen Beitrag zum Risikokapital der Wirtschaft. Die Förderung nach dem Vermögensbildungsgesetz ist dann obsolet geworden.

313 Bausparen

Eine bemerkenswerte Sonderstellung innerhalb des Anlagekatalogs des Fünften Vermögensbildungsgesetzes, der sich erklärtermaßen ausschließlich aus Beteiligungskapital zusammensetzen soll, nimmt weiterhin - allerdings mit reduzierter Sparzulage - das staatlich begünstigte Bausparen ein (§ 2 Abs. 1 Nr. 4 5. VermBG 1990).

Das Sparen bei Bausparkassen ist grundsätzlich eine Form der Geldvermögensbildung, ähnlich der Geldanlage bei Kreditinstituten (z.B. auf Sparkonten). Sparguthaben und im übrigen auch festverzinsliche Wertpapiere zählen aber seit dem 1.1.1990 nicht mehr zu den begünstigten Anlageformen. Die bestehende Diskrepanz erscheint unsystematisch, zumal die staatliche Förderung der Sparbeiträge bei Bausparkassen nicht von einer wohnungswirtschaftlichen Verwendung des Bausparguthabens nach Ablauf der Bindungsfrist abhängig gemacht wird.[57]

Bauspareinlagen stehen nach Verstreichen der Festlegungsfrist ebenso wie Spareinlagen bei Banken und Sparkassen zur freien Verfügung.[58] Insofern sollte der Gesetzgeber als

---

[56] Vgl. *H. Harter, J. Franke, J. Hogrefe* u. *R. Seger*, Wertpapiere in Theorie und Praxis. 2., überarb. Aufl., Stuttgart 1989, S. 199.

[57] Vgl. *D. Holzheimer*, Ausbau der Vermögensbildung - aber zeit- und sachgerecht, a.a.O., S. 183.

[58] Neuere Bausparbestimmungen hinsichtlich der Verfügungsmöglichkeiten ohne wohnungswirtschaftliche Verwendung lassen kaum noch Unterschiede zwischen Bauspar- und gewöhnlichen Sparkonten erkennen. Nicht ohne Grund wird berichtet, daß Bausparinstitute eine Vertragsform nach der anderen aus dem Computer zauberten, bis hin zum - staatlich begünstigten - Bausparen für Bauunwillige. (Vgl. *R. Böhmer* u. *D. Reiz*, Bausparen - Wege aus dem Dschungel. "Wirtschaftswoche", Düsseldorf, Jg. 43 (1989), H. 30 vom 28.7.1989, S. 63-64, hier S. 63; ferner *o.V.*, Staatliche Förderung - Erfahrungen. "Zeitschrift für das gesamte Kreditwesen", Frankfurt a.M., Jg. 40 (1987), S. 225.)

Voraussetzung für eine weitere Förderung des Sparens nach dem Wohnungsbau-Prämiengesetz wenigstens eine wohnungswirtschaftliche Verwendungsbindung einführen.[59]

Wenngleich das Bausparen nicht zu den Beteiligungswerten im Sinne des Gesetzes zählt, so erfüllt es dennoch wesentliche, von staatlichen Institutionen erklärte vermögenspolitische Zielvorstellungen:[60]

- Wohneigentum besitzt Beteiligungskapitalcharakter. Insofern stellt breitgestreutes Wohneigentum ebenso eine Stütze der freiheitlichen Wirtschaftsordnung dar wie das Beteiligungskapital der Unternehmen selbst.

- Bausparen stärkt die Eigenkapitalbildung und die Investitionstätigkeit der privaten Haushalte.

- Wohneigentum gewinnt vermehrt an Bedeutung für die eigenverantwortliche Risiko- und Altersvorsorge. Es dient der Sicherung des Lebensstandards im Alter.

Darauf hinzuweisen ist noch, daß der deutlich geringere Förderungssatz beim Bausparen (10 v.H.) gegenüber dem Sparen in Beteiligungswerten (20 v.H.) der bevorzugten vermögenspolitischen Einstufung des Beteiligungssparens Rechnung trägt. Eine völlige Gleichstellung des Bausparens mit dem Beteiligungssparen würde das Vermögensbildungsgesetz zu sehr in die Nähe eines "Bausparförderungsgesetzes" rücken. Das wiederum wäre mit den vermögenspolitischen Zielvorstellungen des Gesetzgebers nicht zu vereinbaren.[61]

314 Gewinnschuldverschreibungen

Das Aktiengesetz bezeichnet Gewinnschuldverschreibungen als "Schuldverschreibungen, bei denen die Rechte der Gläubiger mit Gewinnanteilen von Aktionären in Verbindung gebracht werden" (§ 221 Abs. 1 AktG). Es wird neben dem Nennbetrag der Schuld und deren etwaiger Verzinsung außerdem noch eine gewinnabhängige Verzinsung zugesagt. Die schuldrechtliche Gewinnbeteiligung macht die Gewinnschuldverschreibung zwar zu einer qualifizierten Form der Fremdkapitalbereitstellung, eine gesellschaftsrechtliche Stellung vermittelt sie dem Erwerber dagegen nicht.[62] Auch gelegentlich vorhandene Auskunfts-

---

[59] Vgl. *D. Holzheimer,* Ist die Vermögensbildung auf dem richtigen Weg? "Der Langfristige Kredit", Frankfurt a.M., Jg. 37 (1986), S. 710-712, hier S. 710. Siehe auch *o.V.,* Vermögensbildung - Auf dem Weg zum Idealsystem. "Zeitschrift für das gesamte Kreditwesen", Frankfurt a.M., Jg. 40 (1987), S. 323.

[60] Vgl. Bundestags-Drucksache 10/6280, Anlage 1; ferner *J. Degner,* Die Rolle des Bausparens in der privaten Vermögensbildung. "Der Langfristige Kredit", Frankfurt a.M., Jg. 37 (1986), S. 716-718; *H. Wilderer,* Vermögensbildung - Gleicher Rang für das Bausparen. "Deutsche Sparkassenzeitung" vom 26.4.1985; *o.V.,* Für Gleichbehandlung von Wohn- und Produktivvermögen. "Deutsche Sparkassenzeitung" vom 4.10.1985; *o.V.,* Wohneigentum dritte Säule der Altersversorgung. "Deutsche Sparkassenzeitung" vom 11.3.1986; *o.V.,* Landesbausparkassen enttäuscht von Bonner Vermögenspolitik. "Deutsche Sparkassenzeitung" vom 4.7.1986; *o.V.,* Wohneigentum wichtiger Beitrag zur privaten Altersvorsorge. "Deutsche Sparkassenzeitung" vom 7.10.1986.

[61] Vgl. *N. Hoffmann-Loss,* Neuorientierung der steuerlichen und Zulagen-Förderung der Vermögensbildung: Zielgerecht gesteuert? "Der Langfristige Kredit", Frankfurt a.M., Jg. 41 (1990), S. 46-51, hier S. 48.

[62] Vgl. *D. Holzheimer,* Gestaltungsformen der Mitarbeiter-Beteiligung, a.a.O., S. 18.

oder Kontrollrechte ändern nichts an der grundsätzlichen Gläubigerstellung des Gewinn-obligationärs.

Trotz des mangelnden Beteiligungscharakters gilt die Gewinnschuldverschreibung als begünstigte Beteiligungsform im Sinne des Fünften Vermögensbildungsgesetzes (§ 2 Abs. 1 Nr. 1 Buchstabe b 5. VermBG 1990). Fördervoraussetzung ist jedoch, daß eine etwa ver-einbarte gewinnunabhängige Verzinsung im Vergleich zur Gesamtverzinsung der Schuld-verschreibung gewisse Relationen nicht überschreitet.[63] Mit derartigen Verzinsungsmoda-litäten gibt der Gesetzgeber der Gewinnschuldverschreibung den Anstrich einer Risikoka-pitalbeteiligung, grenzt sie damit von der "gewöhnlichen" (nicht begünstigten) Schuldver-schreibung ab[64] und meint, auf diese Weise die Förderungswürdigkeit der Gewinnschuld-verschreibung begründen zu können. Diese Argumentation geht aber aufgrund des fehlen-den Beteiligungscharakters von Gewinnschuldverschreibungen letztlich an den vermögens-politischen Intentionen des Gesetzgebers vorbei.

Außerdem hat das zum 1.1.1990 geänderte Fünfte Vermögensbildungsgesetz die Förde-rungswürdigkeit von Gewinnschuldverschreibungen einseitig drastisch eingeschränkt. Ab 1990 sind nur noch Gewinnschuldverschreibungen begünstigt, die vom <u>Arbeitgeber</u> (oder von der Konzernobergesellschaft gem. § 18 Abs. 1 AktG) oder von inländischen Unterneh-men ausgegeben werden, die <u>keine Kreditinstitute</u> sind. Die Eliminierung der außerbe-trieblichen Gewinnschuldverschreibungen von Kreditinstituten aus dem Förderkatalog wurde in irreführender Weise damit begründet, daß es sich hierbei im Grunde um "Spar-kontosurrogate" handele.[65] Dem ist entschieden zu widersprechen: Gewinnobligationen, die von Banken und Sparkassen emittiert werden, eignen sich in gleicher Weise für eine gesetzlich begünstigte Vermögensbeteiligung, wie es nach Auffassung des Gesetzgebers bei entsprechenden Titeln von Nichtbanken der Fall sein soll. Für die ungleiche Behand-lung der Gewinnschuldverschreibung unterschiedlicher Branchen gibt es im Kern keine sachliche Rechtfertigung.[66] Es ist also unsystematisch, bei der Förderung danach zu diffe-

---

[63] Die Anlage vermögenswirksamer Leistungen in Gewinnschuldverschreibungen im Sinne des § 2 Abs. 1 Nr. 1 Buchstabe b 5. VermBG 1990, in denen neben der gewinnabhängigen Verzinsung eine gewinnunabhän-gige Mindestverzinsung zugesagt ist, setzt voraus (§ 2 Abs. 3 5. VermBG 1990), daß
1. der Aussteller der Gewinnschuldverschreibung erklärt, die gewinnunabhängige Mindestverzinsung werde im Regelfall die Hälfte der Gesamtverzinsung nicht überschreiten, oder
2. die gewinnunabhängige Mindestverzinsung zum Emissionszeitpunkt der Gewinnschuldverschreibung die Hälfte der Emissionsrendite festverzinslicher Wertpapiere nicht überschreitet, die in den Monats-berichten der Deutschen Bundesbank für den viertletzten Kalendermonat ausgewiesen wird, der dem Kalendermonat der Ausgabe vorausgeht.

[64] Vgl. Bundestags-Drucksache 10/5981, S. 25.

[65] Vgl. *W. Hirche*, Zur Zweiten Stufe in der Vermögenspolitik aus der Sicht der F.D.P. "Der Langfristige Kre-dit", Frankfurt a.M., Jg. 37 (1986), S. 701-703, hier S. 702; ferner Bericht des Ausschusses für Arbeit und Sozialordnung zu dem vom Bundesrat eingebrachten Entwurf eines Gesetzes zur Förderung von Arbeit-nehmerbeteiligungen am Produktivvermögen und zu dem von der Bundesregierung eingebrachten Entwurf eines Zweiten Vermögensbeteiligungsgesetzes. Bundestags-Drucksache 10/6462 vom 13.11.1986, S. 8.

[66] Vgl. *o.V.*, Reduzierung des Anlagekatalogs vermögenspolitisch bedenklich. "Deutsche Sparkassenzeitung" vom 12.2.1988; *o.V.*, Fragen an den Gesetzgeber. "Deutsche Sparkassenzeitung" vom 19.1.1988.

renzieren, ob es sich um Gewinnschuldverschreibungen von gewerblichen Unternehmen oder von Unternehmen der Kreditwirtschaft handelt.

Weiterhin ist festzuhalten, daß die Förderung der Gewinnschuldverschreibung - unabhängig vom Emittenten - nicht uneingeschränkt in das vermögenspolitische Konzept der Bundesregierung paßt. Das trifft zu, wenn die Gewinnschuldverschreibung als außerbetriebliche Kapitalbeteiligung angeboten wird. Außerbetriebliche Gewinnschuldverschreibungen leisten - wie im übrigen auch alle anderen außerbetrieblichen Beteiligungskonstruktionen - keinen Beitrag zur Verbesserung der Partnerschaft zwischen "Kapital" und "Arbeit".[67] Außerbetriebliche Beteiligungsformen jeder Art sind mithin nicht dazu geeignet, die partnerschaftliche Integration der Arbeitnehmer in ihr arbeitgebendes Unternehmen voranzutreiben.

Eine nachvollziehbare Begründung für die ausnahmsweise einbezogene Förderung von Gewinnschuldverschreibungen könnte allenfalls in der Absicht gesehen werden, Arbeitnehmer über das Instrument der Gewinnschuldverschreibung zu einem allmählichen Übergang zu risikobehafteten Anlageformen zu bewegen.[68]

32   Fehlentwicklungen im Vermögensbildungsgesetz

321   Risiken direkter Kapitalallokation

Eine Alimentierung des Risikokapitals in der Wirtschaft durch Arbeitnehmersparbeiträge birgt - neben Chancen - auch Gefahren für die gesamtwirtschaftliche Kapitalallokation sowie für den kapitalgebenden Arbeitnehmer selbst in sich. Letzteres verstärkt sich noch bei einer direkten betrieblichen Kapitalbeteiligung.

Banken und Versicherungen transformieren in ihrer Funktion als Kapitalsammelstellen eine Vielzahl kleiner Sparbeträge gebündelt in Unternehmen des Nichtfinanziellen Sektors. Auf diese Weise kann das Sparaufkommen Verwendungsmöglichkeiten mit vertretbaren und kalkulierbaren Risiken zugeführt werden. Eine direkte Überleitung von Arbeitnehmerspargeldern in den Nichtfinanziellen Sektor unter Umgehung des Finanziellen Sektors[69], bedingt durch die staatlichen Fördermaßnahmen, beeinträchtigt diese Transformationsfunktion der Kapitalsammelstellen ganz erheblich.[70]

---

67   Vgl. *N.B. Breuer*, Mitarbeiterbeteiligung ..., a.a.O., S. 136.

68   Vgl. *o.V.*, Kreditgewerbe zur Vermögensbeteiligung. "Deutsche Sparkassenzeitung" vom 4.1.1985.

69   Unter dem "Finanziellen Sektor" faßt Deppe den Banken-, Versicherungs- und Börsenbereich sowie sonstige Einrichtungen des Zahlungs-, Kredit- und Kapitalverkehrs zusammen. (Vgl. *H.-D. Deppe*, Betriebswirtschaftliche Grundlagen der Geldwirtschaft, Bd. 1: Einführung und Zahlungsverkehr. Stuttgart 1973, S. 102 ff.)

70   Vgl. *o.V.*, Vermögensbildung - An den Banken vorbei. "Zeitschrift für das gesamte Kreditwesen", Frankfurt a.M., Jg. 41 (1988), S. 463.

Weitaus schwerer wiegt aber, daß gerade private Kleinanleger zu einer ähnlichen Risiko-abwägung und effizienten Kapitalverwendung wie Kapitalsammelstellen allein im allge-meinen nicht in der Lage sind[71] und sich häufig von zweifelhaften Angeboten irreführen lassen.[72] Die in jüngster Zeit bekannt gewordenen Fehlleitungen staatlich begünstigter ver-mögenswirksamer Leistungen in außerbetriebliche stille Beteiligungen[73] liefern ein auf-schlußreiches Zeugnis hinsichtlich einer falschen Einschätzung über bestehende Investi-tionsrisiken seitens vieler Kleinanleger.[74]

Gerade die staatliche Förderung des Erwerbs außerbetrieblicher stiller Beteiligungen hat bei vielen Arbeitnehmern einen guten Glauben in Sicherheit und Ertrag derartiger Beteili-gungen hervorgerufen, was von unseriösen Anbietern ausgenutzt wurde.[75] Mißbräuche die-ser Art haben den Gesetzgeber mittlerweile dazu veranlaßt, außerbetriebliche stille Betei-ligungen aus dem Förderkatalog des Fünften Vermögensbildungsgesetzes ab 1989 ganz zu streichen.[76]

Geht der Arbeitnehmer eine Risikokapitalbeteiligung am arbeitgebenden Unternehmen ein, so summieren sich die von ihm zu akzeptierenden Risiken.[77] Er muß sowohl das Kapi-tal- als auch das Arbeitsplatzrisiko tragen. Eine derartige Risikokumulation kann aber nicht im Interesse derjenigen Arbeitnehmer sein, die heute noch vom Gesetz zum begün-stigten Personenkreis gerechnet werden, nämlich der in wirtschaftlichen Dingen unerfah-rene und finanziell schlechter gestellte einfache Arbeitnehmer.[78] Es ist mithin ein unbe-

---

[71] Vgl. *W. Gerke* u. *M. Schöner*, Aspekte der Vermögensverteilung ..., a.a.O., S. 690.

[72] Abhilfe könnte hier eine Beteiligung der Arbeitnehmer am Risikokapital über Fonds schaffen. Der Gesetz-geber hat dem auch bereits Rechnung getragen, indem er Anteile an Beteiligungs-Sondervermögen in den begünstigten Förderkatalog des Fünften Vermögensbildungsgesetzes 1987 aufgenommen hat.

[73] Die Aufnahme stiller Beteiligungen in den Förderkatalog (aufgrund des Ersten Vermögensbeteiligungsge-setzes) führte in wachsendem Maße zur Gründung von Beteiligungsfonds. Diese legten das ihnen anver-traute Kapital oder - ohne vorherige Aussage im Prospekt oder Gesellschaftsvertrag über die verfolgte Anlagepolitik - an beliebiger Stelle an (Konstruktion des sogenann-ten blind pools). Überwiegend im Wege des Haustürgeschäfts erfolgte dann der Vertrieb dieser außerbe-trieblichen stillen Beteiligungen. Dabei wurden den anlegenden Arbeitnehmern sehr häufig außerordent-lich hohe Vermittlungsprovisionen angelastet. Durch irreführende Werbung mit Aussicht auf ungewöhn-lich hohe Erträge sowie wegen meist unvollständiger Aufklärung über die wahren Anlagerisiken wurden Arbeitnehmer veranlaßt, ihre vermögenswirksamen Leistungen in für sie unvorteilhafte und äußerst risiko-reiche Beteiligungen als stiller Gesellschafter des Anlageunternehmens zu leiten. (Vgl. dazu Entwurf eines Haushaltsbegleitgesetzes 1989. Bundestags-Drucksache 11/3306 - neu - vom 18.11.1988, S. 18 f. u. S. 26 f.)

[74] Vgl. *o.V.*, Vermögensbildung - Reingefallen. "Zeitschrift für das gesamte Kreditwesen", Frankfurt a.M., Jg. 41 (1988), S. 1116.

[75] Vgl. *S. Schoen*, Die außerbetriebliche Beteiligung ..., a.a.O., S. 2113.

[76] Vgl. Änderung des Fünften Vermögensbildungsgesetzes von 1987 aufgrund des Art. 9 Haushaltsbegleitge-setz 1989 vom 22.12.1988.

[77] Vgl. dazu die Kritik des Ausschusses für Arbeit und Sozialordnung. Bundestags-Drucksache 10/733, S. 3.

[78] Vgl. *E. Giese*, Problematische Experimente in der Vermögensbildungspolitik. "Sparkasse", Stuttgart, Jg. 104 (1987), S. 136-138, hier S. 137; ferner *o.V.*, Reduzierung des Anlagekatalogs ..., a.a.O., S. 1; *o.V.*, Geiger fordert Erhalt der KWG-Genüsse in Förderung. "Deutsche Sparkassenzeitung" vom 10.5.1988.

friedigender Weg, Risikoträger dort zu suchen, wo die Fähigkeit, Verluste zu tragen, von vornherein am geringsten ist.[79]

Eine generelle und umfassende Absicherung aller betrieblichen Vermögensbeteiligungen gegen Insolvenzen, wie beispielsweise von Gewerkschaftsseite gefordert[80], entspräche zwar der Interessenlage der Arbeitnehmer. Eine umfassende Insolvenzsicherung würde jedoch der erklärten Absicht des Gesetzgebers zuwiderlaufen, nämlich Arbeitnehmern das echte, auch Risiken involvierende Beteiligungssparen nahezubringen. Ferner hätte der Gesetzgeber bei einer generellen Absicherung aller Beteiligungsformen kein Argument mehr, die staatlichen Förderungsmaßnahmen im wesentlichen auf das Beteiligungssparen zu beschränken.

322   Unzureichendes Angebot an Beteiligungswerten

Grundvoraussetzung für eine Beteiligung von Arbeitnehmern am Risikokapital des arbeitgebenden Unternehmens ist nach einer Studie[81] über betriebliche Vermögensbeteiligungen in der westdeutschen Wirtschaft eine Beschäftigtenzahl von mindestens 20 Mitarbeitern. Diesen Maßstab erfüllen nur etwa 80.000 (von ca. 1,6 Millionen) Unternehmen mit rund 11,5 Millionen Beschäftigten. Damit ist die weitaus größte Anzahl der in der Bundesrepublik Deutschland ansässigen Unternehmen nicht als beteiligungsfähig anzusehen.[82] Für die in diesen Unternehmen beschäftigten Arbeitnehmer (etwa die Hälfte aller Beschäftigten[83]) kommt eine betriebliche Kapitalbeteiligung von vornherein nicht in Betracht.

Weiterhin wird das Sparen in Beteiligungswerten noch dadurch eingeschränkt, daß das Vermögensbildungsgesetz verschiedene der im aktuellen Förderkatalog enthaltenen Beteiligungstitel ausschließlich für eine direkte betriebliche Beteiligung zuläßt (wie ein Blick auf Übersicht 4 verdeutlicht). Das gilt für stille Beteiligungen, Genußrechte und Arbeitnehmer-Darlehen sowie für Gewinnschuldverschreibungen und Genußscheine, soweit sie

---

[79]   Vgl. *H.-L. Oberbeckmann*, Vermögenspolitik vor falscher Weichenstellung. "Deutsche Sparkassenzeitung" vom 4.1.1985.

[80]   Vgl. *W. Höhnen*, Vermögenspolitik und Arbeitnehmerinteressen - Anmerkungen zur Zweiten Stufe aus der Sicht des DGB. "Der Langfristige Kredit", Frankfurt a.M., Jg. 37 (1986), S. 707-709, hier S. 707 u. S. 709.

[81]   Erstellt vom "Institut der deutschen Wirtschaft (IW)" zusammen mit der "Gesellschaft für innerbetriebliche Zusammenarbeit GIZ GmbH" (GIZ). - Vgl. *H.-G. Guski* u. *H.J. Schneider*, Betriebliche Vermögensbeteiligung - Bestandsaufnahme 1986. (Beiträge zur Wirtschafts- und Sozialpolitik, H. 145.) Köln 1986, S. 7.

[82]   Nach der erwähnten Studie (vgl. *H.-G. Guski* u. *H.J. Schneider*, Betriebliche Vermögensbeteiligung ..., a.a.O., S. 7) gelten als nicht beteiligungsfähig: z.B. öffentliche Unternehmen und Organisationen ohne Erwerbscharakter (Kirchen, Verbände, Gewerkschaften); ferner Gebietskörperschaften und Sozialversicherungsträger, weiter Landwirtschaft, Forstwirtschaft und Fischerei und darüber hinaus große Bereiche des Dienstleistungssektors wie der Öffentliche Dienst, Theater, Kindergärten, Friseure, Wäschereien, freie Berufe u.a.

[83]   Vgl. *o.V.*, Vermögensbildung - Dissonanzen. "Zeitschrift für das gesamte Kreditwesen", Frankfurt a.M., Jg. 40 (1987), S. 637.

Übersicht 4: Vermögensbeteiligungen im Sinne des Fünften Vermögensbildungsgesetzes 1990

	Betriebliche Beteiligungen	Außerbetriebliche Beteiligungen
Direkte Beteiligung	● Belegschaftsaktien ● Gewinnschuldver- schreibungen (einschl. von Kredit- instituten) ● Genußscheine (einschl. von Kredit- instituten) ● Stille Beteiligungen[a] ● Arbeitnehmer-Darlehen[b] ● Genußrechte	● Aktien (ohne Belegschaftsaktien) ● Gewinnschuldverschreibungen (von Nichtbanken) ● Börsengängige Genußscheine (von Nichtbanken)
	● Wandelschuldverschreibungen ● GmbH-Anteile[c] ● Genossenschaftsanteile	
Indirekte Beteiligung	● Stille Beteiligung (als Gesellschafter einer sog. Mitarbeiter- beteiligungsgesell- schaft)	● Investmentanteile in- und ausländischer Aktienfonds[d] ● Anteile an Beteiligungs-Sonder- vermögen[e]

[a] Dazu zählen stille Beteiligungen am Unternehmen des Arbeitgebers wie auch an einem als herrschendes Unternehmen mit dem Unternehmen des Arbeitgebers verbundenen Unternehmen.

[b] Privatrechtliche Insolvenzsicherung.

[c] Als außerbetriebliche Beteiligungsform untypisch.

[d] Mindestens 70 % Aktienanteil.

[e] Mindestens 70 % Aktienanteil und stille Beteiligungen.

von Kreditinstituten emittiert worden sind. Auch GmbH-Anteile dürften sich bei näherem Hinsehen nur für eine direkte betriebliche Kapitalbeteiligung - und selbst auch hier nur sehr begrenzt[84] - eignen. Die Anzahl solcher Unternehmen aber, die überhaupt derartige direkte betriebliche Beteiligungstitel ihren Arbeitnehmern zur Verfügung stellen können oder zu entsprechenden Vereinbarungen bereit sind, ist von vornherein sehr klein.[85] Daher bleibt eine Förderung der Bildung von Beteiligungsvermögen in Arbeitnehmerhand über die eben genannten direkten betrieblichen Beteiligungsmöglichkeiten praktisch ohne größere Breitenwirkung.[86] Lediglich der Aktienerwerb (Belegschaftsaktien) spielt hier eine bedeutende Rolle[87], dürfte aber letztlich nur für größere Unternehmen praktische Relevanz besitzen.

Unter den <u>außerbetrieblichen</u> (direkten und indirekten) Beteiligungsformen kommt für das staatlich begünstigte vermögenswirksame Beteiligungssparen ebenfalls der Erwerb von Aktien und darüber hinaus lediglich der Kauf von Anteilscheinen an Aktienfonds in Betracht. Dagegen sind beispielsweise Anteilscheine an Beteiligungs-Sondervermögen (mit dem Fünften Vermögensbildungsgesetz 1987 eingeführt) in der Praxis bisher kaum bekannt geworden. Dem Erwerb von Genossenschaftsanteilen im Rahmen des vermögenswirksamen Beteiligungssparens stehen letztlich Bestimmungen aus dem Genossenschaftsrecht entgegen. Auch Gewinnschuldverschreibungen haben für das außerbetriebliche vermögenswirksame Sparen erheblich an Gewicht eingebüßt, seit derartige von Kreditinstituten emittierte Papiere aus dem Katalog gesetzlich geförderter außerbetrieblicher Beteiligungsformen eliminiert worden sind.

Insgesamt bleibt festzustellen, daß vor allem Arbeitnehmern in Unternehmen, die ihren Mitarbeitern keine Beteiligungswerte anbieten können, nur ein sehr eng begrenzter Anla-

---

[84] Der GmbH-Anteil findet deshalb keine Akzeptanz beim breiten Publikum, weil die GmbH in der Regel auf einen konstanten Gesellschafterkreis ausgerichtet ist. Eine Erweiterung ist allenfalls dann zu erwarten, wenn Führungskräfte oder langjährige Mitarbeiter in den Kreis der Gesellschafter aufgenommen werden sollen. Für die Umwandlung kleiner vermögenswirksamer Sparbeiträge in Beteiligungskapital ist der GmbH-Anteil insoweit wenig geeignet. (Vgl. *E. Zacharias* u. *M. Hebig*, Anwendung des Fünften Vermögensbildungsgesetzes. "Finanzrundschau", Köln, Jg. 69 (1987), S. 582-585, hier S. 582; ferner *H.-W. Klein* u. *A. Braun*, Möglichkeiten der betrieblichen Vermögensbildung, a.a.O., S. 676; *o.V.*, Vermögensbildung - Neue Vorschläge. "Zeitschrift für das gesamte Kreditwesen", Frankfurt a.M., Jg. 38 (1985), S. 92-93; *o.V.*, Vermögensbildungsförderung - Ein Aufschrei? "Zeitschrift für das gesamte Kreditwesen", Frankfurt a.M., Jg. 39 (1986), S. 133.)

[85] Vgl. *E. Giese*, Problematische Experimente in der Vermögensbildungspolitik, a.a.O., S. 137.

[86] Vgl. Beteiligung der Arbeitnehmer am Produktivvermögen. Bundestags-Drucksache 10/4747 vom 29.1.1986, S. 3.

[87] Das belegt auch die bereits erwähnte Untersuchung des IW und der GIZ. Danach praktizierten 1986 1.353 Unternehmen (1983 = 980, 1977 = 770) ein Modell der Mitarbeiterbeteiligung, wobei rund 1,1 Millionen Arbeitnehmer über betriebliches Beteiligungskapital in Höhe von 14,2 Mrd. DM verfügten. Aufschlußreich ist dabei, daß der weitaus größte Anteil der Arbeitnehmer, nämlich vier Fünftel, über den Aktienerwerb am arbeitgebenden Unternehmen beteiligt war, während die restlichen Arbeitnehmer überwiegend als stille Gesellschafter, Inhaber von Mitarbeiter-Fonds-Zertifikaten und Genußscheinen sowie als Darlehensgeber Beteiligungskapital erworben hatten. (Vgl. *H.-G. Guski* u. *H.J. Schneider*, Betriebliche Vermögensbeteiligung ..., a.a.O., S. 6.) Vgl. auch die Informationen zur empirischen Entwicklung in der betrieblichen Vermögensbeteiligung bei *R. Hornung-Draus*, Betriebliche Vermögensbeteiligung. "Sparkasse", Stuttgart, Jg. 105 (1988), S. 324-326.

gekatalog für das vermögenswirksame Sparen in echten Beteiligungstiteln zur Verfügung steht. Im wesentlichen sind das Aktien und Aktienfonds-Anteile.[88] Als begünstigte Anlageform ohne Beteiligungscharakter wäre noch das Bausparen zu erwähnen.

Bei der Beurteilung der praktischen Wirksamkeit der Förderung der Vermögensbildung durch Erwerb von Beteiligungstiteln ist aber auch die Erfahrung zu berücksichtigen, daß beteiligte Mitarbeiter in geringerem Maße ihre Beteiligungstitel nach Ablauf der gesetzlich vorgeschriebenen Sperrfrist veräußern, als es bei den Arbeitnehmern der Fall ist, die ihre vermögenswirksamen Leistungen in anderen Werten anlegen.[89] Das Beteiligungssparen ist damit für eine dauerhafte Vermögensbildung offenbar besser geeignet als das Sparen in Formen des Geldvermögens.[90]

323 Wegfall des gespaltenen Arbeitnehmer-Sparzulagesatzes

Mit Inkrafttreten der jüngsten vermögenspolitischen Gesetzesänderung zum 1.1.1990 ist der bisherige gespaltene Zulagesatz (23 v.H. für das Beteiligungssparen, 16 v.H. für das Sparen in Geldvermögenstiteln) weggefallen. Es gilt nur noch ein einheitlicher Prämiensatz von 20 v.H., der ausschließlich den im Anlagekatalog noch verbliebenen Beteiligungswerten zugute kommt (§ 13 Abs. 2 5. VermBG 1990).[91]

Diese Maßnahme entspricht zwar der neuen vermögenspolitischen Zielsetzung des Gesetzgebers und gewinnt noch an Plausiblität, wenn man die staatliche Sparzulage als reine Risikoprämie versteht, die dem Anleger den Einstieg in die für ihn bislang noch wenig bekannten risikoreichen Anlageformen erleichtern soll.[92] Dennoch ist die Abschaffung des gespreizten Zulagesatzes vermögenspolitisch nicht unbedenklich. Sinnvoller und verständlicher wäre es - salopp gesagt - gewesen, das eine zu tun, ohne das andere zu lassen, d.h., der erwünschten Präferenzierung des Beteiligungssparens gegenüber den Formen der Geldvermögensbildung durch eine deutliche Differenzierung bei der Arbeitnehmer-Sparzulage Rechnung zu tragen, wobei der bisherige Unterschied im Zulagesatz durchaus noch hätte vergrößert werden können:[93] Wer Risikokapital zur Verfügung stellt, soll auch eine

---

[88] Vgl. *o.V.*, Reduzierung des Anlagekatalogs vermögenspolitisch bedenklich, a.a.O., S. 1; *o.V.*, Gravierende Neuregelung des Vermögensbildungsgesetzes. "Deutsche Sparkassenzeitung" vom 12.7.1988; *o.V.*, Fragen an den Gesetzgeber, a.a.O., S. 1; *Deutscher Sparkassen- und Giroverband*, Jahresbericht 1988. Stuttgart 1989, S. 20.

[89] Vgl. *H.-G. Guski* u. *H.J. Schneider*, Betriebliche Vermögensbeteiligung ..., a.a.O., S. 20.

[90] Vgl. auch *o.V.*, Sparförderung - Eigene Aktien. "Zeitschrift für das gesamte Kreditwesen", Frankfurt a.M., Jg. 38 (1985), S. 225-226.

[91] Lediglich für das Bausparen als einer geldnahen Sparform sieht das Gesetz noch einen Prämiensatz vor, der mit 10 v.H. deutlich vom Einheitssatz in Höhe von 20 v.H. abweicht.

[92] Vgl. *W. Gerke* u. *M.A. Schöner*, Aspekte der Vermögensverteilung ..., a.a.O., S. 690.

[93] Vgl. *D. Holzheimer*, Grundsätzliche Zustimmung zur 624-DM-Novelle. "Die Bank", Köln, o.Jg. (1983), S. 332-334, hier S. 333; *R. Hornung-Draus*, Vermögenspolitik in der sozialen Marktwirtschaft - Anmerkungen zur zweiten Stufe aus Arbeitgebersicht. "Der Langfristige Kredit", Frankfurt a.M., Jg. 37 (1986), S. 704-706, hier S. 704; *o.V.*, Neue vermögenspolitische Initiativen. "Die Bank", Köln, o.Jg. (1983), S. 108-111, hier S. 110.

angemessene Risikoprämie in Form eines entsprechend erhöhten Sparzulagesatzes vergütet erhalten. Für das prinzipiell risikolosere Geldsparen wäre eine spürbare Abstufung im Zulagesatz durchaus zu rechtfertigen gewesen. Eine völlige Aufgabe der staatlichen Förderung des Geldsparens muß insbesondere deshalb bedenklich stimmen, weil das Sparen in Formen des Geldvermögens für die meisten Sparer nach wie vor den ersten Einstieg in die Vermögensbildung bedeutet.[94]

324 Problematik der Existenz von Einkommensgrenzen

Erklärtes gesellschaftspolitisches Ziel ist es, die Risikokapitalbildung in Arbeitnehmerhand zu fördern, insbesondere solcher Arbeitnehmerhaushalte, deren Sparfähigkeit engen Grenzen unterworfen ist. Eine derartige vermögenspolitische Intention setzt zwingend die Existenz von <u>Einkommensgrenzen</u> voraus. Die Festlegung von Einkommensgrenzen, wie sie das Vermögensbildungsgesetz kennt (§ 13 Abs. 1 5. VermBG 1990), kann jedoch der beabsichtigten Förderung der Risikokapitalbildung zuwiderlaufen: Einkommensgrenzen schließen gerade diejenigen Arbeitnehmergruppen vom geförderten Beteiligungssparen aus, die aufgrund ihrer Einkommenssituation sowie wegen ihrer fachlichen und persönlichen Aufgeschlossenheit dem Beteiligungssparen die positivste Einstellung entgegenbringen.[95] Untersuchungen über betriebliche Vermögensbeteiligungen zufolge weisen Mitarbeiter, die eine gehobene Position einnehmen, grundsätzlich die höchste Bereitschaft auf, sich am Risikokapital der Wirtschaft zu beteiligen.[96]

Zu überlegen wäre daher, differenzierte Einkommensgrenzen in Abhängigkeit von der Anlageart einzuführen. Es würde der vermögenspolitischen Zielvorstellung der Bundesregierung durchaus entsprechen, für das Beteiligungskapitalsparen höhere Einkommensgrenzen vorzusehen als für das Geldsparen. Auf diese Weise ließe sich zum einen die Geldvermögensbildung bei Arbeitnehmern mit niedrigerem Verdienst gewissermaßen als "Einstiegsbegünstigung" fördern[97], zum anderen würden auch Bezieher höherer Einkommen in den Genuß der Sparförderung gelangen, soweit sie durch ihre Sparbeiträge zur erwünschten Verbreiterung des Risikokapitals in Arbeitnehmerhand beitragen.

Differenzierte Einkommensgrenzen ergeben aber nur dann einen Sinn, wenn im Anlagekatalog des Vermögensbildungsgesetzes überhaupt noch begünstigte Formen der Geldvermögensbildung enthalten sind. Seit 1.1.1990 ist das, vom Bausparen einmal abgesehen, bedauerlicherweise nicht mehr der Fall. Einkommensgrenzen bei fast ausschließlicher Förderung des Beteiligungssparens können hingegen finanziell schwächere Arbeitnehmer zu

---

[94] Vgl. *o.V.*, Ausgewogenes Konzept. "Deutsche Sparkassenzeitung" vom 7.10.1986.

[95] Vgl. *W. Gerke* u. *M.A. Schöner*, Aspekte der Vermögensverteilung ..., a.a.O., S. 689.

[96] Vgl. *H.-G. Guski* u. *H.J. Schneider*, 30 Jahre betriebliche Vermögensbeteiligung ..., a.a.O., S. 594.

[97] Vgl. auch *K. Faltlhauser*, Anmerkungen zur Zweiten Stufe des Vermögensbeteiligungsgesetzes aus der Sicht der CDU/CSU-Bundestagsfraktion. "Der Langfristige Kredit", Frankfurt a.M., Jg. 37 (1986), S. 695-696, hier S. 696.

interessenkonträren Sparprozessen mit nicht unerheblichem Risikopotential verleiten. Das wird zu Recht als vermögenspolitischer Irrweg gewertet.[98]

325 Verwässerung der Wahlfreiheit

Vermögenswirksame Leistungen werden nur dann nach dem Gesetz gefördert, wenn der Arbeitnehmer die Art der vermögenswirksamen Anlage und das Unternehmen oder Institut, bei dem sie erfolgen soll, frei auswählen kann (§ 12 5. VermBG 1990).[99] Diese Wahlfreiheit war als ordnungspolitisches Kernelement der staatlichen Vermögenspolitik[100] bereits von Anfang an in den Vermögensbildungsgesetzen verankert. Die "Wahlfreiheit" impliziert in unserer arbeitsteiligen "Tauschwirtschaft in Form der Geldwirtschaft"[101] ein Selbstbestimmungsrecht des Bürgers bei dessen Geldanlageentscheidungen und ist insoweit unvereinbar mit jeder Art von gesetzlich oder tariflich verordnetem Zwangssparen.

Die Einengung des Förderkatalogs des Fünften Vermögensbildungsgesetzes im wesentlichen auf Formen des risikobehafteten Beteiligungskapitals beeinflußt aber einseitig die freie Anlageentscheidung der Arbeitnehmerhaushalte und führt so zu einer Einschränkung oder gar Aufhebung des Prinzips der Wahlfreiheit.[102] Man kann auch sagen: "Die alleinige Förderung von Produktivkapital bedeutet materiell Anlagezwang"[103]. Mit Hilfe finanzieller staatlicher Anreize und über Steuervergünstigungen werden nämlich Kapitalbeträge in den Unternehmenssektor unter Risikoübernahme zwangsweise umgeleitet, in den sie auf freiwilliger Basis kaum fliessen würden.[104] Der Arbeitnehmer wird dazu veranlaßt, bisher präferierte Anlageformen (etwa das Sparkonto) aufzugeben, weil er im Rahmen des Förderkatalogs seine vermögenswirksamen Leistungen in Beteiligungswerten anlegen muß, um in den Genuß staatlicher Prämien zu gelangen.[105] Ein wesentlicher ordnungspolitischer Grundsatz des Vermögensbildungsgesetzes ist damit in Frage gestellt.

---

[98] Vgl. *H.-L. Oberbeckmann*, Vermögenspolitik ..., a.a.O.

[99] Betriebliche Vermögensbeteiligungen basieren allerdings auf Individualverträgen zwischen Arbeitgeber und Arbeitnehmer und sind insofern von der Zustimmung des Arbeitgebers abhängig.

[100] Vgl. Bundestags-Drucksache 9/2400, S. 16.

[101] *H.-D. Deppe*, Eine Konzeption wissenschaftlicher Bankbetriebslehre ..., a.a.O., S. 6.

[102] Vgl. *K. Faltlhauser*, Leitbilder und Perspektiven zur Vermögenspolitik. Grundsatzüberlegungen aus der Sicht der CDU/CSU-Bundestagsfraktion. "Sparkasse", Stuttgart, Jg. 103 (1986), S. 523-526, hier S. 526; *E. Giese*, Problematische Experimente in der Vermögensbildungspolitik, a.a.O., S. 137; *o.V.*, Kreditgewerbe zur Vermögensbeteiligung, a.a.O., S. 4; *o.V.*, Die Wahlfreiheit entfällt, a.a.O.; *o.V.*, Vermögensbildung - Auf dem Weg zum Idealsystem, a.a.O., S. 323.

[103] *K. Faltlhauser*, Anmerkungen zur Zweiten Stufe des Vermögensbeteiligungsgesetzes ..., a.a.O., S. 696. Ebenso: *R. Hornung-Draus*, Vermögenspolitik in der sozialen Marktwirtschaft, a.a.O., S. 704.

[104] Vgl. *H. Rischow*, Pfandbriefe und Kommunalobligationen als Instrumente der privaten Vermögensbildung. "Der Langfristige Kredit", Frankfurt a.M., Jg. 37 (1986), S. 719-720, hier S. 720; ferner *o.V.*, Abschaffen. "Zeitschrift für das gesamte Kreditwesen", Frankfurt a.M., Jg. 41 (1988), S. 211-212, hier S. 212; *o.V.*, Neue vermögenspolitische Initiativen ..., a.a.O., S. 110.

[105] Vor Inkrafttreten des Fünften Vermögensbildungsgesetzes flossen etwa zwei Drittel des gesamten Anlagevolumens der Vermögenssparer in die heute nicht mehr zuschußwürdigen Spar- und Versicherungsverträge. (Vgl. *N. Sturm*, Vermögensbildung - Bonn will Sparer auf neuen Kurs bringen. "Süddeutsche Zeitung" vom 21.10.1987.)

Erschwerend wirkt, daß es sich bei den gestrichenen Anlagetiteln um Sparformen handelt, die gerade von wirtschaftlich schwächeren Einkommensbeziehern üblicherweise als erster Einstieg in die Vermögensbildung gewählt werden. Daneben ist nicht einzusehen, warum eine Anlage in den aus dem Förderkatalog herausgenommenen Geldsparformen nicht ebenso die Funktion einer Vorstufe für eine spätere Beteiligung am risikobehafteten Unternehmenskapital übernehmen kann, wie es beispielsweise beim Arbeitnehmer-Darlehen auch angenommen wird.[106]

Ein gelegentlich geäußerter Einwand, die Wahlfreiheit wäre durch Aufnahme zusätzlicher Risikokapitaltitel in den Förderkatalog des Fünften Vermögensbildungsgesetzes ausgebaut worden[107], kann angesichts der oben genannten Interessenlage der heute noch begünstigten Arbeitnehmerkreise kaum Bestand haben. Darüber hinaus schränkt der Wegfall der Förderung außerbetrieblicher stiller Beteiligungen wie auch außerbetrieblicher Gewinnschuldverschreibungen und Genußscheine (von Kreditinstituten) die vermeintliche Erweiterung der Wahlfreiheit gleich wieder ein.[108]

4 Vermögenspolitischer Ausblick

Mit Einleitung der "vermögenspolitischen Wende" im Jahre 1984 ist das Interesse an Risikokapitalbeteiligungen sicherlich erheblich gewachsen. Nach Schätzungen der Bundesregierung sind beispielsweise 1987 bereits rund 10 v.H. der vermögenswirksamen Leistungen in Beteiligungswerten angelegt worden. Für das Jahr 1989 nimmt die Bundesregierung an, daß die Arbeitnehmer etwa ein Viertel ihrer vermögenswirksamen Leistungen zum Erwerb von Beteiligungswerten im Sinne des Gesetzes verwendet haben. Die Entwicklung ist beachtlich. Allerdings spiegelt sich darin auch die zwangsweise vorgenommene Umleitung von Arbeitnehmerspargeldern in den Risikokapitalbereich nach Einschränkung der Geldsparförderung wider. Das neue Vermögensbildungsrecht wird diesen einseitigen Kanalisierungsprozeß ab 1990 noch verstärken. Daraus darf aber nicht der Schluß gezogen werden, daß die staatliche Förderung des Sparens in Geldvermögenswerten, etwa des Konten- und Versicherungssparens, obsolet geworden ist. Daten über die Struktur der Ersparnisse der privaten Haushalte unterstützen diese Aussage. Der Deutsche Sparkassen- und Giroverband gibt beispielsweise an, daß ein Drittel der Haushalte weniger als 5.000 DM Barvermögen und 13 v.H. aller Haushalte überhaupt keine Ersparnisse besitzen. Insofern ist es bedenklich, die Geldvermögensbildung von der staatlichen Sparförderung auszuschließen.

---

[106] Vgl. *D. Holzheimer*, Ausbau der Vermögensbildung - aber zeit- und sachgerecht ..., a.a.O., S. 179; *K. Faltlhauser*, Leitbilder und Perspektiven zur Vermögenspolitik ..., a.a.O., S. 525; *o.V.*, Kreditgewerbe zur Vermögensbeteiligung ..., a.a.O., S. 4.

[107] Vgl. *W. Vogt*, Neue Impulse für die Vermögensbildung. "Der Langfristige Kredit", Frankfurt a.M., Jg. 37 (1986), S. 692-694, hier S. 694.

[108] Vgl. *E. Zacharias* u. *M. Hebig*, Die Auswirkungen des Haushaltsbegleitgesetzes 1989 auf das 5. VermBG und auf § 19a EStG. "Finanzrundschau", Köln, Jg. 71 (1989), S. 317-321, hier S. 321.

Die zukünftigen Erwartungen hinsichtlich Anwendung und Effizienz des Vermögensbildungsgesetzes werden durch einige bedenkliche Entwicklungen getrübt. Zusammenfassend sind fünf Kritikpunkte zu nennen:

1. Arbeitnehmer mit niedrigem Einkommen werden durch die staatliche Vermögenspolitik angehalten, sich am Risikokapital der Unternehmen zu beteiligen, obgleich ihre Fähigkeit, Risiken zu tragen, nur gering ausgeprägt ist.

2. Das Angebot an Beteiligungstiteln durch Unternehmen ist derzeit unzureichend. Auch die Akzeptanzerwartungen hinsichtlich der (mit der "zweiten vermögensbildungspolitischen Stufe") neu hinzugekommenen überbetrieblichen Anlageformen, gemeint sind Anteile an Beteiligungs-Sondervermögen, sollten nicht zu hoch angesetzt werden. Nennenswerte Verbreitung haben diese indirekten Anlageformen bislang jedenfalls nicht gefunden.

3. Durch die Abschaffung des gespaltenen Arbeitnehmer-Sparzulagesatzes hat sich der Gesetzgeber der Möglichkeit begeben, eine differenzierte, von der Anlageform abhängige Sparförderungspolitik zu betreiben.

4. Die bestehenden Einkommensgrenzen schließen diejenigen Arbeitnehmer vom begünstigten Beteiligungssparen aus, die aufgrund ihrer Einkommens- und Vermögenssituation sowie aufgrund ihres zu erwartenden Sachverstands in ökonomischen Fragen dem Beteiligungssparen am aufgeschlossensten gegenüberstehen. Eine breite Akzeptanz wird so verhindert. Wünschenswert wäre auch hier eine Differenzierung nach der Anlageart, d.h. höhere Einkommensgrenzen für das Risikokapitalsparen im Vergleich zum Sparen in Geldvermögenswerten.

5. Die einseitige Subventionierung des Sparens in Beteiligungstiteln führt zu einer Substitution von Fremdkapital durch Eigenkapital. Gesamtwirtschaftlich ist dieser Prozeß mit Blick auf die "Eigenkapitallücke" bei westdeutschen Unternehmen durchaus sinnvoll. Eine Vermögenspolitik aber, die derartige Substitutionseffekte allein auf Kosten gering verdienender Arbeitnehmer ausrichtet, verliert an Glaubwürdigkeit. Überdies indiziert die alleinige Förderung des Beteiligungskapitalsparens materiell einen Anlagezwang. Damit wird ein grundlegendes Element bisheriger staatlicher Vermögensbildungspolitik ganz erheblich eingeschränkt: das der Wahlfreiheit.

Eine Vermögensbildungspolitik unter Berücksichtigung der aufgeführten Kritikpunkte würde in Zukunft erheblich an Akzeptanz gewinnen. Allerdings sollten Korrekturen nur behutsam eingeleitet werden. Einmal muß ja - zumindest für eine bestimmte Zeit - Ruhe an der "vermögenspolitischen Front" herrschen.

Literaturverzeichnis

Benner, Wolfgang: Betriebliche Prozesse, finanzwirtschaftliche Existenzbedingungen und finanzielles Gleichgewicht. In: Geldwirtschaft und Rechnungswesen. Hrsg. v. H.-D. Deppe. (Neue Betriebswirtschaftliche Studienbücher, Bd. 1.) Göttingen 1989, S. 153-198.

Bergen, Andrea: Mitarbeiterbeteiligungen in der Praxis: Es gibt kein Patentrezept. "Der Langfristige Kredit", Frankfurt a.M., Jg. 37 (1986), S. 721-723.

Blüm, Norbert: Vermögensbildungspolitik - wie soll es weitergehen? "Börsen-Zeitung" vom 31.12.1984 (Jahresschlußausgabe).

Böhmer, Reinhold u. Reiz, Dieter: Bausparen - Wege aus dem Dschungel. "Wirtschaftswoche", Düsseldorf, Jg. 43 (1989), H. 30 vom 28.7.1989, S. 63-64.

Breuer, Norbert B.: Mitarbeiterbeteiligung in der Bundesrepublik. "Die Bank", Köln, o.Jg. (1980), S. 134-136.

Büschgen, Hans Egon: Vermögensbildung in Risikokapital - Wunsch und Wirklichkeit. "Die Bank", Köln, o.Jg. (1986), S. 396-401.

Bundesminister der Finanzen: Schreiben vom 31.8.1987 (IV B 6 - S 2432 - 20/87) zur Anwendung des Fünften Vermögensbildungsgesetzes. Abgedruckt in: "Der Betrieb", Düsseldorf u. Frankfurt a.M., Jg. 40 (1987), Beilage Nr. 21/87 zu Heft Nr. 44 vom 30.10.1987, S. 5-18.

Bundesrats-Drucksache 239/82 vom 11.6.1982: Entwurf eines Vermögensbildungsgesetzes zur Förderung von Arbeitnehmerbeteiligungen am Produktivvermögen (Gesetzesantrag des Landes Niedersachsen).

Bundesrats-Drucksache 229/85 vom 13.5.1985: Empfehlungen der Ausschüsse zum Entwurf eines Gesetzes zur Förderung von Arbeitnehmerbeteiligungen am Produktivvermögen (Antrag des Landes Niedersachsen).

Bundestags-Drucksache 9/2400 vom 27.1.1983: Jahreswirtschaftsbericht 1983 der Bundesregierung.

Bundestags-Drucksache 10/337 vom 2.9.1983: Entwurf eines Gesetzes zur Förderung der Vermögensbildung der Arbeitnehmer durch Kapitalbeteiligungen (Vermögensbeteiligungsgesetz).

Bundestags-Drucksache 10/733 vom 5.12.1983: Bericht des Ausschusses für Arbeit und Sozialordnung zum Entwurf eines Vermögensbeteiligungsgesetzes.

Bundestags-Drucksache 10/3955 vom 3.10.1985: Entwurf eines Gesetzes zur Förderung von Arbeitnehmerbeteiligungen am Produktivvermögen.

Bundestags-Drucksache 10/4747 vom 29.1.1986: Beteiligung der Arbeitnehmer am Produktivvermögen.

Bundestags-Drucksache 10/5981 vom 8.9.1986: Entwurf eines Zweiten Gesetzes zur Förderung der Vermögensbildung der Arbeitnehmer durch Kapitalbeteiligungen (Zweites Vermögensbeteiligungsgesetz).

Bundestags-Drucksache 10/6280 vom 29.10.1986: Stellungnahme des Bundesrates zum Entwurf eines Zweiten Vermögensbeteiligungsgesetzes (Anlage 1).

Bundestags-Drucksache 10/6280 vom 29.10.1986: Gegenäußerung der Bundesregierung zur Stellungnahme des Bundesrates zum Entwurf eines Zweiten Vermögensbeteiligungsgesetzes (Anlage 2).

Bundestags-Drucksache 10/6462 vom 13.11.1986: Bericht des Ausschusses für Arbeit und Sozialordnung zu dem vom Bundesrat eingebrachten Entwurf eines Gesetzes zur Förderung von Arbeitnehmerbeteiligungen am Produktivvermögen und zu dem von der Bundesregierung eingebrachten Entwurf eines zweiten Vermögensbeteiligungsgesetzes.

Bundestags-Drucksache 11/3306 - neu - vom 18.11.1988: Entwurf eines Haushaltsbegleitgesetzes 1989.

Degner, Joachim: Die Rolle des Bausparens in der privaten Vermögensbildung. "Der Langfristige Kredit", Frankfurt a.M., Jg. 37 (1986), S. 716-718.

Deppe, Hans-Dieter: Betriebswirtschaftliche Grundlagen der Geldwirtschaft, Bd. 1: Einführung und Zahlungsverkehr. Stuttgart 1973.

Deppe, Hans-Dieter: Eine Konzeption wissenschaftlicher Bankbetriebslehre in drei Doppelstunden. In: Bankbetriebliches Lesebuch. Ludwig Mülhaupt zum 65. Geburtstag. Hrsg. v. H.-D. Deppe. Stuttgart 1978, S. 3-98.

Deppe, Hans-Dieter: Finanzielle Haftung heute - Obsoletes Relikt oder marktwirtschaftliche Fundamentalleistung? In: Zweihundert Jahre Geld und Brief. Herausforderungen an die Kapitalmärkte. Festgabe an die Niedersächsische Börse zu Hannover aus Anlaß ihres 200jährigen Bestehens. Hrsg. v. C.P. Claussen, L. Hübl u. H.-P. Schneider. Frankfurt a.M. 1987, S. 179-204. Wiederabgedruckt in: Geldwirtschaft und Rechnungswesen. Hrsg. v. H.-D. Deppe. (Neue Betriebswirtschaftliche Studienbücher, Bd. 1.) Göttingen 1989, S. 199-228.

Deutscher Sparkassen- und Giroverband: Jahresbericht 1988. Stuttgart 1989.

Faltlhauser, Kurt: Anmerkungen zur Zweiten Stufe des Vermögensbeteiligungsgesetzes aus der Sicht der CDU/CSU-Bundestagsfraktion. "Der Langfristige Kredit", Frankfurt a.M., Jg. 37 (1986), S. 695-696.

Faltlhauser, Kurt: Leitbilder und Perspektiven zur Vermögenspolitik. Grundsatzüberlegungen aus der Sicht der CDU/CSU-Bundestagsfraktion. "Sparkasse", Stuttgart, Jg. 103 (1986), S. 523-526.

Gerke, Wolfgang: Die Verbesserung der Wettbewerbsfähigkeit durch Bereitstellung von Risikokapital. "Wirtschaftswissenschaftliches Studium", München u. Frankfurt a.M., Jg. 14 (1985), S. 359-362.

Gerke, Wolfgang u. Schöner, Manfred A.: Aspekte der Vermögensverteilung und -bildung in der Bundesrepublik Deutschland. "Der Langfristige Kredit", Frankfurt a.M., Jg. 37 (1986), S. 684-691.

Giese, Hans E.: 15 Jahre Vermögensbildungsgesetz. "Sparkasse", Stuttgart, Jg. 93 (1976), S. 371-373.

Giese, Hans E.: Problematische Experimente in der Vermögensbildungspolitik. "Sparkasse", Stuttgart, Jg. 104 (1987), S. 136-138.

Guski, Hans-Günter u. Schneider, Hans-J.: 30 Jahre betriebliche Vermögensbeteiligung: Erfahrungen und Auswirkungen. "Die Bank", Köln, o.Jg. (1983), S. 591-597.

Guski, Hans-Günter u. Schneider, Hans-J.: Betriebliche Vermögensbeteiligung - Bestandsaufnahme 1986. (Beiträge zur Wirtschafts- und Sozialpolitik, H. 145.) Köln 1986.

Harter, Winfried, Franke, Jörg, Hogrefe, Jürgen u. Seger, Rolf: Wertpapiere in Theorie und Praxis. 2., überarb. Aufl., Stuttgart 1989.

Hesse, Wolf-Ekkehard: Beteiligungs-Sondervermögen. "Zeitschrift für das gesamte Kreditwesen", Frankfurt a.M., Jg. 38 (1985), S. 187-190.

Hirche, Walter: Zur Zweiten Stufe in der Vermögenspolitik aus der Sicht der F.D.P. "Der Langfristige Kredit", Frankfurt a.M., Jg. 37 (1986), S. 701-703.

Höhnen, Wilfried: Vermögenspolitik und Arbeitnehmerinteressen - Anmerkungen zur Zweiten Stufe aus der Sicht des DGB. "Der Langfristige Kredit", Frankfurt a.M., Jg. 37 (1986), S. 707-709.

Hoffmann-Loss, Neithardt: Neuorientierung der steuerlichen und Zulagen-Förderung der Vermögensbildung: Zielgerecht gesteuert? "Der Langfristige Kredit", Frankfurt a.M., Jg. 41 (1990), S. 46-51.

Holzheimer, Dieter: Gestaltungsformen der Mitarbeiterbeteiligung. "Die Bank", Köln, o.Jg. (1982), S. 16-24.

Holzheimer, Dieter: Grundsätzliche Zustimmung zur 624-DM-Novelle. "Die Bank", Köln, o.Jg. (1983), S. 332-334.

Holzheimer, Dieter: Ausbau der Vermögensbildung - aber zeit- und sachgerecht. "Die Bank", Köln, o.Jg. (1985), S. 177-184.

Holzheimer, Dieter: Ist die Vermögensbildung auf dem richtigen Weg? "Der Langfristige Kredit", Frankfurt a.M., Jg. 37 (1986), S. 710-712.

Hornung-Draus, Renate: Vermögenspolitik in der sozialen Marktwirtschaft - Anmerkungen zur zweiten Stufe aus Arbeitgebersicht. "Der Langfristige Kredit", Frankfurt a.M., Jg. 37 (1986), S. 704-706.

Hornung-Draus, Renate: Betriebliche Vermögensbeteiligung. "Sparkasse", Stuttgart, Jg. 105 (1988), S. 324-326.

Hornung-Draus, Renate: Überblick über die 1989 und 1990 eintretenden Änderungen im Bereich der Vermögensbildung. "Der Betrieb", Düsseldorf u. Frankfurt a.M., Jg. 42 (1989), S. 246-248.

Klein, Hans-Werner u. Braun, Antje: Möglichkeiten der betrieblichen Vermögensbildung. "Betriebs-Berater", Heidelberg, Jg. 41 (1986), S. 673-678.

Liebau, Gerhard: Monetäre Leistungen und konzeptionelle Erfassung des Betriebs. In: Geldwirtschaft und Rechnungswesen. Hrsg. v. H.-D. Deppe. (Neue Betriebswirtschaftliche Studienbücher, Bd. 1.) Göttingen 1989, S. 27-150.

Oberbeckmann, Hans-Ludwig: Vermögenspolitik vor falscher Weichenstellung. "Deutsche Sparkassenzeitung" vom 4.1.1985.

o.V.: Neue vermögenspolitische Initiativen. "Die Bank", Köln, o.Jg. (1983), S. 108-111.

o.V.: Ein neuer Paragraph erleichtert die Mitarbeiter-Beteiligung. "Frankfurter Allgemeine Zeitung" vom 28.12.1983.

o.V.: Vermögensbildung - Neue Vorschläge. "Zeitschrift für das gesamte Kreditwesen", Frankfurt a.M., Jg. 38 (1985), S. 92-93.

o.V.: Sparförderung - Eigene Aktien. "Zeitschrift für das gesamte Kreditwesen", Frankfurt a.M., Jg. 38 (1985), S. 225-226.

o.V.: Kreditgewerbe zur Vermögensbeteiligung. "Deutsche Sparkassenzeitung" vom 4.1.1985.

o.V.: Für Gleichbehandlung von Wohn- und Produktivvermögen. "Deutsche Sparkassenzeitung" vom 4.10.1985.

o.V.: Vermögensbildungsförderung - Ein Aufschrei? "Zeitschrift für das gesamte Kreditwesen", Frankfurt a.M., Jg. 39 (1986), S. 133.

o.V.: Wohneigentum dritte Säule der Altersversorgung. "Deutsche Sparkassenzeitung" vom 11.3.1986.

o.V.: Landesbausparkassen enttäuscht von Bonner Vermögenspolitik. "Deutsche Sparkassenzeitung" vom 4.7.1986.

o.V.: Ausgewogenes Konzept. "Deutsche Sparkassenzeitung" vom 7.10.1986.

o.V.: Wohneigentum wichtiger Beitrag zur privaten Altersvorsorge. "Deutsche Sparkassenzeitung" vom 7.10.1986.

o.V.: Staatliche Förderung - Erfahrungen. "Zeitschrift für das gesamte Kreditwesen", Frankfurt a.M., Jg. 40 (1987), S. 225.

o.V.: Vermögensbildung - Auf dem Weg zum Idealsystem. "Zeitschrift für das gesamte Kreditwesen", Frankfurt a.M., Jg. 40 (1987), S. 323.

o.V.: Vermögensbildung - Dissonanzen. "Zeitschrift für das gesamte Kreditwesen", Frankfurt a.M., Jg. 40 (1987), S. 637.

o.V.: Die Wahlfreiheit entfällt. "Deutsche Sparkassenzeitung" vom 24.2.1987.

o.V.: Abschaffen. "Zeitschrift für das gesamte Kreditwesen", Frankfurt a.M., Jg. 41 (1988), S. 211-212.

o.V.: Vermögensbildung - An den Banken vorbei. "Zeitschrift für das gesamte Kreditwesen", Frankfurt a.M., Jg. 41 (1988), S. 463.

o.V.: Vermögensbildung - Reingefallen. "Zeitschrift für das gesamte Kreditwesen", Frankfurt a.M., Jg. 41 (1988), S. 1116.

o.V.: Fragen an den Gesetzgeber. "Deutsche Sparkassenzeitung" vom 19.1.1988.

o.V.: Reduzierung des Anlagekatalogs vermögenspolitisch bedenklich. "Deutsche Sparkassenzeitung" vom 12.2.1988.

o.V.: Geiger fordert Erhalt der KWG-Genüsse in Förderung. "Deutsche Sparkassenzeitung" vom 10.5.1988.

o.V.: Gravierende Neuregelung des Vermögensbildungsgesetzes. "Deutsche Sparkassenzeitung" vom 12.7.1988.

Platz, Siegfried: Leitfaden durch das Passivgeschäft. Teil 1: Grundlagen, Sparvertrag und Sparkonto. 4., überarb. u. erw. Aufl., Stuttgart 1989.

Platz, Siegfried: Leitfaden durch das Passivgeschäft. Teil 2: Spareinlage, Sparurkunde, Sondersparformen. 3., überarb. u. erw. Aufl., Stuttgart 1988.

Reuter, Dieter: Verbesserung der Risikokapitalausstattung der Unternehmen durch Mitarbeiterbeteiligung? "Neue Juristische Wochenschrift", München, Jg. 37 (1984), S. 1849-1857.

Rischow, Hermann: Pfandbriefe und Kommunalobligationen als Instrumente der privaten Vermögensbildung. "Der Langfristige Kredit", Frankfurt a.M., Jg. 37 (1986), S. 719-720.

Schoen, Susanne: Das Fünfte Vermögensbildungsgesetz. "Betriebs-Berater", Heidelberg, Jg. 42 (1987), S. 894-900.

Schoen, Susanne: Die außerbetriebliche Beteiligung als stiller Gesellschafter nach dem Fünften Vermögensbildungsgesetz. "Betriebs-Berater", Heidelberg, Jg. 43 (1988), S. 2113-2116.

Sturm, Friedrich: Das neue Gesetz zur Förderung der Vermögensbildung der Arbeitnehmer durch Kapitalbeteiligungen (Vermögensbeteiligungsgesetz). "Wertpapier-Mitteilungen", Frankfurt a.M., Jg. 38 (1984), S. 753-766.

Sturm, Norbert: Vermögensbildung - Bonn will Sparer auf neuen Kurs bringen. "Süddeutsche Zeitung" vom 21.10.1987.

Vogt, Wolfgang: Neue Impulse für die Vermögensbildung. "Der Langfristige Kredit", Frankfurt a.M., Jg. 37 (1986), S. 692-694.

Wilderer, Heinz: Vermögensbildung - Gleicher Rang für das Bausparen. "Deutsche Sparkassenzeitung" vom 26.4.1985.

Zacharias, Erwin u. Hebig, Michael: Anwendung des Fünften Vermögensbildungsgesetzes. "Finanzrundschau", Köln, Jg. 69 (1987), S. 582-585.

Zacharias, Erwin u. Hebig, Michael: Die wichtigsten Auswirkungen des Regierungsentwurfs eines Steuerreformgesetzes 1990 auf das 5. VermBG. "Finanzrundschau", Köln, Jg. 70 (1988), S. 324-330.

Zacharias, Erwin u. Hebig, Michael: Die Auswirkungen des Haushaltsbegleitgesetzes 1989 auf das 5. VermBG und auf § 19a EStG. "Finanzrundschau", Köln, Jg. 71 (1989), S. 317-321.

Verwendung von "eigenen Mitteln" des Unternehmers bei der Investitionsfinanzierung unter Berücksichtigung von Lebensversicherungen als Tilgungsersatzinstrument

Axel Zessin, Nürnberg

Inhaltsverzeichnis

1 Einführung   387

2 Die Lebensversicherung als "Tilgungsersatzinstrument" bei langfristigen Finanzierungen   388

  21 Darstellung des Tilgungsaussetzungsmodells mit Abtretung einer Lebensversicherung   388

  22 Würdigung des Tilgungsaussetzungsmodells mit Abtretung einer Lebensversicherung aus Sicht der kreditgebenden Bank   394

  23 Würdigung des Tilgungsaussetzungsmodells mit Abtretung einer Lebensversicherung aus Sicht des kreditaufnehmenden Betriebs   396

3 Die Verwendung von "eigenen Mitteln" des Unternehmers im Tilgungsaussetzungsmodell mit Abtretung einer Lebensversicherung   398

  31 Vorbemerkungen   398

  32 Die Verwendung von "eigenen Mitteln" des Unternehmers als Deckungskapitalnachzahlung (Rückdatierung)   398

  33 Die Verwendung von "eigenen Mitteln" des Unternehmers als Prämiendepoteinzahlung   401

4 Vergleichende Würdigung der vorgestellten Varianten anhand ausgewählter Kriterien 404

41 "Kapitaldienst" ohne Berücksichtigung von steuerlichen Wirkungen 404

42 "Effektiver" Kapitaldienst 405

43 Entwicklung des maximalen Kreditausfallrisikos aus Sicht der kreditgebenden Bank 406

44 Versicherungsschutz im Todesfall des Unternehmers 407

5 Schlußbetrachtung 407

Literaturverzeichnis 409

1 Einführung

Der Finanzielle Sektor der Bundesrepublik Deutschland ist seit einigen Jahren nach einer langen Phase relativ klarer Arbeitsteilung tiefgreifenden Strukturwandlungen ausgesetzt: Die überwiegende Anzahl der großen deutschen Banken hat sich in unterschiedlichster Weise mit Versicherungsunternehmen verbunden, soweit nicht bereits traditionell Beziehungen bestanden, wie z.B. im Kreditgenossenschaftssektor. Es sind gemeinsame Neugründungen, Beteiligungsübernahmen sowie vielfältige Formen der Kooperation im Markt zu beobachten.[1] Diese Vorgänge sind vor dem Hintergrund einer Entwicklung innerhalb des Finanziellen Sektors zum "Allfinanz"-Angebot von Finanzdienstleistungen zu sehen:[2] Die Aktivitäten der Banken und der Versicherungsunternehmen überlagern sich im Hinblick auf das zugrundeliegende Leistungsprogramm mehr und mehr, u.a. weil "Koppelprodukte" (Koppelung von "typischen" Bank- mit "typischen" Versicherungsleistungsarten) dem Kunden eine Reihe durchaus beachtenswerter Vorteile zu bieten vermögen.

Die Besicherung von Bankdarlehen durch Abtretung der Rechte aus einer Lebensversicherung bildet in diesem Sinne einen "der ältesten Berührungspunkte der Kreditwirtschaft mit der Lebensversicherungsbranche".[3] Sie findet auch im Rahmen der Finanzierung von Investitionsvorhaben klein- und mittelständischer Betriebe in Form der Einzelunternehmung oder der Personengesellschaft betriebswirtschaftliches Interesse, wobei der Versicherungsschutz im Todesfall des Unternehmers, insbesondere aber die Ausnutzung steuerlicher Vorteile die zentralen Beurteilungskriterien bilden. So ermöglicht z.B. die Aufnahme eines Festdarlehens mit Gesamttilgung am Ende der Laufzeit mit Abtretung einer Lebensversicherung des Unternehmers als "Tilgungsersatzinstrument" die Wahrnehmung einkommensteuerlicher Vorteile im Vergleich zum herkömmlichen Annuitätendarlehen.[4]

Im vorliegenden Beitrag sollen in diesem Zusammenhang - ausgehend vom "klassischen" Tilgungsaussetzungsmodell gegen Abtretung einer Lebensversicherung - die Möglichkeiten der Verwendung von "eigenen Mitteln" des Unternehmers anhand verschiedener -

---

[1] Vgl. zu dieser Entwicklung z.B. *R. Schwebler*, Wege der Zusammenarbeit zwischen Banken und Versicherungen. In: Aspekte bankwirtschaftlicher Forschung und Praxis. 100 Jahre genossenschaftliche Zentralbanken in Südwestdeutschland. Hrsg. v. H. Guthardt u.a. Frankfurt a.M. 1985, S. 201-209. - *R. Schwebler*, Chancen und Probleme im Beziehungsgeflecht von Banken und Versicherungen. "Die Bank", Köln, o.Jg. (1986), S. 72-76. - *K.-H. Berger*, Zur Kooperation von Banken und Versicherungen. In: Herausforderungen der Wirtschaftspolitik. Festschrift zum 60. Geburtstag von Claus Köhler. Hrsg. v. W. Filc, L. Hübl u. R. Pohl. Berlin 1988, S. 15-26. - *L. Vollmer*, Kooperation und Konzentration von Banken und Versicherungen. "Die Bank", Köln, o.Jg. (1989), S. 352-358.

[2] Vgl. z.B. *B. Rudolph*, Sollten Banken am Versicherungsmarkt tätig sein? "Die Bank", Köln, o.Jg. (1987), S. 655-661. - *H. Remsperger*, Erscheinungsformen, Ursachen und Implikationen von Allfinanz-Strategien. "Die Bank", Köln, o.Jg. (1989), S. 299-309.

[3] *R. Schwebler*, Wege der Zusammenarbeit ..., a.a.O., S. 205.

[4] Dabei wird in diesem Beitrag nur auf den Einfluß einkommensteuerrechtlicher Vorschriften Bezug genommen. Zum Einfluß der Gewerbesteuer bei Finanzierungen im betrieblichen Bereich vgl. *T. Heinrichs*, Der Gewerbesteuer-Einfluß bei den Finanzierungskosten. Berücksichtigung beim Vergleich der Netto-Kosten von Annuitäten-Tilgungsdarlehn und Festdarlehn mit Tilgungs-Lebensversicherung. "Versicherungswirtschaft", Karlsruhe, Jg. 45 (1990), S. 109-114.

noch wenig bekannter - Varianten genauer analysiert werden. Die Problemstellung dieses Beitrags tangiert also unmittelbar auch die finanzielle Haftungssphäre des Betriebs, aber auch diejenige der kreditgewährenden Bank, deren Risikosituation sich durch die Verwendung einer Lebensversicherung als Tilgungsersatzinstrument verändert.

Eigene Mittel kann ein Unternehmer bei der Finanzierung von Investitionsvorhaben

1) <u>direkt</u> als Finanzierungsbeitrag (Zahlungsleistung) in den Betrieb einbringen. Die Höhe des Eigenkapitalbetrags dient den Fremdkapitalgebern wegen der damit stets uno actu erbrachten Haftungsleistung in der Regel als Indikator für das Engagement des Unternehmers und damit für seine Vertrauenswürdigkeit[5];

2) <u>indirekt</u> nutzbar machen, z.B. über den Erwerb von Ansprüchen aus einer Lebensversicherung, die zur Tilgung des Kredits (im Todesfall des Unternehmers oder bei Ablauf der Kreditfrist) herangezogen werden können;

3) in einer <u>Kombination</u> der ersten beiden Möglichkeiten einsetzen.

Am Beispiel einer gewerblichen Immobilienfinanzierung soll unter Beachtung dieser Möglichkeiten im folgenden gezeigt werden, in welcher Form die Verwendung "eigener Mittel" des Unternehmers bei der Investitionsfinanzierung unter Heranziehung von Lebensversicherungen als Tilgungsinstrument variiert und unter Beachtung steuerlicher Vorschriften gestaltet werden kann.[6]

2 Die Lebensversicherung als "Tilgungsersatzinstrument" bei langfristigen Finanzierungen

21 Darstellung des Tilgungsaussetzungsmodells mit Abtretung einer Lebensversicherung

In der Kreditwirtschaft werden Investitionskredite üblicherweise als teilfällige Kredite mit einem Tilgungssatz vereinbart. Die Höhe des Tilgungssatzes ist grundsätzlich u.a. abhängig von dem durch das Kreditinstitut übernommenen Kreditrisiko. So beträgt beispielsweise

---

[5] Vgl. zur Bedeutung der finanziellen Haftung grundlegend *H.-D. Deppe*, Finanzielle Haftung heute - Obsoletes Relikt oder marktwirtschaftliche Fundamentalleistung? In: Zweihundert Jahre Geld und Brief. Herausforderungen an die Kapitalmärkte. Festgabe an die Niedersächsische Börse zu Hannover aus Anlaß ihres 200jährigen Bestehens. Hrsg. v. C.P. Claussen, L. Hübl u. H.-P. Schneider. Frankfurt a.M. 1987, S. 179-204. Wiederabgedruckt in: Geldwirtschaft und Rechnungswesen. Hrsg. v. H.-D. Deppe. (Neue Betriebswirtschaftliche Studienbücher, Bd. 1.) Göttingen 1989, S. 199-228. - Vgl. hierzu auch *G. Liebau*, Monetäre Leistungen und konzeptionelle Erfassung des Betriebs. In: Geldwirtschaft und Rechnungswesen, a.a.O., S. 27-150, hier S. 54 f.

[6] Es sei bereits an dieser Stelle betont, daß in den folgenden Berechnungsbeispielen aus Vereinfachungsgründen auf eine finanzmathematisch exakte Bestimmung von Barwerten verzichtet wurde, um den vorgegebenen Rahmen des Beitrags nicht zu überschreiten. Die Grundaussagen der hier vorgenommenen undiskontierten "Zahlungsüberschußbetrachtung" werden durch diese Vorgehensweise aber nicht substantiell verändert.

der reguläre anfängliche Tilgungssatz bei Realkrediten für wohnwirtschaftlich genutzte Objekte 1 v.H., bei Realkrediten für als relativ risikoreicher angesehene gewerblich genutzte Objekte 2 v.H. der Kreditsumme. Je höher der vereinbarte Tilgungssatz ist, desto höher wird in der Regel aus Sicht der kreditgewährenden Bank c.p. die Wahrscheinlichkeit eines Kreditausfalls eingeschätzt, es sei denn, der Kreditnehmer bevorzugt aus anderen Überlegungen heraus freiwillig eine höhere Tilgung.

Durch die vorgenommenen Tilgungszahlungen wird die Kreditbasis sukzessive reduziert. Bei einer annuitätischen Tilgung führt dies während der Laufzeit bekanntlich zu sinkenden Zinsanteilen an der konstanten Annuität (vgl. Übersicht 1).[7] Die liquiditätsmäßige Belastung ("Kapitaldienst") des Betriebs bleibt damit - ohne Berücksichtigung steuerlicher Auswirkungen - aufgrund der konstanten Annuität über die gesamte Laufzeit konstant.

Übersicht 1: <u>Aufteilung von Zins- und Tilgungsanteilen bei einer annuitätischen Tilgung</u>

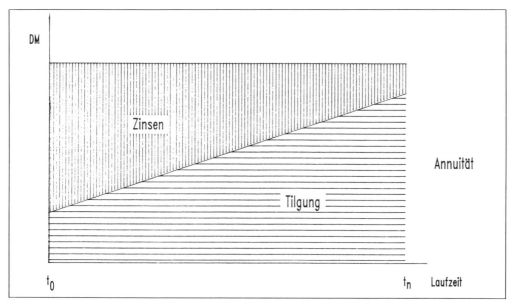

Erheblich anders sieht die Entwicklung jedoch in einer Betrachtung aus, die die steuerliche Abzugsfähigkeit der Fremdkapitalzinsen als Betriebsausgaben einbezieht. Es gilt folglich:

"effektiver" Kapitaldienst = Annuität ./. Steuerminderung.

Durch die Abnahme des Zinsanteils an der Annuität vermindern sich die steuerlich absetzbaren Beträge von Jahr zu Jahr, und entsprechend erhöht sich c.p. der "effektive" Kapitaldienst.

---

[7] Vgl. hierzu *K. Lohmann*, Finanzmathematische Wertpapieranalyse. (Neue Betriebswirtschaftliche Studienbücher, Bd. 3.) 2., durchges. u. erw. Aufl., Göttingen 1989, S. 112 ff.

Dieser Effekt soll am Beispiel einer gewerblichen Immobilienfinanzierung für einen vierzigjährigen Einzelunternehmer verdeutlicht werden (vgl. Übersicht 2). Diesem Beispiel, das auch Ausgangspunkt aller folgenden Berechnungen ist, liegen folgende Annahmen zugrunde:

Investitionsvolumen	DM 1.000.000,--
"Eigene Mittel" des Unternehmers	DM 300.000,--
Steuersatz des Unternehmers	50 %
Laufzeit des Kredits	20 Jahre
Zinssatz des Kredits	7,5 %
Auszahlung des Kredits	100 %

Wird unterstellt, daß das finanzierte Immobilienobjekt am Ende der Laufzeit der Finanzierung noch den gleichen Wert hat wie zu Beginn, ergibt sich folgende Netto-Auszahlung:

	eingesetzte eigene Mittel	DM	300.000
+	"effektiver" Kapitaldienst	DM	1.036.644

=	Gesamtauszahlungsbetrag	DM	1.336.644
./.	Wert des Investitionsobjektes	DM	1.000.000

=	Netto-Auszahlungsbetrag	DM	336.644

Übersicht 2 verdeutlicht anschaulich die Konsequenzen des immer geringer werdenden Zinsanteils in Form eines stetig steigenden "effektiven" Kapitaldienstes. Da dieser Effekt letztlich durch die zunehmenden Tilgungsanteile an der Annuität entsteht, liegt die Überlegung nahe, ob nicht ein klassisches Festdarlehen - also ein Darlehen mit Tilgung am Ende der vertraglich vereinbarten Laufzeit - vorteilhafter sein kann.

Grundsätzlich führt ein Festdarlehen zu einem höheren "Gesamtauszahlungsbetrag", da die Kreditbasis während der Laufzeit nicht durch Tilgungen reduziert wird. Jährlich fallen DM 26.250,-- als Netto-Zinszahlung (Zinsen abzüglich Steuerminderung) an sowie die Tilgungszahlung in Höhe von DM 700.000,-- am Ende der Laufzeit, insgesamt also DM 1.225.000,-- im Verhältnis zu DM 1.036.644,-- beim Annuitätendarlehen. Beide Beträge können selbstverständlich nicht absolut verglichen werden, da die Zins- und Tilgungszahlungen unterschiedlich zeitlich verteilt sind. Korrekterweise müßte eine Barwertbetrachtung vorgenommen werden, die allerdings in diesem Beispiel zu keiner anderen Rangfolge führen würde: Der Gesamtauszahlungsbetrag des Festdarlehens ist auch bei einer Barwertbetrachtung höher.

Übersicht 2: Beispiel einer gewerblichen Finanzierung (Variante 1: Annuitätendarlehen)

Jahr	Restschuld	Zins-anteil	Tilgungs-anteil	Annuität	"effektiver" Kapitaldienst
(1)	(2)	(3)	(4)	(3)+(4)	0,5*(3)+(4)
0	700.000				
1	683.835	52.500	16.165	68.665	42.415
2	666.458	51.288	17.377	68.665	43.021
3	647.777	49.984	18.681	68.665	43.673
4	627.695	48.583	20.082	68.665	44.374
5	606.107	47.077	21.588	68.665	45.127
6	582.900	45.458	23.207	68.665	45.936
7	557.953	43.718	24.947	68.665	46.806
8	531.134	41.846	26.819	68.665	47.742
9	502.304	39.835	28.830	68.665	48.748
10	471.312	37.673	30.992	68.665	49.829
11	437.995	35.348	33.317	68.665	50.991
12	402.180	32.850	35.815	68.665	52.240
13	363.679	30.164	38.501	68.665	53.583
14	322.290	27.276	41.389	68.665	55.027
15	277.797	24.172	44.493	68.665	56.579
16	229.967	20.835	47.830	68.665	58.248
17	178.550	17.248	51.417	68.665	60.041
18	123.276	13.391	55.274	68.665	61.970
19	63.857	9.246	59.419	68.665	64.042
20	0	4.789	63.857	68.665	66.252
Σ		673.281	700.000	1.373.281	1.036.644

Die Gewährung eines Festdarlehens durch ein Kreditinstitut ist in der dargestellten Form ohne Tilgungsersatz eine eher theoretische Möglichkeit, da die betriebswirtschaftlichen Sicherheitsüberlegungen und die gesetzlichen Vorschriften der kreditgewährenden Bank dabei außer acht gelassen werden: Im Regelfall ist es den Kreditinstituten aufgrund gesetzlicher Vorschriften[8] oder interner Beleihungsanweisungen nicht gestattet, die Tilgung ohne einen gleichwertigen Tilgungsersatz über einen längeren Zeitraum (im Beispiel 20 Jahre) auszusetzen.

Anders zu beurteilen ist jedoch die Gewährung eines Festdarlehens mit gleichzeitiger Abtretung der Rechte aus einer Lebensversicherung. Die Lebensversicherung dient für die kreditgewährende Bank als Tilgungsersatz[9]; zusätzlich ergibt sich sowohl für den betrachteten Betrieb als auch für das Kreditinstitut die bedeutsame Sicherung der Unterneh-

---

[8] Z.B. Hypothekenbankgesetz.

[9] Ein anderer möglicher Tilgungsersatz wäre die Ansparung eines Bausparvertrags.

mungsfortführung durch Zahlung der Lebensversicherungssumme im Todesfall des Unternehmers.

Das klassische Modell einer Tilgungsaussetzung mit Abtretung einer Lebensversicherung wird so konzipiert, daß die voraussichtliche Ablaufleistung[10] das Festdarlehen zum Ende der Laufzeit ablöst (vgl. Übersicht 3).

Bei der Tilgungsaussetzung mit Abtretung einer Lebensversicherung setzt sich der Kapitaldienst aus den beiden jeweils konstanten Elementen Zinszahlung und Lebensversicherungsbeitrag zusammen. Am Beispiel der Übersicht 3 ist erkennbar, daß mit Ausnahme der ersten drei Jahre der "effektive" Kapitaldienst laufend unter demjenigen beim Annuitätendarlehen liegt. Der Netto-Auszahlungsbetrag wird durch die Variante 2 im Verhältnis zur Ausgangssituation (vgl. Übersicht 2) um ca. 47 v.H. gesenkt (DM 177.426,-- anstatt DM 336.644,--):

	eingesetzte eigene Mittel	DM	300.000
+	"effektiver" Kapitaldienst	DM	878.780
./.	restliche Ablaufleistung[11]	DM	1.354

=	Gesamt-Zahlungsbetrag	DM	1.177.426
./.	Wert des Investitionsobjektes	DM	1.000.000

=	Netto-Auszahlungsbetrag	DM	177.426

In einer durchschnittlichen Betrachtung reduziert sich der jährliche "effektive" Kapitaldienst um DM 7.960,90 [(DM 336.644,-- ./. DM 177.426,--) : 20 Jahre]. Das entspricht, bezogen auf die Kreditsumme von DM 700.000,--, einer Reduzierung des einfach berechneten Effektivzinses von ca. 1,14 % p.a. Dieser Vorteil[12] ist erheblich. Außerdem enthält die Variante 2 einen beachtlichen Todesfallschutz, dessen Kosten eigentlich bei einem Ver-

---

[10] Die Ablaufleistung einer Lebensversicherung kann aufgrund der gesetzlichen Rahmenbedingungen der Lebensversicherungen nicht garantiert werden, da beachtliche Teile der Ablaufleistung aus den Erträgen der Kapitalanlagen der Versicherungsgesellschaften bestehen. Dies sind naturgemäß Erfahrungswerte, mit denen von seiten der Versicherungsgesellschaften bei Prognoserechnungen nur mit Genehmigung des Bundesaufsichtsamts für das Versicherungswesen gerechnet werden darf. Diese Genehmigung wird nur erteilt, wenn ein Nachweis der Finanzierbarkeit gegenüber dem Amt erbracht ist. Im übrigen muß jedoch aber der sogenannte geschäftsplanmäßige Zins Überschüsse in einer Höhe von 3,5 v.H. mindestens verzinsen.

[11] Um diesen Beitrag übersteigt die Ablaufleistung die Kreditsumme.

[12] Der Vorteil reduziert sich in geringem Maße bei einer Barwertbetrachtung, die hier jedoch aus Vereinfachungsgründen vernachlässigt werden soll, da sich dadurch an der grundsätzlichen Vorteilhaftigkeit der Tilgungsaussetzung gegen Abtretung einer Lebensversicherung keine Änderung ergibt.

gleich mit dem Annuitätendarlehen herauszurechnen wären, um identische Leistungen zu vergleichen.[13]

Übersicht 3: Beispiel einer gewerblichen Finanzierung (Variante 2: Tilgungsaussetzung mit Abtretung einer Lebensversicherung zum Standardtarif)

Jahr	Kredit-betrag	Zins-zahlung	LV-beitrag	Annuität	"effektiver" Kapitaldienst
(1)	(2)	(3)	(4)	(3)+(4)	0,5*(3)+(4)
1	700.000	52.500	17.689	70.189	43.939
2	700.000	52.500	17.689	70.189	43.939
3	700.000	52.500	17.689	70.189	43.939
4	700.000	52.500	17.689	70.189	43.939
5	700.000	52.500	17.689	70.189	43.939
6	700.000	52.500	17.689	70.189	43.939
7	700.000	52.500	17.689	70.189	43.939
8	700.000	52.500	17.689	70.189	43.939
9	700.000	52.500	17.689	70.189	43.939
10	700.000	52.500	17.689	70.189	43.939
11	700.000	52.500	17.689	70.189	43.939
12	700.000	52.500	17.689	70.189	43.939
13	700.000	52.500	17.689	70.189	43.939
14	700.000	52.500	17.689	70.189	43.939
15	700.000	52.500	17.689	70.189	43.939
16	700.000	52.500	17.689	70.189	43.939
17	700.000	52.500	17.689	70.189	43.939
18	700.000	52.500	17.689	70.189	43.939
19	700.000	52.500	17.689	70.189	43.939
20	0	52.500	17.689	70.189	43.939
Σ		1.050.000	353.780	1.403.780	878.780

Klassische Kapitalversicherung auf den Todes- und Erlebensfall:

Versicherungssumme:	DM 409.000,--
Jährlicher Beitrag:	DM 17.688,71
Überschußverwendung:	Bonusansammlung
Todesfallschutz:	DM 449.900,-- im 1. Jahr
Ablaufleistung:	DM 701.354,--[a]

[a] Die Leistungen aus der Überschußbeteiligung können nicht garantiert werden.

Das gegenüber dem Annuitätendarlehen eindeutig bessere Ergebnis der Tilgungsaussetzung bei gleichzeitiger Ansparung des Kreditbetrages in der Lebensversicherung ergibt

---

[13] Eine Risikolebensversicherung in Höhe der angenommenen Versicherungssumme der Variante 2 für die Laufzeit von 20 Jahren kostet über DM 4.000,-- p.a.

sich aus zwei sich überlagernden Aspekten. Auf der einen Seite werden der Kredit und damit auch die steuerlich relevanten Kreditzinsen auf dem ursprünglichen, hohen Kreditniveau belassen, während gleichzeitig der Tilgungsersatz "Kapitallebensversicherung" unter Beachtung steuerlicher Eckdaten[14] ertragsteuerfrei bleibt.

22 Würdigung des Tilgungsaussetzungsmodells mit Abtretung einer Lebensversicherung aus Sicht der kreditgebenden Bank

Die Analyse des Tilgungsaussetzungsmodells mit Abtretung der Ansprüche aus einer Lebensversicherung ist sowohl erfolgsbezogen als auch risikobezogen vorzunehmen.

In erfolgsbezogener Sicht realisiert die kreditgebende Bank deutliche Vorteile gegenüber dem Annuitätendarlehen. Wie den Übersichten 2 und 3 zu entnehmen ist, beträgt die Summe der Zinserträge beim Annuitätendarlehen DM 673.281,--, hingegen DM 1.050.000,-- bei der Tilgungsaussetzung. Wird eine laufende Marge von 0,5 Prozentpunkten zwischen Darlehenszinssatz und Einstandskostensatz (Kosten des Monetären Faktors und Kosten des Einsatzes technisch-organisatorischer Produktionsfaktoren) angenommen, steigert das Kreditinstitut seinen (undiskontierten) "Deckungsbeitrag" aus dieser Kreditvergabe von DM 44.885,--[15] auf DM 70.000,--.[16] Beachtet werden muß hierbei auch, daß das Kreditausfallrisiko für die Bank nur unwesentlich gestiegen ist (vgl. Übersicht 4).

Darüber hinaus kann das Kreditinstitut weitere "Vorteile" in Anspruch nehmen. Neben der erwähnten erfolgsbezogenen Perspektive - zu der u.U. auch noch Provisionserträge durch die Vermittlung der Lebensversicherung kommen können - ist insbesondere das Kundenverhältnis ein nicht zu vernachlässigender Faktor. Der zunehmend zinsbewußte Firmenkunde erwartet individuelle Problemlösungen seiner anstehenden Finanzierungsfragen auch im Sinne eines branchenübergreifenden Angebots eines "Koppelprodukts" von Finanzierung und Lebensversicherung. Zur Aufrechterhaltung oder Steigerung der Beratungskompetenz des Kreditinstituts müssen solche "Koppelprodukte" im Leistungsprogramm enthalten sein, um den Kunden an die Bank zu binden.[17]

---

[14] Zum Beispiel Mindestlaufzeit 12 Jahre (§ 20 Abs. 1 Nr. 6 EStG) und mindestens fünf Jahre laufende Beitragszahlung.

[15] Zur Berechnung:
$$DM \quad 673.281,-- \quad * \quad \frac{0,5}{7,5} \quad = DM \ 44.885,--.$$

[16] Zur Berechnung:
$$DM \quad 1.050.000,-- \quad * \quad \frac{0,5}{7,5} \quad = DM \ 70.000,--.$$

Hierbei ist allerdings zu beachten, daß beim Tilgungsdarlehen das kreditgewährende Kreditinstitut die erhaltenen Tilgungsbeträge wieder anlegen kann. Entscheidend für einen exakten Vergleich ist also, ob der Wiederanlagezins größer, gleich oder kleiner im Vergleich zum "alten" Kreditzins ist. Es besteht für die Bank also ein Wiederanlagerisiko, u.U. verbunden mit einem Zinsänderungsrisiko, sofern die Refinanzierung nicht entsprechend der vereinbarten Tilgung gestaffelt wird.

[17] Vgl. in diesem Zusammenhang auch z.B. *R. Bohm*, Lebensversicherungen im Bankvertrieb. "Die Bank", Köln, o.Jg. (1990), S. 104-107.

Bei der risikobezogenen Betrachtung steht der Vergleich zwischen dem regulären Tilgungsverlauf und der Entwicklung der Rückkaufswerte[18] im Vordergrund, weil sich das Kreditausfallrisiko planmäßig durch Tilgung respektive Tilgungsersatz reduziert.

Übersicht 4: Vergleich der Kreditrisikosituation der kreditgewährenden Bank bei den Varianten 1 und 2

Jahr	Variante 1: kumulierte Tilgung DM	Variante 2: Rückkaufs- werte DM	Differenz DM	Differenz im Verhältnis zur ursprünglichen Kreditsumme in v.H.
1	16.165	501	− 15.664	− 2,24
2	33.542	14.090	− 19.452	− 2,78
3	52.233	32.230	− 20.003	− 2,86
4	72.305	51.695	− 20.610	− 2,94
5	93.893	72.575	− 21.318	− 3,05
6	117.100	95.013	− 22.087	− 3,16
7	142.047	119.248	− 22.799	− 3,26
8	168.866	145.356	− 23.510	− 3,36
9	197.696	173.504	− 24.192	− 3,46
10	228.688	203.839	− 24.849	− 3,55
11	262.005	236.669	− 25.336	− 3,62
12	297.820	272.161	− 25.659	− 3,67
13	336.321	310.578	− 25.743	− 3,68
14	377.710	352.174	− 25.536	− 3,65
15	422.203	397.268	− 24.935	− 3,56
16	470.033	457.326	− 12.707	− 1,82
17	521.450	511.173	− 10.277	− 1,47
18	576.724	569.485	− 7.239	− 1,03
19	636.143	632.710	− 3.433	− 0,49
20	700.000	701.354	1.354	0,19

Übersicht 4 zeigt in jedem Jahr - mit Ausnahme des letzten - eine negative Differenz der Rückkaufswerte zu den kumulierten Tilgungen. Erfahrungsgemäß spielt diese negative Differenz für Banken bei bonitätsmäßig einwandfreien Kunden nur eine nebensächliche Rolle, weil

- der Vergleich oftmals mit einem Annuitätendarlehen mit drei bis fünf Jahren anfänglicher Tilgungsfreistellung vorgenommen wird und

- der reduzierte "effektive" Kapitaldienst bei der Lebensversicherungslösung die Wahrscheinlichkeit deutlich erhöht, daß das Darlehen durch die Unternehmung problemlos laufend bedient wird.

---

[18] Unter dem Rückkaufswert einer Lebensversicherung wird der Betrag verstanden, der bei einem vorzeitigen Abbruch des Vertrages dem Versicherungsnehmer zur Verfügung steht.

In den Ausnahmefällen, in denen die negative Differenz zwischen kumulierter Tilgung und dem Rückkaufswert für die Bank entscheidungsrelevant sein sollte, kann eine leicht höhere Lebensversicherungssumme mit entsprechend höheren Rückkaufswerten eingesetzt werden.

Im Hinblick auf die Risikosituation der kreditgewährenden Bank ist unbedingt der klassische Zweck einer Lebensversicherung, die Todesfallabsicherung, anzusprechen. Für Kreditinstitute existiert ein erhebliches finanzielles Risiko durch die bei mittelständischen Unternehmen oftmals anzutreffende Struktur der Entscheidungsträger: Das Wohlergehen des Unternehmens ist durch das Fehlen einer kompetenten zweiten Führungshierarchie häufig sehr einseitig an die Arbeitskraft des Unternehmers gekoppelt.[19] Insofern lassen sich die finanziellen Risiken infolge eines plötzlichen Todes des Unternehmers durch eine Lebensversicherung und die Folgen einer Erwerbsunfähigkeit durch entsprechende Zusatzversicherungen deutlich reduzieren.[20] Im Vergleich zum Annuitätendarlehen ergibt sich für die Bank insbesondere dann ein entscheidender Sicherheitsvorteil, wenn Kredite mehr aufgrund der Ertragskraft eines Unternehmens als aufgrund von Sicherheiten gegeben werden.

23 Würdigung des Tilgungsaussetzungsmodells mit Abtretung einer Lebensversicherung aus Sicht des kreditaufnehmenden Betriebs

Bei dem Vergleich der annuitätischen Tilgung mit der Tilgungsaussetzung gegen Lebensversicherung aus Unternehmenssicht greifen die erfolgs- und risikobezogene Betrachtung so eng ineinander, daß hier auf eine getrennte Darstellung verzichtet wird.

Bei den gegebenen Annahmen reduziert sich der Netto-Auszahlungsbetrag von DM 336.644,-- beim Annuitätendarlehen auf DM 177.426,-- bei Tilgungsaussetzung, die effektive Zinsbelastung reduziert sich in einer Durchschnittsbetrachtung somit um ca. 1,14 % p.a.[21]

Während die Zahlungsbelastung des Betriebs vor Steuern bei Tilgungsaussetzung gegen Lebensversicherung ständig leicht höher ist als bei einer annuitätischen Tilgung, führt der Vergleich unter Berücksichtigung steuerlicher Auswirkungen zu einem differenzierten Ergebnis. Lediglich in den ersten drei Jahren ist der "effektive" Kapitaldienst bei der Tilgungsaussetzung mit Abtretung einer Lebensversicherung geringfügig höher, danach wird der "effektive" Kapitaldienst von Jahr zu Jahr deutlich geringer.

---

[19] Vgl. hierzu z.B. *W. Nahlik*, Mittelständische Unternehmen als Kreditnehmer. "Die Bank", Köln, o.Jg. (1989), S. 628-634, hier S. 634.

[20] Vgl. z.B. *R. Schwebler*, Wege der Zusammenarbeit ..., a.a.O., S. 205. - Zu erwähnen sind in diesem Zusammenhang auch die positiven Auswirkungen hinsichtlich des zu vererbenden Vermögens des Unternehmers.

[21] Wird der zusätzliche Versicherungsschutz mit in den Vergleich einbezogen, müßten die Zahlungen für die annuitätische Tilgung um ca. DM 4.000,-- p.a. erhöht werden, so daß bereits die Betrachtung ohne Berücksichtigung steuerlicher Auswirkungen zugunsten der Lebensversicherungslösung ausfällt.

Die Überlegung des kreditnehmenden Unternehmens, ob eine Tilgungsaussetzung gegen Lebensversicherungsabtretung vorgenommen wird, ist somit neben dem ursprünglichen Versorgungsgedanken vor allem steuerlich bestimmt. Damit der Steuervorteil greifen kann, ist es unbedingt notwendig, daß das Unternehmen nachhaltig Gewinne erzielt. Werden steuerlich Verluste oder nicht ausreichende Gewinne (die Zinszahlungen können dann nicht oder nicht vollständig als Betriebsausgaben abgesetzt werden) erzielt, entsteht durch die Tilgungsaussetzung gegen Lebensversicherung eine höhere Belastung als durch ein Annuitätendarlehen.[22]

Die Lebensversicherungslösung setzt zudem eine "gesunde" Eigenkapitalstruktur des kreditnehmenden Betriebs voraus, weil die nicht vorgenommene Tilgung während der Laufzeit das Verhältnis von Eigen- und Fremdkapital im Vergleich zur annuitätischen Tilgung nicht verbessert. Insofern führt eine externe Bilanzanalyse zwangsläufig zu einem schlechteren Ergebnis, als es bei Einbeziehung der abgetretenen Lebensversicherungsansprüche tatsächlich vorliegt. Dem Festkredit ohne Tilgung im betrieblichen Bereich steht der Rückkaufswert der im Privatbereich geführten Lebensversicherung gegenüber. Dieser in aller Regel als Sicherheit an die Bank abgetretene Rückkaufswert ist üblicherweise für externe Bilanzleser nicht erkennbar, so daß Erläuterungsbedarf besteht: In betriebswirtschaftlicher Sicht sind die Rückkaufswerte einer Lebensversicherung, die im privaten Bereich geführt wird und gleichzeitig als Tilgungsersatz abgetreten ist, gewissermaßen als "Eigenkapitalersatz" bzw. als Teil des Privat(rein)vermögens zu bezeichnen. Gleichwohl ist diese Zuordnung nicht unproblematisch, da sich einige Besonderheiten aufgrund der steuerlichen Konstruktion ergeben:

- Bei einer abgeschlossenen Lebensversicherung als Tilgungsersatz werden die Lebensversicherungsprämien aus der Privatsphäre des Unternehmers gezahlt, also aus den versteuerten Gewinnen des Unternehmens. Dies läßt sich so interpretieren, daß eine "teilweise aufgeschobene" Eigenkapitalfunktion vorliegt. Während die Haftung der Rückkaufswerte unmittelbar mit der Abtretung der Lebensversicherung an das finanzierende Kreditinstitut gegeben ist, führt die Tilgungsaussetzung aus Sicht des Unternehmers zu einer Verlagerung von Zahlungsströmen vom unternehmerischen in den privaten Bereich.

- Erst am Ende der Kreditlaufzeit erfolgt der liquiditätsmäßige Ausgleich, indem das nicht getilgte Fremdkapital in voller Höhe durch die Ablaufleistung der Lebensversicherung zurückgeführt wird: Das in der Privatsphäre gebildete Kapital löst Fremdkapital ab, und damit wird gleichzeitig die Relation zwischen Eigen- und Fremdkapital positiv korrigiert.

---

[22] Zu beachten sind in diesem Zusammenhang Möglichkeiten zum Verlustvortrag und -nachtrag.

3 Die Verwendung von "eigenen Mitteln" des Unternehmers im Tilgungsaussetzungsmodell mit Abtretung einer Lebensversicherung

31 Vorbemerkungen

Üblicherweise wird - in objektorientierter Finanzierungssicht - das Eigenkapital dazu benutzt, den Kreditbedarf bei Finanzierung einer Investition zu senken. Dieses Vorgehen läßt sich in zweifacher Hinsicht begründen: Zum einen nimmt Eigenkapital die spezielle Funktion des risikotragenden Kapitals ein (der Unternehmer erbringt eine Haftungsleistung), und zum anderen wird die Notwendigkeit der Liquiditätszufuhr durch Fremdkapitalaufnahme in Höhe des eingesetzten Eigenkapitals reduziert (Zahlungsleistung des Unternehmers). Während die Bedeutung der Zahlungsleistung des Unternehmers unmittelbar einsichtig ist, sei die Haftungsleistung kurz anhand eines Beispiels verdeutlicht. Einer Kreditaufnahme wird das kreditgebende Kreditinstitut üblicherweise nur dann zustimmen, wenn der Kapitaldienst aus den erwarteten Nettoerträgen der Investition gedeckt werden kann. Ist der Kapitaldienst höher als die erwarteten Nettoerträge, wird das Kreditinstitut diesen negativen Aspekt bei rein objektmäßiger Betrachtung nur durch die Bonität des Schuldners ausgleichen können. Die Bonität des Kreditnehmers wird bestimmt durch eine angemessene Eigenkapitalausstattung, durch die Erzielung eines nachhaltig gesicherten Einkommens und/oder durch die Stellung von Zusatzsicherheiten. In jedem Fall ist die Dokumentation der Kreditwürdigkeit zur Schaffung wirtschaftlichen Vertrauens erforderlich[23], das letztendlich dann wiederum auch die Zahlungsfähigkeit sicherstellt.

Wie dieses Beispiel verdeutlicht, läßt sich die finanzielle Haftung in einem Gläubiger-Schuldner-Verhältnis direkt durch die Verwendung des Eigenkapitals zur Reduzierung der Kreditaufnahme, aber auch indirekt z.B. durch Stellung von Zusatzsicherheiten[24] auch außerhalb der betrieblichen Sphäre gewährleisten. Die indirekte Sicherheitenstellung, verbunden mit einer spezifischen Verwendung der "eigenen Mittel" des Unternehmers, wird in den folgenden Abschnitten erläutert und auf ihre Auswirkungen auf die Finanzierung aus Sicht des Unternehmers sowie der kreditgebenden Bank untersucht.

32 Die Verwendung von "eigenen Mitteln" des Unternehmers als Deckungskapitalnachzahlung (Rückdatierung)

Die vorhandenen "eigenen Mittel" des Unternehmers lassen sich nicht nur zur Reduzierung der Fremdkapitalaufnahme verwenden. Eine andere Möglichkeit - die im folgenden näher beschrieben wird - besteht in einer Deckungskapitalnachzahlung bei Rückdatierung der Lebensversicherung.

---

[23] Vgl. *W. Eucken*, Grundsätze der Wirtschaftspolitik. Hrsg. v. E. Eucken u. K.P. Hensel. 5., unveränd. Aufl., Tübingen 1975, S. 285.

[24] Zur genaueren Abgrenzung von "Zusatzsicherheiten" und des "sonstigen Haftungspotentials" vgl. *G. Liebau*, Monetäre Leistungen ..., a.a.O., S. 78-81.

Bei der Rückdatierung einer Lebensversicherung wird der technische Beginn zeitlich gesehen vor den Vertragsabschlußzeitpunkt gelegt. Es wird also so kalkuliert, als sei die Versicherung bereits in der Vergangenheit abgeschlossen worden. Bei der Kapitallebensversicherung ist dann eine Deckungskapitalnachzahlung zu leisten, um die in der Vergangenheit nicht gezahlten Prämien so nachzuholen, daß der Rückkaufswert zum Zeitpunkt der Inkraftsetzung genau so hoch ist wie bei einer Lebensversicherung, die tatsächlich ab dem technischen Beginn mit Prämienzahlungen bedient wurde. Der Rückdatierung sind enge steuerliche Grenzen gesetzt, damit eine Abgrenzung von der steuerschädlichen Einmalversicherung vorgenommen werden kann.[25]

In dem durchgängigen Berechnungsbeispiel soll nun ein Teil der eigenen Mittel des Unternehmers dazu verwandt werden, als Deckungskapitalnachzahlung in eine Lebensversicherung eingezahlt zu werden. Da der Betrag der Deckungskapitalnachzahlung die Kreditsumme erhöht und die Kreditsumme wiederum die Lebensversicherungssumme determiniert, sind die passenden Größen durch Iteration zu ermitteln.

Das Beispiel sieht nun folgendermaßen aus: Von den vorhandenen eigenen Mitteln werden knapp DM 100.000,-- (genau: DM 97.186,93) als Deckungskapitalnachzahlung für eine Rückdatierung von 10 Jahren eingesetzt. Da die derart eingesetzten eigenen Mittel nicht mehr zur Reduzierung der Fremdkapitalaufnahme zur Verfügung stehen, muß der aufzunehmende Kredit (gerundet) auf DM 800.000,-- erhöht werden. Trotz dieser Erhöhung ergibt die Betrachtung des "effektiven" Kapitaldienstes einen deutlichen Belastungsrückgang (vgl. Übersicht 5). Der Grund dafür liegt in einer Umschichtung von Teilen der Zahlungsströme: Während die Summe der Zinszahlungen durch die Darlehenserhöhung steigt, reduziert sich der Lebensversicherungsbeitrag in dem Beispiel in etwa gleicher Höhe. Die jährliche Beitragszahlung für die Lebensversicherung kann deshalb so deutlich reduziert werden, weil zwar die gewünschte Ablaufleistung von DM 700.000,-- auf DM 800.000,-- erhöht wird, aber auch gleichzeitig die dafür zur Verfügung stehende Ansparzeit von 20 Jahren auf 30 Jahre (10 Jahre Rückdatierung und 20 Jahre Restlaufzeit) heraufgesetzt wird. Dadurch gewinnen die Gewinnüberschüsse, verbunden mit den Zinseszinseffekten, größere Bedeutung. In der Betrachtung "vor Steuern" ist für Zinszahlungen und Lebensversicherungsbeitrag lediglich eine jährliche Mehrzahlung von DM 13,-- zu leisten. Interessant ist die Betrachtung "nach Steuern", weil eine Verschiebung der Zinszahlungen stattfindet, die steuerlich geltend gemacht werden können. So reduziert sich der jährliche "effektive" Kapitaldienst von DM 43.939,-- um ca. 8,5 v.H auf DM 40.202,--.

---

[25] Zum Zeitpunkt des Verfassens dieses Beitrages wird von den Referenten der Finanzministerien der Länder insbesondere die Möglichkeit der Rückdatierung stark diskutiert. Dem Vernehmen nach ist geplant, künftig bei Rückdatierungen die erforderlichen Deckungskapitalnachzahlungen nicht mehr steuerunschädlich zuzulassen (Ausnahme: Rückdatierung bis zu einem Jahr, betriebliche Altersversorgung). Sollte diese Planung realisiert werden, würde die Verwendung des Eigenkapitals zur Deckungskapitalnachzahlung steuerschädlich und somit in aller Regel uninteressant sein.

Übersicht 5: Beispiel einer gewerblichen Finanzierung (Variante 3: Tilgungsaussetzung mit Abtretung einer Lebensversicherung; Standardtarif mit Rückdatierung)

Jahr	Kredit-betrag	Zins-zahlung	LV-beitrag	Annuität	"effektiver" Kapitaldienst
(1)	(2)	(3)	(4)	(3)+(4)	0,5*(3)+(4)
1	800.000	60.000	10.202	70.202	40.202
2	800.000	60.000	10.202	70.202	40.202
3	800.000	60.000	10.202	70.202	40.202
4	800.000	60.000	10.202	70.202	40.202
5	800.000	60.000	10.202	70.202	40.202
6	800.000	60.000	10.202	70.202	40.202
7	800.000	60.000	10.202	70.202	40.202
8	800.000	60.000	10.202	70.202	40.202
9	800.000	60.000	10.202	70.202	40.202
10	800.000	60.000	10.202	70.202	40.202
11	800.000	60.000	10.202	70.202	40.202
12	800.000	60.000	10.202	70.202	40.202
13	800.000	60.000	10.202	70.202	40.202
14	800.000	60.000	10.202	70.202	40.202
15	800.000	60.000	10.202	70.202	40.202
16	800.000	60.000	10.202	70.202	40.202
17	800.000	60.000	10.202	70.202	40.202
18	800.000	60.000	10.202	70.202	40.202
19	800.000	60.000	10.202	70.202	40.202
20	0	60.000	10.202	70.202	40.202
Σ	1.200.000	204.040	1.404.040		804.040

Klassische Kapitalversicherung auf den Todes- und Erlebensfall
Besonderheit: Rückdatierung für 10 Jahre

Versicherungssumme:	DM 397.244,--
Jährlicher Beitrag:	DM 10.201,39
Überschußverwendung:	Bonusansammlung
Rückdatierung:	10 Jahre
Deckungskapitalnachzahlung:	DM 97.186,93 aus eigenen Mitteln
Todesfallschutz:	DM 436.968,-- im 1. Jahr nach Inkraftsetzung (tech.: 11. Jahr)
Ablaufleistung:	DM 799.995,--[a]

[a] Die Leistungen aus der Überschußbeteiligung können nicht garantiert werden.

Insgesamt wird die Netto-Investitionsauszahlung bei der Variante 3 auf DM 104.045,-- reduziert. Im Vergleich zur Ausgangssituation der Variante 1 (vgl. Übersicht 2) bedeutet dies eine Senkung um ca. 69 v.H. und im Vergleich zur Variante 2 (vgl. Übersicht 3) eine Senkung um ca. 41 v.H. des Netto-Auszahlungsbetrags:

eingesetzte "eigene Mittel"	DM	202.813
+ Deckungskapitalnachzahlung	DM	97.187
+ "effektiver" Kapitaldienst	DM	804.040
+ restliche Ablaufleistung	DM	5
= Gesamtauszahlungsbetrag	DM	1.104.045
./. Wert des Investitionsobjekts	DM	1.000.000
= Netto-Auszahlungsbetrag	DM	104.045

Es ergeben sich bei der Variante 3 (Rückdatierung) gegenüber der Variante 2 (Standard-tarif) folgende Unterschiede:

Sicht des kreditaufnehmenden Betriebs:

- deutliche Reduzierung der Netto-Investitionsauszahlung auf DM 104.045,--,

- leichte Erhöhung des Kapitaldienstes "vor Steuern",

- höherer Kredit, dafür aber höherer Rückkaufswert zu Beginn durch Deckungskapital-nachzahlung,

- etwas geringerer Todesfallschutz bei Tod des Unternehmers zu Beginn der Kreditfrist.

Sicht der kreditgebenden Bank:

- höheres Kreditvolumen bei fast identischem Risiko, da der Erhöhungsbetrag größten-teils durch den zusätzlichen Rückkaufswert der Deckungskapitalnachzahlung gedeckt wird,

- höhere Erträge durch höheres Kreditvolumen,

- dem leicht erhöhten Risiko ist gegenüberzustellen, daß der deutlich reduzierte "effekti-ve" Kapitaldienst die Wahrscheinlichkeit eines "notleidend" werdenden Kredites erheb-lich herabsetzt.

33 Die Verwendung von "eigenen Mitteln" des Unternehmers als Prämiendepot-einzahlung

Eine andere Möglichkeit zur Verwendung der vorhandenen "eigenen Mittel" des Unter-nehmers bei entsprechender Erhöhung der Fremdkapitalaufnahme ist die Einzahlung in ein sogenanntes Prämiendepot.

Das Prämiendepot wird üblicherweise verwendet, wenn der Versicherungsnehmer einen Betrag zur Einzahlung in die Lebensversicherung zur Verfügung stellt, der mindestens zwei Jahresprämien entspricht. Da eine sofortige Zahlung in dieser Größenordnung als steuerschädliche Einmalzahlung - Erträge sind bei Einmalzahlungen zu versteuern - gilt, wird der Betrag auf einem bei dem Lebensversicherungsunternehmen separat geführten Konto, dem Prämiendepot, eingezahlt. Von diesem Prämiendepot werden dann die Beiträge entsprechend ihrer Fälligkeit abgebucht. Das Prämiendepot ist mit einer "attraktiven" Verzinsung ausgestattet, die jedoch vom Versicherungsnehmer versteuert werden muß.

Wegen der notwendigen Versteuerung der Prämiendepotzinsen sollte das Depotguthaben so zügig wie möglich in das Deckungskapital der Lebensversicherung transferiert werden. Dafür bietet sich ein Tarif mit verkürzter Beitragszahlungsdauer an, dessen verstärkte Prämienzahlungen zu Beginn der Laufzeit zur Verkürzung der Beitragszahlungsdauer bei Aufrechterhaltung des vollen Versicherungsschutzes über die gesamte Laufzeit dienen. In steuerlicher Sicht ist ein Tarif mit verkürzter Beitragszahlungsdauer dann nicht mit der steuerlich schädlichen Einmalprämie gleichzusetzen, wenn die Beitragszahlungsdauer mindestens fünf Jahre beträgt.

Im Beispiel (vgl. Übersicht 6) wird ein Betrag von knapp DM 290.000,-- aus den eigenen Mitteln des Unternehmers zur Depoteinzahlung verwandt. Die restlichen Eigenmittel von DM 10.000,-- reduzieren die Fremdkapitalaufnahme auf DM 990.000,--. Die Höhe der Prämiendepoteinzahlung ist so bemessen, daß aus dem Prämiendepot unter Berücksichtigung der Depotzinsen die Prämien für die fünf Jahre der gesamten Beitragszahlungsdauer der Lebensversicherung vollständig gezahlt werden können.

Bei dieser Variante 4 wird wiederum die Fremdkapitalaufnahme erhöht, und wiederum ergibt sich eine deutliche Reduzierung des "effektiven" Kapitaldienstes. Die Begründung hierfür liegt genau wie bei der Variante 3 in einer Umschichtung der Zahlungsströme.

Im Vergleich zur Variante 3 (Übersicht 5) erhöhen sich die Zahlungen ohne Berücksichtigung von steuerlichen Auswirkungen jährlich um DM 4.048,-- (DM 74.250,-- ./. DM 60.000,-- ./. DM 10.202,-- = DM 4.048,--). In der Betrachtung nach Steuern ergibt sich jedoch ein wesentlich günstigeres Bild. Lediglich in den ersten drei Jahren ist der "effektive" Kapitaldienst höher als in Variante 3, da die Versteuerung der Zinserträge aus dem Prämiendepot sich in diesem Zeitraum belastend auswirkt. Ab dem fünften Jahr ist der "effek-

Übersicht 6: Beispiel einer gewerblichen Finanzierung (Variante 4: Tilgungsaussetzung mit Abtretung einer Lebensversicherung bei verkürzter Beitragszahlungsdauer mit Prämiendepot)

Jahr (1)	Kredit- betrag (2)	Zins- zahlung (3)	Zinserträge aus dem Prämiendepot (4)	"effektiver" Kapitaldienst (5) = 0,5*(3)+ 0,5*(4)
1	990.000	74.250	14.548	44.399
2	990.000	74.250	11.247	42.749
3	990.000	74.250	7.732	40.991
4	990.000	74.250	3.988	39.119
5	990.000	74.250	–	37.125
6	990.000	74.250	–	37.125
7	990.000	74.250	–	37.125
8	990.000	74.250	–	37.125
9	990.000	74.250	–	37.125
10	990.000	74.250	–	37.125
11	990.000	74.250	–	37.125
12	990.000	74.250	–	37.125
13	990.000	74.250	–	37.125
14	990.000	74.250	–	37.125
15	990.000	74.250	–	37.125
16	990.000	74.250	–	37.125
17	990.000	74.250	–	37.125
18	990.000	74.250	–	37.125
19	990.000	74.250	–	37.125
20	0	74.250	–	37.125
Σ		1.485.000	37.515	761.258

Kapitalversicherung auf den Todes- und Erlebensfall mit einer gegenüber der Versicherungsdauer verkürzten Beitragszahlungs- dauer. Besonderheit: Das Eigenkapital wird fast vollständig in ein Prämiendepot eingezahlt, aus dem die Beiträge zur Lebens- versicherung geleistet werden.

Versicherungssumme:	DM 506.000,--
Jährlicher Beitrag:	DM 65.333,43
Beitragszahlungsdauer:	5 Jahre
Überschußverwendung:	Bonussammlung
Todesfallschutz:	DM 780.400,-- im 1. Jahr
Ablaufleistung:	DM 1.053.700,--[a]
Depoteinzahlung:	DM 289.154,-- aus Eigenmitteln
Depotzins:	6,5 % (Stand: März 1990)

[a] Die Leistungen aus der Überschußbeteiligung können nicht garantiert werden.

tive" Kapitaldienst jeweils jährlich um DM 3.077,-- geringer. Über die gesamte Laufzeit von 20 Jahren gesehen, entsteht ein Netto-<u>Ein</u>zahlungsbetrag (!) von DM 2.462,--:

	eingesetzte "eigene Mittel"	DM	10.846
+	Prämiendepoteinzahlung	DM	289.154
+	"effektiver" Kapitaldienst	DM	761.258
./.	restliche Ablaufleistung	DM	63.720

=	Gesamt-Auszahlungsbetrag	DM	997.538
./.	Wert des Investitionsobjekts	DM	1.000.000

=	Netto-Einzahlungsbetrag	DM	2.462

Die in Abschnitt 32 beschriebenen Unterschiede zwischen den Varianten 2 und 3 verstärken sich noch, wenn die Unterschiede zwischen den Varianten 3 und 4 betrachtet werden. Die Variante 4 ist demnach als konsequente Verbesserung der Variante 3 zu verstehen.

4 Vergleichende Würdigung der vorgestellten Varianten anhand ausgewählter Kriterien

In den folgenden Übersichten 7 bis 11 werden die hier als wesentlich für eine Finanzierungsentscheidung erachteten Kriterien

- "Kapitaldienst" ohne Berücksichtigung von Steuerwirkungen,

- "effektiver" Kapitaldienst,

- Entwicklung des maximalen Kreditausfallrisikos,

- Versicherungsschutz für den Todesfall des Unternehmers

für die Varianten 1 bis 4 vergleichend gegenübergestellt.

41 "Kapitaldienst" ohne Berücksichtigung von steuerlichen Wirkungen

Der "Kapitaldienst" vor Steuern ist ein untergeordneter Aspekt bei der Beurteilung der verschiedenen Varianten. Von Interesse ist primär der "effektive" Kapitaldienst. Jedoch kann bei Barwertbetrachtungen der "Kapitaldienst" vor Steuern wegen zeitlich verzögerter Steuerzahlungen eine gewisse Bedeutung erhalten.

Übersicht 7: <u>Vergleich des "Kapitaldienstes vor Steuern" aller vier Varianten</u>

Variante	"Kapitaldienst" vor Steuern p.a.	nachrichtlich: Kreditvolumen
1	DM 68.665,--	DM 700.000,--
2	DM 70.189,--	DM 700.000,--
3	DM 70.202,--	DM 800.000,--
4	DM 74.250,--	DM 990.000,--

Während der "Kapitaldienst" vor Steuern bei den Varianten 1 bis 3 vergleichbar hoch ist, übersteigt er in Variante 4 deutlich die anderen Vergleichswerte.

42 "Effektiver" Kapitaldienst

Der "Kapitaldienst" vor Steuern ist jeweils jährlich konstant, während der "effektive" Kapitaldienst teilweise von Jahr zu Jahr wechselt.

Übersicht 8: <u>Vergleich des "effektiven" Kapitaldienstes aller vier Varianten</u>

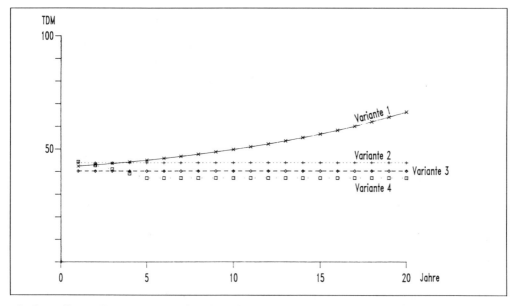

In kumulierter Betrachtung ergibt sich ein besser vergleichbares Ergebnis. Variante 4 ist danach die deutlich günstigste Lösung. Während der kumulierte "effektive" Kapitaldienst in der Übersicht 9 nur das reine Finanzierungsergebnis widerspiegelt, enthält der Netto-Auszahlungsbetrag auch die Differenz von Kreditvolumen und Ablaufleistung.

Variante	kumulierter "effektiver" Kapitaldienst	Netto-Auszahlungsbetrag
1	DM 1.036.644,--	DM 336.644,--
2	DM 878.780,--	DM 177.426,--
3	DM 804.040,--	DM 104.045,--
4	DM 761.258,--	DM - 2.462,--

43 Entwicklung des maximalen Kreditausfallrisikos aus Sicht der kreditgebenden Bank

Wird von der Bonität des Schuldners abgesehen, ergibt sich die Höhe des maximalen Kreditrisikos aus der jeweiligen Differenz von ursprünglicher Kreditsumme und Tilgung oder vorhandener Rückkaufswerte und Prämiendepots.

Übersicht 10: Entwicklung des maximalen Kreditausfallrisikos der Bank

Jahr	Variante 1	Variante 2	Variante 3	Variante 4
	Restkredit	ursprüngl. Kreditsumme ./. Rückkaufswert	ursprüngl. Kreditsumme ./. Rückkaufswert	ursprüngl. Kreditsumme ./. Rückkaufswert ./. Prämiendepot
1	683.835	699.499	706.613	709.220
2	666.458	685.910	690.101	692.946
3	647.777	667.770	672.264	674.774
4	627.695	648.305	653.052	654.528
5	606.107	627.425	632.352	628.799
6	582.900	604.987	609.969	602.363
7	557.953	580.752	585.827	574.000
8	531.134	554.644	559.792	543.568
9	502.304	526.496	531.697	510.911
10	471.312	496.161	501.337	474.499
11	437.995	463.331	468.418	436.944
12	402.180	427.839	432.782	396.573
13	363.679	389.422	380.770	353.122
14	322.290	347.826	338.323	306.343
15	277.797	302.732	292.531	255.930
16	229.967	242.674	242.803	201.562
17	178.550	188.827	189.079	142.858
18	123.276	130.515	131.004	79.422
19	63.857	67.290	68.143	10.750
20	0	- 1.354	5	- 63.720

Ein wichtiger Aspekt bei Finanzierungsentscheidungen ist die Situationsanalyse für den Todesfall des Unternehmers. Aus dieser Sicht ist - ceteris paribus - die Finanzierungsvariante die beste, die im Todesfall des Unternehmers den größten Teil des Kredites aus der Lebensversicherung abdeckt. Übersicht 11 zeigt die Differenz zwischen Kreditsumme und Todesfalleistung im jeweiligen Jahr. Bei der Variante 4 werden von der Kreditsumme zusätzlich die jeweils vorhandenen Depotwerte abgezogen.

Übersicht 11: <u>Im Todesfall des Unternehmers nicht abgedeckte Kreditsummen</u>

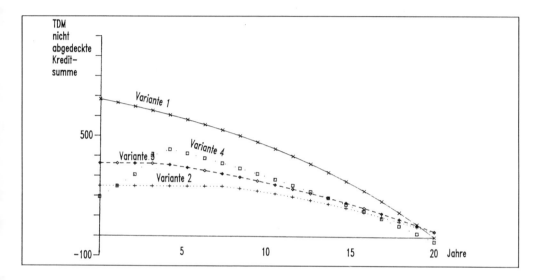

5   Schlußbetrachtung

Die vergleichende Darstellung im Teil 4 betrachtete vier wichtige Kriterien einer Investitionsfinanzierung unter Einsatz von "eigenen Mitteln" des Unternehmers: den "Kapitaldienst" vor Steuern, den "effektiven" Kapitaldienst, die Entwicklung des maximalen Kreditausfallrisikos und den Versicherungsschutz im Falle des Todes des Unternehmers. Für diese Kriterien ist keine absolute Prioritätenfolge bestimmbar, die zu einer allgemeingültigen Aussage führt. Welche der Varianten zum besten Ergebnis führt, kann nur im Einzelfall entschieden werden. Es lassen sich jedoch tendenzielle Aussagen mit hohem Verallgemeinerungsgrad treffen:

1. Der "Kapitaldienst" vor Steuern ist bei den vorgestellten Tilgungsaussetzungsvarianten höher als bei annuitätischer Tilgung. Üblicherweise ist aber der "effektive" Kapitaldienst von größerer Bedeutung, so daß ein erhöhter "Kapitaldienst" vor Steuern akzeptiert wird, wenn die übrigen Vorteile überwiegen.

Sollte der "Kapitaldienst" vor Steuern im Einzelfall ausnahmsweise zu einem entscheidenden Kriterium werden, lassen sich auch Varianten mit einem reduzierten "Kapitaldienst" vor Steuern darstellen.

2. Der "effektive" Kapitaldienst ist in der Regel das zentrale Beurteilungskriterium. Bei allen Varianten mit einer Lebensversicherung ist der kumulierte "effektive" Kapitaldienst bei einer nachhaltig positiven Gewinnsituation des Unternehmens deutlich geringer als derjenige bei annuitätischer Tilgung. Zu beachten ist der zeitliche Ablauf der jährlichen Unterschiede: In den ersten Anfangsjahren ist der "effektive" Kapitaldienst bei Varianten mit Lebensversicherung üblicherweise leicht höher, in den Folgejahren laufend deutlich geringer als bei annuitätischer Tilgung.

3. Das maximale Kreditausfallrisiko aus Sicht der kreditgewährenden Bank ist im Regelfall bei allen Varianten mit Abtretung einer Lebensversicherung als Tilgungsersatz etwas höher als bei annuitätischer Tilgung. Dies berührt die Kreditentscheidung jedoch erfahrungsgemäß kaum, da die relative Verschlechterung des Ergebnisses der objektbezogenen Betrachtungsweise durch die Verbesserung der Aufwandssituation (vgl. Punkt 2) kompensiert wird.

4. Ein Versicherungsschutz im Todesfall des Unternehmers ist naturgemäß nur bei allen Varianten mit Lebensversicherung gegeben. Dieser Aspekt ist auch im Zusammenhang mit dem maximalen Kreditausfallrisiko (vgl. Punkt 3) zu würdigen, da die Absicherung des Todesfallrisikos bei Kreditentscheidungen oftmals unabdingbare Voraussetzung ist.

Zu erwähnen sind in diesem Zusammenhang ferner die Möglichkeiten des Einschlusses von Zusatzversicherungen (z.B. Berufsunfähigkeit, Erwerbsunfähigkeit) in Form von Beitragsfreistellungen (Kapitalrückführung ist gewährleistet) oder zusätzlichen Rentenzahlungen (Kapitalrückführung und Zinszahlungen sind gewährleistet).

Alles in allem stellt die Möglichkeit der Tilgungsaussetzung gegen Abschluß einer Lebensversicherung ein beachtenswertes Finanzierungsmodell mit individuell gestaltbaren Einzelbausteinen dar. Das in den letzten Jahren verstärkte Angebot solcher Kombinationsmodelle auch durch Banken entspricht dem Verlangen der Firmenkundschaft nach "maßgeschneiderten", individuellen monetären Problemlösungen.

Abschließend sei erwähnt, daß die beschriebenen Vorteile über Kombinationsmodelle mit Lebensversicherungen nicht nur bei langfristigen Tilgungsdarlehen eingesetzt werden können, sondern auch bei kurz- und mittelfristigen Tilgungsdarlehen, als Rückdeckung von Pensionszusagen mittelständischer Unternehmen und zum fremdfinanzierten Vermögensaufbau von Privatpersonen.

Literaturverzeichnis

Berger, Karl-Heinz: Zur Kooperation von Banken und Versicherungen. In: Herausforderungen der Wirtschaftspolitik. Festschrift zum 60. Geburtstag von Claus Köhler. Hrsg. v. W. Filc, L. Hübl u. R. Pohl. Berlin 1988, S. 15-26.

Bohm, Rainer: Lebensversicherungen im Bankvertrieb. "Die Bank", Köln, o.Jg. (1990), S. 104-107.

Deppe, Hans-Dieter: Finanzielle Haftung heute - Obsoletes Relikt oder marktwirtschaftliche Fundamentalleistung? In: Zweihundert Jahre Geld und Brief. Herausforderungen an die Kapitalmärkte. Festgabe an die Niedersächsische Börse zu Hannover aus Anlaß ihres 200jährigen Bestehens. Hrsg. v. C.P. Claussen, L. Hübl u. H.-P. Schneider. Frankfurt a.M. 1987, S. 179-204. Wiederabgedruckt in: Geldwirtschaft und Rechnungswesen. Hrsg. v. H.-D. Deppe. (Neue Betriebswirtschaftliche Studienbücher, Bd. 1.) Göttingen 1989, S. 199-228.

Eucken, Walter: Grundsätze der Wirtschaftspolitik. Hrsg. v. E. Eucken u. K.P. Hensel. 5., unveränd. Aufl., Tübingen 1975.

Heinrichs, Toni: Der Gewerbesteuer-Einfluß bei den Finanzierungskosten. Berücksichtigung beim Vergleich der Netto-Kosten von Annuitäten-Tilgungsdarlehn und Festdarlehn mit Tilgungs-Lebensversicherung. "Versicherungswirtschaft", Karlsruhe, Jg. 45 (1990), S. 109-114.

Liebau, Gerhard: Monetäre Leistungen und konzeptionelle Erfassung des Betriebs. In: Geldwirtschaft und Rechnungswesen. Hrsg. v. H.-D. Deppe. (Neue Betriebswirtschaftliche Studienbücher, Bd. 1.) Göttingen 1989, S. 27-150.

Lohmann, Karl: Finanzmathematische Wertpapieranalyse. (Neue Betriebswirtschaftliche Studienbücher, Bd. 3.) 2., durchges. u. erw. Aufl. Göttingen 1989.

Nahlik, Wolfgang: Mittelständische Unternehmen als Kreditnehmer. "Die Bank", Köln, o.Jg. (1989), S. 628-634.

Remsperger, Hermann: Erscheinungsformen, Ursachen und Implikationen von Allfinanz-Strategien. "Die Bank", Köln, o.Jg. (1989), S. 299-309.

Rudolph, Bernd: Sollten Banken am Versicherungsmarkt tätig sein? "Die Bank", Köln, o.Jg. (1987), S. 655-661.

Schwebler, Robert: Wege der Zusammenarbeit zwischen Banken und Versicherungen. In: Aspekte bankwirtschaftlicher Forschung und Praxis. 100 Jahre genossenschaftliche Zentralbanken in Südwestdeutschland. Hrsg. v. H. Guthardt u.a. Frankfurt a.M. 1985, S. 201-209.

Schwebler, Robert: Chancen und Probleme im Beziehungsgeflecht von Banken und Versicherungen. "Die Bank", Köln, o.Jg. (1986), S. 72-76.

Vollmer, Lothar: Kooperation und Konzentration von Banken und Versicherungen. "Die Bank", Köln, o.Jg. (1989), S. 352-358.

Teil 3

Gratulation

Biographische Daten und Würdigung der Forschungs- und Lehrtätigkeit von Hans-Dieter Deppe

Hans-Dieter Deppe hat bei Vollendung seines 60. Lebensjahres am 3. Juli 1990 ein Vierteljahrhundert in Göttingen als Forscher und Lehrer der Betriebswirtschaftslehre an der Georg-August-Universität gewirkt und kann zugleich auf eine mehr als dreißigjährige aktive Hochschullehrerlaufbahn zurückblicken, zunächst (seit 1959) als promovierter Assistent in Kiel und Münster sowie seit 1964 nach der Habilitation als beamteter Dozent in Münster und schon ein Jahr später als ordentlicher Professor in Göttingen. Er ist der traditionsreichen Georgia Augusta treu geblieben, obwohl er zahlreiche ehrenhafte Rufe an andere Universitäten erhielt (u.a. Bonn, München, Regensburg, Hamburg, Münster), und er hat den Fachbereich Wirtschaftswissenschaften (vorher: Fakultät für Wirtschafts- und Sozialwissenschaften) dieser Universität entscheidend mitgeprägt.

Eine kaum überschaubare Zahl von späteren Diplomierten hat bei ihm vor allem Bankbetriebslehre, aber auch Betriebliche Finanzwirtschaft und Allgemeine Betriebswirtschaftslehre studiert; eine beachtliche Zahl von Schülern ist unter seiner Betreuung promoviert worden, einige davon haben sich ihrerseits der Universität als Hochschullehrer verpflichtet. Von ihm wurden in der Funktion als Lehrer und Ratgeber Lebenswege entscheidend beeinflußt bzw. mitgestaltet, eine Aufgabe, die häufig genug auch seelische Belastung bedeutete. Von ihm wurde als Forscher die Betriebswirtschaftslehre und hier insbesondere das Fach Bankbetriebslehre ein entscheidendes Stück vorangebracht.

Nach einer in Kriegs- und Nachkriegsnöten verbrachten Schulzeit und dem Abitur im westfälischen Petershagen studierte Hans-Dieter Deppe Wirtschaftswissenschaften an der Technischen Hochschule Hannover (heute TU) im Sommersemester 1952, an der University of Indiana, Bloomington, und an der University of Kansas, Lawrence, USA (Studienjahr 1952/53) sowie an der Christian-Albrechts-Universität in Kiel (1953 - 1956).

In den Kieler Studienjahren wurde Deppe mit zwei Forschungsrichtungen konfrontiert, von denen die eine wegen ihrer inneren Geschlossenheit und modellmäßigen Stringenz seine Bewunderung und ungeteilte Zustimmung fand, auch bedingt bzw. verstärkt durch die wissenschaftliche und rhetorische Brillanz des für alle Hörer unvergeßlichen Erich Schneider. Die andere Richtung, in Kiel damals untrennbar mit dem Namen Gerhard Mackenroth verbunden, galt wegen ihrer sozialwissenschaftlichen Ausrichtung eher als wissenschaftlicher Gegenpol; sie kam dem Bedürfnis Deppes nach gesellschaftlichem Bezug und Wirklichkeitsnähe ökonomischer Theorien entgegen, Merkmale, die er trotz der in seinen ersten Publikationen dominierenden modellmäßig-mathematischen Ausrichtung schon damals hoch einschätzte.

In Kiel hat Deppe schließlich nicht nur sein Examen als Diplom-Volkswirt (1956) abgelegt, sondern hier wurde auch die entscheidende Weiche für sein späteres wissenschaftliches Wirken gestellt: die Hinwendung zur Betriebswirtschaftslehre der Banken und zu

Ludwig Mülhaupt, der seit 1939 am Institut für Weltwirtschaft arbeitete und von 1956 - 1960 als ordentlicher Professor und Kollege von Erich Schneider an der Rechts- und Staatswissenschaftlichen Fakultät der Christian-Albrechts-Universität wirkte. Mit Mülhaupt ging Deppe 1960 nach seiner Promotion zum Dr. sc. pol. (im Jahr 1959) als geschäftsführender Assistent nach Münster an die Westfälische Wilhelms-Universität und kam damit auch wieder in seine eigentliche gefühlsmäßige Heimat zurück.

Deppe erkannte sehr früh die Leistungsfähigkeit von Operations Research-Verfahren in den Wirtschaftswissenschaften, insbesondere des Verfahrens der linearen Programmierung, und verstand es als erster Ökonom überhaupt, das Problem bankbetrieblicher Rentabilitäts- und Liquiditätsplanung in einem LP-Ansatz zu modellieren. Seine Dissertation und ein fundamentaler, als wissenschaftlicher Durchbruch zu bezeichnender Aufsatz im "Weltwirtschaftlichen Archiv", Kiel 1961, belegen diese außerordentlich innovative Frühphase seiner wissenschaftlichen Arbeit. In Münster konnte er die in Kiel mit der Dissertation begonnenen Forschungen zur Theorie der Bankunternehmung fortsetzen und zu einem für die wissenschaftliche Bankbetriebslehre bedeutsamen Höhepunkt bringen. Aus den in der Dissertation gelegten Grundbausteinen entstand dort Anfang der sechziger Jahre mit seiner Habilitationsschrift über bankbetriebliches Wachstum ein im Grundansatz immer noch modernes Bauwerk der wissenschaftlichen Bankbetriebslehre: die auf dem Verfahren der linearen Programmierung aufbauende Modellierung einer idealtypischen Kreditbank, wobei Wachstumsprozesse ausgehend von dem gewinnmaximalen Leistungsprogramm durch schattenpreisgesteuerte Ausweitung der kapazitativen finanziellen und technisch-organisatorischen Engpaß-Reservoirs geplant werden. Bereits in diesen Analysen wird von Deppe der limitationale Charakter des bankbetrieblichen haftenden Eigenkapitals herausgearbeitet. Hier zeichnet sich ein "Leitmotiv" seiner wissenschaftlichen Analysen ab, das von ihm bis heute mit zunehmender Intensität weiterverfolgt und ausgebaut worden ist.

Wie aus dem Untertitel der leider erst 1969 publizierten Habilitationsschrift ersichtlich ist, geht es in ihr primär um Erkenntnis und Analyse bankbetrieblicher Funktionalzusammenhänge und erst sekundär um Operations Research. Operations Research-Verfahren werden von Deppe bereits in seinen frühen Arbeiten nur als Instrument gesehen, welches in den Dienst wissenschaftlicher Erkenntnis und Anwendung zu stellen ist, also für eine Theorie des Bankbetriebs Hilfsfunktionen zu übernehmen hat. Deppe gehörte nie zu den ausschließlich mathematisch-quantitativ orientierten Ökonomen, bei denen die Anwendung von Verfahren und Methoden leicht zum vorrangigen Ziel wissenschaftlichen Arbeitens wird. Er hat seine kritisch-überdenkende Einstellung zum Wert der modellorientierten, deduktiven Forschung - bei grundsätzlich positiver Sicht - bereits damals selbst deutlich ausgesprochen, und zwar u.a. in seiner Antrittsvorlesung an der Georg-August-Universität Göttingen am 11. Dezember 1965 (erweiterte Fassung: Über Ziele und Problemstellungen theoretisch-deduktiver Analysen einzelner Kreditinstitute, "Zeitschrift für betriebswirtschaftliche Forschung", Köln u. Opladen, Jg. 18 (1966), S. 616 - 648).

Man muß sich in die Zeit vor 30 Jahren zurückversetzen, um die wissenschaftliche Pionierleistung der genannten Arbeiten Deppes richtig würdigen zu können, die nicht nur von erheblicher Reserviertheit vieler Fachkollegen, sondern vor allem auch der Bankpraxis begleitet waren. Wenn heute eine völlige Umkehr der Denkhaltungen, insbesondere in der Praxis, und eine Hinwendung zur wissenschaftlich begründeten Planung und Kontrolle festzustellen sind (Stichwörter: wissenschaftliche Unternehmensführung, Controlling etc.), so verbergen sich dahinter die Leistungen vieler einzelner Wissenschaftler, die mit Überzeugungskraft und Beharrlichkeit ihre Denkansätze und theoretischen Konzepte in Forschung und Lehre ausgebaut und einer neu orientierten Generation von Schülern vermittelt haben. Zu diesen Verfechtern wissenschaftlicher Fundierung gehörte Deppe schon in den Kieler und Münsteraner Jahren, aber dann insbesondere als Ordinarius für Betriebswirtschaftslehre an der Georg-August-Universität Göttingen, die er 1964 nach Ablehnung eines Rufes an die Universität Bonn als neue alma mater und künftige Heimstätte gewählt hatte. Als institutionalisierter Rahmen der wissenschaftlichen Arbeit fungierte sehr bald das auf seine Initiative 1968 gegründete Institut für Bankbetriebslehre und Unternehmungsfinanzierung, das 1982 in Institut für Betriebswirtschaftliche Geldwirtschaft umbenannt wurde. Mit diesem neuen Namen ist zugleich sein Forschungsprogramm trefflich umschrieben.

In Göttingen fand er die geistige Atmosphäre für wissenschaftlich kreative Arbeit trotz der mit hochschulpolitischem Engagement übernommenen Selbstverwaltungsaufgaben (u.a. Dekan in den schwierigen Jahren der Studentenrevolte und universitärer Umbrüche mit neuen Universitätsgesetzen, Prüfungsordnungen, Fakultätsgliederungen usw.) sowie der Belastungen durch die zur Genüge bekannte Lehrsituation in Massenfächern wie der Betriebswirtschaftslehre. Parallel zum äußerst ernsthaft, mit hohen methodischen und didaktischen Ansprüchen gestalteten sowie die Studierenden geistig herausfordernden Hochschulunterricht entstanden zahlreiche wissenschaftliche Arbeiten, über die im einzelnen - soweit veröffentlicht - das Verzeichnis der Publikationen in dieser Festschrift Auskunft gibt. Vieles an grundlegenden Ideen und konzeptionellen Entwürfen ist wegen der Nachdenklichkeit und Gründlichkeit Deppes jedoch nicht oder z.T. sehr spät publiziert worden (als Beispiel sei nur auf die Habilitationsschrift von 1963, publiziert 1969, verwiesen). Forum für die "Veröffentlichung" seiner Gedanken waren primär die Hörer in Vorlesungen und Seminaren zur Bankbetriebslehre und Betrieblichen Finanzwirtschaft, erst in zweiter Linie die Leser wissenschaftlicher Zeitschriften und Bücher. Die erkennbare Zurückhaltung in der schriftlichen Darlegung oder Fixierung von Gedanken bzw. umfassenderen geistigen Entwürfen läßt sich nur zum Teil auf den Wunsch zurückführen, den Dingen erst vollständig auf den Grund zu gehen und der Wissenschaftsgemeinschaft keine nur halb durchdachten Konzeptionen vorzustellen. Ein weiterer Grund dürfte in der von ihm geschätzten größeren Unmittelbarkeit und dem Reaktionserleben bei mündlicher, dialogfähiger Präsentation zu sehen sein.

Nach den Jahren des Aufbaus und der Konsolidierung von Lehrveranstaltungen (insbesondere der zunächst dreisemestrig angelegten "BWL der Banken") und der Publikation ver-

415

schiedener begleitender Zeitschriftenbeiträge wandte sich Deppe intensiver - auch in Rückbesinnung auf seine Veranstaltungen zum "Zahlungs-, Kredit- und Kapitalverkehr" - monetären Transaktionen und Institutionen sowie den finanziellen Märkten mit den dort gehandelten bzw. emittierten Finanztiteln zu. Von dem umfassend geplanten zweibändigen Werk über "Betriebswirtschaftliche Grundlagen der Geldwirtschaft" ist zum großen Bedauern vieler Schüler und Kollegen nur der Band 1 (Einführung und Zahlungsverkehr, Stuttgart 1973) erschienen. Trotz eines mehrfach überarbeiteten Manuskripts für den Band 2 von mehreren hundert Seiten und einer faszinierenden, weil logisch äußerst stringenten Gliederung des Stoffes konnte sich Deppe (bislang) nicht zur abschließenden Fertigstellung und Weiterleitung an den Verlag entschließen. Andere Aufgaben, nicht zuletzt die im Laufe der Jahre zunehmenden Belastungen im Lehrbetrieb, und andere Projekte schoben sich dazwischen und verdrängten das Projekt "Geldwirtschaft, Bd. 2".

Einen Höhepunkt wissenschaftlicher Aktivität bildete schließlich die Festschrift zum 65. Geburtstag von Ludwig Mülhaupt, die unter dem unkonventionellen Titel "Bankbetriebliches Lesebuch", Stuttgart 1978, erschien. Hier ergreift Deppe die Gelegenheit, seine Sicht des betriebswirtschaftlichen Herangehens an das Forschungsobjekt Bankbetrieb darzulegen, wie sie von ihm in langjähriger Lehre und Forschung in Göttingen ausgebaut und verfeinert worden war. Sein Beitrag "Eine Konzeption wissenschaftlicher Bankbetriebslehre in drei Doppelstunden" zielt (wie auch der Titel der Festschrift) bewußt schon in der Themaformulierung auf den Universitätsunterricht ab; darüber hinaus ist aber auch die konzeptionelle Gestaltung der gesamten Festschrift seinem Lehr- und Forschungsprogramm verpflichtet und lehrbuch- oder handbuchähnlich angelegt. Er präsentiert in seinem Beitrag vor allem eine Theorie bankbetrieblicher Leistungsprozesse auf der Basis des Konzepts der betrieblichen Faktorkombination mit grundsätzlicher Erweiterung um den Monetären Faktor, der hier - in Verdeutlichung des Ansatzes aus dem Werk "Bankbetriebliches Wachstum" - erstmals als Faktorpotential mit Zahlungs- und/oder Haftungsqualität definiert und interpretiert wird. Zugleich wird die Differenzierung der bankbetrieblichen Leistungsbereiche (Liquiditätsmäßig-finanzieller Bereich, LFB, und Technisch-organisatorischer Bereich, TOB) weiter verfeinert. Mit der Erweiterung um den Geschäftspolitischen Bereich (GPB), der die betrieblichen Steuerungs- und Kontrollnormen umfaßt, entsteht ein Erklärungsmodell für Bankbetriebe, das Mechanismen, Funktionalbeziehungen sowie Steuerungsprinzipien unter Betonung des Systemzusammenhangs herausstellt. Deppe steht in seinen wissenschaftlichen Überzeugungen nicht nur in der Tradition des Volks- und Betriebswirts Erich Schneider, sondern auch - ohne direkter Schüler zu sein - in der Tradition des von ihm hochgeschätzten Betriebswirts Erich Gutenberg, mit dem er bis kurz vor dessen Tod wissenschaftlich korrespondierte.

Das Denken im Systemzusammenhang, das Aufspüren wesentlicher Mechanismen in betrieblichen Input-Output-Prozessen sowie im gesamtwirtschaftlichen, dem Prinzip des "do ut des" (Reziprozität) verpflichteten Leistungsaustausch werden immer mehr zu dominierenden Leitlinien der Lehr- und Forschungstätigkeit Deppes. Das Geflecht arbeitsteiliger Wirtschaftsbeziehungen mit marktwirtschaftlicher Koordination bedarf in seinen Augen stabiler Verhaltensweisen der einzelnen Wirtschaftssubjekte, so daß eine tragfähige Vertrauensbasis für den wirtschaftlichen Leistungsaustausch geschaffen wird. Bankaufsichtsrechtliche Normen des Einlegerschutzes bzw. der Funktionssicherung des Bankwesens, Vorschriften des Insolvenzrechts, Gläubigerschutzregelungen im allgemeinen etc. werden vor diesem Hintergrund als zentrale marktwirtschaftliche Ordnungsfaktoren gesehen, die in betriebswirtschaftlichen Erklärungs- und Entscheidungsmodellen ein umfassendes Nebenbedingungssystem zur Existenzsicherung von Betrieben erzwingen: auf finanzieller (monetärer) Ebene vor allem die Bedingungen der Sicherung von Zahlungsfähigkeit und Schuldendeckungsfähigkeit. Im Technisch-organisatorischen Bereich hat ihn das Unbehagen an vielen betriebswirtschaftlich-technizistischen Normen zur Wortprägung "Arbeitgeberfähigkeit" und zur Übertragung in ein TOB-Bedingungssystem geführt. Damit wurde dem Einstehenmüssen des Unternehmers für monetäre Leistungsverpflichtungen bzw. der Verantwortlichkeit gegenüber Gläubigern eine Verantwortlichkeit gegenüber Arbeitnehmern (als Einstehenmüssen für verantwortliche Menschenführung im Betrieb) hinzugefügt.

Deppe ist bis heute ein Schöpfer betriebswirtschaftlicher Begriffe geblieben; die aus seinen frühen Arbeiten bekannten und längst auch in Wissenschaft und Praxis gebräuchlichen Bezeichnungen (z.B. Liquiditätsmäßig-finanzieller Bereich, LFB, und Technisch-organisatorischer Bereich, TOB) sind im Laufe der Jahre von ihm um viele originelle und treffende Begriffe bereichert worden. Begriffe sind für ihn nicht nur Worte, Bezeichnungen, sondern vielmehr auch Identifikationen für Forschungsprogramme bzw. theoretische Konjekturen oder darüber hinaus für Wissenschaftsgemeinschaften. Begriffe grenzen, obwohl durchaus nach Zweckmäßigkeitsaspekten wählbar oder definierbar, wissenschaftliche Fragestellungen und Problemsichtweisen ab. Dies war ihm stets bewußt und erklärt auch seine deutlichen (z.T. empfindlichen) Reaktionen auf Mißinterpretationen bzw. fälschliche Verwendung seiner Denkkategorien: Zweifelsohne muß Sprache als Instrument der Problemartikulierung und der Weitergabe von Erkenntnissen gerade in der Wissenschaft sorgsam gepflegt werden.

Eine Reihe von Publikationen ist in den siebziger und achtziger Jahren aus dem wissenschaftlichen Alltagsbetrieb heraus entstanden. Diese Einzelstücke sind jedoch durchweg Musterbeispiele für Sorgfalt und Tiefe der wissenschaftlichen Arbeiten Deppes; hierher gehören etwa der zweimal nachgedruckte Beitrag über "Geldmarkt und Geldmarktkonzepte" (1976), der WiSt-Aufsatz über die "Rolle des Wertpapiererwerbs bei Anlagedispositionen eines Kreditinstituts" (1976) sowie Artikel über Zahlungsverkehr (nationaler und internationaler) im HWF, 1976, und Bankbetriebslehre im HWB, 1974.

Aus den Bedürfnissen des Hochschulunterrichts heraus sind zudem zwei von ihm begründete Schriftenreihen erwachsen, die "Göttinger Hefte zur Bankbetriebslehre und Unternehmungsfinanzierung", in der bisher 12 Hefte (eigentlich Bände) erschienen sind, beginnend mit dem "Grundriß einer analytischen Finanzplanung", Göttingen 1975, dem Anstoß zu dieser Reihe, sowie die erst 1989 aufgelegte Reihe "Neue Betriebswirtschaftliche Studienbücher" mit inzwischen vier Bänden. Die Veröffentlichung des von Deppe vor allem unter didaktischen Aspekten konzipierten Optimierungsmodells zur kurzfristigen Finanzplanung als Nr. 1 der "Göttinger Hefte" war eigentlich schon lange überfällig, schließlich diente das in Studentenkreisen wohlbekannte "Transportbetonmodell" damals schon seit ca. acht Jahren in Vorlesungen und Übungen als Beispiel für integrierte Finanzplanung und als kleiner Einblick in die Werkstatt finanzwirtschaftlichen Modellbaus und sollte vor allem das Denken in finanziellen Zusammenhängen schulen. Dieses zeitlose Anliegen hat auch das Modell nicht veralten lassen, so daß die Studie unter der Co-Autorenschaft von K. Lohmann in überarbeiteter Fassung 1989 neu aufgelegt werden konnte (Neue Betriebswirtschaftliche Studienbücher, Bd. 2). Hervorzuheben sind aus der ersten Reihe ferner die von Deppe herausgegebenen "Texte zur wissenschaftlichen Bankbetriebslehre I und II", Göttingen 1980/81, in denen er die historischen Entwicklungslinien verdeutlicht, die zum gegenwärtigen Stand der wissenschaftlichen Bankbetriebslehre geführt haben. Diese Rückschau enthält neben früheren Arbeiten von Deppe und neben Beiträgen anderer Autoren vor allem grundlegende Arbeiten zur Betriebswirtschaftslehre der Banken von Mülhaupt, den man zusammen mit Deppe als Initiator der theoretischen Bankbetriebslehre bezeichnet hat. Durchaus mit Berechtigung sprach M. Hein 1972 daher aus Anlaß der Besprechung des Buches "Bankbetriebliches Wachstum" von einer Schule "Mülhaupt/ Deppe". Die in Kiel und Münster gewachsene Verbundenheit beider Forscher basiert bei aller Gegensätzlichkeit im persönlichen Naturell und auch deutlicher Unterschiede in den wissenschaftlichen Erklärungsansätzen auf einem Fundus gemeinsamer wissenschaftlicher Überzeugungen. Diese Verbundenheit hat Deppe immer wieder zum Ausdruck gebracht, neben der Festschrift auch durch die "Texte", die u.a. dazu dienen sollen, die Leistungen Mülhaupts bewußt zu machen und in Erinnerung zu halten.

Die Reihe "Neue Betriebswirtschaftliche Studienbücher" knüpft an diese Tradition an; der von Deppe herausgegebene Band 1 "Geldwirtschaft und Rechnungswesen" (1989) ist Ludwig Mülhaupt zum 75. Geburtstag gewidmet. Deppe selbst ist in diesem Band mit einem programmatischen Beitrag vertreten: "Finanzielle Haftung heute - Obsoletes Relikt oder marktwirtschaftliche Fundamentalleistung?" Sein Anliegen, die unternehmerische Haftungsleistung als fundamentale marktwirtschaftliche Leistung herauszustellen, wird hier in eindrucksvollen Formulierungen deutlich. Letztlich geht er in diesem Beitrag über die noch eher produktionstheoretische Argumentation früherer Arbeiten weit hinaus und bezieht ordnungspolitische Aspekte (Funktion der Vertrauensbildung von Haftung etc.) in seine Analyse ein.

Persönliche Lebenssphäre und Persönlichkeitsbild gehören nur begrenzt in eine öffentliche Würdigung; sie sind zumindest schwer in wenigen Sätzen zu erfassen; zu leicht entsteht wegen des Ausschnittscharakters ein bruchstückhaftes und falsches Bild. Gleichwohl sind hier einige "Anmerkungen" angebracht, denn der Wissenschaftler und Hochschullehrer Hans-Dieter Deppe ist von allen Schülern (und nicht nur von diesen) als Mensch mit starken Konturen erlebt und empfunden worden. Jeder, der ihn kennengelernt hat, dürfte

418

sich sehr schnell des prägenden Einflusses seiner Persönlichkeit bewußt geworden sein (für manchen und manches Mal auch durchaus etwas schmerzlich).

Zu den eindrucksvollen Wesenszügen gehören sicherlich die Einheit verantwortungsvoller, persönlicher Lebensführung und in Gesprächen vertretener Wertvorstellungen sowie die Beständigkeit und Verläßlichkeit seiner Einstellung zu den Dingen: zu Problemen des öffentlichen und privaten Lebens ebenso wie zu akademischen Selbstverwaltungsfragen und zu wissenschaftlichen Forschungsansätzen. Feste Überzeugungen, im Grundsätzlichen wie aber auch im eher Peripheren, sind bei ihm eine Selbstverständlichkeit seit frühen Jahren, so daß jeder bis heute bei Disputen und Dialogen über Sachfragen nur bei begründeten Argumenten und mit überzeugender Beharrlichkeit bestehen kann.

Die Festigkeit und Eindeutigkeit der Wertungen gilt aber auch für sein Verhältnis zu anderen Menschen. Wer sich seiner Wertschätzung erfreut, kann auf ihn zählen, kann das Verhältnis auch Belastungen aussetzen und erfährt eine nachgerade erstaunliche Nachsicht bzw. Toleranz. Diese wird verstärkt durch großzügige Hilfs- und Einsatzbereitschaft. Deppe ist stets ein sorgsamer Beobachter der Verhaltensweisen ihn tangierender Menschen gewesen, und noch immer gilt ihm die Handlung mehr als das bloße Reden über beabsichtigtes Tun. Generell kennzeichnet ihn eine tiefe Verpflichtung zu moralisch begründbarem Handeln, verbunden mit den alten Tugenden preußischer Pflichterfüllung. Seine engen Kontakte zu Persönlichkeiten der evangelisch-lutherischen Kirche mögen sich von daher genauso erklären wie seine bis heute andauernde Mitarbeit in der Universitätskirchendeputation, die für ihn zweifellos zu den innerlich befriedigendsten und beliebtesten universitären Selbstverwaltungsaufgaben gehört.

Sich nicht nur als Sachwalter objektiver Belange der Universität und insbesondere der Fakultät bzw. des Fachbereichs zu fühlen, sondern diese Rolle mit Engagement und innerer Identifikation anzunehmen und für das wohlverstandene Interesse der Universität zu streiten, mit vielen persönlichen, zwischenmenschlichen Belastungen, gehört zu seinem Selbstverständnis als Hochschullehrer. Wer sein außerordentliches Erinnerungsvermögen an früher besprochene oder gar beschlossene Angelegenheiten kennt, wer die Genauigkeit und Detailliertheit seiner Problemanalysen mit gutem Gespür für Hintergrundströmungen erfahren hat, weiß und versteht allerdings auch, daß er oft als unliebsamer Mahner und kritischer Begleiter von Verhandlungen empfunden wurde und wird.

Über alle Jahre seines Wirkens hat Deppe den Mitarbeitern am Lehrstuhl (später: am Institut) ein ausgeprägtes Gefühl des Eingebundenseins in eine Mannschaft und der Zusammengehörigkeit vermittelt. Für alle Mitarbeiter bleiben wohl die gemeinsamen Semesterabschlußfeiern und Wanderungen, insbesondere die auch die "Ehemaligen" einbeziehenden Winterwanderungen am zweiten Adventssonnabend jeden Jahres in bester Erinnerung bzw. werden in erwartungsvoller Vorfreude erneut in den Jahresablauf als Fixpunkt eingeplant. Dieses Gefühl der Zugehörigkeit zu einer gemeinsamen wissenschaftlichen Herkunft und Denkgemeinschaft dauerhaft zu vermitteln, trotz unterschiedlicher Charaktere der in Jahrzehnten betreuten Doktoranden allen einen Tag gemeinsamer Rückbesinnung sowie der Schau nach vorne zu bieten, ist nur einer starken Persönlichkeit möglich.

Auf gemeinsamen Wanderungen im ausgedehnten und schönen Göttinger Wald haben auch viele Seminarteilnehmer ihren ansonsten als streng empfundenen Universitätslehrer von einer eher nachsichtigen und verständnisvollen Seite erlebt. Bis heute bieten diese Semesterwanderungen für Studierende gleichwohl wie für Mitarbeiter die Gelegenheit zur gelösten, aber trotzdem ernsthaften Diskussion persönlicher und fachlicher Belange.

Das skizzierte Bild des Hochschullehrers und Menschen Hans-Dieter Deppe muß zwangsläufig unvollständig bleiben. Eines darf aber nicht unerwähnt bleiben: seine beneidenswerte künstlerische Begabung, von der sich jeder überzeugen kann, der Ölbilder und Aquarelle von Landschaften um Göttingen, aber vor allem seiner Mindener Heimat bei einem Besuch in seinem gastlichen Haus zu sehen bekommt.

Zur Vollendung seines 60. Lebensjahres begleiten ihn die herzlichen Glückwünsche aller Festschriftautoren und darüber hinaus auch aller nicht mit einem Beitrag vertretenen Schüler und Mitarbeiter. Sie wünschen ihm noch viele Jahre fruchtbaren Wirkens zum Wohle des Faches und der Universität. Ihm und seiner geschätzten Gattin mögen aber auch die erforderlichen Mußestunden verbleiben, um bei Gesundheit Haus und Garten, Wanderungen und künstlerisches Gestalten, Unterhaltungen und anregende Diskussionen zu pflegen. In diesem Zusammenhang möchten alle Schüler, daß sich die Feststellung Senecas bestätigt: "Soli omnium otiosi sunt qui sapientiae vacant, soli vivunt; nec enim suam tantum aetatem bene tuentur: omne aevum suo adiciunt; quicquid annorum ante illos actum est, illis adquisitum est." (Seneca, De brevitate vitae, 14,1).

Wolfgang Benner

Verzeichnis der Veröffentlichungen von Hans-Dieter Deppe

Bücher

- als Autor:

Beiträge zur Theorie der Wirtschaftsplanung der Kreditbank. Kieler Dissertation 1959.

Untersuchungen zum Wachstum eines Kreditinstituts. Ein Beitrag zur Lehre von den Funktionalzusammenhängen im Bankbetrieb. Habilitationsschrift, Münster 1963. - Publiziert in überarbeiteter Form als: Bankbetriebliches Wachstum. Funktionalzusammenhänge und Operations Research in Kreditinstituten. Stuttgart 1969.

Betriebswirtschaftliche Grundlagen der Geldwirtschaft. Bd. 1: Einführung und Zahlungsverkehr. Stuttgart 1973.

Grundriß einer analytischen Finanzplanung. Betriebliche Finanzierungsentscheidungen am elementaren Beispiel eines kurzfristigen Optimierungsmodells. (Göttinger Hefte zur Bankbetriebslehre und Unternehmungsfinanzierung. Hrsg. v. H.-D. Deppe. H. 1.) Göttingen 1975.

Gemeinsam mit *Karl Lohmann*: Grundriß analytischer Finanzplanung. (Neue Betriebswirtschaftliche Studienbücher, Bd. 2.) 2., neubearb. Aufl., Göttingen 1989.

- als Herausgeber:

Bankbetriebliches Lesebuch. Ludwig Mülhaupt zum 65. Geburtstag. Stuttgart 1978.

Texte zur wissenschaftlichen Bankbetriebslehre I u. II. Mit einer Einführung des Herausgebers. (Göttinger Hefte zur Bankbetriebslehre und Unternehmungsfinanzierung, H. 7a u. 7b.) Göttingen 1980 u. 1981.

Geldwirtschaft und Rechnungswesen. (Neue Betriebswirtschaftliche Studienbücher, Bd. 1.) Göttingen 1989.

Göttinger Hefte zur Bankbetriebslehre und Unternehmungsfinanzierung, Heft 1-12, Göttingen.

Neue Betriebswirtschaftliche Studienbücher, Band 1-4, Göttingen.

Zeitschriftenaufsätze und Beiträge in Sammelwerken

Zur Rentabilitäts- und Liquiditätsplanung von Kreditinstituten. "Weltwirtschaftliches Archiv", Hamburg, Bd. 86 (1961), S. 303-351. Wiederabgedruckt in: Texte zur wissenschaftlichen Bankbetriebslehre II. Mit einer Einführung des Herausgebers. (Göttinger Hefte zur Bankbetriebslehre und Unternehmungsfinanzierung, H. 7b.) Göttingen 1981, S. 551-599.

"Selbstkosten" - eine betriebswirtschaftlich gerechtfertigte Preisuntergrenze? Betriebswirtschaftlicher Anhang zu: *W. Fikentscher*, Die Preisunterbietung im Wettbewerbsrecht. 2., erw. Aufl., Heidelberg 1962, S. 85-114.

Gemeinsam mit *Ludwig Mülhaupt*: Gedanken zu Problemen der Liquiditätsplanung von Kreditinstituten. "Sparkasse", Bonn, Jg. 80 (1963), S. 83-88. Wiederabgedruckt in: Texte zur wissenschaftlichen Bankbetriebslehre II. Mit einer Einführung des Herausgebers. (Göttinger Hefte zur Bankbetriebslehre und Unternehmungsfinanzierung, H. 7b.) Göttingen 1981, S. 787-802.

Kurzfristige Preisuntergrenzen als betriebswirtschaftliches Problem. "Zeitschrift für die gesamte Staatswissenschaft", Tübingen, Bd. 119 (1963), S. 160-170.

Probleme preisvergleichender Werbung in betriebswirtschaftlicher Sicht. "Betriebswirtschaftliche Forschung und Praxis", Herne u. Berlin, Jg. 16 (1964), S. 200-217.

Der Bankbetrieb als Gegenstand von Wachstumsanalysen. "Zeitschrift für Betriebswirtschaft", Wiesbaden, Jg. 34 (1964), S. 353-381. Wiederabgedruckt in: Texte zur wissenschaftlichen Bankbetriebslehre I. Mit einer Einführung des Herausgebers. (Göttinger Hefte zur Bankbetriebslehre und Unternehmungsfinanzierung, H. 7a.) Göttingen 1980, S. 81-109.

Die Ausdehnung des Zweigstellennetzes von Kreditinstituten als bankbetriebliches Führungsproblem. In: Gegenwartsfragen der Unternehmensführung. Festschrift zum 65. Geburtstag von Wilhelm Hasenack. Hrsg. v. H.-J. Engeleiter. Herne u. Berlin 1966, S. 395-432. Wiederabgedruckt in: Texte zur wissenschaftlichen Bankbetriebslehre I. Mit einer Einführung des Herausgebers. (Göttinger Hefte zur Bankbetriebslehre und Unternehmungsfinanzierung, H. 7a.) Göttingen 1980, S. 335-366.

Über Ziele und Problemstellungen theoretisch-deduktiver Analysen einzelner Kreditinstitute. "Zeitschrift für betriebswirtschaftliche Forschung", Köln u. Opladen, Jg. 18 (1966), S. 616-648. Wiederabgedruckt in: Texte zur wissenschaftlichen Bankbetriebslehre I. Mit einer Einführung des Herausgebers. (Göttinger Hefte zur Bankbetriebslehre und Unternehmungsfinanzierung, H. 7a.) Göttingen 1980, S. 111-143.

Planung in Kreditinstituten. In: Vorträge auf der Betriebswirtschaftlichen Tagung 1968 der Sparkassenorganisation. Stuttgart 1968, S. 1-17. Wiederabgedruckt in: Texte zur wissenschaftlichen Bankbetriebslehre I. Mit einer Einführung des Herausgebers. (Göttinger Hefte zur Bankbetriebslehre und Unternehmungsfinanzierung, H. 7a.) Göttingen 1980, S. 159-175.

Ein dreiviertel Jahrhundert bankbetrieblicher Konditionengestaltung in heutiger Sicht. In: 75 Jahre Volksbank Göttingen 1897-1972. Göttingen 1972, S. 57-61. Wiederabgedruckt in: Texte zur wissenschaftlichen Bankbetriebslehre II. Mit einer Einführung des Herausgebers. (Göttinger Hefte zur Bankbetriebslehre und Unternehmungsfinanzierung, H. 7b.) Göttingen 1981, S. 665-674.

Wie viele Bankstellen braucht die Kundschaft? "bank und markt", Frankfurt am Main, Jg. 2 (1973), H. 1, S. 28-30.

Art. Bankbetriebslehre. Handwörterbuch der Betriebswirtschaft. Enzyklopädie der Betriebswirtschaftslehre, Bd. I/1. Hrsg. v. E. Grochla u. W. Wittmann. 4., völlig neu gest. Aufl., Stuttgart 1974, Sp. 402-418.

Die Rolle des Wertpapiererwerbs bei Anlagedispositionen eines Kreditinstituts. "WiSt Wirtschaftswissenschaftliches Studium", München u. Frankfurt am Main, Jg. 5 (1976), S. 441-449.

Art. Zahlungsverkehr, internationaler. Handwörterbuch der Finanzwirtschaft. Enzyklopädie der Betriebswirtschaftslehre, Bd. VI. Hrsg. v. H. E. Büschgen. Stuttgart 1976, Sp. 1877-1886.

Art. Zahlungsverkehr, nationaler. Handwörterbuch der Finanzwirtschaft. Enzyklopädie der Betriebswirtschaftslehre, Bd. VI. Hrsg. v. H. E. Büschgen. Stuttgart 1976, Sp. 1886-1905.

Geldmarkt und Geldmarktkonzepte. In: Unternehmen und Gesellschaft. Festschrift zum 75. Geburtstag von Wilhelm Hasenack. Hrsg. v. H.-J. Engeleiter. Herne u. Berlin 1976, S. 163-187. Wiederabgedruckt in: Texte zur wissenschaftlichen Bankbetriebslehre I. Mit einer Einführung des Herausgebers. (Göttinger Hefte zur Bankbetriebslehre und Unternehmungsfinanzierung, H. 7a.) Göttingen 1980, S. 485-509, sowie in: "Kredit und Kapital", Berlin, Jg. 13 (1980), S. 289-322.

Eine Konzeption wissenschaftlicher Bankbetriebslehre in drei Doppelstunden. In: Bankbetriebliches Lesebuch. Ludwig Mülhaupt zum 65. Geburtstag. Hrsg. v. H.-D. Deppe. Stuttgart 1978, S. 3-98.

Einführung des Herausgebers zu Heft 7a und 7b. In: Texte zur wissenschaftlichen Bankbetriebslehre I u. II. Mit einer Einführung des Herausgebers. (Göttinger Hefte zur Bankbetriebslehre und Unternehmungsfinanzierung, H. 7a u. 7b.) Göttingen 1980 u. 1981, S. IX-XLVIII.

Bankwirtschaftliche Hochschulinstitute (VII): Institut für Bankbetriebslehre und Unternehmungsfinanzierung der Universität Göttingen. "Die Bank", Köln, o.Jg. (1981), S. 508-510.

Der "Haftungszuschlag" - unabhängig und kritisch betrachtet. "Zeitschrift für das gesamte Kreditwesen", Frankfurt am Main, Jg. 35 (1982), S. 260-264.

KWG-Novellierung und finanzielle Stabilität. "Zeitschrift für das gesamte Kreditwesen", Frankfurt am Main, Jg. 37 (1984), S. 286-292.

Finanzielle Haftung heute - Obsoletes Relikt oder marktwirtschaftliche Fundamentalleistung? In: Zweihundert Jahre Geld und Brief. Herausforderungen an die Kapitalmärkte. Festgabe an die Niedersächsische Börse zu Hannover aus Anlaß ihres 200jährigen Bestehens. Hrsg. v. C. P. Claussen, L. Hübl u. H.-P. Schneider. Frankfurt am Main 1987, S. 179-204. Wiederabgedruckt in: Geldwirtschaft und Rechnungswesen. Hrsg. v. H.-D. Deppe. (Neue Betriebswirtschaftliche Studienbücher, Bd. 1.) Göttingen 1989, S. 199-228.

Buchbesprechungen

Elwenspoek, Wilm W.: Operations Research. Mittel moderner Unternehmensführung. Hrsg. v. d. American Management Association. Deutsche Ausgabe, Essen 1958. - "Weltwirtschaftliches Archiv", Hamburg, Bd. 87 (1961), S. 92*-94*.

Graf, Adolf und *Hunziker, Alois*: Betriebsstatistik und Betriebsüberwachung. Ein Leitfaden zur Betriebsanalyse mit Aufgaben. Unter Mitarbeit von Fritz Scheerer. Stuttgart 1958. Dazu: *Fritz Scherer*, Lösungen zu den Aufgaben. - "Weltwirtschaftliches Archiv", Hamburg, Bd. 88 (1962), S. 89*f.

Mechler, Heinrich: Produktive Betriebsabrechnung. Aktuelle Zahlen - Einfache Rechenmethoden. Das Praxisbuch der Erfolgsrechnung. Stuttgart-Degerloch 1959. - "Weltwirtschaftliches Archiv", Hamburg, Bd. 89 (1962), S. 34*f.

Rühli, Edwin und *Thommen, Jean-Paul* (Hrsg.): Unternehmungsführung aus finanz- und bankwirtschaftlicher Sicht. Bericht von der wissenschaftlichen Tagung des Verbandes der Hochschullehrer für Betriebswirtschaft e.V. Bericht über die Tagung in Zürich, Mai 1980. Stuttgart 1981. - "Zeitschrift für Betriebswirtschaft", Wiesbaden, Jg. 52 (1982), S. 414-417.

Sonnentag, Horst: Eigenkapital und Wachstum der Kreditinstitute. Eine theoretische und empirische Analyse unter Berücksichtigung des neuen Körperschaftsteuerrechts und aufsichtsrechtlicher Anforderungen. (Schriftenreihe für Kreditwirtschaft und Finanzierung, Bd. 3.) Wiesbaden 1982. - "Zeitschrift für Betriebswirtschaft", Wiesbaden, Jg. 53 (1983), S. 601-603.

Würdigungen

Ludwig Mülhaupt - 60 Jahre alt. "Zeitschrift für betriebswirtschaftliche Forschung", Opladen, Jg. 24 (1972), S. 485-488. In erweiterter Fassung wiederabgedruckt in: Bankbetriebliches Lesebuch. Ludwig Mülhaupt zum 65. Geburtstag. Hrsg. v. H.-D. Deppe. Stuttgart 1978, S. 705-708.

Ludwig Mülhaupt 75 Jahre alt. "Zeitschrift für betriebswirtschaftliche Forschung", Düsseldorf, Jg. 39 (1987), S. 594-596.

Geburtstagsgruß für Rosemarie Kolbeck oder: Hommage an ein Vorbild. "Zeitschrift für das gesamte Kreditwesen", Frankfurt am Main, Jg. 42 (1989), S. 848.

Stichwortverzeichnis

Ablaufleistung 392
Abschlußprüfer (s. Wirtschaftsprüfer)
Abschlußprüfung 248 f.
Abschreibungsprinzip 243
Aktienfonds 373 f.
Aktienrendite 179
Aktiva
-, monetäre 110, 117
-, technisch-organisatorische 109
"Allfinanz"-Angebot 387
Analysebereiche 103
  (vgl. auch GPB, LFB und TOB)
Annuität 294, 389 f.
Annuitätendarlehen 387, 390 ff.
Anschaffungskosten 238 f., 243, 273
Anschaffungsprinzip 243
Anstaltslast 313, 315 f., 343
Arbeitgeberfähigkeit 67
Arbeitnehmer-Darlehn 364 f., 371
Arbeitnehmer-Sparzulage(satz) 360 f.,
  374 f., 378
Arbeitsleistungen, menschliche 353
Arbitragefreiheit
-, Prinzip der 205, 215 ff., 220
Arbitriumwert 240
Auftrag, öffentlicher 325
Aufwand
-, monetärer 109 ff., 114, 119
-, technisch-organisatorischer 109, 119
Ausfallrisiko 106
Ausschüttungssperre 242 ff., 274
Ausschüttungssperrvorschriften 242

Banken 150
- als Finanzintermediäre 154 ff.
-, Finanzierungsbereich der 154
-, Investitionsbereich der 153 f.
Bankrechtskoordinierungs-Richtlinie 313,
  331 f.
Bargeld 148
Bartergeschäfte 101
Basisprämie 121, 123
Bausparen 362, 366 f.

Beistandssysteme 158
Beitragszahlungsdauer
-, verkürzte 402 f.
Belegschaftsaktien 357, 373
Berichterstattungspflicht 258 f.
Berichtspflichten 251 ff.
Bestätigungsvermerk 249
Beteiligung 106, 371
-, stille 327 f., 339 f., 370 f., 377
Beteiligungscharakter
- der Gewinnschuldverschreibung 367 ff.
- der Wandelschuldverschreibung 365 f.
- des Arbeitnehmer-Darlehens 364 f.
- des Bausparens 366 f.
Beteiligungsfonds 370
Beteiligungs-Sondervermögen 373, 378
Betriebsergebnis 286 f.
Bewertungswahlrechte 246, 278
Bilanzierungshilfen 242, 269, 272 ff.
Bilanzierungswahlrechte 246
Bilanzpolitik 244 ff.
Binomialprozeß 180 ff., 215 ff.
Brownscher Prozeß 173 ff., 180 ff., 205 ff.,
  220
Buchgeld (Giralgeld) 148
Bürgschaft 144

Captives 72

Darlehen
-, nachrangiges 342
-, partiarisches 24
-, variabelverzinsliches 294
Deckungskapitalnachzahlung 398 ff.
Dienstleistungsgeschäfte 124
Differentialgleichung
-, stochastische 175 ff.
Disagio 41 f., 276 f. .
Diskriminanzanalyse 36, 85
Dispositiver Faktor 6
Dotationskapital 321, 324 f., 337
Driftkomponente 174

Eigenkapital 146, 170 ff., 233 ff., 248 ff.,
  258 f., 275, 285, 312 ff., 354, 398
-, bilanzielles 312, 316
-, haftendes 312 f., 316, 318 f., 325 ff., 338
Eigenkapital-Aufwendungen 113, 121 ff.
Eigenkapitalausstattung 158, 234 ff., 311,
  316 ff., 354 f.
Eigenkapitalbedarf 319 f., 323 f.
Eigenkapitalfunktionen 312 ff., 397
- Bemessungsfunktion für die
  Gewinnausschüttung 315
- Finanzierungsfunktion 314
- Funktion des intertemporären
  Verlustausgleichs 314 f.
- Garantie- oder Haftungsfunktion 313,
  315 f., 319
- Geschäftsbegrenzungsfunktion 313 ff.,
  319
- Gründungsfunktion 312 f.
- Werbe- oder Repräsentationsfunktion
  315
Eigenkapitalgeber 14, 17, 111, 113, 121
Eigenkapitalkosten 215, 338
Eigenkapitallücke 36, 84, 102, 121, 234 f.,
  338, 378
Eigenkapitalquote 33 f., 235 f., 255 f., 316
Eigenkapitalrentabilität 80
Eigenkapitalstruktur 397
Eigenleasing 323
Eigenmittelrichtlinie 331 ff., 336 ff.
Eigenvorsorge 353 f.
Einheitswertstatistik 235
Einlagen
-, ausstehende 270
-, stille (s. Beteiligung, stille)
Einmalversicherung 399
Einzelertragswert 239
Elementarfaktoren 6
Engpaßfaktor 42
Enumerationsprinzip 326
Erfolgsspannenrechnung 286 f.
Ergänzungskapital 332 f., 336 ff.
Ergebnis
-, außerordentliches 286
Ermessensspielräume 246

Erträge
-, monetäre (des LFB) 109, 114, 117
-, technisch-organisatorische 109
Ertragslage 249 ff.
Erwartungsschaden 74 f.
Erweiterungsaufwendungen 273 ff.
Ethik 33
Existenzbedingungen
-, finanzwirtschaftliche 40
Existenzgründungssparen 291

Faktoreinsatzbeziehung 29
Fehlallokation 111, 121
Festbetragskapital 142
Festbetragskontrakt 146
Festdarlehen 390 ff.
Festzinsdarlehen 294
Festzinsgeschäft 292 ff.
Finanzieller Sektor 30, 34, 150 f., 387
Finanzierung 100, 107
Finanzierungsregeln 79, 81
Finanzinnovationen 72 f.
Finanzinvestitionen 107
Finanzkontrakt 150 ff.
Finanzlage 249 ff., 257
Finanzwirtschaft
-, betriebliche 100
Firmenwert (s. Geschäftswert)
f-Qualität (s. Haftungsqualität)
Flüssige Mittel 110
Forderungen aus Lieferungen und
  Leistungen 110
Formalziel 124
Freiheitsgrad 149
Fremdkapital (Fremdmittel) 146, 170 ff.,
  365
Fremdkapitalgeber 14 f., 17, 33 f., 42
Fremdkapitalzinsen 389
Fristenablaufbilanzen 295
Frühwarnindikatoren 65

Garantie 144
Garantiefonds 318
Geld 148 ff.
Geldfunktionen 148

Geldschleier 137
Geldvermögensbildung 101 f., 289, 351
Geldwirtschaft (s. Tauschwirtschaft in
  Form der Geldwirtschaft)
Genossenschaftsanteile 373
Genußrechte 371
Genußrechtskapital 24, 312, 321, 326 f.,
  337 f.
Genußscheine 371, 377
Gesamtkapitalrentabilität 80
Geschäftspolitischer Bereich (GPB) 11,
  103
Geschäftspolitisches Gesamtergebnis 66
Geschäftsvolumen
-, Wachstum des 319
Geschäftswert 277
-, derivativer 275 f.
Gewährträgerhaftung 313, 315 f., 343
Gewinnbedarf 322
Gewinnobligation (Gewinnschuldver-
  schreibung) 291, 367 ff., 371, 373, 377
Gezeichnetes Kapital 270
Gläubigerschutz 105, 237, 241, 243
Gleichgewicht
-, finanzielles 99, 103
GmbH-Anteile 373
Goldene Finanzierungsregel 314
GPB-LFB-TOB-System 11
Großkredit 318
Gründungsprüfung 237 f.
Grundsatz I 34 f., 313 f., 318 f., 334
Grundsatz Ia 313, 318
Grundstücksgesellschaft 323 f.
Gutachter
-, neutraler 240

Hafteinlage 327 f., 337
Haftsummenzuschlag 312, 316, 343
Haftung (finanzielle) 55 f., 139 ff., 145 ff.,
  156, 233 ff., 251 ff., 285, 354
- als wirtschaftliche Leistung 56, 99
- aus Finanzkontrakten 141 ff.
-, beschränkte 142, 170, 219
-, unbeschränkte 142, 170, 219
Haftungsfall 140

-, maximaler 41
Haftungsketten 17, 43
Haftungskosten 215
Haftungskostensatz 215
Haftungskrise 42 f.
Haftungsleistung 13 ff., 27 ff., 37 ff., 44,
  77, 81 ff., 104 ff., 121, 124 f., 143, 167 ff.,
  200 ff., 208 ff., 233 ff., 269, 388, 398
- als wirtschaftliches Gut 16 ff.
- Begriff 233
-, Honorierung der 84 ff.
-, Knappheit der 19 ff.
-, Marktbewertung der 170
-, Produktionsfaktoreigenschaft der 13 ff.
Haftungsmasse 144
Haftungspotential 9, 30 f., 67, 106, 269 ff.,
  275 ff., 313, 315
-, betriebsreinvermögensfundiertes 21 f.,
  233, 269 ff.
-, betriebsvermögensfundiertes 24
- "Bremsfunktion" des 31, 285 f.
-, Gläubigerschutzfunktion des 31
- Komponenten 21 ff.
-, nachrangiges 27
-, sonstiges 22 ff., 233, 270
Haftungspotentialgeber 32
Haftungsqualität (f-Qualität)
- Begriff 81 f.
-, Kriterien für die Messung der 25 ff.,
  81 ff.
Haftungsrang (Nachrangabrede) 82
Haftungsrecht
-, Ausgleichs- und Kompensations-
  funktion des 140
-, Präventionsziel des 140
Haftungssphäre (f-Sphäre) 37 ff., 40 ff.,
  44, 83, 388
- Begriff 57
-, Kapazitätsbeziehung in der 31 ff.
Haftungsverbund 18
Haftungszusagen
- durch Gebietskörperschaften 25
-, sonstige nicht vermögensfundierte 24 f.
Haftungszuschlag 342 f.
Handelsbilanz 235, 242, 275, 277

Hedging 70
Heimatlandkontroll-Prinzip 331
Herstellungskosten 238 f., 243, 273, 277
Hilfsbereich 124

Immobiliarsicherheiten 144
Immobilienfonds 323 f.
Imperativ
-, kategorischer 33
Ingangsetzungsaufwendungen 273 ff.
Inhaberschuldverschreibung 290
Input-Output-System 13, 107
Insolvenz 143
Insolvenzrisiko 35 f.
Insolvenzsicherung 365, 371
Instrumente
-, marktpolitische 290
-, risikopolitische 40, 61, 64, 70 ff.
Intermediation 147 ff., 154 f.
Intermediationskonzept 155
Intermediationsleistungen 138 f.
Investitionsrisiko 143
Investivlohn 355
Irrelevanzthese 212
Ito-Prozeß 174, 218
Ito's Lemma 178, 206 f.

Jahreserfolg 109, 123
Jahresüberschuß 111 ff., 119 ff.
Junk-Bonds 20, 123

Kapitalallokation 369 ff.
Kapitalbeteiligungen 357 ff.
Kapitaldienst
-, "effektiver" 389 ff., 405 ff.
- vor Steuern 404 f., 407 f.
Kapitalerhöhung gegen Sacheinlagen
- Prüfung der 238
Kapitalkosten 215, 327, 341
Kapitalmarkt
-, vollkommener 170
Kapitalstrukturkennzahlen 34
Kapitalstrukturregeln 79, 81
Kapitalstrukturrisiko 236
Kaufoption 170, 206, 219

Kernkapital 332, 336 ff.
Kinderadditive 361
Konkurs
-, "gesunder" 32 f.
Koppelprodukt 394
Kostenverursachungsprinzip 302
Kreditausfallrisiko 394 f., 406, 408
Kreditgeld 18
Kreditkartengeschäft 302
Kreditketten 17, 43
Kreditsicherheiten 72

Lagebericht 249 ff.
Lebensversicherung
- als Tilgungsersatz(instrument) 387 ff.
-, Rückdatierung der 398 ff.
Leistungen
-, bankspezifische 150 f., 154
-, interne (Teilleistungen) 13, 119
-, monetäre 43, 104 ff., 151
-, vermögenswirksame 357, 360, 376
Leistungsbereich 103 f., 107, 125
Leistungsbeziehungen
-, innerbetriebliche (interne) 111 ff.,
    115 ff., 121 ff., 125
-, offene 13 f., 104
Leistungsdualismus 11, 13, 43, 104 f., 111
Leistungsfähigkeit
-, monetäre 143
Leistungsfluß 29 ff.
Leistungs(erstellungs)prozeß
-, monetärer (liquiditätsmäßig-
    finanzieller) 101, 124 f.
Leistungsverpflichtungen
-, monetäre 138
Leverage-Effekt 80, 256
Leverage-Risiko 81, 85
Lieferantenkredit 117
Liquidität 155
- als Eigenschaft von Wirtschafts-
    einheiten (s. Zahlungsfähigkeit)
Liquiditätsmäßig-finanzieller Bereich
    (LFB) 11, 103 f., 125
Liquiditätsmäßig-finanzieller Kom-
    binationsprozeß (LFK) 27 ff., 103 f.

Liquiditätspotential 8 f., 83
Liquiditätsreserven 143
Lohnpolitik 355

Marktleistung 13, 153
-, beteiligungsrechtliche monetäre 105 f.
- mit primär liquiditätsmäßig-finanzieller
  Dimension (monetäre) 30 f., 104 ff.,
  115, 123
-, schuldrechtliche monetäre 106
- technisch-organisatorische 115
Marktleistungsnehmer 29
Marktleistungsvolumen 35, 42
Marktwert 170 ff., 202, 208 ff., 220
materiality
- Grundsatz der 256
Mitarbeiterbeteiligung 351, 358 f., 373
Mittelaufnahme 288 ff.
Mobiliarsicherheiten 144
Monetärer Faktor 8 ff., 103, 124, 141,
  167, 219, 269
- Begriff 8
- in f-Qualität 21, 29
- in z-Qualität 9 f.
- Produktionsfaktoreigenschaft des
  Monetären Faktors 9 f.
Motivation 353

Namensaktie
-, vinkulierte 341
Nettobedarfsspanne 298
Nettohaftungsreserve 60, 77 ff., 81 ff.
-, Angemessenheit der 78 ff.
Nettohaftungsreservepolitik 38, 61 f.,
  73 ff., 77 ff.
Neubewertungsrücklagen 332
Nichtfinanzieller Sektor 30, 100 ff.
Niederstwertprinzip 243

Opportunitätskosten 239
Options(preis)bewertung 187 ff., 205 ff.
Optionspreistheorie 170 ff., 189, 219
Optionstheorie 169

Passivierungsverbot 278

Passivierungswahlrecht 278 f.
Pensionsgeschäfte 245
Pensionsverpflichtungen 278 f.
Personalaufwand 117
Personalsicherheiten 24 f.
Poisson-Prozeß 174, 180, 220
Portfolio-Selektion 69
Prämiendepot 401 ff.
Prämiendepoteinzahlung 401 ff.
Prämiensparen 291
Produktgestaltung 290
Produktionsfaktorsystem 6, 103 f., 124
Produktionskosten 156
Profit Center 102
Provisionsgeschäft 286, 300 ff.
Provisionsüberschuß 287, 300
Prüfungsbericht 249 ff.
Pseudowahrscheinlichkeit 217, 220 f.
Pufferfunktion 145
pure rate 123

Realisationsprinzip 243
Realzinssatz 107
Rechnungsabgrenzungsposten 273, 276
Rechnungslegung 233 f.
- Adressaten der 233 f.
Rechtsform 142
Rechtsordnung 32 f.
Redepflicht 258
Regionalprinzip 331
Reinvermögen 14, 16 f., 22, 143 f., 146,
  157, 233 ff., 242, 269 ff., 312 f.
Rekonstruktionswert 240
Renta-Plan 291
Reserven
-, stille 22, 63, 75 f., 83 f., 87, 235, 245,
  257, 278, 312, 315
Restbetragskapital 142
Restbetragskontrakt 146
Risiko 14, 30, 34, 60, 105 f., 269 f., 313 ff.,
  369 f.
  (vgl. auch Zinsänderungsrisiko;
  Ausfallrisiko)
- Eintrittswahrscheinlichkeit des 68
-, leistungswirtschaftliches 236

Risikoabgeltungshypothese 199
Risikoanalyse 64 ff.
Risikoausgleich
-, betriebsinterner 69 f.
Risikoausschluß 67 f.
Risikoaversion 189
Risikobegrenzung 71
Risikogehalt 35
Risikoidentifikation 64 ff.
Risikokapital 145 f., 352 ff.
Risikokategorie I 74 f., 87
Risikokategorie II 75 f., 87
Risikokategorie III 76 f., 85
Risikokompensation 69 f.
Risikokosten 39, 73 ff., 155
- Bruttorisikokosten 75 ff.
- Nettorisikokosten 74 f.
Risikokostengegenwerte 87
Risikokostenzuschlag 75
Risikoneutralität 189 ff., 216 f., 220
Risikopolitik 38 f., 60 f., 64 ff., 73 ff., 143
-, Basisstrategien betrieblicher 66 ff.
Risikopräferenz 172, 216 f.
Risikoprämie 20 f., 31, 85, 121, 375
Risikoprämiensatz 168, 197, 209 f., 218,
    220
Risikostreuung 69 f.
Risikosympathie 189
Risikoteilung 71
Risikoüberwälzung 70 f., 73
Risikovorsorge 149 f.
Risk-Management 64
Rückkaufswert 395 ff.
Rücklagen 241 f.
- Gewinnrücklagen 241, 270, 274
- Kapitalrücklage 241, 270
- Rücklage für eigene Anteile 243
Rückstellungen 248
- Aufwandsrückstellungen 278
- für unterlassene Instandhaltung 278

Sachaufwand 117
Sacheinlage 238 ff.
Sachsicherheiten 24

Sachvermögensbestand 107 ff.
Sachvermögensrendite 123
-, korrigierte reale 119 f.
-, reale 107 f., 119
Sachziel 105, 107, 124 f.
Sale and Lease back-Verfahren 245
Sanktionsmöglichkeiten 147
Schiedsgutachter 240
Schuldendeckungsfähigkeit 35, 41, 56 f.,
    270, 314, 355
- als Existenzbedingung 19, 105
Schuldendeckungsfähigkeitsbedingung 41
Schuldendeckungsfähigkeits-
    Sicherheitslinien 61 f., 83 f.
Schuldendeckungsfähigkeits-
    Verteidigungslinien 63 f., 87
Schuldendeckungspolitik 37 ff., 57 ff., 77
Schuldendeckungsreserven 144
Schuldenkrise 42 f.
Selbstbehalt 72
Sicherheitspolitik 37 f., 58 ff., 143
Sicherheitspräferenz 77 ff.
Sicherheitsrücklage 285
Solidarleistungen
-, monetäre (geldwirtschaftliche) 17 f., 56
Solidarverbund (s. Haftungsverbund)
Solvabilitätskoeffizient 285 f., 334 ff.
Solvabilitätsrichtlinie 331, 334 ff.
Solvenzreserven 143 f., 157
Sortimentsgestaltung 290
Soziale Marktwirtschaft 352 f.
Sparkassen 285 ff., 311 ff.
-, Auslandsgeschäft der 301 f.
-, Eigenkapitalausstattung der 303
- Umwandlung in Aktiengesellschaften
    340 ff.
-, Wertpapiergeschäft der 301
-, Zahlungsverkehrsgeschäft der 302
Sparkassenbrief 290
Sparkassenfördergesellschaften 321,
    327 f., 337
Sparkassenobligation 290
Sparkassenzertifikat 291
Steuerabgrenzungsposten 277 f.
Steuerbilanz 277

Steuern
-, aktive latente 277 f.
Strategischer Grundsatz 67, 72
Substanzwert 240
Synergieeffekte 240

Tauschwirtschaft
- in Form der Geldwirtschaft 99, 137 ff.
Technisch-organisatorischer Bereich
  (TOB) 11, 103 f., 125
Technisch-organisatorischer Kombinationsprozeß (TOK) 103 f.
Teilergebnis
-, externes monetäres 109 ff., 114 ff., 125
-, externes technisch-organisatorisches
  109 ff., 114 ff., 125
-, korrigiertes externes monetäres 112 f.,
  115 ff., 125
-, korrigiertes externes technisch-
  organisatorisches 112 f., 115 ff., 125
-, korrigiertes bereinigtes externes
  monetäres 121 ff., 125
-, korrigiertes bereinigtes externes
  technisch-organisatorisches 121 ff., 125
Terminvertrag 141
Tilgung
-, annuitätische 389, 396, 407 f.
Tilgungsaussetzung
-, Modell der 388 ff.
Tilgungssatz 388 f.
Todesfallabsicherung 396
Transaktionskosten 149, 155, 170
Transformationsfunktion 150, 369
Transformationskonzept 151 f.
true and fair view 245

Überschaden 75
Überschuldung 15, 57, 142, 218, 242, 256,
  270, 274 f., 316
Überschuldungsbilanz 275
Umlaufvermögen 247
Umsatzerlöse 111, 117, 145
Unterbilanz 274
Unternehmenswert
-, objektivierter 241

Verbundkonzept 323
Verkaufsoption 171, 202, 219
Verlustausgleichspolitik 37 f., 63 f., 86 ff.
Vermögen
  (vgl. auch Reinvermögen)
-, nachgewiesenes freies 312
Vermögensbeteiligungsgesetz 351 ff.
- Förderrahmen des 361 f.
Vermögensbildungsgesetz 351 ff.
- Einkommensgrenzen des 361, 375 f.,
  378
- Förderart des 360 f.
- Förderkatalog des 357 ff.
- Förderrahmen des 361f.
Vermögenslage 249 ff.
Vermögenssparen 291
Verrechnungssaldo 113
Verschuldung 137
Verschuldungsgrad 34, 80, 256
-, optimaler 80
Verschuldungskoeffizient 212 ff.
Versicherung 289
Versicherungsleistung 16
Versicherungsprämie 295
Versicherungsschutz
- im Todesfall des Unternehmers 407 f.
Versicherungssparen 291
Vertrauen 15, 55 f., 142, 269, 315, 398
Verwaltungsaufwand 298 f.
VL-Sparen 291
Vorleistung 141
Vorsorgesparen 291
Vorzugsaktie 341

Wahlfreiheit 376 ff.
Wandelschuldverschreibung 365 f.
Werksparkassenverbot 365
Wertansatz 246
Wettbewerb 32, 288 ff.
Wiener-Prozeß 174
Wirtschaftsordnung 32 f.
Wirtschaftsprüfer 245, 248 ff.
Wirtschaftsprüfung 234, 237

Zahlung 149

Zahlungsfähigkeit 41 f., 314
Zahlungsfähigkeitsbedingung 41
Zahlungsfähigkeits-Sicherheitslinien 83
Zahlungsleistung 9, 43, 104 ff., 115 ff.,
  121, 124 f., 172, 388, 398
Zahlungsmittel 137, 148 f., 314
Zahlungssphäre (z-Sphäre) 40 ff., 67, 83
Zahlungsunfähigkeit (Illiquidität) 57,
  142 f.
Zeitraumleistung 16
Zeitraumvertrag 141
Zero-Bond 169
Ziele
-, vermögenspolitische 352 ff.
Zinsabstandswahrung 294, 296

Zinsänderungsrisiko 293 ff.
Zinsaufwand 115 ff., 123
Zinsbindungsfristen 295
Zinsphasen 293 f.
Zinssatz
-, risikofreier 168, 197
Zinsspanne 286 ff.
Zinsüberschuß 287 f.
Zufallskomponente 174
Zugriffspotential
-, allgemeines 144
-, spezifisches 144
Zuwachssparen 291
Zweigstellennetz 299

Verzeichnis der Autoren

Wolfgang Benner, geb. 1940 in Weifenbach (Biedenkopf/Lahn), nach dem Studium der Wirtschaftspädagogik an den Universitäten Frankfurt a.M. und Göttingen wissenschaftlicher Mitarbeiter am Institut für Bankbetriebslehre und Unternehmungsfinanzierung, dem heutigen Institut für Betriebswirtschaftliche Geldwirtschaft der Universität Göttingen; Promotion zum Dr. rer. pol. 1970 und Habilitation 1980 an der Universität Göttingen; Lehrstuhlvertretungen an der Universität München 1982 und der Universität Bamberg 1985/86; Berufung zum Universitätsprofessor für Allgemeine Betriebswirtschaftslehre und Bankbetriebslehre an der Universität Hamburg 1986.

Anschrift: Von Melle-Park 5, 2000 Hamburg 13.

Gerhard Emmerich, geb. 1940 in Hamburg, nach Ausbildung zum Bankkaufmann Studium der Betriebswirtschaftslehre an den Universitäten Hamburg und Göttingen, anschließend wissenschaftlicher Mitarbeiter am Betriebswirtschaftlichen Seminar der Universität Göttingen; Promotion zum Dr. rer. pol. dort im Jahre 1968; Steuerberater und Wirtschaftsprüfer; 1978 Ernennung zum Honorarprofessor für Betriebswirtschaftslehre an der Universität Göttingen. Heute: Geschäftsführer der Wollert-Elmendorff Deutsche Industrie-Treuhand GmbH, Hannover.

Anschrift: Georgstr. 52, 3000 Hannover 1.

Harald Griesel, geb. 1946 in Kassel, nach Ausbildung zum Bankkaufmann Studium der Wirtschaftspädagogik an der Universität Göttingen; anschließend wissenschaftlicher Mitarbeiter am Institut für Bankbetriebslehre und Unternehmungsfinanzierung, dem heutigen Institut für Betriebswirtschaftliche Geldwirtschaft der Universität Göttingen, Promotion dort zum Dr. rer. pol. 1976; Kreissparkasse Reutlingen. Heute: Sparkassendirektor; Stellvertretender Vorsitzender des Vorstands der Kreissparkasse Reutlingen.

Anschrift: Tübinger Str. 74, 7410 Reutlingen.

Friedrich Janssen, geb. 1948 in Essen, nach Ausbildung zum Bankkaufmann Studium der Betriebswirtschaftslehre an der Universität Göttingen; anschließend wissenschaftlicher Mitarbeiter am Institut für Bankbetriebslehre und Unternehmungsfinanzierung, dem heutigen Institut für Betriebswirtschaftliche Geldwirtschaft der Universität Göttingen; Promotion zum Dr. rer. pol. dort 1980. Heute: Direktor der Ruhrgas AG, Essen; Leiter des Bereichs Beteiligungen.

Anschrift: Redtenbacherstr. 16, 4300 Essen 1.

Gerhard Liebau, geb. 1948 in Hausberge (Porta Westfalica), Studium der Betriebswirtschaftslehre an der Universität Göttingen; danach wissenschaftlicher Mitarbeiter am Institut für Bankbetriebslehre und Unternehmungsfinanzierung, dem heutigen Institut für Betriebswirtschaftliche Geldwirtschaft der Universität Göttingen; Promotion zum Dr. rer. pol. dort im Jahre 1980. Heute: Akademischer Rat am obigen Institut.

Anschrift: Platz der Göttinger Sieben 3, 3400 Göttingen.

Karl Lohmann, geb. 1939 in Emden, Studium der Mathematik und Physik an den Universitäten Berlin und Göttingen; von 1965 bis 1968 wissenschaftlicher Mitarbeiter in der Luftfahrtforschung, anschließend bis 1973 wissenschaftlicher Mitarbeiter am Institut für Bankbetriebslehre und Unternehmungsfinanzierung, dem heutigen Institut für Betriebswirtschaftliche Geldwirtschaft der Universität Göttingen; dort Promotion zum Dr. rer. pol. im Jahre 1970; von 1973 bis 1976 Akademischer Rat, seit 1976 Akademischer Oberrat am Seminar für Betriebswirtschaftslehre der Universität Göttingen.

Anschrift: Platz der Göttinger Sieben 3, 3400 Göttingen.

Siegfried Platz, geb. 1942 in Kl. Potauern (Ostpr.), nach Ausbildung zum Bank-/Sparkassenkaufmann Studium der Wirtschaftspädagogik an der Universität Göttingen; anschließend wissenschaftlicher Mitarbeiter am Institut für Bankbetriebslehre und Unternehmungsfinanzierung, dem heutigen Institut für Betriebswirtschaftliche Geldwirtschaft der Universität Göttingen; Promotion zum Dr. rer. pol. dort im Jahre 1977. Heute: Dozent an der Sparkassenakademie Hannover - Deutsche Sparkassenschule.

Anschrift: Schiffgraben 6, 3000 Hannover 1.

Christoph Pretzsch, geb. 1959 in Braunschweig, nach Ausbildung zum Bankkaufmann Studium der Volkswirtschaftslehre an der Universität Göttingen; seit 1985 wissenschaftlicher Mitarbeiter am Institut für Betriebswirtschaftliche Geldwirtschaft der Universität Göttingen; dort Promotion zum Dr. rer. pol. im Jahre 1989.

Anschrift: Platz der Göttinger Sieben 3, 3400 Göttingen.

Peter Reus, geb. 1954 in Emden, nach Ausbildung zum Bankkaufmann Studium der Betriebswirtschaftslehre an der Universität Göttingen; seit 1982 wissenschaftlicher Mitarbeiter am Institut für Betriebswirtschaftliche Geldwirtschaft der Universität Göttingen; Promotion zum Dr. rer. pol. dort im Jahre 1987. Heute: Wissenschaftlicher Mitarbeiter und geschäftsführender Assistent am Institut für Betriebswirtschaftliche Geldwirtschaft der Universität Göttingen.

Anschrift: Platz der Göttinger Sieben 3, 3400 Göttingen.

Herbert Wieneke, geb. 1947 in Göttingen, nach Ausbildung zum Bankkaufmann zunächst Tätigkeit in der Bankpraxis; anschließend Studium der Betriebswirtschaftslehre an der Universität Göttingen; Dipl.-Kfm. 1974; danach wissenschaftlicher Mitarbeiter am Institut für Bankbetriebslehre und Unternehmungsfinanzierung, dem heutigen Institut für Betriebswirtschaftliche Geldwirtschaft der Universität Göttingen, dort Promotion zum Dr. rer. pol. im Jahre 1979; Referent beim Deutschen Sparkassen- und Giroverband e.V., Bonn 1979-1980; Direktor/stellvertretendes Vorstandsmitglied der Kreissparkasse Göppingen 1981-1985; ab 1986 Sparkassendirektor/Mitglied des Vorstandes der Kreissparkasse Hannover.

Anschrift: Aegidientorplatz 1, 3000 Hannover 1.

Axel Zessin, geb. 1953 in Wendhausen (Braunschweig), Studium der Betriebswirtschaftslehre an der Universität Göttingen; danach wissenschaftlicher Mitarbeiter am Institut für Bankbetriebslehre und Unternehmungsfinanzierung, dem heutigen Institut für Betriebswirtschaftliche Geldwirtschaft der Universität Göttingen; dort Promotion zum Dr. rer. pol. im Jahre 1981; von 1982 bis 1985 Marketingleiter bei der Deutschen Hypothekenbank (Actien-Gesellschaft), Hannover; seit 1986 Vorstandsbeauftragter für Finanzdienstleistungen bei der Nürnberger Versicherungsgruppe, Nürnberg.

Anschrift: Rathenauplatz 16-18, 8500 Nürnberg 21.